CHŁOPCY MURROWA
NA FRONTACH WOJNY I DZIENNIKARSTWA

STANLEY CLOUD i LYNNE OLSON

CHŁOPCY MURROWA
NA FRONTACH WOJNY I DZIENNIKARSTWA

Przełożył
Piotr Amsterdamski

WARSZAWA 2006

Tytuł oryginału
The Murrow Boys. Pioneers on the Front Lines of Broadcast Journalism

Copyright © 1996, 2006 by Stanley Cloud and Lynne Olson
All rights reserved. No parts of this book may be used or reproduced in any manner whatsoever without the written permission from the Publisher

Published by arrangement with Stanley Cloud and Lynne Olson

Copyright © 2006 for the Polish edition by
A.M.F. Plus Group Sp. z o.o.

Copyright © 2006 for the Polish translation by
Piotr Amsterdamski

Redakcja i indeks
Mirosław Grabowski

Korekta
Elżbieta Jaroszuk
Maciej Korbasiński

Projekt okładki – Andrzej Findeisen
Zdjęcie górne: CBS Photo. Ed Murrow z grupą Chłopców w 1955 w studiu CBS. Za zgodą Bliss Collection
Zdjęcie dolne: Ed Murrow i Larry LeSueur. Za zgodą Larry'ego LeSueura

ISBN-13: 978-83-60532-02-7
ISBN-10: 83-60532-02-8

Wydawca
Andrzej Findeisen / A.M.F. Plus Group Sp. z o.o.
Al. Solidarności 91/28, 00-144 Warszawa
tel. (22)620-7868, faks (22)620-6533
www.ChlopcyMurrowa.com
Poczta elektroniczna: wydawca@ChlopcyMurrowa.com

Wyłączny dystrybutor
fk Firma Księgarska Jacek Olesiejuk
Kolejowa 15/17, 01-217 Warszawa
tel./faks (22)631-4832, (22)632-9155
www.olesiejuk.pl www.oramus.pl

Wydanie I
Skład, łamanie, okładka: Plus 2, Warszawa
Druk i oprawa: Druk-Intro S.A., Inowrocław

Naszym Rodzicom i Dzieciom,
a zwłaszcza Carly, która musiała jakoś przeżyć
okres pracy nad książką

SPIS TREŚCI

Przedmowa do polskiego wydania — 9
Nota autorów — 13
Prolog — 17

1937–1945
1. Głos przyszłości — 23
2. Murrow i Shirer — 34
3. „Teraz zabieramy was do Londynu" — 48
4. Pierwszy uczeń — 59
5. Obrazy w eterze — 75
6. Upadek Paryża — 93
7. Dzwony bez serc — 109
8. Smak sławy — 126
9. „Bonnie Prince Charlie" — 136
10. Cenzura — 147
11. Ostatni pociąg z Berlina — 160
12. Tryumf i udręka — 172
13. Grzech pychy — 194

14. Powrót do walki — 203
15. Przyjemności wojny — 221
16. „Pełne ręce Francji" — 235
17. Zwycięstwo — 250

1945–1961

18. Godzina centurionów — 275
19. *Lata kryzysu* — 289
20. Brat przeciwko bratu — 300
21. „Zagrożona gromadka braci" — 317
22. „Communist Broadcasting System" — 333
23. Tajemnica Burdetta — 348
24. „To już nie w jego stylu" — 364

1961–1992

25. Trzy dymisje — 377
26. „Drogi książę, dobranoc" — 389
27. „Podpisywanie obrazów" — 394
28. „Tak dawno" — 412

Epilog — 424
Źródła informacji — 433
Wybrana bibliografia — 453
Podziękowania — 457
Indeks — 461

PRZEDMOWA DO POLSKIEGO WYDANIA

Odkąd w 2003 roku wydaliśmy *Sprawę honoru*, wielokrotnie musieliśmy odpowiadać na pytanie, jak to się stało, że choć nie mamy polskich korzeni, napisaliśmy książkę o Polsce i polskich lotnikach. Wyjaśnienie, przynajmniej częściowe, można znaleźć w tej książce. Gdy ponad dziesięć lat temu zbieraliśmy materiały do *Chłopców Murrowa*, dowiedzieliśmy się po raz pierwszy, jaką rolę odegrali polscy piloci myśliwscy w bitwie o Anglię. Wielki amerykański dziennikarz radiowy Edward R. Murrow i reporterzy, których zatrudnił podczas II wojny światowej – i którzy stali się znani jako Chłopcy Murrowa – często donosili o udziale Polaków w wysiłku wojennym aliantów i o geopolitycznych uwarunkowaniach i kontrowersjach związanych z losem Polski. Niewiele z tego materiału znalazło się w amerykańskim wydaniu *Chłopców*, przeznaczonym głównie dla czytelników ze Stanów Zjednoczonych. Gdy jednak Andrzej Findeisen, który wydał *Sprawę honoru* w Polsce, wyraził zainteresowanie opublikowaniem polskiego przekładu *Chłopców Murrowa*, zgodziliśmy się przygotować zmodyfikowane wydanie, włączając do niego materiał mogący szczególnie zaciekawić Polaków. Zmieniliśmy również epilog.

W historycznych, bezprecedensowych relacjach radiowych Murrow i jego Chłopcy (nawiasem mówiąc, była wśród nich jedna kobieta) usiłowali, pokonując niekiedy ogromne trudności, opowiedzieć słuchaczom o wydarzeniach wojennych, w tym również dotyczących Polski, i o działaniach Polaków. Ponieważ w czasie II wojny światowej radio, a zwłaszcza CBS, stało się dla Amerykanów głównym źródłem najnowszych wiadomości, wiele z tego, co mieszkańcy Stanów Zjednoczonych wiedzieli o Polsce, pochodziło z radiowych relacji Chłopców Murrowa.

Wśród ich doniesień można znaleźć relacje Williama L. Shirera o inwazji niemieckiej na Polskę we wrześniu 1939 roku i reportaż Larry'ego LeSueura o polskich oddziałach stacjonujących w Szkocji. Eric Sevareid opisał zdobycie Monte Cassino przez żołnierzy armii Andersa. Ed Murrow przypominał Ameryce, że we wrześniu Polskę zaatakowały nie tylko nazistowskie Niemcy, ale również Związek Sowiecki. Czytelnicy tej książki dowiedzą się, jak zareagowali Chłopcy na ujawnienie masakry w Katyniu i zdradę sojuszników Polski na konferencji w Jałcie w lutym 1945 roku. Opisujemy również przygody korespondentów na wszystkich innych frontach wojny – w Afryce Północnej, Europie, oblężonej Moskwie, na Pacyfiku – przygody, które pomagają zrozumieć, dlaczego Chłopcy Murrowa są wciąż zaliczani do najlepszych korespondentów wojennych, jacy kiedykolwiek działali.

Nasza książka nie jest jednak poświęcona wyłącznie wyczynom dziennikarzy. To również historia dziennikarstwa radiowego i telewizyjnego od lat trzydziestych do chwili obecnej. Ukazujemy jego rozwój od pionierskich dni wiadomości radiowych w czasach zespołu „uczonych dziennikarzy" Murrowa do nadmiernie sensacyjnego, skomercjalizowanego produktu wielu współczesnych mediów w Stanach Zjednoczonych i na całym świecie. Po wojnie Chłopcy Murrowa odnosili liczne tryumfy, lecz starając się przeciwstawiać naciskowi ze strony korporacji i bronić dziennikarskiej rzetelności wiadomości telewizyjnych, często też, niestety, przegrywali, ponieważ głównym celem komercyjnej telewizji jest utrzymanie widzów przed ekranami, nie zaś dostarczanie im wiadomości. Omawiając lata powojenne, z konieczności koncentrujemy uwagę na wydarzeniach w Stanach Zjednoczonych, między innymi na poronionym „polowaniu na czerwonych" senatora Josepha McCarthy'ego – ale naszym zdaniem wynikające z nich wnioski mają znaczenie również dla innych krajów, w tym dla Polski.

W 1958 roku Murrow wygłosił w Chicago mowę, w której stwierdził, że dążenie sieci do zwiększenia zysków sprawiło, iż telewizja stała się medium „dekadencji, eskapizmu i izolacjonizmu". Telewizja „może uczyć – kontynuował. – Może oświecać. Tak, może nawet inspirować. Ale to jest możliwe tylko wtedy, kiedy ludzie chcą jej użyć do takich celów. W przeciwnym razie to tylko pudło z drutami i lampami". Murrow mówił do Amerykanów, mając na myśli amerykańskie media, lecz równie dobrze mógł powiedzieć to samo Anglikom, Japończykom, Rosjanom i Polakom.

Chłopcy Murrowa to opowieść o tym, jak tuż przed wybuchem II wojny światowej niewielka grupka dziennikarzy radiowych postanowiła nie tylko opisywać, co dzieje się na świecie, ale również wyjaśniać przyczyny i znaczenie konkretnych wydarzeń. Ich wysiłki przyniosły zaskakująco udane rezultaty. Stworzyli nowy styl dziennikarstwa i określili obowiązujące wzorce jakości i rzetelności, którym do dziś usiłują sprostać, niekiedy walcząc z licznymi przeciwnościami, dziennikarze na całym świecie.

Stanley Cloud i Lynne Olson
Waszyngton, DC, luty 2006

NOTA AUTORÓW

Przed wybuchem i w dniach II wojny światowej znakomity dziennikarz CBS Edward R. Murrow zebrał grupę korespondentów radiowych, którzy później zasłynęli jako Chłopcy Murrowa. Nie wiemy, kto ukuł to określenie i kiedy zyskało ono popularność, ale było powszechnie używane w CBS pod koniec lat czterdziestych. Inni dziennikarze uważali je za rodzaj wyróżnienia, podobnie zresztą jak Murrow i sami Chłopcy. Były korespondent CBS David Schoenbrun napisał w 1989 roku: „Przez pewien czas w latach czterdziestych i pięćdziesiątych [...] Chłopcy Murrowa nie tylko byli najlepsi, ale stanowili też klasę dla siebie". Ocena Schoenbruna może jednak być problematyczna, ponieważ – jak się przekonamy – sam zaliczył siebie do tej grupki wybrańców.

Każdy, kto chce zrelacjonować chwalebną historię Chłopców Murrowa, musi przede wszystkim rozstrzygnąć, kto należał do tej grupy, co wcale nie jest takie łatwe, jak mogłoby się wydawać. Na przykład William L. Shirer nigdy nie uważał siebie za jednego z Chłopców, ponieważ – jak twierdzi – nie należał do grona protegowanych Murrowa. Nawet sami Chłopcy nie zawsze zgadzają się ze sobą w kwestii, kto powinien znaleźć się na liście; niektórzy wykluczają Cecila Browna, Howarda K. Smitha i Winstona Burdetta, ponieważ zbyt krótko – jeśli w ogóle – pracowali oni z Murrowem w Londynie podczas II wojny światowej, a ponadto to nie Murrow zatrudnił Smitha i Burdetta. Rzadko uwzględniani są Thomas Grandin i Mary Marvin Breckinridge, ponieważ ich wkład już dawno odszedł w zapomnienie, a krótkotrwałe związki z Murrowem i CBS skończyły się, nim jeszcze Stany Zjednoczone przystąpiły do wojny. Wreszcie sporo powojennych korespondentów CBS, których Murrow zatrudnił lub na których zatrudnienie miał wpływ – między innymi Schoenbrun – uważało się za członków grupy, z czym często zgadzali się inni Chłopcy.

Oto lista, którą ostatecznie przyjęliśmy, w porządku alfabetycznym: Mary Marvin Breckinridge, Cecil Brown, Winston Burdett, Charles Collingwood, William Downs, Thomas Grandin, Richard C. Hottelet, Larry LeSueur, Eric Sevareid, William L. Shirer i Howard K. Smith. Collingwood, Downs, Hottelet, LeSueur, Sevareid i Shirer zostali zatrudnieni przez Murrowa, pracowali z nim w czasie wojny, byli jego przyjaciółmi i szanowanymi kolegami. Historyczna ścisłość nakazywała nam uwzględnić Grandina i Breckinridge. Brown, choć odszedł z CBS przed końcem wojny, nie został pominięty, ponieważ zatrudnił go Murrow, a jego relacje z Bałkanów i Pacyfiku były znakomite i wyjątkowe. Jeśli chodzi o Smitha i Burdetta, to wprawdzie Murrow ani ich nie zatrudnił, ani nie miał z nimi bliższego kontaktu w czasie wojny, ale nie ulega wątpliwości, iż uważał obu za członków swojego wojennego zespołu i później tak ich traktował. Potwierdziła to w długim wywiadzie wdowa po Murrowie, Janet, dlatego sprawa ta jest dla nas jednoznacznie rozstrzygnięta.

W czasie wojny, pragnąc wzmocnić zespół CBS w Europie, Murrow zatrudnił kilku dziennikarzy, między innymi reportera Paula Manninga oraz redaktorów Charlesa Shawa i Willarda Shadela. Wszyscy trzej początkowo pracowali na części etatu lub mieli tymczasowe umowy, lecz w istotny sposób pomagali w relacjonowaniu wojennych wydarzeń. Mimo to nie należeli do Chłopców. Manning pracował później w sieci Mutual, a Shaw objął stanowisko dyrektora wiadomości telewizyjnych w Filadelfii. Tylko Shadel ostatecznie został regularnym pracownikiem CBS News, ale – jak sam przyznaje – nigdy się nie znalazł w elitarnym kręgu Murrowa. Podobnie liczni powojenni korespondenci CBS – na przykład Schoenbrun, George Polk, Daniel Schorr i Alexander Kendrick – choć byli wybitnymi dziennikarzami i utrzymywali bliskie osobiste kontakty z Murrowem, nie mieli takiego statusu, wynikającego z wojennych związków, jak Chłopcy, dlatego wykluczyliśmy ich z naszej listy.

Historia tryumfów i rozczarowań Chłopców ma epicki rozmach i dramatyzm, ale nic tutaj nie zostało wymyślone. W książce nie ma żadnych fikcyjnych rozmów i scen, niczego, co by wykraczało poza fakty poznane dzięki badaniom archiwalnym, wielu lekturom, przesłuchaniom starych nagrań i licznym wywiadom, w tym z żyjącymi jeszcze Chłopcami. Ilekroć przytaczamy czyjeś myśli, opieramy się na odpowiednich źródłach.

Krótko mówiąc, *Chłopcy Murrowa* to całkowicie zgodna z faktami opowieść o tym, jak rodzą się legendy i umierają marzenia.

Stanley Cloud i Lynne Olson
czerwiec 1995

My, garść – szczęśliwy krąg – gromadka braci...

        Shakespeare, *Król Henryk V*, w przekł. Stanisława Barańczaka

Chciałbym [...] opowiedzieć o chłopcach, którzy tworzyli ekipę CBS w czasie wojny, i o tym, jak zostali wybrani.

        Edward R. Murrow, list do Blanche Knopf, ok. 1956

PROLOG

Pewnego pięknego popołudnia w 1992 roku w National Press Club w Waszyngtonie, DC, odbyła się uroczystość żałobna poświęcona pamięci Erica Sevareida. Wzięło w niej udział około czterystu osób. Byli wśród nich liczni luminarze nowoczesnego, elektronicznego dziennikarstwa, między innymi Walter Cronkite, Mike Wallace, Andy Rooney, Bernard Shaw, Sam Donaldson, Lesley Stahl, Don Hewitt i Dan Rather. Gwiazdorzy, z podszytą zażenowaniem dumą ze sławy i bogactwa, kręcili się po sali w poszukiwaniu wolnych miejsc. Witali się ze znajomymi – a znali niemal wszystkich – ściskając ich dłonie, machając ręką lub przesyłając całusy.

Zanim w 1977 roku odszedł na emeryturę, Sevareid, z grzywą siwych włosów, mocną szczęką, niskim i szorstkim głosem, stał się czymś w rodzaju posągu deklamującego szacowne opinie. Kilka razy w tygodniu, w komentarzach wygłaszanych w wieczornych programach informacyjnych CBS, starał się przekonać do uprzejmości i kultury społeczeństwo owładnięte gwałtownymi płomieniami walk rasowych, Wietnamu i Watergate. To właśnie o tym posągu mówiono podczas uroczystości w National Press Club, nie zaś o młodym marzycielu z Velvy w stanie Dakota Północna, dawnym poszukiwaczu przygód i biczu na pompatycznych generałów oraz nawiedzonych entuzjastów polowania na czarownice.

W dzieciństwie Sevareid marzył, że kiedyś zostanie podróżnikiem, a gdy wróci do rodzinnego miasta, ludzie będą go podziwiać, zdumieni tym, dokąd dotarł, co zrobił i kim się stał. W końcu rzeczywiście zdobył ich podziw. W 1937 roku, gdy był początkującym reporterem, z głową wypełnioną radykalnymi politycznymi ideami, wsiadł na frachtowiec płynący do Europy. Dwa lata później Edward R. Murrow przyjął go do swojego niewielkiego pionierskiego zespołu młodych korespondentów radiowych CBS, których później nazywano Chłopcami Murrowa.

Sevareid i pozostali Chłopcy relacjonowali w CBS wydarzenia wojenne i opisywali powojenny świat, jednocześnie odkrywając dziennikarstwo radiowe i telewizyjne. „Musieliśmy je tworzyć w praktyce – powiedział kiedyś. – Nie było żadnych precedensów. Musieliśmy stworzyć tradycję".

W sumie było ich jedenastu, ale trzy osoby szybko odpadły z przyczyn uczuciowych lub pod wpływem irytacji związanej ze sprawami zawodowymi. Nigdy wcześniej ani później nie istniała taka grupa reporterów. Murrow powiedział kiedyś w czasie wojny: „Jeśli z jakiegoś powodu mam się zapisać w ludzkiej pamięci, to chciałbym, żeby pamiętano, jakich ludzi udało mi się namówić do pracy ze mną tu, w CBS. Bez nich byłbym nikim". Ich przygody, sukcesy, porażki i rozczarowania wykraczały poza wszystko, o czym śnił młody Eric Sevareid w Dakocie Północnej. „To była niezwykle romantyczna historia [...] towarzyszył jej zachwyt, którego nigdy się całkiem nie pozbyłem" – powiedział.

Gdy jednak umierał w 1992 roku, w wieku siedemdziesięciu dziewięciu lat, większość ludzi, nawet dawnych kolegów, najwyraźniej zapomniała o tej fazie jego życia. Teraz Eric Sevareid był tylko nieco pompatycznym komentatorem, często występującym w wieczornych wiadomościach. A Chłopcy Murrowa... no cóż, prawie nikt już o nich nie pamiętał.

Z przodu sali znajdowało się podium, na którym stał mikrofon. Z boku, gdzie siedzieli członkowie rodziny Sevareida, cicho grał kwartet muzyków z Narodowej Orkiestry Symfonicznej. Mistrzem ceremonii był Dan Rather. Podobała mu się ta rola; siedem lat wcześniej odegrał ją na podobnej uroczystości ku czci Charlesa Collingwooda. Murrow i Chłopcy byli jego idolami. Na początku lat siedemdziesiątych próbował napisać sztukę zatytułowaną *Chłopcy Murrowa*, ale przekonał się – podobnie jak Sevareid trzydzieści lat wcześniej – że nie potrafi pisać dramatów. Rather wzorował się na Murrowie, Sevareidzie, Collingwoodzie i pozostałych Chłopcach – podobnie jak to czynili, świadomie lub nie, niemal wszyscy obecni na sali dziennikarze radiowi i telewizyjni.

Wszyscy również lubili otulać się płaszczem uczciwości i rzetelności, który Murrow i Chłopcy długo tkali, tocząc liczne potyczki ze sponsorami i menedżerami. Rather tak często czynił to publicznie, że w 1987 roku Sevareid w końcu zasugerował mu, żeby nieco spuścił z tonu. „Rather to nie Edward R. Murrow II" – napisał w liście do niego. Rather i CBS, bynajmniej nie zniechęceni, w dalszym ciągu podpierali się przeszłością, ignorując różne niewygodne fakty, na przykład ten, że szefowie sieci zmusili Murrowa i większość Chłopców do złożenia dymisji lub zepchnęli ich na margines.

Rather był jednak prezenterem utożsamianym z CBS News, a zatem nie było niczego niewłaściwego w tym, iż to on dyrygował uroczystością pogrzebową Sevareida. Pojawił się jednak pewien problem: najwyraźniej nie miał nic do powiedzenia. W pewnym momencie wdał się w długą i zupełnie nieistotną opowieść o tym, jak dzielił z nim pokój w czasie pobytu w Chinach. Słuchacze byli zdumieni i zaskoczeni.

Nieco później do mikrofonu podszedł Howard Stringer, prezes CBS Broadcast Group i były dyrektor CBS News. W 1987 roku Stringer zarządził ostre cięcia budżetowe, które niemal wykończyły dział programów informacyjnych. Teraz z wyraźną przyjemnością oznajmił, że Sevareid „nigdy nie mówił mu o dawnych, dobrych czasach" (co było dziwne, gdyż Sevareid często wspominał dawne, pełne chwały dni CBS News).

Ze wszystkich mówców tylko Richard Salant, jeszcze jeden były prezes CBS News, dostrzegł niezamierzoną ironię w wypowiedziach nowoczesnych dziennikarzy i menedżerów telewizyjnych, wychwalających Erica Sevareida. „Najważniejszą lekcją, jaką wpajał nam Eric – powiedział znacząco – było twierdzenie, iż nawet w telewizji na początku było słowo. Eric sam najlepiej obalał błędne przekonania, że zawsze trzeba emitować obrazy i że kardynalnym grzechem jest pokazywanie gadających głów [...] Zapewne byłoby dobrze, gdyby dzisiejsi dziennikarze telewizyjni, nałogowo przywiązani do obrazów, nawet jeśli nie mają one znaczenia i tylko rozpraszają uwagę, przypomnieli sobie, że gdy w wieczornych wiadomościach CBS ukazywała się gadająca głowa Erica, program ten miał dominującą pozycję nie tylko w opinii krytyków, ale również widzów".

Ci, którzy dobrze znali Erica Sevareida, zastanawiali się później nad kryterium wyboru mówców. „To była koszmarna ceremonia, jeden z najgorszych pogrzebów, na jakich byłem obecny – powiedział Don Hewitt, producent *60 Minutes*. – Zbiegła się banda egocentryków. Wszyscy chcieli koniecznie coś powiedzieć. Sevareid nic ich nie obchodził. Chcieli wykorzystać okazję, żeby wygłosić przemówienie". Kilku przyjaciół Sevareida, po zapoznaniu się zawczasu z listą mówców, zrezygnowało z udziału w uroczystości.

Gwiazdorzy mediów zignorowali jedynego z pięciu żyjących jeszcze Chłopców Murrowa, który pojawił się na pogrzebie – starego człowieka z ciężkimi, opadającymi powiekami, krzywym nosem i ironicznym grymasem na twarzy. Wielu z nich nie wiedziało nawet, kto to taki. Larry LeSueur, mający wówczas osiemdziesiąt trzy lata, znał Sevareida lepiej niż ktokolwiek z obecnych i był bliskim kumplem Eda Murrowa w czasie II wojny światowej. On, Sevareid i Murrow wspólnie relacjonowali bitwę o Anglię i londyński blitz. LeSueur opisywał również oblężenie Moskwy, przebywając za rosyjskim frontem, i wylądował na plaży Utah w dniu inwazji w Normandii razem z drugą falą desantu. Krótko mówiąc, odegrał ważną rolę w historii CBS i w życiu Sevareida.

Nikt z CBS nie pofatygował się, żeby zawiadomić go o pogrzebie, lecz LeSueur, który mieszkał w Waszyngtonie, przypadkowo przeczytał informację w gazecie i postanowił pójść. Słuchając kolejnych przemówień, czuł narastającą irytację i smutek. „Nie mogłem w nich rozpoznać Erica – powiedział później. – Nikt nawet nie napomknął o tym, co było jego istotą... To była produkcja programu. Pomyślałem: «Jeśli Eric naprawdę taki był, to ja go nie znałem». W ogóle nie było mowy o Sevareidzie, którego znałem. Nawet nie wspomniano o jego pracy! Wszyscy opowiadali tylko o ostatnich latach jego życia, nie zaś o całej karierze. Prawie nic o Murrowie i zupełnie nic o Chłopcach Murrowa". LeSueur żałował, że przyszedł. Opuścił National Press Club, kręcąc głową i wspominając, jak to było naprawdę...

1937–1945

ROZDZIAŁ PIERWSZY

GŁOS PRZYSZŁOŚCI

Larry LeSueur gnał pełnym gazem na swym motocyklu Indian Scout nowojorską Henry Hudson Parkway. Jak później przyznał, prędkość, którą wówczas rozwinął, powinna była zadowolić każdego faceta na tyle głupiego, żeby w ogóle wsiąść na motor. Ale młody LeSueur, czując wiatr siekący go po twarzy, wciąż nie był usatysfakcjonowany.

Sięgnął w dół i odciągnął osłonę gaźnika. Sam wpadł na ten pomysł: wtłaczając powietrze do gaźnika pod zwiększonym ciśnieniem, można było wycisnąć z silnika dodatkową moc. LeSueur był przekonany, że nawet bez takich zabiegów scout góruje nad harleyem davidsonem. Teraz, po włączeniu doładowania, motocykl przyśpieszył jak koń smagnięty batem. LeSueur, chcąc jak najszybciej dotrzeć do celu, pochylił się nad kierownicą, żeby zmniejszyć opór powietrza. To już było prawie to. Leciał. Cała autostrada należała do niego.

Gdy zbliżał się do mostu, za którym zaczynał się ostry podjazd, zauważył, że inni kierowcy zwalniają. Pod mostem droga była zatłoczona. LeSueur jednak nie zmniejszył prędkości. Wyprzedził kolejne samochody i po chwili był już na podjeździe. Przed nim powoli toczył się wielki zielony pierce arrow. LeSueur, który zawsze zachowywał zimną krew, teraz poczuł lekki niepokój. Pora była ściągnąć cugle. Gdyby jednak zahamował z odsłoniętym gaźnikiem, scout nagle straciłby moc, zgasł przy prędkości poniżej pięćdziesięciu kilometrów na godzinę i mógłby się wywrócić. Larry sięgnął w dół, żeby zamknąć pokrywę. Tylko na sekundę oderwał oczy od drogi. W tym momencie uderzył w wielkiego pierce arrowa.

To była lekka stłuczka, na tyle delikatna, że samochód nie został uszkodzony, ale LeSueur poleciał w powietrze. Przez chwilę czuł nieważkość, a potem mu się wydawało, że na jego piersi siedzi ciężkie zwierzę. Leżał na trawiastym poboczu i z trudem łapał oddech. Jego piękny czerwony scout leżał na boku na środku jezdni, z wyjącym silnikiem i bezsensownie wirującymi kołami.

LeSueur odzyskał przytomność i rozejrzał się dookoła. Kierowca pierce arrowa zaparkował na poboczu i podszedł do motocykla. Zgasił silnik, podniósł motor i poprowadził go na trawę. Nieznany bogacz przez chwilę przyglądał się LeSueurowi, który czuł się dodatkowo upokorzony tym, że ma na nogach mocno zużyte buty ojca. Właściciel drogiego samochodu obrzucił go protekcjonalnym spojrzeniem, po czym bez słowa odwrócił się i odszedł.

Larry LeSueur potrzebował sporo czasu, żeby dotrzeć na miejsce przeznaczenia.

W ponurych latach Wielkiego Kryzysu Edward Lesueur miał wrażenie, że Nowy Jork stale uczy go pokory: kiepskie zarobki, żadnych przygód, które według rodzinnych legend kiedyś tak łatwo przeżywali liczni Lesueurowie. (Larry zaczął pisać swoje nazwisko z dużym „S", dopiero gdy był już znanym korespondentem wojennym CBS).

Jego ojciec, Wallace Lesueur, w czasie I wojny światowej był oficerem marynarki wojennej, a później został dziennikarzem i korespondentem zagranicznym. Przez pewien czas pracował w dziennikach „New York Sun" i „New York Tribune". Bywał również agentem prasowym rodeo i objazdowych widowisk z Dzikiego Zachodu, między innymi *Zach Miller's 101st Ranch*. Larry urodził się w Nowym Jorku w 1909 roku. Gdy był chłopcem, rodzina – matka Rose i starsza siostra Margaret – mieszkała przez pewien czas w Chicago, ale wróciła do Nowego Jorku. Dziadek Larry'ego po mieczu był wydawcą dziennika w Tama w stanie Iowa, gdzie zarządzał indiańskim rezerwatem. Larry w dzieciństwie często wysłuchiwał mocno ubarwionych opowieści dziadka o szaleńczych wyczynach pijanych Indian. Uwielbiał te historie, podobnie jak letnie wakacje na rodzinnej farmie w Greencastle w stanie Indiana, gdzie swobodnie włóczył się, polował i łowił ryby.

Jako dorosły Larry LeSueur imponował wielu ludziom, zwłaszcza kobietom, swym miejskim obyciem i wyrafinowaniem, ale jego sposób odczuwania ukształtował się na farmie dziadka na Środkowym Zachodzie, co w znacznej mierze wyjaśnia jego stosunek do życia, kraju, pracy i świata. W głębi serca Larry LeSueur był chłopakiem ze wsi. Nie miał cierpliwości do niepokojów i nerwic mieszczuchów. Widział ludzi takich, jakimi byli. Umiłowanie życia na łonie natury sprawiało, iż po wakacjach niechętnie wracał z farmy do betonowego świata Chicago lub Nowego Jorku, gdzie mieszkał w dzieciństwie.

Jednak w latach dwudziestych nawet w Nowym Jorku można było znaleźć bukoliczne okolice. Wystarczyło wiedzieć, gdzie ich szukać. LeSueur łowił ryby i strzelał z wiatrówki do żab w miejscu, w którym potok Spuyten Duyvil wpada do rzeki Hudson na północ od Manhattanu. Największą przyjemność sprawiało mu traperstwo. Zimą często wskakiwał do trolejbusu niedaleko swego domu w Riverdale na zachodnim skraju Bronxu, jechał do parku Van Cortlandta, po czym wędrował wiele kilometrów, często w kopnym śniegu, obchodząc swoje linie pułapek od północnego skraju parku w głąb okręgu Westchester. Łowił szczury piżmowe i norki, obdzierał je ze skóry, po czym naciągał i suszył futro. Handlarze futrami z dolnego Manhattanu wydawali się zaskoczeni, gdy zjawiał się u nich młody człowiek o swobodnych manierach, żeby sprzedać świeże skóry. Larry LeSueur był pierwszym prawdziwym traperem, jakiego widzieli.

LeSueur wyrósł na mężczyznę twardego i przedsiębiorczego. Uczył się w szkołach publicznych w Bronksie, gdzie walki na pięści i zapasy na szkolnych dziedzińcach stanowiły zrytualizowaną formę ćwiczeń fizycznych dla przeciwników i źródło rozrywki dla ich kolegów. Wiele lat później LeSueur był w stanie przypomnieć sobie ze szkolnych czasów jedynie nieustanne „walki o przetrwanie lub dominację". Sytuacja poprawiła się dopiero wtedy, gdy został przyjęty do szkoły średniej. Speyer School była eksperymentalną szkołą prywatną dla chłopców, prowadzoną przez Columbia University. Nawet tam LeSueur był narażony na razy, i to w związku z rozwojem jego umiejętności pisarskich i dziennikarskich. Kiedyś napisał dla szkolnego pisma literackiego esej o ostatnim nowojorskim kowalu. Tekst był tak dobry, że nauczycielka nie mogła uwierzyć, iż jego autorem jest dwunastolatek. Gdy LeSueur upierał się, że sam go napisał, nauczycielka wymierzyła mu mocny policzek za kłamstwo. Nigdy go nie przeprosiła, ale nieco później, gdy redaktor szkolnej gazetki szukał kogoś, kto zrelacjonowałby zawody lekkoatletyczne, zasugerowała mu LeSueura. „On dobrze pisze" – powiedziała. Tak się rozpoczęła jego kariera reporterska.

LeSueur chciał studiować i zostać dziennikarzem, tak jak ojciec i dziadek, ale gdy w 1927 roku skończył szkołę średnią, było to nierealne marzenie. Jego ojciec alkoholik zmarł, a choć Rose Lesueur dzięki różnym pracom dorywczym miała dość pieniędzy, żeby przeżyć, nie była w stanie sfinansować jego studiów.

Nadal mieszkał z matką w domu w Riverdale. Znalazł pracę gońca w dziale reklamowym domu towarowego Macy's i w ciągu dwóch lat udało mu się zaoszczędzić tyle, żeby zapisać się na studia na New York University.

Inni studenci z kampusu University Heights uważali, że jest nieco dziki. Najprawdopodobniej żaden z nich nigdy nie zajmował się traperstwem i żaden nie miał motocykla, nawet używanego, takiego jak jego ukochany indian scout. LeSueur wyróżniał się też twardością nabytą na szkolnym dziedzińcu. Choć był szczupły, mówił cicho i z pewnością nie uchodził za zabijakę, koledzy wyczuwali, że lepiej go nie drażnić. Ważył sześćdziesiąt pięć kilogramów i był bokserskim mistrzem wagi półśredniej pierwszego roku. Rok później zakwalifikował się do drużyny uniwersyteckiej i szybko się przekonał, że nie on jeden jest twardym zawodnikiem. Gdy był na trzecim roku, miał już złamany nos (co dodawało uroku i tajemniczości jego smagłej twarzy z ciężkimi powiekami) i stopniowo tracił entuzjazm dla męskiej sztuki samoobrony. Później został znokautowany, i to mocno. Gdy odzyskał przytomność, leżał na ringu i nie mógł sobie przypomnieć, kim jest i co to za ludzie go otaczają. Doszedł do siebie dopiero pod natryskiem i wówczas postanowił zawiesić rękawice.

Nie była to wielka ofiara. LeSueur miał inne, mniej ryzykowne zainteresowania. Lubił czytać i coraz lepiej pisał. Postanowił studiować literaturę angielską. Często publikował w uniwersyteckim magazynie literackim. Łapał różne dorywcze prace – między innymi polerował samochody i był kelnerem w lokalu Schrafft's. W 1932 roku otrzymał tytuł bakałarza i rozpoczął poszukiwanie normalnej pracy, ale najwyraźniej tego roku świat nie potrzebował jeszcze jednego absolwenta anglistyki.

W Nowym Jorku właśnie dogorywał wesoły i skorumpowany reżym burmistrza Jimmy'ego Walkera. W szalonych latach dwudziestych przystojny, uwielbiający zabawę Walker był dla mieszkańców miasta źródłem rozrywki. Gdy jednak wraz z Wielkim Kryzysem na ulicach pojawiły się kolejki po chleb, a na rogach ludzie sprzedawali jabłka, nowojorczycy nie mogli już go dłużej znosić i wybrali Fiorella La Guardię, żeby zrobił w mieście porządek.

LeSueur, podobnie jak tłumy bezrobotnych, biegał po ulicach w cieniu niedawno ukończonych wieżowców Chryslera i Empire State Building w poszukiwaniu pracy. Po kilku miesiącach dostał posadę asystenta prywatnego detektywa. Szpiegował małżonków, którzy zeszli na złą drogę, i czatował w sklepach na drobnych złodziejaszków, na ogół bezrobotnych. To w niczym nie przypominało – powiedział – „tego, o czym się czyta w kryminałach". To była „paskudna, zła robota". Nie bacząc na Wielki Kryzys, LaSueur rzucił pracę.

Po dalszych poszukiwaniach udało mu się wrócić do Macy's, tym razem na stanowisko ekspedienta pomagającego klientom znaleźć poszukiwane artykuły. Pracował tylko w soboty. Być może był to awans w porównaniu z posadą prywatnego tajniaka, a obowiązkowy biały goździk w butonierce zapewne nadawał mu niefrasobliwy i atrakcyjny wygląd, ale nadal nie było to zajęcie, o jakim marzył. Larry nie miał przed sobą żadnych perspektyw poza otępiającym, niekończącym się użeraniem z poirytowanymi klientami.

W pewną sobotę znajomy podszedł do niego w sklepie.

„Nie możesz tego robić całe życie – powiedział. – Kim naprawdę chciałbyś zostać?"

„Reporterem" – odparł LeSueur.

Jego rozmówca znał z kolei redaktora „Women's Wear Daily", oficjalnego dziennika, jeśli można tak powiedzieć, świata mody. Gdy ów redaktor zgodził się zatrudnić go na próbę, LeSueur bez wahania oddał swoją służbową marynarkę z butonierką. Wprawdzie „Women's Wear Daily" zwykle nie zajmował się wiadomościami dającymi początek dziennikarskim legendom, a zlecenia nie całkiem pasowały do awanturniczej tradycji rodzinnej, jednak podjęcie tam pracy było przynajmniej krokiem we właściwym kierunku. LeSueur nie pracował w „WWD" zbyt długo. W 1936 roku, niecały rok po rozstaniu się z Macy's, został zwerbowany przez agencję prasową United Press, hałaśliwego nicponia dziennikarskiego świata.

Mniej więcej w tym czasie zarząd koncernu prasowego Scripps-Howard, do którego należała agencja, nakazał swym dziennikarzom poprzeć propozycję administracji Roosevelta, zmierzającą do wprowadzenia czterdziestogodzinnego tygodnia pracy. Dla pracowników agencji ironia tej sytuacji była aż nazbyt smakowita. W UP czterdziestogodzinny tydzień pracy był czymś niesłychanym i nie było żadnych szans, żeby w przewidywalnej przyszłości został wprowadzony. LeSueur od poniedziałku do piątku pracował co najmniej dziesięć godzin dziennie, po czym musiał jeszcze wziąć wieczorną zmianę w sobotę. Gdy kończył godzinę przed północą, koledzy już zwykle grali w pokera, a on na ogół się do nich przyłączał. Częściej, niż wolałby pamiętać, tracił cały tygodniowy zarobek – trzydzieści siedem i pół dolara.

Jednak UP relacjonowała ważne wydarzenia i dawała okazje do przygód. Młodzi mogli mieć nadzieję, że wpadną w oko jednemu z wielu redaktorów naczelnych, którzy uważnie obserwowali agencję, wypatrując utalentowanych kandydatów. Czynili tak z prostego powodu: skąpa i często niedbała agencja zatrudniała najbardziej obiecujących dziennikarzy w kraju. „UP brała młodych, wyciskała ich jak pomarańcze, uczyła rzemiosła i nic nie płaciła – wspominał jej adept Dick Hottelet. – Potem oni odchodzili, a UP brała kolejnego dzieciaka, żeby za piętnaście dolarów na tydzień robił to samo". Albo, jak wyraził to Howard K. Smith, jeszcze jeden były reporter agencji, „UP żerowała na pierwszych latach kariery zawodowej wielu dziennikarzy".

Przebiegli i pozbawieni skrupułów redaktorzy zawsze wykorzystywali rozpowszechnione wśród reporterów przekonanie, że w ich zawodzie chodzi o coś bardziej wartościowego niż tylko pieniądze – istotą jest pogoń, polowanie, zwycięstwo nad konkurencją. Ta wiara była szczególnie silna w UP. Młodzi, agresywni dziennikarze agencji sprawiali wrażenie, że żyją tylko na adrenalinie, którą wydzielają ich gruczoły, gdy rywalizowali z wielką, a w porównaniu z UP dość królewską, dominującą na rynku Associated Press. Jeśli ktoś pomylił kilka faktów, jeśli relacja nie była pełna, cóż, trudno, następnym razem pójdzie mu lepiej. W tym świecie, działającym dwadzieścia cztery godziny na dobę, siedem dni w tygodniu, gdzie żadne miejsce nie było zbyt odległe, a żadna mieścina zbyt mała, liczyło się tylko to, kto pierwszy przekaże wiadomość. Jeśli wygrywałeś, to główni klienci twojej agencji – wielkie miejskie dzienniki, które ostro rywalizowały między sobą – również byli pierwsi. Zwycięstwo mierzone w minutach, a niekiedy nawet w sekundach, mogło ci przynieść gorące pochwały kierownictwa.

Choć młodzi dziennikarze z UP narzekali na dziewiętnastowieczne warunki pracy, w gruncie rzeczy uwielbiali rywalizację. To było podniecające wyzwanie, z jakim wcześniej nie mieli okazji się spotkać. Jednak kombinacja pokera i niskich zarobków niemal wykończyła Larry'ego LeSueura. Podniecenie mu odpowiadało, ale musiał też więcej zarabiać. Sposobem na to miało być pisanie w wolnych chwilach scenariuszy dla radia.

W tym czasie radio dopiero wychodziło z fazy wczesnego dzieciństwa. Nieco ponad dziesięć lat wcześniej większość Amerykanów nie wiedziała, co to takiego, ale teraz nie mogła sobie wyobrazić życia bez radia. Pracownicy socjalni odkryli, że ludzie, którzy podczas Wielkiego Kryzysu stracili niemal wszystko, najpierw sprzedawali lodówki i inne konieczne urządzenia, a dopiero potem rozstawali się ze swymi odbiornikami Atwater Kent lub Philco. Radio stało się spoiwem łączącym społeczeństwo, szczególnie ważnym ze względu na wielki zasięg. Dzięki radiu odcięci od świata rybacy łowiący kraby gdzieś w Maine mieli coś wspólnego z farmerami uprawiającymi sałatę w Kalifornii.

W latach trzydziestych, gdy Amerykanie gromadzili się przy odbiornikach, żeby wysłuchać relacji z walki bokserskiej, prezydenckiej pogawędki przy kominku lub żeby się pośmiać, słuchając *Amon 'n' Andy* lub Eddiego Cantora, odnotowano pierwsze przejawy zjawiska, które kilkadziesiąt lat później Marshall McLuhan nazwie „globalną wioską". Dzięki radiu ludzie mogli natychmiast i równocześnie otrzymywać wiadomości z miejsc odległych o tysiące kilometrów. Mogli też uciec od rzeczywistości, zapomnieć na chwilę o niskich cenach na kraby, kiepskich zbiorach sałaty lub innych nieszczęściach i znaleźć rozrywkę. A co najlepsze, gdy już kupili odbiornik (lub sami go zbudowali), nie musieli nic płacić za ten cud łączności. Nic więc dziwnego, że w czasie Wielkiego Kryzysu Amerykanie nabrali wielkiego apetytu na programy radiowe, a radiowcy musieli gorączkowo szukać coraz to nowych pomysłów, by ten apetyt zaspokoić.

Jednym z małych kąsków dla ogromnej paszczy było słuchowisko nadawane przez związaną z CBS nowojorską stację, zatytułowane *We, the People*. Była to seria szkiców o amerykańskich archetypach. W 1938 roku Larry LeSueur zaczął przesyłać producentom krótkie teksty. Po zaakceptowaniu kilku scenariuszy został wciągnięty do pracy – miał zapewnić głos swoim postaciom. Jego ulubieńcem był typ, którego nazywał mistrzem matołów – naiwniak wiecznie oszukiwany przez nowojorskich cwaniaków, jeden z tych, co to kupują tańczące lalki, które jakoś nie tańczą, i fikające małpki, które nie fikają.

Producentom *We, the People* podobały się pomysły i scenariusze LeSueura, lecz po pewnym czasie odsunęli go od mikrofonu, ponieważ – jak twierdzili – słuchacze zaczęli identyfikować jego głos. Larry nie potrafił zmieniać go na tyle, żeby każda postać mówiła inaczej. Ale nie narzekał: był dziennikarzem, nie zaś aktorem. Zaczął natomiast zastanawiać się nad innymi możliwościami radia, a w szczególności nad wiadomościami radiowymi, takimi jakie wówczas znano.

Jedynymi „specjalistami od wiadomości", którzy w ogóle liczyli się w radiu na początku lat trzydziestych, byli tak zwani komentatorzy: z reguły pozerzy o melodyjnym głosie, którzy zwykle przekazywali to, co sami przeczytali w porannych gazetach lub czego dowiedzieli się z depesz agencyjnych. Trzeba uczciwie przyznać, że nikt ich nie zatrudniał jako reporterów. Raczkujące sieci radiowe chciały, żeby w kwiecistym stylu opowiadali anegdoty i snuli rozważania – na tyle kontrowersyjne, aby przyciągały słuchaczy, ale też na tyle bezpieczne, aby stacji nie groziły procesy sądowe i represje ze strony rządu.

Największymi gwiazdorami tej rozkwitającej specjalności byli Lowell Thomas z National Broadcasting System i dziś już zapomniany Boake Carter z Columbia Broadcasting System. Thomas – jak powiedział pewien ówczesny menedżer NBC – „miał głos za milion dolarów, ale jego wiadomości nie były warte pięciu centów". A Boake Carter? Ten człowiek CBS był wzorem komentatora. Irlandzki imigrant urodzony w Baku w Azerbejdżanie, potrafił znakomicie grasejować. Na niektórych zdjęciach reklamowych Carter występował w stroju angielskiego ziemianina – z fajką, w tweedowej marynarce, bryczesach i butach do konnej jazdy. Stać go było nawet na życie w takim stylu w posiadłości wśród falujących zielonych wzgórz pod Filadelfią, z basenem, stajniami i własnym studiem radiowym, za co częściowo płaciło Philco. Przez pewien czas był najpopularniejszym amerykańskim komentatorem. Eksperci szacują, że każdego wieczoru dwa i pół miliona aparatów radiowych odbierało jego program. Dzienniki i magazyny odnosiły się do niego jak do wielkiej sławy, a jego oblicze, z wyniosłą miną, przyciętym rudym wąsem i wyraźnie rozdwojonym podbródkiem, stało się niemal równie znane jak twarze gwiazd kina. (Na żadnym zdjęciu reklamowym nie było jednak niczego, co przez porównanie pozwoliłoby stwierdzić, jaki Carter jest niski).

Był tylko jeden problem: Boake Carter rzadko ruszał się ze swojej farmy, żeby odkryć, co dzieje się na świecie. Potrzebował kogoś, kto by mu wyjaśnił, które wiadomości są ważne, a które nie mają znaczenia. Z tego powodu szefowie CBS polecili UP zainstalować w jego domu specjalny dalekopis, połączony z główną siedzibą agencji na Manhattanie, gdzie specjalny konsultant, zatrudniony na część etatu, odpowiadał na pytania Cartera dotyczące najnowszych zdarzeń. Na tego konsultanta UP wybrała Larry'ego LeSueura.

Gdy LeSueur zaczął doradzać Carterowi, ten znamienity człowiek, choć cieszył się większą popularnością niż kiedykolwiek wcześniej, już niemal popadł w autoparodię. Jego koledzy podejrzewali, że wymyśla różne rzeczy. „Nikt nie miał bladego pojęcia, co on robi i skąd czerpie swoje wiadomości" – powiedział spiker CBS Robert Trout. W pewnym momencie, gdy Philco wystąpiło z pozwem przeciw Radio Corporation of America o naruszenie praw patentowych, Carter bez skrępowania bronił na antenie sprawy swego sponsora.

Krytycy Cartera szydzili z jego akcentu, bezwstydnego wyłudzania wyrobów sponsorów, mówienia staccato, upodobania do anglicyzmów, takich jak *Great Scott, by jingo* czy *Cheerio*. Jego specjalnością były komunały. W pewnym programie w pierwszych dwóch zdaniach użył wyrażeń: „rozdarty wojną", „mroczny cień", „historyczna doniosłość" i „kowadło czasu". Twierdził, że studiował w Christ's College w Cambridge, ale nie potwierdzają tego żadne dowody. Podawał się za syna brytyjskiego dyplomaty, choć w rzeczywistości jego ojciec był robotnikiem zatrudnionym przez angielskie przedsiębiorstwo naftowe działające w Azerbejdżanie. Jak – zastanawiali się krytycy Cartera – taki niewykształcony, pozbawiony talentu szarlatan mógł nabierać tylu Amerykanów, którzy wierzyli we wszystko, co opowiadał na antenie?

Jednym z tych, którzy zastanawiali się nad tą zagadką, był prezydent Stanów Zjednoczonych – Franklin D. Roosevelt. W czasie jego pierwszej i drugiej kadencji Carter, prawicowy izolacjonista, wielokrotnie potępiał łajdactwa Nowego Ładu. Twierdził, że niebezpieczeństwo wybuchu wojny powstało nie w wyniku polityki Adolfa Hitlera, który właśnie konsolidował swoją władzę w Niemczech, tylko wskutek działań – jak to określał – „brygady zbawicieli świata" pod przewodem FDR. Carter szydził, zastraszał, przechwalał się i doprowadzał zwolenników Nowego Ładu do białej gorączki. „Kraczący Carter" – tak przezwał go sekretarz spraw wewnętrznych Harold Ickes. Gdy James Roosevelt miał go już absolutnie dość, spytał ojca, dlaczego nie odpowie na diatryby komentatora. „Gdyby prezydent lub ktokolwiek inny spróbował odpowiedzieć Boake Carterowi – odrzekł FDR – nie miałby czasu wypełniać obowiązków szefa władzy wykonawczej".

Zwolennicy Nowego Ładu nie byli jedynymi krytykami Cartera. William S. Paley, młody właściciel i prezes CBS, również nie był jego entuzjastą. Paley, syn zamożnego producenta cygar, koniecznie chciał osiągnąć wysoki status społeczny i sprawić, żeby sieć CBS, którą kupił w 1928 roku, zyskała dobrą reputację, dlatego ubolewał nad brakiem klasy Cartera i jego prymitywną demagogią. Nigdy jednak nie pozwalał, żeby zasady wywierały negatywny wpływ na zyski firmy, dlatego nie interweniował. Audycje Cartera przyciągały licznych słuchaczy, co przynosiło ogromne dochody walczącej o przetrwanie Columbii.

Wszyscy najwięksi gwiazdorzy wodewilu i sal koncertowych – Eddie Cantor, Rudy Vallee, Arturo Toscanini – występowali na antenie NBC, starego rywala CBS. NBC miała również znacznie bardziej imponującą listę sponsorów. Paley i szefowie CBS potrafili wyławiać wielu młodych, obiecujących artystów estrady, takich jak piosenkarz Bing Crosby czy aktorzy komediowi George Burns i Gracie Allen, ale po zdobyciu pozycji ich faworyci często przenosili się do NBC, ciągnąc za sobą sponsorów. Columbii pozostawały sprawy publiczne i wiadomości, a zatem sieć była praktycznie skazana na Boake Cartera. Dopóki Paley nie znalazł kogoś na jego miejsce, mógł tylko zgrzytać zębami i udawać, że Carter to Walter Lippmann. Nawet jeśli Boake czasami nie pojawiał się w studiu, ponieważ chciał akurat popływać na swym dwudziestometrowym keczu, Paley musiał to znosić.

Cała niepozorna reszta działu wiadomości CBS (zwana wówczas Działem Szczególnych Wydarzeń) była upchnięta w kącie na siedemnastym piętrze głównego biura sieci przy Madison Avenue 485 w Nowym Jorku. Paley zatrudnił dwóch poważnych i doświadczonych dziennikarzy, którzy mieli pokierować działem. Edward Klauber, były redaktor działu miejskiego „New York Timesa", został jego osobistym asystentem, przy czym powierzone mu obowiązki wykraczały poza kierowanie działem wiadomości. Paul White, weteran UP, został redaktorem naczelnym działu. Jednak jeszcze w połowie lat trzydziestych Dział Szczególnych Wydarzeń liczył tylko cztery osoby zatrudnione na pełnych etatach; byli to White, jego asystent, sekretarka i wąsaty baryton, spiker Robert Trout, który – gdy nie był zajęty wypełnianiem przerw w *Jack Armstrong, the All-American Boy* lub otwieraniem programu organową pobudką – odczytywał wiadomości oraz opisywał zawodowe walki bokserskie, chrzty statków i parady.

Boake Carter praktycznie nie miał więc konkurencji w CBS i jego ego rozrosło się do niewiarygodnych rozmiarów. Najwyraźniej doszedł do wniosku, że może powiedzieć absolutnie wszystko, co tylko mu się podoba. W 1937 roku poparł roszczenia nazistowskich Niemiec wobec Austrii, a jego ataki na administrację Roosevelta stawały się coraz bardziej zajadłe i irracjonalne. Biały Dom miał wreszcie dość nadstawiania policzka i postanowił kontratakować. Trzy rządowe agencje zaczęły badać działalność Cartera, a w Kongresie poważnie rozważano, czy nie uznać go za niepożądanego obcokrajowca. Urzędnicy administracji zachęcali do ogłoszenia bojkotu produktów Philco.

Philco ugięło się pod presją i w lutym 1937 roku zerwało umowę z Carterem. Listy tysięcy oburzonych słuchaczy przekonały General Foods do przejęcia tej umowy, ale to tylko nieco odwlekło wykonanie wyroku. Dwudziestego szóstego sierpnia 1938 roku Paley, który lękał się ingerencji i regulacji rządowych niemal równie mocno jak bankructwa, zdjął audycje Cartera z anteny.

Decyzja ta nie wynikała wyłącznie z nacisków politycznych i ekonomicznych. Czasy zmieniały się ze zdumiewającą szybkością, a Carter wciąż wyrażał stare idee w starym, umierającym języku. Nawet jeśli on nie wyczuwał, że amerykańska opinia publiczna zwraca się przeciw Hitlerowi, dla Billa Paleya nie ulegało to wątpliwości. Nim jeszcze pokazał Carterowi drzwi, on, Klauber, White i dwaj ludzie CBS w Europie zrozumieli, do czego zmierza Hitler, i w odpowiedzi zaczęli na nowo wymyślać koncepcje radiowych wiadomości.

Tymi dwoma pracownikami CBS w Europie byli Edward R. Murrow i William L. Shirer. Młody Murrow został wysłany za granicę w 1937 roku jako „dyrektor europejski" (w istocie zajmował się głównie organizowaniem transmisji z różnych wydarzeń). William L. Shirer był wędrownym bezrobotnym dziennikarzem, którego Murrow ściągnął do pomocy. Relacjonowali oni, jak Europa zmierza do wojny, a czynili to w taki sposób, że nawet dzienniki – nie mówiąc już o Boake Carterze – nie mogły się z nimi równać.

Najważniejszą sprawą były reportaże. Szybkie, oparte na rzetelnej wiedzy i osobistych obserwacjach, nie zaś na tym, co akurat na dany temat myśleli Boake Carter, H.V. Kaltenborn, Lowell Thomas lub ktokolwiek inny w Stanach Zjednoczonych. Murrow i Shirer dali CBS nowy głos – chłodno i racjonalnie opowiadali o zbliżającym się Armagedonie. To był głos przyszłości.

Młody Larry LeSueur miał już dość kieratu w UP i „doradzania" Carterowi. Zdawał sobie sprawę, że wiadomości radiowe się zmieniają, słyszał pierwsze programy Murrowa i Shirera i pochłonął książkę *I Found No Peace* legendarnego korespondenta zagranicznego UP, Webba Millera. Teraz już wiedział, gdzie chce się znaleźć. Musiał jechać do Europy, gdzie szykowała się wojna, wszystkie założenia i reguły ulegały zmianie, gdzie ludzie w jego wieku gotowali się do wielkich i śmiałych czynów. Skoro szefowie UP nie chcieli go tam posłać, postanowił jechać na własną rękę.

Latem 1939 roku Larry LeSueur wziął bezpłatny urlop w UP, spakował manatki, pożegnał się z matką i wszedł na pokład statku handlowego S/s „American Farmer". Jego przeznaczeniem była Anglia i – wreszcie – wielkie przygody.

ROZDZIAŁ DRUGI

MURROW I SHIRER

Stojąc obok siebie, ci dwaj wyglądali jak para z wodewilu: Murrow – elegancki i wyrafinowany pan, Shirer – tępawy i popełniający gafy sługa. Rzadko się zdarza, żeby czyjś wygląd był bardziej mylący.

Gdy połączyli siły w 1937 roku, Edward R. Murrow – który pod koniec II wojny światowej stał się uosobieniem wszystkiego co najlepsze w amerykańskim dziennikarstwie – miał dopicro dwadzieścia dziewięć lat i jeszcze nigdy nie pracował jako prawdziwy reporter. Był wysoki, szczupły, sympatyczny i miał w sobie iskrę geniuszu, a przynajmniej młodzieńczego talentu. Ze swoją pomarszczoną, poważną twarzą i perfekcyjnie uczesanymi czarnymi włosami wydawał się znacznie starszy, niż był naprawdę. Miał przenikliwe oczy i lśniąco białe zęby (ale już kilka lat później, wskutek zaniedbań i ustawicznego palenia papierosów, jego uzębienie mocno ucierpiało). Nosił garnitury z Savile Row i dbał o to, by starannie zatrzeć wszelkie ślady biedy, jakiej zaznał w dzieciństwie w Karolinie Północnej.

A Shirer, choć był niemal równie wysoki jak Murrow, z jakiegoś powodu zawsze wydawał się niski i przysadzisty. Pochodził ze stosunkowo wybitnej, ale też stosunkowo biednej rodziny ze Środkowego Zachodu. Trudno było dopatrzyć się w nim elegancji, choć miał takie pretensje. Był tylko cztery lata starszy od Murrowa, lecz jego piaskowe włosy już rzedniały w alarmującym tempie, a te, które jeszcze mu zostały, były posklejane i źle uczesane. Nosił niewielki wąsik i grube okulary w metalowej oprawce. Od wypadku na nartach w 1932 roku nie widział na prawe oko; jego rozmówcy często mieli wrażenie, że gapi się na nich przez płaskie szkło nieruchomym okiem, co wyprowadzało ich z równowagi. Chodził w wiecznie pogniecionych marynarkach i spodniach z domu towarowego, jego kapelusze były źle ukształtowane, a buty zawsze domagały się pasty.

Gdy w pobliżu był fotograf, Murrow zawsze wiedział, kiedy i jak ma się uśmiechnąć (lub zachować powagę), natomiast Shirer wydawał się bezradny. Atutem Murrowa był też dźwięczny baryton, Shirer zaś miał słaby, wysoki głos i mówił z wyraźnym akcentem z Iowa.

Murrow starał się nosić maskę bon vivanta, ale w rzeczywistości to Shirer lubił dobre życie, rozkoszował się wyrafinowanym jedzeniem oraz winem i do późnego wieku z powodzeniem ubiegał się o względy pięknych kobiet. Im bardziej Murrow oddalał się od swoich wiejskich korzeni, tym bardziej pragnął do nich wrócić, a w każdym razie czuł się winny, że tego nie czyni. Był typowym mężczyzną w czasach, kiedy oznaczało to polowanie, wędkowanie, palenie papierosów, picie i ciężką pracę, z reguły w towarzystwie kompanów, którzy potrafili żartować i poklepywać się nawzajem po ramieniu. Nie uchodził za szczególnie głębokiego myśliciela i niewiele czytał. Shirer był natomiast doświadczonym korespondentem zagranicznym i kultywował znajomości z intelektualistami. Wpadał w rozpacz, gdy zapraszał Murrowa do znanej restauracji w Paryżu lub Genewie, a ten zamawiał jajecznicę. Uważał za wielce osobliwe, że Murrow wytyka mu uganianie się za kobietami. Dla Murrowa seks nie miał specjalnego znaczenia. Dla Shirera... Kiedyś na przyjęciu spytano go, dlaczego – mimo łysiny i nieruchomego oka – cieszy się takim powodzeniem wśród pań. „To dlatego, że staram się znacznie bardziej niż wy wszyscy" – odpowiedział z uśmiechem.

Mimo tych różnic, a może z ich powodu, Ed Murrow i Bill Shirer przez kilka lat byli sobie wyjątkowo bliscy. To była niezwykła przyjaźń, a gdy dziesięć lat później legła w gruzach, myśl o tym prześladowała ich obu do końca życia. Tytuł Chłopca Murrowa stał się niemałym zaszczytem zarówno w CBS, jak i poza firmą, ale Shirer nie był tylko jednym z Chłopców. W tych burzliwych latach był prawdziwym i niemal równym partnerem Murrowa. Przezwyciężając najrozmaitsze przeszkody techniczne i ludzki opór, dokonali razem niespotykanych rzeczy, często wbrew sprzeciwom szefów w Nowym Jorku.

Shirer podzielał idealizm Murrowa, tak jak on krytycznie oceniał niezasłużone przywileje i wierzył, że dziennikarz powinien być obrońcą pokrzywdzonych. Równocześnie obaj mieli wielkie ambicje, pragnęli dostać się do elitarnych klubów i na salony, zdobyć wysoki status i reputację intelektualistów. Jak mogli to osiągnąć? Gdy zaczynali współpracę, obaj czuli, że ich karierze szkodzi rozpowszechniony pogardliwy stosunek do wiadomości radiowych. „Murrow zaraził mnie przekonaniem, że w tym nowym interesie radiowych wiadomości możemy zrobić karierę" – zapisał z podnieceniem Shirer w swoim dzienniku po pierwszym spotkaniu. Szybko się przekonali, że mało kto wierzy w ich wizję.

Dla większości wytrawnych korespondentów zagranicznych, pracujących wówczas w Europie, wyrażenie „wiadomości radiowe" było oksymoronem. Dwie największe amerykańskie sieci – CBS Paleya i NBC Davida Sarnoffa – nie zatrudniały własnych reporterów, którzy krążyliby po świecie i przekazywali do kraju zdobyte informacje wraz z wyjaśnieniem i analizą. Zamiast tego miały takich pracowników jak Murrow w Londynie, którzy nie zajmowali się dziennikarstwem, tylko organizowali różne sprawozdania – z debat w Lidze Narodów, koronacji, przemówień mężów stanu. Jedną z przedwojennych sensacji była przygotowana przez CBS w 1932 roku transmisja na żywo śpiewu słowika z Surrey w Anglii. Audycja ta cieszyła się takim powodzeniem, że amerykańscy redaktorzy radiowi uznali ją za „najbardziej interesujący" program roku, choć przecież nie były to nudne czasy. Pewien menedżer CBS, zapewne pod wpływem nadmiernej stymulacji, oświadczył, iż radiowy przekaz śpiewu słowika z Surrey „był największą rzeczą, jaką ta sieć mogła zrobić dla stosunków angielsko-amerykańskich".

W 1937 roku Murrow został wysłany do Londynu, gdzie miał być „dyrektorem do spraw przemówień" CBS. Przed wyjazdem z Nowego Jorku powiedziano mu, że transmisja śpiewu słowika będzie wzorcem do oceny jego działań. Przemówienia – bardzo proszę, ale dla słuchaczy to słowik był prawdziwą rozrywką. Choć Murrow robił, co mógł, żeby zasłużyć na tytuł korespondenta zagranicznego, wszyscy szybko sprowadzali go na ziemię. Gdy chciał wstąpić do Stowarzyszenia Amerykańskich Korespondentów Zagranicznych w Londynie, jego podanie zostało odrzucone bez dłuższych dyskusji. „Nie pozwolono mi nawet przychodzić na spotkania, nie mówiąc już o przyjęciu na członka" – wspominał.

Decyzja stowarzyszenia była całkowicie zrozumiała. Murrow ewidentnie nie był korespondentem zagranicznym i nic w jego dotychczasowej karierze nie wskazywało, że kiedykolwiek będzie godny członkostwa tego elitarnego grona. Naprawdę nazywał się Egbert Roscoe Murrow. Urodził się dwudziestego piątego kwietnia 1908 roku w liczącym sto pięćdziesiąt lat domu w Polecat Creek, maleńkiej wiosce, gdzie nie było samochodów, telefonu i prądu. Jego rodzice byli kwakrami, ale matka, która formalnie przeszła na to wyznanie w chwili zawarcia małżeństwa, w głębi serca pozostała metodystką. Ojciec, Roscoe Murrow, był zubożałym farmerem, potężnie zbudowanym, dobrodusznym człowiekiem, tyranizowanym przez pozbawioną poczucia humoru, pobożną żonę. Ed Murrow zauważył kiedyś, że gdy jego matka odbierała telefon, nie mówiła *hello*, żeby przez jej usta nie przeszło słowo *hell* (piekło). Zarówno ona, jak i jej mąż mieli problemy z okazywaniem miłości lub serdeczności. Wszelkie rozrywki zwykle spotykały się z potępieniem. „Nigdy nie nauczyłem się bawić" – powiedział Ed Murrow.

Egbert był ostatnim z trójki dzieci, samych chłopców. Gdy miał pięć lat, rodzice spróbowali poprawić swoją sytuację materialną, przenosząc się do stanu Waszyngton. Najpierw osiedli w Blanchard, później przeprowadzili się do Beaver. Roscoe znalazł pracę przy wyrębie lasu, a po pewnym czasie został inżynierem nadzorującym krótkie linie kolejowe, służące do transportu pni do tartaków. W 1922 roku wzbogacił się na tyle, że rodzina po raz pierwszy mogła sobie pozwolić na założenie instalacji wodno-kanalizacyjnej.

Młody Egbert dobrze poznał naturę, nauczył się zajęć na świeżym powietrzu, zwłaszcza polowania, ale również przywykł do ciężkiej pracy. Gdy miał piętnaście lat, pracował jako kierowca szkolnego autobusu. Później, gdy chodził do szkoły średniej i studiował w Washington State College, w lecie pracował jako drwal. Inni drwale kpili z jego imienia, dlatego nieoficjalnie zmienił je na Edward. W college'u studiował retorykę pod łagodną opieką profesor Idy Lou Anderson (która, gdy Ed został dziennikarzem radiowym, przesyłała mu w listach wiele rad). Próbował również aktorstwa i występował w debatach. Był lubiany przez kolegów i miewał romanse – najpoważniejszy zakończył się nielegalną aborcją. Zbierał doskonałe stopnie, ale ku jego wielkiemu rozgoryczeniu nie został przyjęty do korporacji Phi Beta Kappa.

Po skończeniu studiów w 1930 roku pracował w Krajowej Federacji Studentów, a następnie w Instytucie Edukacji Międzynarodowej, zajmując się głównie organizowaniem studenckich konferencji w Stanach Zjednoczonych i Europie. Trzy razy podróżował do Europy, gdzie nawiązał wiele ważnych przyjaźni i znajomości, między innymi poznał wybitnego angielskiego socjalistę Harolda Laskiego i młodego amerykańskiego prawnika Lewisa F. Powella, który wiele lat później został sędzią Sądu Najwyższego. W 1934 roku Murrow wziął udział w akcji pomocy dla żydowskich uczonych zmuszonych do emigracji z Niemiec, gdzie wprowadzano coraz surowsze przepisy antysemickie. Celem akcji było ułatwienie im wyjazdu do Ameryki. W tym samym roku ożenił się z Janet Brewster, ładną i pełną życia młodą kobietą ze znanej, lecz niezbyt zamożnej rodziny z Connecticut.

We wczesnych latach trzydziestych Murrow przez pewien czas sądził, że jego przeznaczeniem jest kariera uniwersytecka. Gdy miał zaledwie dwadzieścia sześć lat, zaproponowano mu stanowisko rektora niewielkiego college'u dla kobiet w Illinois. Oferta została jednak szybko wycofana, gdy rada nadzorcza dowiedziała się, że Murrow dodał sobie kilka lat i przesadnie przedstawił swoje kwalifikacje. Rok później zrobił to samo, gdy starał się o pracę w CBS. W rozmowie z Edem Klauberem powiedział, że ma trzydzieści dwa lata, choć w rzeczywistości był pięć lat młodszy. Twierdził również, że studiował nauki polityczne i stosunki międzynarodowe nie tylko w Washington State College, ale również na University of Washington. Te oszustwa nie zostały wykryte i prawdopodobnie nie miałyby większego znaczenia. Klauber, który lubił zastraszać rozmówców, przekonał się, że z Murrowem mu to nie wychodzi, co zrobiło na nim odpowiednie wrażenie. We wrześniu 1935 roku Murrow został zatrudniony na stanowisku dyrektora do spraw przemówień, a w kwietniu 1937 roku wyjechał do Londynu.

Negatywna decyzja stowarzyszenia korespondentów zagranicznych nie zniechęciła Murrowa, tylko pogłębiła jego determinację. Kilka miesięcy później, gdy Nowy Jork zgodził się na rozszerzenie działalności sieci w Europie, Murrow postanowił zatrudnić prawdziwego korespondenta zagranicznego, żeby elita ze stowarzyszenia zwróciła na niego uwagę. Za radą Ferdinanda Kuhna z „New York Timesa" skontaktował się z przebywającym w Berlinie Billem Shirerem, doświadczonym korespondentem, pracującym dla gazet i agencji prasowych, który relacjonował już wydarzenia w Niemczech, Francji, Indiach i w paru innych miejscach. Starania o zdobycie kogoś tak znanego jak Shirer łatwo mogły zakończyć się porażką, ale Murrow lubił ryzykować. Gdy jednak depeszował do niego latem 1937 roku, nie zdawał sobie sprawy, że w tym momencie Shirer potrzebuje go bardziej niż on Shirera.

Depesza Murrowa dotarła do biura w Berlinie w ciepły sierpniowy wieczór, ale przeleżała wiele godzin, nim wreszcie została otwarta. Shirer odłożył ją na bok, ponieważ bardziej zainteresował go telegram z centrali w Ameryce. Zapoznawszy się z nim, na pewien czas stracił ochotę na czytanie innych depesz. Nie mógł uwierzyć, że to prawda: ci łajdacy z International News Service w Nowym Jorku zwolnili go z pracy! Shirer był jednak profesjonalistą, a zwolnienie przydarzało mu się nie pierwszy raz, dlatego najpierw skończył tekst, nad którym pracował przed nadejściem depeszy. Dopiero potem zaczął gwałtownie dyszeć z irytacji i wybiegł z biura, żeby się przewietrzyć. Gdy szedł wzdłuż brzegu Sprewy, mając za plecami budynek Reichstagu, czuł rozpacz, jakiej dotychczas jeszcze nie zaznał.

Obok przepłynął statek wycieczkowy, wypełniony rozbawionym tłumem. W wieczornej ciszy słychać było okrzyki i śmiech pasażerów. Ich wesołość tylko podkreślała smutek Shirera. Miał trzydzieści trzy lata i sądził, że nic jeszcze w życiu nie osiągnął. Kiedyś próbował pisać powieści, ale nic z tego nie wyszło, a teraz spotkała go jeszcze gorsza klęska – był bezrobotnym korespondentem. W ciągu pięciu lat trzy razy tracił pracę. W depeszy napisali, że to z powodu „redukcji personelu". Zawsze to samo. To nie było dla niego pocieszeniem, zwłaszcza że sytuacja na rynku pracy stała się bardzo trudna. Gdy zwalniano go wcześniej, udawało mu się znaleźć inną posadę, ale wskutek Wielkiego Kryzysu liczba dziennikarskich etatów w Europie bardzo zmalała. Nawet szybki wzrost potęgi Hitlera i Mussoliniego nie spowodował zmiany sytuacji.

Bill Shirer znalazł się w Berlinie, otoczony przez hitlerowców, z ciężarną żoną i bez żadnych perspektyw. Myślał o powrocie do Nowego Jorku, ale najpierw musiałby skądś pożyczyć na bilet trzeciej klasy dla siebie i Tess. Jednak w Ameryce również trudno było znaleźć pracę. Przybity wrócił do biura, zastanawiając się po drodze, dlaczego sprawy potoczyły się tak fatalnie.

William L. Shirer przyjechał do Europy ze Środkowego Zachodu dwanaście lat wcześniej. Urodził się w Chicago i do dziewiątego roku życia mieszkał w tym pełnym życia, wielkim mieście nad jeziorem. Jako dziecko uwielbiał przysłuchiwać się namiętnym dyskusjom rodziców i ich znajomych na temat monopoli wyzyskujących robotników, nowych teorii oświatowych Johna Deweya, powieści Theodore'a Dreisera i Franka Norrisa. Ojciec Billa, Seward, był prokuratorem federalnym o populistycznych poglądach i nigdy nie czuł się szczęśliwszy niż wtedy, gdy próbował złamać potęgę Standard Oil lub innego trustu. Przyjaźnił się blisko z Clarence'em Darrowem, który regularnie bywał u Shirerów, choć w sądzie często występował po przeciwnej stronie niż Seward. Shirer senior był zwolennikiem surowej dyscypliny, ale jego syn zapamiętał najbardziej to, że kochał muzykę, literaturę i sztukę.

Na krótko przed dziewiątymi urodzinami Billa ojciec zachorował na zapalenie otrzewnej i zmarł nagle w wieku czterdziestu jeden lat. To był dla chłopca wielki wstrząs; stracił człowieka, który wywarł na niego najsilniejszy wpływ. Kilka tygodni później matka, Bess, mając mało pieniędzy, wysłała trójkę dzieci – Billa, jego siostrę i brata – do swoich rodziców w Cedar Rapids w stanie Iowa. To miasto było absolutnym przeciwieństwem Chicago.

W miarę jak Bill Shirer dorastał, coraz bardziej nie znosił idealnie uporządkowanej, nudnej monotonii życia na wysadzanych drzewami ulicach Cedar Rapids. Podobnie jak wielu młodych ludzi, zaczytywał się powieściami *Ulica Główna* i *Babbitt*, pokładając się ze śmiechu, gdyż Sinclair Lewis znakomicie uchwycił duszący wszystko konformizm i jałowość życia w miasteczku na Środkowym Zachodzie. Najtrudniejsza do zniesienia – zdaniem Shirera – była sprzeczność między jego otoczeniem a budzącym się w nim samym przekonaniem, że życie nie musi tak wyglądać.

Shirer bardzo wcześnie zadeklarował, że nie zamierza podporządkować się obyczajom panującym w świecie, w którym nagle się znalazł. Lubił spokojnego dziadka, natomiast babkę uważał za sadystyczną jędzę. Pewnego dnia, gdy mocno go uderzyła, powiedział powoli: „Babciu, to był ostatni raz. Masz tego więcej nie robić". Zaskoczona babka zmierzyła go wzrokiem i spytała dlaczego. W odpowiedzi uderzył ją w twarz i popchnął. Babka potknęła się o krzesło i upadła na podłogę. Bill Shirer nie żałował tego, co zrobił, ani wtedy, ani sześćdziesiąt lat później. Osiągnął swój cel: babka już nigdy go nie uderzyła. „Cieszyłem się, że już więcej jej nie zobaczę" – tak skomentował jej śmierć w 1917 roku.

Gdy w 1921 roku przyszła pora na studia w college'u, rodzina nie mogła sobie pozwolić na nic lepszego niż Coe, niewielka prezbiteriańska uczelnia w Cedar Rapids. Zdaniem Shirera była to intelektualna ziemia jałowa: dwa lata obowiązkowych studiów biblijnych, żadnych wykładów z filozofii, prawie żadnych z literatury obcej, a wykłady z literatury angielskiej i amerykańskiej kończyły się, z nielicznymi wyjątkami, na autorach z czasów królowej Wiktorii. Mimo to Bill dobrze się bawił na studiach, zajmując się głównie wykpiwaniem wszystkiego, co w Coe uważano za słuszne i cnotliwe. Wstąpił do korporacji studenckiej, nauczył się pić alkohol i razem z kompanami wyprawiał takie brewerie, że jego oddział został zawieszony na rok.

Będąc redaktorem uczelnianego pisma, Shirer wykorzystał je jako trybunę, z której potępiał wszystko, co uważał za burżuazyjny wymysł. Wydział literatury angielskiej nazwał „wiktoriańskim bagnem" i domagał się włączenia do programu większej liczby prac Sinclaira Lewisa, Theodore'a Dreisera, Edith Wharton, H.L. Menckena. Gdy zmarł Lenin, napisał nekrolog bolszewickiego przywódcy i skorzystał z okazji, żeby zaatakować miejscowy dziennik: „Lenin [...] wywarł głęboki wpływ na historię, choć amerykańska Izba Handlu, sekretarz stanu Hughes i «Cedar Rapids Republican» są innego zdania".

Ukończywszy studia w 1925 roku, Shirer nie tracił ani chwili – od razu uciekł. Niecały miesiąc po otrzymaniu dyplomu zaciągnął się na angielski frachtowiec o wyporności dwóch i pół tysiąca ton, płynący z Montrealu do Anglii. W zamian za przewiezienie na drugą stronę Atlantyku miał karmić i poić sto sztuk bydła w zagrodzie na głównym pokładzie. Uznał, że to niewielka cena za wolność.

Statek wypłynął z portu w lipcu. Shirer obiecał swojej narzeczonej, młodej kobiecie, którą poznał w Coe, że wróci za kilka miesięcy, gdy wyda wszystkie pieniądze – dysponował dwustu dolarami. Ona nie miała złudzeń, wiedziała, że nigdy nie wróci, i w zasadzie się nie myliła.

Przyjaciel Shirera, James Thurber, zażartował, że gdy dwudziestojednoletni prowincjusz ze Środkowego Zachodu przybył do Paryża – w trzyczęściowym garniturze, ale w spodniach niesięgających do kostek – z uszu wystawało mu siano. Pierwszego dnia Bill krążył po mieście w radosnym stuporze, zobaczył Sekwanę, zajrzał do Notre-Dame, wstąpił do Luwru. Przyjechał do Paryża – pisał później – ponieważ szukał miejsca, gdzie „człowiek może wypić kieliszek wina lub kufel piwa, nie łamiąc prawa, gdzie można żyć własnym życiem, pić i kochać się, nie czując na karku oddechu pani Grundy, policji, kaznodziei lub belfra".

Wieczorem usiadł na zatłoczonym tarasie „Le Dôme", wypił kieliszek wina i przyglądał się, jak brodaty młody człowiek przy sąsiednim stoliku przyciąga do siebie dziewczynę, całuje ją w kark, po czym przyciska wargi do jej ust. Młody przybysz z Iowa miał wrażenie, że raził go grom: nigdy w życiu nie widział, żeby ktoś tak się zachowywał publicznie. Tak, uznał, to było miejsce dla niego.

Dwieście dolarów starczyło mu na niecały miesiąc. Na próżno szukał pracy. W ostatnią – jak sądził – noc w Paryżu upił się, żeby zapomnieć o wyjeździe. Zakochał się w tym mieście, paryżankach i francuskich zwyczajach. Teraz miał wrócić, pokonany, do ogłupiającego życia w Iowa. O wschodzie, kilka godzin przed odjazdem pociągu, zataczając się, dotarł do swej *pension*. Był tak pijany, że niewiele brakowało, a nie zwróciłby uwagi na kopertę wciśniętą pod drzwi jego pokoju. Redaktor „Paris Tribune" zaoferował mu posadę. Shirer zaczął pracować jeszcze tego samego dnia wieczorem.

„Tak się rozpoczęły najszczęśliwsze i najcudowniejsze dni mojego życia" – powiedział później. Gdy już był stary, jego twarz rozjaśniała się, a głos nabierał szczególnego brzmienia, gdy wspominał te magiczne dni w Paryżu. „Paris Tribune" była lokalną mutacją „Chicago Tribune" pułkownika Roberta McCormicka. Jako adiustator Shirer zarabiał tylko sześćdziesiąt dolarów miesięcznie, ale to wystarczało, żeby cieszyć się urokami życia w Paryżu. Nie był przy tym sam. „Nigdy w historii dziennikarstwa – napisał redaktor «Paris Herald» dziennika konkurującego z «Tribune» – tak wielu nie bawiło się tak wspaniale, mając tak mało pieniędzy".

Shirer nie był ani pierwszym, ani ostatnim przybyszem z amerykańskiego Środkowego Zachodu, który w latach dwudziestych w Paryżu pozbył się prowincjonalizmu, zahamowań, nie mówiąc już o starych ubraniach. Jednak mało komu sprawiło to większą radość. W wolne popołudnia wstępował do lokalnego burdelu i pił z dziewczynami szampana. (Trudno uwierzyć, żeby do tego się ograniczał, ale w późniejszych latach nie przyznawał się do żadnych kontaktów z prostytutkami wykraczających poza libacje w stylu Toulouse-Lautreca). Chodził na przyjęcia do Isadory Duncan i beznadziejnie się zakochał w starzejącej się ekstrawaganckiej tancerce. Pani Duncan nie odwzajemniała jego uczuć, ale Shirer szybko znalazł kogoś, kto był mu bardziej przychylny – zamężną paryżankę Yvonne, pięć lat od niego starszą i parę eonów mądrzejszą, z którą miał rozkosznie pozbawiony perspektyw romans.

Literacki ferment w Paryżu był dla Shirera równie upajający jak wino i kobiety. Jedząc ostrygi u Pruniéra lub popijając piwem *choucroute* w „Brasserie Lipp", dyskutował z Jimem Thurberem i innymi kolegami z „Tribune" na temat Hemingwaya, Fitzgeralda, Joyce'a i Ezry Pounda, którzy wówczas podbijali Paryż. Pewnej nocy miał zaszczyt i wyjątkową przyjemność odprowadzić do domu pijanego Fitzgeralda i zapakować go do łóżka. Gdy Sinclair Lewis, jego literacki bohater z czasów młodości, królował w „La Dôme", Shirer spijał z jego ust każde słowo. Podobnie jak Thurber i niemal wszyscy z „Tribune", chciał zostać pisarzem, prawdziwym pisarzem, nie zaś gazetowym pismakiem.

W 1927 roku Shirer awansował – został regularnym korespondentem zagranicznym „Chicago Tribune". Gdy wychylił się z paryskiego kokonu, odkrył, że świat ogarnia burza. Miał rezydować w Wiedniu i relacjonować wydarzenia w Europie Środkowej. Dawna stolica Habsburgów, kiedyś tak wspaniała, wydała się brudna i zaniedbana, co jednak nie przeszkadzało mu cieszyć się muzyką, teatrem i oczywiście licznymi podbojami. Towarzyszyło temu przekonanie, że wiedeńczycy – a w istocie wszyscy Europejczycy – żyją we frywolnym świecie marzeń.

Rok później pułkownik McCormick wysłał go do Nowego Delhi, żeby opisał zorganizowany przez Gandhiego ruch obywatelskiego nieposłuszeństwa. To było ważne wydarzenie w jego karierze. Przez przełęcz Chajber dotarł do Kabulu, gdzie właśnie władzę objął nowy król. Od ponad roku żaden korespondent zagraniczny nie dostał zgody na odwiedzenie Afganistanu, gdzie toczyła się wojna między różnymi plemionami. Sukces Shirera został opisany na pierwszej stronie „Tribune". Gazeta wykorzystała go również w całostronicowej reklamie: „Tylko jeden korespondent, dziennikarz «Tribune», był świadkiem, jak Nader Szah został królem".

Był już rok 1930 i Shirer znów się zakochał, tym razem w blondynce z Wiednia, z dołeczkami w policzkach, która właśnie przestała być nastolatką. Tess Stiberitz, władająca kilkoma językami córka austriackiego urzędnika, była piękna, urocza i uparta. Po zakończeniu edukacji w paryskiej szkole przyklasztornej starała się o pracę w kilku angielskich pismach, podając się za znawczynię wiedeńskiej opery, choć w gruncie rzeczy niewiele o niej wiedziała. Gdy poznała Shirera, miała dwadzieścia lat (on dwadzieścia siedem). Udało się jej zostać wiedeńską korespondentką angielskiego magazynu teatralnego „Drama", wychodzącego w Londynie. Wzięli ślub trzydziestego pierwszego stycznia 1931 roku.

Amerykański Wielki Kryzys rozszerzył się na cały świat, ale gdy Shirer chciał o tym pisać, przekonał się, że redaktorów „Tribune" wcale to nie interesuje – woleli, żeby donosił tylko o Hitlerze i jego dążeniu do władzy. Wiedeńskie korespondencje Shirera coraz rzadziej ukazywały się w gazecie. Mimo to całkowicie zaskoczył go telegram, który przyszedł od wydawcy „Tribune" w połowie października 1931 roku: OD DZIŚ PRZESTAJE PAN BYĆ PRACOWNIKIEM TRIBUNE.

Oszołomiony Shirer zadepeszował do redakcji, domagając się wyjaśnienia. „Zarząd nie był zadowolony z pańskich ostatnich artykułów" – usłyszał w odpowiedzi. W rzeczywistości, reagując na Wielki Kryzys, McCormick nakazał zmniejszyć liczbę zagranicznych pracowników. Shirer był trzecim, ale nie ostatnim korespondentem, jakiego zwolniono w tym roku.

Gdy nie udało mu się natychmiast znaleźć innej pracy, postanowili z Tess wykorzystać zaoszczędzone tysiąc dolarów i spędzić rok w Hiszpanii, gdzie on mógłby dorabiać artykułami do magazynów i może napisać powieść. W Hiszpanii świetnie się bawili, ale z pisania nic nie wyszło. W styczniu 1934 roku zostało im już tylko kilka peset. Na szczęście w tym momencie, w pewien zimny, nieprzyjemny dzień, nadeszła depesza z „Herald Tribune": dziennik zaproponował mu stanowisko redaktora.

Shirer przez sześć lat był korespondentem zagranicznym, lecz teraz musiał zaczynać od początku. Dla odmiany pracował w „Herald Tribune", nie zaś w „Paris Tribune", ale to była jedyna zmiana. Wkrótce po powrocie do teraz już znacznie mniej czarującego Paryża pozbawiony złudzeń Shirer zdał sobie sprawę, że jeśli chce uratować swoją podupadającą karierę, musi wyjechać do Berlina. To było miejsce – uważał – gdzie powinien się znaleźć każdy ambitny młody dziennikarz. Po przepracowaniu tylko kilku miesięcy w „Herald" przyjął propozycję berlińskiego biura należącej do Hearsta agencji prasowej Universal. Przyjechał do Berlina w sierpniu 1934 roku, w samą porę, żeby zrelacjonować wystąpienie Hitlera na dorocznym parteitagu w Norymberdze.

Podczas pobytu w tym średniowiecznym mieście zdał sobie sprawę, do jakiego stopnia Hitler zdominował swoje społeczeństwo. Führer wjechał do miasta „jak rzymski cesarz" – zapisał Shirer w swoim dzienniku, a jego zwolennicy krążyli po wąskich uliczkach, tworząc „niekończącą się wstęgę rozkołysanych pochodni". Wszędzie słychać było stare niemieckie marsze. Shirer pomyślał, że przypomina to scenę z opery Wagnera.

Przez następne trzy lata starał się trąbić na alarm. Donosił o tym, jak Hitler coraz bezczelniej łamie warunki traktatu wersalskiego – przywracając pobór, odbudowując armię, okupując rzekomo zdemilitaryzowaną Nadrenię. Pisał o zakazie działania partii politycznych i związków zawodowych, zniesieniu wolności słowa i prawa do zgromadzeń, prześladowaniu Żydów. Demaskował również zręczne nazistowskie próby manipulowania międzynarodową opinią publiczną. W styczniu 1936 roku, tuż przed zimowymi igrzyskami olimpijskimi w Garmisch, Shirer doniósł, że Hitler rozkazał usunąć wszystkie antysemickie plakaty – „Żydzi precz!" i podobne. Niemieckie radio oskarżyło go, że usiłuje storpedować olimpiadę, a na pierwszych stronach popołudniówek pisano o nim „kłamca", „oszust" i „wróg Niemiec".

W 1937 roku Shirer zaliczał się już do najlepszych korespondentów zagranicznych w Europie. Zaprzyjaźnił się ze swymi najbardziej znanymi europejskimi kolegami – Johnem Guntherem, Frankiem Gervasim, Vincentem Sheeanem, Dorothy Thompson. Największą satysfakcję sprawiała mu bliska znajomość z Sinclairem Lewisem. Po sześciu latach małżeństwa Tess zaszła w ciążę. Shirer myślał, że wreszcie zaczęły się spełniać jego marzenia.

Czternastego sierpnia został poinformowany o likwidacji agencji Universal. Shirera przeniesiono do berlińskiego biura innej agencji Hearsta, International News Service. Dziesięć dni później otrzymał kolejną depeszę: kierownictwo się rozmyśliło – Shirer został zwolniony.

Przez kilka godzin chodził wzdłuż Sprewy w poczuciu całkowitej klęski, po czym wrócił do biura. Dopiero wtedy otworzył drugą depeszę. Była to wiadomość z Londynu: CZY MOŻE PAN UMÓWIĆ SIĘ ZE MNĄ W ADLON [hotel] 8/27 NA KOLACJĘ? MURROW, COLUMBIA BROADCASTING. Shirer nie miał pojęcia, o co chodzi, a szczerze mówiąc, niewiele go to obchodziło. Gdy wyjeżdżał z Ameryki, radio nie miało jeszcze większego znaczenia, a w Europie rzadko z niego korzystał. Jednak dla bezrobotnego darmowa kolacja jest rzeczą nie do pogardzenia.

Gdy się spotkali, Shirer początkowo uznał dwudziestodziewięcioletniego Murrowa za jeszcze jednego przystojnego faceta w garniturze na zamówienie – „można się było tego spodziewać po kimś z radia [...] a tym bardziej z Hollywood". Nim jednak przeszli do baru w „Adlon" czegoś się napić, Shirer zdążył zmienić zdanie. Uznał, że Murrow jest człowiekiem poważnym, inteligentnym, wrażliwym i serdecznym, obdarzonym poczuciem humoru, choć pozornie bardzo powściągliwym. Z pewnością głosił nową ewangelię – wierzył w przyszłość radia. Murrow przyznawał, że nowe medium jeszcze nie w pełni dojrzało, zwłaszcza w dziedzinie wiadomości, ale jego zdaniem to była tylko kwestia czasu. On i Shirer mogli się do tego przyczynić. Zaproponował Shirerowi pracę i taką samą pensję, jaką ten dostawał w INS – sto dwadzieścia pięć dolarów tygodniowo.

„Dobiliśmy targu?" – spytał.

„No... no... chyba tak" – odrzekł Shirer.

Dla uczczenia porozumienia napili się brandy.

„Och, zapomniałem wspomnieć o jednym drobiazgu – powiedział Murrow. – Chodzi o... no... o głos".

Nowojorskie kierownictwo CBS wymagało, żeby wybrani przez Murrowa kandydaci na pracowników zaliczyli próbę głosu. Shirer był wstrząśnięty: „Zatem wszystko zależy nie od moich kwalifikacji korespondenta zagranicznego, mojej inteligencji i doświadczenia, tylko od głosu, jakim obdarzył mnie Pan Bóg – zapisał w dzienniku. – Co za wariacki biznes!"

Dziesięć dni później Shirer, niemal sparaliżowany ze zdenerwowania, zameldował się w obskurnym, zawalonym pudłami pokoju w rządowym biurze telegrafu w Berlinie. CBS nie mogła korzystać z normalnych studiów radiowych w Niemczech, ponieważ niemieckie radio zawarło umowę z NBC, gwarantującą tej ostatniej wyłączne prawo do korzystania ze studiów radiowych. Obsługa zapewniła Shirera, że nie ma powodu do zmartwienia: dostanie mikrofon i wszystko, co potrzeba.

Szybko się okazało, że mikrofon wisi na wysięgniku dwa metry nad podłogą i w żaden sposób nie można go opuścić. Niemiecki technik zaproponował, żeby Shirer wyciągnął szyję i krzyczał do mikrofonu, ale to pozbawiło go tchu i sprawiło, że piszczał bardziej niż zwykle. Na niecałą minutę przed rozpoczęciem emisji technik i Shirer pośpiesznie przyciągnęli skrzynię, w której przewożono fortepian. Technik pomógł mu się na nią wdrapać. Siedząc na drewnianej kratownicy, z nogami dyndającymi w powietrzu, Shirer rozpaczliwie próbował przypomnieć sobie wszystkie wskazówki Murrowa na temat występów w eterze, a jednocześnie z trudem się powstrzymywał, żeby nie wybuchnąć histerycznym śmiechem.

To była beznadziejna sprawa. Shirer miał suche usta, spierzchnięte wargi. Gdy zaczął mówić, głos mu się załamywał, i kilka razy zmienił rejestr o co najmniej oktawę. Przez cały czas Shirer myślał tylko o Williamie S. Paleyu i wiceprezesach CBS, siedzących przy głośniku w Nowym Jorku, potrząsających głowami i zgodnie twierdzących, że ten występ to katastrofa. Po programie wstąpił do kawiarni i golnął podwójnego sznapsa.

Przez ponad tydzień nie dostał od Murrowa żadnej odpowiedzi. Był zatem pewny, że trafnie odgadł reakcję kierownictwa CBS. Jednak Murrow wreszcie zadzwonił, żeby przekazać mu zaskakującą nowinę. „Sukinsyny w Nowym Jorku w końcu się odezwały – powiedział, używając zwyczajowego wyrażenia wszystkich korespondentów mówiących o krajowej centrali. – Uważają, że wypadłeś wspaniale".

W rzeczywistości sukinsyny w Nowym Jorku nie mogły ścierpieć głosu Shirera i usiłowały nie dopuścić, żeby Murrow go zatrudnił. Szczególnie ostro sprzeciwiał się Paul White, dyrektor działu wiadomości i szczególnych wydarzeń. Szorstki White – muskularny, żywiołowy, lubiący sporo wypić, z równym przedziałkiem pośrodku wielkiej głowy – był kiedyś korespondentem UP. Uwielbiał wiadomości, grę w karty i kawały – mniej więcej w tej kolejności. Równie mocno jak Murrow chciał rozbudować dział wiadomości CBS, ale dążył do realizacji swojego planu, nie zaś Murrowa.

White miał okazję to zrobić cztery lata wcześniej. W 1933 roku amerykańscy wydawcy gazet, zaniepokojeni przeprowadzką wielu dużych reklamodawców do radia, przekonali trzy główne agencje prasowe – AP, UP i INS – żeby nie obsługiwały sieci radiowych. W odpowiedzi kierownictwo CBS poleciło White'owi zorganizować Columbia News Service – sieć korespondentów obejmującą całe Stany Zjednoczone. (NBC zorganizowała znacznie skromniejszą agencję). Przedsięwzięcie White'a było tak udane, że już po sześciu miesiącach gazety zaproponowały rozejm. Gdyby CBS zrezygnowała z własnej agencji, wydawcy zgodziliby się, żeby agencje prasowe dostarczały stacjom radiowym krótkie biuletyny informacyjne, ale tylko przed południem i wieczorem, tak aby radio nie mogło wyprzedzić gazet. Ku przerażeniu White'a Paley przystał na tę propozycję. Układ okazał się całkowicie niewykonalny i rozleciał się już pod koniec 1934 roku. Niedługo potem przywrócono *status quo ante*.

To z kolei oznaczało, że dział wiadomości White'a skurczył się do swych wcześniejszych, żałosnych rozmiarów. Gdy Murrow został zatrudniony na stanowisku dyrektora do spraw przemówień, White natychmiast uznał go za potencjalnego rywala. Utwierdził się w tym przekonaniu po wyjeździe Murrowa do Londynu w 1937 roku, gdy groźba wybuchu wojny w Europie wisiała w powietrzu. Teraz White stwierdził, że Murrow zaczyna rozszerzać zakres swojej działalności, dążąc do zatrudnienia Shirera jako berlińskiego korespondenta CBS. Paul White znał się na wewnętrznych rozgrywkach i potrafił dostrzec zagrożenie.

Po wysłuchaniu próby nagrania oświadczył, że Shirer się nie nadaje – nie z takim głosem! Murrow przekonywał, że White, jako były dziennikarz prasowy, powinien wiedzieć, że aksamitny głos nie jest najważniejszą zaletą korespondenta. Zbliżała się wojna. CBS potrzebowała kogoś, kto zna Europę i języki obce – pal sześć jego głos. Murrow nie ustępował i w końcu White uległ. Ed Murrow i Bill Shirer stworzyli zespół. To była pierwsza potyczka między Murrowem i White'em, dopiero zapoczątkowująca długą wojnę dwóch dumnych i upartych przeciwników, w której zwyciężyć mógł tylko jeden.

ROZDZIAŁ TRZECI

„TERAZ ZABIERAMY WAS DO LONDYNU"

Shirer został zatrudniony – ale co miał robić? Mimo że wcześniej domagano się próby głosu, ani jemu, ani Murrowowi wciąż nie pozwalano występować na antenie, choć wielokrotnie prosili, ażeby dać im szansę. Z punktu widzenia nowojorskiego kierownictwa niebezpieczeństwo wybuchu wojny w Europie nie miało żadnego wpływu na zakres obowiązków europejskich przedstawicieli CBS: ich zadanie polegało na organizowaniu transmisji i niwelowaniu przewagi, jaką zdobyła za granicą NBC.

NBC, starsza i bogatsza sieć radiowa, w latach dwudziestych podpisała umowy z państwowymi sieciami radiowymi większości krajów europejskich, między innymi z niemiecką i austriacką, które zapewniały jej przywileje w dostępie do ich urządzeń nadawczych. Wielu europejskich biurokratów wprowadziła w błąd nazwa National Broadcasting Company. Dla nich określenie *national* oznaczało „rządowa", dlatego doszli do wniosku, że jest to oficjalna sieć amerykańska. Europejscy przedstawiciele generała Sarnoffa uznali, że wyjaśnienie sytuacji nie należy do ich obowiązków. To zadanie spadło na Murrowa i Shirera.

To była zajadła walka. Gdy Murrow pojechał do Londynu, w siedzibie NBC rozległ się dzwonek alarmowy. Od 1937 roku przedstawiciele Sarnoffa w Europie – Fred Bate w Londynie i Max Jordan w Bazylei – mieli przykazane czynić wszystko, co tylko możliwe, żeby zaszkodzić Columbii. Szesnastego marca 1937 roku John F. Royal z nowojorskiego biura NBC ostrzegł Bate'a, że Paul White ma wkrótce popłynąć do Wielkiej Brytanii, aby pomóc Murrowowi wykorzystać koronację króla Jerzego VI do stworzenia „programów reklamujących" CBS. Bate musiał się postarać, żeby relacja NBC była jeszcze lepsza. Na wszelki wypadek, gdyby Bate nie rozumiał, o co idzie gra, Royal mu to wyjaśnił: „Nie starajmy się zachowywać nazbyt etycznie, realizując ten program [...] Nie możemy sobie pozwolić, żeby po koronacji [...] pan Sarnoff darł się na nas, dlaczego nie postaraliśmy się o większy rozgłos".

Szczególnie zaciekle zwalczał CBS Jordan – Amerykanin niemieckiego pochodzenia i były reporter INS, przezywany przez podziwiających go rywali „Wszechobecnym". Gdy Murrow i Shirer połączyli siły, Jordan zasypał centralę w Nowy Jorku sprawozdaniami i nowymi propozycjami strategicznymi. Obaj dziennikarze CBS spotkali się w Berlinie z nazistowskimi urzędnikami, żeby spróbować przełamać monopol NBC na usługi Rundfunk, niemieckiej stacji radiowej, ale Jordan postarał się, żeby „nasi [...] przyjaciele w Berlinie pociągnęli za rozmaite sznurki". W notatce dla Royala z siódmego marca 1938 roku piał z radości, upojony sukcesem. „Potężny atak Columbii na naszą umowę z Niemcami – jak dotychczas najpoważniejszy i najbardziej zaciekły – został odparty" – napisał. Urzędnicy niemieccy poinformowali Murrowa i Shirera, że ich rząd „nie ma zamiaru zrywać bardzo zadowalających i serdecznych stosunków z NBC".

Mając do czynienia z taką konkurencją, dyrekcja CBS z niecierpliwością przyjmowała nieustanne zapewnienia Murrowa i Shirera, że dobrym sposobem na pokonanie rywala byłoby wpuszczenie ich na antenę z własnymi reportażami. Szefowie chcieli, żeby europejscy przedstawiciele sieci skoncentrowali się na złamaniu zagranicznych umów NBC i tworzeniu programów, które przyciągnęłyby słuchaczy. Gdy CBS czasami potrzebowała analizy najnowszych wiadomości, zapraszano do wystąpienia przed mikrofonem jakiegoś dziennikarza prasowego lub korespondenta agencji prasowej.

Polityka kierownictwa doprowadzała Shirera do białej gorączki. Nie miał zamiaru prosić jakiegoś dziennikarza, który wiedział dwa razy mniej od niego i nie relacjonował wszystkich ważnych zdarzeń, o których on pisał, żeby wystąpił w jego własnej sieci! „To tyle, jeśli chodzi o dziennikarstwo radiowe! – napisał w tym okresie. – Ten idiotyzm mnie zdumiewa". Zamierzał rozstać się z CBS natychmiast po znalezieniu pracy, która pozwoliłaby mu wrócić do poważnego dziennikarstwa.

Mniej więcej w tym czasie CBS zdecydowała, że najlepszym miejscem dla Shirera jest nie Berlin, lecz Wiedeń. Gdy on i ciężarna Tess przeprowadzili się do jej rodzinnego miasta, ogarnęła go jeszcze głębsza frustracja zawodowa.

Austria wraz ze stolicą była jedną wielką stertą próchna, a Hitler, uparcie dążący do aneksji swojej ojczyzny, czekał już z zapaloną zapałką. Wiedeń nie był w stanie wytrzymać napięcia. Gospodarka kulała, ludzie byli niezadowoleni, coraz większą popularność zdobywał antysemityzm. W pierwszych miesiącach 1938 roku Shirer i Murrow znów usiłowali przekonać Nowy Jork, aby pozwolono im relacjonować wydarzenia, ale Paul White nie chciał o tym słyszeć. Macie robić to, do czego zostaliście zatrudnieni – powiedział. W tym momencie mieli przygotowywać transmisje występów europejskich chórów dziecięcych dla seryjnego programu CBS *Columbia's American School of the Air*.

W lutym austriacki kanclerz Kurt von Schuschnigg zgodził się na żądania Hitlera. Austria zniosła zakaz działania partii nazistowskiej, a von Schuschnigg mianował nazistów na najważniejsze stanowiska w rządzie. Ta kapitulacja była równoznaczna z wyrokiem śmierci na Austrię. Shirer poprosił centralę CBS o piętnaście minut na antenie, żeby mógł wyjaśnić, co się wydarzyło. Nowy Jork nie był tym zainteresowany; zamiast tego polecił mu jechać do Sofii w celu zorganizowania transmisji występu bułgarskiego chóru dziecięcego. Wiedeń gotował się od intryg i plotek, a Tess miała rodzić, mimo to Shirer posłusznie spakował walizkę. „Żaden korespondent zagraniczny – wyjaśnił – nie może dopuścić, żeby jego osobiste sprawy przeszkodziły mu w wykonaniu zlecenia, choćby zupełnie idiotycznego".

Gdy dwudziestego szóstego lutego wrócił z Sofii, rząd austriacki był już bliski upadku, a nazistowskie bandy wszczynały rozruchy na ulicach Wiednia. Tess leżała w szpitalu w ciężkim stanie z powodu komplikacji w ostatniej fazie ciąży. W celu uratowania życia jej i dziecka konieczne było cesarskie cięcie. Lekarze zapewniali Shirera, że dziecko – dziewczynka, Eileen Inga – jest w dobrym stanie, a Tess prawdopodobnie przeżyje, ale nie było to bynajmniej pewne. Bardzo osłabiona Tess miała na dokładkę zapalenie żył.

Ósmego marca rząd austriacki w ostatniej chwili podjął próbę ratowania siebie i kraju, ogłaszając, że za cztery dni odbędzie się referendum w sprawie przyszłości Austrii. Nawet wtedy dla Paula White'a ważniejsze były chóry dziecięce. Shirer został wysłany do Belgradu, gdzie zrealizował kolejny program z tej serii. Wrócił jedenastego marca. Tess miała wysoką gorączkę, a zapalenie żył nie ustępowało, choć lekarze stosowali wszystkie znane im środki. Gdy tego dnia wchodził do szpitala, na ulicach panowała gorąca atmosfera; po pewnym czasie miasto ogarnął już chaos. W centrum szalał tłum nazistów, wykrzykujących: *Sieg Heil!*, *Sieg Heil!* Policjanci uśmiechali się i nic nie robili. Niektórzy nawet nosili opaski ze swastyką. Ktoś krzyknął, że plebiscyt został odwołany. Kanclerz złożył urząd. Austriacka armia otrzymała rozkaz niestawiania oporu.

Już za chwilę Hitler miał zająć Austrię.

Shirer nie miał jeszcze okazji relacjonować tak ważnych wydarzeń, a co więcej, nie musiał z nikim rywalizować. „Wszechobecny Max" Jordan z NBC, który przyjechał do Austrii w związku z kryzysem, wbrew swemu przezwisku był akurat nieobecny. Tym razem Shirer nie zamierzał podporządkować się Nowemu Jorkowi. Chciał opowiedzieć o wszystkim, co wiedział. Pośpiesznie udał się do budynku austriackiego radia. Po korytarzach biegali ludzie w nazistowskich mundurach, wymachując rewolwerami. Nie pozwolili mu skorzystać ze studia. Po wielogodzinnych dyskusjach wyrzucili go wreszcie z budynku. Zniechęcony wrócił do domu i pił właśnie drugie piwo, gdy zadzwonił Murrow i powiedział mu, żeby leciał do Londynu. Natychmiast po przyjeździe miał wejść na antenę – na antenę! – i przekazać pierwszą nieocenzurowaną relację naocznego świadka Anschlussu. Murrow natomiast miał przylecieć do Wiednia, żeby zastąpić go na miejscu. „Tylko nie pozwól, żeby ci wmówili, że masz się nie odzywać – dodał Murrow. – Do diabła z tym! Po prostu rób swoje, tak jak ja".

Dla Shirera nic nie było ważniejsze od tej relacji, nawet ciężko chora żona. Bez powodzenia próbował przesłać jej wiadomość do szpitala i ostatecznie dał list służącej, żeby zawiozła go taksówką. Siedemnaście godzin później siedział już w londyńskim studiu British Broadcasting Corporation, ze słuchawkami na uszach. Spiker CBS w Nowym Jorku zapowiedział: „Teraz zabieramy was do Londynu".

Po sześciu najbardziej frustrujących miesiącach w swej zawodowej karierze Bill Shirer wreszcie przekazywał wiadomości. To był jego tryumf.

Okazało się jednak, że ktoś go wyprzedził. „Wszechobecny Max", dowiedziawszy się o losie Austrii, pośpiesznie wrócił do Wiednia. Gdy Shirer leciał do Londynu, Jordan zdołał wydębić zgodę na skorzystanie z austriackiego studia radiowego i przekazał cenzorowi do zatwierdzenia pośpiesznie napisany tekst relacji. To Jordan, nie zaś Shirer, przekazał do Ameryki pierwszą relację naocznego świadka zajęcia Austrii przez Hitlera, choć musiał się zgodzić na jej ocenzurowanie. W tym momencie Hitler przybył już do Austrii i Jordan zorganizował także transmisję przemówienia Führera do Austriaków.

Mimo przełomu w CBS Shirer – co zrozumiałe – był rozczarowany. We wszystkich swoich późniejszych publikacjach na temat Anschlussu nie wspomniał o sukcesie Jordana. W tym czasie CBS twierdziła, że NBC zawdzięczała to szczególnym stosunkom z austriackim radiem. Jordan jednak zwrócił uwagę, że po przejęciu władzy przez nazistów umowa NBC przestała obowiązywać. „Gdyby Columbia była na miejscu – powiedział – prawdopodobnie zostałaby potraktowana tak samo jak my".

Gdy Bill Paley dowiedział się o relacji Jordana, bardzo się zdenerwował. Do zajęcia Austrii przez Hitlera opowiadał się po stronie Paula White'a i nie zgadzał się, żeby pracownicy sieci w Europie sami relacjonowali zdarzenia. Reportaż mógł się łatwo zmienić w komentarz, dziennikarze mogli popierać jedną ze stron, a CBS miało dość kłopotów z administracją Roosevelta z powodu zwariowanych peror Boake Cartera. Po Anschlussie Paley zmienił stanowisko. NBC skopała CBS! Paley zadzwonił do Eda Klaubera, Klauber do Paula White'a, a White do Shirera, który wciąż przebywał w Londynie. „Chcemy mieć dziś wieczór relację z Europy" – powiedział White: półgodzinny program o reakcjach państw europejskich na Anschluss, z udziałem Shirera i jakiegoś angielskiego parlamentarzysty z Londynu, Murrowa z Wiednia i amerykańskich korespondentów prasowych w Paryżu, Berlinie i Rzymie. Nigdy jeszcze nie było podobnego programu. Shirer i Murrow mieli osiem godzin, żeby go przygotować.

Nawet podjęcie takiej próby było szaleństwem. Shirer nie miał pojęcia, jak to zrobi, ale mimo to się zgodził. Przez wiele miesięcy on i Murrow piłowali White'a, żeby wpuścił ich na antenę. Teraz mieli szansę. Nieważne, że nikt jeszcze nie zrobił czegoś takiego. Nieważne, że była sobota, piąta po południu, a zatem wszystkie urzędy były zamknięte, a potrzebni im technicy, korespondenci i parlamentarzyści wyjechali z miasta na wieś lub byli nieosiągalni z innych powodów. Nieważne, że mieli przed sobą pozornie niemożliwe do przezwyciężenia problemy techniczne z załatwieniem linii i nadajników i precyzyjną synchronizacją, z dokładnością do ułamka sekundy. To wszystko było nieważne. To było istotą pracy korespondenta zagranicznego. To była jedna z reguł ich bractwa: gdy sukinsyny z centrali każą zrobić coś niemożliwego, w grę wchodzi tylko zgoda. Shirer sięgnął po słuchawkę i zadzwonił do Murrowa.

Wzięli się do roboty. Murrow przekonał Niemców, żeby dali mu linię telefoniczną z Wiednia do Berlina, skąd mógł na falach krótkich przekazać relację do Nowego Jorku. Załatwił specjalne połączenie z Paryżem, gdzie nie było odpowiedniego nadajnika. Wytropili zagranicznych korespondentów, ale dwaj z nich musieli dostać zgodę centrali na wystąpienie w radiu – mieli nadzieję, że pozwolenie nadejdzie w porę. W Londynie bez przerwy dzwoniły telefony. Shirer rozmawiał na zmianę w czterech językach. Czas szybko mijał: gdy do emisji pozostały już tylko dwie godziny, Shirer wciąż nie znalazł żadnego parlamentarzysty, a jeden z korespondentów, Frank Gervasi z INS, zameldował, że Włosi nie są w stanie zorganizować emisji w tak krótkim czasie. Shirer zachował zimną krew. Powiedział Gervasiemu, żeby podyktował swoją relację do Londynu, a on ją przeczyta zamiast niego. Wreszcie udało mu się znaleźć przebywającą na wsi parlamentarzystkę Ellen Wilkinson z Partii Pracy, która zgodziła się natychmiast przyjechać do Londynu. Gdy zadyszana dotarła do studia BBC na kwadrans przed rozpoczęciem emisji, Gervasi wciąż dyktował swój tekst.

Wreszcie trzynastego marca o pierwszej w nocy czasu londyńskiego, gdy w Nowym Jorku była ósma wieczór, wyczerpany Shirer założył słuchawki. Usłyszał, jak spiker Bob Trout zapowiada: „Dziś wieczorem nie usłyszymy programu *St. Louis Blues*". Jego miejsce zajęło specjalne sprawozdanie: „radiowa podróż po europejskich stolicach, zaczynając od transoceanicznej transmisji z Londynu". Trout zrobił pauzę. „Teraz zabieramy was do Londynu".

Shirer wszedł na antenę.

Przypływ adrenaliny pozwolił mu pokonać zmęczenie, ale nic w jego cichym, bezbarwnym głosie nie zdradzało podniecenia i ogromnej presji, jaką znosił w ciągu ostatnich kilku godzin. Zachowywał się z profesjonalnym spokojem. Nic nie wskazywało, iż zdawał sobie sprawę, że oto zapisał się w historii radia jako główny organizator pierwszego przeglądu wydarzeń sieci CBS.

Rozpoczął od prognozy, że Wielka Brytania nie zrobi wiele, aby powstrzymać agresję Hitlera. Pozostali korespondenci i Ellen Wilkinson po kolei analizowali apatyczną reakcję europejskich rządów na zaborczość Hitlera. Zgodnie z obietnicą Shirer odczytał komentarz Gervasiego. Wypowiedź Murrowa była wyraźną zapowiedzią jego elokwencji, zwłaszcza w rysunku subtelnie złowieszczego obrazu przekształconego Wiednia: „Tłumy są równie uprzejme jak zawsze, ale wielu ludzi jest w świątecznym nastroju. Unoszą prawe ramię nieco wyżej niż w Berlinie i nieco głośniej wykrzykują: *Heil Hitler!*"

Trzydzieści minut później, punktualnie co do sekundy, zakończyła się pierwsza relacja z europejskich stolic.

Rozradowany Paul White natychmiast zadzwonił do Shirera. Program był prawdziwym tryumfem – powiedział – „tak wspaniałym, że chcemy mieć następny jutro wieczorem, czyli dziś według waszego czasu. Możecie to zrobić?"

Shirer nie wahał się nawet chwili. „Nie ma problemu" – krzyknął przez transatlantycką linię.

Wraz z tym przeglądem wydarzeń z europejskich stolic CBS i radio w ogóle rozpoczęły proces przemiany w dojrzałe źródło wiadomości. Najbardziej przyczynili się do tego Shirer i Murrow. Wprawdzie pomysł narodził się w Nowym Jorku, ale stało się tak dzięki nim i to oni zrealizowali ten program. Udowodnili, że radio może nie tylko na bieżąco informować o wydarzeniach, ale również przedstawiać je w odpowiednim kontekście i łączyć własne informacje z wiadomościami z innych źródeł, czyniąc to wszystko z bezprecedensową szybkością i zapewniając wyjątkową bezpośredniość przekazu. Uruchomili łańcuch zdarzeń, które sprawiły, że w ciągu zaledwie roku radio stało się głównym amerykańskim medium informacyjnym, oraz zapoczątkowali trwającą kilkadziesiąt lat dominację CBS w dziennikarstwie radiowym i telewizyjnym. W tym okresie nie próżnował również dział promocji CBS. Kilka dni po Anschlussie ukazała się elegancka broszura *Vienna, March 1938: A Footnote to History*, która – jak napisał recenzent magazynu „Scribner's" – wywoływała wrażenie, że „Columbia jest wszechobecna i wszechpotężna".

Nawet taki wizjoner jak Murrow nie mógł tego przewidzieć, ale on i Shirer mieli pewne wyobrażenie o przyszłości, a bariera między nimi i mikrofonem została zburzona raz na zawsze.

Przez następne pięć dni Shirer nie myślał o niczym oprócz kolejnych programów. Praktycznie zapomniał o żonie, małym dziecku i wszystkim z wyjątkiem wydarzeń, które relacjonowali. Sam pozostał w Londynie, natomiast Murrow donosił z Wiednia o tryumfalnym wjeździe Hitlera i orgii przemocy wobec mieszkających tam Żydów. Gdy Shirer wrócił do Wiednia osiemnastego marca, Murrow czekał na niego na lotnisku. Poszli do baru przy Kärntnerstrasse. Zmęczony i przybity nienawiścią, jaką obserwował przez cały tydzień, Murrow ożywił się, dopiero gdy zaczęli mówić o swoim osiągnięciu. Uśmiechnął się.

„Może teraz, przyjacielu, zajdziemy wysoko" – powiedział.

Następnego dnia rano Shirer odwiedził Tess w szpitalu. Wciąż była w krytycznym stanie, a w ciągu ostatniego tygodnia przeżyła koszmar. Jej lekarz, Żyd, uciekł, ratując życie; pewna Żydówka z pokoju po drugiej stronie korytarza wyskoczyła z dzieckiem przez okno, gdy nazistowscy bojówkarze wdarli się do szpitala. Shirer oczywiście niepokoił się o Tess, ale nadal myślał głównie o innych sprawach. „W czasie tego dramatycznego tygodnia moje życie gwałtownie się zmieniło, zarówno pod względem zawodowym, jak i osobistym" – napisał później. Tess i córka stały się teraz dla niego mniej ważne niż Murrow i bezgraniczne perspektywy, jakie się przed nimi otworzyły. Kilka lat przed śmiercią powiedział, że on i Tess „nie spędzali wiele czasu razem". „Zwykliśmy mówić, że to dobrze, bo dzięki temu nie znudzimy się sobie wzajemnie. Dziś widzę, że to było trudne".

Tess przeszła jeszcze jedną operację, konieczną w celu usunięcia instrumentów, które pozostały w jej brzuchu po cesarskim cięciu. Po tym zabiegu wróciła do domu. Shirer i Murrow już wcześniej uzgodnili, że gdy będzie dostatecznie silna, małżonkowie przeprowadzą się do Genewy. Mieszkając w neutralnej Szwajcarii, Shirer mógłby relacjonować następne posunięcia Hitlera bez nadzoru niemieckiej cenzury. Wyjechali z Wiednia w czerwcu, ale naziści robili, co mogli, żeby sprawić im kłopoty. Na lotnisku funkcjonariuszka straży granicznej zerwała opatrunek Tess, żeby sprawdzić, czy czegoś w nim nie ukryła.

Shirer zawsze sądził, że Genewa jest zadowolona z siebie i drętwa, ale po ciężkich przeżyciach w Wiedniu wydała mu się rajem. Murrow przyleciał z Londynu, żeby spędzić z nimi krótki urlop w pobliskiej Lozannie. Przez kilka szczęśliwych dni pływali, jedli, spacerowali, pili i rozmawiali – rozmawiali, w tym pięknym otoczeniu, o niechybnie zbliżającej się wojnie i konieczności zatrudnienia większej liczby korespondentów, którzy powinni ją relacjonować. Jak jednak mieli przekonać o tym Nowy Jork? Gdy tylko przygasły emocje związane z Anschlussem, Paley, White i inni, podobnie jak większość Amerykanów, szybko przestali się interesować wiadomościami zagranicznymi. Znowu przykładali większą wagę do programów rozrywkowych, a Shirer i Murrow znowu musieli zajmować się różnymi europejskimi imprezami, które mogłyby zabawić Amerykanów. Przerwano nadawanie przeglądów wiadomości.

We wrześniu tego roku Niemcy zwrócili spojrzenie na Czechosłowację. Hitler domagał się zwrotu Sudetów, uprzemysłowionego regionu górskiego, oderwanego od Niemiec po I wojnie światowej. Czesi odmówili, pokładając wiarę w swej dobrze wyszkolonej armii i zawartym z Francją traktacie o wzajemnej pomocy wojskowej. Cała Europa przyglądała się temu starciu jak sparaliżowana.

Dziesiątego września Shirer pojechał do Pragi, żeby stamtąd obserwować kryzys. Przed wyjazdem zaproponował nowojorskiemu kierownictwu, że będzie nadawał codzienne pięciominutowe relacje. W pierwszej chwili White i inni się nie zgodzili, lecz później ulegli – wymusili na nim jednak obietnicę, że zrezygnuje z czasu antenowego, jeśli nie będzie miał dość wiadomości, żeby go wypełnić. „Boże! – napisał później Shirer. – Stary Kontynent znalazł się na skraju wojny [...] a sieć z największą niechęcią myślała o przydzieleniu pięciu minut na relację z wydarzeń!"

Dwunastego września w Norymberdze Hitler wygłosił przemówienie, w którym obiecał uratować Niemców sudeckich od czeskiego ucisku. To otworzyło oczy sukinsynom w Nowym Jorku. Na antenę wróciły przeglądy wydarzeń. Programy rozrywkowe były coraz częściej przerywane złowieszczymi komunikatami: nazistowskie rozruchy w Sudetach, Francja mobilizuje rezerwistów, niemiecka armia zajmuje pozycje do ataku, w Anglii ludności rozdano maski przeciwgazowe.

Teraz opery mydlane nie mogły rywalizować z dramatyzmem wydarzeń na scenie międzynarodowej. Amerykanie siedzieli przykuci do swych odbiorników, w skupieniu nasłuchując zapowiedzi ze studia CBS w Nowym Jorku: „Dzwoni Edward R. Murrow", „Proszę, William L. Shirer" – a następnie wsłuchując się w ich relacje, zakłócane przez trzaski i szumy, nieodłącznie związane z transmisją na falach krótkich. Murrow w Londynie i Shirer nieustannie kursujący między Pragą a Berlinem harowali ze wszystkich sił, ale zmienna jakość przekazu na falach krótkich – kiepska wierność i częste zakłócenia spowodowane złą pogodą i plamami na Słońcu – często niweczyła ich wysiłki i psuła najlepsze reportaże. Przez pierwsze cztery dni kryzysu cała praca Shirera szła na marne wskutek złej pogody. Ten problem prześladował jego i innych korespondentów radiowych przez całą wojnę.

Trzydziestego września Shirer był w Monachium, gdy nastąpiło haniebne zakończenie kryzysu, a przywódcy dwóch największych demokratycznych krajów Europy podarowali Hitlerowi Sudety. Monachijska zdrada, jakiej dopuścili się premier Wielkiej Brytanii Neville Chamberlain i premier Francji Édouard Daladier, była dla Shirera ciężkim ciosem, i to z wielu powodów. Gdy chciał pośpiesznie przekazać tekst porozumienia, White powiedział mu, że Max Jordan z NBC znów go pokonał, przesyłając warunki traktatu pół godziny wcześniej. Shirer i CBS raz jeszcze uznali, że Jordan zawdzięczał ten sukces szczególnym stosunkom NBC z państwowymi stacjami radiowymi. Shirer twierdził, że Jordan miał specjalny dostęp do budynku, w którym odbywała się monachijska konferencja, oraz do mieszczącego się tam tymczasowego studia radiowego. W rzeczywistości Jordan dokonał tego zupełnie samodzielnie. Wśliznął się do budynku z młodym niemieckim dziennikarzem radiowym, który miał prawo wstępu, i dostał kopię porozumienia od jednego z członków delegacji angielskiej natychmiast po zakończeniu rozmów.

Mimo drugiego tryumfu Jordana nie było wątpliwości, że w dniach przed konferencją i podczas jej trwania CBS przyćmiła NBC, nie mówiąc o drugiej, mniejszej sieci Mutual (ABC powstała dopiero w 1942 roku). Podniecony Bill Paley, który w czasie kryzysu stale słuchał relacji swej sieci, zadepeszował do Murrowa i Shirera: RELACJE COLUMBII Z EUROPEJSKIEGO KRYZYSU LEPSZE OD JEJ RYWALI PRAWDOPODOBNIE JEST TO NAJLEPSZA ROBOTA W HISTORII RADIA.

CBS nie zawdzięczała przewagi zwycięstwom w wyścigach i liczbie godzin emisji – wszystkie sieci nadawały wiadomości przez całą dobę – lecz reportażom i analizom Murrowa i Shirera oraz doskonałym komentarzom H.V. Kaltenborna, który przez osiemnaście dni prowadził program informacyjny w Nowym Jorku. To dzięki nim wiadomości na falach eteru wreszcie osiągnęły dojrzałość i narodziło się dziennikarstwo radiowe.

Dziennikarz nowego typu był nie tylko komentatorem lub spikerem. Był regularnym korespondentem, który robił wszystko jednocześnie – donosił, pisał i wypowiadał się na antenie. Dzięki szybkości i bezpośredniości radia, mimo trudności z transmisją na falach krótkich, dziennikarze radiowi wywierali silniejszy wpływ na społeczeństwo niż lekceważący ich reporterzy prasowi. W epoce, kiedy wszystkie audycje nadawano na żywo, dziennikarzom radiowym nie przeszkadzali nawet redaktorzy i autorzy nagłówków. Dziennikarz lub (już wkrótce) dziennikarka mieli bezpośredni dostęp do słuchaczy, wyprzedzali dzienniki o kilka godzin i docierali do milionów ludzi. „Scribner's" szybko docenił znaczenie dziennikarzy radiowych, publikując w dwa miesiące po Monachium duży artykuł o Murrowie. Robert Landry pisał: „On ma większy wpływ na reakcję Ameryki na wydarzenia zagraniczne niż cały oddział dziennikarzy prasowych".

Natomiast szefowie NBC uważali, że cała ta gadanina o korespondentach radiowych jest nonsensem: przewaga CBS polegała wyłącznie na zręcznej promocji. Nie widzieli powodów, żeby zmieniać sposób działania za granicą: pracownicy sieci w Europie, nie wykluczając Maxa Jordana, mieli nadal organizować relacje z różnych imprez, a wiadomości miały pochodzić głównie od reporterów prasowych zatrudnianych do realizacji konkretnych zleceń.

Historia już dawno osądziła politykę NBC. Gdy jej menedżerowie w końcu się przebudzili, było już za późno: CBS zdominowała wiadomości radiowe, a wykorzystując utrwalony dzięki temu wizerunek odpowiedzialnej korporacji z dużą klasą, wkrótce uzyskała przewagę również w innych typach programów. Murrow, Shirer i wszyscy, którzy poszli za nimi, pomogli Paleyowi zdobyć prestiż i wiarygodność, których tak pragnął.

To jednak była dopiero sprawa przyszłości. Murrow i Shirer byli zbyt wyczerpani i przygnębieni tym, co wydarzyło się w Monachium, żeby długo rozmyślać o potencjalnej sławie i chwale. Wspierali się nawzajem, co dla obu było największym pocieszeniem: nikt inny nie mógłby zrozumieć, co przeżyli. W ciągu ostatniego roku ich przyjaźń bardzo się pogłębiła. Wprawdzie po Monachium to Murrowowi przypadła lwia część pochwał, ale duma Shirera niezbyt ucierpiała. Murrow, choć młodszy, był jednak jego szefem, a ponadto, co Bill sam przyznawał, lepiej wypadał na antenie. Shirer był natomiast doświadczonym specem od spraw europejskich, wytrawnym korespondentem, i to on władał czterema językami. Niemal idealnie się uzupełniali. „Łączyła nas wyjątkowa przyjaźń – powiedział Shirer kilka miesięcy przed śmiercią. – On stał się moim najlepszym przyjacielem". To jeszcze za słabo powiedziane. „Ed był jedynym bliskim przyjacielem, jakiego kiedykolwiek miał mój ojciec" – powiedziała urodzona w Wiedniu córka Shirera, Eileen Inga Dean.

Wkrótce po Monachium Shirer i Murrow spotkali się w Paryżu. Odkąd Francja zdradziła Czechosłowację, Paryż stracił dla Shirera cały urok. „To koszmarne miejsce – zanotował w dzienniku. – Całkowicie uległo defetyzmowi. Nikt nie ma pojęcia, co właściwie stało się Francji". On i Murrow starali się pozbyć depresji, rozmawiając całymi nocami, włócząc się po ulicach i opróżniając kolejne butelki szampana. Nic nie pomagało. Po pewnym czasie – zapisał Shirer – „nawet szampan budzi obrzydzenie". Zgadzali się, że Hitler niedługo uderzy ponownie, a następnym celem będzie Polska. Gdy to się stanie, wybuchnie wojna – a było wykluczone, żeby we dwóch mogli relacjonować wszystkie wydarzenia. Dni ich ekskluzywnego partnerstwa i przyjaźni dobiegały końca. Czas ściągnąć posiłki.

ROZDZIAŁ CZWARTY

PIERWSZY UCZEŃ

Latem 1939 roku liczni młodzi amerykańscy dziennikarze postanowili, podobnie jak Larry LeSueur, wybrać się na drugą stronę Atlantyku. Wiedzieli, że w dziennikarstwie, tak jak w wielu innych profesjach, wojna oznacza dobre posady. Biura prasowe w Londynie zatrudniały ludzi, którzy mieli relacjonować ekspansję nazizmu, a Ed Murrow puścił w obieg wiadomość, że CBS szuka dziennikarzy, którzy sądzą, że zamiast druku gotowi są wybrać mikrofon.

Murrow zwracał większą uwagę na talent, inteligencję i wiedzę niż na dziennikarskie doświadczenie. Drugi człowiek, jakiego zatrudnił, nie był nawet dziennikarzem, co bardzo zirytowało Paula White'a w Nowym Jorku. White był niezadowolony już wtedy, gdy Murrow uparł się, że zatrudni Shirera z jego cienkim głosem. Shirer jednak okazał się przynajmniej pracownikiem obdarzonym niespożytymi siłami i dobrym instynktem. Natomiast Thomas Grandin, którego Murrow zainstalował w Paryżu wiosną 1939 roku, nie tylko miał fatalny głos, ale na domiar złego nigdy nie zajmował się dziennikarstwem. Trzydziestolatek z Cleveland był szczupłym okularnikiem, intelektualistą z Ivy League. Po ukończeniu Yale studiował w Berlinie i Paryżu, a potem otrzymał stanowisko badacza w Geneva Research Center, ośrodku związanym z Fundacją Rockefellera. Mówił płynnie po francusku i był ekspertem w dziedzinie francuskiej polityki i spraw rządowych. Miał jednak pedantyczne maniery – w swych programach używał takich słów jak *expatiate* i *prognosticate** – oraz mówił cichym, wysokim głosem, który zdaniem White'a nie

---

* „Rozwodzić się" i „rokować" – oba angielskie słowa mają bardzo książkowy charakter (przyp. tłum.).

był dostatecznie męski. Przez cały okres pracy Grandina w CBS White stale usiłował się go pozbyć.

Murrow, którego głos doskonale nadawał się do radia, zupełnie nie zwracał uwagi na to, jak mówią jego ludzie. „Stale kłócił się z Nowym Jorkiem o sprawy głosu i wymowy – wspominał Bill Shadel, którego Murrow zatrudnił później na części etatu jako korespondenta CBS. – Lubił ich drażnić".

Z punktu widzenia Murrowa intelekt Grandina i jego znajomość Francji były znacznie ważniejsze niż głos, zwłaszcza gdy w Europie stale narastało napięcie. Po aneksji Sudetów Hitler wkrótce zajął całą Czechosłowację. Jedyne kraje, które mogły go powstrzymać, Francja i Wielka Brytania, nie podjęły żadnych działań. W Niemczech nazistowskie bojówki i bandy urządzały orgie przemocy skierowanej przeciw Żydom, paląc tysiące synagog, rabując i niszcząc żydowskie sklepy i domy, mordując i gwałcąc. W jedną niesławną noc ósmego listopada 1938 roku, nazwaną przez nazistów Kristallnacht z powodu potłuczonego szkła, ponad ośmiuset Żydów zostało zabitych lub ciężko rannych. Wkrótce ponad dwadzieścia tysięcy Żydów zniknęło w obozach koncentracyjnych, ale inne kraje ograniczyły się do nieśmiałych i słabych protestów.

W lipcu 1939 roku Paul White spotkał się z Murrowem, Shirerem i Grandinem w Londynie. Shirer miał wreszcie okazję poznać go osobiście. Jego zdaniem dyrektor programów informacyjnych CBS nie dorósł do tego stanowiska. „Mógłby żyć jeszcze tysiąc lat, a i tak nie nabrałby wyczucia spraw europejskich, nie zrozumiałby, o co chodzi Edowi i mnie" – wspominał w późnym wieku. White oczekiwał od korespondentów regularnego strumienia doniesień, ale nie brał pod uwagę problemów związanych z podróżami i trudności technicznych z przekazem. Niezależnie jednak od swych słabości White przynajmniej potrafił docenić interesujące reportaże. Podczas podróży do Londynu nabrał przekonania, że rzeczywiście w Europie niedługo wybuchnie wojna, dlatego postanowił pomóc swym europejskim pracownikom w przygotowaniach. Razem z nimi planował, które linie przesyłowe i nadajniki krótkofalowe będą używane do przekazywania wiadomości z frontu. Zgodził się również z Murrowem, że konieczne jest rozszerzenie zakresu działania w Europie. Gdy ta decyzja zapadła, Murrow natychmiast zadzwonił do Erica Sevareida, który przebywał wówczas w Paryżu.

Sevareid miał wtedy dwadzieścia sześć lat i skończył studia zaledwie trzy lata wcześniej. Był żonaty i bliski bankructwa, choć pracował na dwóch posadach – jako dzienny reporter i redaktor „Paris Herald" za dwadzieścia pięć dolarów tygodniowo oraz jako nocny adiustator w United Press, gdzie dostawał takie samo wynagrodzenie. Był niemal niewiarygodnie przystojny – wysoki, mocno zbudowany, z wydatną szczęką i zdecydowanym spojrzeniem, które skrywało jego nieśmiałość, niepewność i liczne fobie. Nikt nie nazwałby go urodzonym korespondentem wojennym, ale Murrowowi to najwyraźniej nie przeszkadzało. Dla niego liczyło się tylko to, że Sevareid pisał jak anioł.

Gdy Sevareid i jego żona Lois przyjechali przed dwoma laty do Londynu, Murrow był jedną z pierwszych osób, jakie poznali. Mieli list polecający od wspólnego znajomego, toteż Murrow zaprosił ich do siebie na kolację. Mieszkał wtedy na Queen Anne Street. Goście i gospodarze natychmiast przypadli sobie do serca. Sevareid zwrócił uwagę na „niezwykłe ciemne oczy [Murrowa], raz wesołe i skupione, a już po chwili smutne i zagubione". Sevareid był urzeczony siłą i elegancją słów Murrowa, jego stylem, zaskakującą pewnością siebie. Gdy wyjeżdżał z Londynu do Paryża, myślał, że powinien spisać wszystko, co Murrow powiedział podczas kolacji. „Wiedziałem, że chciałbym go posłuchać jeszcze raz – napisał – i byłem przekonany, że wielu innych powinno go poznać".

Ed Murrow zdobył swego pierwszego prawdziwego ucznia.

Dla małego samotnego chłopca, Arnolda Erica Sevareida, rozległa preria otaczająca Velvę w Dakocie Północnej, gdzie urodził się w 1912 roku, była przerażającym miejscem. Często miał koszmary związane z pobliskimi wzgórzami, które w jego snach zmieniały się w gigantyczne mury więzienne. Tyle było tam zjawisk budzących lęk – gwałtowne wiatry, susze, szarańcza, „zmarznięte ciemności zimy, gdy żałobne wycie kojotów wydawało się jedyną oznaką życia". Gdy miał cztery lata, uciekł z domu i zagubił się na prerii; jako dorosły doskonale pamiętał przerażenie, jakie czuł, gdy znalazł się sam w „wiecznej nicości".

Jego matka, Clare, która pochodziła z zielonego stanu Iowa, nie znosiła Dakoty Północnej i przekazała drugiemu synowi „poczucie braku tożsamości w świecie, życia – wskutek jakiegoś okrutnego błędu – w zapomnianym przez Boga miejscu, daleko za horyzontem własnego kraju". Przyjechała do Velvy razem z mężem, który, jak wielu farmerów skandynawskiego i niemieckiego pochodzenia, przeprowadził się tu skuszony świetną glebą i klimatem podobnym do ojczystego. Alfred Sevareid, syn norweskiego imigranta, był farmerem i prezesem lokalnego banku. Przez pewien czas doskonale mu się powodziło. Ten wysoki, surowy i spokojny mężczyzna, uznający ściśle, luterańskie zasady postępowania, niczym Jehowa rządził w swoim domu, gdzie – zdaniem jego syna – było „za wiele reguł" i „za mało przejawów miłości".

Panująca w domu emocjonalna pustka pozostawiła głębokie ślady w psychice Arniego (drugiego imienia zaczął używać dopiero po ukończeniu college'u), który wyrósł na człowieka zachowującego rezerwę i tłumiącego uczucia. Aż do zaawansowanego wieku średniego miał ogromne trudności z okazywaniem ciepła i serdeczności. Pociechę dawało mu czytanie. Wysiadywał w miejscowej bibliotece, latem pożerając jedną książkę dziennie, dowiadując się i marząc o odległych miejscach, takich jak Londyn, Paryż i Berlin.

Ojciec stracił wszystko wskutek gwałtownego spadku cen na zboże w 1924 roku. Hańbiąca ruina rodziny tylko pogłębiła lęki, wątpliwości i niepewność Arniego. „Dla rodziny z klasy średniej nagła nędza stanowiła traumatyczne doświadczenie – wspominał kiedyś. – Bardzo trudno pogodzić się z obniżeniem poziomu życia i nieustanną myślą o niezapłaconych rachunkach, co przez lata wpływało na panującą w domu atmosferę". To doświadczenie go jednak umocniło; pragnął, aby pewnego dnia wszyscy przyznali, że on, Arnie Sevareid, jest ważnym człowiekiem. Gdy rodzina przeniosła się do większego miasta, Minot, Arnie marzył, że pewnego dnia wróci do Velvy w białym garniturze panama, białej limuzynie z szoferem, zatrzyma się przed sklepem McKnighta i wyjmując z ust cygaro za dwadzieścia pięć centów, zamówi trzysta porcji lodów dla wszystkich mieszkańców miasta, którzy będą się uśmiechać i powtarzać: „Zawsze wiedziałem, że ten chłopak Sevareidów wyjdzie na ludzi".

Rodzina wkrótce przeprowadziła się ponownie, tym razem do Minneapolis, gdzie Alfred dostał posadę kasjera w lokalnym banku. Z lat spędzonych w Central High School zostało Arniemu niewiele miłych wspomnień, choć gdy był w ostatniej klasie, zajął się redagowaniem szkolnej gazetki. Szkołę uważał za przeszkodę, utrudniającą mu wypłynięcie na szersze wody i wykazanie własnej wartości. Latem 1930 roku, po skończeniu szkoły, on i jego przyjaciel Walter Port wymyślili efektowny test.

Sevareid, choć barczysty i przystojny, uważał, że jest fizycznie niesprawny i że brakuje mu odwagi. Podziwiał za to Waltera, którego cechowały wszystkie zalety, jakich jemu brakowało: był odważny, silny, wysportowany i cieszył się dużą popularnością wśród rówieśników, zwłaszcza wśród dziewczyn. Sevareid chciał się zmienić, dlatego zgodził się towarzyszyć Portowi w przedsięwzięciu tak szalonym, a jednak "heroicznym", że – jak napisał wiele lat później – „do dziś na myśl o tym wpadam w osłupienie".

Dwaj młodzieńcy, za niechętną zgodą rodziców, postanowili zademonstrować, że można przepłynąć kanu z Missisipi przez Manitobę do Zatoki Hudsona, pokonując trasę o długości trzech tysięcy pięciuset kilometrów, wiodącą przez skomplikowany labirynt rzek i jezior, z odcinkami, których przebiegu nikt jeszcze nie zaznaczył na mapie. Na zdjęciu wykonanym przed wyruszeniem w drogę dwudziestojednoletni Port stoi podparty pod boki, w założonym na bakier starym kapeluszu, który niemal spada mu z głowy. Sevareid, w stroju turystycznym, z niewielką fajką w zębach, demonstruje pogodny wyraz twarzy, który – wbrew wewnętrznym wątpliwościom – mówi: „Nic mnie nie pokona". Miał wtedy siedemnaście lat.

Ta fotografia jest bardzo myląca, przynajmniej jeśli chodzi o Sevareida: nie był człowiekiem czującym się swobodnie na łonie natury. Nie potrafił wbić prosto gwoździa. Gdy rąbał drewno, zawsze obijał sobie golenie. I nic nie wiedział o pływaniu kanu, jakie razem z Portem kupili na tę wyprawę i nazwali „Sans Souci". W ramach przygotowań do podróży przeczytał kilka poradników, jak przetrwać w lesie.

To był zwariowany pomysł – wyprawa przez pustkowia, z używanym kompasem, niedokładnymi mapami, letnim ubraniem, jedzeniem na kilka tygodni, bez doświadczenia i koniecznych umiejętności. Może z tego powodu Sevareid zdołał przekonać redaktora „Minneapolis Star", żeby zapłacił mu sto dolarów za serię artykułów, które miał nadsyłać z kolejnych etapów wyprawy. Przedsięwzięcie nieomal zakończyło się śmiercią dwóch śmiałków, przyniosło jednak Sevareidowi to, czego pragnął: rozgłos i na dokładkę trochę pieniędzy.

Prawdziwe kłopoty zaczęły się po sześciu tygodniach od wyruszenia w drogę, gdy na początku września dotarli do północnego brzegu jeziora Winnipeg w Manitobie. Ich mapy były tu zupełnie bezużyteczne. Musieli teraz szukać drogi przez niewielkie jeziora i rzeki i często przenosić kanu lądem. Wielokrotnie błądzili we mgle i zimnym jesiennym deszczu. Nierzadko musieli się przedzierać przez zarośnięte ścieżki, rąbiąc drzewa i krzewy.

Przerażeni i zmarznięci, wiedząc, że nadchodzi zima i kończy się im jedzenie, podejmowali ryzykowne działania, o jakich nigdy przedtem nie myśleli. Gdy napotykali częste przełomy i wodospady, zamiast zatrzymać się i rozpoznać teren, lekkomyślnie płynęli dalej. Byli już na skraju wytrzymałości nerwowej – pewnego ranka, po kłótni na temat brudnej patelni, rzucili się na siebie, drapiąc i kopiąc. Gdy wyczerpani przerwali bitkę, Sevareid się rozpłakał.

„Jestem za młody, żeby umierać" – powtarzał sobie wielokrotnie.

Następnego dnia przewiosłowali prawie dziewięćdziesiąt kilometrów. Tuż przed zmrokiem dostrzegli kilka białych budynków. Było to biuro Kompanii

Zatoki Hudsona. Za budynkami stał na kotwicy szkuner. Dokonali tego, co zamierzyli – przepłynęli kanu z Minnesoty do Atlantyku.

Dla Sevareida ta odyseja była fizyczną i psychiczną walką z własnymi słabościami i wątpliwościami – pierwszą z wielu takich prób. Przetrwał. „Star" opublikował jego artykuły, a pięć lat później Macmillan wydał jego relację w formie książki dla młodzieży *Canoeing with the Cree*. Od tej pory wielu młodych mieszkańców Minnesoty uważało pokonanie ich trasy za próbę dojrzałości. Sevareid chwalił tych, którzy ją podejmowali, ale nie mógł powstrzymać się od dodania, że „teraz mają znacznie wygodniejszy i bezpieczniejszy sprzęt".

Po powrocie do Minneapolis Sevareid znalazł pracę w „Minneapolis Journal", najpierw jako goniec, później jako początkujący reporter. Dziennikarstwo pasowało do jego idealizmu i pogłębiających się liberalnych poglądów, ale wkrótce odkrył mniej przyjemne strony tej profesji. Pewnego dnia do pokoju redakcji wszedł szef działu finansowego, otworzył swoją szafkę i wysypał całą jej zawartość do teczki. „Pracowałem w tej gazecie osiemnaście lat, synu – powiedział do Sevareida. – Teraz wyrzucił mnie facet, którego uczyłem, gdzie stawiać przecinki". Sevareid uznał, że aby uchronić się przed podobnym losem, musi zdobyć wykształcenie, dlatego zapisał się na studia wieczorowe na University of Minnesota. Zazdrościł normalnym studentom ich życia. Po jednym semestrze postanowił znowu wyruszyć na włóczęgę i sprawdzić swoją odwagę.

Tym razem wybrał się samotnie na kalifornijskie złotonośne tereny w High Sierra. Wśród zarośniętych, siwowłosych górników, z którymi pracował latem 1931 roku, żółtodziób Sevareid był znany jako „Chudy". Brał udział w hałaśliwych zabawach w ich chatach, pił z nimi domowe piwo, znosił żarty i zaczepki rozmamłanych prostytutek w średnim wieku. Tylko nieliczni górnicy rzeczywiście znaleźli złoto w tych wyeksploatowanych strumieniach, ale Sevareid podziwiał ich tak samo jak kiedyś Waltera Porta. Potrafili zrąbać drzewo i naprawić silnik – umieli własnoręcznie zrobić wszystko, nie czytając instrukcji i nie mając planów. Sevareid był pewny, że nigdy nie będzie taki jak oni. Nauczył się jednak machać łopatą i posługiwać piłą, zmężniał i wzmocnił się fizycznie, a gdy wyjeżdżał we wrześniu, miał w plecaku fiolkę ze złotymi okruchami, wartymi jakieś osiemdziesiąt centów – to był jego zysk z pracy przez całe lato.

Sevareid przyjechał do Kalifornii autostopem, do domu zaś wrócił pociągami towarowymi. Na krótko znalazł się w podziemnym świecie nomadów z czasów Wielkiego Kryzysu, którzy zamiast garnków używali puszek, grzali się przy obozowych ogniskach, bili na pięści i żyletki i uprawiali seks w wagonach. Pewnej nocy, gdy czekał na pociąg niedaleko Ogden w Utah, podszedł do niego potężny mężczyzna i zaproponował, by do niego wstąpił i coś zjadł. Poszli razem pustą, ciemną drogą, a gdy przecinali zagajnik, mężczyzna nagle się zatrzymał i spytał, czy chce zarobić dwadzieścia pięć centów. Sevareid uciekł. Później towarzysze pytali, jak mógł być taki głupi, żeby nie rozpoznać pedała.

Po powrocie Sevareid zapisał się na studia dzienne na uniwersytecie. Był teraz twardszy, bardziej obyty. Kontakt z górnikami i włóczęgami sprawił, że jego poglądy stały się bardziej radykalne. Wkrótce przyłączył się do lewicowej rewolty, która w czasach Wielkiego Kryzysu ogarnęła amerykańskie uczelnie. Razem z innymi aktywistami założył Klub Jakobinów, który podjął zdecydowaną walkę z hegemonią studenckich korporacji na kampusie. Po kilku latach jakobini przejęli kontrolę nad dwoma magazynami, literackim i prawniczym, radą wydawniczą i studencką gazetą „Minnesota Daily", która stała się ich główną bronią w walce z uniwersyteckim establishmentem.

Pod wpływem bezsensownej rzezi w I wojnie światowej i ówczesnych lewicowych dogmatów Sevareid i jego koledzy stali się pacyfistami. Gdy Hitler zdobył władzę, oni „desperacko usiłowali powstrzymać Amerykę od włączenia się w konflikt". W 1934 roku Sevareid znalazł się w gronie setek studentów, którzy uroczyście złożyli podpisy pod Przysięgą Oksfordzką, zobowiązując się, iż n i e b ę d ą walczyć za Boga i ojczyznę. W tym samym roku „Daily" rozpoczął walkę o zniesienie obowiązkowego szkolenia wojskowego studentów, narzuconego przez władze uniwersytetu. Sevareid, student trzeciego roku, napisał kilka artykułów o znakomitym studencie filozofii, który został zawieszony, ponieważ odmówił udziału w musztrze prowadzonej przez Korpus Szkoleniowy Oficerów Rezerwy (ROTC). Artykuły wywołały takie wzburzenie, że rektor uniwersytetu Lotus Coffman musiał odwołać decyzję o zawieszeniu studenta. W dniu rozdania dyplomów w 1934 roku rada regentów postanowiła, że od tej pory szkolenie wojskowe będzie dobrowolne.

To było wielkie zwycięstwo jakobinów, ale Sevareid zapłacił za nie wysoką cenę. Wydział ROTC nazwał go „czerwonym", był oczerniany przez wielu przywódców studenckich korporacji. Ataki sprawiły, że na ostatnim roku studiów nie udało mu się zostać redaktorem „Daily". Był wstrząśnięty. Wiele lat później, gdy pisał o swych studenckich czasach, wspominał tylko „walkę, nie tyle o to, żeby «zrobić karierę», ile walkę w bitwie, śmiertelnie poważnym starciu ze studentami o innych poglądach lub niemającymi żadnych przekonań, z uniwersyteckimi władzami i z ówczesnym amerykańskim społeczeństwem".

Tocząc te walki, Sevareid znalazł jednak czas na miłość. Na ostatnim roku studiów ożenił się z wysoką, ładną studentką prawa, Lois Finger, córką popularnego uniwersyteckiego trenera lekkiej atletyki i wnuczką kongresmena z Dakoty Południowej. Lois była równie idealistyczna i aktywna politycznie jak jej mąż, ale pod innymi względami stanowiła jego przeciwieństwo. Pełna energii, żywiołowa, wywodziła się z rodziny, która uwielbiała rozmowy i dyskusje. Była znakomitą studentką i utalentowaną sportsmenką – zgodnie z rodzinną legendą kiedyś wyrównała rekord świata w biegu przez niskie płotki. Na wydziale prawa była jedną z czterech kobiet, które ukończyły studia w roku 1935. Niedługo po otrzymaniu dyplomu bez trudu zdała egzamin adwokacki.

Sevareid miał niewielkie doświadczenie w kontaktach z kobietami, ale gdy w dniu urodzin Washingtona w 1934 roku spotkał tę długonogą brunetkę z różą we włosach, od razu uległ jej urokowi. Lois była od niego dwa lata starsza. Pomagała mu pokonać nieśmiałość; w jej obecności czuł się ważny. „Nasz studencki romans nie polegał na ściskaniu rąk w milczeniu, ale na ożywionej rozmowie – zauważył kiedyś ironicznie. – Ja mówiłem, głównie o sobie, a ona wydawała się ożywiona".

Jesienią tego roku Sevareid i Lois wymknęli się do Hudson w stanie Wisconsin. Ślubu udzielił im sędzia okręgowy, a świadkami byli student i studentka z Minnesoty, którzy przybyli do Hudson w tym samym celu. Gdy Sevareid włożył na palec Lois pierścionek za dwanaście dolarów, sędzia ogłosił, że są mężem i żoną, po czym zwrócił się do czekającej w kolejce drugiej pary: „No, słyszeliście, co powiedziałem do nich. To samo dotyczy was". W maju Sevareidowie powtórnie złożyli przysięgę małżeńską podczas tradycyjnej uroczystości z rodziną i przyjaciółmi. Lois, która zatrudniła się jako pracownik socjalny i utrzymywała ich oboje, gdy Eric był na ostatnim roku, nigdy nie pozwoliła mu kupić innego pierścionka. Jej mąż, który nie słynął ze swobodnego stosunku do pieniędzy, tak to skomentował: „Uznałem to za pocieszającą wiadomość, także ze względów finansowych".

Po skończeniu studiów w grudniu 1935 roju Sevareid wrócił do „Minneapolis Journal". Teraz miał znacznie bardziej stanowczy charakter i stał się zaangażowanym związkowcem. W college'u był kiedyś świadkiem, jak policja przygotowała zasadzkę na strajkujących członków Minneapolis Teamsters Union; gdy uciekali, pięćdziesięciu zginęło lub odniosło rany. „Zrozumiałem wtedy, głęboko w sercu, czym jest faszyzm" – napisał później. W „Journal" natychmiast się zapisał do założonej niedawno miejscowej organizacji Newspaper Guild. Utworzenie związku zawodowego sprawiło, że pracownicy redakcji poczuli się niezależni, ale Sevareid i inni przypuszczali, że szefowie znajdą na to jakiś sposób.

Uderzenie nastąpiło kilka miesięcy później. Sevareid jako reporter radził sobie całkiem nieźle. Miał na koncie kilka sukcesów, między innymi opublikowany na pierwszej stronie artykuł, w którym zdemaskował lokalną organizację faszystowską Srebrne Koszule. Gdyby zaproponowany przez gildię nowy kontrakt z „Journal" został podpisany, otrzymałby dużą podwyżkę. Szefostwo postanowiło jednak dać młodym członkom związku nauczkę. Kilka dni po podpisaniu kontraktu Sevareid popełnił drobny błąd w krótkim, drugorzędnym artykule, za co natychmiast został zwolniony. Niedługo potem pozostali członkowie związku również znaleźli się na liście bezrobotnych.

Gdy ojciec Sevareida w Velvie w 1924 roku wszystko stracił, wyniósł się z miasta. Teraz syn poszedł za jego przykładem. Wiedział, że zanosi się na wojnę, i stopniowo docierało do niego, że wobec polityki Hitlera jego jakobiński izolacjonizm i Przysięga Oksfordzka nie mają sensu. Chciał pojechać do Europy, i to nie czekając, aż Stany Zjednoczone przystąpią do wojny. Miał nadzieję, że uda mu się zobaczyć, nim będzie za późno, wszystkie wspaniałe miasta, o których czytał w młodości – Paryż, Londyn, Rzym. Jesienią 1937 roku on i Lois pojechali pociągiem do Nowego Jorku, a tam, podobnie jak Larry LeSueur, Bill Shirer i wielu innych amerykańskich poszukiwaczy przygód, weszli na pokład frachtowca S/s „Black Eagle", płynącego do Europy z ładunkiem wirginijskich jabłek.

„W europejskich miastach czuć specyficzny zapach – napisał Sevareid w swej autobiografii – cudowny zapach, który rozgrzewa krew". Ten uwodzicielski zapach był najsilniejszy w Paryżu, ale w miarę jak zbliżała się wojna, paryska wesołość wydawała się coraz bardziej wymuszona. Tak jak w przeszłości rozmowy w kawiarniach zaczynały się od Picassa, Gertrudy Stein lub Hemingwaya, ale teraz nieuchronnie kończyły się na Hitlerze, Mussolinim lub Franco. Paryżanie nie mogli już dłużej ignorować młodych kalekich weteranów hiszpańskiej wojny domowej i wynędzniałych uchodźców z Niemiec i Austrii, którzy masowo przybywali do miasta. To przypominało, jak odległe stały się dni, kiedy Ernest i Scott wymyślali nowe formy powieści, a Gertruda nie zamierzała wymyślać róży.

Eric i Lois Sevareid starali się trzeźwo ocenić sytuację. Lois włączyła się do pracy grupy zajmującej się ewakuowaniem rannych i chorych ochotników Brygady Lincolna z Hiszpanii i odsyłaniem ich do Stanów. Razem z Erikiem często chodzili wcześnie rano na Gare d'Austerlitz, żeby pomagać brudnym, obdartym żołnierzom z czerwonymi oczami, często niemającym wszystkich kończyn. Wieczorami, siedząc w swym zimnym, wilgotnym pokoju hotelowym, popijając koniak, słuchali opowieści uchodźców – pisarzy, profesorów uniwersytetów, poetów i innych, którzy relacjonowali, co działo się w ich krajach i z ich rodakami pod panowaniem Hitlera.

Jednak Sevareidowie nie byli obojętni na uroki Paryża. Gdy Eric poznał dwudziestosześcioletniego Nowozelandczyka Geoffreya Coxa, który stał się jednym z jego najbliższych przyjaciół, nie był jeszcze wyrafinowanym światowcem jak w późniejszych latach, lecz „wyrośniętym i serdecznym chłopcem ze wsi". Cox w przeszłości był stypendystą Rhodesa w Oksfordzie, a wówczas pracował jako paryski korespondent londyńskiego dziennika „Daily Express". Od razu poczuł powinowactwo duchowe z młodym przybyszem z Dakoty Północnej. „Byliśmy – powiedział – dwoma chłopakami z przeciwnych końców świata, którzy jakimś cudem wpadli na siebie".

W Paryżu Sevareid wyzbył się części ponurych myśli, zmienił imię Arnie na Eric i znalazł pracę w redakcji miejscowego wydania „New York Herald". „Paris Herald" nie uległ gorączce wojennej. W czasie kryzysu monachijskiego w gazecie ukazała się reklama z wielkim napisem: PRZYJEŻDŻAJCIE DO CZECHOSŁOWACJI. Prawie wszystkie wiadomości lokalne były przepisywane słowo w słowo z prasy francuskiej. Wiadomości ze Stanów Zjednoczonych na ogół wymyślano. Sevareid niemal natychmiast awansował na stanowisko redaktora działu miejskiego – jak twierdził, głównie dlatego, że potrafił szybciej od innych pisać na maszynie. Sam również pisywał. Jak miał dobry dzień, produkował sześć kolumn, a jeśli opisywana historia nie była dostatecznie zajmująca, wzorem innych pracowników „Herald", odpowiednio ją upiększał.

Gazeta pozwalała mu włóczyć się po mieście i pisać o wszystkim, co go zainteresuje. W takiej przyjaznej atmosferze zaczął swobodniej posługiwać się piórem. Jego teksty wyróżniały się dowcipem, urokiem i stylem – niekiedy nazbyt wymyślnym. Opisując burzliwą wystawę surrealistów w Galerie Beaux Arts, stwierdził, że decyzja policji o zamknięciu ekspozycji zaraz po jej otwarciu przypominała wywieszenie „nakrapianej flagi przed niebieskim, surrealistycznym bykiem".

Wobec szybko zbliżającego się wybuchu wojny Sevareid chciał robić coś więcej, niż tylko wymyślać historyjki i pisywać eleganckie artykuły o głupich wydarzeniach. Zatrudnił się na części etatu jako nocny redaktor w United Press, co nie tylko pomagało mu płacić rachunki, ale również dawało poczucie kontaktu z poważnymi wiadomościami, choć nie lubił pracować pod presją goniących go terminów. Agencja była tak zadowolona z jego pracy, że podczas wizyty w Paryżu jej prezes zaproponował mu przejście na pełny etat.

Gdy Sevareid zastanawiał się nad przyjęciem oferty, zadzwonił do niego Ed Murrow z Londynu, pytając, czy chciałby spróbować dziennikarstwa radiowego. „Niewiele wiem o pana doświadczeniu – powiedział – ale podoba mi się to, jak pan pisze, oraz pańskie pomysły. Obecnie działamy w składzie: Shirer, Grandin i ja, ale sądzę, że akcja się rozwinie. Nie oczekujemy od pana żadnych bomb czy sensacji". Murrow w jakiś niezwykły sposób zawsze wiedział, co powiedzieć, gdy rekrutował nowych pracowników. Teraz wydawało się, że wie, jak źle Sevareid znosi gorączkowe tempo pracy w UP. Stwierdził, iż oczekuje od niego tylko pomysłów i dobrych tekstów. „Ma pan dostarczać rzetelne wiadomości – powiedział. – A gdy nie ma żadnych ciekawych wiadomości, no, należy to powiedzieć. Wydaje mi się, że to może się spodobać".

Sevareid połknął haczyk na całe życie. Przyjął propozycję i pozornie nawet nie zwrócił uwagi na urzędniczy ton oficjalnego listu, jaki Murrow wysłał do niego szesnastego sierpnia1939 roku, dzień po ich rozmowie.

> Obie strony rozumieją, że możemy zrezygnować z Pana usług, gdy nie będą już dłużej potrzebne, a Pan, oczywiście, może zgodnie ze swoją wolą zakończyć związek z Columbią pod warunkiem zawiadomienia nas o tym z rozsądnym wyprzedzeniem [...] Nawiasem mówiąc, wszystko, co dotyczy warunków zatrudnienia i otrzymywanej pensji, jest ściśle poufne, nawet między kolegami.

Na myśl o wystąpieniu w radiu Sevareid odczuwał taki strach, że prawie się rozchorował. Przed próbnym przesłuchaniem Murrow przygotował połączenie z Nowym Jorkiem, gdzie mieli go słuchać menedżerowie Columbii. Sevareid starannie przygotował tekst o sensacyjnym procesie mordercy w Paryżu, który niedawno sam relacjonował w gazecie. Dwie godziny przed próbą dowiedział się, że audycja nie jest przeznaczona tylko na użytek kierownictwa, ale będzie normalnie emitowana. Przerażony, wyrzucił przygotowany tekst i pośpiesznie naskrobał artykuł o francuskiej polityce. Gdy usiadł przed mikrofonem, trzęsły mu się ręce. Sądził, że słuchacze w całej Ameryce słyszą szelest kartek.

Paul White i pozostali szefowie w Nowym Jorku nie wierzyli własnym uszom. Shirer i Grandin byli kiepscy, ale ten facet okazał się katastrofalny. Przełykał ślinę, przerywał i poprawiał się tak często, że co drugie słowo było niezrozumiałe.

Po przekazaniu Sevareidowi negatywnej oceny z Nowego Jorku Murrow spokojnie dodał: „Nic nie szkodzi. Załatwię to. Może pan rzucić swoją dotychczasową robotę i nie martwić się tą sprawą". Niczym posłuszny syn Sevareid wypełnił polecenie. A Murrow rzeczywiście wszystko załatwił. Dla uspokojenie szefostwa sprowadził Sevareida do Londynu na przeszkolenie i zorganizował mu wspólną audycję z H.V. Kaltenbornem, który przyjechał do Anglii z wizytą.

To był błąd. Stary zawodowiec Kaltenborn nigdy nie okazywał nieśmiałości, a dzięki znakomitym komentarzom w czasie kryzysu monachijskiego zdobył sponsora i prowadził własny program nocny, co podziałało na jego ego jak cudowny hormon wzrostu. Jeszcze zanim przybył do Londynu w sierpniu 1939 roku, Janet Murrow napisała z oburzeniem do swoich rodziców, że polecił Edowi „zorganizować mu spotkania z Chamberlainem i Churchillem [...] podczas weekendu!!! Co on sobie myśli, że niby kim jest?"

Kaltenborn myślał między innymi, że jest kimś, kto nie musi dać się wypowiedzieć Ericowi Sevareidowi. Gdy w końcu oddał mikrofon przyszłemu koledze, zostało tak mało czasu, że Sevareid musiał na bieżąco skracać przygotowany tekst. To było kolejne fiasko. Upokorzony nowicjusz „chciał złożyć natychmiastową dymisję" – jak później napisał – ale „zabrakło mu odwagi", żeby powiedzieć to Murrowowi.

W tym momencie nikt nie miał odwagi odezwać się do Murrowa, który w czasie emisji siedział naprzeciwko Sevareida i Kaltenborna w studiu BBC. Był wściekły. Pod koniec programu wstał i wyszedł po cichu ze studia, zaciskając w ręku ołówek. Sevareid poszedł za nim do windy i zauważył, jak ołówek pęka między jego palcami. Murrow był zły nie na niego, lecz na Kaltenborna, a pośrednio również na wszystkich zadowolonych z siebie sukinsynów w Nowym Jorku. Nie zamierzał pozwolić, by postawili na swoim. Sevareid będzie pracował w CBS!

Dwudziestego trzeciego sierpnia 1939 roku Hitler i Stalin zakomunikowali o zawarciu traktatu o nieagresji. Dzień wcześniej Murrow zatrudnił w końcu Sevareida. Wobec zbliżającego się wybuchu wojny CBS potrzebowała pilnie korespondentów, niezależnie od tego, czy byli urodzonymi specjalistami od mikrofonu, czy nie. Sevareid nigdy nie wyzbył się tremy – „gdy widział mikrofon, zawsze był bliski załamania nerwowego" – powiedział Richard C. Hottelet. Dla Murrowa nie miało to znaczenia. Zaraz po podpisaniu umowy z CBS Sevareid pośpiesznie udał się do Paryża, żeby pomóc przeciążonemu Tomowi Grandinowi.

Diatryby Hitlera wymierzone przeciw Polsce stawały się coraz bardziej agresywne. To Polacy – wykrzykiwał – stanowią zagrożenie dla pokoju w Europie, to Polacy grożą, że zaatakują Niemcy. W początkach sierpnia, przygotowując się do wyjazdu do Polski na dwa tygodnie, Bill Shirer zauważył nagłówek w niemieckiej gazecie: WARSZAWA GROZI ZBOMBARDOWANIEM GDAŃSKA! NIEWIARYGODNY ATAK ODWIECZNEGO POLSKIEGO SZALEŃSTWA!

Gdy przyjechał do Gdańska, nie miał żadnych wątpliwości, kto w rzeczywistości zagraża pokojowi. „Po ulicach pędziły niemieckie samochody i ciężarówki wojskowe – wspominał później. – W moim hotelu pełno było oficerów Wehrmachtu. Drogi do Polski zostały zablokowane zaporami z pni i rowami przeciwczołgowymi. Wystarczyło się rozejrzeć, aby dostrzec, że Niemcy przywieźli dużo karabinów maszynowych, dział przeciwlotniczych, broni przeciwpancernej i lekkiej artylerii".

Niemcy nie pozwolili mu nadawać z Gdańska, dlatego Shirer pojechał do odległej o kilka kilometrów Gdyni, ruchliwego polskiego portu. Polscy urzędnicy „ucieszyli się z możliwości zrobienia na złość Niemcom, którzy chcieli mnie uciszyć" – wspominał Shirer – dlatego zapewnili mu pełny dostęp do swoich urządzeń nadawczych. Duże wrażenie zrobiła na Shirerze „wspaniała robota", jaką wykonali Polacy, przekształcając Gdynię z sennej wioski rybackiej liczącej czterystu mieszkańców w największy port na Bałtyku, gdzie teraz mieszkało sto tysięcy ludzi. Gdynia – uznał – „była jednym z obiecujących polskich przedsięwzięć".

Polacy zaimponowali mu również spokojną pewnością siebie w obliczu coraz ostrzejszych gróźb Hitlera. „Jesteśmy gotowi – powiedzieli mu dwaj inżynierowie w studiu radiowym. – Będziemy walczyć. Urodziliśmy się w tej okolicy za niemieckiej władzy i raczej umrzemy, niż znowu się z tym pogodzimy". „Szyderstwa Berlina i Goebbelsowska kampania prasowa kłamstw i wymyślonych incydentów nie robią na nich wrażenia – zapisał Shirer w dzienniku. – Polacy będą walczyć. Wiem, że powiedziałem to samo rok temu o Czechach i się pomyliłem. Mimo to powtórzę to o Polakach". Niepokoił się jednak, że Polacy są „zbyt romantyczni, zbyt pewni siebie", zwłaszcza w ocenie swoich możliwości militarnych. „Żałosne" – zanotował kilka miesięcy wcześniej po obejrzeniu ćwiczeń polskiego lotnictwa; samoloty, zwrócił uwagę, były „koszmarnie przestarzałe".

Shirer, który krążył między Warszawą i Berlinem, padał ze zmęczenia, podobnie jak Murrow w Londynie. Obaj od tygodni codziennie relacjonowali wydarzenia od południa do czwartej nad ranem, a na dokładkę musieli jeszcze poradzić sobie z kolejną zagrywką Paula White'a.

Od pewnego czasu White sprytnie usiłował sprowokować Murrowa do popełnienia taktycznego błędu. Wielokrotnie, gdy Murrow proponował jakiś temat, White zdecydowanie odrzucał jego pomysł, a następnie zmieniał decyzję, kiedy na przygotowanie programu pozostawało już za mało czasu, po czym rozpuszczał w Nowym Jorku plotki, że Murrow zawodzi. Janet, która zwykle imponowała spokojem, pisała zdenerwowana do rodziny: „Na szczęście Ed zachował wszystkie depesze i mam nadzieję, że pewnego dnia wykorzysta je, żeby udowodnić, jakim tępym wężem jest nasz przyjaciel, pan White".

Gdy już było jasne, że Europę za chwilę ogarną płomienie, White polecił, żeby Murrow, Shirer, Grandin i Sevareid przygotowali program o nocnych lokalach w Londynie, Paryżu i Hamburgu. „Powiedzieli, że jest za wiele złych wiadomości z Europy, chcą dostać jakieś dobre" – prychnął Murrow podczas telefonicznej rozmowy z Shirerem. Gdy Niemcy gotowały się do zadania gwałtu Polsce, CBS miała nadać program zatytułowany *Europa tańczy*. Shirer był równie zły jak Murrow. „Czy ktoś mógłby sobie to wyobrazić? – pisał w swoim dzienniku. – Shirer i Murrow zwiedzają bary, gdy Hitler przygotowuje się do uderzenia na Polskę!" „Do diabła z tymi sukinsynami w Nowym Jorku – zadekretował wreszcie Murrow. – Nie zrobimy tego, choćby mieli nas wyrzucić z pracy".

Teraz ochronę zapewniał im szybki bieg wydarzeń. Trzydziestego pierwszego sierpnia w Berlinie Shirer słuchał niemieckiego komunikatu radiowego z warunkami pokoju, równocześnie tłumacząc go dla amerykańskich słuchaczy. Wieczorem Niemcy zablokowali zagraniczne połączenia telefoniczne. „Dziś wieczór – zanotował Shirer w pamiętniku – są już zmobilizowane wielkie armie, floty i siły powietrzne. Oba kraje odcięły się od siebie". O szóstej rano obudził go telefon. Dzwoniła Sigrid Schultz, berlińska korespondentka „Chicago Tribune". „Zaczęło się" – powiedziała. Niemcy zaatakowali Polskę.

„Jawny, niewybaczalny, niesprowokowany akt agresji" – zapisał Shirer. Rozpoczęła się II wojna światowa.

Tego samego dnia Sevareid siedział rano w kawiarni naprzeciw Gare de l'Est, przy stoliku na dworze, i czytał poranne gazety z wielkimi, czarnymi nagłówkami: *C'est la guerre!* Spojrzał na sprzedawcę sznurowadeł, który jak zwykle rozkładał swój towar, potem na dziewczynę u fryzjera, która polerowała metalowe głowice suszarek. Czy ci ludzie nie rozumieją, myślał, że ich życie już nigdy nie będzie takie samo? Tym razem *C'est la guerre* oznaczało coś więcej niż tylko galijskie pogodzenie się z rzeczywistością.

Gdy poszedł na stację i zobaczył tłum mężczyzn, zaczął rozumieć sytuację. Francja jeszcze nie wypowiedziała wojny, ale ci mężczyźni przybywali na dworzec ze slumsów i okolicznych kamienic czynszowych, na ogół w roboczych strojach, niektórzy ze starymi wojskowymi hełmami doczepionymi do ramienia. Towarzyszyły im żony, z czerwonymi od płaczu oczami, w znoszonych filcowych butach. Nie było wojskowej orkiestry, nikt nie wymachiwał flagą, nie słychać było okrzyków: *Victoire!* lub *Vive la France!* Nikt nie przemawiał.

Mężczyźni wsiadali w ciszy do pociągów, jakby stale to ćwiczyli od poprzedniej wojny. Poranne gazety były wypełnione pompatycznymi, patriotycznymi sloganami, ale te puste, zrozpaczone twarze zdradzały, jak naprawdę czuje się Francja. „Pomyślałem – powiedział Sevareid w programie radiowym kilka lat później – że na pewno im się wydaje, że tylko zasnęli w mundurach, a te dwadzieścia lat to był sen, z którego zostali teraz przebudzeni".

Dwa dni później Sevareid dowiedział się jeszcze przed południem, że Francja wypowie Niemcom wojnę o piątej po południu. Ze wszystkich prasowych i radiowych korespondentów w Paryżu on pierwszy przedstawił swój tekst do zatwierdzenia francuskiej cenzurze. Miał wejść na antenę w południe. Nerwowo krążył po studiu, pocąc się i co dwie minuty spoglądając na zegarek. Nie minęły jeszcze dwa tygodnie, odkąd zaczął pracować w CBS, a teraz miał ogłosić światową sensację i wyprzedzić wszystkich kolegów. Tuż przed wejściem na antenę usłyszał od francuskiego technika, że Nowy Jork zrezygnował z jego komunikatu. Columbia nie wiedziała, że Sevareid ma bombę, dlatego przeznaczyła więcej czasu na wiadomości z Londynu, który nadawał ogłoszoną tego ranka angielską deklarację o wypowiedzeniu Niemcom wojny.

Sevareid bez powodzenia próbował skontaktować się z Murrowem przez telefon i telegraficznie. Wściekły, wydzierał się na francuskiego technika, na którego twarzy malowało się cierpienie. Nagle mężczyzna rozpłakał się i krzyknął: „Wynoś się stąd! Wynoś się!" Jakie znaczenie – pytał Sevareida – ma ten jego bezsensowny sukces? Co komu po nim? Tego ranka on otrzymał kartę powołania. Walczył w poprzedniej wojnie, był trzy razy ranny, spędził rok w niemieckim obozie jenieckim. Teraz czeka go powtórka.

Sevareid poczuł się głupio. Przecież on nawet nie lubił dziennikarstwa tego rodzaju. Wojna nie polegała na sloganach, retoryce, wojskowej strategii i nie chodziło w niej o dziennikarskie tryumfy. Liczyli się tylko ludzie i ich losy. Nigdy nie zapomniał tej nauczki.

ROZDZIAŁ PIĄTY

OBRAZY W ETERZE

„Zwykle telefonowaliśmy do siebie dwa lub trzy razy dziennie i pisaliśmy długie listy. Spotykaliśmy się od czasu do czasu w Paryżu lub Genewie". Teraz – powiedział Murrow z Londynu – „to się skończyło".

Tydzień po ataku Niemiec na Polskę i przerwaniu bezpośredniej łączności między Anglią i Niemcami Murrow informował amerykańskich słuchaczy, jak wybuch wojny odbił się na jego dwuletniej przyjaźni z Billem Shirerem. Jak na człowieka pełnego rezerwy, było to wyjątkowo emocjonalne publiczne wynurzenie. Tego wrześniowego dnia, zanim wszedł na antenę ze swoim programem *World News Roundup*, wysłuchał relacji Shirera z Berlina i po prostu nie potrafił się powstrzymać przed wyznaniem, jak już zdążył się stęsknić za niewielkimi luksusami życia w pokoju, takimi jak możliwość swobodnego kontaktu z Shirerem.

„Jeszcze długo będę tylko słyszał z Berlina jego głos, który dociera do mnie przez Nowy Jork" – powiedział z żalem Murrow. Brakowało mu rozmów z przyjacielem. Bez nich czuł się samotny. Po chwili najwyraźniej uznał, że już dostatecznie odsłonił swoją duszę, gdyż zmienił temat: „Zapewne nie są państwo zainteresowani moimi osobistymi reakcjami na docierający z Berlina spokojny, chłodny głos [Shirera]. Przejdę zatem do wiadomości".

Przebywając w Berlinie, Shirer odczuwał izolację jeszcze mocniej. Był odcięty nie tylko od Murrowa, ale również od Tess i córeczki, które wyjechały do Genewy, od rozrzuconych po całej Europie przyjaciół i – co najważniejsze – od wiadomości o tym, co dzieje się w Polsce i wszędzie indziej. Teraz nie mógł już kupować zagranicznych dzienników i tygodników ani słuchać BBC i innych zachodnich stacji radiowych. (Naziści zapowiedzieli, że będą karać śmiercią każdego Niemca przyłapanego na słuchaniu radia na tych długościach fali, a korespondenci zagraniczni nie mieli ochoty sprawdzać, czy zakaz dotyczy również ich). Z tych względów, poza informacjami od innych korespondentów i ze źródeł dyplomatycznych, docierały do niego tylko relacje prezentujące nazistowski punkt widzenia.

Gdy Luftwaffe bombardowała Warszawę i inne polskie miasta, niemieckie gazety beztrosko twierdziły, że to Polska jest odpowiedzialna za rzeź cywilów. Kiedy niemiecki u-boot storpedował angielski statek pasażerski „Athenia", powodując śmierć ponad stu pasażerów, naziści utrzymywali, że była to prowokacja – Anglicy sami zatopili statek, żeby zwalić winę na Niemców i skłonić Stany Zjednoczone do przystąpienia do wojny. Ilekroć Shirer musiał cytować niemiecką propagandę, czuł pokusę dołączenia własnego zwięzłego komentarza: „Gówno prawda". Gdy mówiąc o zatopieniu „Athenii", dodał na antenie, że nie może potwierdzić wersji niemieckiej, centrala CBS wydała mu polecenie, by nie wygłaszał osobistych opinii.

Obiektywizm – przekazywanie wiadomości niezależnie od własnych uprzedzeń, odczuć i poglądów – to paradoksalnie kwestia subiektywnego gustu. Czy Shirer postąpił zgodnie z nakazem „obiektywizmu", gdy zasugerował, że nazistowscy propagandyści są kłamcami? Czy reporter mógłby „obiektywnie" stwierdzić, że Neville Chamberlain był durniem, gdyż ufał Hitlerowi? Czy szanowani zachodni dziennikarze zachowywali się „obiektywnie", starając się pomniejszać zbrodnie Stalina, kiedy już Związek Sowiecki przystąpił do sojuszu przeciw Hitlerowi? Jeśli amerykański dziennikarz zbiera pochwały za demaskowanie kłamstw obcego dyktatora, to czy również zasługuje na uznanie, gdy wskazuje na niezgodne z prawdą wypowiedzi amerykańskiego prezydenta? Dziennikarze zadają sobie takie pytania od początku istnienia prasy. Ostatecznie zwykle zadowalają się „bezstronnością" lub „rzetelnością" jako lepszymi standardami niż zimny, obojętny, nieosiągalny „obiektywizm".

Obiektywizm był jednak mantrą wiadomości CBS, odkąd w 1930 roku prawą ręką Billa Paleya został Ed Klauber. Jego poprzedni pracodawca, „New York Times", pedantycznie przestrzegał zasady obiektywizmu i Klauber nalegał, żeby w raczkującym dziale wiadomości CBS stosować się do takich samych standardów. Co ciekawe, do konfliktów na tym tle doszło dopiero wtedy, gdy sieć zatrudniła dziennikarzy wyższej klasy. Mimo to właśnie Klauberowi przypisuje się stworzenie podstaw etycznych, na których później opierała się CBS jako ważny nadawca wiadomości. Jak powiedział Ed Murrow po śmierci Klaubera w 1955 roku, „Jeśli w amerykańskich wiadomościach radiowych obowiązują pewne standardy uczciwości, odpowiedzialności i powściągliwości, to jest to zasługą przede wszystkim Eda Klaubera".

Warto zwrócić uwagę, że Murrow nie wymienił w tym kontekście Billa Paleya i Paula White'a. Oni również głosili postulat ścisłego obiektywizmu, ale w przeciwieństwie do Klaubera najwyraźniej uważali za obiektywne to, co było zgodne z ich poglądami. Paley często dochodził do wniosku, że najwygodniej w ogóle zignorować tę zasadę. Dopóki Boake Carter przynosił CBS ogromne dochody, Paley zgrzytał zębami i udawał, że nie przeszkadzają mu prawicowe tyrady gwiazdora. Jednak gdy tylko administracja Roosevelta zaczęła grozić sieci, Paley natychmiast przypomniał sobie o zasadzie obiektywizmu, nakazał jej przestrzegać i posłużył się nią, żeby dać Carterowi po łbie. Następnie, mając poparcie jego sponsorów, wyrzucił komentatora za drzwi.

W 1939 roku rząd znowu zagroził sieci. Po ataku Niemiec na Polskę prezydent Roosevelt ogłosił, że Stany Zjednoczone pozostają neutralne. Administracja nie miała większego wpływu na to, co pisały o jej polityce dzienniki i magazyny, ale inaczej wyglądała sprawa z radiem, które już podlegało *Ustawie o łączności* z 1934 roku. Niektórzy zwolennicy Nowego Ładu chcieli całkowicie podporządkować radio kontroli rządu federalnego. Młode, bardzo wpływowe medium jeszcze nie udowodniło, że w czasie wojny może zachowywać się „odpowiedzialnie". Co by się stało, gdyby sieci radiowe podgrzały atmosferę do tego stopnia, że pchnęłyby kraj do wojny? Roosevelt nie wykluczał, że w przyszłości Stany Zjednoczone będą musiały przystąpić do walki, ale chciał zachować nad tym procesem pełną kontrolę, nie zaś pozostawiać decyzje takim jak Bill Paley i jemu podobni. Steve Early, sekretarz prasowy FDR, ostrzegał sieci, żeby były „grzeczne", bo inaczej...

Billowi Paleyowi nie trzeba było powtarzać przestróg. Nagle stał się wielkim obrońcą obiektywizmu. Mimo to, w porównaniu z menedżerami NBC i Mutual, wciąż sprawiał wrażenie podżegacza. Konkurenci tak się przestraszyli ostrzeżeń rządu, że postanowili całkowicie zrezygnować z nadawania wiadomości zagranicznych. NBC i Mutual uczyniły to ósmego września 1939 roku, powtarzając rządowe uzasadnienie, iż wiadomości wojenne mogą doprowadzić do nieopanowanego, oddolnego nacisku ze strony zwolenników amerykańskiej interwencji. Murrow i jego korespondenci i bez tego mieli przewagę nad rywalami. A teraz NBC i Mutual dobrowolnie zeszły z boiska. Gdy kilka miesięcy później odzyskały rozsądek, CBS zajmowała już dominującą pozycję.

Korespondenci wojenni CBS musieli teraz przestrzegać nowych, bardziej surowych reguł obiektywizmu. Klauber nalegał, aby korespondenci zagraniczni i dziennikarze radiowi w Nowym Jorku w żaden sposób nie zdradzali na antenie swoich emocji i uprzedzeń. Przede wszystkim mieli obowiązek zrezygnować z wszelkiej publicystyki i komentarzy. Pierwszą okazją do przetestowania tej polityki był atak Niemiec na Polskę. Ericowi Sevareidowi, który relacjonował wydarzenia w Polsce dwanaście godzin na dobę przez siedem dni w tygodniu, pewnego dnia pod wpływem emocji załamał się głos. Przewidywał, że otrzyma naganę z Nowego Jorku, i wcale się nie pomylił.

Jednak przestrzeganie takich zasad okazało się niemożliwe, a nawet niezgodne z ludzką naturą. Czy uczciwy reporter mógł bez komentarzy powtarzać kłamstwa nazistowskiej propagandy na temat Polski? Murrow i jego Chłopcy czuli, że w tej wojnie nie można zachować moralnej neutralności, i dlatego starli na miazgę standardy obiektywizmu Klaubera.

Shirer obchodził reguły swej sieci i nazistowską cenzurę, posługując się aluzją i ironią. Gdy niemiecka prasa twierdziła, że Polacy sami ostrzelali swoją stolicę, Shirer relacjonował speszonym tonem: „Dziś wieczorem zwróciłem uwagę na tytuł w gazecie: POLACY ZBOMBARDOWALI WARSZAWĘ. Myślałem, że to błąd drukarski, dopóki nie przeczytałem artykułu i nie przekonałem się, że jest to oficjalny komunikat niemieckiego Naczelnego Dowództwa". Drobnym drukiem – dodał Shirer – dowództwo wyjaśniło, iż Polacy bombardowali atakujące oddziały niemieckie. Wieczorem zapisał w swoim dzienniku: „W tutejszych gazetach jest mnóstwo zupełnie niesłychanych kłamstw".

Żeby przepchnąć niektóre swoje doniesienia przez sito niemieckich cenzorów, którzy początkowo kiepsko sobie radzili z amerykańskimi idiomami, Shirer posługiwał się również slangiem. To podejście, w połączeniu z odpowiednią intonacją i wymową, przysporzyło mu w Ameryce wielu wiernych słuchaczy. Joseph C. Harsch, stary berliński kolega Shirera, wspominał: „W cudowny sposób potrafił brzmieć tak, jakby sugerował coś znacznie gorszego, niż mówił".

Shirer wolał sugerować niż mówić wprost, ale niekiedy nie potrafił ukryć gwałtownych uczuć. Pod koniec września on i inni dziennikarze zostali zabrani do Gdyni, którą odwiedził miesiąc wcześniej. Teraz miał okazję obserwować, jak Niemcy bombardują i ostrzeliwują z dział kwitnące miasto – „jedno z najbardziej obiecujących polskich przedsięwzięć". Dziennikarze przyglądali się nierównej walce z niemieckiego punktu obserwacyjnego. „Niemcy otoczyli Polaków z trzech stron, a z czwartej, od strony morza, polskich żołnierzy ostrzeliwały niemieckie niszczyciele – zanotował Shirer. – Niemcy używali wszystkich rodzajów broni – lekkich i ciężkich armat, czołgów, samolotów. Polacy nie mieli nic poza karabinami maszynowymi, karabinami i dwoma działami przeciwlotniczymi, które próbowali wykorzystać do walki z niemieckimi czołgami i niszczenia stanowisk niemieckich cekaemów. Słychać było grzmot niemieckich dział i trzask karabinów maszynowych obu stron. Polacy bronili się, kryjąc się nie tylko w okopach i krzakach, ale również w budynkach, gdzie zakładali gniazda karabinów maszynowych... Walczyli desperacko i dzielnie. To była beznadziejna sprawa, ale oni jednak walczyli. Niemieccy oficerowie chwalili ich odwagę".

Shirer czuł obrzydzenie także z innego powodu: „Staliśmy w miejscu, gdzie nic nam nie zagrażało, i oglądaliśmy zabijanie, jakby to był mecz futbolowy, a my mielibyśmy dobre miejsca na trybunie". Kilka dni później powiedział w relacji radiowej: „Niemieccy oficerowie przypominali mi trenerów drużyn piłkarskich, którzy spokojnie siedzą na ławce i przyglądają się, jak stworzone przez nich machiny robią swoje. To było tragiczne i groteskowe".

Shirerowi udawało się przemycić przez niemiecką cenzurę takie łagodne reakcje emocjonalne, jednak nie budziły one entuzjazmu Nowego Jorku. W ciągu kilku następnych miesięcy Paley wielokrotnie narzekał, że Shirer zbyt angażuje się uczuciowo i demonstruje antynazistowskie stanowisko. „On i White uważali, że naciągam fakty – powiedział Shirer na krótko przed śmiercią w 1993 roku – ale każdy, kto mieszkał w tym kraju tak długo jak ja, musiał nienawidzić [nazistów]".

Choć Shirer był wrogo nastawiony do Trzeciej Rzeszy, co najmniej raz dał się nabrać niemieckiej propagandzie na temat Polski. Gdy on i inni korespondenci jechali na front do Gdyni, niemiecka eskorta zabrała ich na pole bitwy, gdzie leżały zwłoki koni i polskich kawalerzystów. Niemcy wyjaśnili dziennikarzom, że cała dywizja polskiej kawalerii zaszarżowała na sto niemieckich czołgów i została zmieciona. W rzeczywistości poprzedniego dnia dwa szwadrony polskiej jazdy zaatakowały niemiecki batalion piechoty. Już w trakcie walki nadciągnęły niemieckie wozy pancerne i otworzyły ogień, zabijając kilkudziesięciu kawalerzystów i ich konie. Shirer i pozostali korespondenci zaakceptowali niemiecką wersję wydarzeń. Ich relacje radiowe i artykuły w gazetach przyczyniły się do rozpowszechnienia uporczywie powtarzanego po wojnie mitu, jakoby polskie działania obronne ograniczały się wyłącznie do brawurowych, lecz beznadziejnych szarż na niemieckie czołgi.

Władze Trzeciej Rzeszy zdawały sobie sprawę z rosnącego zasięgu i wpływów CBS, dlatego chciały wykorzystać sieć do rozpropagowania swych zwycięstw w walce z Polską. Podczas podróży Shirera na front niemieckie radio zaoferowało mu samochód z urządzeniami nagrywającymi. Dzięki temu słuchacze mogliby usłyszeć ryk czołgów i wycie nurkujących bombowców. Żadna relacja prasowa nie mogła tak bezpośrednio ukazać ludziom, czym jest wojna. Gdy jednak Shirer przedstawił ten pomysł zwierzchnikom w Nowym Jorku, usłyszał stanowcze „nie".

Murrow i Chłopcy prawie przez całą wojnę prosili o zgodę na nagrywanie, ale Paley stale odmawiał. Wszystko ma być relacjonowane na żywo – wymagał – ponieważ na tym właśnie polega dodatkowy wymiar radia. Ludzie mogą słuchać relacji z wydarzeń w chwili, gdy się one rozgrywają. W rzeczywistości Paley, jak zwykle, kierował się wyłącznie własnym interesem. Gdyby pozwolił nagrywać, śpiewacy i komicy mogliby sami nagrywać i sprzedawać swoje programy lokalnym stacjom, eliminując z gry sieci radiowe. Paley i inni menedżerowie woleli do tego nie dopuścić. Shirer uważał, że zakaz wykorzystywania nagrań „był jednym z największych idiotyzmów w historii dziennikarstwa". Murrow i Chłopcy od czasu do czasu łamali ten zakaz – na przykład przemycając nagrane odgłosy tła – ale aż do dnia inwazji w Normandii wojenne relacje radiowe odbywały się niemal wyłącznie na żywo.

Kiedy nastąpił atak na Polskę, a sojusznicy Stanów Zjednoczonych formalnie wypowiedzieli Niemcom wojnę, Amerykanie znowu zainteresowali się polityką europejską, mimo że relacje radiowe docierały do nich o dziwnych i nieprzewidywalnych porach, podyktowanych przez regułę opisywania wszystkiego na żywo. Szybko wzrosła liczba radiowych programów informacyjnych, ale słuchacze wydawali się nienasyceni. Menedżerowie NBC i Mutual wkrótce zrozumieli, jakim błędem było wycofanie się z Europy, i zmienili decyzję. W eterze było tyle specjalnych doniesień i wiadomości, że pewien żartowniś z CBS zaproponował zmianę standardowej zapowiedzi audycji na: „Przerywamy wiadomości na czas jednego z naszych regularnych programów".

Dział wiadomości CBS w Nowym Jorku, zatrudniający coraz większą liczbę pracowników – bibliotekarzy, researcherów, scenarzystów, redaktorów, komentatorów, prezenterów (którzy czytali wiadomości, ale z reguły sami nie relacjonowali zdarzeń) – rósł jeszcze szybciej niż ekipa Murrowa w Europie. W CBS doszło do wyraźnego podziału między pracownikami. Z jednej strony byli Murrow i jego Chłopcy, intelektualni łowcy przygód, którzy pracowali głównie za granicą i stopniowo zdobywali status międzynarodowych znakomitości, a z drugiej – Paul White i jego personel w Nowym Jorku, anonimowi na ogół fachowcy, z których tylko nieliczni zyskali pewien rozgłos. Do lepiej znanych pracowników nowojorskiej centrali należeli eleganccy i dobrze poinformowani prezenterzy: John Charles Daly (który zasłynął w 1950 roku jako kulturalny gospodarz programu telewizyjnego CBS *What's My Line*), Ned Calmer i Douglas Edwards. Wyróżniał się także Elmer Davis, doświadczony dziennikarz prasowy, który pracował jako analityk w CBS, nim w 1942 roku objął kierownictwo Biura Informacji Wojennej (Office of War Information). Nowojorski personel, w nie mniejszym stopniu niż zespół Murrowa, reprezentował nowoczesność w sieci radiowej, która szybko zostawiała za sobą nie tylko konkurencję, ale również postacie z własnej przeszłości, takie jak Boake Carter.

Redakcja wiadomości w Nowym Jorku i studio zostały powiększone i odnowione. Nie żałowano na to pieniędzy. Paul White pracował teraz w eleganckim gabinecie w beżowej tonacji, ze szklanymi ścianami, przez które mógł śledzić, co się dzieje w sali redakcyjnej. Dział wiadomości nie był już zaniedbywanym pasierbem CBS, lecz coraz częściej służył promocji sieci. Pewien menedżer konkurencyjnej sieci zjadliwie komentował, że redakcja wiadomości CBS „ma teatralny charakter [...] co niewątpliwie robi wrażenie na autorach, którzy ją odwiedzają".

Dział wiadomości robił również duże wrażenie na sponsorach. W miarę jak popularność programów informacyjnych błyskawicznie rosła, reklamodawcy rozpychali się łokciami, żeby tylko włączyć się do akcji. Kilka miesięcy po wybuchu wojny emitowany dwa razy dziennie program CBS *World News Roundup* zdobył pierwszego sponsora – Sinclair Oil. Murrow poinformował swoich Chłopców, że za każdy występ na antenie dostaną od Sinclair Oil premię w wysokości siedemdziesięciu pięciu dolarów. Sevareid, w typowym dla siebie stylu, poczuł wewnętrzny niepokój. „Ed, relacjonujemy wielkie wydarzenia w historii ludzkości – powiedział. – Czy to słuszne, żebyśmy brali pieniądze od spółki naftowej?" Murrow przez chwilę milczał. „Przyzwyczaisz się do tego" – odrzekł w końcu. Tak się też stało.

Gdy Larry LeSueur przyjechał do Londynu latem 1939 roku, spotkał się między innymi z Edem Murrowem. Z miejsca przypadli sobie do gustu.

Murrow wprawdzie nie mógł mu od razu zaproponować pracy, ale jasno dał do zrozumienia, że wkrótce będzie miał wolny etat. Podobała mu się pewność siebie LeSueura, swobodny sposób bycia i poczucie humoru. Był zachwycony, gdy dowiedział się o jego doświadczeniach z United Press i radiem. Wreszcie znalazł dobrego dziennikarza prasowego o silnym i równym głosie. Ze swej strony LeSueur, podobnie jak wszyscy, był pod wrażeniem elegancji i elokwencji Murrowa.

Kilka tygodni później przebywał w Paryżu, gdzie zwiedzał zabytki i spotykał się z dziewczynami. Gdy tylko gazety doniosły o zawartym przez Hitlera i Stalina pakcie o nieagresji, pierwszym statkiem wrócił do Anglii, żeby szukać pracy. Niedługo po przyjeździe, idąc ulicą, usłyszał, jak jakaś kobieta wykrzykuje jego nazwisko. Obejrzał się i zobaczył Kay Campbell, filigranową Szkotkę, sekretarkę Murrowa. „Panie LeSueur – powiedziała – pan Murrow wszędzie pana szuka. Dzwoniliśmy do wszystkich hoteli w Londynie". Jeszcze tego dnia został korespondentem CBS.

LeSueur nie miał skłonności Sevareida do żmudnej introspekcji, doświadczenia i energii Shirera, wykształcenia Grandina. Poza doświadczeniem radiowym nic nie przemawiało za jego zatrudnieniem, ale również w tym przypadku ocena Murrowa okazała się trafna. Murrow uznał, że w miarę eskalacji działań wojennych będzie potrzebował kogoś innego niż intelektualiści z jego ekipy. Chciał mieć twardych, odważnych dziennikarzy, gotowych narazić się na niebezpieczeństwo, żeby przygotować reportaż. To potrafili wszyscy Chłopcy i wszyscy mieli na koncie takie osiągnięcia, ale LeSueur był inny. Nie chciał być „analitykiem" lub „komentatorem". Był reporterem.

Murrow wysłał go najpierw do Reims w Szampanii, w północno-wschodniej Francji. Miał relacjonować działania armii brytyjskiej i lotnictwa, stacjonujących w pobliżu Linii Maginota, czyli długiego łańcucha betonowych fortyfikacji, zbudowanych w latach 1929–1934. Linia Maginota miała zatrzymać każdy możliwy atak sił lądowych. Piloci okazali się świetnymi kompanami, szampan był znakomity, ale, ku wielkiej frustracji LeSueura, na froncie nic się nie działo.

Gdy niemieckie bombowce i czołgi miażdżyły opór polskiej armii, Anglicy i Francuzi po wypowiedzeniu Niemcom wojny ograniczyli się do wysłania kilku patroli poza Linię Maginota, rozrzucenia ulotek, starannego unikania kontaktu z niemieckimi myśliwcami, wykonania kilku lotów rekonesansowych i zestrzelenia nad terytorium Francji paru niemieckich samolotów rozpoznawczych. Francja, mając tyle samo żołnierzy w służbie czynnej co Niemcy i większe rezerwy, nie zdecydowała się na walkę. Według powszechnie przyjętej opinii należało bezczynnie czekać, aż Niemcy zdecydują się na szaleńczy atak na Linię Maginota, z jej stu czterdziestu siedmiu kilometrami podziemnych fortów, ogrodzeniami z drutu kolczastego, bunkrami, rowami przeciwczołgowymi i bateriami armat.

Podczas wycieczki na „front", przyglądając się przez lornetkę Niemcom na fortyfikacjach Linii Zygfryda, Eric Sevareid zwrócił uwagę na beztroską atmosferę panującą po obu stronach. Żołnierze zachowywali się – relacjonował – „jakby nic się nie stało i nie miało się stać". Choć sam przeżył dopiero dwadzieścia siedem lat, żołnierze wydawali mu się niewiarygodnie młodzi. „Można by pomyśleć, że wszyscy uczniowie z Europy zostali wysłani, żeby walczyli między sobą" – powiedział słuchaczom.

„Wszyscy uczniowie z Europy". Ten surowy facet ze Środkowego Zachodu, którego Murrow uczył radiowego reportażu, szybko chwytał, o co chodzi. Wciąż mówił potwornie monotonnie, jąkał się, potykał, przełykał ślinę, ale niewątpliwie był bystry. Nie Francja przeciw Niemcom, ale uczeń przeciw uczniowi. Tego chciał Murrow: obrazów ludzi uczestniczących w dramacie, który wielu Amerykanom wciąż wydawał się odległy i niezrozumiały. Jeśli słuchacze mieli zrozumieć, czym jest wojna, trzeba było się postarać, żeby postawili się na miejscu innych.

Murrow i Chłopcy w praktyce wymyślali całkowicie nową technikę radiowego reportażu, wchodząc na teren dotychczas zastrzeżony wyłącznie dla dziennikarzy prasowych. Oczywiście najpierw byli dziennikarzami, a dopiero później radiowcami, toteż radio stanowiło dla nich jeszcze jedną formę przekazu spisanego tekstu, ale teraz ich słowa były przeznaczone dla uszu odbiorców, nie zaś oczu, a to wymagało nowej techniki.

Według Murrowa mieli wyobrażać sobie, że stoją w domu przed kominkiem i wyjaśniają redaktorowi, profesorowi college'u, dentyście lub sklepikarzowi, co się dzieje. Pomyślcie jeszcze przy tym, że służąca i kierowca furgonetki słuchają, stojąc przy drzwiach. Używajcie takiego języka i takich obrazów, żeby relacja była dla nich równie przekonująca jak dla gości przy kominku. Unikajcie krasomówstwa i gorączkowego stylu. Skupcie się na konkretach, na wymownych detalach. Gdy zatrudnił trzydziestotrzyletnią Mary Marvin Breckinridge, kobietę z wyższych sfer (jedyną, która wdarła się do bractwa Chłopców Murrowa), i wysłał ją do Amsterdamu, dał jej na drogę radę: „Gdy będziesz opisywać atak na Holandię lub gdy ja będę relacjonować inwazję na Anglię, musimy zachować powściągliwość. Nie mów, że ulice zmieniły się w rzeki krwi. Powiedz, że ten policjant, któremu każdego ranka mówisz «dzień dobry», teraz gdzieś zniknął".

Murrow domagał się obrazów w eterze. Sam znakomicie je malował, czego wielokrotnie dowiódł podczas londyńskiego blitzu. Nigdy wcześniej nie był reporterem, dlatego łatwo odrzucił wszystkie sztywne, tradycyjne reguły relacjonowania wydarzeń. On i Chłopcy byli spokojni, mówili w konwersacyjnym stylu, często w pierwszej osobie liczby pojedynczej, tak jakby rozmawiali ze znajomymi. Potrafili stworzyć atmosferę bliskości, nawiązać kontakt ze słuchaczami. Pod tym względem niewielu dziennikarzy radiowych i prasowych mogło się z nimi równać. Stworzyli, jak powiedział Sevareid, „nowy rodzaj współczesnego eseju". Później napisał:

> Dobrze znane, bardzo amerykańskie głosy przynosiły odległe sceny i problemy do milionów salonów, dając słuchaczom nie tylko suche fakty, nie tylko publicystyczny komentarz i nie tylko „barwną" opowieść, ale wszystko razem – wiadomości, obraz sceny, charakter wielkich lub małych ludzi uczestniczących w wydarzeniach i komentujących ich znaczenie i konsekwencje.

Dobrym przykładem z tego wczesnego okresu jest reportaż Larry'ego LeSueura z bazy lotniczej w Reims. Trwała „dziwna wojna", było zimno i mokro. LeSueur prosił słuchaczy, żeby postawili się na miejscu młodego pilota Royal Air Force, z którym przeprowadzał wywiad. Piloci wykonujący loty zwiadowcze nad Niemcami należeli do tych nielicznych wówczas żołnierzy alianckich, którzy narażali się na jakieś niebezpieczeństwo. LeSueur relacjonował:

> Jest jeszcze ciemno, gdy czując na twarzy ostre podmuchy wiatru, zaciągasz się dymem, wiedząc, że to może być twój ostatni papieros. Nie zastanawiasz się nad tym, bo jesteś młody i myślisz, że to zdarza się tylko innym... Lecisz bez ochrony, jaką daje cała formacja – lecisz sam. Mijają kolejne chwile. Pod tobą widać bunkry Linii Maginota. Jeszcze kilka sekund. Widać białe pułapki na czołgi – to Linia Zygfryda. Zaczyna równo terkotać twoja kamera. W górze widać piękne, oświetlone słońcem chmury. Gładki warkot dwóch silników wprawia cię w dobry humor. Masz ochotę śpiewać. Nucisz pod nosem. Nagle kątem oka dostrzegasz cztery ciemne punkciki, które błyskawicznie się powiększają. To nie-

przyjacielski patrol, lecą niemieckie messerschmitty. Twój strzelec pokładowy również je zauważył. Słyszysz serię z karabinu maszynowego. Wykonujesz szybki skręt i ciągniesz swój bombowiec w górę, ale nieprzyjacielskie myśliwce są szybsze. Messerschmitty ustawiają się za twoim ogonem, po dwa z każdej strony, po czym kolejno atakują. Widzisz przed sobą żółty błysk. Pierwszy myśliwiec oddala się, ale atakuje następny. Znowu ten sam żółty płomień. Ranny obserwator traci przytomność. Nim zdążyłeś cokolwiek pomyśleć, widzisz, jak zbliża się trzeci przeciwnik. Potężny wstrząs. Z prawego silnika wydobywa się dym. Teraz atakuje czwarty messerschmitt. Desperacko nurkujesz niemal pionowo. Wskaźnik prędkości dochodzi do końca skali. Ziemia jest coraz bliżej. Wychodzisz z lotu nurkowego. Gdy przejaśnia ci się w głowie, słyszysz głos strzelca: „Zgubiliśmy ich na dziesięciu tysiącach [stóp]"... Na jednym silniku z trudem przelatujesz nad obiema liniami. Wykonałeś swoje zadanie, wróciłeś ze zdjęciami. Lądujesz przymusowo na najbliższym lotnisku polowym. Wieczorem, siedząc w szpitalu obok łóżka obserwatora, który został ranny w głowę, słyszysz niemiecki komunikat radiowy: Nad frontem zachodnim został dziś zestrzelony brytyjski bombowiec. Uśmiechasz się i znowu zaciągasz dymem z papierosa.

W powietrzu czasami coś się działo, natomiast na ziemi nic nie przerywało potwornej nudy. Eric Sevareid i Tom Grandin, korespondent w Paryżu, doskonale o tym wiedzieli.

Pewnego dnia, przed wyjazdem na „front" nad Renem, Sevareid zauważył, że towarzyszący mu francuski porucznik zabrał kryminał Agathy Christie *Morderstwo na polu golfowym*, który miał mu pomóc stawić czoło groźnemu nieprzyjacielowi. Urojona walka, którą Anglicy nazywali „nudną wojną", a Francuzi *drôle de guerre*, nie tylko była dziwaczna, ale również wyczerpywała siły fizyczne i psychiczne żołnierzy. Zimą na zmianę padał śnieg i deszcz. Żołnierze kasłali i dygotali w wiecznie przemokniętych mundurach. Spali, jedli i stali na warcie w żółtych, glinianych ziemiankach, gdzie po ścianach spływała lodowata woda. Zamiast rannych w walce szpitale zapełnili chorzy na grypę i zapalenie płuc.

Zdaniem Sevareida lipny charakter tej wojny widać było najlepiej nie na froncie, tylko w Paryżu, Londynie i Berlinie, gdzie ludzie szybko zapomnieli o żołnierzach w okopach i mimo zaciemnienia wrócili do swych zwykłych zajęć i przyjemności. Opowiadał słuchaczom, że w paryskiej Operze rozpoczął się normalny sezon, a w Instytucie Francuskim zebrali się znani uczeni, żeby przedyskutować poglądy Plutarcha i Arystotelesa w dziedzinie zoologii. Murrow donosił z Londynu, że dansingi i nocne kluby znów są zatłoczone, działają wszystkie teatry, a na pierwszych stronach gazet rzadko pojawiają się wzmianki o wojnie. Podobnie wiadomości przekazywał Shirer z nazistowskiego Berlina – bilety do teatrów i na rewie wyprzedane, kawiarnie, bary i nocne kluby pełne, tylko amerykański jazz jest teraz *verboten*.

W czasie „dziwnej wojny" Murrow usilnie przypominał amerykańskim słuchaczom o strasznej sytuacji Polski. Atak Niemiec skłonił wprawdzie Francję i Wielką Brytanię do wypowiedzenia im wojny, ale później Polska została praktycznie porzucona i zapomniana przez swych nominalnych sojuszników. Murrow powiedział, że niedawno słyszał relację w BBC o „chłopach wypędzonych z czarnej, polskiej ziemi, zamordowanych profesorach, kobietach zastrzelonych z karabinów maszynowych na drodze, młodych chłopcach rozstrzeliwanych za zdarcie niemieckiej flagi". Jednak – dodał – najciekawsze w tym programie było to, że nawet słowem nie wspomniano, że Polskę zaatakował również Związek Sowiecki, który teraz okupował część jej terytorium. „Autor reportażu wielokrotnie powtarzał słowa o upartym dążeniu do wyzwolenia Polski z obecnego stanu zniewolenia i głodu. Nie zająknął się jednak na temat Rosji – poza wzmianką, że na wschodzie Polski w tym roku nie odbędą się msze w Boże Narodzenie. Słuchacze, którzy nie byli w stanie zapamiętać historii ostatnich trzech miesięcy, mogli odnieść mylne wrażenie, że Niemcy okupują całą Polskę".

Mniej więcej miesiąc później, w styczniu 1940 roku, Severeid jasno stwierdził, że Polacy, choć stracili ojczyznę, zamierzali uparcie walczyć dalej. Opowiedział na antenie o podróży pociągiem ze Szwajcarii do Paryża w jednym przedziale z siedmioma polskimi oficerami. „Siedzieli na swoich miejscach skuleni jak worki ze starymi ubraniami... Mieli wychudłe twarze, czerwone ze zmęczenia i niewyspania oczy – mówił Severeid. – Ich nienawiść do Niemców była tak silna, że nie jestem w stanie zrozumieć, jak mogliby znowu stać się normalnymi ludźmi, nie pozbywszy się jej przedtem w walce. Mężczyzna siedzący obok mnie otrzymał dwa postrzały w pierś. Mimo to pokonał piechotą tysiąc czterysta kilometrów, żeby znowu walczyć".

"Dziwna wojna" nie mogła trwać w nieskończoność. Murrow chciał wysłać kogoś do Holandii lub Skandynawii, skąd mógł nastąpić atak Hitlera na Francję i Anglię. Postanowił, że powierzy tę misję Mary Marvin Breckinridge.

Nowy Jork stopniowo przyzwyczajał się do jego nieortodoksyjnych decyzji w wyborze pracowników, ale ta była najbardziej zdumiewająca. Ed Klauber był przeciwny przyjmowaniu kobiet do pracy w CBS i nalegał, żeby on i Paley mieli sekretarzy, nie zaś sekretarki. Żadna z sieci radiowych nie zatrudniała kobiet w programach informacyjnych.

Wysoka i ciemnowłosa Mary Marvin Breckinridge wywodziła się ze środowiska bardzo odległego od burzliwego świata dziennikarstwa. Jej dziadkiem po kądzieli był król opon B.F. Goodrich, pradziadkiem po mieczu wiceprezydent Stanów Zjednoczonych John Breckinridge. Jako debiutantka Mary Marvin została przedstawiona królowi Anglii.

Nie była jednak tylko panienką z wyższych sfer. Po rodzicach odziedziczyła upodobanie do podróży i pragnienie przygód. Jeszcze przed I wojną światową trzykrotnie jeździła do Europy, a zaraz po wojnie wybrała się do Japonii i Chin. Przed podjęciem studiów w Vassar uczyła się w dwunastu szkołach w różnych krajach. Jej matka zawsze pośpiesznie podkreślała, że córka nigdy nie została relegowana ze szkoły. Mary z łatwością odrzucała konwenanse. Pragnąc odróżnić się od kuzynki, również noszącej imiona Mary Marvin, posługiwała się tylko imieniem Marvin.

Lubiła Vassar, ale jak na jej gust było tam za wiele kobiet i za mało się działo. Wiosną, na pierwszym roku, spróbowała pozbyć się nadmiaru energii, namawiając bardzo niechętnego temu pomysłowi przyjaciela, żeby razem przepłynęli rzekę Hudson, którą wciąż spływała kra. Udało im się, ale niemal zamarzli. Później znalazła bezpieczniejsze ujście dla swej witalności w Krajowej Federacji Studentów, którą pomagała założyć. Ta organizacja studencka dążyła do wzmocnienia ruchu pokojowego przez organizowanie kontaktów między studentami z różnych krajów. Breckinrigde została jej prezesem. Trzy lata później to stanowisko objął młody Edward R. Murrow.

Marvin studiowała historię najnowszą i języki. Gdy w 1928 roku uzyskała dyplom Vassar, wiedziała tylko, czego n i e c h c e robić: "Lubiłam przyjęcia i życie towarzyskie, ale nie chciałam, żeby do tego sprowadzało się moje życie. Nie śpieszyło mi się do ślubu". Nauczyła się latać i w 1929 roku jako pierwsza kobieta w Maine (letnia posiadłość Goodrichów znajdowała się w Yorku) otrzymała licencję pilota. Później pracowała na wsi w Kentucky jako konna kurierka Frontiers Nursing Service, pierwszej organizacji pielęgniarek i akuszerek w Stanach Zjednoczonych. Służba ta, założona przez jej kuzynkę (drugą Mary Marvin Breckinridge) i działająca w rzadko zaludnionym regionie Appalachów, przyczyniła się do zmniejszenia liczby kobiet umierających podczas porodu o niemal dwie trzecie.

W 1930 roku kuzynka zaproponowała jej, żeby pojechała do Nowego Jorku i nauczyła się robić filmy, a następnie nakręciła film o pielęgniarkach, który pomógłby organizacji uzyskać wsparcie finansowe. Marvin była chętna do wszystkiego. Po prywatnych lekcjach u operatora zrobiła film. Przejechała konno tysiąc kilometrów i sama wszystkim się zajmowała – scenariuszem, oświetleniem i obsługą kamery na korbkę. W ten sposób powstał wzruszający dokument nie tylko o pielęgniarkach, ale również o dumnych mieszkańcach gór, którym służyły. Film jest uważany za klasykę i wciąż można go zobaczyć na festiwalach filmów zrealizowanych przez kobiety.

Breckinridge lubiła kamerę filmową, ale jeszcze bardziej podobał jej się zwykły aparat. Zapisała się na roczny kurs fotografii, prowadzony w Nowym Jorku przez znakomitego fotografika Clarence'a White'a. Świetnie sobie radziła i uznała, że jej powołaniem jest fotoreportaż. W okresie kryzysu monachijskiego miała już solidną pozycję zawodową, którą zawdzięczała artykułom i zdjęciom opublikowanym w wielu liczących się pismach. W lipcu 1939 roku postanowiła pojechać do Europy. Postarała się o zlecenia z „Town and Country" oraz innych magazynów, po czym weszła na pokład S/s „Nieuw Amsterdam", z neseserem, dwiema walizkami (jedną wypełniały suknie wieczorowe i strój do jazdy konnej), pudłem na kapelusze, maszyną do pisania i rolleiflexem. Planowała wrócić po sześciu tygodniach.

Podczas pobytu w Lucernie, gdzie miała przygotować reportaż z festiwalu muzycznego, dowiedziała się, że Hitler zaatakował Polskę. Zamówienie na reportaż z festiwalu zostało anulowane, podobnie jak inne jej zlecenia. Marvin uznała zatem, że pora wracać do Stanów, ale w Londynie się rozmyśliła. „Pierwotnie zamierzałam w razie wybuchu wojny wrócić do domu pierwszym statkiem – napisała do matki – ale teraz wydaje mi się głupotą uciekać od najciekawszej rzeczy na świecie, jaką mogę robić". Bez trudu zdobyła nowe zlecenia. Gdy jej znajomi, Ed i Janet Murrowowie, zaprosili ją na kolację, opowiedziała im o fotoreportażu, który miała zrobić dla magazynu „Life", ukazującym, jak angielska wieś przygotowuje się do wojny.

„A może w sobotę wieczorem opowiesz o tym w radiu?" – zaproponował Murrow.

Breckinridge zgodziła się. Po programie Murrow spytał, czy chciałaby spędzić noc w londyńskiej remizie straży pożarnej, gdzie pracowała kobieca zmiana, a następnie opowiedzieć o tym przed mikrofonem. Marvin znowu się zgodziła, głównie dlatego, żeby sprawić przyjemność rodzicom.

Murrow nawet nie dotknął jej tekstu – poradził tylko, żeby mówiła jak najniższym głosem. Marvin miała świetny głos – mówiła wyraźnie, pewnie, z akcentem z amerykańskich wyższych sfer. Podczas relacji z remizy strażackiej była chłodna i opanowana. Dopiero po programie dowiedziała się, że Murrow poprosił całe kierownictwo CBS, żeby jej posłuchało. Nawet gdyby o tym wcześniej wiedziała, prawdopodobnie nie zrobiłoby to na niej wrażenia. W odróżnieniu od kolegów nigdy nie okazywała nerwowości i tremy.

Po reportażu z remizy Breckinridge wybrała się do Irlandii – przyjaciele z arystokracji zaprosili ją na jazdę konną. Przed wyjazdem sama zaproponowała, że przygotuje reportaż o irlandzkiej neutralności. Murrow przyjął ofertę, a rezultat podobał mu się tak bardzo, że zaproponował jej, aby została korespondentką w Amsterdamie. Breckinridge wyraziła zgodę, ale zażądała kwoty na wydatki, która pozwoliłaby jej na wygodne życie – jak później powiedziała, taki styl życia „czasami był wspaniały, czasami bardzo niewygodny". Po dobiciu targu Marvin zamówiła metalową płytkę identyfikacyjną (uważała, że byłoby „nieuprzejmością" wobec krewnych, gdyby zginęła, a jej ciało nie zostało zidentyfikowane), zostawiła wieczorowe suknie i ubranie do jazdy konnej u Murrowów, po czym wyruszyła do Holandii. Murrow dał jej na drogę zwięzłe instrukcje: „Opowiadaj o ludzkiej stronie wojny, bądź uczciwa, neutralna i mów naturalnie".

Recepcjonista w hotelu „Carlton" w Amsterdamie spytał ją, jak długo zamierza zostać. Marvin odpowiedziała, że jeszcze nie wie, może tylko przez weekend. Ostatecznie mieszkała tam sześć miesięcy, z krótkimi przerwami na wypady do Norwegii, Belgii i Niemiec.

Breckinridge miała talent do ukazywania złożonych zagadnień z ludzkiej perspektywy, tak jak tego chciał Murrow. Informując słuchaczy, że Holandia odmówiła przystąpienia do rozmów z Wielką Brytanią na temat współpracy wojskowej, odwołała się w komentarzu do popularnej bajki: „Holandia chodzi obecnie w czerwonym kapturku neutralności, ale nieco się boi, gdy idzie sama przez las. Nawet jeśli wilk jest gdzieś daleko, może się pojawić w każdej chwili, a niewinność neutralności nie jest już żadnym zabezpieczeniem".

W innym programie namówiła przewodniczącego holenderskiej partii nazistowskiej, żeby powiedział, co zrobi, gdy Niemcy zaatakują jego kraj. „Będę siedział z założonymi rękami" – zapowiedział. Początkowo holenderscy cenzorzy nie chcieli zaaprobować wywiadu. Gdy wreszcie się zgodzili, ta wypowiedź wywołała powszechne oburzenie. Na pierwszych stronach holenderskich gazet pojawiły się artykuły o potencjalnej zdradzie, a członkowie parlamentu wygłosili gniewne tyrady. (Gdy Wehrmacht wkroczył do Holandii, przywódca holenderskich nazistów uciekł do Niemiec, nim policja zdążyła go aresztować).

Nawet sukinsyny w Nowym Jorku musiały przyznać, że Breckinridge świetnie sobie radzi. „Twoje dotychczasowe materiały były pierwszorzędne – zapewnił ją Murrow pod koniec grudnia. – Ja jestem zadowolony, Nowy Jork jest zadowolony, a o ile mi wiadomo, słuchacze też są zadowoleni. Jeśli nie, do diabła z nimi!"

Na początku 1940 roku Murrow miał już dość przymusowego rozstania z Billem Shirerem. Zadepeszował do Berlina i powiedział mu, żeby przyjechał odpocząć i rozerwać się w neutralnym Amsterdamie. Dwaj przyjaciele, oszołomieni światłami ulicznymi i obfitością jedzenia, uradowani ze spotkania, zachowywali się „jak dwaj młodzi chłopcy, którzy nagle uciekli spod ręki surowej ciotki lub z poprawczaka" – tak to zanotował Shirer w swoim pamiętniku. Marvin Breckinridge miała wrażenie, że obserwuje spotkanie bliskich przyjaciół ze studiów: „Łatwo było dostrzec, jak bardzo sobie ufają".

O ich doskonałym nastroju świadczyła nawet wspólna audycja, którą nadali z Amsterdamu:

> Shirer: Nie masz pojęcia, co to znaczy, że możesz wyjść do miasta i zobaczyć zapalone światła uliczne.
> Murrow: Jak to nie mam pojęcia? Dziś po raz pierwszy od pięciu miesięcy widziałem zapalone latarnie, samochody z włączonymi reflektorami i światła w oknach domów. Tyle świateł, że wydaje się to niemal nieprzyzwoite. Jak tylko skończymy, idę znowu popatrzeć na światła.
> Shirer: Gdy przyjechałem wczoraj wieczorem i zobaczyłem te wszystkie światła, rzuciłem walizki i przez pół godziny wałęsałem się po ulicach...
> Murrow: Holandia jest teraz najprzyjemniejszym krajem w Europie.

Mieli mówić o wojnie, ale nie byli w stanie trzymać się tematu. „Bill, chodź na dwór porzucać śnieżkami" – powiedział Murrow na zakończenie. Tak też zrobili. W świetle ulicznej latarni stoczyli „potężną bitwę na śnieżki" – zanotował Shirer. Gdy skończyli, nie mógł znaleźć okularów i kapelusza. To jednak nie miało znaczenia – w tę cudowną noc nic się nie liczyło.

Dwa dni w Amsterdamie były dla nich bardzo potrzebnym odpoczynkiem. Shirer, który miał dość zimna, izolacji i zła w Berlinie, nie chciał od razu wracać. Przekonał Murrowa, żeby Breckinridge zastąpiła go przez kilka tygodni w stolicy Niemiec, a sam popędził do Genewy zobaczyć się z Tess i Eileen. Podczas trwającego sześć tygodni pobytu w Berlinie Marvin ignorowała jego protekcjonalną radę, aby zajęła się „sprawami kobiet". Przygotowała kilka relacji o kobietach i ich roli w wojnie, ale zrobiła również programy o nazistowskiej prasie, niemieckim obozie dla jeńców, reakcjach Niemców na rozmowy Hermanna Göringa z amerykańskim podsekretarzem stanu Sumnerem Wellesem oraz o lokalnych spekulacjach na temat przystąpienia Włoch do wojny po stronie Trzeciej Rzeszy.

Zapożyczyła od Shirera niektóre metody omijania cenzury. Z jej tekstu o niemieckiej prasie cenzor wykreślił stwierdzenie, że gazety „nie dopuszczają do swobodnej wymiany poglądów i nie pozostawiają prawie nic samodzielnemu osądowi czytelników", natomiast nie miał żadnych zastrzeżeń do zakończenia, w którym wspomniała o oficjalnym dzienniku nazistów „Volkischer Beobachter". „Mottem tej gazety – powiedziała – jest «Wolność i chleb»". Po krótkiej pauzie dodała: „W Niemczech jest jeszcze chleb".

Breckinridge potrafiła lepiej niż Shirer pokazać, czym jest wojna dla zwykłych Niemców. Unikając wielkich tematów, mówiła o herbacie w nieogrzewanym mieszkaniu z kobietą ubraną w kilka swetrów, futro i zimowe buty, o przyjęciu, na którym młode dziewczyny dyskutowały, jaki kolor lakieru najlepiej pasuje do zsiniałych rąk, o zakupach w sklepie spożywczym, gdzie na półkach stały tylko konserwy – i to wyłącznie dla dekoracji. W reportażu o szkole żon nazistowskich żołnierzy opisała trwający sześć tygodni program, obejmujący sprzątanie, gotowanie, szycie oraz doktrynę polityczną i propagandę. Wszystkie absolwentki kursu otrzymały na zakończenie *Mein Kampf.*

Zimne, ciemne dni szybko mijały, ale wciąż nie było widać końca „dziwnej wojny". Wydawało się, że Anglicy jednak postanowili się ruszyć. Pewne sygnały wskazywały, że Royal Navy może spróbować przerwać dostawy szwedzkiej rudy żelaza, które docierały do Niemiec przez Norwegię. W lutym angielski niszczyciel zatrzymał na norweskich wodach terytorialnych niemiecki statek handlowy „Altmark". Po krótkiej walce Anglicy uwolnili trzystu trzech swoich marynarzy, których „Altmark" przewoził do obozów jenieckich w Niemczech. Uszkodzony statek niemiecki dopłynął do norweskiego portu.

To było ważne wydarzenie na międzynarodowej scenie. Niemcy oskarżyły Wielką Brytanię o naruszenie neutralności Norwegii. Walcząc z zamiecią, Breckinridge dotarła do Stavanger, gdzie zacumował „Altmark". Gdy weszła na pokład, kapitan zaprosił ją do swej kabiny, poczęstował winem i ciastem oraz zgodził się udzielić jej wywiadu przed relacją, która miała zostać nadana następnego wieczoru. W rozmowie, wbrew oficjalnemu stanowisku Berlina, przyznał, że „Altmark" przewoził broń. Nagle cała sprawa nabrała jeszcze większego znaczenia.

Jednak wkrótce na pokładzie statku pojawili się dwaj niemieccy urzędnicy z Ministerstwa Propagandy. Następnego dnia, gdy Breckinridge podczas emisji spytała, czy „Altmark" przewoził broń, kapitan zaprzeczył. Marvin była wściekła, ale nic nie mogła na to poradzić.

Dwa dni później Hitler polecił swemu Naczelnemu Dowództwu przygotować plan ataku na Norwegię.

ROZDZIAŁ SZÓSTY

UPADEK PARYŻA

Bill Shirer stał na niemieckim brzegu Renu i przyglądał się słynnej francuskiej Linii Maginota. Po jego stronie dzieci grały w piłkę nożną, co doskonale widzieli francuscy żołnierze szwendający się na przeciwnym brzegu. Niedaleko niemieccy żołnierze również kopali starą piłkę. To był surrealistyczny widok, niczym z awangardowego filmu. Kilkaset kilometrów na północ Niemcy bombardowali Norwegię, co rzekomo oznaczało koniec „dziwnej wojny". Tymczasem na froncie zachodnim, gdzie wszyscy oczekiwali wybuchu zaciekłej walki, panował tylko bukoliczny spokój.

Shirer przyjechał relacjonować działania niemieckiej armii, chciał jednak, żeby Francja i Wielka Brytania przeszły wreszcie do ataku, i udało mu się zasygnalizować swoje nastawienie słuchaczom. „Co to za wojna, co to za gra?" – pytał w pierwszym programie po wyjeździe na front. Alianci – sugerował – puścili Niemcom płazem atak na Polskę i Norwegię, gdzie Luftwaffe bezkarnie bombardowała nawet tyły przeciwnika. Może w tych przypadkach bierność aliantów miała jakieś geopolityczne uzasadnienie. Ale jak można usprawiedliwić całkowity paraliż Francji, gdy zagrożone jest jej własne terytorium – „tutaj, na zachodnim froncie, gdzie dwie największe armie świata stoją naprzeciw siebie oko w oko i całkowicie wstrzymują się od walki?"

Inwazja na Norwegię i Danię na początku kwietnia 1940 roku nastąpiła tak nagle, że agencje i sieci informacyjne nie zdążyły wysłać na miejsce własnych korespondentów. CBS nie była wyjątkiem. Murrow, Sevareid, Grandin i Shirer, sfrustrowani i zniechęceni, musieli pozostać na swoich dotychczasowych posterunkach i polegać na bezpośrednich relacjach niezależnych dziennikarzy. Shirer usiłował wypełnić luki przenikliwymi analizami i komentarzami.

„Niemcy na mocy własnej decyzji wzięły na siebie zadanie obrony Norwegii i zabezpieczenia jej wolności oraz niezależności. Dziś kontynuują swe starania – mówił z Berlina. – Nie wiadomo, jak im idzie".

To stwierdzenie nie było całkowicie zgodne z prawdą. Dzięki Shirerowi CBS miała w Norwegii doskonałą niezależną dziennikarkę. Betty Wason mieszkała w Sztokholmie. Wcześniej w Ameryce współpracowała z różnymi stacjami radiowymi ze Środkowego Zachodu, a gdy przyjechała do Europy, Shirer ją zatrudnił, żeby relacjonowała dla CBS wydarzenia w Skandynawii. Wason była jednym z nielicznych zachodnich dziennikarzy, którzy dotarli do Norwegii podczas walk. Przez dwa miesiące, kwiecień i maj, dzielnie nadawała doskonałe relacje, aż wreszcie zadzwoniła do niej nowojorska centrala i przekazała polecenie, aby znalazła prezentera, który ją zastąpi przed mikrofonem. Jak wspominała, powiedziano, że „jej głos nie dociera do słuchaczy [...] Jak na wiadomości wojenne mówię zbyt młodym i kobiecym głosem [...] Słuchacze zgłaszali zastrzeżenia". W Nowym Jorku znów dało o sobie znać uprzedzenie do kobiet.

Wason była rozczarowana, ale zastosowała się do polecenia. Znalazła dwudziestoczteroletniego niezależnego dziennikarza Winstona Mansfielda Burdetta i nauczyła go wszystkiego, co wiedziała o radiowym reportażu. Burdett skończył *summa cum laude* studia języków romańskich na Harvardzie, a później relacjonował wojnę w Norwegii dla dziennika „Brooklyn Eagle" i niewielkiej stacji Transradio. W tym czasie jego głos był niewiele lepszy od głosu Wason, ale Burdett przynajmniej był mężczyzną, więc Klauber i White mogli odetchnąć. Zresztą już wkrótce głos nowego korespondenta nabrał wyjątkowo eleganckiego brzmienia.

Wiosna 1940 roku w Paryżu – dla odmiany po surowej zimie – była ciepła i łagodna, ale Eric Sevareid nie miał czasu ani ochoty, żeby się nią cieszyć. Jego żona podczas ciąży przybrała na wadze czterdzieści pięć kilogramów; miała urodzić bliźnięta. W wyniku komplikacji pojawiło się niebezpieczeństwo poronienia. Przez trzy miesiące Lois musiała leżeć nieruchomo na wznak. Zaczęła rodzić dwudziestego piątego kwietnia. Sevareid natychmiast udał się z nią do szpitala w Neuilly. „Myślę, że będzie dobrze – powiedział mu po paru godzinach zaniepokojony lekarz. – Przez jakiś czas nie miałem takiej pewności". Jedno dziecko było odwrotnie ułożone. Niewiele brakowało, a Lois umarłaby w trakcie porodu. W końcu Sevareid dowiedział się, że jest ojcem dwóch zdrowych chłopców. Ich łączna waga po urodzeniu wynosiła ponad sześć kilogramów.

Niestety, już dziewiątego maja musiał pożegnać się z Lois, która wciąż leżała w szpitalu, i jechać na południe, w kierunku granicy francusko-włoskiej. Miał nadzieję, że pozna zamiary Benita Mussoliniego i jego Czarnych Koszul. Zatrzymał się na noc w Valence w Prowansji, a rano obudził go ryk syren i dudnienie ciężkich butów na wybrukowanej kocimi łbami ulicy. Gdy wybiegł z hotelu, zobaczył, jak sklepikarz powoli wypisuje kredą na tablicy najnowsze wiadomości: „Niemcy... dziś rano... zaatakowali... Holandię... Luksemburg... Belgię... Zbombardowali lotnisko... w Lyonie".

Wojna zawitała do Francji. Czy niemieckie bombowce zaatakowały Paryż? Co z Lois? Sevareid złapał najbliższy pociąg jadący na północ i około dwunastej w nocy dotarł do szpitala w Neuilly. Światła były zgaszone, szpital wydawał się całkowicie opuszczony. Sevareid musiał po omacku znaleźć drogę do pokoju Lois. Bał się, że coś jej się stało. Lois leżała na swoim łóżku, wydawała się przestraszona i zagubiona. Nie bała się syren i odgłosów odległych wybuchów – wyjaśniła mężowi. Poczuła strach, gdy zorientowała się, że wszyscy – pielęgniarki i lekarze – opuścili szpital. Została sama z dwójką niemowlaków. Nie miała siły wstać z łóżka. Gdyby Niemcy bombardowali szpital, nie mogłaby nic zrobić.

Sevareid zabrał ją i dzieci do mieszkania, które wynajmował do spółki z Tomem Grandinem i jego nową żoną Natalią. Obaj bez chwili zwłoki rzucili się do roboty. Relacjonowanie szybko toczących się wypadków na okrągło, przez całą dobę, było otępiającym kieratem. Nie tylko musieli śledzić wydarzenia, pisać relacje, posyłać je do cenzury (mając nadzieję, że z powrotem dostaną coś, co będzie się nadawało do wykorzystania), ale również pędzić przez zaciemnione miasto do studia. Czasami, gdy w końcu siadali przed mikrofonem, przekonywali się, że nowojorska centrala straciła nadzieję i przestała nawoływać w pustkę: „Paryż, zgłoś się!"

Hitler w pełni wykorzystał wspaniałą wiosnę i osiem miesięcy bierności aliantów. Nazistowska taktyka blitzkriegu, wypróbowana i udoskonalona podczas hiszpańskiej wojny domowej i w Polsce, teraz pozwoliła Niemcom błyskawicznie wedrzeć się do serca Europy Zachodniej. Wspólne, skoordynowane działania bombowców, artylerii, piechoty i szybkich kolumn czołgowych stanowiły radykalną zmianę sposobu prowadzenia walki. Niemcy zgnietli Luksemburg w jeden dzień, Holandię w pięć i byli na dobrej drodze, żeby zrobić to samo z Belgią. Żałośnie słabe oddziały francuskie i angielskie, które rzucono do walki, zostały zmuszone do szybkiego odwrotu. Wydawało się, że zatrzymają się dopiero na brzegu kanału La Manche.

Cenzorzy paryscy nie pozwalali na publikację żadnych relacji o tym, co działo się na froncie. Zamiast tego Ministerstwo Wojny paplało o „straszliwych stratach Niemców". Paryżanie byli pewni, że ich dumna armia zatrzyma znienawidzonych Hunów (którzy jeszcze nie budzili strachu), nim zbliżą się do francuskiej granicy. A gdyby nawet Wehrmacht dotarł tak daleko, z pewnością nie zdoła sforsować Linii Maginota. Paryscy projektanci mody jak zwykle pokazywali swoje wiosenne kolekcje, tłumy wypełniały trybuny na torze wyścigowym Auteuil, a Maurice Chevalier, podejrzewany o nazistowskie sympatie, co wieczór bawił publiczność. Po jego występie chór dziewcząt śpiewał: „Powiesimy pranie na Linii Zygfryda".

Sevareid i inni korespondenci zagraniczni nie dowierzali komunikatom francuskiego rządu o rzekomych sukcesach wojennych; chcieli przekonać się na własne oczy, jak wygląda sytuacja. Sevareid przewiózł Lois i dzieci do niewielkiego zajazdu w Jouars-Pontchartrain i opłacił pielęgniarkę, która miała się nimi opiekować, po czym udał się na front w Belgii. Wyjazd korespondentów zorganizowały francuskie władze. W niewielkim mieście Cambrai, blisko belgijskiej granicy, musiał zejść do schronu w piwnicy hotelowej. Ścianami wstrząsały wybuchy bomb i pocisków armatnich. Sevareid wiele czytał o wojnie, pisał o niej i mówił, ale teraz po raz pierwszy sam doświadczył strachu, który prześladował go przez następne miesiące. W młodości powątpiewał we własną odwagę i wielokrotnie poddawał ją próbom; teraz miał nowe powody, żeby powtórzyć testy.

Sevareid i jego koledzy mimo wszystko chcieli wykonać swoje zadanie, czyli zobaczyć front. Uparcie nękali francuskich oficerów prasowych, którzy nagle mieli trudności ze zorganizowaniem transportu z Cambrai. Sevareid podejrzewał, że sytuacja na froncie nagle się pogorszyła, dlatego postanowił wrócić do Paryża. Przed wyjazdem on i inni korespondenci dokonali wypadu przez granicę do Belgii. Nie musieli daleko jechać, żeby zobaczyć skutki wojny. Niemcy, choć głosili, że bombardują tylko cele wojskowe, zniszczyli wiele domów i zabili cywilnych mieszkańców wsi i miast w całej Belgii.

Sevareid relacjonował to, co widział. Zgodnie z poleceniami z Nowego Jorku usiłował mówić spokojnym tonem, gdy opisywał wypełnione tłumem uchodźców dwa wagony kolejowe, które zostały rozbite pociskami. „Przypuszczam, że z punktu widzenia pilota pociąg towarowy to pociąg towarowy. Mogą nim jechać kobiety z dziećmi, mogą też jechać żołnierze. Jednak nawet pilot może łatwo stwierdzić, w jakim kierunku jedzie pociąg, a żadne oddziały wojskowe nie jadą teraz na południe". Toczyła się niezwykła walka, wyjaśniał słuchaczom, „naprawdę błyskawiczna wojna, w której nagle rozlega się ryk silnika i widać przelatujące maszyny. Samoloty nadlatują i znikają, nim człowiek zdąży zareagować. Rzadko widać nieprzyjacielskich żołnierzy".

Sevareid i jeszcze dwaj korespondenci dostali się do pociągu o ponadkilometrowej długości, wypełnionego uchodźcami. Pociąg miał jechać do Paryża, ale nagle skręcił na zachód. Wielokrotnie zatrzymywał się po drodze. Znak, że coś się stało. Podczas szczególnie długiego postoju, kilka godzin po przewidywanym terminie przyjazdu do Paryża, Sevareid i jego koledzy wysiedli z wagonu, żeby odpocząć od zaduchu i wyciągnąć się na trawie. W pewnej chwili zauważyli w oddali błyski płomieni, a przez płacz dzieci w pociągu przebił się ostry trzask armat. Gdy zmierzyli czas między błyskami i dźwiękami, zrozumieli, co się dzieje: po ich stronie granicy, gdzieś koło Sedanu, toczy się walka. Niemcy przekroczyli granicę Francji.

Gdy pociąg wreszcie dojechał do Paryża, Sevareid zadzwonił do amerykańskiej ambasady. Urzędnicy potwierdzili, że Niemcy ominęli Linię Maginota. Przemaszerowali przez Ardeny, sforsowali Mozę i bez trudu rozgromili słabe siły francuskie w okolicy Sedanu. Gdy Sevareid chciał to zrelacjonować, napotkał sprzeciw cenzury. Postanowił wówczas wykorzystać trik, jaki wymyślił kilka miesięcy wcześniej właśnie na wypadek takiej blokady informacyjnej.

Przekazał wtedy White'owi listownie prosty kod – zbiór bezsensownych zdań, które tak naprawdę kryły informacje o różnych możliwych wydarzeniach wojennych. Jedno oznaczało zwycięstwo aliantów, inne przełamanie frontu przez Niemców. Teraz Sevareid wysłał do centrali depeszę z tym ostatnim zdaniem. Miał nadzieję, że White się połapie, w czym rzecz, i nie dojdzie do wniosku, że jego paryski korespondent zwariował z powodu nadmiernej presji. W rzeczywistości przez pewien czas tak właśnie myśleli wszyscy pracownicy CBS, aż wreszcie White przypomniał sobie o kodzie i pośpiesznie odszukał w biurku list z kluczem. Tego dnia prezenter Elmer Davis zakomunikował, że CBS dowiedziała się ze „zwykle dobrze poinformowanego źródła", iż Niemcy przełamali główną linię obrony aliantów we Francji. To była pierwsza wiadomość o niemieckiej ofensywie, jaka dotarła do szerokiej publiczności.

Paryż nagle zaczął przypominać zająca w świetle reflektorów. Przerażeni ludzie jak sparaliżowani wpatrywali się w idącego ku nim zmechanizowanego nazistowskiego potwora. Z pewnością francuska armia nigdy nie pozwoli, żeby Niemcy wkroczyli do Paryża! Na pewno nastąpi cud, taki jak w 1918 roku pod Verdun! Liczni zblazowani paryżanie, korzystając z pięknej wiosennej pogody, w dalszym ciągu wysiadywali na słońcu, pili aperitify na kawiarnianych tarasach i starali się ignorować pierwszy sygnał, że wojna przestała być *drôle* – szybko wzbierającą rzekę uchodźców, w tym wielu szukających schronienia w Paryżu.

Sevareidowi i Grandinowi również trudno było przyjąć do wiadomości przykrą prawdę. W ich relacjach pojawiły się echa fałszywych nadziei. Grandin donosił, że niemiecką ofensywę wstrzymują ciężkie straty Luftwaffe, a „w miarę jak Niemcy wdzierają się w głąb kraju, Francuzi stawiają coraz bardziej zacięty opór". Sevareid zapewniał słuchaczy, że nawet jeśli stanie się rzecz niewyobrażalna, nawet jeśli „zmotoryzowane kolumny niemieckie sforsują bramy miasta, trudno uwierzyć, że Francuzi porzucą Paryż bez desperackiej walki".

Obaj jednak woleli nie narażać swoich najbliższych. Sevareid postanowił wysłać Lois z bliźniakami do Stanów Zjednoczonych. Zarezerwował dla nich kabinę na statku S/s „Manhattan", który wypływał z Genui. Pożegnali się na Gare de Lyon. Lois, która jeszcze nie odzyskała sił po porodzie, dźwigała dwa wiklinowe kosze z dziećmi i pieluchami. Wsiadła z nimi do pociągu. Miała przed sobą długą i ciężką podróż do Genui i niebezpieczną przeprawę przez Atlantyk. „To wymagało od niej wielkiej odwagi – powiedziała wiele lat później Janet Murrow. – Moim zdaniem nikt tego nie docenił".

Grandin również chciał, żeby jego nowa żona, Natalia Parligras, wyjechała z Francji. Gdyby Niemcy zajęli Paryż, Natalia jako Rumunka znalazłaby się w poważnym niebezpieczeństwie. Spotkali się w lutym na konferencji ministrów spraw zagranicznych krajów bałkańskich w Belgradzie. Grandin, spokojny intelektualista, z miejsca zakochał się w niej do szaleństwa. Natalia była prezenterką rumuńskiego radia. Nie znała angielskiego, ale dla Grandina, który władał kilkoma językami, to nie stanowiło przeszkody. Oświadczył się jej jeszcze podczas konferencji. Wzięli ślub dzień po jej zakończeniu. Teraz, gdy Niemcy zbliżali się do Paryża, Natalia była w ciąży. Grandin zamierzał zawieźć ją do Bordeaux i wsadzić na statek S/s „Washington", który płynął do Ameryki.

Wobec takich wstrząsów w życiu osobistym obaj korespondenci CBS bardzo potrzebowali pomocy Marvin Breckinridge, która opuściła Amsterdam dwa dni przed wkroczeniem Niemców i pojechała do Paryża. Natychmiast po przyjeździe wzięła się do pracy. Nie została tam jednak długo, ponieważ postanowiła poślubić amerykańskiego dyplomatę Jeffersona Pattersona, który przebywał w Berlinie. Gdy zastępowała tam Shirera, odnowiła starą znajomość z Pattersonem i wkrótce ich związek nabrał głębszego charakteru. Postanowili jak najszybciej się pobrać. Podczas pobytu w Paryżu Breckinridge przygotowywała programy o uchodźcach szukających schronienia w stolicy, żałośnie słabej obronie cywilnej, rosnącej liczbie alarmów lotniczych. W wolnych chwilach chodziła do Lanvin na przymiarki sukni ślubnej.

    Gdy kryzys się pogłębiał, przywódcy Francji zachowywali się jak nadąsane, kłótliwe dzieci. „Mówili o sprawach partii, grup interesów, poszczególnych regionów – zanotował Sevareid. – Żaden głos nie przebił się przez ten wrzask, żeby przemówić w imieniu Francji". Nawet nowy premier Paul Reynaud, który jako jeden z nielicznych francuskich polityków krytykował Monachium i domagał się poprawy gotowości bojowej armii, teraz nie był w stanie przeciwstawić się defetyzmowi. Siedemnastego maja mianował na stanowisko wicepremiera marszałka Philippe'a Pétaina, liczącego już osiemdziesiąt cztery lata bohatera spod Verdun. Pétain, zdradzający dość wyraźne objawy starczego zniedołężnienia, był architektem strategii obrony na Linii Maginota i arcykapłanem defetyzmu. Gdy król Belgii Leopold skapitulował i rozkazał swej armii złożyć broń, Niemcy zbliżali się już do Paryża. Pięć dni później Luftwaffe zrzuciła na miasto ponad tysiąc bomb.

    Breckinridge uznała, że pora wyjeżdżać. Gdyby nie pojechała natychmiast do Berlina, mogłaby w ogóle tam nie dotrzeć. Piątego czerwca nadała swoją ostatnią audycję – reportaż o wpływie wojny na życie francuskiej wsi. Nim wsiadła do pociągu, wysłała depeszę z dymisją: ŻEGNAJ COLUMBIO. PRZYJEMNIE BYŁO Z WAMI PRACOWAĆ.

    Później wspominała, że miała zamiar po ślubie nadal pracować jako dziennikarka radiowa, ale Departament Stanu nie chciał o tym słyszeć. Breckinridge, której feminizm wyrażał się w czynach, nie zaś w spójnym systemie poglądów, skapitulowała. „Nie chciałam niszczyć kariery [Pattersona] tylko po to, żeby pokazać, co potrafię" – wyjaśniła wiele lat później.

    Zupełnie inne światło na odejście Breckinridge z CBS rzuca prywatna korespondencja Janet Murrow z tego okresu. W liście do rodziców z jedenastego czerwca 1940 roku napisała: „Nowojorska dyrekcja zażądała od Marvin, żeby odeszła z CBS". Dalej wyjaśniła, że zdaniem menedżerów Breckinridge „w zbyt sensacyjnym stylu" relacjonowała los uchodźców we Francji. Janet uznała ten zarzut za „obrzydliwy". Nowy Jork – pisała – „od miesięcy domagał się bardziej sensacyjnych materiałów o wojnie. Gdy dostali prawdziwy i wzruszający reportaż, nagle się przestraszyli, że słuchacze w Ameryce mogą się zdenerwować!... To szczególnie irytujące, bo tutaj ludzie CBS twardo przestrzegają zasady, że mają mówić prawdę i tylko prawdę".

Reportaże Breckinridge o uchodźcach nie były wcale zbyt sensacyjne. Dzięki niej amerykańscy słuchacze mogli wczuć się w sytuację ludzi, którzy przybywali do obcego kraju, wyczerpani i oszołomieni, po czym wysiadali z zatłoczonego pociągu z

> dziecinnymi wózkami wypełnionymi kołdrami, z rowerami obwieszonymi przywiązanymi sznurkiem pudłami. Jakaś mała dziewczynka niosła czarnego kota, kilka rodzin zabrało w drogę psy... Grupka ludzi obległa jakąś kobietę, która przyjechała sama i wydawała się mniej zmęczona. „Co się stało z moim miastem? Czy mój dom został zbombardowany?" – pytali. Cierpliwie odpowiadała, że nie wie. Nie było żadnych informacji. Niespokojni ludzie wyczekiwali na stacji na kolejne pociągi, a gdy ich bliscy nie przybywali, pocieszali się wzajemnie: „Za pół godziny będzie następny pociąg. Za pół godziny będzie następny pociąg".

Nie ma wątpliwości, że Nowy Jork chciał się pozbyć Breckinridge nie z powodu rzekomo zbyt sensacyjnych reportaży, lecz ze względu na płeć. Marvin była jednak znajomą Murrowa, dlatego nie mogli jej wykopać tak jak Betty Wason. Zamiast tego dali jej do zrozumienia, że nie jest mile widziana. Gdy uprzedziła ich decyzję i sama złożyła dymisję z powodu planowanego małżeństwa, wydział reklamy CBS z zapierającą dech w piersi hipokryzją wyprodukował liczne komunikaty prasowe o ślubie. Wkrótce w amerykańskich dziennikach pojawiły się nagłówki: REPORTERKA CBS WYCHODZI ZA AMERYKAŃSKIEGO DYPLOMATĘ, UCIECZKA Z FRANCJI NA ŚLUB Z AMERYKAŃSKIM ATTACHÉ W RZESZY oraz MIŁOŚĆ PODCZAS WOJNY.

Mary Marvin Breckinridge i Jefferson Patterson wzięli ślub dwudziestego czerwca 1940 roku w amerykańskiej ambasadzie w Berlinie. Przez osiemnaście lat przebywali na różnych placówkach dyplomatycznych w Ameryce Południowej, Europie i na Bliskim Wschodzie. Żyli na bardzo wysokim poziomie: Patterson, spadkobierca fortuny National Cash Register Company, był jeszcze bogatszy od Breckinridge. Gdy w 1958 roku zrezygnował z dalszej pracy w dyplomacji, przeprowadzili się do Waszyngtonu, gdzie zamieszkali w domu, który Patterson kupił jeszcze przed wojną – wspaniałej, starej rezydencji w ekskluzywnej dzielnicy Massachusetts Heights. Breckinridge z łatwością odgrywała rolę wielkiej damy z waszyngtońskiego towarzystwa. Twierdziła, że nigdy nie żałowała decyzji o odejściu z CBS, ale z przyjemnością i wielką dumą wspominała sześć podniecających miesięcy wspólnej pracy z Murrowem i Chłopcami.

„Żadnej pracy w moim życiu nie lubiłam tak bardzo jak tej" – powiedziała jedyna kobieta, która należała do Chłopców.

Tom Grandin wyjechał z Natalią do Bordeaux mniej więcej w tym samym czasie co Breckinridge do Berlina. Zapewnił Sevareida, że gdy tylko wsadzi żonę na statek, natychmiast wróci do Paryża. Gdy jednak S/s „Washington" wypłynął z portu, Grandin był na pokładzie. Na krótko przed wyruszeniem w drogę zadzwonił do Sevareida i poinformował go, że też wraca do Ameryki. Grandin dowiedział się, że Natalia, która nie miała amerykańskiego paszportu, bez niego nie zostanie wpuszczona do Stanów. Mimo to ci, którzy zostali, mieli do niego pretensję. Janet Murrow uważała, że Grandin wykorzystał swobodny styl zarządzania jej męża. Bill Shirer uznał, że Tom „stchórzył... zamiast wytrwać z Erikiem Sevareidem". Nawet kierownictwo w Nowym Jorku, choć nie znało sytuacji, wtrąciło swoje trzy grosze. Paul White przez pewien czas powtarzał przy każdej okazji, że jego zdaniem Grandin zdezerterował z posterunku pod ogniem.

Murrow był innego zdania. W 1941 roku zarekomendował Grandina na stanowisko w Waszyngtonie. Stwierdził, że jego wyjazd z Francji „był całkowicie usprawiedliwiony okolicznościami". Później wdzięczny Grandin napisał do swego dawnego szefa: „Wprost nie potrafię wyrazić, jak wysoko cenię Pana uprzejme i szczere słowa poparcia. Rozproszył Pan całkowicie wątpliwości, jakie usiłował wzbudzić Paul White, prowadząc w pojedynkę kampanię plotek".

Dzięki pomocy Murrowa Grandin otrzymał posadę, o którą się starał – zastępcy kierownika działu monitorowania zagranicznych stacji radiowych Federalnej Komisji Łączności. Później kierował „poufnymi" działaniami rządowymi w Algierii, Tunezji, Włoszech, Egipcie, Turcji, Indiach i Anglii. W 1944 roku został zatrudniony przez nową sieć American Broadcasting Company. W czerwcu tego roku, w dniu inwazji w Normandii, Grandin, którego Bill Shirer i Paul White uznali za „tchórza", wylądował na nasiąkniętej krwią plaży Omaha razem z pierwszą falą atakujących oddziałów.

Po wojnie rozstał się z ABC i pracował jako menedżer sprzedaży, a później został ranczerem w Arizonie. On i Natalia wytrwali razem do śmierci. Mieli troje dzieci.

W 1948 roku do biura Eda Murrowa w Nowym Jorku przyszedł telegram: PAŃSKIE PROGRAMY RADIOWE SĄ TAK CENNE ŻE NIE MOGĘ POWSTRZYMAĆ SIĘ OD PONOWNEGO WYRAŻENIA TEGO PRZEKONANIA.

Depesza była podpisana: Thomas B. Grandin.

Niemcy zbliżali się do Paryża. Krążyły plotki o niemieckich szpiegach. Francuska armia, wyczerpana, pozbawiona przywódcy, źle uzbrojona, zrezygnowała z walki. Jedni żołnierze poddawali się Niemcom, inni rzucali broń i wracali do swoich wiosek i miast. To był pogrom, ale przywódcy polityczni kraju nie uznali za stosowne zabrać głosu ani podjąć jakichkolwiek przygotowań do ewakuacji lub obrony stolicy. Dziewiątego czerwca spanikowani członkowie rządu po prostu wymknęli się nocą z miasta. Za sobą zostawili nie tylko zwykłych obywateli, ale i zupełny chaos.

Nad miastem unosiła się gęsta, ciemna chmura dymu z płonących zbiorników z ropą. Paryżanie uciekali z miasta pieszo lub korzystając ze wszelkich możliwych środków transportu: samochodów, ciężarówek, taksówek, furgonetek, a nawet dziecinnych wózków. Dzień po ucieczce rządu Sevareid również postanowił wyjechać. W mieście zapanowała anarchia, która budziła w nim lęk. W swej ostatniej relacji z Paryża spróbował powiedzieć – tak jasno, jak na to pozwoliła cenzura – że los stolicy Francji jest już przypieczętowany: „Gdy w ciągu kilku najbliższych dni ktoś będzie nadawał wiadomości do Ameryki z Paryża, miasto nie będzie już pod kontrolą francuskiego rządu".

Z tej relacji Amerykanie dowiedzieli się o rychłym upadku Paryża. Po zakończeniu programu Sevareid i Edmond Taylor, amerykański dziennikarz zwerbowany do pomocy po nagłym wyjeździe Grandina, wsiedli do starego citroena CBS i razem z żoną Taylora rozpoczęli żmudną ucieczkę z miasta.

Dym pochłaniał światło księżyca i gwiazd. Gdy w zupełnych ciemnościach metr po metrze posuwali się na południe w niekończącej się kolumnie samochodów i ciężarówek, słyszeli odgłos kroków idących poboczem uchodźców. Sevareid miał wrażenie, że to „strumień lawy, niemożliwa do zatrzymania rzeka, wyrzucona przez niewyobrażalną erupcję gdzieś na północy".

Jego hidżra zakończyła się w Tours, gdzie tymczasowo schronił się rząd. Sevareid z wściekłością obserwował brodatych senatorów, paplających podczas trzygodzinnych lunchów i gawędzących z kochankami, tak jakby nic się nie zdarzyło. „Konieczny był upór, zaciekłość, skupienie sił, braterstwo w walce, ale górę wzięły stare zwyczaje". I tak było nadal, choć ciemności, które siedem lat wcześniej zapadły w Niemczech, teraz ogarnęły kontynent.

Larry LeSueur również uciekał. Wcześniej towarzyszył brytyjskim oddziałom w Belgii, które teraz kierowały się ku plażom Dunkierki, ścigane przez niemiecką armię. Po pożegnaniu z wycofującymi się *tommies* LeSueur musiał znaleźć sposób, żeby dostać się do Paryża. Opuścił Belgię piechotą i spędził noc w szopie na granicy w towarzystwie samotnego holenderskiego żołnierza z kolonii, który nie zgodził się opuścić posterunku, nawet gdy LeSueur powiedział mu, że jego rząd już skapitulował. Rano LeSueur ruszył dalej, na zmianę maszerując i łapiąc okazje, żeby pokonać dwieście pięćdziesiąt kilometrów od belgijskiej granicy do Paryża. Przybył w porę, żeby zobaczyć ucieczkę z miasta.

Dowiedział się, że wkrótce odjedzie na południe angielski pociąg wojskowy. Jako korespondent przydzielony do brytyjskiej armii w Europie miał się w nim zameldować; w przeciwnym razie groził mu sąd polowy. LeSueur jednak zignorował rozkaz i spóźnił się na pociąg, dzięki czemu pomógł wydostać się z Paryża młodej Amerykance, z którą się przyjaźnił, oraz jej matce. Wynajęli samochód w hotelu „Ritz" i dojechali do Troyes, dokąd przeniósł się sztab angielskiej armii. LeSueur umieścił obie kobiety w hotelu, po czym pośpiesznie udał się do Tours, chcąc pomóc Sevareidowi w relacjonowaniu wydarzeń, na których skupiła się uwaga całego świata.

Sevareid jednak nie potrzebował pomocników. Gdy LeSueur spytał go, czy może poprowadzić jakieś wiadomości, Eric zaproponował mu wejście o wpół do trzeciej nad ranem. Przeprosił również, mówiąc, że jego pokój hotelowy jest zbyt mały, żeby mógł go tam przenocować.

Zdegustowany LeSueur ruszył dalej, najpierw do Blois, później do Nantes, gdzie w porcie Saint-Nazaire złapał angielski statek transportujący wojsko. W ciągu ostatnich dwóch dni udało mu się tylko raz lub dwa krótko zdrzemnąć, a hotele w mieście były zapełnione. LeSueur, jak zwykle pomysłowy, poderwał prostytutkę i zaproponował, że zapłaci jej normalną stawkę, jeśli pozwoli mu spędzić noc w hotelowym pokoju, gdzie zwykle zapraszała klientów. Prostytutka nie miała nic przeciwko temu, ale właściciel hotelu zażądał cztery razy wyższej opłaty, ponieważ – argumentował – ona zwykle korzystała z pokoju cztery razy w ciągu nocy i tyle razy płaciła. LeSueur był zbyt zmęczony, żeby się kłócić, toteż zapłacił.

Następnego dnia, gdy wchodził po trapie na pokład angielskiego statku, powiedziano mu, że nie popłynie, bo na pokładzie nie ma już miejsca. Udało mu się złapać angielską ciężarówkę jadącą do Brestu, gdzie podobno czekał drugi statek. Gdy był już w drodze, niemiecki bombowiec nurkujący zaatakował statek, na który nie udało mu się dostać. Bomba wpadła prosto do komina i eksplodowała w maszynowni. Zginęło kilka tysięcy żołnierzy. Gdy LeSueur dotarł w końcu do Brestu, wszedł na pokład stojącego przy nabrzeżu statku i poszukał miejsca, gdzie mógłby się przespać. Kilka dni później był już bezpieczny w Anglii.

Po zdobyciu Paryża Niemcy ruszyli na Tours, niczym psy gończe ścigając chwiejący się rząd francuski. Przywódcy kraju uciekli ponownie, tym razem do Bordeaux na wybrzeżu Atlantyku. Godzinę po tym, jak Sevareid opuścił Tours i ruszył w ślad za rządem, niemieckie bombowce zmieniły centrum miasta w kupę gruzów.

W pamięci Sevareida i Taylora Bordeaux pozostało jako niewyraźne pasmo niekończących się relacji radiowych, z krótkimi przerwami na drzemkę w citroenie. Wieczorem szesnastego czerwca Sevareid dostał wiadomość, która oznaczała koniec Francji: Reynaud ustąpił, premierem został Pétain. Trzymając w ręku listę nowych ministrów, Eric popędził samochodem za miasto, gdzie znajdował się nadajnik krótkofalowy.

Dziennikarze radiowi byli tak uzależnieni od techniki transmisji, że musieli wiedzieć znacznie więcej od swych kolegów z gazet o dostępnych urządzeniach komunikacyjnych. Sevareid sam odkrył podmiejski nadajnik i postarał się o zgodę na skorzystanie z niego w razie potrzeby. Gdy jednak biegł po schodach do studia, natknął się na Paula Archinarda z NBC. On również dostał tę samą wiadomość i zdążył już ją przesłać. Sevareid, zły i sfrustrowany, spytał go, co właściwie powiedział. „Jak to, oczywiście powiedziałem Ameryce, że to gabinet wojenny, powołany po to, żeby kontynuować walkę" – odrzekł Archinard. Wskazał na listę ministrów: „Spójrz na tych wszystkich generałów i admirałów".

Archinard nie zrozumiał wiadomości! Sevareid wbiegł do studia, usiadł przed mikrofonem i zaczął mówić z głowy, bez przygotowanego tekstu. Doniósł o zmianie rządu. „Niezależnie od komentarzy, jakie mogą państwo usłyszeć, n i e j e s t to gabinet wojenny, który będzie kontynuował walkę". Biorąc zatem pod uwagę poprawną interpretację wydarzenia, to Sevareid był pierwszym dziennikarzem, który doniósł o kapitulacji Francji*.

Następnego dnia Pétain ogłosił przez radio, że Francja się poddaje. Zaledwie skończył, nad Bordeaux rozszalała się burza. Gdy wreszcie ucichła, z domów i sklepów wyszli ludzie, porażeni i milczący. „Wydawali się zupełnie oszołomieni – relacjonował Sevareid po przekazaniu komunikatu Pétaina. – Jeszcze nie widziałem, żeby ktoś płakał. To nastąpiło zbyt nagle, a decyzja jest zbyt wielkiej wagi, żeby od razu mogli ją pojąć".

W tym momencie Sevareid sam postanowił wyjechać z Francji. Nie pytając o zgodę ani Murrowa w Londynie, ani nikogo innego z CBS, wkręcił się na pokład „Ville de Liège", frachtowca zarejestrowanego w Belgii. Okazało się, że jest to „American Farmer" pod nową banderą. Rok wcześniej Larry LeSueur przypłynął tym statkiem do Anglii, żeby rozpocząć swą przygodę. Teraz rozczarowany i psychicznie obolały Sevareid uciekał nim od zgnilizny wspaniałego świata, o którym marzył w młodości.

Gdy frachtowiec wypływał z Bordeaux, Eric przyglądał się gęstemu, czarnemu tłumowi uchodźców na nabrzeżu. Oni dotarli do końca swojej drogi i mogli tylko patrzeć na szczęściarzy, którym udało się uciec.

Przebywający w Berlinie Bill Shirer dowiedział się o upadku Paryża, gdy jadł lunch na dziedzińcu hotelu „Adlon". To było dla niego jak rażenie gromem. Gdy niedługo potem spytano go, czy chce relacjonować wizytę Hitlera w stolicy Francji, w pierwszej chwili zamierzał impulsywnie odmówić. To było jednak najważniejsze wydarzenie w jego dotychczasowej karierze zawodowej i Shirer uznał, że musi jechać. „To najsmutniejsze zlecenie w moim życiu" – napisał w pamiętniku.

Trzy dni później jego ekipa dotarła samochodem do Paryża. Był piękny, ciepły dzień, stosowny na nieśpieszny lunch na tarasie „Le Dôme", puszczanie modeli żaglówek na sadzawce w Tuileries lub spacer po Polach Elizejskich. Wszyscy jednak siedzieli w domu. Ulice Paryża należały do Niemców. Gdy Shirer w towarzystwie kilku nazistowskich oficerów jechał dobrze mu

---

* „New York Times" zamieścił relację Sevareida na pierwszej stronie, ale wskutek typograficznego błędu całkowicie zniekształcił jej sens. „Times" napisał: *This is n o w a cabinet designed to carry on a war*, zamiast *this is n o t a cabinet* (podkreśl. autorów).

znanymi bulwarami, zadowoleni Niemcy wskazywali rękami zabytki. Shirer widział wyłącznie widma. Tam była restauracja, w której często spotykał się z uroczą mężatką Yvonne, tam w kawiarni on, Thurber i pozostali dziennikarze z „Tribune" pili, żartowali i dyskutowali o książkach Hemingwaya, Fitzgeralda i Joyce'a. Popatrzył przed siebie: nad Łukiem Tryumfalnym łopotała na wietrze czerwona jak krew flaga ze swastyką, symbolem Trzeciej Rzeszy.

Po dwóch dniach w Paryżu Shirer dostał informację ze źródła w niemieckiej armii, że zawieszenie broni zostanie podpisane w lesie niedaleko Compiègne, na północ od Paryża, gdzie niegdyś Niemcy zostali zmuszeni do podpisania upokarzającej kapitulacji, która zakończyła I wojnę światową. Shirer pognał do Compiègne. Na miejscu przekonał się, że niemieckie oddziały inżynieryjne już burzą mur muzeum, gdzie stał wagon kolejowy, w którym w 1918 roku Niemcy podpisali akt kapitulacji. Wagon miał zostać przestawiony dokładnie w to miejsce, gdzie stał dwadzieścia dwa lata wcześniej.

Następnego dnia po południu, na otoczonej wiązami, dębami i cyprysami polanie, Shirer przyglądał się uczestnikom ceremonii podpisania zawieszenia broni. Pierwszy przyjechał Hitler. Wysiadł z czarnego mercedesa, na chwilę zatrzymał się przy pomniku upamiętniającym francuski tryumf w 1918 roku, po czym poszedł w kierunku łąki i wagonu. Miał poważny wyraz twarzy, ale Shirer dostrzegł, że „przy każdym kroku lekko podskakiwał". Po nim zjawili się francuscy generałowie, z twarzami jak z marmuru. Weszli do wagonu. Nie zdradzając żadnych uczuć, słuchali, jak feldmarszałek Wilhelm Keitel czyta warunki zawieszenia broni. Hitler milczał. Nim Keitel skończył, Führer wstał, podrzucił rękę w nazistowskim pozdrowieniu, po czym wyszedł z wagonu. Keitel czytał dalej.

Zawieszenie broni miało zostać podpisane dopiero następnego dnia. Przy śniadaniu Shirer dowiedział się, że Hitler kazał odwieźć samolotem do Berlina wszystkich korespondentów, niemieckich i zagranicznych. „Pocałujcie mnie gdzieś" – pomyślał reporter. Zamierzał zostać, a jeśli tylko okaże się to możliwe, nadać relację jeszcze z Compiègne. Znajomy niemiecki oficer zabrał swoim samochodem Shirera i Williama Kerkera, dziennikarza pracującego na zlecenie NBC, na miejsce ceremonii. Wyjaśnił im również, że zgodnie z rozkazem Hitlera wszystkie relacje radiowe mają zostać nagrane w Berlinie i wyemitowane dopiero później.

Już kilka minut po złożeniu podpisów Shirer siedział przy mikrofonie obok niemieckiego wozu transmisyjnego i powtarzał: „William L. Shirer do CBS i NBC w Nowym Jorku, do CBS i NBC w Nowym Jorku, z Compiègne we Francji". Oficer będący źródłem Shirera poprosił go, żeby przekazał relację przez obie sieci. Shirer zgodził się, choć sądził, że nic z tego nie wyjdzie. Mówił do mikrofonu, nie mając żadnej pewności, czy ktokolwiek go słyszy. Od czasu do czasu zaglądał do notatek. Nie okazując emocji, przez trzydzieści minut opisywał niezwykłe zdarzenia, które obserwował tego popołudnia, gdy słońce prześwitywało przez chmury. Dokładnie, ze szczegółami opowiedział, jak Hitler upokorzył Francuzów. Gdy skończył, oddał mikrofon Kerkerowi, który miał uzupełnić relację. W tym momencie zaczęło padać. Shirer zauważył, że niemieccy saperzy już ciągną wagon kolejowy.

„Dokąd go zabieracie?!" – krzyknął.

„Do Berlina" – odpowiedzieli.

Ta relacja była największym sukcesem w dziennikarskiej karierze Shirera. Następnego dnia rano dowiedział się, że technik w Berlinie nacisnął zły guzik i przekazał relację prosto do Nowego Jorku. CBS odebrała jego wezwanie. Shirer wyprzedził wszystkich, nawet Niemców, o niemal sześć godzin. Hitler nakazał później przeprowadzić w tej sprawie dochodzenie. Według niemieckiego źródła Shirera wojsko umyślnie nadało jego relację, ponieważ Naczelne Dowództwo poczuło się obrażone tupetem Hitlera, który śmiał wstrzymywać ogłoszenie takiej wspaniałej wiadomości. Zwycięstwo odniosła armia, nie zaś Führer.

Eric Sevareid siedział w kabinie kapitana „Ville de Liège", nasłuchując odległych wybuchów bomb. Ktoś włączył radio. Kabinę wypełnił spokojny, beznamiętny głos Billa Shirera, nadającego z lasu w Compiègne. To już koniec, naprawdę koniec. Wszyscy byli rozemocjonowani, ale Sevareid czuł tylko wewnętrzną pustkę.

Przez prawie cały rejs nie wstawał z koi. Był przybity osobistą klęską. Rodzina wyjechała, stracił prawie wszystkie rzeczy, a co gorsza, uciekł z Francji bez pozwolenia CBS. Wypruwał sobie żyły, żeby przekazać relacje z Tours i Bordeaux, ale sieć prawdopodobnie ich nie odebrała. Nie wiedział, czy jeszcze ma pracę. Gdy tylko kierownictwo dowie się, gdzie jest, z pewnością zostanie zwolniony.

Najbardziej męczyła go myśl o spotkaniu z Edem Murrowem w Londynie. Sevareid myślał, że już nigdy nie odważy się spojrzeć mu w oczy. Murrow tak w niego wierzył.

Gdy „Ville de Liège" zacumował w Liverpoolu i Sevareid zadzwonił do Murrowa, żeby powiedzieć, co zrobił, jego lęki i zmartwienia nagle się rozwiały niczym poranna mgła. „To najlepsza wiadomość, jaką otrzymałem od bardzo dawna! – wykrzyknął Murrow. – Wszyscy zamartwialiśmy się, co się z wami dzieje. Wiesz, ty i Taylor dokonaliście jednego z największych wyczynów w historii radia. Przyjeżdżaj do Londynu. Jest tu dla was robota".

ROZDZIAŁ SIÓDMY

DZWONY BEZ SERC

Zdaniem wciąż głęboko poruszonego Erica Sevareida nic lepiej nie ilustrowało, co to znaczy być Anglikiem, niż zachowanie angielskich dzwonników, którzy tego pięknego, lecz groźnego lata 1940 roku wytrwale ćwiczyli, choć dzwony w wieżach kościelnych i dzwonnicach całkowicie zamilkły. Rząd brytyjski wprowadził zakaz bicia w dzwony do końca wojny, ponieważ mogły one służyć jedynie do ostrzeżenia przed niemiecką inwazją. Żeby nikt nie spowodował fałszywego alarmu, wszystkie dzwony w całej Anglii, tak rozmiłowanej w ich dźwięku, zostały pozbawione serc. Niedługo po ucieczce z Francji Sevareid opowiedział na antenie, jak przyglądał się wiejskim dzwonnikom ciągnącym wytrwale za liny, tak jakby dzwony wciąż rozbrzmiewały. „Gdyby można było powiedzieć w jednym zdaniu – czego nie potrafię – dlaczego oni to robią, tym samym udałoby się krótko wyjaśnić, czym różnią się Anglicy od swych europejskich sąsiadów. Proszę sobie wyobrazić racjonalnego Francuza lub niemieckiego narodowego socjalistę bijącego w dzwon pozbawiony serca".

Po panice i rozpaczy, jakie widział we Francji, Sevareid był urzeczony legendarną angielską flegmą. Lecz obserwując tutejszą uporczywą normalność, przypominał sobie wycie sztukasów, ryk czołgów i myślał, że flegma to jeszcze za mało. Wydawało się oczywiste, że Anglia będzie następnym celem ataku nazistów. Hitler nie mógł jednak zagarnąć Wielkiej Brytanii ot tak, po prostu. Przed rozpoczęciem desantu Luftwaffe musiała stoczyć walkę z Royal Air Force o panowanie na brytyjskim niebie.

Już wkrótce miała się rozpocząć bitwa o Anglię.

Relacjonowanie walki z porośniętych trawą i kwiatami szczytów kredowych skał nad cieśniną Dover, w sąsiedztwie ponurego trzynastowiecznego zamku, wydawało się czymś zupełnie surrealistycznym. Mimo to każdego ranka, gdy rozlegało się wycie syren, reporterzy wkładali metalowe hełmy i wybiegali z podupadłego Grand Hotelu na strome urwisko. Zaczynał się wielki spektakl – zawsze o wpół do dziewiątej rano, tak punktualnie, że można było według tego regulować zegarki. Najpierw nadlatywały niemieckie bombowce i myśliwce, brzęcząc nad kanałem La Manche jak muchy. Na ich spotkanie wylatywał rój myśliwców RAF. Nagle na niebie pełno było manewrujących samolotów, krążących, robiących uniki, nurkujących. Larry Le-Sueur miał wrażenie, że to „wielka kolejka górska".

Od czasu do czasu jakiś samolot pikował na ziemię. Czasami obok pojawiał się spadający powoli biały spadochron. Z odległości kilku kilometrów słychać było potworny ryk baterii dział przeciwlotniczych. Po kilkunastu minutach widowisko się kończyło, powracał spokój, słychać było tylko senne bzyczenie pszczół i szmer fal uderzających o brzeg. Korespondenci wyciągali się wygodnie i zasypiali na słońcu, czekając na kolejne rundy o jedenastej trzydzieści, piętnastej trzydzieści i ostatnią, o dziewiętnastej. Potem mogli pójść napić się w hotelowym barze, w „Maiden of Honour" lub w „King Lear".

Mimo odwagi i sprawności pilotów hurricane'ów i spitfire'ów dziennikarze na urwisku wkrótce mieli dość bitwy o Anglię. Większość sądziła, że walka powietrzna to tylko wstęp do niemieckiej inwazji. To dopiero będzie interesujący temat! W pewnej chwili, w trakcie trwającej dwa i pół miesiąca bitwy, trzej koledzy Sevareida zbudowali grób z betonowej płyty i postawili na nim puszkę po pomidorach, do której włożyli zwiędnięte maki. Na płycie napisali: „Tu spoczywają trzej dziennikarze, którzy zmarli z nudów, gdy czekali na inwazję w 1940 roku".

W rzeczywistości jednak reporterzy obserwowali jeden z przełomowych momentów wojny. Upór Anglików, brytyjski radar i błędy nazistów – te trzy czynniki sprawiły, że Niemcom nie udało się zdobyć panowania w powietrzu. Hitler musiał zatem najpierw odłożyć inwazję, oznaczoną kryptonimem „Lew Morski", a potem z niej ostatecznie zrezygnować. Na ile sposobów można jednak opisać walkę powietrzną, ile różnych wywiadów można przeprowadzić z pilotami? Jak często można podawać statystykę walk i przytaczać komunikaty obu stron? Reporterzy w końcu musieli się powtarzać. Poza tym walka powietrzna była odległa, bezosobowa. Podczas wojny ważni są l u d z i e – zawsze powtarzał Murrow. Jak można było opowiadać Amerykanom o powietrznych brytyjskich rycerzach, jeśli nikt nie miał nawet szansy ich zobaczyć?

Bitwa o Anglię trwała od trzynastego sierpnia do trzydziestego pierwszego października 1940 roku. Na początku września sfrustrowany Hitler i reichsmarschall Göring, dowódca Luftwaffe, zmienili taktykę. Niemcy nagle skierowali swoje ciężkie bombowce na angielskie miasta, zaczynając kampanię terroru znaną jako blitz. Pierwszy zmasowany nalot na Londyn nastąpił siódmego września po południu. Teraz wojna nie była już odległym dramatem, obserwowanym z bezpiecznego miejsca przez znudzonych dziennikarzy. Ofiarami nie byli żołnierze na polu bitwy. Nagle okazało się, że zginąć może pastor z twojej parafii, miejscowy sklepikarz, najbliższy sąsiad, żona, córeczka, ty sam.

W pewnym sensie Edward R. Murrow przygotowywał się na blitz od przyjazdu do Europy w 1937 roku. Dla dziennikarzy radiowych nowego typu była to idealna okazja: bezpośredni ludzki dramat, a na dokładkę towarzyszyły mu d ź w i ę k i – wycie syren, gwizd i wybuchy bomb, ogień dział przeciwlotniczych. Murrow już dawno argumentował, że przyszłość wiadomości radiowych to reporterzy nadający bezpośrednio ze sceny wydarzeń, a nie prezenterzy odczytujący wiadomości agencyjne lub mądrzący się komentatorzy. On i Chłopcy, którzy przyłączyli się do niego w Londynie, mieli znakomitą szansę udowodnić, iż miał rację.

W istocie szala już się przechyliła na stronę Murrowa. W pewnym momencie, między atakiem Niemców na Polskę a początkiem blitzu, kierownictwo w Nowym Jorku, przytłoczone lawiną zdarzeń oraz talentem i energią Murrowa i jego ludzi, zdecydowało się na odwrót. Paul White wciąż sprawował pewną kontrolę administracyjną nad działalnością sieci w Europie, ale musiał zapomnieć o koncepcji, że Murrow i Chłopcy mają przede wszystkim przygotowywać audycje, w których wystąpią inni. Blitz dał im pretekst do wybadania granic swojej swobody twórczej i wpływów w CBS. Tym razem nie stali na uboczu; byli uczestnikami zdarzeń.

Siódmego września w Londynie było gorąco. Świeciło słońce. Po południu Larry LeSueur i Eric Sevareid poszli na przedmieście, żeby wykąpać się w basenie. Sevareid leżał na wodzie, gdy usłyszał warkot samolotów. Spojrzał do góry i zobaczył na ich skrzydłach czarne krzyże. Pośpiesznie wyszedł na brzeg. Jak wspomina LeSueur, krzyknął: „Nie wchodź do wody, Larry. Chyba wiesz, że jest nieścisliwa!" (Pół wieku później LeSueur śmiał się z tego ostrzeżenia: „Wciąż nie rozumiem, o co mu, do diabła, chodziło"). Minutę później na niebie nad miastem pojawiła się czerwona łuna.

LeSueur i Sevareid pognali do Londynu, kierując się do doków i zatłoczonych kamienic czynszowych East Endu. Drogę wskazywały im pożary. Od ponad tygodnia Niemcy raz po raz bombardowali Londyn, ale zniszczenia spowodowane podczas wszystkich dotychczasowych nalotów nie mogły się równać z tym piekłem. W wieczornym programie Sevareid opowiadał, jak płomienie ogarnęły doki, zbiorniki z ropą, fabryki, mieszkania. Nad pożarami wznosiły się kolumny czarnego, tłustego dymu. Bomby zniszczyły dachy i górne piętra kamienic. Niewielki kościół został całkowicie zburzony.

„Boże, bomby spadały z nieba jak deszcz – powiedział Sevareidowi i LeSueurowi ochotnik z obrony przeciwlotniczej, z twarzą czarną od sadzy. – Cieszę się, że żyję". W wyniku nalotu zginęło kilkaset osób, a tysiące odniosło rany lub straciło dach nad głową. Dwaj strażnicy ostrożnie wyciągali przez okno sutereny zburzonego domu ciało mężczyzny. W świetle czerwonego jak krew księżyca widać było kobiety z pustymi, martwymi twarzami, pchające przed sobą dziecinne wózki załadowane uratowanym dobytkiem. Odłamki szkła chrzęściły pod stopami.

Od tego wieczoru przez kolejne pięćdziesiąt siedem nocy Londyn był stałym celem niemieckich nalotów. Gdy zapadały ciemności, nad miastem rozlegało się przeraźliwe wycie syren i przez następne osiem godzin, a czasem jeszcze dłużej, londyńczycy musieli znosić warkot bombowców, gwizd i huk bomb, grzmot artylerii przeciwlotniczej. Czasami bomby spadały na zabytkowe budowle, takie jak katedra Świętego Pawła, Parlament lub pałac Buckingham, ale znacznie częściej niszczyły zwykłe domy i sklepy. Gdy się rozwidniało, znużeni mieszkańcy wychodzili z zatęchłych podziemnych schronów, żeby sprawdzić, czy mają jeszcze domy i sąsiadów.

Murrow i Chłopcy pracowali dwadzieścia cztery godziny na dobę, wspomagając się kawą i papierosami. Chcieli uzmysłowić słuchaczom, jak straszne stało się życie mieszkańców Londynu. Murrow zaczynał każdą relację swoim słynnym zwrotem, wyrażającym grozę sytuacji i odwagę londyńczyków: „Tu... mówi Londyn", z wymowną pauzą między dwoma pierwszymi słowami. (Zasugerowała mu to w liście jego wykładowczyni retoryki z Washington State University, Ida Lou Anderson). W tle często słychać było wybuchy bomb. Inną metodą ukazania Amerykanom skutków blitzu był szczegółowy opis, jak ludzie usiłowali nadal normalnie żyć, choć otaczający ich świat w każdej chwili mógł się zmienić w gruzy.

W jednej z audycji Sevareid opowiadał o zbliżającym się wieczorze w Londynie, gdzie stale czuć było smród dymu.

> Ludzie się śpieszą. Spoglądają na zegarki. Jeśli się zatrzymują, żeby kupić gazetę, wciskają ją do kieszeni i szybko idą dalej. Podbiegają na przystanki, żeby złapać zaciemniony autobus, lub stoją na środku ulicy i niecierpliwie usiłują zatrzymać taksówkę. Matki popychają przed sobą wózki z dziećmi, co chwila zerkając na niebo. Za każdym razem, gdy jakiś samochód zmienia bieg, wydaje im się, że słyszą syrenę.

Innym razem opisał, jak strażacy szukali ciał w ruinach domu mieszkalnego, podczas gdy po drugiej stronie ulicy straganiarze handlujący owocami już wrócili do pracy. „To ostatnia, tanio sprzedam!" – krzyczał jeden z nich, podnosząc kiść dojrzałych bananów.

Szczególnie godny uwagi był reportaż *Londyn po zmroku*. Murrow, LeSueur, Sevareid i jeszcze sześciu amerykańskich i angielskich dziennikarzy opowiadało o nocnych widokach i odgłosach miasta. Na Trafalgar Square Murrow przez chwilę nic nie mówił, ażeby odbiorcy mogli posłuchać wycia syren i szumu ulicznego ruchu. „Zejdę teraz w ciemności po tych schodach i sprawdzę, czy usłyszę kroki jakichś przechodniów" – powiedział po chwili. To był znakomity przykład eksperymentalnej metody Murrowa. Położył mikrofon na stopniach kościoła St. Martin-in-the-Fields, żeby zarejestrować stuk obcasów na trotuarze. „Jeden z najdziwniejszych dźwięków, jakie można usłyszeć w Londynie w te ciemne noce – powiedział – to odgłos kroków; tak jakby szedł duch w stalowych butach".

Z Hammersmith Palais, największej sali tanecznej w Londynie, Amerykanie słuchali przez chwilę niesamowitych dźwięków *A Nightingale Sang in Berkeley Square*, po czym Sevareid wyjaśnił, że stoi pośrodku ogromnego parkietu, a wokół niego wiruje ponad tysiąc tancerzy. Wcześniej rozległa się syrena alarmowa, ale lider zespołu muzycznego oświadczył, że jeśli ktoś chce tańczyć, to oni zostaną. Tylko kilka par zeszło do schronu. „To nie Mayfair – powiedział Sevareid. – Nikt nie przychodzi tutaj, żeby się pokazać lub zobaczyć innych. Ludzie przychodzą tu tańczyć, dla czystej przyjemności, jaką daje taniec. A każdy Amerykanin, który sądzi, że Anglicy są flegmatyczni, powinien zobaczyć, jak teraz tańczą. Te ekspedientki, ci urzędnicy, ci ludzie będący solą Anglii tańczą naprawdę wspaniale".

Następnego dnia „Christian Science Monitor" napisał, że *Londyn po zmroku* przekazał „komunikat, jakiego nie mogą dać gazety, niezależnie od tego, jak znakomity jest poziom reportażu, zdjęć i redakcji". Lekceważenie radiowych wiadomości wyszło już z mody. W ciągu tych „pogodnych dni i wściekłych nocy" zaprezentowano zapierające dech w piersi możliwości radia. Żadne inne medium nie mogło się poszczycić takimi rezultatami, zwłaszcza że mikrofon znalazł się w rękach wykształconych, inteligentnych dziennikarzy – Murrowa i Chłopców. Teraz przyznawały to nawet dzienniki. „Ludzie, narzędzie przekazu i chwila idealnie do siebie pasowali – napisał później Sevareid. – Już nigdy potem tak nie było [w] radiu ani telewizji [...] Naprawdę liczy się słowo".

Murrow, który cztery lata wcześniej nie został przyjęty do stowarzyszenia korespondentów zagranicznych, teraz był jedynym londyńskim reporterem, którego większość Amerykanów znała z nazwiska. Obecnie w jeszcze większym stopniu niż przedtem kierował się poczuciem misji. „Jest całkowicie oczywiste, że jeśli światło dla świata ma nadejść z Zachodu, ktoś musi zacząć rozpalać ogniska" – napisał do przyjaciela podczas blitzu.

Słuchając relacji Murrowa, ludzie mieli wrażenie, że to stary przyjaciel opowiada o groźbie śmierci innych przyjaciół i zniszczenia ich świata. Ufali mu. Jeśli dawał do zrozumienia, że Anglia nie poradzi sobie sama, że w pewnym momencie Ameryka będzie musiała przyłączyć się do walki, uważali, że pewnie ma rację. We wrześniu 1940 roku według sondażu Gallupa tylko 16 procent Amerykanów było za zwiększeniem pomocy Stanów Zjednoczonych dla Wielkiej Brytanii. Miesiąc później, gdy Niemcy zaczęli bombardować Londyn, a Murrow i Chłopcy opowiadali w amerykańskich salonach, jak to naprawdę wygląda, liczba zwolenników zwiększenia pomocy wzrosła do 52 procent.

Wpływy CBS sprawiły, że Murrow stał się najbardziej wziętym Amerykaninem w Londynie. Jadł obiad z Churchillem, był zapraszany do salonów elity i na przyjęcia w wiejskich rezydencjach arystokratów. Mieszkanie Murrowów przy Hallam Street 84 – kilka przecznic od Broadcasting House BBC, skąd on i Chłopcy nadawali swoje relacje – stało się miejscem spotkań generałów, książąt, członków parlamentu, ministrów i dziennikarzy. Goście pili, grali w pokera i dyskutowali do późnej nocy. Janet – jak sama znacząco wspomniała – „zajmowała się dostarczaniem jedzenia i picia".

Chłopak z Polecat Creek uwielbiał towarzystwo bogatych i potężnych warstw angielskiego społeczeństwa, jednak pod względem politycznym często się od nich różnił. Coraz dobitniej wyrażał stanowisko, że jeśli w tej wojnie o coś chodzi, to tylko o dobrobyt i przyszłość zwykłych ludzi. Celem wojny nie mogło być jedynie pokonanie Hitlera, a tym bardziej przywrócenie wcześniejszego *status quo*. Powojenny świat musiał podjąć starania o wyeliminowanie nędzy, nierówności i niesprawiedliwości.

Większość Chłopców podzielała poglądy Murrowa. Byli marzycielami i romantykami, dążącymi do stworzenia lepszego świata. Przewidywali między innymi, że w ognistym piekle blitzu stopi się stary angielski system klasowy i powstanie nowy naród. „Ludzie, którzy razem cierpieli i zwyciężali, nie będą się już lękać ubrań, akcentu i manier innych, lecz będą oceniać się nawzajem, biorąc pod uwagę prawdziwe wartości" – powiedział Sevareid. To była zupełnie utopijna wizja. Wiele lat później, sławny, zamożny i nieco rozczarowany, tęsknie wspominał te straszne i równocześnie cudowne dni. To był, powiedział, „nasz Camelot".

Wydawało się, że ci dwaj, Murrow i Sevareid, mają wiele wspólnych cech. A jednak Eric – choć starał się o to bardzo usilnie – nigdy nie został tak bliskim przyjacielem uwielbianego szefa, jak by tego pragnął. Owszem, Murrow dość często zapraszał go do siebie na kolację, a po późnych programach czasami siadali przy kominku, popijając whisky. Z daleka dochodziła do nich kanonada dział przeciwlotniczych, Murrow zaś snuł opowieści o wielkich, nieokrzesanych Szwedach, których poznał w obozach drwali. „W takich chwilach – wspominał Sevareid – w jego śmiechu była radość młodości".

Murrow z pewnością wolał towarzystwo bezpośredniego, twardego, pewnego siebie i opanowanego Larry'ego LeSueura, który pod niemal każdym względem był przeciwieństwem Erica. A LeSueur ze swej strony czerpał pewną przyjemność z niższego statusu Sevareida. Uważał, że Eric zachował się niewłaściwie, prosząc go, żeby w weekendy towarzyszył Lois w Paryżu, podczas gdy sam, ubrany w buty do jazdy konnej i mundur własnego projektu, rzekomo wybierał się na front. Był nawet pewien incydent w Tours, gdy Sevareid nie zgodził się, żeby razem robili relację. W Londynie nadal ze sobą rywalizowali, ale przynajmniej pod jednym względem LeSueur był niewątpliwym zwycięzcą. „Ed bardzo lubił LeSueura – przyznał Sevareid. – Larry był łatwy w kontaktach, swobodny i zabawny, co, jak sądziłem, odpowiadało Edowi. Ja byłem znacznie bardziej sztywnym facetem".

Była w tym pewna ironia: Sevareid, jak na gust Murrowa, był zbyt do niego podobny – skłonny do depresji, nieśmiały, zamknięty w sobie. Od czasu do czasu Murrow popadał w znany „czarny" nastrój, gniewnie się krzywił, wpatrywał martwym wzrokiem w podłogę, zaciągał się dymem i milczał. „Ed to cierpiętnik" – mówiła Janet Murrow. Garnął się do tych, którzy umieli go rozbawić, wciągnąć w dyskusję.

Larry LeSueur potrafił to doskonale. Był „niezwykle żywiołowym, pogodnym kumplem – powiedział Geoffrey Cox z «Daily Express». – Cieszył się wyjątkowym powodzeniem wśród pań. Było w nim coś, co sprawiało, że jak tylko wchodził do pokoju, natychmiast zbliżała się do niego najpiękniejsza dziewczyna". Jesienią i zimą 1940 roku Murrow i LeSueur razem pracowali, razem jedli obiady, razem pili do późna w mieszkaniu Murrowa, często w towarzystwie korespondentów i redaktorów BBC. LeSueur nawet na pewien czas zainstalował się u niego, gdy jego mieszkanie zostało zniszczone podczas nalotu. „Każdy z nas żył życiem drugiego – wspominał. – Byłem mu bardzo, bardzo bliski". W ciągu jednego roku sfrustrowany młody dziennikarz z Nowego Jorku zaszedł daleko.

W listopadzie 1940 roku LeSueur wyjechał na kilka dni z bombardowanego Londynu, żeby przygotować reportaż o tysiącach polskich żołnierzy, którzy walczyli we Francji, a po jej kapitulacji uciekli do Szkocji, gdzie stworzyli nową armię. Oto co opowiedział o nich Amerykanom:

> W tym tygodniu odwiedziłem Małą Polskę, położoną wśród pustych wzgórz i zielonych jezior Szkocji. Ci żołnierze to dumne resztki polskiej armii. Teraz ponad smaganym wiatrem Morzem Północnym patrzą w kierunku podbitej Europy, skąd zostali wyparci. Już po krótkiej rozmowie staje się jasne, dlaczego Anglicy powierzyli im obronę jednego z ważnych regionów kraju – wybrzeża Szkocji. Łamaną angielszczyzną lub płynnie po francusku mówią o nienawiści do Niemców, którzy wygnali ich z domów. Niemal każdy może opowiedzieć odyseję ucieczki z Polski. Dowódca korpusu walczył z Niemcami przy granicy, wziął udział w bohaterskiej obronie Warszawy, a po jej upadku dostał się do niewoli. Po dwóch miesiącach w obozie jenieckim uciekł i ukrywał się na terenach okupowanych przez Rosjan. Przeszedł, tak, przeszedł piechotą przez Słowację i Węgry do Rumunii, skąd przedostał się do Włoch i Francji. Teraz, po opuszczeniu Francji, niecierpliwie czeka na kolejną okazję do walki.
>
> Polacy bardzo ciepło myślą o Szkocji i Szkotach. Ci ostatni zasypali ich zaproszeniami do swoich domów. Niektórzy złożyli Polakom największy dowód uznania – próbują nauczyć się ich języka. Gdy w Edynburgu jechałem autobusem, konduktorka krzyk-

nęła do pasażerów: „Proszę przesuwać się do przodu". Kilku polskich żołnierzy nie zrozumiało, o co chodzi. Stali tam, gdzie byli. Wtedy Szkotka krzyknęła to samo po polsku. Żołnierze uśmiechnęli się i przesunęli naprzód. Polacy się rewanżują. Na wieczorze rozrywkowym w polskiej jednostce słyszeliśmy recytowany z wielkim zaangażowaniem wiersz Roberta Burnsa, a chór żołnierski śpiewał z zapałem *Bonnie, Bonnie Banks of Loch Lomond*.

Po powrocie do Londynu LeSueur i Murrow czasami wymykali się razem przed wieczornym nalotem, żeby zagrać w golfa na niewielkim publicznym polu z dziewięcioma dołkami w Hampstead Heath. Grali z Jamesem Restonem z „New York Timesa" i innymi partaczami z dziennikarskiego środowiska. To było dziwne doświadczenie. Niektóre fragmenty porytego lejami pola odgrodzono linami, ponieważ leżały tam niewybuchy. Jeśli piłka wpadła za linę, uznawano, że znalazła się w miejscu, z którego nie można wykonać zagrania.

Ich świat składał się niemal wyłącznie z mężczyzn. Wprawdzie od czasu do czasu jakiejś dziennikarce udawało się przedrzeć do tego wąskiego kręgu, ale londyńscy korespondenci z reguły spędzali więcej czasu we własnym towarzystwie niż z żonami, przyjaciółkami czy kochankami. Janet Murrow często czuła się niepotrzebna. Mąż zachęcał ją, żeby wynajęła dom na wsi, gdzie byłaby bezpieczna. On i jego kumple przyjeżdżaliby do niej na weekendy. Janet zgodziła się na ten plan, ale panowie rzadko się u niej zjawiali. „Nie chcieli się rozstawać z podniecającym życiem w Londynie" – wspominała. W końcu zrezygnowała z domu na wsi.

Nawet gdy była w mieście, pozostawała w cieniu. Podczas częstych męskich wieczorów u Murrowa, gdy whisky lała się strumieniem, a w powietrzu wisiał gęsty dym, Janet zwykle leżała w łóżku. (Sama na zawsze zerwała z papierosami w dniach blitzu, ponieważ w czasie nalotów nie wolno było otwierać okien i zaduch w mieszkaniu stawał się trudny do wytrzymania). Tym bardziej ceniła rzadkie okazje, gdy Murrow proponował jej, żeby przygotowała program dla CBS, zwykle o jakimś „kobiecym zagadnieniu". Miała dobry radiowy głos – melodyjny i głęboki – ale odnosiła wrażenie, że Ed wolałby, aby za często nie występowała na antenie. „Sądzę, że nie chce, abym z nim rywalizowała – zwierzyła się w liście do rodziców. – Chciałby, żebym miała zajęcie i odnosiła sukcesy, ale nie w jego dziedzinie".

Murrow i LeSueur często jedli razem kolację w „L'Étoile", modnej francuskiej restauracji niedaleko ich studia w Broadcasting House. Nawet gdy bomby spadały tuż obok, Murrow nalegał, żeby siedzieli pod wielkim świetlikiem. W tych dniach terroru odwaga stała się najważniejszym kryterium oceny innych. Murrow trzymał fason, a często nawet posuwał się jeszcze dalej. Stale testował swoją odwagę i oczekiwał od Chłopców, że będą zachowywali się tak samo. LeSueur z łatwością przechodził takie próby, natomiast Sevareid często miał kłopoty.

Murrow bardzo lubił opowiadać, jak on i LeSueur wracali pewnego dnia z „L'Étoile" do Broadcasting House, gdy nagle zawyły syreny i bomby zaczęły spadać tak blisko, że czuli, jak trzęsie się ziemia. Szli dalej. W końcu bomby prawie sypały się im na głowy. Obaj rzucili się na chodnik. „Leżeliśmy tak, bardzo głupio – wspominał Murrow. – Larry spojrzał na mnie i powiedział: «Wiesz, Ed, to może być niebezpieczne»". W tym momencie Murrow nie potrafił powstrzymać się od śmiechu. (Według LeSueura było nieco inaczej: „W rzeczywistości to on wyciągnął się na trotuarze na brzuchu, a ja ukląkłem. Nie chciałem zabrudzić garnituru... To był jedyny raz, kiedy mogłem patrzeć na niego z góry").

Innym razem Murrow i LeSueur wpadli pod grad bomb. Larry, którego brawurę wielu uważało za rodzaj roztargnienia, był tak oszołomiony pięknem pirotechnicznego widowiska, że po prostu stał i się gapił, natomiast Murrow poszukał osłony.

„Na ziemię, cholerny głupcze!" – wrzasnął.

Dopiero teraz zauroczony LeSueur padł na chodnik.

Korespondenci CBS mieszkali i pracowali w jednej z najmocniej bombardowanych dzielnic Londynu, na południe od Regent's Park. Wzdłuż ulic stały eleganckie rezydencje z czasów regencji i niewielkie kamienice. Nad tym wszystkim wznosił się paraboliczny Broadcasting House BBC, który niczym magnes przyciągał niemieckie bombowce. Budynek, zabezpieczony workami z piaskiem i mocniej strzeżony niż 10 Downing Street, w ciągu całego blitzu został trafiony tylko raz. Wiele bomb wymierzonych w siedzibę radia spadło na sąsiednie domy. Trzy kolejne biura CBS zostały zniszczone podczas nalotów, a w czwartym podmuch wybuchu wybił szyby.

LeSueur mieszkał w domu na Portland Place, naprzeciwko BBC. Pewnego wieczoru, gdy pracował nad tekstem nocnego programu, niemieckie bombowce były szczególnie aktywne, a działa przeciwlotnicze huczały tak głośno, że postanowił się przenieść do spokojnej piwnicy w siedzibie BBC. Ledwie tam dotarł, usłyszał grzmot wybuchu. Budynek zatrząsł się, ze stropu poleciały cegły i belki, w studiu popękały rury. Bomba wybuchła na Portland Place, niszcząc kamienicę LeSueura i sąsiednie domy.

Podobnie jak we Francji, gdzie nie dostał się na statek transportujący wojsko, LeSueur minął się ze śmiercią zaledwie o kilka minut. Nie miał jednak czasu, żeby zastanawiać się nad swoim szczęściem. BBC nakazała ewakuację zalanego wodą budynku, a on miał w nocy nadawać. Porwał ze sobą wojskowego cenzora i razem znaleźli taksówkę, którą pojechali do innej stacji nadawczej BBC. Nalot jeszcze się nie skończył. Po drodze wstrząśnięty cenzor uznał, że ma już dość atrakcji na jeden wieczór, i wyskoczył na światłach. Gdy LeSueur w końcu dojechał do studia, powiedziano mu, że nie może nadawać, bo materiał nie został ocenzurowany.

To również była jedna z ulubionych anegdot Murrowa. Larry był w Broadcasting House – opowiadał koledze – gdy „cegły i belki posypały mu się na głowę, a co gorsza, pękły rury, w tym rura kanalizacyjna, i to właśnie jest najlepsze w tej historyjce". Niedługo przed tym nalotem Murrow i LeSueur oglądali razem film Alfreda Hitchcocka *Korespondent zagraniczny*. Uznali, że zakończenie, w którym bohater nadaje w czasie ataku lotniczego, było zbyt spokojne. „Hollywood – powiedział Murrow – nigdy nie wymyśliłby rury kanalizacyjnej".

Czy melancholijny Sevareid, stale wątpiący we własną odwagę, mógł rywalizować z takimi pokazami zimnej krwi? Pisał lepiej od LeSueura i był nie gorszym reporterem, ale pod względem brawury, męskiego stylu i opowiadania o wyczynach nie mógł się równać z Murrowem i LeSueurem. Nie tylko nie zachowywał spokoju pod ogniem, ale gdy leciały bomby, po prostu się bał. Nie pomagały mu żarty LeSueura, który mówił, że cały problem bierze się stąd, że za mało pije.

Sevareid marzył, żeby zachowywać taki spokój – „przynajmniej na zewnątrz" – jak Murrow i LeSueur. Przed podróżą do Belgii nie było to zbyt trudne, ponieważ w ogóle nie brał pod uwagę, że coś może mu się stać. „Z jakiegoś powodu wydawało mi się, że korespondenci to uprzywilejowany, nietykalny gatunek" – napisał. Gdy jednak Niemcy zrzucili bomby koło jego hotelu niedaleko belgijskiej granicy, a później na pobliskie budynki w Londynie, Sevareid uświadomił sobie, że nikt nie jest bezpieczny. „Boże – powiedział – te przerażające wybuchy bomb tuż obok, jak one wstrząsały umysłem, szarpały nerwy i wprawiały kończyny w dygot!"

Sevareid tyle razy poddawał siebie próbom – podczas wyprawy kanu, na złotonośnych polach, wracając pociągami towarowymi do Minnesoty – i wszystkie przeszedł z powodzeniem. Teraz, gdy odwaga liczyła się naprawdę, a stawką była przychylność Murrowa, oblał egzamin. Szczególnie utkwił mu w pamięci pewien wieczór. Stał w hotelowym westybulu i już miał wyjść do jadalni na kolację z Murrowem, gdy niewielka bomba spadła na dach hotelu. W westybulu posypał się tynk, a z sufitu chlusnął strumień wody. Sevareid pobiegł do jadalni.

„Ed, wydaje mi się, że dostaliśmy!" – krzyknął.

Murrow, „zimny jak lód", zmierzył go wzrokiem.

„Nie, to co najmniej tak daleko jak Oxford Circus".

Sevareid wyczuł, że Murrow jest zły. „Uważał, że jestem zbyt nerwowy" – wspominał. Jednak „naprawdę dostaliśmy" – powtarzał.

Jego zdaniem Murrow „bał się, że się przestraszy", co zapewne było bliskie prawdy. Wyjaśniając, dlaczego nie zgodził się schodzić do podziemnych schronów, powiedział: „Jeśli raz to zrobię, obawiam się, że nigdy już nie przestanę".

„To było coś niezwykłego, jaki wpływ miał Murrow na nasze uczucia i jak potrafił zdobyć naszą lojalność – powiedział Sevareid w przemówieniu w 1967 roku. – Gdy marszczył brwi, bo zrobiłeś coś źle, od razu czułeś, że jesteś w czyśćcu. Uśmiech aprobaty sprawiał, że tego dnia byłeś w niebie". W czasie blitzu Sevareidowi coraz trudniej było zdobyć taką aprobatę. Kiedy LeSueur i Murrow prześcigali się w demonstracjach odwagi, Sevareid ostrożnie chodził po ulicach, przytulał się do murów, jak tylko w pobliżu zawyły syreny, i nierzadko „pokonywał sprintem ostatnie pięćdziesiąt metrów". Coraz więcej godzin spędzał w schronach, podczas gdy dwaj pozostali korespondenci CBS nieraz oglądali naloty z dachów.

Po miesiącu blitzu Sevareid uznał się za pokonanego. Był chory i wyczerpany, od czterech miesięcy nie widział żony i dzieci. Kierownictwo CBS zgodziło się, żeby przyjechał do Stanów. Sevareid nie chciał wyjeżdżać – mimo strachu i wewnętrznych konfliktów był upojony trzema miesiącami życia w Londynie – ale uważał, że nie ma wyboru. W swojej ostatniej audycji z Londynu mówił o własnych odczuciach i wątpliwościach, porównując swój wyjazd z konającego Paryża z opuszczeniem zdecydowanego i zawziętego Londynu:

> Paryż umarł jak piękna kobieta, nieprzytomna, bez walki, nie wiedząc jak i nawet nie pytając dlaczego. Z Paryża człowiek wyjeżdżał, czując niemal ulgę. Z Londynu wyjeżdża się z żalem. Ze wszystkich wielkich miast europejskich tylko Londyn zachowuje się z dumą i ze zranioną, lecz upartą godnością [...] Londyn każdej nocy pokonuje strach, przyjmuje ciosy i rano znowu podnosi się na nogi. Każdy czuje się znękanym członkiem tego

znękanego korpusu. Odwaga jest nieodparcie pociągająca. Rozstając się z Londynem, wiesz, z kim masz do czynienia. Londyn to nie cała Anglia, ale tu narodziła się Wielka Brytania, stąd wzięła początek Ameryka i cały Zachód. Jeśli miasto upadnie, echo tego upadku nigdy nie umilknie w historii. Oblężony Londyn jest miastem-państwem w dawnym, greckim sensie tego określenia. Niedawno ktoś napisał: „Gdy to już się skończy, w przyszłości, ludzie będą wspominać wojnę i mówić «byłem żołnierzem», «byłem marynarzem» lub «byłem pilotem». Inni z równą dumą będą mówić: «Byłem obywatelem Londynu»".

Sevareid nie potrafił zapanować nad głosem. Było mu wstyd, że nie jest w stanie zachować zimnej krwi tak jak Murrow. Jego zdaniem to, co powiedział, było „komicznie patetyczne, cliwe i żenujące dla wszystkich, którzy to słyszeli". Gdy jednak wrócił do Stanów, wielu ludzi zapewniało go, że przeżyli wielkie wzruszenie. Pewien biznesmen, który słuchał programu, jadąc samochodem, musiał zatrzymać się na poboczu, żeby odzyskać równowagę. Profesor angielskiego powiedział mu, że rozpłakał się, słuchając jego słów w sypialni, i przed zejściem na kolację musiał przemyć oczy.

Gdy Sevareid, odwieziony przez Murrowa, dotarł na Waterloo Station, gdzie miał rozpocząć pierwszy etap podróży do domu, wiedział, że będzie musiał wrócić, będzie musiał przełamać strach, który go pokonał. Będzie musiał odzyskać szacunek Murrowa. I swój własny.

Bill Shirer również wracał do domu, nie z powodu strachu lub choroby, lecz z powodu frustracji, znużenia, złości i ambicji. Przede wszystkim ambicji.

Miał trzydzieści sześć lat, co z dużą przykrością odnotował w swoim dzienniku dwudziestego trzeciego lutego 1940 roku: „Moje urodziny. Myślę o tym, że [...] nic nie osiągnąłem, a w średnim wieku lata szybko mijają". Zawsze prześladowała go myśl o upływie czasu i niepowodzeniach w realizacji młodzieńczych marzeń. Przez pewien okres on i Murrow byli pochłonięci tworzeniem dziennikarstwa nowego typu. Gdy zrobili pierwsze kroki, Shirera przestało to podniecać. Teraz tkwił w szarości i kłamstwach Berlina i walczył z coraz silniej zaciskającymi się kleszczami niemieckiej cenzury, doskonale przy tym zdając sobie sprawę, że uwaga Amerykanów skupia się na obrazach blitzu, jakie tworzy w eterze Murrow.

W początkowej fazie bitwy o Anglię Shirer bardzo się starał, żeby przedstawić wierny obraz sytuacji w Niemczech. Gdy naziści usiłowali go przekonać, aby powiedział w relacji, że wkrótce nastąpi desant na Anglię, Shirer odmówił, ponieważ wcześniej pojechał nad kanał La Manche i nie dostrzegł żadnych przygotowań. Z drugiej strony gdy Anglicy stwierdzili, że atak powietrzny na Hamburg, jeden z pierwszych nalotów na niemieckie miasta, spowodował poważne zniszczenia, Shirer doniósł, że objeżdżając port, nie zauważył prawie żadnych szkód. W tym okresie on i Murrow podkreślali sprzeczności w podawanych przez obie strony informacjach o liczbie strąconych bombowców, dając słuchaczom do zrozumienia, że nikomu nie można wierzyć. „Jesteśmy tutaj, żeby w miarę możliwości ustalić prawdę, co w tych czasach nie jest łatwym zadaniem" – powiedział oschle Shirer w jednej z radiowych relacji.

Dwudziestego piątego sierpnia Anglicy przeprowadzili nalot na Berlin, co sprowokowało Hitlera do wydania rozkazu rozpoczęcia blitzu. Po angielskim ataku naziści wszczęli wrzaskliwą kampanię propagandową. Twierdzili, że Anglicy celowo zrzucili bomby na kobiety i dzieci, podczas gdy Luftwaffe atakowała w Londynie tylko cele wojskowe. Dziewiątego września Shirerowi udało się przemycić w wiadomościach krótki komentarz: „Wielu Anglików zapewne nie zdaje sobie sprawy, ile celów wojskowych jest ukrytych w Londynie". Innym razem, gdy cenzor nie pozwolił mu wspomnieć o zmasowanych bombardowaniach Zagłębia Ruhry, Shirer powiedział, że – wbrew twierdzeniom Anglików o ciężkich nalotach na Berlin – w mieście panuje taki spokój, że specjalnie przyjeżdżają tam przedsiębiorcy z Zagłębia Ruhry, żeby wreszcie się wyspać. Jednak takie wybiegi udawały się coraz rzadziej.

Niemcy znaleźli cenzorów rozumiejących językowe subtelności, którymi tak sprawnie posługiwał się Shirer – amerykańskie idiomy, aforyzmy, intonację. Coraz częściej cenzorzy tak kreślili jego tekst, że całkowicie tracił on sens. Dyskusje z nimi nie dawały żadnych rezultatów, ale Shirer i tak się kłócił. Raz tekst pocięto do tego stopnia, że w ogóle zrezygnował z nadania wiadomości. Później dowiedział się, że urzędnik niemieckiego radia inaczej przedstawił sprawę Paulowi White'owi; otóż wysłał do Nowego Jorku depeszę: ŻAŁUJĘ SHIRER PRZYSZEDŁ ZA PÓŹNO ŻEBY NADAWAĆ.

Gdy Anglicy trafiali w fabryki, gazownie lub węzły kolejowe w Berlinie, cenzorzy żądali od Shirera, aby mówił, iż bomby spadły daleko od wszelkich celów wojskowych i przemysłowych. Nie wolno mu już było używać na antenie słów „naziści" i „inwazja". Nie mógł mówić, że Niemcy są „agresywne" lub „militarystyczne"; wszystkie określenia, które mogłyby wywołać nieprzychylne reakcje w neutralnych Stanach Zjednoczonych, zostały zakazane. Zabroniono mu również donosić na bieżąco o atakach bombowych, a gdyby nalot zaczął się w trakcie programu, Shirer miał trzymać niewielki mikrofon przy samych ustach, tak aby odbiorcy nie słyszeli ryku dział przeciwlotniczych i huku wybuchających bomb. Jak napisał w dzienniku, jego rola sprowadzała się do „powtarzania kłamliwych oficjalnych komunikatów – a co może zrobić automat? Co bardziej inteligentni i przyzwoici cenzorzy poufnie pytają mnie nawet, dlaczego wciąż tu jestem". W odpowiedzi na jego narzekania na cenzurę Paul White zadepeszował: BILL W PEŁNI ROZUMIEMY SYTUACJĘ W BERLINIE I WSPÓŁCZUJEMY ALE UWAŻAMY ŻE MUSIMY DALEJ NADAWAĆ NAWET JEŚLI SPROWADZI SIĘ TO DO CZYTANIA OFICJALNYCH KOMUNIKATÓW I TEKSTÓW Z GAZET.

Do diabła z tym, pomyślał Shirer. Jeśli tego chce Nowy Jork, to sukinsyny „mogą zatrudnić studenta, który za pięćdziesiąt dolarów tygodniowo będzie czytał te bzdury!"

W końcu Shirer poinformował Nowy Jork, że otrzymał od zaprzyjaźnionego niemieckiego urzędnika sygnał, iż naziści zamierzają oskarżyć go o szpiegostwo. Musiał wyjechać, jeśli nie z innych, to na pewno z tego powodu. „Zwykle – a wiele o tym myślałem – nie wolno schodzić z posterunku, zwłaszcza w czasie wojny – napisał w dzienniku. – Nie miałem jednak zamiaru pozwolić nazistom, żeby wrobili mnie w sprawę o szpiegostwo". Joseph Harsch, berliński korespondent „Christian Science Monitor", który przyjaźnił się z Shirerem, miał wątpliwości, czy Niemcy rzeczywiście przygotowywali jakieś dęte oskarżenie o szpiegostwo. „Nie wierzę, żeby choć przez chwilę coś mu groziło – powiedział. – Nie wierzę, żeby miał kiedykolwiek jakieś kłopoty. Moim zdaniem dał się ponieść nadmiernej wyobraźni. Publicznie wcale nie krytykował ich ostrzej niż my wszyscy". Przyszły kolega Shirera w CBS, Howard K. Smith, który wówczas był korespondentem United Press w Berlinie, uważał podobnie. Według niego Shirer chciał wyjechać, ponieważ wiedział, że w Berlinie nie ma przed sobą żadnej przyszłości. „Czuł presję. Cięli jego programy. Nie miał szans być dalej gwiazdorem, bo jego teksty nie mogły być dobre. Wybrał właściwy moment na wyjazd z Niemiec".

Kluczem okazał się dziennik Shirera. Bill prowadził go od dzieciństwa, choć zdarzały mu się przerwy. Od pewnego czasu notował z myślą o publikacji. Miał okazję obserwować karierę Hitlera i zapisywał w dzienniku wszystko, co widział, słyszał i w co wierzył, niczego nie cenzurując i przed niczym się nie powstrzymując. Jeśli kiedyś miał się podzielić swymi rozważaniami ze światem – i zarobić na tym – to teraz była właściwa pora. Poza tym jego żona i córka już wróciły do Stanów.

Ponieważ Shirer nie otrzymał od Paula White'a pozytywnej odpowiedzi w sprawie wyjazdu z Berlina, zwrócił się bezpośrednio do Billa Paleya. Ten zgodził się udzielić mu trzymiesięcznego bezpłatnego urlopu na napisanie opartej na dzienniku książki. CBS nie gwarantowała mu jednak ponownego zatrudnienia, jeśli nie będzie chciał wrócić do Berlina. To nie był dobry układ – w istocie Shirer sporo ryzykował – ale wolał to niż zwolnienie. Piątego grudnia udało mu się przeszmuglować dziennik przez kontrolę gestapo na lotnisku w Berlinie, skąd wyruszył do Ameryki.

Przed rejsem przez Atlantyk Shirer spotkał się jednak z Edem Murrowem w Lizbonie. Minął już prawie rok, odkąd bawili się w Amsterdamie, jak uczniacy obrzucając się śnieżkami. W Lizbonie spędzili razem siedem dni, spacerując po słonecznych plażach, pijąc zimne białe wino na tarasach kawiarni, zajadając langusty w portowych restauracjach i próbując szczęścia w kasynie. Mieli nadzieję, że uda się im wytworzyć nastrój beztroskiej zabawy, takiej jak w Amsterdamie. To jednak okazało się niemożliwe. Shirer stale myślał o książce, a Murrow nie cierpiał Lizbony. Dokądkolwiek poszli, wszędzie dostrzegał intrygi, dekadencję i rozpacz. Przygnębiał go widok dobrze odżywionych, natartych olejkiem ciał na plaży, niemieckich agentów i angielskich szpiegów przy tym samym kole ruletki, uchodźców przegrywających w kasynie ostatnie marki, dolary, franki lub pesety, w próżnej nadziei, że wygrają dość, aby kupić bilet na rejs do Ameryki.

Murrow chciał czym prędzej wracać do Londynu, gdzie było jego miejsce. Otrzymał wiadomość, że tamtejsze biuro CBS zostało zbombardowane, a jego przyjaciel, szef biura NBC, Fred Bate, odniósł w czasie tego samego nalotu poważne rany. Amsterdam był chwilą odpoczynku, Lizbona zakończeniem. Shirer odchodził, rozbijał zespół, zostawiał najbliższego przyjaciela, jakiego kiedykolwiek miał. „Ed był zły, że Bill postanowił jechać do domu i jeszcze na tym zarobić – wyjaśnił Larry LeSueur. – Nigdy mu tego nie wybaczył".

W ostatniej chwili przed wejściem na pokład Shirer usiadł z Murrowem w ogródku brudnego baru niedaleko nabrzeża. W milczeniu wypili kilka kieliszków brandy. Gdy przez głośnik wezwano pasażerów, razem podeszli do trapu i uścisnęli sobie dłonie. Obaj chcieli coś powiedzieć, ale żaden nie mógł znaleźć odpowiednich słów. W oczach Murrowa błyszczały łzy. Kiedy Shirer znalazł się na pokładzie, podszedł do relingu i spojrzał na nabrzeże, szukając przyjaciela.

Eda Murrowa już tam nie było.

ROZDZIAŁ ÓSMY

SMAK SŁAWY

W dziennikarstwie radiowym uprawianym w odległych krajach było coś nierzeczywistego i nietrwałego. Gdy dziennikarz pracował dla gazety lub agencji prasowej, jego słowa przybierały kształt ołowianych czcionek, a następnie drukowano je na porządnie złamanej stronie. Nawet jeśli dziennik nie docierał do Europy, można było poprosić o przesłanie numeru. Każdy mógł wziąć do ręki gazetę, zobaczyć swój podpis i przeczytać to, co napisał, a nawet wkleić tekst do dziennika.

Relacje radiowe odbywały się na żywo i dlatego miały efemeryczny charakter. Dziennikarz musiał iść o dziwnej godzinie do niewielkiego pomieszczenia – zwykle zwanego studiem, ale było to tylko wymyślne określenie klitki, często niewiele większej od szafy – usiąść przy stole, wielokrotnie przypalanym papierosami, i w ostrym świetle odczytać przygotowany tekst do metalowego urządzenia zwanego mikrofonem. Jeśli mikrofon, lampy elektronowe, druty, nadajniki i przekaźniki działały poprawnie, jego głos w jakiś sposób docierał do Ameryki.

Zdarzało się, że dziennikarz miał szczęście usłyszeć pochwałę od jakiegoś technika ze studia lub z Nowego Jorku. Jeśli relacja przebiła się przez wszystkie techniczne i atmosferyczne przeszkody, czasami któryś z szefów przesyłał notatkę z komentarzem. Później dziennikarz mógł raz jeszcze przeczytać swój tekst, sącząc whisky, i wmawiać sobie, że to naprawdę coś trwałego lub przynajmniej skończonego, nie zaś tylko kawałek kiepskiego maszynopisu z naniesionymi ołówkiem poprawkami. Kiedy się przebywało ponad cztery i pół tysiąca kilometrów od brzegów Ameryki, trudno było uwierzyć, że ktoś naprawdę tego słucha, nie mówiąc już o poczuciu łączności.

Dziennikarz po prostu rzucał swoje słowa i myśli w powietrze niczym papierowe stateczki na wzburzone fale Atlantyku. Słowa znikały na zawsze, jakby nigdy nie istniały.

Eric Sevareid tak myślał, gdy nadawał relacje z Londynu, siedząc przed mikrofonem w ciasnym, podziemnym studiu BBC, gdzie unosił się dolatujący z kuchni zapach kapusty. Gdy jego głos rozchodził się w eterze, docierał podobno do milionów słuchaczy po drugiej stronie świata. Lecz Eric nigdy nie był tego pewny, nigdy nie potrafił sobie wyobrazić takiej ogromnej masy ludzi. Rzeczywistością byli dla niego londyńczycy z nabrzmiałymi od niewyspania twarzami, których po nocnych nalotach widział każdego ranka na zasłanych gruzem ulicach. Czasami zdawało mu się, że jego praca jest zupełnie bezcelowa.

Sevareid wrócił do Stanów jesienią 1940 roku. Przyleciał ogromną łodzią latającą „Pan American Clipper" – produkowaną przez firmę Sikorsky – która kursowała między Lizboną i Port Washington w Nowym Jorku. Podróż trwała około doby, a pasażerowie mieli do dyspozycji łóżka i jadalnię. W Nowym Jorku Erica wciąż męczyło poczucie winy z powodu porzucenia Murrowa i ucieczki z Londynu, mimo to łatwo przyzwyczaił się do rutynowych obowiązków w centrali CBS. Stopniowo przekonywał się, jak słabo on i pozostali Chłopcy rozumieli, co właściwie robią, jaki jest zasięg radia, jego wpływ i znaczenie. Potęga tego medium znacznie wzrosła, co miało radykalnie odbić się na życiu ich wszystkich.

Sevareid po raz pierwszy to zrozumiał niedługo po powrocie z Londynu, gdy stał na rogu ulicy na Manhattanie. Był ciepły wiosenny dzień. Wszyscy kierowcy otworzyli okna samochodów. Gdy Eric czekał na zmianę świateł, nagle uświadomił sobie, że słyszy głos Larry'ego LeSueura, który przecież wciąż był w Londynie i razem z Murrowem krył się przed bombami. Jednak jego dobrze znany głos wyraźnie się rozchodził wśród kanionów Manhattanu. Larry nadawał z tego ciasnego, śmierdzącego kapustą studia w suterenie BBC i niemal w tej samej chwili było go słychać przez otwarte okna wszystkich samochodów i taksówek w Nowym Jorku.

„Boże – pomyślał Sevareid – ludzie słuchają! Miliony ludzi! Codziennie!" Uświadomił sobie w tym momencie, że radio to nie tylko „pantomima w pustym pokoju". Stojąc na nowojorskiej ulicy, miał ochotę krzyczeć, z całą żarliwością neofity, żeby zawiadomić Murrowa, LeSueura i pozostałych o swoim odkryciu: „Oni tu są! Oni was słyszą!"

I, mógłby dodać, ci ludzie – z niewielką pomocą zawsze czujnego, zawsze aktywnego biura promocji CBS – mogą uczynić cię gwiazdorem.

Trzy lata wcześniej, gdy Sevareid przejeżdżał przez Nowy Jork w drodze do Europy, był oszołomiony, onieśmielony, nawet przerażony tym „nieprzeniknionym, niezdobytym miejscem". Teraz, gdy Wielki Kryzys wreszcie się kończył, Nowy Jork był innym miastem, a Sevareid – innym człowiekiem. Głównie dzięki radiu wszystko działo się szybciej – szybciej też można było zdobyć sławę. Sevareid nagle stał się kimś znanym.

Odkąd zszedł z pokładu clippera, stale towarzyszyli mu fotografowie, a dziennikarze z gazet i tygodników domagali się wywiadów. Pismacy mieli co robić. Oto zjawił się Sevareid we własnej osobie – wysoki i wyjątkowo przystojny. W jego zachowaniu trudno było dostrzec ślad dręczących go demonów. No i jeszcze miał uroczą żonę Lois, która stała lub siedziała obok i nie zwracając uwagi na błyski fleszy, patrzyła na niego z uwielbieniem. Cóż to za wspaniała historia: narodziny bliźniąt i rozłąka w Paryżu na chwilę przed wkroczeniem Niemców, niebezpieczna przeprawa Lois przez Atlantyk z dwoma niemowlakami w ramionach, ucieczka Erica na południe, podczas której wciąż przekazywał wiadomości, choć po piętach deptały mu atakujące niemieckie oddziały. No i te codzienne audycje o bitwie o Anglię i blitzu.

Gdyby machina promocyjna CBS nie wykorzystała historii Erica Sevareida, wykazałaby się zupełnym brakiem kompetencji, a tego z pewnością nie można było jej zarzucić. Przeciwnie – ku konsternacji innych sieci – była najlepsza w całej branży.

Agenci prasowi Billa Paleya ruszyli do działania, nie czekając nawet na przyjazd Sevareida. Kilka miesięcy wcześniej, gdy statek, którym płynęła Lois z dziećmi, zacumował w Nowym Jorku, na brzegu czekali na nią dziennikarze, fotografowie i operatorzy filmowi. Reporterzy wtargnęli do jej kabiny, a potem towarzyszyli oszołomionej kobiecie z dziećmi w drodze do hotelu. Kiedy leciała z bliźniakami z Nowego Jorku do Minnesoty, gdzie do powrotu Erica z Londynu mieli przebywać u jej owdowiałej matki, na każdym lotnisku, na którym lądował samolot, czekały na nią grupki zupełnie obcych ludzi. Na miejscu, w Minnesocie, dziennikarze byli tak natrętni, że oburzona matka Lois zatrzasnęła drzwi i zdjęła słuchawkę telefonu z widełek.

Po powrocie Erica poziom szaleństwa wzrósł jeszcze bardziej. Dokądkolwiek poszli, niemal zawsze kojarzono jego nazwisko, a czasami rozpoznawano też głos. Nowojorczycy prosili o autografy, opinie, pragnęli jego towarzystwa. Eric od dzieciństwa marzył o takim uwielbieniu. Był nim zachwycony – i to nie zmieniło się do końca jego życia – ale równocześnie czuł się przygnieciony: nie miał jak i kiedy przygotować się do takiej sytuacji. Zresztą nawet gdyby się przygotował, i tak czułby się nieswojo. Lubił, gdy go rozpoznawano w miejscach publicznych, ale nie cierpiał, kiedy zaczepiali go obcy ludzie. Głęboko w sercu zawsze dręczyło go poczucie winy, które mówiło mu, że nie zasłużył na taką sławę.

Eric Sevareid uważał, że uciekł z Londynu jak tchórz. Pogodzenie tej świadomości z godnym bohatera powitaniem, jakie zgotował mu Nowy Jork, było trudne, choć możliwe. Co gorsza, zawsze mu się wydawało, że wszyscy, którzy go fetują, w rzeczywistości potrafią go przejrzeć. „Gdy ktoś mówił: «Zupełnie inaczej sobie pana wyobrażałem» – napisał kilka lat później – ja znowu czułem się winny i zarzucałem sobie, że jestem szalbierzem".

Sevareid niemal z dnia na dzień zmienił schron przeciwlotniczy w Londynie na salony wyższych sfer na Manhattanie. Nawet bez poczucia winy byłoby to ciężkie doświadczenie. Pewnego wieczoru siedział w nocnym klubie, czekając na audiencję u Waltera Winchella, znanego autora kolumny towarzyskiej i opiniotwórczego felietonisty. Towarzyszył mu młody rzecznik CBS, którego jedyne zadanie polegało na staraniach, żeby w nowojorskich gazetach była mowa o gwiazdach sieci. „Jestem za pan brat z Winchellem, Runyonem, wszystkimi tymi facetami – powiedział. – Zajęło mi to tylko dwa lata. Co to za kraj!"

Wielki Winchell zgodził się spotkać z Sevareidem o północy. Skracając sobie czas oczekiwania, Eric przyglądał się eleganckim, pewnym siebie mężczyznom i pięknym, zblazowanym kobietom. Rzecznik opróżniał jedną szklankę whisky po drugiej i pozdrawiał przechodzących obok ich stolika. W pewnym momencie jakiś bezgranicznie znudzony siwowłosy mężczyzna chwycił krzesło i przysiadł się do nich. „Opowiedz mu o Londynie – powiedział rzecznik do Sevareida. – Powiedz mu, jak było w Bordeaux". Gdy Eric starał się spełnić to życzenie, nieznajomy cały czas rozglądał się dookoła. Nawet przez chwilę nie patrzył na swego rozmówcę. W pewnej chwili, przerywając mu w połowie zdania, zerwał się z krzesła. „Prześlijcie to do mojego biura" – rzucił na pożegnanie.

Sevareid stracił cierpliwość. „Kiedy przyjdzie cały ten Winchell?" – spytał rzecznika CBS. Ten otworzył szeroko oczy. „Na litość boską, przecież to był właśnie Winchell!" Następnego dnia Sevareid wysłał mu spisaną opowieść o swoich doświadczeniach we Francji i Wielkiej Brytanii. Kilka dni później

Winchell, który od czasu do czasu udostępniał swoją kolumnę „gościom", opublikował ten materiał jako felieton Erica Sevareida.

Sevareidowi trudno było pojąć, że wielu Amerykanów nie interesuje się zbytnio wydarzeniami po drugiej stronie Atlantyku. Nie mógł zrozumieć, jak nowojorczycy mogą kręcić się po mieście, załatwiając zwykłe sprawy, gdy Anglia balansuje na skraju przepaści. Kiedy na ulicy przed hotelem rozlegał się sygnał karetki pogotowia lub straży pożarnej, Eric zrywał się spocony z łóżka. Czuł, jak w żołądku coś mu się przewraca, i z trudem powstrzymywał „histeryczny odruch, żeby krzyknąć i zakazać im robienia tego strasznego hałasu".

Jeżdżąc po kraju z odczytami, przekonał się, że ludzie pragną rozrywki, nie zaś informacji. Ulotka przygotowana przez CBS zapewniała, że Sevareid ich nie rozczaruje. W gorączkowym stylu reklam filmowych zapowiadała, że Sevareid, który „znalazł się w odległości stu metrów od gniazd niemieckich karabinów maszynowych [...] opowie o oblężonej Europie, a jego relacja będzie się odznaczać autentycznością, jaką może osiągnąć tylko ten, kto sam przeżył takie doświadczenia". Występ nie kończył się na odczycie. Po nim następowały przyjęcia, bankiety i uroczyste kolacje, zwykle wydawane przez damy z miejscowego towarzystwa, które wyżej ceniły blichtr niż opinie i informacje. Sevareid nie lubił aktorstwa, ale cieszył się ze sławy i dodatkowych pieniędzy, więc starał się spełniać oczekiwania.

Zastanawiał się również nad możliwością zarabiania piórem. W tych czasach wśród dziennikarzy było wielu sfrustrowanych prozaików, dramatopisarzy, a nawet poetów. Dziennikarze, choć na ogół zarabiali lepiej i bardziej regularnie niż literaci, nie opływali w luksusy. Na przykład Sevareid zarabiał sześćdziesiąt dwa i pół dolara tygodniowo plus honoraria za odczyty i premie od sponsorów. Gdy zatem nowy znajomy, menedżer z Warner Brothers, Jacob Wilk, zachęcił go do napisania sztuki o blitzu, która następnie stałaby się podstawą scenariusza filmowego, młody korespondent zareagował na tę propozycję z wielkim entuzjazmem.

Pojawił się jednak pewien problem: Sevareid nie wiedział, j a k napisać sztukę. Wilk zaproponował, żeby zwrócił się o pomoc do jego znajomego, Roberta Sherwooda. Był to zdumiewająco bezczelny pomysł. W tym czasie Sherwood był zapewne najsłynniejszym amerykańskim dramatopisarzem. Zdobył już dwukrotnie Nagrodę Pulitzera, a niedługo miał otrzymać ją po raz trzeci za swoją sztukę o wojnie. Sevareid, który nagle stał się kimś znanym, nie czuł się onieśmielony. Tematem jego sztuki miało być „moralne odrodzenie całego społeczeństwa". Zamierzał przedstawić zanik podziałów klasowych wśród mieszkańców i pracowników londyńskiego domu mieszkalnego, którzy spędzają razem każdą noc w schronie przeciwlotniczym. „W dumie klasowej jest coś cholernie głupiego – napisał do Sherwooda – zwłaszcza gdy ktoś jest w piżamie, a dom trzęsie się od wybuchu bomby, która spadła tuż obok".

Jak łatwo było przewidzieć, Sherwood wycofał się z tego przedsięwzięcia, a Sevareid, nie mogąc znaleźć innego współautora, zrezygnował z pisania sztuki. Może „moralne odrodzenie" było zbyt podniosłym tematem na tamte czasy, może Sevareid nie miał talentu dramatopisarskiego. Poza tym musiał myśleć o Hollywood. Inny menedżer z Warner Brothers, Brian Foy, podsunął mu świetny tytuł – *Lisbon Clipper* – ale poza tym nie miał żadnego pomysłu. Namawiał Sevareida, żeby jako niedawny pasażer clippera sam wymyślił odpowiednią historię. Eric powiedział znajomemu, że ten pomysł go zaintrygował. Miał nadzieję, że „sprzeda scenariusz wytwórni Warnera i dobrze na tym zarobi".

Sevareid był normalnie trzeźwym i opanowanym człowiekiem, ale w swoim piętnastostronicowym streszczeniu przedstawił absurdalnie melodramatyczną historię romansu amerykańskiego wicekonsula w Lizbonie i czeskiej aktorki ściganej przez gestapo. Bohaterki poszukuje również młody czeski uchodźca, zakochany w niej, ale również zauroczony nazizmem. W krytycznym momencie młody człowiek zdradza swoich niemieckich przełożonych i uniemożliwia im porwanie aktorki. Bohaterka i wicekonsul pośpiesznie wsiadają na pokład clippera, żeby uciec do Ameryki i rozpocząć nowe, lepsze życie.

Historia nie odnotowała, czy Sevareid w ogóle przedstawił to streszczenie wytwórni i czy zarobił na nim choćby kilka centów. Warto jednak zwrócić uwagę, że rok później Warner wyprodukował *Casablankę*, jeden z najpopularniejszych filmów wszech czasów, którego akcja nieco przypomina *Lisbon Clipper*.

W 1946 roku Sevareid, zdecydowanie najlepszy autor prozy nieliterackiej wśród Chłopców, napisał autobiografię, która ma trwałą wartość historyczną i literacką. Był człowiekiem wykształconym, myślącym i odznaczającym się sporą erudycją, ale było w nim coś z najemnika, co podkreślało dychotomię, przed jaką stał nie tylko on, ale również Murrow i pozostali Chłopcy: czy czynić to, co słuszne, czy też to, co zyskowne.

Bill Shirer skoncentrował się na zarabianiu. Wrócił do Nowego Jorku w wigilię Bożego Narodzenia 1940 roku. Na miejscu przeszedł taką samą prasową kampanię promocyjną jak Sevareid dwa miesiące wcześniej. SHIRER WRÓCIŁ Z BERLINA – taki nagłówek pojawił się w „New York Timesie".

Shirer był starszy i bardziej doświadczony od Sevareida, miał też mniejsze skłonności do introspekcji i poczucia winy. Bardzo się cieszył z rozgłosu i dowodów uznania. Wkrótce nabrał wątpliwości, czy powrót do Berlina byłby rzeczywiście rozsądnym krokiem. Co z tego, że Paley i Paul White go przyciskali? Nie miał teraz czasu o tym myśleć, zwłaszcza że wszyscy nowojorscy wydawcy chcieli opublikować jego *Berlin Diary* (*Dziennik berliński*), a wszyscy redaktorzy naczelni, od Henry'ego Luce'a z „Timesa" do DeWitta Wallace'a z „Reader's Digest", prosili go o napisanie artykułu. Wydawca Kermit Roosevelt, syn Theodore'a, zaprosił go na weekend do rodzinnej posiadłości w Oyster Bay, lecz mimo to nie dostał *Berlin Diary*. Shirer dał go Blanche Knopf, żonie i wspólniczce Alfreda Knopfa. Pojawił się jednak pewien problem, który Shirer odkrył dopiero po zredagowaniu książki. Alfred Knopf nie zgadzał się z żoną praktycznie w żadnej sprawie, toteż odrzucał cały pomysł książki Shirera i był wściekły na Blanche, że wypłaciła mu dziesięć tysięcy dolarów zaliczki, co było wówczas imponującą kwotą. „Bill, nic z tego nie będzie – przekonywał Shirera. – Nie uda ci się zrobić książki z dziennika [...] Dobra książka, Bill, musi mieć początek, środek i zakończenie".

Knopf chciał, żeby zrezygnował z formy dziennika, ale Bill, który bywał wyjątkowo uparty, stanowczo odmówił. Niedługo potem pojechał wygłaszać odczyty, niemal równie przygnębiony jak w chwili przyjazdu do Nowego Jorku. Minęły już trzy miesiące. Jego bezpłatny urlop się kończył, brakowało mu (jak zwykle) pieniędzy, a teraz, choć zrobiono już odbitki szczotkowe, nie było wcale pewne, czy książka rzeczywiście się ukaże. Nieco później, tuż przed zakończeniem podróży, otrzymał depeszę od Alfreda Knopfa: Book-of-the-Month Club wybrał *Berlin Diary* na książkę miesiąca w lipcu 1941 roku. Wydawca wycofał swoje zastrzeżenia. Książka miała się ukazać zgodnie z zapowiedziami.

Berlin Diary stał się wielkim sukcesem, zarówno komercyjnym, jak i literackim. Po kilku tygodniach znalazł się na pierwszym miejscu wielu list bestsellerów. W sumie sprzedano ponad pięćset tysięcy egzemplarzy. Krytycy wychwalali bezpośrednią i niekiedy pełną pasji opowieść o powstaniu Trzeciej Rzeszy i podboju niemal całej Europy. „To ludzki i historyczny dokument – pisał recenzent londyńskiego «Times Literary Supplement». – Każdy zapis w dzienniku przykuwa uwagę, zarówno z powodu faktów, jak i sposobu ich relacjonowania".

Tryumf książki sprawił, że CBS zgodziła się, aby Shirer został w Stanach. Paul White przyjechał na Cape Cod, gdzie Shirerowie spędzali lato, żeby zaproponować mu nowy kontrakt, obejmujący podwyżkę – choć Shirer i tak miał dość wysoką pensję: sto pięćdziesiąt dolarów tygodniowo – oraz własny program w niedzielę. W tamtych czasach sponsor wiadomości płacił gwiazdorowi dodatkowe honorarium (niekiedy aż tysiąc dolarów tygodniowo), a White zapewnił Shirera, że jego program będzie sponsorowany. Po piętnastu latach finansowych trudności, wielokrotnych zwolnieniach z pracy i rozpaczy pod koniec pobytu w Berlinie Shirer miał teraz niemal wszystko, czego pragnął – książkę, własny program, pieniądze i sławę.

Zostawił daleko za sobą zarówno Europę, jak i Murrowa. Nigdy nie miał skłonności do oglądania się za siebie i teraz się nie zmienił, ale pewnego letniego wieczoru na Cape Cod jego związek z Murrowem raz jeszcze odżył nagle z zaskakującą intensywnością. Gdy razem z Tess jechali wiejską drogą, usłyszeli z radia głos Murrowa, wygłaszającego pean na cześć Shirera i *Berlin Diary*. Z uczuciem, które wydawało się pochodzić z głębi duszy, Murrow mówił o wielkich zaletach książki, o przyjaźni z jej autorem, o wspólnych pionierskich poczynaniach w dziedzinie wiadomości radiowych. Shirer zatrzymał się na poboczu. Gdy Murrow skończył, Bill i Tess byli tak psychicznie wyczerpani, że siedzieli w milczeniu kilka minut, niezdolni do dalszej jazdy. Tego lata Murrow widocznie czuł się bardzo samotny, ponieważ nieco później napisał do Shirera: „Praca, jaką razem wykonaliśmy, jest dla mnie źródłem większej dumy, niż możesz to sobie wyobrazić. Odkąd wyjechałeś, ta praca w znacznej mierze straciła dla mnie urok".

Shirer cenił sobie przyjaźń z Murrowem, ale jeszcze większą satysfakcję sprawiało mu to, że wyszedł z jego cienia. Odkrył, że ma wśród słuchaczy wielu sympatyków – mniej niż Murrow, ale wcale nie mało. „Był dobrze znany jeszcze przed opublikowaniem *Berlin Diary* – powiedział Joseph Harsch. – Po tej książce jego nazwisko nabrało w radiu jeszcze większego znaczenia".

Przed wyjazdem z Europy Shirer obiecał Murrowowi, że wpadnie do Londynu jesienią 1941 roku i zastąpi go, tak by Ed mógł jechać do domu na urlop. W liście wysłanym wiosną potwierdził obietnicę. Zapewne jednak wyczuł, że Murrow chciałby zatrzymać go na stałe, dlatego podkreślił, że przyjedzie tylko na czas jego nieobecności. "Ignorancja na temat nieprzyjaciela, jaka panuje w tym kraju, jest naprawdę tytaniczna – napisał. – Jest tu wiele do zrobienia". Ostatecznie Shirer nie spełnił obietnicy nawet tymczasowego przyjazdu do Londynu. W Nowym Jorku wszystko układało się znakomicie, toteż wolał zostać tam, gdzie był szczęśliwy, znany, gdzie nie był tylko jednym z Chłopców Murrowa.

Gdy Murrow zatrudnił go w 1937 roku, Shirer był bankrutem. Teraz miał pieniądze, dom w Bronxville, nianię i służącą, wygłaszał przemówienia, został zaproszony do ekskluzywnego Century Club i do Rady Stosunków Międzynarodowych. W gazetach i magazynach często publikowano artykuły o nim (reportaż w „Timie" był zatytułowany *Shirer zgarnia zyski*), jego nazwisko pojawiało się na wszystkich stronach dzienników. Pojechał do Hollywood, gdzie był konsultantem na planie filmu wojennego *Passage from Bordeaux*, za co otrzymał dwadzieścia tysięcy dolarów. „W tym okresie – pisał później – byłem raczej zadowolony z siebie i cieszyłem się z rozgłosu, nie bacząc na to, że w Ameryce, zwłaszcza w mediach, sława jest rzeczą ulotną". Jego ego, i tak niemałe, rosło w świetle sławy jak roślina nagle wystawiona na słońce.

Główną ofiarą egocentryzmu Shirera była jego żona. Tess w bardzo trudnych warunkach urodziła córkę w zajętym przez nazistów szpitalu w Wiedniu. Później prowadziła biuro CBS w Genewie, za co nie dostawała ani grosza i co nie przynosiło jej sławy, podczas gdy Shirer nadawał relacje z Berlina. Razem z córeczką wyruszyła w trudną podróż autobusem z Genewy przez okupowaną Francję do Hiszpanii, gdzie wsiadły na statek płynący do Ameryki. Tess wiele wytrzymała, a teraz, gdy wydawało się, że może wreszcie zacząć normalne życie u boku Billa, ich małżeństwo stanęło wobec nowego wyzwania w postaci niejakiej Tilly Losch.

Losch była primabaleriną w Wiedniu, a później głośną postacią na londyńskiej scenie muzycznej. Gdy Shirer miał dwadzieścia kilka lat, zobaczył ją w musicalu Noëla Cowarda i natychmiast się w niej zakochał. Przyjaciel zasugerował, żeby poszedł za kulisy się przedstawić, ale Shirer – co jak na niego było dziwne – okazał się zbyt nieśmiały. Zamiast tego zadowolił się zbieraniem artykułów prasowych o Losch.

Ponad dziesięć lat później, pewnego dnia, gdy był w swoim biurze w Nowym Jorku, wstąpił do niego stary przyjaciel John Gunther. Towarzyszyli mu dwaj reżyserzy, Frank Capra i Anatole Litvak – i Tilly Losch. Czy mogą wystąpić w jego wieczornym programie, a potem zaprosić go na drinka?

C z y   m o g ą! Tego wieczoru w „21" Shirer i Losch najpierw tylko rozmawiali, lecz szybko oboje zapomnieli o bożym świecie. „Czułem, że z każdą chwilą jestem w niej coraz bardziej zakochany" – napisał Shirer wiele lat później. Już wkrótce obie panie, żona i kochanka, błagały go, żeby rozstał się z tą drugą. Odmówił. „W swej głupocie uważałem, że obie zachowują się nierozsądnie".

ROZDZIAŁ DZIEWIĄTY

„BONNIE PRINCE CHARLIE"

W Londynie nadal na porządku dziennym były wyrzeczenia. Wyjątkowo mroźną zimą 1941 roku zapasy węgla, zawsze skromne, nieraz całkowicie się kończyły. Najgorszy okres blitzu już minął, ale niemieckie bombowce pojawiały się nad miastem dostatecznie często, by londyńczycy dalej żyli w napięciu. W takiej ponurej atmosferze Ed Murrow szukał kogoś, kto mógłby zastąpić Erica Sevareida. W końcu wybrał Charlesa Collingwooda, młodego człowieka, który wydawał się całkowitym przeciwieństwem Erica.

Collingwood nie był pierwszym kandydatem Murrowa. Ed wolał elegancką i utalentowaną Helen Kirkpatrick z „Chicago Daily News", ale teraz Ed Klauber już stanowczo sprzeciwiał się zatrudnianiu kobiet. Wobec tego CBS zaproponowała pracę zaledwie dwudziestotrzyletniemu Collingwoodowi, przystojnemu galantowi, który od niecałego roku pracował w United Press.

W UP Collingwood zajmował się wyłącznie blitzem. Siedział w niewielkiej budce na dachu budynku, w którym mieściło się biuro agencji, i obserwował przez lornetkę panoramę miasta. Korzystając z mapy, ustalał, gdzie spadły bomby, i przekazywał wiadomość do redakcji. Jeśli jakieś miejsce zostało zbombardowane szczególnie mocno, chwytał hełm i starając się unikać lecących odłamków, pędził przez miasto, żeby osobiście ocenić zniszczenia.

Szczupły i wysportowany Collingwood miał falujące blond włosy, a w oczach figlarne błyski. Przykładał ogromną wagę do stroju. Trudno było uwierzyć, że zaledwie kilka miesięcy wcześniej, jako stypendysta Rhodesa, popijał sherry z ubranymi w czarne togi profesorami i w ciszy oksfordzkiej biblioteki o łukowym sklepieniu studiował subtelności prawa średniowiecznego.

Pewnego dnia, gdy zaczynał zmianę w UP, otrzymał wiadomość, że Ed Murrow chciałby zjeść z nim lunch w "Savoyu". Gdy przy kieliszku Murrow wspomniał o możliwości zatrudnienia, Collingwood wbrew swej naturze zaniemówił. "Jestem tu już dostatecznie długo, by wiedzieć, że CBS może mieć każdego korespondenta zagranicznego w Europie, jakiego tylko zechce" – napisał potem w liście do rodziców.

Dlaczego zatem Murrow wybrał tego niedoświadczonego młokosa? Przede wszystkim podobała mu się jego złożona osobowość, zwłaszcza sprzeczność, jaką dostrzegał między agresywnością i odwagą reportera UP a intelektualnymi zainteresowaniami stypendysty Rhodesa. Murrow był również zadowolony, że Collingwood jeszcze "nie splamił się drukiem", to znaczy nie pracował w UP na tyle długo, żeby przytłoczył go ciężar zwyczajowych formułek używanych w agencji prasowej. Nie zaszkodziło młodemu kandydatowi również to, że przez jedno lato dorabiał jako geodeta w parku narodowym. Murrow był szalenie dumny ze swych doświadczeń w obozach drwali, lecz Collingwood zaimponował mu tym, że nie tylko wiedział, co to jest łańcuch mierniczy, ale również potrafił się nim posługiwać.

Jak się okazało, obu mężczyzn łączyło znacznie więcej niż tylko leśne doświadczenia. Collingwood, podobnie jak Murrow, miał zmysł dramatyczny – on również grał w teatrze szkolnym, a później uniwersyteckim. Obaj byli starostami w szkole średniej i obaj przeszli szkolenie wojskowe w ramach programu ROTC. Gdy byli nastolatkami, obaj ciężko pracowali, z obsesją godną Gatsby'ego, nad stworzeniem swojego wizerunku – chcieli wyglądem i wypowiedziami zasugerować, że są starsi i bardziej światowi, niż byli naprawdę. Obaj też uchodzili za wyjątkowo przystojnych – Murrow wydawał się bardziej surowy, natomiast Collingwood miał ładne, delikatne rysy i cudowny uśmiech. Zdaniem Pata Smithersa, korespondenta BBC, Collingwood "wyglądał zupełnie jak manekin z wystawy eleganckiego krawca; nienagannie ubrany, z nieco za wysokim kołnierzem, co sprawiało wrażenie, że zaraz się udławi. Miał szerokie ramiona i starannie zaczesane falujące włosy. Myśleliśmy, że jak na korespondenta wojennego to dziwny facet. Bardzo się pomyliliśmy... bardzo się pomyliliśmy".

Collingwooda otaczała tajemnicza, niebezpieczna aura, mocno oddziałująca na wiele kobiet, choć inne, podobnie jak mężczyźni, uważały, że jest dandysem. Podczas pierwszego spotkania Murrow był zniesmaczony jego ekstrawagancką elegancją, a zwłaszcza modnymi pomarańczowymi skarpetami w szkocką kratę. Collingwood to wyczuł, dlatego próbował je ukryć, obciągając nogawki i chowając stopy pod krzesłem. Murrow najwyraźniej wolał nie pamiętać, że w wieku Collingwooda, a nawet nieco później, sam był niezłym elegantem. W 1935 roku przyjechał do Londynu w słomkowym kapeluszu, białym flanelowym garniturze i z laseczką.

Wydawało się jednak, że Murrow od razu polubił Collingwooda. Zapewne zrozumiał, że pod błyskotliwą maską tego młodego mężczyzny kryje się nękana wątpliwościami dusza, potrzebująca przewodnika – człowieka, któremu mogłaby ofiarować bezwarunkową lojalność. Mimo *savoir fair* i brawury, mimo swej urody i powodzenia u kobiet, mimo eleganckich ubrań i inteligencji, mimo poczucia humoru i odwagi Collingwood był człowiekiem, którego dręczyła niepewność. Podobnie jak Sevareid i jeszcze wielu innych w przyszłości, rozwiązanie swoich problemów znalazł w Murrowie. „Charles ubóstwiał Murrowa, bezwarunkowo – powiedział jego bratanek Harris Collingwood. – Po prostu go uwielbiał. Uważał, że Murrow mógłby osiągnąć wszystko, na co tylko miałby ochotę. Sądzę, że wojna i wiadomości CBS zastąpiły Charlesowi szczęśliwe dzieciństwo".

Świadomie lub nie, Murrow wybierał ludzi, którzy go potrzebowali. Jego korespondenci pochodzili na ogół z rozbitych rodzin, dotkniętych przez śmierć lub rozwód. Często byli nieszczęśliwi albo niepewni siebie do tego stopnia, że odbijało się to na ich zachowaniu. Jeśli któryś w ogóle utrzymywał stosunki z ojcem, to cechowała je zwykle duża rezerwa. Murrow nie był wiele od nich starszy, mimo to stał się kimś w rodzaju zastępczego ojca. Grał rolę Piotrusia Pana, wędrującego po Europie w poszukiwaniu utalentowanych zagubionych dzieci. Gdy je odnajdywał, obiecywał im podniecającą zabawę i towarzystwo, zachętę i ochronę, uwagę i wskazówki oraz, tak, miłość, nie mówiąc już o całkiem niezłej pensji. A co on sam z tego miał poza pierwszorzędnym zespołem reporterów? Jak powiedział jego stary przyjaciel Michael Bessie, znany nowojorski redaktor i wydawca książek, „Ed potrzebował uwielbienia".

Nikt by nie odgadł, że Charles Collingwood miał nieszczęśliwe dzieciństwo. Był najstarszym z sześciorga rodzeństwa, „w czepku urodzonym", jak to określiła jego siostra Jean. Choć Collingwoodowie wcale nie byli zamożni, Charlie, jak wtedy i później go nazywano, świetnie sobie ze wszystkim radził. Był uroczym, inteligentnym, utalentowanym chłopcem, ulubieńcem matki. Jean i inne dzieci ciągle słyszały: „Dlaczego nie jesteście takie jak wasz brat?" „Żadne z nas nie było dla niego dostatecznie dobre – powiedział Tom, którego stosunki z bratem odznaczały się szczególnym napięciem. – Już bardzo wcześnie widać było rywalizację między rodzeństwem".

Charles, jego dwaj bracia i trzy siostry wychowywali się w Waszyngtonie, DC. Ich ojciec, Harris, był urzędnikiem służby leśnej. Pod względem ekonomicznym rodzina znajdowała się gdzieś między klasą średnią a biedotą. „Zawsze było dość, ale nigdy nie było dużo" – wspominał Tom. Na domowej atmosferze ciążyło poczucie deklasacji i zawodu. Żona Harrisa, Jean, była kobietą dumną, pełną rezerwy i dominującą. Nieustannie przypominała dzieciom, że jej ojciec był senatorem stanowym w Michigan, a ojciec Harrisa sędzią. Wciąż wkładała im do głowy, że są kimś w rodzaju kulturalnej szlachty, która wprawdzie z braku szczęścia została skazana na oszczędne życie za urzędniczą pensję ojca, mimo to jednak nadal była szlachtą.

Nastawienie matki sprawiło, że Charles wyrastał w przekonaniu, iż zasłużył na lepszy los. Wstydził się, że jego rodzina tak bardzo musi liczyć się z groszem. Mieszkali w kiepskiej dzielnicy Brightwood Park, w domu mieli prowizoryczne meble, jeździli używanymi samochodami kupionymi na policyjnej licytacji. Gdy towarzyszyli ojcu w wyjazdach na służbowe spotkania, zatrzymywali się w tanich pensjonatach, a podczas obiadu matka ukradkiem chowała chleb do torebki. Ojciec przechwalał się w rozmowach z synami, jak brał od znajomych używane garnitury i kazał je przerabiać, by pasowały na niego – był niski i korpulentny – co kosztowało znacznie mniej niż nowy garnitur.

Czasami, gdy Harris jechał służbowo do Nowego Jorku, zabierał ze sobą Charlesa. Brał najtańszy pokój w dobrym hotelu, a ze znajomymi spotykał się w westybulu. Kiedy był zajęty, wysyłał syna do teatru lub Metropolitan Opera. Po takim akcie rozrzutności znowu skąpił na wszystko. Pewnego razu, gdy wracali pociągiem do domu, spytał Charliego, czy chciałby zjeść lody. Gdy syn odpowiedział twierdząco, Harris wyciągnął z kieszeni kartkę z rozpisanym miesięcznym budżetem rodziny, żeby wyjaśnić, jak mało mają pieniędzy. Charlie – wspominał jeden z członków rodziny – „rozpaczliwie pragnął wydawać, nie oglądając się na nic".

Zaczął wcześnie. Już jako nastolatek podejmował różne prace dorywcze, zarobek przeznaczając na ekskluzywne ubrania, które uczył się nosić z fantazją i wyczuciem stylu. Każdego ranka prasował spodnie, tak by kant był ostry jak brzytwa, a następnie starannie je wieszał, żeby się nie pogniotły. Dopiero później zajmował się obowiązkami domowymi. Do niego należało – czego nie znosił – przygotowanie śniadania dla całej rodziny. Często widywano go w kuchni, jak w samych majtkach wyciskał sok z pomarańczy lub robił jajecznicę.

Jeszcze bardziej Charlie nie cierpiał zajmować się braćmi i siostrami, co również należało do jego obowiązków. Radził sobie z tym, jak mógł najlepiej. Czasami bez wiedzy i zgody rodziców zostawiał swoich podopiecznych w Galerii Narodowej lub innym odpowiednim miejscu, a sam szedł do Biblioteki Kongresu, żeby czytać książki erotyczne.

Posługując się słownikiem francusko-angielskim, tłumaczył wiersze Baudelaire'a („Lesbos, wyspa zmysłowych zmroków i czystej, bezpłodnej rozkoszy, gdzie dziewczyny z głębokimi oczami bawią się miękkimi owocami dojrzałości") i innych pikantnych francuskich autorów. Później przerzucił się na Arystofanesa (*Chmury, Lizystrata*) i innych Greków, a po nich przyszła kolej na Owidiusza i Rzymian. Nim skończył szkołę średnią, znał już całkiem nieźle francuski, łacinę i grekę. Swoje lingwistyczne umiejętności rozwijał dalej na studiach.

Kiedy był nastolatkiem, jego głównym zajęciem był seks. Jeden z członków rodziny, bliski mu aż do śmierci, wysunął przypuszczenie, że w bardzo młodym wieku Charlie eksperymentował z homoseksualizmem. Inni, między innymi brat Tom, uważali, że miał biseksualne skłonności, które jednak całkowicie w sobie tłumił. W każdym razie za sprawą urody i wdzięku, z których w pełni zdawał sobie sprawę, Charlie łatwo zdobywał kobiety.

„Rzadko dawał się zapędzić do narożnika, prawie zawsze potrafił się wywinąć" – zauważył Tom Collingwood. W rzeczywistości wczesne wyrafinowanie Charliego było głównie udawane. Sprawiał wrażenie pewnego siebie, ale w istocie wciąż poddawał się samoocenie i na ogół odkrywał różne braki. Sądził, że z powodu dobrych stopni, przeciętnych zdolności sportowych i cynicznego poczucia humoru koledzy ze szkoły średniej nim gardzą. Wielu „uważało mnie za maminsynka" – zapisał w pamiętniku, który prowadził podczas studiów. Natomiast „nigdy nie miał kłopotów z dziewczynami", co wykorzystywał, gdy chciał się zemścić. „Jeśli jakiś chłopak odnosił sukcesy sportowe lub rozładowywał niechęć do mnie, sprawiając mi łomot, zawsze mogłem mu odbić dziewczynę".

Brak pewności siebie pogłębił się podczas studiów. Charles pragnął akceptacji ze strony kolegów, ale sam nie był w stanie sprostać własnym oczekiwaniom. Trudno jednak było to dostrzec. Korzystając ze stypendium, uczył się w wyjątkowej instytucji zwanej Deep Springs College, gdzie szło mu doskonale zarówno pod względem intelektualnym, jak i sportowym. Deep Springs College był dwuletnią szkołą męską, usytuowaną na pustkowiu, w porośniętych bylicą White Mountains, na północ od Doliny Śmierci w Kalifornii. Obowiązywał tam system oksfordzki, a dwudziestu studentami zajmowało się pięciu profesorów. Nie była to jednak wieża z kości słoniowej. Gdy studenci nie czytali Platona, Prousta lub nie dyskutowali o Nietzschem, pracowali na stuhektarowym ranczu – piętnowali bydło, naprawiali płoty, karmili wieprze i kury, zbierali siano.

Collingwood z łatwością radził sobie z nauką i ciężką pracą, natomiast nie potrafił przełamać niechęci do samego siebie. Gdy kolega go skrytykował, zanotował w pamiętniku: „Czy on nie rozumie, że jestem tak świadomy swej nikczemności, iż usiłuję ją ukryć pod piękną peleryną? [...] Wiem, że nie jestem autentyczny, i nienawidzę siebie za to. Wiem, że jestem powierzchowny, lipny [...] Zdaję sobie sprawę, że za dużo mówię, irytuję innych, że nikt mnie naprawdę nie zna. Mnie również to się nie podoba. Ludzie są mi niezbędni jak powietrze, a poczucie, że jestem nielubiany i omijany z daleka, stanowi dla mnie źródło najostrzejszego bólu, jaki znam".

Innym razem napisał: „Egotyzm, egoizm i powierzchowność to najpoważniejsze wady mojego charakteru, który pod wieloma względami byłby godny podziwu. Ten zadowolony z siebie egotyzm ma kolosalne proporcje. Jestem rozdwojony, stanowię swoje *alter ego*. Widzę się obiektywnie [...] i czuję niechęć, mimo to nie robię nic, żeby pozbyć się tej okropnej, wyrachowanej miłości własnej". Charles był przekonany, że jest skazany na porażkę, niezależnie od tego, czym się zajmie. „Nie mam charakteru, niczego nie osiągnę".

Pociechy i bezdyskusyjnej aprobaty poszukał swoim zwyczajem w ramionach kobiety. Tym razem związał się na krótko z żoną jednego z profesorów. „Lubię być kochany – zwierzył się w swym pamiętniku. – Potrzebuję kobiet". Gdy profesorowa zerwała romans, Collingwood cierpiał: „Zawsze miałem jakąś kobietę, która mnie kochała i starała się zrozumieć. To dla mnie coś nowego i niezbyt przyjemnego: jestem taki samotny i nie mam żadnej macierzyńskiej, kobiecej piersi, na której mógłbym się wyżalić".

Nigdy nie pozbył się całkowicie tych wątpliwości, ale z biegiem lat ukrywał je coraz głębiej. Gdy na ostatnie dwa lata studiów pojechał na Cornell University, stonował już nieco cechy charakteru, które tak irytowały jego kolegów z Deep Springs. Wciąż jednak chciał imponować, „nieco pozował" – wspominał Austin Kiplinger, który poznał go, gdy obaj studiowali w Cornell. Nigdy też nie brakowało ludzi, którzy chcieli, żeby im imponował. „Podziwiałem go – wspominał Bruce Netschert, który był dwa lata niżej niż Collingwood. – Był wyrafinowany i wytworny, prawdziwy bawidamek. Równocześnie sprawiał wrażenie, że zachowuje dystans i na zimno cię ocenia".

Collingwood, Kiplinger i Netschert mieszkali w Telluride House, niezależnej instytucji związanej z Deep Springs, która zapewniała darmowe lokum i wyżywienie wybranej grupie najlepszych studentów Cornell. Kiplinger włączył się w ogólnokrajowy liberalny ruch studencki z lat trzydziestych, który wcześniej porwał Erica Sevareida, natomiast Collingwood, przygotowując się do studiów prawniczych, pozostał neutralnym obserwatorem, „królem-filozofem", jak to określił Kiplinger. Wydawało się, że poza kobietami namiętności Charliego skupiają się wyłącznie na literaturze i aktorstwie. Jego jedynym zajęciem wykraczającym poza program studiów były spotkania Book and Bowl, uniwersyteckiego stowarzyszenia miłośników literatury i alkoholu.

Kiplingerowi imponowała jego znajomość świata. Byli w tym samym wieku, lecz Collingwood, który podczas letnich wakacji pracował już jako marynarz na statku i mierniczy w lesie, „wiedział o wielu rzeczach, które my wszyscy dopiero zaczynaliśmy sobie uświadamiać". Na zajęciach z literatury angielskiej profesor polecił studentom napisać krótki esej krytyczny o opowiadaniu T.S. Eliota. Kiplinger w ogóle nie dostrzegł, że główny bohater opowiadania jest homoseksualistą, co stanowiło sedno sprawy. Collingwood natomiast napisał błyskotliwą analizę. „Charlie natychmiast zrozumiał, o co chodzi" – wspominał Kiplinger.

Austin raz jeszcze uległ światowości i aktorskiemu talentowi Collingwooda, gdy obaj ubiegali się o stypendium Rhodesa w 1939 roku. Podczas rozmowy z komisją mieli wymienić swojego ulubionego poetę. Kiplinger zdecydował się na bezpieczny wybór – wymienił Roberta Browninga. Collingwood wybrał starego przyjaciela z czasów dojrzewania i fascynacji seksem – Baudelaire'a, po czym wyrecytował jego wiersz w oryginale. „Wprawił ich w podziw – powiedział Kiplinger. – Zarzuciłem mu, że pozował. Ale to okazało się skuteczne. Dostał stypendium".

Pierwszego lipca 1939 roku, dwa miesiące przed wybuchem II wojny światowej, Collingwood pożeglował do Europy, do Oksfordu, wreszcie daleko od rodziny. Uwaga całego świata koncentrowała się na Polsce, ale przez kilka następnych miesięcy wszechświatem Charliego było „słodkie miasto z marzącymi wieżami" Matthew Arnolda. Tu był na swoim miejscu – uważał. Matka zapakowała mu do walizki obrus i serwetki, dzięki czemu mógł nakryć do stołu i podać herbatę zgodnie z angielskimi regułami. Collingwood był zachwycony, że każdego dnia budzi go przydzielony przez uniwersytet służący. Uwielbiał przyjęcia, sherry, herbatki, tańce, autentyczne proszone kolacje. W listach do domu opowiadał rodzinie o swych nowych znajomych, takich jak Hugh Astor i sir Richard Percy, oraz o weekendach w wiejskich posiadłościach arystokratów.

Collingwood poinformował również rodzinę o swojej nowej bliskiej przyjaciółce – ciemnowłosej Angielce, Barbarze Stracey-Clitherow Blake, zwanej Gracie. „Ona jest spokrewniona z połową arystokracji" – napisał. Niestety, była również mężatką. Jej mąż był potomkiem bogatej bostońskiej rodziny, ale żyli w separacji. Romans szybko nabrał poważnego charakteru i Collingwood po raz pierwszy w życiu stracił zainteresowanie innymi paniami. Gracie zaprosiła go na wyścigi do Ascot, co szalenie mu się spodobało, bo – jak to później wyraził ktoś z jego rodziny – „to były wyścigi konne, ekskluzywne towarzystwo – wszystko razem – a na dokładkę mógł pić do woli".

Nawet jeśli Collingwood wolałby zignorować świat ogarnięty płomieniami, był zbyt inteligentny, żeby pójść za przykładem wielu swych bogatych angielskich znajomych. „Bliskość i bezpośredniość wojny zaczyna na mnie działać" – napisał do rodziców.

> Coraz trudniej jest mi skupić się na prawie średniowiecznym, gdy zbliża się Armagedon [...] Nabieram coraz głębszego przekonania, że moje miejsce nie jest w Oksfordzie. To piaskownica dla strusi, żeby miały gdzie schować głowę, ja zaś nie jestem strusiem. Ludzie tutaj nie zdają sobie sprawy – z pewnością tak jak i Amerykanie – co ta wojna naprawdę oznacza i jak wyglądać będzie świat, który się z niej wyłoni. Nie będzie to świat, którym rządzą bladzi uczeni, nafaszerowani bezużyteczną wiedzą, co do tego można mieć pewność.

Mimo błagań rodziny, żeby wrócił do domu, Collingwood postanowił przenieść się do Londynu i zostać dziennikarzem. „Nie mogę odwrócić się plecami do świata – napisał w innym liście. – To sprawa elementarnej uczciwości [...] Nie mogę uciec". Podczas wakacji pod koniec 1939 i na początku 1940 roku zastępował przebywających na urlopach pracowników United Press w Londynie i Amsterdamie. Gdy na dobre rozstał się z Oksfordem latem 1940 roku, agencja UP w Londynie natychmiast zaproponowała mu pracę na pełnym etacie.

Collingwood był zachwycony życiem w Londynie nawet wtedy, gdy wokół spadały bomby – jedna poważnie uszkodziła niewielki dom, w którym mieszkał, dawną stajnię. Jego listy do rodziców są wypełnione opowieściami, jak unikał odłamków bomb, przemykając się do „Ritza" na wieczorną szklankę burbona, jak zaprosił Gracie do luksusowego nocnego klubu „Café de Paris", gdzie goście jedli ostrygi i popijali szampana, o lunchu ze „starym lordem Willingdonem" w „Savoyu", o znalezieniu w antykwariacie sześciu wiktoriańskich kieliszków do wina, o kupieniu jegierowskiego płaszcza z wielbłądziej wełny, w którym czuł się „jak prawdziwy korespondent zagraniczny".

Choć Collingwood bardzo chciał się uwolnić od rodziców, pozostawał od nich uzależniony, finansowo i emocjonalnie. Zawsze był bez grosza; przestał prosić ojca o pieniądze, dopiero gdy otrzymał pracę w CBS. Pragnął również aprobaty rodziców, chciał, żeby imponowało im to, kim został. Bardzo go bolało, gdy krytykowali jego rozrzutność i częste wzmianki o przyjęciach i piciu. „Czekam na listy od Was, a gdy wreszcie dochodzą, są pełne upomnień, pobożnych uwag i wzniosłego moralizowania, które wydaje mi się zupełnie nieistotne" – napisał kiedyś. Wiedział, że pewne sprawy lepiej przemilczeć: często wspominał w listach o Gracie, ale nie doniósł, że wprowadził się do niej, gdy Niemcy zbombardowali jego dom.

Kiedy w marcu 1941 roku Murrow zaproponował mu pracę, wyjaśnił rodzicom, dlaczego tak się ucieszył: wyższa pensja, satysfakcja, prestiż. „To nowa dziedzina o wielkich możliwościach, a CBS jest jej pionierem. Z tego, co wiem, Columbia postępuje bardzo odpowiedzialnie – jest pod wieloma względami bardziej odpowiedzialna niż gazety". Podjęcie pracy w CBS oznaczało również początek prawdziwego wyzwolenia od rodziców. Ich miejsce zajął teraz Ed Murrow, który natychmiast przezwał Collingwooda „Bonnie Prince Charlie".

W chwili rozpoczęcia pracy w CBS Collingwood nie wiedział zupełnie nic o dziennikarstwie radiowym, a Murrow z miejsca rzucił go na głęboką wodę. Nowicjusz zakładał, że nim sam usiądzie przed mikrofonem, będzie miał okazję przez kilka dni obserwować Murrowa i LeSueura w akcji. Jednak już dwudziestego czwartego marca, w jego drugim dniu pracy w CBS, Murrow zadzwonił, żeby mu powiedzieć, iż ma nieoczekiwaną kolację z premierem Holandii; czy zechciałby zamiast niego zrobić wieczorny program? „Oczywiście" – odpowiedział Collingwood, który był mocno przeziębiony. Bolało go gardło, miał gorączkę, nie mógł zebrać myśli i bał się jak diabli, ale napisał, jak sądził, znośny tekst i pojechał do studia. Nie wątpił, że zgodnie z obietnicą Ed pojawi się w porę, żeby udzielić mu wskazówek.

Murrow jednak dotarł do studia zbyt późno, gdy do wejścia na antenę zostało już tylko kilka sekund. Usiadł na krześle naprzeciw Collingwooda i czekał. Charles zaczął mówić do mikrofonu – na temat inflacji w Londynie – i mimo wszystko wypadł całkiem nieźle. Mówił głośno i z nadmiernym naciskiem, ale tekst był dobrze napisany i świadczył o znajomości zagadnienia. Collingwood sprawiał wrażenie całkiem dojrzałego prezentera. Gdy skończył, był tak zadowolony, że nie popełnił żadnej gafy, iż zapomniał o zakończeniu. Murrow wyjął papierosa z ust, pochylił się i powiedział do mikrofonu: „Mówił Charles Collingwood z Londynu. Teraz wracamy do Roberta Trouta w Nowym Jorku".

Collingwood spytał, jak wypadł.

„Och, bardzo dobrze – odparł Murrow. – Wszystko było w porządku".

Rzecz jasna, nonszalancja Murrowa była tylko grą. Sam przed wystąpieniem na antenie strasznie się męczył, odsuwał od wszystkich i wszystkiego. W czasie audycji obficie się pocił i nerwowo poruszał nogą. Jednak w obecności Chłopców udawał swobodę, co robiło na nich duże wrażenie. Po każdym swoim programie Collingwood prosił go o krytyczny komentarz. Murrow zawsze odpowiadał, że było bardzo dobrze, po prostu bardzo dobrze. Przecież na pewno coś robię nie tak – nalegał Collingwood. Wreszcie, po jego dziesiątym wystąpieniu na antenie, Murrow powiedział: „Te mikrofony są całkiem niezłe. Nie musisz krzyczeć jak podczas międzymiastowej rozmowy telefonicznej".

Na tym skończyły się jego rady. Murrow nie analizował swojego stylu, a poza sugestiami, jakie tematy najbardziej mu odpowiadają i jak je należy przedstawić, nie pomagał Chłopcom. Collingwood obserwował, jak dyktuje swoje programy, słuchał ich, nawet badał pod względem gramatycznym. „Używasz krótkich zdań oznajmujących, prawda?" – spytał mistrza, starając się odkryć sekret jego geniuszu. „Doprawdy? – zdziwił się Murrow. – Nie wiedziałem".

Collingwood przyznawał, że chciał „pisać jak Ed i mówić jak Ed. Chciałem być Edwardem R. Murrowem". On jednak radził mu, żeby był sobą. „Powiedział mi, że ostatnia rzecz, jakiej potrzebuje, to jeszcze jeden Ed Murrow w jego życiu". Być może ten były student retoryki nie chciał doskonalić stylu swoich młodych protegowanych, ponieważ bał się, że mogą go zaćmić. Niezależnie od tego, jak było naprawdę, większość Chłopców, w tym również Collingwood, naśladowała jego powściągliwy, rozważny, bardzo osobisty sposób mówienia.

Niektórzy nawet upodabniali się do niego wyglądem. Gdy Eric Sevareid przyjechał do Nowego Jorku z Londynu, pracownicy CBS byli zdumieni, jak bardzo imitował Murrowa. „Eric ubierał się jak Ed, mówił jak Ed, nawet kapelusz nosił tak jak Ed – powiedziała Helen Sioussat, była asystentka Murrowa. – Na antenie demonstrował taką samą zwięzłą elokwencję". Raz, gdy Sevareid przyszedł do redakcji wiadomości w Nowym Jorku, Robert Trout, jeden z ludzi Paula White'a, wykrzyknął: „Co takiego, przyjechał Ed Murrow z Londynu?! Och, przepraszam, to Eric. Wydawało mi się, że to Ed". Sevareid przyznał później, że naśladował Murrowa, choć nie czynił tego celowo. „Wszyscy to robiliśmy" – dodał. Tak jakby nie mogli się powstrzymać.

ROZDZIAŁ DZIESIĄTY

CENZURA

Jeśli dziennikarz i instytucja, w której pracuje, nie mają większego znaczenia – niezależnie od kryterium, jakim by je mierzyć – łatwo może on dojść do przekonania, że wykonując swój zawód, służy pewnym wartościom, takim jak prawda, rozum, niezależność, wolność. Gdy jednak reporter staje się sławny i zaczyna mieć wpływ na masy lub gdy on i jego instytucja zaczynają dużo zarabiać, pojawia się presja, żeby dostosował się do otoczenia, chronił siebie, swoje dochody i swoją firmę, żeby starał się nikomu nie narażać.

W 1941 roku Chłopcy Murrowa byli u szczytu popularności. Świat z najwyższą uwagą śledził ich poczynania, zarówno każdego z osobna, jak i całej grupy. Przygotowując najważniejsze amerykańskie wiadomości radiowe, tworzyli dziennikarską tradycję, a znaczącą rolę w jej kształtowaniu odegrały ich reakcje na naciski, którym zostali poddani.

Z pewnością nie byli pierwszymi gwiazdami dziennikarstwa. Gazety już dawno miały swoich słynnych autorów, podobnie jak radio – byli wśród nich komentatorzy, tacy jak Boake Carter, H.V. Kaltenborn, Lowell Thomas, Raymond Gram Swing czy Gabriel Heatter, oraz plotkarze i demagodzy w stylu Waltera Winchella. Jednak dziennikarze zebrani przez Murrowa byli pierwszymi gwiazdorami wśród prawdziwych radiowych reporterów, relacjonujących to, co sami zobaczyli i przeżyli. Ze swym pochodzeniem i brakiem pretensji (przynajmniej na początku) doskonale pasowali do epoki szarych ludzi i wojny zwykłych żołnierzy. Gra toczyła się o wysoką stawkę, a dzięki swej wiarygodności i olbrzymiej liczbie słuchaczy mieli oni ogromną siłę przebicia. Starali się ją wykorzystać, nie tylko relacjonując wydarzenia, ale również interpretując je i komentując.

„Wygłaszam kazanie z potężnej ambony" – napisał Murrow do rodziców. Mimo różnych zaleceń CBS na temat obiektywizmu on i Chłopcy wierzyli, że ich obowiązkiem i prawem jest analizowanie wiadomości. Nie chodziło im o uprawianie publicystyki. Publicyści tłumaczą ludziom, jak powinni myśleć, natomiast analiza i komentarz dają im dodatkowe informacje i pozwalają lepiej zrozumieć wydarzenia. Chłopcy zdawali sobie jednak sprawę, że wiąże się z tym pewne ryzyko. W miarę jak odnosili coraz większe sukcesy i nabierali odwagi, musieli się liczyć z coraz ostrzejszą cenzurą. Wcześniej lub później praktycznie wszyscy wdawali się w spory z rządami innych państw i władzami Stanów Zjednoczonych, nie mówiąc już o zarządzie CBS w Nowym Jorku.

Podobnie jak większość dziennikarzy w tamtych czasach, akceptowali zasadę cenzury wojskowej po stronie aliantów. Opowiadali się za wojną i nie chcieli robić nic, co spowodowałoby naruszenie tajemnicy wojskowej, mogłoby narazić żołnierzy na śmierć lub zmniejszyć szanse powodzenia operacji militarnych. Przekonali się jednak, że z powodu szybkości działania i znaczenia radia podlegali surowszej kontroli niż ich koledzy z gazet. W rezultacie, niezależnie od tego, czy pracowali po stronie aliantów, czy państw osi, robili, co mogli, żeby ominąć ograniczenia, które uważali za zbyteczne.

Wiosną i latem 1941 roku Niemcy atakowali, gdzie tylko chcieli. Ich bombowce nadal niszczyły Londyn (choć rzadziej niż podczas blitzu), okręty podwodne zatapiały statki na Atlantyku i Morzu Północnym, nastąpiło uderzenie na kraje bałkańskie, które padały jak klocki domina, a Afrikakorps zagrażał Bliskiemu Wschodowi i Afryce Północnej. O wydarzeniach wojennych nie można już było opowiadać tylko z Londynu i Berlina.

„Zabieramy was teraz do Ankary" – tę zapowiedź często można było usłyszeć w porannych i wieczornych wiadomościach CBS, kiedy Hitler odłożył operację „Barbarossa" (plan ataku na Związek Sowiecki), żeby najpierw zająć Rumunię, Węgry, Bułgarię, Jugosławię oraz Grecję i korzystać z nowych źródeł żywności, ropy i siły roboczej. W centrum uwagi znalazła się stolica Turcji, będąca sceną działalności wszystkich wywiadów i ważnym miejscem zbierania informacji z krajów bałkańskich i Afryki Północnej. Relacje stamtąd przesyłał nowy korespondent CBS Winston Burdett, który wcześniej zastąpił pechową Betty Wason w Skandynawii.

Ze swą niepozorną posturą, delikatnymi rysami twarzy, grzywą falujących ciemnych włosów i niekiedy marzycielską miną, Burdett przypominał bardziej Hamleta niż wytrawnego korespondenta zagranicznego. Pod tą eteryczną fizjonomią skrywał jednak wiele twardych cech charakteru, między innymi agresywność, która sprawiła, że naziści wyrzucili go z dwóch krajów. Choć jego życiorys nie sugerował zdolności dziennikarskich, Burdett miał pewien ważny talent: zawsze potrafił się znaleźć we właściwym miejscu we właściwej chwili. Przed przyjazdem do Skandynawii (z własnej inicjatywy, jak twierdził) był raczej podrzędnym autorem, pisującym w „Brooklyn Eagle" o kulturze i filmach.

Kiedy zastąpił Wason, wywarł duże wrażenie na Murrowie i nowojorskim kierownictwie relacjami z Norwegii, gdzie obserwował z bliska kilka bitew i gdzie pozostał, nawet gdy Wehrmacht zmusił już Anglików do ewakuacji. W końcu jednak Niemcy go dopadli i pierwszym pociągiem odesłali do Sztokholmu.

Później Burdett starał się unikać Niemców, ale jednocześnie być zawsze tam, gdzie coś się działo. Pojechał do Moskwy, a stamtąd na południe do Rumunii, skąd zrelacjonował zdradę faszystowskiego rządu, który ułatwił Niemcom zajęcie kraju. Te doniesienia sprawiły, że po raz pierwszy nazistowskie władze nakazały mu opuścić kraj. Nim Burdett zastosował się do rozkazu, zdążył się ożenić. Jego wybranką była pięć lat od niego starsza włoska dziennikarka Lea Schiavi, ładna, choć z nadwagą. Poznali się miesiąc wcześniej podczas wycieczki dziennikarzy po Rumunii. Lea zauważyła, że Winston ma dziury w skarpetkach, i zaproponowała, że je zaceruje. Nie znała angielskiego. Była zaciekłą przeciwniczką faszyzmu. Z powodu artykułów publikowanych w lewicowych pismach politycznych i literackich miała poważne kłopoty z włoskimi władzami, które podejrzewały, że jest komunistką. W końcu faszyści odebrali jej paszport.

Żeniąc się z Leą, Burdett zapewnił jej bezpieczeństwo, jakie dawało amerykańskie obywatelstwo, oraz ułatwił podróżowanie. Ta decyzja nie wynikała jednak tylko z jego rycerskiego nastawienia. „Ojciec nie był człowiekiem namiętnym – wspominał jego syn z późniejszego małżeństwa, Richard Burdett – ale zakochał się w niej do szaleństwa". Pełna życia, wesoła Lea Schiavi potrafiła rozruszać powściągliwego Burdetta. „Gdy byli razem, wydawali się szczęśliwi" – powiedział Farnsworth Fowle, były korespondent CBS, który pracował z nimi w Rumunii i Turcji.

Z Rumunii Winston i Lea pojechali do Jugosławii. Tam z kolei naziści pozbawili go akredytacji za relacje o wystąpieniach przeciwników Mussoliniego w Mediolanie i innych miastach na północy Włoch. W miarę nasilania się presji władz rosło napięcie, w jakim żyli. Pewnego wieczoru Burdett i korespondent „New York Timesa" Ray Brock wybrali się z żonami do baru, gdzie wdali się w awanturę z bandą nazistowskich oprychów, którzy ich zaczepiali. Wkrótce potem Burdett został ponownie wyrzucony z kraju. Jego następną placówką była Ankara, dokąd zawitał w połowie marca 1941 roku. Po drodze Paul White awansował go na stałego korespondenta.

Wokół Turcji toczyła się wojna, toteż Ankara stała się mekką dziennikarzy i szpiegów. Dzięki nim w starym, gorącym i zakurzonym mieście na anatolijskiej równinie panowała gorączkowa atmosfera. Ci myśliwi i zbieracze informacji z dwóch obozów – których zawsze łączyło więcej, niż obie strony chciały przyznać – wciąż usiłowali się wzajemnie wykorzystywać. Często trudno było rozróżnić, kto jest dziennikarzem, a kto szpiegiem. Dwoma wielkimi rywalami wśród reporterów byli Burdett i Martin Agronsky z NBC. Obaj dzień i noc zbierali informacje od dyplomatów, zagranicznych agentów i wszystkich, którzy mogli znać fakty. Burdett i Agronsky, jak powiedział pewien ich kolega, „byli zajęci podrzynaniem sobie nawzajem gardeł".

Nie robili tego jednak przez siedem dni w tygodniu. W niedzielne popołudnia angielscy i amerykańscy korespondenci spotykali się w parku, gdzie grali w softball i pili piwo. Burdett, który był miotaczem w amerykańskiej drużynie, wydał się Farnsworthowi Fowle'owi człowiekiem lubiącym zabawę, beztroskim, „świetnie pasującym do grupy". Inni, wśród nich Agronsky, uważali, że zachowuje dystans i jest tajemniczy. Okazał się jednak dostatecznie sympatyczny, by uczestniczyć w niedzielnych spotkaniach w parku, a on i Lea byli dobrymi kompanami w barze. Z pewnością nikt nie wątpił w jego inteligencję, ale było w nim coś dziwnego.

W CBS wszyscy wiedzieli, że Burdett dobrze robi to, co do niego należy. „Wielu ludzi ma dobre umysły drugiej klasy, tak jak ja – powiedział Fowle, były stypendysta Rhodesa. – Gdy jednak spotykasz kogoś z umysłem pierwszej klasy, takiego jak Winston, natychmiast dostrzegasz różnicę".

Burdett opisywał niemiecką inwazję na Grecję i kapitulację Jugosławii. Wykorzystał swe kontakty w Ankarze, żeby przedstawić przebieg antyfaszystowskiego zamachu stanu w Belgradzie, brutalnie stłumionego przez Niemców. To wszystko były jednak informacje z drugiej ręki. Burdett nie mógł wrócić do Jugosławii, skąd został wyrzucony, i na własne oczy zobaczyć, jak Wehrmacht bezlitośnie karze buntowników.

Mógł tego natomiast dokonać Cecil Brown.

Murrow zatrudnił Browna w lutym 1940 roku; nowy korespondent miał być wysłany do Włoch. Wcześniej Brown pracował w INS, agencji prasowej Hearsta, i dorabiał jako dziennikarz w CBS, ale nie występował na antenie. Pochodził z Pensylwanii, miał trzydzieści dwa lata i uwielbiał przygody. W wieku siedemnastu lat razem z bratem przepłynął kanu sześćset pięćdziesiąt kilometrów rzeką Ohio, z Wheeling w Wirginii Zachodniej do Cincinnati. Podobnie jak Sevareid – który na podobną wyprawę wyruszył sześć lat później – opublikował w lokalnej gazecie cykl artykułów o swojej podróży. Po trzecim roku studiów na Ohio State University uznał, że potrzebuje odpoczynku od nauki; ukrył się na statku pasażerskim płynącym do Ameryki Południowej i znowu opisał swoje przygody w serii artykułów.

Gdy w 1929 roku skończył studia, zaciągnął się jako marynarz na frachtowiec płynący na morza Śródziemne i Czarne. Po powrocie do Stanów postanowił spróbować dziennikarstwa; pracował jako reporter United Press i czterech gazet, nim w 1937 roku wrócił do Europy. Gdy został korespondentem CBS, cieszył się już reputacją twardego, energicznego i agresywnego dziennikarza. Zdaniem niektórych – zbyt agresywnego. Miał fatalny głos – chrypiał i seplenił – ale nadrabiał to znakomitymi reportażami.

Brown był wysoki, szczupły, miał orli nos i nosił wąsik przypominający szczoteczkę do zębów. Wyglądem przypominał Basila Rathbone'a. Był zachwycony stanowiskiem korespondenta CBS – do tego stopnia, że gdy spiker w Nowym Jorku, zapowiadając relację, źle wymówił jego imię, Brown nie tylko go nie poprawił, ale jeszcze, kończąc program, również wymówił swoje imię na angielską modłę i pozostał przy tej formie już do końca życia.

W innych sprawach zwykle nie był taki nonszalancki. Należał do tych dziennikarzy, którzy najwyraźniej muszą walczyć, żeby wiedzieć, że żyją. Nie cierpiał cenzury i cenzorów, niezależnie od sztandaru, pod którym służyli. We Włoszech Mussoliniego bez najmniejszego strachu walczył z ludźmi uzbrojonymi w niebieskie ołówki. Jeśli przegrywał w sporze, usiłował coś przemycić. Gdy dziesiątego czerwca 1940 roku Włochy przystąpiły do wojny, rozpoczął wieczorną relację od słów: „Dziś wieczorem Mussolini posłał Włochów na wojnę. Włosi nie chcieli tej wojny". Cenzorzy wkrótce oprzytomnieli i nie pozwolili mu powtórzyć tych zdań w następnych programach.

Brown nie skrywał niechęci do Mussoliniego. Pośpiesznie zmobilizowane oddziały włoskie stanowiły według niego „operetkową armię przygotowującą się do rzezi pod rozkazami Duce, okazującego tytaniczną pogardę dla własnego narodu". Gdy władze włoskie przekonały się, jak bardzo prawda może zaszkodzić, kilkakrotnie karały go zawieszeniem akredytacji. W kwietniu 1941 roku zakazały mu występowania na antenie, po czym deportowały go za "wrogie nastawienie do faszyzmu".

Gdy głównym miejscem akcji stały się Bałkany, Brown, pokonując wielkie trudności, przedostał się do Jugosławii – w samą porę, żeby relacjonować niemiecką inwazję. W pewien kwietniowy poranek we wstrząsających wiadomościach z Belgradu opisał początek blitzkriegu: "wycie sztukasów, rozerwane ciała, ulice zbryzgane krwią". Opowiedział, jak bombowce nurkujące zaatakowały Terazije, główny plac miasta, ostrzeliwując zgromadzonych tam ludzi z karabinów maszynowych, a ciężkie bombowce obracały w perzynę Belgrad, Sarajewo i inne miasta. To nie była wojna, tylko unicestwienie.

Brown przybył do Belgradu dwa dni przed niemieckim atakiem. Gdy zaczęła się rzeź, a hotel, w którym się zatrzymał, został zbombardowany, Cecil, podobnie jak inni korespondenci, postanowił uciekać. W ślad za antynazistowskim rządem pojechał do Sarajewa. Niemieckie samoloty bombardowały drogi i wsie, a pociski z pokładowych karabinów maszynowych trafiały w samochody i przeszywały ludzi.

W końcu Brown i amerykański attaché wojskowy, odłączywszy się od grupy, uciekli w góry. Wkrótce zostali zatrzymani przez niemieckich żołnierzy i odesłani do Belgradu. Brown spędził dziesięć dni internowany w hotelu, obserwując przez okno, jak z ruin wydobywano dziesiątki tysięcy ciał. Gdy Niemcy przekonali się, że jest amerykańskim korespondentem wojennym, nie zaś szpiegiem, zwolnili go i wyrzucili z kraju.

Relacje Browna o zniszczeniu Jugosławii, tak żywe, że niemal trudne do zniesienia, uczyniły zeń prawdziwego członka zespołu Murrowa. Gdy Niemcy wypuścili go z aresztu w Belgradzie, pojechał do Budapesztu, skąd wznowił nadawanie wiadomości. Następnie udał się do Ankary, żeby przed wyjazdem do Kairu zażyć kilkudniowego odpoczynku i spotkać się z Winstonem Burdettem.

Po szykanach, jakie musiał znosić ze strony cenzury państw osi, czuł ulgę na myśl, że teraz będzie nadawał, pozostając po alianckiej stronie. Nie wątpił, że pod łagodnym nadzorem władz brytyjskich nie będzie miał problemów z relacjonowaniem, jak naprawdę wygląda sytuacja w Afryce Północnej. Już po kilku dniach w Kairze przekonał się, że był bardzo naiwny.

Seria efektownych zwycięstw Anglików nad Włochami w Egipcie i Libii była tylko preludium do ciężkiego lania, jakie im sprawił niemiecki marszałek polny Erwin Rommel i jego Afrikakorps. W marcu 1941 roku Rommel przeprawił się przez Morze Śródziemne, żeby pośpieszyć z pomocą Włochom, których Anglicy wyparli z Egiptu daleko na zachód, aż do Bengazi w Libii. Brytyjczycy zdążyli zająć strategiczny port Tobruk, ale w tym momencie premier Winston Churchill nakazał wstrzymać ofensywę. Zgodnie z wywodzącym się z czasów I wojny światowej przekonaniem, że Bałkany stanowią „miękkie podbrzusze Europy", a tym samym są kluczem do pokonania Niemców, Churchill wysłał znaczne siły do Grecji i na Kretę, gdzie, podobnie jak w poprzedniej wojnie, poniosły katastrofalną porażkę. To ośmieliło Rommla do podjęcia ofensywy w Afryce Północnej. Niemcy zmusili Anglików do porzucenia Bengazi i oblegli Tobruk (który bronił się ponad rok). W ciągu zaledwie dziesięciu dni odzyskali tereny, które Anglicy zdobywali przez trzy miesiące.

W Kairze nikt nie wydawał się zainteresowany walką. Nie było zaciemnienia, a oficerowie angielskiego sztabu oddawali się przyjemnościom, jakby panował słodki pokój. Polo w Gezira Sport Club, krykiet w Mena House, popołudniowa whisky w mahoniowym barze „Shepheard's" nad Nilem. Żołnierze, którzy w walce z Rommlem stracili rękę lub nogę, nie byli tam mile widziani, gdyż tylko psuli radosną atmosferę. Równie niechętnie witano korespondentów wojennych, takich jak Cecil Brown.

Gdy Brown miał jeszcze złudzenia co do brytyjskich cenzorów, powiedział im, w stylu Murrowa, że zależy mu na tym, aby wojna stała się dla Amerykanów czymś rzeczywistym, żeby farmerzy w Kansas „zobaczyli i poczuli piach pustyni, zrozumieli, czym jest Suez". Cenzorzy łaskawie zaaprobowali jego koncepcję. Później jeden z nich określił Browna jako „człowieka, który przyjechał tu, żeby dramatyzować wojnę". Ale Brown raczej nie mógł jej dramatyzować, ponieważ angielskie władze wojskowe nie pozwalały mu opuścić Kairu, gdzie coraz częściej kłócił się z cenzorami.

Wreszcie, po prawie dwóch miesiącach od przyjazdu do Afryki Północnej, dostał zgodę na wyjazd na front – miał towarzyszyć angielskim oddziałom, które dwudziestego pierwszego czerwca zdobyły Damaszek. Tak się jednak złożyło, że dzień później Niemcy zaatakowali Związek Sowiecki. W pierwszej chwili Brown ucieszył się, że zmniejszy się nacisk na Wielką Brytanię, ale zaraz potem pomyślał: „To zaćmi całą relację z Damaszku. Ameryka ma teraz Syrię w nosie".

Larry LeSueur, który wciąż towarzyszył Murrowowi w Londynie, nie mógł dłużej wysiedzieć na miejscu. Uważał, że powinien jechać do Moskwy. Chciał zobaczyć wielki sowiecki eksperyment społeczny, nim Wehrmacht zepchnie go na śmietnik historii. LeSueur od dawna był zafascynowany tym, co Lenin i bolszewicy zrobili w Rosji. Nie był ani komunistą, ani socjalistą – właściwie nie miał określonych poglądów politycznych. W państwie sowieckim pociągał go ogrom i rozmach nagłej, radykalnej przebudowy wielkiego społeczeństwa.

LeSueur rozpaczliwie potrzebował nowego wyzwania. W tym okresie w Londynie niewiele się działo. O elokwentnych apelach Churchilla o amerykańską pomoc, rzadkich nalotach i oczywiście wytrwałej odwadze Anglików mówiono już dziesiątki razy, toteż Murrow – wspomagany przez Charlesa Collingwooda – mógł sobie świetnie poradzić bez LeSueura.

Murrow starał się go przekonać do rezygnacji z tego pomysłu. Wyjazd był piekielnie niebezpieczny, a walka zapewne się skończy, nim on dotrze na miejsce. Pożegnawszy już Billa Shirera, który odpłynął do Ameryki, Murrow prawdopodobnie nie chciał tracić drugiego bliskiego kompana. Jednak LeSueur postawił na swoim. W październiku 1941 roku, gdy Niemcy zbliżali się do Moskwy, pojechał do Greenock w Szkocji, gdzie wszedł na pokład HMS „Temple Arch", zardzewiałego frachtowca załadowanego trotylem, czołgami i butami dla Armii Czerwonej, który płynął do Archangielska.

Rejs frachtowcem z Anglii wzdłuż wybrzeży Norwegii do Archangielska może być nużący nawet przy sprzyjającej pogodzie i w okresie pokoju. W październiku, podczas wojny, na statku załadowanym materiałem wybuchowym, był przedsięwzięciem, o którym można by opowiadać wnukom – jeśli tylko zakończyłoby się pomyślnie. W ciągu tych zimnych, szarych dni wszyscy uczestnicy rejsu odczuwali na przemian nudę i strach. Morze Norweskie było rejonem łowieckim niemieckich okrętów podwodnych, które czyhały w pobliżu szlaków konwojów i zatapiały statki handlowe z dostawami dla Związku Sowieckiego oraz strzegące ich niszczyciele i poławiacze min.

LeSueur i jeszcze dwaj amerykańscy korespondenci na pokładzie „Temple Arch" – Walter Kerr z „New York Herald Tribune" i Eddy Gilmore z AP – zostali wciągnięci do służby: codziennie stali na warcie, wypatrując niemieckich okrętów podwodnych. Na wypadek nocnego ataku torpedowego spali w ubraniach. Gdy jeden z nich nerwowo spytał kapitana, jak długo statek utrzyma się na powierzchni, jeśli zostanie trafiony, usłyszał w odpowiedzi: „Nie chodzi o to, jak długo utrzyma się na powierzchni, tylko jak wysoko poleci".

Po trzech szarpiących nerwy tygodniach na morzu statek wreszcie zawinął do Archangielska. Dla LeSueura i jego kolegów to był dopiero początek przygody. Dowódca garnizonu Armii Czerwonej stwierdził, że nie ma wystarczającej władzy, żeby zezwolić im na podróż pociągiem do Moskwy. Nie wiedział nawet, że mają przypłynąć. Gdy LeSueur wyobraził sobie powrót do Wielkiej Brytanii tą samą drogą, jaką przybyli, zdecydował się na blef. Wyciągnął z kieszeni kawałek papieru i pomachał nim przed oczami zaskoczonego komendanta.

„To list od Józefa Stalina! – krzyknął po angielsku. – Zostaliśmy zaproszeni do Moskwy, żeby napisać o wielkim wysiłku wojennym Armii Czerwonej. Amerykanie chcą wiedzieć, jak Armia Czerwona walczy z Hitlerem. I Stalin uważa, że wiadomości o tym powinny do nich dotrzeć. Czy chce pan uniemożliwić realizację jego planów?"

Komendant zrezygnował z dalszej dyskusji i szybko chwycił za słuchawkę telefonu. Kilka godzin później LeSueur, Gilmore i Kerr jechali pociągiem do Moskwy.

Konduktor uprzedził ich, że podróż będzie trwać około tygodnia, dlatego wzięli ze sobą odpowiednią ilość jedzenia i czajnik. Nie mieli rubli i nie mówili po rosyjsku. Zresztą pewnie nie pomyśleliby o tym, żeby się zaopatrzyć na drogę, gdyby nie doradził im tego kapitan „Temple Arch". Pociąg jechał na południe w stronę Moskwy, później nieoczekiwanie skręcił na wschód, znów na południe i znów na wschód. Czasami zatrzymywał się na wiele godzin. Podróż przeciągała się. Minęły dwa tygodnie i wciąż nie było widać końca. W tym czasie już ściśle racjonowali żywność. Na postojach uprawiali handel wymienny z chłopami: szczotka do włosów lub kawałek mydła za bochenek chleba lub za kurczaka. Wkrótce nie mieli już nic na wymianę, a zrobiło się zimno.

Po siedemnastu dniach pociąg zatrzymał się na dobre. Gdy pasażerowie wysiedli, przekonali się, że zamiast do Moskwy przybyli do Kujbyszewa, osiemset pięćdziesiąt kilometrów od niej na wschód. Korespondentom oświadczono, że mają tu zostać, ponieważ Moskwa jest otoczona przez wojska hitlerowskie. Okazało się, że pociąg najpierw pojechał przez Ural na Syberię, a następnie ponownie pokonał góry i dotarł właśnie do Kujbyszewa, dokąd przeniósł się rząd sowiecki, a wraz z nim wszyscy zagraniczni dyplomaci i dziennikarze.

Zdrawstwujtie, amierikanskije druzja! Witamy w Kujbyszewie!

Wściekle głodny LeSueur pobiegł prosto do jedynego hotelu w mieście, z dużą przesadą nazwanego „Grand", gdzie zamówił boeuf Stroganow. To miał być jego pierwszy prawdziwy posiłek od trzech tygodni. Już miał zacząć jeść, gdy brytyjski korespondent, który przysiadł się do niego, wskazał oba talerze i wrzasnął na kelnera: „Ile razy mam powtarzać, żeby jedzenie podawać ciepłe?!" Ku rozpaczy wygłodzonego LeSueura, gotowego już wbić widelec w pierwszy kęs, kelner zabrał talerze. Minęła godzina, nim zobaczyli je ponownie. „Byłem już bliski szaleństwa" – wspominał LeSueur.

Upłynęło trochę czasu, nim zrozumiał, dlaczego korespondenci zagraniczni przebywający w Kujbyszewie stale narzekali na fatalne warunki życia i pracy. Początkowo, po trzytygodniowym rejsie po mroźnym Morzu Północnym, w nieustannym strachu przed okrętami podwodnymi, oraz siedemnastodniowej podróży pociągiem bez dostatecznych zapasów jedzenia, Kujbyszew i Grand Hotel wydały mu się całkiem przyjemne. Dopiero gdy zaczął pracować, pojął, jak beznadziejna jest ich sytuacja.

Korespondenci tkwili w Kujbyszewie, kłócili się z cenzorami i między sobą, a tymczasem setki kilometrów dalej toczyła się bitwa o Moskwę – najważniejsze w tym czasie wydarzenie na świecie. Jedynymi źródłami „wiadomości" były oficjalne komunikaty, zwykle całkowicie pozbawione treści, oraz odbywające się dwa razy w tygodniu konferencje prasowe, na których rzecznik rządu zręcznie odpierał wszelkie próby wybadania, co się naprawdę dzieje. Jeśli – choć graniczyło to z nieprawdopodobieństwem – komuś udawało się samodzielnie czegoś dowiedzieć, cenzura natychmiast zakazywała rozpowszechniania informacji. LeSueur wysłał do Paula White'a depeszę, w której napisał, że Sowieci traktują korespondentów „jak książęta". Cenzorzy podziękowali mu za uprzejmość. „Nie powiedziałem im – dodał LeSueur – że miałem na myśli «jak książęta podczas rewolucji»".

Większość amerykańskich dziennikarzy, którzy relacjonowali wydarzenia wojenne, narzekała na cenzurę i inne formalne ograniczenia, ale nigdzie nie były one tak ostre jak w Związku Sowieckim. Jeśli front rosyjski był najważniejszy, a mimo to najmniej o nim pisano, działo się tak z winy totalitarnego rządu sowieckiego. Cokolwiek korespondenci chcieli zrobić – przeprowadzić wywiad z generałem, porozmawiać z kimś na ulicy, odwiedzić szkołę, fabrykę, dom, wyjechać poza miasto, w tym oczywiście na front – musieli mieć na to zezwolenie. Ich podania zwykle załatwiano odmownie, zwłaszcza jeśli władze obawiały się, że relacja może przedstawić w niekorzystnym świetle sowiecki wysiłek wojenny. (W jednym z londyńskich programów Murrow ironicznie zauważył: „Rosjanie uważają wojnę za sprawę zbyt ważną, żeby rozmawiać o niej z cudzoziemcami"). Sytuacja była dostatecznie trudna nawet w Moskwie – przed niemieckim oblężeniem i po nim – lecz w porównaniu z Kujbyszewem mogłaby się wydawać wspaniała. Tam, jeśli korespondentowi udawało się zdobyć moskiewską gazetę, pochodziła sprzed co najmniej trzech dni.

Miasto, dawniej zwane Samarą, wyrosło na miejscu warowni zbudowanej w 1586 roku w celu ochrony szlaku handlowego wzdłuż Wołgi. Wkrótce stało się punktem docelowym karawan z Chin i Indii. W 1935 roku Sowieci oficjalnie zmienili nazwę miasta na Kujbyszew i zaczęli przekształcać je w jeden ze stalinowskich ośrodków przemysłowych. Larry LeSueur i jego koledzy mieli jednak wrażenie, że wciąż jest ono bliższe XVI niż XX wiekowi. Tymczasowa stolica Związku Sowieckiego była prymitywnym, zatłoczonym miastem, gdzie pijacy kulili się w rynsztokach, żeby schować się przed ciągnącymi znad Syberii wiatrami, a po zaśnieżonych ulicach sunęły karawany wielbłądów z Turkiestanu. Sześć miesięcy spędzonych w Kujbyszewie było trudnym egzaminem nawet dla niewymagającego LeSueura, który w tym czasie często chorował na grypę i dyzenterię.

W Londynie wprawdzie niewiele się działo, ale przynajmniej życie miało swoje uroki: kolacja w „L'Étoile", drinki w „Savoyu", golf z Murrowem, przyjęcia, kobiety. W Kujbyszewie można było zjeść obiad w jadalni Grand Hotelu, gdzie jedynym dostępnym daniem z wymyślnego menu był boeuf Stroganow, za całą zaś rozrywkę musiały starczyć niekończące się partie pokera z niezadowolonymi dziennikarzami. No i nie było żadnych kobiet. Na pokładzie „Temple Arch" LeSueur i Kerr zabijali godziny, rozmawiając o pięknych młodych tłumaczkach, jakie podobno KGB zapewniał korespondentom. Tłumaczka LeSueura w Kujbyszewie była otyłą matroną w średnim wieku. A i tak mógł się uważać za szczęściarza, ponieważ Walterowi Kerrowi przydzielono sześćdziesięcioletniego weterana Armii Czerwonej imieniem Oskar.

LeSueur był pierwszym amerykańskim korespondentem radiowym, który „regularnie" nadawał wiadomości z Rosji, tak przynajmniej twierdził dział promocji CBS. Ale czy rzeczywiście regularnie? W połowie przypadków jego relacje w ogóle nie docierały do Nowego Jorku; czasami Amerykanie odbierali tylko część tekstu. Kłopoty z łącznością nie były nowiną dla żadnego korespondenta, lecz LeSueur i jego następca w Rosji, Bill Downs, mieli zapewne najgorsze doświadczenia. A jeszcze zanim w ogóle podjęli próbę nadania wiadomości, musieli pokonać ciężkie przeszkody.

LeSueur zwykle pisał relacje wczesnym wieczorem, po czym szedł do cenzury pięć kilometrów na mrozie ulicami zasypanymi śniegiem. Po kolejnej bitwie wracał do hotelu się przespać. O trzeciej w nocy (dziewiętnastej czasu nowojorskiego), gdy temperatura spadała do minus dwudziestu stopni lub jeszcze niżej, wyruszał do studia, żeby o czwartej nadać wiadomość. W Kujbyszewie brakowało samochodów, więc znowu musiał iść pieszo, w kożuchu z postawionym kołnierzem, aby osłonić nos i usta. To była ryzykowna droga o długości jednego kilometra przez zaciemnione ulice. Jeśli szedł chodnikiem, musiał uważać na otwarte włazy do kanałów. Jeśli szedł jezdnią, musiał przebijać się przez zaspy.

A co z tego miał? Pewnego pamiętnego dnia otrzymał depeszę od Paula White'a, który zawiadamiał, że od miesiąca nie odebrali od niego żadnej wiadomości. Innym razem prezenter CBS John Charles Daly oznajmił słuchaczom w Nowym Jorku: „Dowiedzieliśmy się, że po wielu próbach, podejmowanych od pewnego czasu, dziś może uda nam się usłyszeć bezpośrednią relację Larry'ego LeSueura z Kujbyszewa". Szum był jednak taki, że ledwie dało się zrozumieć słowa reportera. Relacja została przerwana w połowie zdania.

Gdy Niemcy musieli wycofać się spod Moskwy, rosyjskie władze wreszcie pozwoliły korespondentom zagranicznym przenieść się do stolicy oraz – cud nad cudy – pojechać na front, a właściwie w pobliże frontu. W Związku Sowieckim nigdy nie zezwalano reporterom przyglądać się walce. Gdy Rosjanie już zdobyli jakiś teren, korespondentów przywożono tam na wycieczkę: mogli zobaczyć pole bitwy, zdobyte fortyfikacje, przeprowadzić wywiad ze zwycięskim generałem lub z nieszczęsnymi niemieckimi jeńcami. Jeśli mieli szczęście, mogli usłyszeć kanonadę, ale zawsze z bezpiecznej odległości.

Mimo wszystko – uważał LeSueur – było to lepsze od Kujbyszewa, a przynajmniej byłoby, gdyby te cholerne wiadomości docierały do Nowego Jorku. Gdy wreszcie przyjechał do Moskwy i opisał, że mimo dwumiesięcznego oblężenia miasto jest stosunkowo mało zniszczone, Nowy Jork nie odebrał relacji. Jej los podzielił też reportaż z pierwszego wyjazdu na front, ale tym razem korespondentowi udało się przesłać tekst depeszą – zwykle było to równie trudne jak nadanie programu – i John Daly odczytał jego słowa.

LeSueur opisał surrealistyczną scenę: zmarznięte zwłoki Niemców, ze sztywnymi ramionami wyciągniętymi do nieba, czarne, zwęglone szkielety wiejskich domów na tle pejzaży jak z bożonarodzeniowych kartek. Innym razem wśród porzuconych niemieckich czołgów znalazł w śniegu puste butelki po szampanie z napisem: „Tylko dla Wehrmachtu". To był Pommery z Reims, taki sam, jaki pił dwa lata wcześniej z angielskimi lotnikami we Francji, żeby przełamać nudę w trakcie „dziwnej wojny".

Gdy w ciągu 1942 roku gigantyczny front przesuwał się raz w jedną, raz w drugą stronę, korespondentów przerzucano z Moskwy do Kujbyszewa i z powrotem. Nigdy nie udało się im wyjechać do oblężonych miast – Leningradu i Stalingradu. Gdy LeSueur chciał zrobić reportaż o bitwie pod Stalingradem, będącej punktem zwrotnym w walkach na Wschodzie, musiał skorzystać z opowieści amerykańskiego pilota, który wykonał lot obserwacyjny nad dymiącymi ruinami.

W ciągu rocznego pobytu w Związku Sowieckim LeSueur bywał sfrustrowany i chory, czasami zły, często znudzony. Mimo to podobali mu się Rosjanie, ich hart ducha podczas bitwy pod Stalingradem, ich żywiołowość i miłość ojczyzny. Słowo *rodina* znaczy dla Rosjan o wiele więcej niż tylko „kraj", a tym bardziej „rząd".

Gdy w maju 1942 roku amerykańscy i angielscy korespondenci przenieśli się na stałe do Moskwy, LeSueur zamieszkał w hotelu „Metropol" i zaprzyjaźnił się z paru Rosjanami, którzy ośmielili się zlekceważyć zakaz utrzymywania bliskich stosunków z cudzoziemcami. Miał nawet rosyjską przyjaciółkę – Katię. Nauczył się, jak powiedział, oceniać ludzi na podstawie ich twarzy i myśli, nie zaś nędznych ubrań. LeSueur sam stopniowo wyglądał coraz bardziej jak Rosjanin. Przez wiele dni chodził w tej samej koszuli, tygodniami nie prasował garnituru, pozwalał, żeby jego buty były tak mocno porysowane jak buty rosyjskich robotników. Choć był daleki od komunistycznej ideologii, pobyt w Związku Sowieckim wywarł na niego spory wpływ. Podziwiał Rosjan, którzy mimo nędzy i represji potrafili w pełni cieszyć się życiem. Teraz rozumiał rosyjski aforyzm: „Miej serce i duszę, cała reszta to chwilowa moda".

LeSueur przyjechał do Rosji, żeby zapoznać się z wielkim sowieckim eksperymentem, ale najwięcej dowiedział się o serdeczności i nieograniczonej wytrzymałości rosyjskiego ducha. Oraz wiele o sobie samym.

ROZDZIAŁ JEDENASTY

OSTATNI POCIĄG Z BERLINA

Na początku lata 1941 roku wielu Niemców sądziło, że opowieści o niezłomności Rosjan są wręcz śmieszne. Z miesięcznym opóźnieniem spowodowanym przez kampanię na Bałkanach oddziały Hitlera przekroczyły w czerwcu granicę Związku Sowieckiego. Naziści twierdzili, że jeszcze przed Bożym Narodzeniem pokonają przeciwnika. Gdy jednak jesienią tego roku ofensywa w Rosji utknęła, a Anglicy wzmogli bombardowanie Berlina, Niemcy stracili pewność siebie; słychać było gniewne narzekania i pretensje.

Jeśli Shirer, wyjeżdżając rok wcześniej do Stanów, uważał, że sytuacja w Berlinie jest trudna, powinien był zobaczyć to miasto jesienią 1941 roku. Amerykanie, których rząd wciąż nominalnie zachowywał neutralność, byli zaczepiani na ulicach i w restauracjach, zdarzały się również pobicia. Nerwowi dyrektorzy hoteli żądali, żeby amerykańscy dziennikarze się wyprowadzili. Cenzorzy darli w strzępy artykuły prasowe i teksty programów radiowych. Niemieccy urzędnicy raz po raz przypominali korespondentom o aresztowaniu w marcu tego roku Richarda C. Hotteleta, młodego dziennikarza United Press, podejrzanego o szpiegostwo. „Hottelet to dopiero początek – powiedział dyrektor wydziału prasy zagranicznej pewnemu reporterowi. – Wkrótce dopadniemy następnych".

Howard K. Smith, nowy korespondent CBS w Berlinie, dobrze pamiętał o losie Hotteleta, ponieważ przez pewien czas byli kolegami w berlińskiej sekcji UP. Pracował w biurze tego ranka, gdy nagle pojawili się gestapowcy i przewrócili wszystko do góry nogami. Oszołomiony Smith mógł tylko zgadywać, o co chodzi. Odpowiedź nadeszła z oficjalnej niemieckiej agencji prasowej, która doniosła o aresztowaniu Hotteleta w jego mieszkaniu kilka godzin wcześniej. Z wyjątkiem gestapo nikt nie sądził, że jest on szpiegiem. Hottelet był po prostu agresywnym, odważnym reporterem, który lubił Niemców, ale – jak sam mówił – „cholernie nienawidził nazistów" i specjalnie się z tym nie krył. Aresztowanie go miało być niewątpliwie ostrzeżeniem dla innych amerykańskich korespondentów.

Po tym incydencie dwudziestosześcioletni Howard Smith czuł się szczególnie zagrożony. Na pierwszy rzut oka ten były stypendysta Rhodesa wydawał się archetypem wytwornego dżentelmena z Południa. Wysoki, szczupły, przystojny, mówił z akcentem z Luizjany i miał łagodne maniery. Tymczasem w szkole był zapalonym lewakiem, a doświadczenia w Berlinie pod władzą Hitlera bynajmniej nie utemperowały jego charakteru. Smith cierpiał na ostry przypadek „berlińskiego bluesa", kilka razy sam wdawał się w awantury z niemieckimi urzędnikami, a raz obraził rzecznika prasowego rządu. Kłócił się nawet z Hotteletem i innymi kolegami z UP. Teraz uznał, że dla jego zdrowia psychicznego – a nawet bezpieczeństwa – lepiej będzie, jeśli opuści Niemcy.

Wiosną Smith zrezygnował z pracy w UP i zwrócił się do niemieckich władz o pozwolenie na wyjazd. Kilka dni później, gdy jeszcze czekał na wizę wyjazdową, wstąpił do ulubionej księgarni i zauważył, że z wystawy zniknęła reklama tomu rosyjskich opowiadań. W ostatnich tygodniach dużo mówiono o możliwości wojny z Rosją, toteż zmianę witryny Smith uznał za sygnał, że coś się dzieje. Odstąpiwszy od dotychczasowych planów, zwrócił się do Harry'ego Flannery'ego z CBS z pytaniem, czy jego wcześniejsza oferta pracy jest jeszcze aktualna. Była.

Flannery, następca Shirera w Berlinie, przyjechał ze Stanów kilka miesięcy wcześniej. Wybrał go Paul White, lecz wybór okazał się chybiony. Ten były prezenter ze Środkowego Zachodu niewiele wiedział o Niemczech, nie znał niemieckiego i często dawał się zwodzić nazistom. White przyznał, że popełnił błąd – który wydawał się wyjątkowo rażący w zestawieniu z trafnymi decyzjami personalnymi Murrowa – kazał Flannery'emu znaleźć następcę i wracać. Przynajmniej z tym ostatnim poleceniem Flannery dobrze sobie poradził: znalazł Howarda K. Smitha.

Howard Kingsbury Smith junior urodził się w zakurzonym, hałaśliwym mieście Ferriday w Luizjanie. Przez wszystkie swoje młode lata uparty i samowolny, rzadko powstrzymywał się przed rzucaniem wyzwania wszelkiej władzy. Już jako mały chłopiec denerwował matkę, gdy wbrew zakazom bawił się z czarnymi dziećmi. To był jeden z jego pierwszych buntów. Odrzucał omszałe tradycje i zwyczaje dawnego Południa, tak drogie rodzinie jego ojca.

Smithowie byli w stanie podać swoją arystokratyczną genealogię od 1640 roku, kiedy to ich protoplasta przyjechał z Anglii do Wirginii. Dziadek Howarda Smitha był panem Lettsworth, wielkiej plantacji w Pointe Coupee Parish w Luizjanie, kilka kilometrów od Missisipi. Na przełomie wieków sytuacja materialna rodziny nagle się pogorszyła i dziadek stracił plantację. Howard, młodszy z dwójki dzieci, mieszkał początkowo w maleńkim domku, nieco w dół rzeki od Lettsworth.

Jego ojciec, Howard senior, który wychował się na plantacji, nigdy nie dostosował się do nowych warunków. Czarujący, nieodpowiedzialny, łagodny nieudacznik ciągle zmieniał pracę; przez pewien czas był konduktorem Texas and Pacific Railroad. Jego piękna żona wkrótce nie czuła do niego nic poza pogardą, a młodszy syn i imiennik w znacznej mierze podzielał jej nastawienie. Po trzech latach w Ferriday rodzina przeprowadziła się do Monroe, a później do Nowego Orleanu.

Howard junior nie lubił tego miasta. Uważał, że jest „niedbałe" i „beztroskie" jak jego ojciec. W tym czasie buntował się praktycznie przeciw wszystkiemu: szkole, rodzinie, Południu. Dopiero w przedostatniej klasie szkoły średniej, w środku Wielkiego Kryzysu, zrozumiał wreszcie, że idzie tą samą drogą donikąd, którą przez całe życie szedł ojciec. Młody Howard postanowił, że pora zmienić kurs. Nastąpiła radykalna zmiana: ponury chłopak z kiepskimi stopniami skończył szkołę z wyróżnieniem, został starostą rocznika, gwiazdą drużyny lekkoatletycznej i zdobył stypendium Tulane University.

Na studiach, mimo stypendium i różnych dorywczych prac, Smith był za biedny, żeby kupować książki; musiał pożyczać je od kolegów. Szczupły, ale mocno umięśniony, należał do drużyny lekkoatletycznej, później objął funkcję jej kapitana. Startował w biegach przez płotki. Podczas mistrzostw Południa w 1936 roku zajął drugie miejsce, przegrywając tylko z Forrestem Townsem, który w tym samym roku zdobył złoty medal na igrzyskach olimpijskich w Berlinie w biegu na sto dziesięć metrów przez płotki. Smith ustanowił rekord uniwersytetu, który został poprawiony dopiero po czterdziestu latach. Na ostatnim roku był starostą całego rocznika.

Należał również do studenckiej korporacji, ale gdy zwerbował kolegę z drużyny lekkoatletycznej, korporacja nie zgodziła się go przyjąć, ponieważ był Żydem. Rok później Smith znalazł „wzorcowego nordyka" – syna norweskiego kapitana statku i również kolegę z drużyny. Koledzy z korporacji i tym razem powiedzieli „nie", ponieważ kandydat był synem robotnika. „Boże! – wykrzyknął Smith. – Ja jestem synem robotnika, który jest bezrobotny!" To coś innego – wyjaśnili mu. Ty masz wysoką pozycję na kampusie, a twój ojciec pochodzi ze znakomitej południowej rodziny. Smith opuścił siedzibę korporacji i już nigdy tam nie powrócił.

Zresztą styl życia uprzywilejowanych kolegów i tak przestał mu już odpowiadać. Coraz więcej czasu spędzał w towarzystwie studentów z organizacji socjalistycznej i intensywnie przygotowywał się do zawodu korespondenta zagranicznego. Nauczył się francuskiego i niemieckiego oraz zdobył letnie stypendium rządu niemieckiego, dzięki czemu mógł odwiedzić uniwersytet w Heidelbergu. W maju 1936 roku skończył studia w Tulane z najwyższymi wyróżnieniami oraz kluczem Phi Beta Kappa. Już kilka dni później wyruszył do Niemiec – przepłynął Atlantyk, pracując jako marynarz na frachtowcu.

Na miejscu zdumiał go wściekły militaryzm Niemiec oraz beztroski brak reakcji innych państw. Wykłady, na które chodził w Heidelbergu, niewiele się różniły od nazistowskiej propagandy. Jesienią wrócił do Nowego Orleanu, ale chciał jak najszybciej znowu pojechać do Europy, żeby obserwować rozwój zdarzeń. To stało się możliwe dzięki stypendium Rhodesa. Smith przez kilka miesięcy zwiedzał Niemcy, po czym udał się do Oksfordu. Nawet tam nie mógł na dłużej oderwać się od kraju, którym gardził: w czasie przerw w nauce jeździł do Niemiec, żeby podsycić swój antynazistowski zapał. „Nic nie mogło sprawić, żebym bardziej nienawidził nazizmu, lękał się go i gorąco pragnął zniszczyć, niż osobiste zakosztowanie jego atmosfery" – napisał później. Latem przed rozpoczęciem studiów w Oksfordzie wylądował nawet na kilka godzin w niemieckim areszcie, ponieważ złapano go w pobliżu granicy niemiecko-duńskiej z antynazistowską gazetą, którą kupił w Kopenhadze.

Smith przeżył kolejny szok, gdy z rozgorączkowanych, wojowniczych Niemiec trafił do spokojnego, dalekiego od rzeczywistości Oksfordu. Gardził wszystkim, co później tak podobało się Charlesowi Collingwoodowi – popołudniowymi herbatkami i sherry, kolacjami w wieczorowych strojach, łagodną i usypiającą pewnością, że nic nigdy nie zburzy tego idealnego świata klas wyższych. Już pierwszego wieczoru po przyjeździe pijany Smith pouczał na przyjęciu kilku studentów, jakim zagrożeniem jest Hitler. Wyśmiali go i wyniośle upomnieli, żeby nie traktował „tej sprawy" tak poważnie. Smith krzyknął, że pewnego dnia jeszcze pożałują swego samozadowolenia, po czym wytoczył się na ulicę i zwymiotował.

Wkrótce odkrył inny Oksford, złożony z młodych Anglików, którzy myśleli podobnie jak on. Jego nowi przyjaciele w większości byli socjalistami i marksistowskimi zelotami, nie mieli grosza przy duszy i żarliwie przeciwstawiali się angielskiej polityce ustępstw wobec Hitlera. Należeli do najbardziej politycznie zaangażowanego pokolenia studentów Oksfordu, które później – na dobre czy złe – ukształtowało powojenną Anglię. „Oksford był wtedy wspaniałym miejscem dla młodych. Panowała tam taka atmosfera jak w pierwszych dniach rewolucji francuskiej" – powiedział bliski przyjaciel Smitha w Oksfordzie, były komunista Denis Healey, który później przeniósł się do Partii Pracy i został ministrem finansów.

Smith był zapalonym członkiem oksfordzkiego Labour Club, związanego z Partią Pracy, oraz jednym z głównych tamtejszych rewolucjonistów. Przyłączył się do grupki studentów, którzy rankiem malowali na murach i chodnikach antyrządowe slogany – na przykład „Chamberlain musi odejść". Brał udział w demonstracjach na Trafalgar Square i przed Parlamentem. Pikietował 10 Downing Street, z plakatami zawieszonymi na piersi i plecach, wykrzykując wraz z innymi: „Wyrzucić tych łajdaków!" Łamał przy tym brytyjskie prawo – wcześniej podpisał zobowiązanie, że nie podejmie żadnej działalności, płatnej lub ochotniczej – ale bardzo mu się to podobało. „Nigdy w życiu tak dobrze się nie bawiłem, ani przedtem, ani potem" – powiedział.

Bawił się tak dobrze, że niemal porzucił studia i zajmował się wyłącznie Labour Club. Pod koniec drugiego roku został jego prezesem – był pierwszym Amerykaninem wybranym na to stanowisko. Podróżował po całym kraju, organizował demonstracje i marsze, wygłaszał przemówienia, wciągał do organizacji innych studentów. Gdy jednak wojna wisiała już w powietrzu, uznał, że uprawianie polityki na uniwersytetach, nawet w gorącym stylu Labour Club, to za mało. W dniu wybuchu wojny otrzymał posadę w londyńskim biurze United Press i po trzech miesiącach został wysłany do Berlina. Niecały rok później zaczął pracować w CBS.

Smith nie czuł strachu przed mikrofonem. Miał dobry głos, mówił z eleganckim, południowym akcentem, a w UP przywykł do zwięzłego spisywania wiadomości. Co ważniejsze, umiał uwzględniać szczegóły, które Murrow tak bardzo lubił. Problemem było natomiast pokonanie nazistowskiej cenzury i innych form nacisku. Smith nie dostał zgody na wyjazd na front. Gestapo zarekwirowało maszyny do pisania z jego biura i studia, wobec czego musiał pożyczyć od przyjaciela starą maszynę bez kilku czcionek. Warunki życia pogorszyły się tak bardzo, że Smith, co sam stwierdzał, wyglądał bardziej jak niemiecki żebrak niż amerykański korespondent.

Starał się wytrwać możliwie najdłużej, ale gdy podczas rosyjskiej zimy niemieckie wojska utknęły na froncie wschodnim, czuł, że nie przekazuje Amerykanom prawdy nawet w przybliżeniu. W listopadzie po raz kolejny wyczerpała się jego cierpliwość. Po szczególnie ostrej awanturze z cenzorami zawiadomił Paula White'a, że biuro CBS w Niemczech zostało zamknięte, ale naziści nie chcą wypuścić go z kraju. Gdy sieć i rząd amerykański zmagały się z Niemcami, Smith musiał biernie czekać, bojąc się, że w każdej chwili może zostać aresztowany tak jak Dick Hottelet.

Jakby sytuacja była nie dość skomplikowana, Smith na dokładkę zakochał się w dziewiętnastoletniej Dunce, rudowłosej Benedicte Traberg, pięknej i upartej dziennikarce z dołeczkami w policzkach, która pracowała w berlińskim biurze największej duńskiej gazety. Poznali się w listopadzie, akurat gdy on został uznany za *persona non grata*, a Bennie, jak ją nazywał, szykowała się do wyjazdu do Sztokholmu, gdzie miała zostać korespondentką swojego dziennika. Smith oświadczył się cztery dni po pierwszym spotkaniu. Bennie wyjechała z Berlina niecałe trzy tygodnie później – udała się do Danii, żeby poprosić ojca o zgodę na ślub.

Piątego grudnia Niemcy wreszcie wydali Smithowi wizę wyjazdową – w ostatniej chwili. Tego wieczoru podszedł do niego niemiecki znajomy, który często przekazywał mu różne informacje, a wcześniej próbował ostrzec Hotteleta, iż grozi mu aresztowanie. „Drogi Smith – powiedział – na pana miejscu wyjechałbym z Niemiec tak szybko, jak tylko jest to możliwe".

Dwa dni później pijany Howard K. Smith udał się na dworzec, z biletem do Berna w kieszeni. Odprowadzali go równie pijani niemieccy znajomi i nieliczni amerykańscy korespondenci. Na dworcu kontynuowali pożegnalne przyjęcie – otworzyli butelkę cennego szampana i śpiewali na cztery głosy *Old Folks at Home* i *Lili Marleen*. Smith tak dobrze się bawił, że chciał przełożyć wyjazd na następny dzień. Znajomi byli może równie pijani, ale jeszcze nie zwariowali: wsadzili go do wagonu i pomachali mu na pożegnanie.

Smith wyjechał siódmego grudnia 1941 roku. W pociągu mógł wreszcie się rozluźnić. Bennie miała czekać na niego w Bernie i Smith cieszył się z ponownego spotkania. Nie wiedział, że władze okupowanej Danii nie pozwolą jej wyjechać, a Japonia zaraz zaatakuje Pearl Harbor.

W Bernie zupełnie oszołomiły go miejskie światła. Blask latarni sprawił, że „chichotał jak trzynastoletnia dziewczynka, która po raz pierwszy włożyła dwuczęściowy kostium kąpielowy". Ubrany w zniszczony garnitur i brudny kapelusz z wykrzywionym rondem, godzinami włóczył się po ulicach, często idąc nie po chodniku, tylko środkiem jezdni. Cały czas się uśmiechał. Światła! Światła!

Przechodnie na pewno brali go za wariata. Nic nie wiedzieli! „Pokój, bracie, to coś wspaniałego! – napisał kilka miesięcy później. – Pokój jest niewiarygodny. Nikt nie może ci wyjaśnić, co to takiego. Jeśli chcesz pokochać pokój tak, jak na to rzeczywiście zasługuje, musisz spędzić dwa lata w zaciemnionym Berlinie, nie mając tam nic do roboty, a potem nagle wyjechać do Szwajcarii". To była wspaniała grudniowa noc wypełniona światłami. Dopiero gdy dotarł do hotelu, dowiedział się, że Japończycy zaatakowali Pearl Harbor i wszyscy amerykańscy korespondenci, z którymi niedawno się żegnał, zostali internowani.

Smith wyjechał ostatnim pociągiem z Berlina przed przystąpieniem Stanów Zjednoczonych do wojny.

Tej nocy światła paliły się również w Waszyngtonie. Siedząc przed swym mikrofonem w gorączkowej atmosferze pokoju prasowego w Białym Domu, Eric Sevareid obserwował, jak dziennikarze pośpiesznie mijają się w drzwiach gabinetu sekretarza prasowego. Pomyślał o dziwnym i trudnym roku, jaki miał za sobą, i uśmiechnął się. Ameryka nie stała już dłużej na uboczu. Czuł, że wydarzenia potwierdziły słuszność jego decyzji. To była dobra noc.

Sevareid został wysłany do Waszyngtonu po wielkiej wrzawie promocyjnej związanej z jego powrotem z Londynu. Był zaskoczony tym, jak wielu Amerykanów sprzeciwiało się zaangażowaniu Stanów Zjednoczonych w wojnę, ale szybko przekonał się, że Waszyngton jest jeszcze gorszy. Stolica, „ten zielony senny park – jak to sam określił – to czyste i starannie przystrzyżone przedmieście kraju", całkowicie odizolowane od rzeczywistości, nie była w stanie pojąć znaczenia chaosu ogarniającego cały glob.

Sevareid gardził broniącymi izolacjonizmu senatorami i kongresmanami, którzy podczas relacjonowanych przez niego przesłuchań wypowiadali się na temat pomocy Stanów Zjednoczonych dla Wielkiej Brytanii. „Żujące tytoń, splamione szmalem, napchane ropuchy – tak ich opisywał. – Tonąc w licznych podbródkach, śpią w trakcie przemówień innych, po czym unoszą swoje niemrawe cielska, żeby wyrzucić z ust stare, podłe banały o królu Jerzym III, długach wojennych [...] i «dekadenckiej Francji»". Sevareid ostro się kłócił z przedstawicielami administracji, starymi przyjaciółmi i innymi dziennikarzami. Nie mógł pojąć, dlaczego waszyngtońscy dziennikarze są tacy zadowoleni z siebie, tacy spokojni, tacy odizolowani od świata jak politycy z Kapitolu. Inni reporterzy uważali natomiast, że Sevareid jest arogancki i zanadto się przejmuje. „Proszę zrobić przejście dla ko-men-ta-to-ra! – krzyknął ktoś, gdy Sevareid wszedł do pokoju prasowego w Białym Domu. – Przejście dla speca od ideologii, który wszystko widzi, wszystko wie i nie mówi *nuthin*'!"

W swoich programach Sevareid powinien być „obiektywny" i „neutralny", ale jak miał zachować taką postawę, gdy na szali była przyszłość kraju? Niemal każda wypowiedź na antenie w ciągu pierwszego roku po powrocie do Stanów powodowała protesty dyrektorów lokalnych stacji radiowych oraz skargi kongresmenów i senatorów, rozgniewanych na „uprzedzonego agitatora", którego CBS przysłała do Waszyngtonu. Paul White często karcił go za wyrażanie własnych opinii.

W Londynie Murrow mógł mówić o – jak to nazywał – „sprawie", czyli o tym, jak rozpaczliwie Wielka Brytania potrzebuje amerykańskich maszyn i pilotów, po czym dodawał: „Nie jest to osobisty apel o wysłanie amerykańskich chłopców, żeby umierali na niebie nad Anglią. Te uwagi nie są też inspirowane przez żadne oficjalne źródło. Poczułem się zmuszony je wygłosić [...] ponieważ widziałem twarze żołnierzy, którzy wrócili z Dunkierki, Norwegii i Grecji i pytali z goryczą, gdzie są nasze samoloty". Tak zręcznie sformułowane zdania były w istocie osobistymi apelami Murrowa o amerykańską pomoc. Jednak nikt w CBS nawet nie próbował ograniczyć j e g o swobody wypowiedzi. Murrow był *sui generis* faworytem Billa Paleya. Poza tym przebywał w Londynie. Członkowie nowojorskiego kierownictwa nie za bardzo mogli go krytykować, ponieważ nic nie wiedzieli o angielskiej polityce, natomiast k a ż d y był oczywiście ekspertem od polityki amerykańskiej.

Piątego lipca 1941 roku Sevareid pytał, dlaczego dziennikarze poświęcają tyle uwagi izolacjonistom. „Jakie znaczenie – pytał – należy przykładać do opinii mniejszości, której odpowiedzialność za decyzję, w porównaniu z odpowiedzialnością osób sprawujących władzę, jest znikoma?" Według niego było to naturalne i niebudzące kontrowersji pytanie. Paul White był jednak innego zdania. „Im dłużej czytam tekst audycji, tym mniej mi się on podoba – napisał do Sevareida. – Sądzę, że choć wielu może być zdegustowanych tą sytuacją, istotą demokracji jest to, że każdemu zawsze wolno się wypowiedzieć w danej sprawie".

W namiętnej, liczącej sześć stron odpowiedzi Sevareid stwierdził, że nie domagał się uciszenia Burtonów Wheelerów i Charlesów Lindberghów, tylko powiedział, że reporterzy i redaktorzy nie powinni tak samo traktować obu stron, skoro wiedzą, że „jedna całkowicie nie ma racji, a nawet kłamie". „W końcu czemu ma służyć nasze wykształcenie? Na co nam doświadczenie i rozum? [...] Nie istnieje magiczny instrument, który pozwala wykreślić granicę. Trzeba to pozostawić duszy profesjonalisty".

White zupełnie się z nim nie zgadzał. „Moim zdaniem nie masz prawa prezentować swoich prywatnych opinii, występując w przebraniu reportera, tak jak ja nie miałbym prawa żądać od korespondentów CBS, aby nawoływali do negocjacji pokojowych".

Od tej wymiany zdań rozpoczęła się bitwa między Murrowem i Chłopcami z jednej strony a kierownictwem CBS z drugiej. Sednem konfliktu była kwestia niezależności dziennikarzy i wymóg bezdusznej „neutralności" w reportażach poświęconych ważnym problemom. Z biegiem czasu następowała eskalacja tej walki, która zniszczyła wiele wspaniałych karier i wywołała zaciekłe spory między kolegami.

Na razie jednak nastąpiło zawieszenie broni. Sevareid starał się wykazywać większą delikatnością, ale czasem nie mógł się powstrzymać od wytykania, jak absurdalnie nieadekwatne są amerykańskie przygotowania do wojny. Trzydziestego sierpnia 1941 roku zwrócił uwagę, że rząd zakazał używania aluminium do obrączkowania kur. Farmerzy hodujący drób mieli odesłać wszystkie obrączki jako surowiec wtórny. „Nowy plan pozwoli zaoszczędzić sto trzydzieści dziewięć tysięcy funtów [sześćdziesiąt dwa tysiące kilogramów] aluminium – zauważył. – Nie mam pojęcia, ile samolotów można zbudować z takiej ilości metalu".

Ed Murrow przyjechał do Stanów na trzymiesięczny urlop w listopadzie 1941 roku i teraz on znalazł się w centrum zainteresowania. Miał wyruszyć w podróż po kraju, a następnie udać się na odpoczynek. Na bankiecie wydanym przez CBS w hotelu „Waldorf-Astoria" poeta Archibald MacLeish elokwentnie wyraził uznanie dla reporterskich osiągnięć Murrowa: „Pan podpalił Londyn w naszych domach i czuliśmy płomienie pożaru. Pan położył zmarłych z Londynu na naszych progach i wiedzieliśmy, że są to nasi zmarli... zmarli całej ludzkości".

Wśród dostojników, którzy towarzyszyli Murrowowi na podwyższeniu, byli między innymi Bill Paley, Paul White, Ed Klauber i jeszcze jeden wielki gwiazdor sieci, Bill Shirer. Czy w czasie tego wspaniałego wieczoru Murrow i Shirer, pionierzy przed czterdziestką, mieli czas spojrzeć na siebie i pomyśleć o tych dniach i nocach w Wiedniu, Londynie, Monachium i Pradze, kiedy musieli walczyć z niektórymi osobami siedzącymi teraz obok nich przy głównym stole i słuchającymi oklasków na swoją cześć? Dwóch reporterów łączyła wówczas niezwykle silna więź, a i teraz sprawiali wrażenie przyjaciół. Machina reklamowa CBS podkreślała ich serdeczne stosunki osobiste i zawodowe, a fotografowie wielokrotnie robili im wspólne zdjęcia.

W rzeczywistości w ich wzajemnych stosunkach pojawiły się drobne pęknięcia, które mogły się poszerzyć i pogłębić. Murrow miał do Shirera pretensję o to, że nie dotrzymał obietnicy i nie zastąpił go w Londynie. Nie podobało mu się też, że czerpał zyski ze swych doświadczeń wojennych, publikując książkę i wygłaszając odczyty. On sam pieniądze zarobione w trasie z odczytami przeznaczył na cele charytatywne. W liście do przyjaciela napisał: „Człowiek z mojej epoki nie może... czerpać zysków z opowieści o bohaterstwie innych ludzi, a potem umieszczać pieniędzy w banku". W innym liście zauważył, że „nieustannie stara się panować nad sobą", gdy widzi „tak wielu dobrze ubranych, dobrze odżywionych, zadowolonych z siebie ludzi" i słyszy „bogatych znajomych, wyrzekających na rujnujące ich podatki".

Pewnego wieczoru, gdy rozmawiał z Shirerem na ulicy przed restauracją „Louis and Armand's", gdzie wcześniej przez kilka godzin pili, nie zdołał zapanować nad złością. Nagle chwycił stary, zniszczony kapelusz Shirera i cisnął go na jezdnię, pod koła autobusów i ciężarówek. „Ten stary kapelusz Billa działał mi na nerwy – przyznał później. – Powiedziałem mu, że teraz, skoro ma kupę forsy, to stać go na nowy. Czułem, że warto było pojechać do domu".

Po powrocie do Londynu Murrow wielokrotnie opowiadał tę historyjkę, zawsze rozśmieszając słuchaczy. Niewykluczone jednak, że ten impulsywny gest wynikał z poważniejszych przesłanek. W rzeczywistości Murrow już nie aprobował zachowania przyjaciela. Zapewne nie był też zachwycony, gdy się dowiedział, że Shirer, pierwszy dziennikarz, którego zatrudnił, swoim postępowaniem w ciągu ostatniego roku podważył jego prestiż i pozycję zarówno w CBS, jak i poza siecią. Niewykluczone, że po wszystkich tych drinkach w „Louis and Armand's" Murrow chciał mu przekazać komunikat: „Niech ci się za wiele nie wydaje, stary. To ja jestem szefem". Jakby chcąc podkreślić to upomnienie, następnego dnia sprezentował Billowi nowy kapelusz.

Prezydent Roosevelt zaprosił Eda i Janet Murrowów na kolację w Białym Domu na siódmego grudnia. Po komunikacie o japońskim ataku na Pearl Harbor pani Roosevelt zadzwoniła, aby powiedzieć, że zaproszenie nadal jest aktualne. Prezydent nie jadł z nimi, ale pierwsza dama poprosiła w jego imieniu, by Murrow został po kolacji. Kilka minut po północy został wprowadzony do Gabinetu Owalnego, gdzie Roosevelt z wielką powagą przedstawił mu skalę katastrofy: Flota Pacyfiku poniosła ogromne straty, trzy czwarte amerykańskich samolotów w regionie Pearl Harbor zostało zniszczone na ziemi, tysiące żołnierzy zginęło lub odniosło rany. Sam fakt, że prezydent Stanów Zjednoczonych chciał opowiedzieć o tym Murrowowi tej tragicznej nocy, był wymownym potwierdzeniem, jak wielką drogę on i CBS przebyli w ciągu czterech lat od jego wyjazdu z Nowego Jorku do Londynu.

Możliwe, że Roosevelt chciał, aby Murrow powtórzył na antenie jego słowa – ani razu nie zastrzegł, że nie są przeznaczone na użytek publiczny. Nie wiadomo dlaczego, Murrow postanowił jednak zachować tę ponurą ocenę sytuacji dla siebie. Sevareid nie był jednak tak powściągliwy. Dzięki wywiadom z wysokimi urzędnikami, którzy pośpiesznie mijali się w drzwiach Gabinetu Owalnego, dowiedział się wszystkiego o Pearl Harbor. Inni reporterzy i komentatorzy radiowi starali się pomniejszyć rozmiary klęski, natomiast on powiedział, jak wyglądała rzeczywistość. „To wieczorny program Erica Sevareida uruchomił maszyny w amerykańskich fabrykach – napisał Roger Burlingame, biograf Elmera Davisa. – On pierwszy wyjawił ponurą prawdę o Pearl Harbor: amerykańska marynarka wojenna poniosła katastrofalne straty, w których opisie nie można przesadzić".

Pół godziny po rozmowie z prezydentem Murrow spotkał się z Sevareidem w biurze CBS kilka przecznic od Białego Domu.

„Co pomyślałeś – spytał – gdy zobaczyłeś dziś wieczorem ten tłum ludzi stojących przed ogrodzeniem i wpatrujących się w Biały Dom?"

„Przypomnieli mi o tłumie na Quai d'Orsay kilka lat temu" – odparł Sevareid.

„To samo ja pomyślałem. Taki wyraz twarzy mieli też ludzie na Downing Street".

Obaj dobrze to wiedzieli: tak wyglądali ludzie idący na wojnę.

Sevareid i Murrow czuli ogromną ulgę: Stany Zjednoczone wreszcie przystąpiły do wojny. Nie było już możliwości odwrotu. Niezależnie od tego, co przyniesie przyszłość, Amerykanie odnieśli wielkie moralne zwycięstwo, nim jeszcze przystąpili do walki. Tej nocy Sevareid spał jak dziecko.

Kilka dni po Pearl Harbor Paul White zakomunikował o zmianie reguł w CBS. Jeśli chodzi o wiadomości wojenne, kierownictwo nie domaga się już od dziennikarzy, żeby zachowywali neutralność. „To wojna o ocalenie demokracji – napisał White. – Amerykanie nie tylko muszą stale pamiętać o tym celu, ale również doceniać wartość, jaką ma zachowanie demokracji dla wszystkich mężczyzn, kobiet i dzieci". Jak zwykle CBS kierowała się wskazówkami rządu.

Wątpliwe, by ktokolwiek, zwłaszcza Murrow i Chłopcy, nie zgadzał się z nowymi regułami, ale po raz kolejny to menedżerowie z Nowego Jorku dyktowali korespondentom, jak mają postępować, a to mogło tylko spowodować kłopoty w trudnych miesiącach i latach, które właśnie się zaczynały.

ROZDZIAŁ DWUNASTY

TRYUMF I UDRĘKA

Następnego dnia po ataku Japończyków na Pearl Harbor przebywający w Singapurze Cecil Brown wysłał depeszę do Paula White'a: WYMIASTOWUJĘ CZTERY DNI WIELKA HISTORIA. Ten zwięzły, kolorowy język depesz, wymyślony w celu zmniejszenia kosztów, w obecnej gadatliwej epoce faksów, listów elektronicznych i satelitów jest niemal równie martwy jak łacina. Brown, który przyjechał do Singapuru z Kairu, chciał powiedzieć, że nie będzie z nim kontaktu przez cztery dni, ponieważ dzieje się coś interesującego. Jeśli chciał zachować stanowisko, musiało to być coś naprawdę sensacyjnego, ponieważ opuszczał swój nowy posterunek na wyspie, gdy zbliżali się do niej Japończycy.

Japończycy już przeprowadzili jeden lekki nalot na miasto. Brown spodziewał się japońskiej ofensywy w najbliższej przyszłości, ale brytyjskie władze uważały, że Singapur jest nie do zdobycia. Aby to zademonstrować, postanowiły zabrać sceptycznego Browna i O'Dowda Gallaghera z Afryki Południowej, korespondenta londyńskiego „Daily Express", na czterodniową wycieczkę. Dziennikarze mieli zobaczyć brytyjskie okręty w akcji.

Angielskie dowództwo uważało, że największe znaczenie w wojnie w tym regionie ma marynarka wojenna (mimo klęski w Pearl Harbor). W porcie singapurskim stały na kotwicy dwa potężne okręty królewskiej floty – pancernik HMS „Prince of Wales" i krążownik liniowy HMS „Repulse".

„Prince of Wales", który w maju brał udział w zatopieniu niemieckiego pancernika „Bismarck", był dłuższy niż dwa boiska do futbolu amerykańskiego i osiągał prędkość dwudziestu siedmiu i pół węzła. Jego główne uzbrojenie składało się z dziesięciu dział kalibru czternaście cali. „Repulse", który jeszcze nie brał udziału w walce, też nie był zabawką. O piętnaście metrów dłuższy od „Prince of Wales", miał wyporność mniejszą o dziesięć tysięcy ton, ale osiągał prędkość większą o dwa i pół węzła i był uzbrojony w sześć dział kalibru piętnaście cali. Premier Winston Churchill (który kiedyś był pierwszym lordem admiralicji) wysłał w październiku oba okręty do Singapuru, żeby pokazały brytyjską flagę i wywarły stosowne wrażenie na agresywnych Japończykach. Czy ktoś mógłby mieć wątpliwości, jak podziałał ich widok?

Wielka Brytania i Stany Zjednoczone toczyły teraz wojnę z Japonią, ale „Prince of Wales" i „Repulse" były jedynymi okrętami liniowymi aliantów na obszarze od Morza Śródziemnego do Hawajów. Brown i Gallagher przyjęli zaproszenie na pokład „Repulse". Oba okręty, w towarzystwie czterech niszczycieli, udawały się na czterodniowy patrol: miały tropić Japończyków na Morzu Południowochińskim.

Brown zdecydował się popłynąć, ponieważ uznał, że jeśli zostanie w mieście, prawdopodobnie i tak nie uda mu się przygotować niczego ciekawego, i to niezależnie od biegu wydarzeń. Angielscy cenzorzy w Singapurze byli jeszcze gorsi niż w Kairze, a awantury, jakie urządzał Brown, tylko umacniały ich nieprzejednanie. Poza tym wydawało się prawdopodobne, że walka rozpocznie się na morzu. Po wejściu na pokład Brown zauważył notatkę, jaką kapitan „Repulse", William Tennant, powiesił na tablicy ogłoszeń: DO WSZYSTKICH NA POKŁADZIE: WYPŁYWAMY POSZUKAĆ GUZA. SPODZIEWAM SIĘ, ŻE GO ZNAJDZIEMY. MOŻEMY MIEĆ DO CZYNIENIA Z OKRĘTAMI PODWODNYMI, NISZCZYCIELAMI, SAMOLOTAMI I INNYMI OKRĘTAMI. POPŁYNIEMY NA PÓŁNOC, ŻEBY SPRAWDZIĆ, CO POTRAFIMY ZNALEŹĆ I UPOLOWAĆ. WSZYSCY MUSIMY BYĆ GOTOWI DO DZIAŁANIA.

Wieczorem w mesie Brown miał okazję słuchać przechwałek oficerów.

„Ci Japończycy to pieprzeni głupcy – stwierdził jeden z nich. – Te wszystkie ataki w odległych od siebie miejscach to idiotyczna strategia".

„Japończycy nie potrafią latać – przekonywał inny. – W nocy nic nie widzą i są kiepsko wyszkoleni".

Brown ostrzegł ich przed nadmierną pewnością siebie.

„Och, przecież Japończycy naprawdę są kiepscy" – usłyszał w odpowiedzi.

Tej nocy Brown źle spał. Było bardzo gorąco. Wstał o czwartej nad ranem. Zapowiadał się kolejny piękny, parny dzień, ale dowództwo marynarki angielskiej zaczęło mieć wątpliwości, czy ten patrol jest rozsądnym pomysłem. Japońskie lotnictwo wykryło już pozbawioną osłony powietrznej brytyjską eskadrę. Okrętom nakazano natychmiastowy powrót do Singapuru. Siedem godzin później z głośników na „Repulse" rozległ się komunikat: „Zbliżają się nieprzyjacielskie samoloty. Wszyscy na stanowiska bojowe".

Brown stał na pokładzie flagowym. Mrużąc oczy, wpatrywał się w bezchmurne niebo, aż zobaczył dziewięć nadlatujących dwusilnikowych bombowców. Przez moment wydawały mu się tak cholernie... piękne! Działa przeciwlotnicze otworzyły ogień, w powietrzu pojawiły się chmury dymu, a huk wystrzałów wszystko zagłuszał. Po chwili japońskie samoloty znalazły się bezpośrednio nad okrętem. Brown patrzył na nie z otwartymi ustami, nie myśląc o szukaniu jakiejś osłony. W i d z i a ł spadające bomby, podobne do „coraz większych łez". Jedna trafiła w pomost katapulty dwadzieścia metrów od rufy.

„Te dupki kurewsko dobrze bombardują" – powiedział jakiś artylerzysta.

Do „Repulse" zbliżała się kolejna fala samolotów, tym razem z torpedowcami. Brown widział smugę sunącą do zygzakującego okrętu. „Repulse", który cały się trząsł od wystrzałów własnych dział, zdołał zrobić unik. Walka rozpoczęła się przed chwilą, a lufy były już tak rozgrzane, że pojawiły się na nich pęcherze farby. Spoceni członkowie załogi, z twarzami czarnymi od dymu i sadzy i rozświetlonymi podnieceniem oraz dziwnym „ekstatycznym szczęściem", wrzeszczeli jak na meczu. „Znowu nadlatują!" – ktoś wykrzyknął.

Zaatakowało ich dwanaście samolotów. Zbliżały się ze wszystkich stron jak sępy otaczające ofiarę. Brown słyszał świst pocisków z karabinów maszynowych. Teraz stał obok komina, skąd mógł lepiej widzieć niebo. Gdy przeleciał nad nim samolot, odprowadził go wzrokiem i dopiero w tym momencie dostrzegł sznur dziur po pociskach w kominie pół metra nad głową. Niedaleko na pokładzie leżało kilku rannych artylerzystów, ale i tym razem „Repulse" nie został poważnie uszkodzony. Jeszcze niedawno czyste niebo przesłaniały czarne chmury dymu z dział przeciwlotniczych. Na zaskakująco niebieskim morzu, w miejscach gdzie spadły strącone samoloty, widać było jaskrawopomarańczowe plamy.

W powietrzu unosił się smród kordytu. Brown stał na śliskim od krwi pokładzie. Wokół poniewierały się czarne łuski pocisków. Szybko notował swoje wrażenia i robił zdjęcia. „Prince of Wales" również był atakowany, natomiast Japończycy najwyraźniej zignorowali niszczyciele z eskorty.

Brown usłyszał świst. Uniósł głowę i zobaczył kolejną falę samolotów. Jeden zrzucił torpedę sto metrów od dziobu „Repulse", po czym gwałtownie wzbił się na większą wysokość. „Mają nas!" – ktoś krzyknął. Torpeda trafiła w bakburtę. Gdy rozległ się wybuch, Brown przeleciał dwa metry po pokładzie. Druga torpeda uderzyła w sterburtę. Potężny okręt zadygotał, po czym szybko pochylił się na bok jak żaglówka pod wpływem silnego szkwału. Brown nałożył kamizelkę ratunkową, ale nie udało mu się jej nadmuchać. Gdy szedł po pochylonym pokładzie, usiłując się zorientować, co powinien zrobić, wpadł na O'Dowda Gallaghera. Uśmiechnęli się do siebie nerwowo i życzyli sobie powodzenia. Z głośników rozległ się spokojny głos kapitana Tennanta: „Wszyscy na pokład. Przygotować się do opuszczenia okrętu. Bóg z wami".

Nikt nie wpadł w panikę i na okręcie nie doszło do zamieszania. Leżąc na krawędzi dziwnie pochylonego i niebezpiecznie mokrego pokładu, Brown przyglądał się, jak marynarze skaczą do morza pokrytego rozlaną ropą. Kilku innych podprowadziło do relingu młodego porucznika, który wkrótce po wyjściu okrętu w morze wpadł do włazu i złamał nogę w kostce. Marynarze założyli mu dwie kamizelki ratunkowe i wrzucili go do wody. Paru członków załogi skoczyło zbyt blisko rufy i dostało się w zasięg wciąż wirujących śrub okrętowych.

Brown wahał się. Nie miał wątpliwości, że zginie. Jakie zatem miało znaczenie, czy skoczy, czy zostanie na pokładzie? „Nie mogę tak leżeć i czekać, aż zagarnie mnie woda" – pomyślał w pewnej chwili. Zjechał półtora metra po przechylonym kadłubie, pstryknął jeszcze kilka zdjęć i zanotował swoje spostrzeżenia. „Nie ma pośpiechu" – powiedział sobie. Skok do wody mógł tylko przyśpieszyć to, co nieuchronne. Z trudem utrzymując się na śliskim kadłubie, Brown dostrzegł, że „Prince of Wales" również został śmiertelnie ugodzony.

Spojrzał na zgnieciony zegarek. Wskazówki zatrzymały się godzinę i dwadzieścia minut po tym, jak pierwsza bomba trafiła „Repulse". Brown zacisnął lewą pięść, żeby nie zgubić zbyt luźnego pierścionka, który żona kupiła mu na Ponte Vecchio podczas miodowego miesiąca we Florencji. Nie chciał, żeby pierścionek poszedł na dno bez niego.

Gdy poczuł, że nie może już dłużej zwlekać, skoczył z wysokości sześciu metrów do ciepłej wody. Wynurzył się na powierzchnię w kałuży ropy, wśród pływających śmieci, i gwałtownie się zakrztusił. „Repulse" nagle zmienił pozycję, teraz dziób okrętu sterczał wysoko nad wodą. Brown zaczął płynąć, usiłując jak najszybciej oddalić się od tonącego krążownika. Kiedy spojrzał za siebie, kadłub już znikał. Pół mili dalej potężny „Prince of Wales" również tonął.

Brown wciąż zaciskał lewą pięść, żeby nie stracić pierścionka, a na szyi miał zawieszony zniszczony aparat fotograficzny. Wokół niego działy się dantejskie sceny. Tonący „Repulse" pociągnął za sobą wielu marynarzy. Młody porucznik ze złamaną nogą zrezygnował z prób utrzymania się na wodzie, zdjął kamizelki ratunkowe i podał je innym. „Weźcie – powiedział łkając. – Ja dłużej nie dam rady". Po chwili utonął. Brown zauważył płynący obok stolik. Wciągnął się na blat i legł bezwładnie, zbyt zmęczony, żeby o czymś myśleć. Prąd znosił go powoli.

Był bliski utraty przytomności, wyczerpany i miał mdłości. Po jakimś czasie poczuł, że ktoś go wciąga na tratwę ratunkową. Niedługo potem jego i pozostałych rozbitków wyłowił z wody angielski niszczyciel. Brown miał ochotę wymiotować, ręce mu się trzęsły, ale mimo to od razu zaczął przeprowadzać wywiady z ofiarami największej klęski, jakiej Królewska Marynarka Wojenna zaznała w tej wojnie. W ciągu dwóch godzin Wielka Brytania straciła dwa największe i najlepsze okręty. Zginęło ponad sześciuset pięćdziesięciu marynarzy. A wszystko to za sprawą fantastycznego pomysłu, że na widok potężnych okrętów „żółtki" podkulą ogon pod siebie i uciekną. W długiej i okrutnej wojnie na Pacyfiku miały się zdarzyć jeszcze inne porażki, spowodowane takim myśleniem – Bataan, Corregidor i bitwa na Morzu Koralowym.

Nowojorskie kierownictwo CBS dowiedziało się z depeszy AP, że Brown był na jednym z zatopionych okrętów. Nikt nie wiedział, czy ocalał, czy zginął. Wkrótce jednak dostali od niego depeszę, zaczynającą się od słów: BYŁEM NA KRĄŻOWNIKU LINIOWYM REPULSE GDY ON I PRINCE OF WALES POSZŁY NA DNO. Paul White był bliski ekstazy. SPEŁNIŁEŚ ZAPOWIEDŹ WSPANIAŁEJ HISTORII GRATULUJĘ – odpisał. Kilka dni później zadepeszował ponownie: COLUMBIA POINFORMOWAŁA TWÓJ BANK ŻE ZROBIŁEŚ ROBOTĘ ZA JEDNEGO PATYKA. Reporter otrzymał tysiąc dolarów premii.

Z dnia na dzień Brown zmienił się z mało znanego korespondenta w dziennikarską sławę. Bill Paley pogratulował mu telegraficznie. „Newsweek", „Life" i „Collier's" prosiły go o artykuły. Bennett Cerf, redaktor Random House, oraz Blanche i Alfred Knopfowie namawiali go do napisania książki.

Natomiast brytyjscy urzędnicy w Singapurze w dalszym ciągu uważali, że Brown jest najbardziej upierdliwym typem pod słońcem. Od przyjazdu nieustannie popadał w ostre konflikty z brytyjską hierarchią – cenzorami, generałami, admirałami i kolonialnymi dostojnikami. Cenzorzy kreślili jego teksty, a kilka zdjęli w całości, między innymi jeden, w którym deklarował: „Wyższe sfery w Singapurze bawią się niemal co wieczór, robiąc szmal na wielkich dostawach kauczuku i cyny oraz mając nadzieję, że marynarka Stanów Zjednoczonych zapewni im ochronę".

W Rzymie i Kairze Brown często kłócił się z biurokratami, natomiast w Singapurze zachowywał się jak opętany. Nie cierpiał Anglików i ich nastawienia, które tak opisał w swoim dzienniku: „Jedna whisky z wodą, trzy giny i bawmy się, chłopie!" Wielu amerykańskich dziennikarzy (a nawet kilku Anglików) zgadzało się z nim, ale i oni uważali, że zachowuje się irytująco. „Wszędzie się wpychał i na wszystkich wrzeszczał" – wspominał jego konkurent, Martin Argonsky z NBC, który wcześniej rywalizował z Winstonem Burdettem w Ankarze.

W Singapurze podczas kolacji obowiązywały białe marynarki. Brown posłusznie taką zamówił, lecz później postanowił, że dopóki trwa wojna, nie będzie jej nosił. „Chciało mi się rzygać, gdy każdego wieczoru widziałem tak wystrojonych ludzi w «Raffles» [wielki kolonialny hotel w Singapurze], a tymczasem w Wielkiej Brytanii trwały naloty bombowe" – powiedział. Kiedyś zaprosił na dansing do „Raffles" młodą Chinkę, dobrze wiedząc, że jej obecność rozwścieczy wszystkich jeszcze bardziej niż jego wygnieciony mundur korespondenta wojennego.

Pod wpływem licznych skarg Paul White napisał do Browna list ze stosownym pouczeniem:

> Nie uważam, żeby miał Pan jakiekolwiek prawo publicznie lub częściowo publicznie krytykować urzędników, używając takiego języka, o jakim mnie poinformowano [...] Od wielu korespondentów, którzy znali Pana w Rzymie, Jugosławii i Egipcie, wielokrotnie słyszałem życzliwe komentarze pod Pańskim adresem: „Cec jest dzielnym i cholernie dobrym reporterem, ale jest z nim jeden kłopot – uważa, że wszyscy oprócz niego niczego nie rozumieją".

Nawet po zatopieniu „Repulse" i „Prince of Wales" mężczyźni w garniturach i kobiety w wieczorowych sukniach nadal przez całe noce tańczyli i pili w „Raffles". Światła wspaniałego i zblazowanego miasta świeciły pełnym blaskiem. Wbrew oczywistym faktom wielu oficerów z angielskiego dowództwa uważało, że Japończycy, posuwający się na południe z Tajlandii, nie zdołają sforsować malajskiej dżungli. To przekonanie było tak silne, że nikt nie rozkazał przestawić dział, wciąż skierowanych w stronę morza, nie zaś Półwyspu Malajskiego.

W rzeczywistości Singapur był niemal bezbronny, co Brown powtarzał w swych programach, na próżno usiłując przepchnąć je przez cenzurę. Wreszcie, na początku stycznia 1942 roku, przedstawiciele Jego Królewskiej Mości mieli już dość Cecila Browna i cofnęli mu akredytację, twierdząc, że jego reportaże mogą pomagać piątej kolumnie. CBS zdecydowanie zaprotestowała, a angielski minister informacji Brendan Bracken musiał odpowiadać na ostre pytania członków Izby Gmin. Broniąc się, oświadczył: "Uznaliśmy, że w panujących tam anomalnych warunkach komentarze pana Browna przekraczają granicę sprawiedliwej krytyki i stanowią zagrożenie".

Ostatecznie Brown nie miał wyboru – musiał wyjechać z Singapuru i spróbować założyć bazę w Australii. Na lotnisku cenzor wojskowy kazał mu okazać wszystkie notatki, notes i pamiętniki. Zerknął na nie i pochylił się ku niemu. "Dobrze pana znam, panie Brown – szepnął. – Mam nadzieję, że napisze pan prawdę o Singapurze. Niech pan opisze wszystko, co tu się dzieje".

Z Sydney Brown w dalszym ciągu usiłował opisać skalę i bliskość japońskiego zagrożenia Singapuru. Dwunastego lutego nadał szczególnie ostrą krytykę brytyjskiej cenzury i indolencji. "Tragedia Singapuru – powiedział – nie wynika tylko z liczebnej przewagi Japończyków, ich fanatycznej odwagi i znakomitej taktyki wojskowej. Japończycy zagrażają Singapurowi również z powodu wielu czynników, których brytyjskie władze nie przewidziały, na które się nie przygotowały i którym nie mogły przeciwdziałać w chwili kryzysu".

Cztery dni później Japończycy zajęli Singapur.

Gdy amerykańskie dzienniki chwaliły Browna za bezkompromisową krytykę władz, Paul White czuł się nieswojo. Miesiąc wcześniej, gdy tamten stracił akredytację, radził mu, żeby siedział cicho i starał się o jej odzyskanie. Cała sytuacja – pisał – była "pożałowania godna z punktu widzenia morale aliantów w Ameryce". Teraz, kiedy Waszyngton i Londyn wywierały presję na CBS, żeby wspierała wysiłek wojenny aliantów, White znowu zadepeszował do Browna: OBAWIAM SIĘ ŻE NIEUMYŚLNIE PRZYJMUJE PAN W SWYCH REPORTAŻACH POSTAWĘ KRZYŻOWCA. Z PEWNOŚCIĄ NIE CHCĘ UKRYWAĆ INDOLENCJI ŻADNEGO Z NASZYCH SOJUSZNIKÓW ALE SĄDZĘ ŻE ZE WZGLĘDU NA ZAKAZ PRACY

W SINGAPURZE SŁUCHACZE UZNAJĄ IŻ WYRÓWNUJE PAN RACHUNKI.

Brown obiecał, że będzie uważał, i rzeczywiście tak się zachowywał, ale nie zgodził się zrezygnować z krucjaty przeciw cenzurze. Pod koniec lutego, gdy otrzymał nagrodę Klubu Prasy Zagranicznej za najlepszy reportaż radiowy w 1941 roku, White namawiał go, żeby odbierając nagrodę, powiedział, iż w istocie zasłużyli na nią wszyscy radiowi korespondenci i że „wolność słowa, w granicach rozsądnej cenzury, jest jedną z najważniejszych gwarancji zwycięstwa".

Brown tylko połowicznie skorzystał z jego rad. W swoim przemówieniu, przekazanym przez radio z Sydney do klubu w trakcie uroczystej kolacji, gorąco chwalił swych kolegów: „To wielki hołd dla amerykańskich korespondentów radiowych, którzy uparcie przekonywali, walczyli i wygrywali, wykonując swoje zadanie, jakim jest informowanie Ameryki o faktach". Prędzej jednak dałby sobie rękę uciąć, niż miałby się powstrzymać od ataku na cenzurę, rozsądną lub nie. W przemówieniu, które wcześniej napisał, stwierdził, iż korespondentom „utrudniają pracę niezwykłe naciski i groźby w wielu krajach, w jakich przyszło im działać". Te słowa nie dotarły jednak do słuchaczy, ponieważ wyciął je australijski cenzor.

Miesiąc później Brown wrócił do Stanów w glorii bohatera i gwiazdora. Tu czekały go wszystkie atrakcje związane ze sławą: wywiady, odczyty, notatki w gazetach. Jego książka *Suez to Singapore* (wydana przez Random House) szybko znalazła się wysoko na krajowych listach bestsellerów. Gdy w połowie roku wybitny nowojorski komentator polityczny CBS Elmer Davis został dyrektorem rządowego Biura Informacji Wojennej, Brown otrzymał jego okienko w ramówce, od dwudziestej pięćdziesiąt pięć do dwudziestej pierwszej, w porze najbardziej lukratywnych reklam. Dla Browna, po wielu latach pracy w agencji prasowej w cieniu pozostałych Chłopców, była to wielka odmiana. Teraz uważał, że wreszcie będzie mógł mówić słuchaczom, co naprawdę myśli.

Wprawdzie to Murrow zatrudnił Browna, ale nigdy nie łączył go z nim tak bliski związek jak z innymi Chłopcami. Zapewne jedną z przyczyn było to, że nigdy nie pracowali razem. To samo można powiedzieć także o Winstonie Burdetcie i Howardzie K. Smisie, którzy choć lubili i podziwiali Murrowa, nie byli z nim związani tak ściśle jak Shirer, LeSueur, Sevareid, Collingwood, a później Bill Downs.

W przypadku Browna chłodny stosunek Murrowa można wyjaśnić w jeszcze jeden sposób. Brown, zwykle rozgorączkowany i zaciekły, nie pasował do kultywowanego przezeń poważnego obrazu męża stanu. W liście do przebywającego w Waszyngtonie Sevareida Murrow określił książkę Browna *Suez to Singapore*, stanowiącą głównie akt oskarżenia pod adresem brytyjskiej cenzury, jako „chaotyczną". Mniej więcej w tym samym czasie Sevareid napisał do Browna, że jego książka jest „fascynująca" i „wciągająca", mimo to zarzucił mu, że „kładzie zbyt duży nacisk na kłótnie z drugorzędnymi urzędnikami". „Ed Murrow, Shirer i ja (w Paryżu) doświadczyliśmy tego samego, stale walczyliśmy z cenzurą, ale żaden z nas nie sądził, że to ma fundamentalne znaczenie" – dodał.

Brownowi brakowało pewnych cech, które Murrow szczególnie wysoko cenił. Komuś, kto odznaczał się właściwą oceną proporcji, poczuciem humoru i ironią, wiele uchodziło na sucho – nawet jeśli nie był takim mężem stanu jak Murrow.

W przeciwieństwie do Browna Bill Downs miał te zalety.

Pod koniec lata 1942 roku, gdy Larry LeSueur był już zmęczony i sfrustrowany relacjonowaniem wydarzeń na froncie wschodnim, Murrow zaczął szukać kogoś, kto mógłby go zastąpić w Moskwie. Collingwood powiedział, że „potrzebują kogoś, kto dobrze pisze, kto potrafiłby opowiadać anegdoty i przedstawić życie w Rosji w czasie wojny, a nie tylko parafrazować oficjalne komunikaty". W tych słowach kryła się oczywiście również krytyka LeSueura. (Choć Charlie Collingwood na ogół zachowywał się wielkodusznie i uroczo, potrafił być przebiegłym przeciwnikiem, a ta niesprawiedliwa uwaga stanowiła zapowiedź ostrej rywalizacji między nim i LeSueurem). Jego zdaniem idealnym kandydatem był Bill Downs z biura UP w Londynie.

Downs rzeczywiście miał literacki talent, ale był przede wszystkim wytrawnym reporterem – z tych, którzy potrafią „dowiedzieć się prawdy, dowiedzieć się jej pierwsi i dowiedzieć się wszystkiego". Nosił grube okulary w masywnej oprawce, był niski, mocno zbudowany, miał ciemne, bujne włosy i niski, szorstki głos. Gdy go podnosił, co często się zdarzało, nikt nie wątpił, że jest rzeczywiście rozgniewany, ale Downs wolał się śmiać niż krzyczeć. A także pić, opowiadać dowcipy, dyskutować. Mniej więcej w tej kolejności. Nienawidził pompy. Gdy przyjechał do Londynu, w dzień urodzin Washingtona wstąpił do pubu i głośno zaproponował toast na cześć człowieka, który „sto pięćdziesiąt lat temu dokopał angielskiej armii". Bill Downs był również człowiekiem rzetelnym i miał poczucie honoru. Ed Murrow natychmiast go polubił.

Downs wychował się w Kansas City i zawsze chciał być reporterem. Jego ojciec, William Senior, był inżynierem kolei Union Pacific, a matka zajmowała się domem – skończyła tylko trzy klasy. W czasie długich okresów nieobecności męża, który wyjeżdżał służbowo, rozpieszczała dzieci. Bill przez dziewięć lat był jedynakiem, później urodziła się jego siostra Bonnie.

Rodzina nigdy nie cierpiała biedy. Nawet w czasie Wielkiego Kryzysu, gdy przewozy znacznie się zmniejszyły, Union Pacific zredukowała personel, ale Downs nie stracił pracy. Mimo to rodzice oczekiwali, że Bill pomoże im zapłacić za swoją edukację – dwa lata w Wyandotte College i dwa lata na University of Kansas. Latem zajmował się między innymi badaniem jakości ziarna przeznaczonego na sprzedaż. Musiał wchodzić na elewatory i nurkować w tym „przeklętym, pylistym ziarnie", żeby pobrać próbkę. Tę brudną, niebezpieczną pracę mógł wykonywać tylko człowiek o sporej sile. Później okazało się, że był to mocny punkt w jego życiorysie: Ed Murrow wysoko cenił tych, którzy w młodości ciężko pracowali fizycznie.

W szkole średniej Downs redagował dział sportowy gazetki, w Wyandotte College był menedżerem uniwersyteckiego dziennika. W 1933 roku rozpoczął studia na University of Kansas. Według Johna Malone'a był „najlepszym i najbardziej płodnym autorem i reporterem na uniwersytecie".

W 1935 roku uniwersytecka gazeta „Daily Kansas" zbankrutowała. Jesienią rada nadzorcza mianowała Malone'a na stanowisko wydawcy, a on wybrał Downsa na redaktora naczelnego. Po roku dziennik zaczął przynosić zyski i później już nigdy nie miał finansowych problemów. Zdaniem Malone'a zawdzięczał to głównie energicznemu i niecierpliwemu Billowi: „Był znakomitym redaktorem naczelnym. Stworzył gazetę publikującą więcej wiadomości niż wszystkie inne, znacznie lepszą niż dzienniki z Kansas City". Po skończeniu studiów Malone i Downs zostali zatrudnieni w lokalnym biurze UP, gdzie pracował też inny mieszkaniec Kansas, Walter Cronkite, który niedawno rzucił studia na University of Texas.

W UP Downsa od razu uznano za kogoś, kto zrobi karierę. Po kilku miesiącach został przeniesiony do Denver, a potem do Nowego Jorku. W 1941 roku otrzymał najbardziej pożądany przydział w całej agencji – do biura w Londynie. Downs lubił pośpieszną pracę w agencji prasowej, ale gdy we wrześniu 1942 roku Murrow zaproponował mu przejście do CBS i wyjazd do Moskwy, bez wahania przyjął ofertę. „To pozwoli mi zdobyć uznanie – napisał do rodziców – a poza tym praca jest łatwiejsza i mam tam przed sobą większą przyszłość". Nie mówiąc o pensji w wysokości siedemdziesięciu dolarów tygodniowo i puli na wydatki.

Najpierw jednak Downs musiał zaliczyć próbę głosu. Nie poszła mu dobrze. Nawet Murrow uznał, że wypadł „strasznie", i doradził powtórkę. Tym razem – polecił – idź na Piccadilly Circus i zrób reportaż o tym, co widziałeś. Po powrocie Downs opowiedział o dwóch amerykańskich żołnierzach. Stali na ulicy i przyglądali się przechodzącym kobietom, z reguły ubranym w spodnie. Nagle jeden z nich dostrzegł Amerykankę z Czerwonego Krzyża, która miała na sobie spódnicę. „Patrz, Willie! – krzyknął. – Kostki!" Niski, szorstki głos Downsa niewiele się poprawił, ale Murrow był zachwycony tym reportażem i postanowił zatrudnić jego autora.

Po krótkim szkoleniu radiowym, przeprowadzonym przez Collingwooda, w listopadzie uznano, że Downs jest gotowy do wyjazdu do Moskwy. Wyruszył w drogę wyekwipowany w długie do kostek futro i wysokie buty ocieplone futrem, co miało go zabezpieczyć przed rosyjskimi mrozami. Wprawdzie Downs przekonał się, że praca w Moskwie rzeczywiście jest tak trudna, jak opisywał LeSueur, ale zdołał pokazać, że nie jest gorszy od starszych kolegów z zespołu Murrowa. Pod koniec stycznia 1943 roku, gdy Armia Czerwona zmusiła w końcu niemiecką armię do kapitulacji pod Stalingradem, Downs wraz z jeszcze kilkoma amerykańskimi korespondentami miał okazję zobaczyć ruiny.

„Proszę sobie wyobrazić – opowiadał słuchaczom – jak wygląda miasto wielkości Providence na Rhode Island, Minneapolis lub Oklahoma City po trwającym cztery i pół miesiąca najcięższym bombardowaniu w historii". W promieniu osiemdziesięciu kilometrów widać było tylko ruiny i zwłoki. „Widoki, zapachy i odgłosy w Stalingradzie i okolicy sprawiają, że chce się płakać, krzyczeć i czuje się mdłości" – dodał Downs.

Z okazji trzeciej rocznicy wybuchu wojny Charles Collingwood przygotował reportaż o życiu Anglików: „Nie jest wcale efektowne i rzadko bywa podniecające. Wojna oznacza dłuższe godziny pracy, gorsze wyżywienie, mniej snu i mniej, znacznie mniej zabawy". To, co było prawdą w przypadku Anglików, nie odnosiło się jednak do samego Collingwooda.

Stanowisko korespondenta CBS, związek z Murrowem oraz urok i polor zapewniały Collingwoodowi dostęp do londyńskich sfer rządowych, wojskowych i towarzyskich. W listach do domu serwował rodzicom opowieści o kolacjach z lordem Daviesem, lunchach z admirałem Blakiem oraz pogawędkach z lady Churchill i Anthonym Edenem. Jednak największym sukcesem towarzyskim, jaki odniósł latem i jesienią 1942 roku, była bliska znajomość z innym Amerykaninem – właścicielem sieci, dla której pracował.

Bill Paley przyjechał do Londynu w sierpniu, żeby sprawdzić, jak CBS radzi sobie z wojskową cenzurą, i lepiej poznać Murrowa, który stał się tak ważną postacią zarówno w Londynie, jak i w Nowym Jorku. Paley nie miał wcześniej okazji nawiązać z Murrowem bliższego kontaktu, ale podczas miesięcznego pobytu w Londynie bardzo się z nim zaprzyjaźnił. Gdy zobaczył, w jak wysokich i wpływowych kręgach obraca się jego pracownik, po raz pierwszy naprawdę zrozumiał, ile sieć zawdzięcza swoim korespondentom. Wszystko, co ujrzał, zrobiło na nim silne wrażenie – także młody Collingwood.

Paley szybko się przekonał, jak wiele łączy go z Collingwoodem: uwodzicielstwo, upodobanie do życia na wysokiej stopie i kolekcjonowanie dzieł sztuki. W tej ostatniej dziedzinie Collingwood nie mógł równać się z Paleyem. Właściciel CBS posiadał obrazy Cézanne'a i Matisse'a, a Collingwood zaczynał od prac mniej znanych artystów – miał na przykład olej drugorzędnego francuskiego impresjonisty Frédérica Samuela Cordeya i akwarelę George'a Grosza. Jednak kierował się taką samą pasją jak Paley. „Mam teraz więcej obrazów, niż mogę zawiesić na ścianach – pisał do rodziców. – Ustawiłem kilka płócien w kącie salonu, dzięki czemu panuje w nim przyjemna atmosfera bohemy. Kolekcjonowanie obrazów sprawia mi ogromną przyjemność i chroni przed popadnięciem w kłopoty". Pomogło mu również zaprzyjaźnić się z Paleyem.

Nie wszyscy w Londynie ulegli urokowi Collingwooda. Kosztowne upodobania, fircykowatość, nałogowy hazard i nieustanne zabawy – to wszystko sprawiało, że niektórzy uważali go za niepoważnego dyletanta, niegodnego wznosić sztandar Murrowa. Dopiero operacja „Pochodnia" skłoniła krytyków do zmiany tej opinii.

W lipcu 1942 roku Stany Zjednoczone i Wielka Brytania postanowiły wspólnie przeprowadzić desant we Francuskiej Afryce Północnej, która, ściśle biorąc, była neutralnym państwem. Operację oznaczono kryptonimem „Pochodnia". Roosevelt i Stalin byli za otwarciem drugiego frontu we Francji, ale Churchill – wciąż oczarowany koncepcją „miękkiego podbrzusza Europy" – upierał się, że szanse na udaną przeprawę przez kanał La Manche i desant są jeszcze zbyt małe. Z tego powodu Roosevelt zaproponował przeprowadzenie inwazji w Afryce Północnej, wyparcie wojsk państw osi z Afryki i desant w południowej Europie.

Operacja „Pochodnia" zagroziłaby również tyłom armii Rommla i zmniejszyła nacisk Afrikakorps na angielską 8 Armię w Egipcie. Rommel, po odbiciu utraconego przez Włochów terytorium Libii, w styczniu 1942 roku rozpoczął nową ofensywę i od Aleksandrii dzieliła go już tylko odległość stu kilometrów. 8 Armia zatrzymała wreszcie Niemców pod Al-Alamajn, dwieście czterdzieści kilometrów od Kairu, ale niemiecka armia nie została zniszczona. To było jednym z celów operacji „Pochodnia".

Dla amerykańskich korespondentów inwazja w Afryce Północnej stanowiła największe dotąd wydarzenie w tej wojnie. Po raz pierwszy amerykańskie oddziały miały wziąć udział w dużej operacji lądowej, a trzema zgrupowaniami dokonującymi desantu – jednym w Algierii i dwoma w Maroku – mieli dowodzić amerykańscy generałowie, między innymi ekscentryczny George S. Patton. Murrow postanowił, że to ważne wydarzenie będzie relacjonował dla CBS Collingwood, który miał dwadzieścia pięć lat i nigdy nie wąchał prochu. „Podjął cholerne ryzyko, wysyłając takiego młokosa na tak ważną akcję jak inwazja w Afryce Północnej" – napisał sam Collingwood w liście do Janet Murrow wiele lat później. Teraz jednak takie ryzykowne decyzje były już dla Murrowa czymś zupełnie normalnym i zwykle okazywały się trafne.

Ostatniego wieczoru przed wyjazdem do Afryki Collingwood poszedł z Murrowem się napić. Gdy wracali w ciemności do mieszkania Murrowa, obaj mocno wstawieni, Ed kopnął kosz na śmieci i wykrzyknął: „Boże, zazdroszczę ci tego wyjazdu! Chciałbym pojechać z tobą". Hałas obudził Janet Murrow, która wyszła na zewnątrz i kazała im obu zamknąć się i wejść do mieszkania. Zrobili to, ale tylko po to, żeby jeszcze się napić.

Gdy dwunastego listopada 1942 roku Collingwood dotarł do Afryki, operacja „Pochodnia" trwała już od czterech dni. Oddziały amerykańskie i angielskie wylądowały na obrzeżach Casablanki, Algieru i Oranu, gdzie władzę sprawował rząd Vichy. Dowództwo wojskowe potraktowało korespondentów radiowych po macoszemu; tylko przedstawiciele prasy mogli towarzyszyć lądującym oddziałom. Algier szybko skapitulował, ale siły francuskie w Oranie i Casablance stawiały jeszcze słaby opór. Collingwood i CBS nie mieli możliwości przeprowadzenia bezpośredniej relacji. „Wpuszczają nas dopiero wtedy, gdy jest już po wszystkim – narzekał w liście do rodziny. – Generałowie uważają, że radio to coś w rodzaju czołgu lub bombowca nurkującego, jakieś niepojęte urządzenie, które należy traktować podejrzliwie i z dużą ostrożnością".

Fascynacja egzotycznym miejscem szybko jednak wzięła górę nad irytacją. Jego pierwszy reportaż był opisem pełnej zdumienia reakcji amerykańskich żołnierzy (i własnej) na widok pagórkowatego, białego Algieru, pełnego minaretów, zatłoczonych kasb, bosych kobiet o zasłoniętych twarzach. Początkowo Collingwood z naiwnym entuzjazmem uznał, że zajęcie Algierii i jej stolicy oznacza dla wszystkich obywateli powrót pokoju, sprawiedliwości i pomyślności. Algier – powiedział w pierwszej audycji – to „przyjazne, szczęśliwe miasto, moim zdaniem znacznie szczęśliwsze niż przed naszym przybyciem".

Wkrótce przekonał się, jak bardzo się pomylił. Algier wrzał od podejrzeń, intryg i zdrady, zwłaszcza odkąd generał Eisenhower mianował admirała Jeana Darlana na stanowisko dowódcy wojsk francuskich i szefa rządu w wyzwolonej Afryce Północnej. A przecież Darlan był prawą ręką marszałka Philippe'a Pétaina w rządzie Vichy, bezwstydnie kolaborował z Niemcami i zgodził się na eksterminację francuskich Żydów, nakazał masowe aresztowania przeciwników Vichy i dostarczał Rommlowi żywności, ciężarówek i benzyny.

Zdaniem Eisenhowera alianci potrzebowali Darlana, ponieważ tylko on cieszył się dostatecznym prestiżem, żeby nakazać oddziałom Vichy złożyć broń po lądowaniu aliantów (co ogromna większość rzeczywiście uczyniła, a próby oporu były bardzo nieliczne). Głównym celem Eisenhowera w początkowej fazie operacji było jak najszybsze zajęcie francuskich terytoriów w Afryce Północnej i nawiązanie walki z Niemcami. Układ z Darlanem pomógł mu zrealizować ten plan. Jednak po zawarciu rozejmu Darlan wysłał do dowódcy sił Vichy w Tunezji list, w którym zadeklarował, że Amerykanie „są naszymi wrogami i musimy z nimi walczyć, sami lub korzystając z pomocy". Władze Vichy w Tunezji zgodziły się wówczas na niemiecką okupację, tworząc przyszłe pole bitwy.

Układ Eisenhowera z Darlanem był dowodem cynizmu aliantów i groził podważeniem moralnej pozycji ich przywódców, zwłaszcza Churchilla i Roosevelta. Jak Eisenhower mógł przekazać władzę człowiekowi, który między innymi utrzymał antysemickie przepisy i inne prawa wprowadzone pod naciskiem nazistów? Gdy minął początkowy entuzjazm, Collingwood chciał postawić takie pytania w swych relacjach, ale dławiąca wszystko cenzura praktycznie to uniemożliwiła.

W wigilię Bożego Narodzenia 1942 roku dwudziestoletni Francuz Bonnier de La Chapelle stanął przed biurem Darlana i cierpliwie czekał. Gdy admirał wychodził, Chapelle strzelił do niego dwukrotnie z rewolweru z minimalnej odległości. Darlan zginął na miejscu.

Podobnie jak inni amerykańscy korespondenci, Collingwood dowiedział się o zamachu kilka godzin przed podaniem przez władze oficjalnej wiadomości, ale zgodnie z regułami nie mógł przekazać relacji, dopóki Francuzi nie wydali formalnego komunikatu. Gdy ten wreszcie się ukazał, Collingwood i jego rywale, między innymi John MacVane z NBC, gorączkowo zaczęli wystukiwać na maszynach swoje relacje, przekazując je do cenzury strona po stronie. Po uzyskaniu parafy korespondenci popędzili do nadajnika, gdzie postanowili wyznaczyć kolejność nadawania, rzucając monetę.

To była największa sensacja w krótkiej karierze Collingwooda i bardzo mu zależało, żeby się wyróżnić. Jak jednak miał tego dokonać, skoro rywale wiedzieli to samo i w tym samym czasie? Po chwili przyszedł mu do głowy pewien pomysł. "Wszystko mi jedno, kto będzie pierwszy – powiedział MacVane'owi i Arthurowi Mannowi, korespondentowi Mutual. – Wy dwaj losujcie, ja będę ostatni". Obaj byli zaskoczeni tą niezwykłą wielkodusznością, ale wyrazili zgodę. Gdy przyszła kolej Collingwooda, ten wziął mikrofon i powiedział: "Tu CBS w Algierze. Jeśli ktokolwiek słyszy sygnał, proszę, aby zadzwonił na koszt odbiorcy do CBS w Nowym Jorku i poinformował, że Charles Collingwood w Algierze ma dla nich ważną relację".

Powtórzył ten tekst jakieś piętnaście razy, podczas gdy jego rywale wymieniali zdziwione spojrzenia i zastanawiali się, o co mu chodzi. Dlaczego marnował tyle czasu, skoro oni już nadali wiadomość? Wreszcie Collingwood zapowiedział, że za pięć minut zacznie przekazywać relację. Zaczęło się powolne odliczanie.

Collingwood zorientował się, że im później nada relację, tym większa jest szansa, że zostanie ona odebrana w całości. Z Algieru, podobnie jak z wielu innych miejsc, gdzie w czasie wojny pracowali Chłopcy, nie można było nawiązać bezpośredniego połączenia z inżynierami w Nowym Jorku. Było zatem mało prawdopodobne, że niezapowiedziana emisja zostanie zarejestrowana w całości po normalnym, szybkim odliczaniu. Collingwood wiedział jednak, że Paul White zorganizował nieformalną siatkę radioamatorów, którzy mieli informować CBS o odebraniu nieoczekiwanych relacji od korespondentów sieci. Opóźnił więc emisję, jak tylko mógł, żeby zwiększyć prawdopodobieństwo, iż któryś z radioamatorów zawiadomi inżynierów lub ci ostatni odbiorą relacje jego dwóch rywali.

Plan sprawdził się w stu procentach. CBS odebrała cały tekst, natomiast NBC zarejestrowała tylko część relacji MacVane'a. Agencje prasowe i dzienniki miały tej nocy poważne kłopoty z łącznością, dlatego uwaga wszystkich skupiła się na Collingwoodzie. Jego relacja, z nazwiskiem, ukazała się na pierwszej stronie „New York Timesa" i innych amerykańskich gazet. Komentując ten sukces kilka lat później, Collingwood powiedział: „To nie wynikało z jakiejś niezwykłej przedsiębiorczości z mojej strony, tylko zrozumienia logiki działania prymitywnego systemu łączności". Był zbyt skromny. W dziennikarstwie „rozumienie logiki systemu łączności" jest sposobem wykazania się przedsiębiorczością.

Po raz kolejny jeden z Chłopców Murrowa zbierał laury. John MacVane był wściekły. Choć pierwszy nadał wiadomość, nie doczekał się uznania. Gdy „Time" opublikował później artykuł o Collingwoodzie ze stwierdzeniem, że to on podał wiadomość o zamordowaniu Darlana, MacVane wysłał do swej centrali depeszę z pytaniem, dlaczego jego sukces jest przypisywany komuś innemu. „Widocznie pobił nas wydział promocji CBS" – brzmiała odpowiedź. To niewątpliwie była prawda. CBS prowadziła nawet miniagencję, informującą w depeszach o sukcesach korespondentów sieci. Jednak było też prawdą, że Collingwood przechytrzył MacVane'a.

W czasie pobytu w Afryce Północnej Collingwood osiągnął zawodową dojrzałość. „Bonnie Prince Charlie" zmienił się we wnikliwego i dobrze poinformowanego korespondenta. Dzięki ciężkiej pracy, osobistemu urokowi i dobrej znajomości francuskiego, jaką zawdzięczał między innymi Baudelaire'owi, miał bardzo liczne kontakty we wszystkich kręgach, od zwolenników rządu Vichy do entuzjastów generała Charles'a de Gaulle'a. Zdobywał informacje od znajomych w amerykańskim wywiadzie i prześladowanej mniejszości żydowskiej w Algierze, która dysponowała znakomitą siatką wywiadowczą. Coraz częściej dzienniki w Stanach Zjednoczonych i Wielkiej Brytanii drukowały relacje Collingwooda, z którym nie mogli rywalizować ich właśni korespondenci. „Jego relacje radiowe sprawiają przynajmniej wrażenie, iż miał on we wszystko wgląd; zdarzało się, że informował o zajściach przed ukazaniem się oficjalnych komunikatów" – komentował „Newsweek".

Collingwood pierwszy doniósł o pośpiesznym straceniu mordercy Darlana i poinformował, że za zamachem stali francuscy monarchiści, ale koncentrował się głównie na poparciu, jakie Amerykanie udzielali rządowi Vichy w Afryce Północnej. W liście do rodziców napisał:

Umacniamy i po cichu wspieramy reżym, który w przybliżeniu stanowi reprodukcję tego, z którym walczymy. Usprawiedliwiamy to, twierdząc, że nie możemy się wtrącać w wewnętrzne sprawy Francji. Zastanawiam się, czy po wkroczeniu do Niemiec również obwieścimy, że nie możemy ingerować w niemiecką politykę wewnętrzną. Albo nasi przywódcy są zbyt głupi, żeby dostrzec, iż jest to wojna ideologiczna [...] albo są tak cyniczni, że ich zdaniem nie ma to znaczenia.

W swych relacjach Collingwood zwracał uwagę, że Eisenhower wybrał na następcę Darlana generała Henriego Honoré Girauda. Giraud, dzielny oficer, lecz niekompetentny przywódca polityczny, był rywalem de Gaulle'a. Po objęciu władzy kontynuował politykę Darlana i uwięził gaullistów oraz innych przeciwników w obozach koncentracyjnych. W jednej z relacji Collingwood wskazał, że wśród aresztowanych było wielu, którzy pomagali sojusznikom podczas desantu w Afryce. Następnie zacytował wypowiedź Girauda, iż wszyscy aresztowani to „ludzie zaangażowani w działalność wichrzycielską". „To niewątpliwie prawda – dodał. – Z pewnością w Afryce Północnej jest wielu ludzi niezadowolonych z obecnej sytuacji".

Collingwood nie mógł mówić tak ostro i otwarcie, jak chciał, ale często udawało mu się dać do zrozumienia, jakie jest jego prawdziwe stanowisko. „Naprawdę nie starałem się ominąć cenzury, ale czasami byłem tak zdenerwowany wiadomościami, że to wpływało na mój głos" – powiedział po wojnie. Gdy w marcu 1943 roku doniósł, że Giraud wreszcie złagodził niektóre prawa antysemickie, dodał też, że zdaniem Algierczyków niewiele się zmieniło. „To nadal sprowadza się do prostego stwierdzenia: utrwaliliśmy reżym, który równie chętnie współpracował z naszymi wrogami jak z nami, reżym, który nigdy nie okazywał wyraźnego entuzjazmu wobec zasad, o które walczymy, co wielokrotnie stwierdzali nasi rzecznicy".

Choć sam Collingwood uważał, że jego relacje są bardzo łagodne i spokojne, Eisenhower uważał go za wywrotowca. Pewnego dnia wezwał korespondenta do swojej kwatery i zarzucił mu, że w swym programie użył materiału zatrzymanego przez cenzurę. Collingwood odparł zarzut, pokazał tekst ze stemplem cenzury i zwrócił uwagę, że nie różni się on od zapisu, jaki otrzymał generał. Eisenhower się uspokoił, ale niedługo potem jego adiutant, major Henry Butcher, który przed wojną był wiceprezesem CBS i przyjechał do Stanów służbowo, odwiedził Billa Paleya w Nowym Jorku.

„Bill, przykro mi o tym mówić – zaczął – ale masz w Afryce Północnej tego faceta, Charlesa Collingwooda. To bardzo miły młody człowiek, lecz zupełnie nie zna się na polityce i sprawił nam już sporo kłopotów. Szef [Eisenhower] byłby bardzo zadowolony, gdybyś go przesunął gdzieś indziej. Nie chce mu zaszkodzić w karierze ani nic takiego... Może mógłbyś go przenieść z powrotem do Londynu lub na inny teatr działań".

Paley spojrzał na Butchera, po czym spośród papierów na biurku wyłowił kartkę z zawiadomieniem, że Collingwood otrzymał właśnie najważniejszą nagrodę w dziedzinie wiadomości radiowych, George Foster Peabody Award, za reportaże z Afryki Północnej. Paley odczytał swojemu gościowi, jak komitet nagrody chwali Collingwooda za wykorzystanie „takich narzędzi, jak wnioskowanie, wyrażanie oburzenia i powoływanie się na fakty", żeby „pomimo sita cenzury wyjaśnić nam niepokojącą sytuację w Afryce Północnej".

„Słuchaj – powiedział Paley. – My nie jesteśmy niezadowoleni z pracy Collingwooda. Przeciwnie, jesteśmy bardzo zadowoleni. Dopóki będziemy zadowoleni, będziemy go tam trzymać. Nic mnie nie obchodzi, co o tym myśli generał".

Gdy uwaga wszystkich koncentrowała się na Collingwoodzie, łatwo było przeoczyć drugiego korespondenta CBS w Afryce Północnej. Winston Burdett w rzeczywistości przyjechał tam wcześniej i był autorem lwiej części reportaży z frontu, poczynając od lipca 1942 roku, kiedy Anglicy zatrzymali ofensywę Rommla pod Al-Alamajn. Burdett lubił być w centrum akcji; dzięki temu mógł uciec myślami od śmierci żony. Lea Schiavi została bowiem zamordowana trzy miesiące wcześniej w północnym Iranie, kontrolowanym wówczas przez Związek Sowiecki.

W sierpniu 1941 roku Anglicy i Sowieci zajęli Iran i podzielili między siebie cały kraj. CBS przeniosła wtedy Burdetta z Ankary do Teheranu, żeby relacjonował okupację. Sześć miesięcy później Burdett wyjechał na krótko do Indii zrealizować zlecenie. Lea została w Iranie. W duszny kwietniowy dzień 1942 roku przyjaciel Burdetta przyszedł do jego hotelu w Nowym Delhi ze straszną wiadomością. Tego dnia dziennik „New Delhi Times" doniósł o śmierci Lei.

Burdett udał się pierwszym samolotem do Iranu i rozpoczął własne dochodzenie. Stwierdził, że Lea została zabita niedaleko miasta Tebriz, gdzie znajdowała się główna kwatera sowieckich oddziałów okupacyjnych. Wspólnie ze znajomą Iranką wynajęła samochód, który miał je zawieźć do kurdyjskiej wsi. Towarzyszyli im oficer irańskiej armii i tłumacz, młody Kurd. Późnym popołudniem, gdy wracali ze wsi, zatrzymali ich dwaj uzbrojeni kurdyjscy strażnicy drogowi. Spytali, czy któraś z kobiet to Lea Schiavi. Gdy Lea powiedziała, że to ona, strażnik wsadził pistolet przez okno samochodu i strzelił jej prosto w pierś. Zmarła, nim pozostali zdążyli ją zawieźć do Tebrizu.

Strażnik, który ją zabił, został aresztowany, osądzony i skazany na dożywotnie ciężkie roboty. Rząd irański na tym zakończył postępowanie. Urzędnicy powiedzieli Burdettowi, że niewątpliwie było to morderstwo polityczne, ale nie chcieli kontynuować śledztwa. Wydawało się oczywiste, że Lea została zamordowana na zlecenie, tylko czyje? Mogło na tym zależeć Niemcom, Włochom i Rosjanom. Niemieccy i włoscy agenci często przenikali do Iranu przez turecką granicę. Czemu jednak mieliby ją zabijać? Burdett w końcu doszedł do wniosku, że sprawcami byli agenci Mussoliniego, którzy chcieli ukarać Leę za otwarte głoszenie antyfaszystowskich poglądów.

Wiedział jednak, że możliwe były jeszcze inne wyjaśnienia. Śmierć Lei była równie tajemnicza, jak życie jej i męża. Ten sekret został wyjaśniony dopiero trzynaście lat później, gdy pod koniec okresu maccartyzmu Winston Burdett postanowił ujawnić swoje sekrety.

Później CBS wysłała Burdetta do Kairu, gdzie ożywione życie towarzyskie i obecność młodych kobiet z Ameryki i Europy pomogły mu przezwyciężyć smutek. Generał Harold Alexander objął dowództwo nad wszystkimi siłami brytyjskimi na Bliskim Wschodzie, natomiast na czele 8 Armii stanął mało znany oficer Bernard Montgomery. Po tych zmianach w dowództwie i po lądowaniu aliantów w Afryce Północnej szala walki przechyliła się na niekorzyść Afrikakorps. Angielskie siły, teraz dysponujące znaczną przewagą liczebną, pod koniec października rozpoczęły drugą bitwę pod Al-Alamajn. Siły powietrzne i pancerne zmusiły „opitą bombami armię Rommla" (jak to opisał Burdett na antenie) do rozpoczęcia odwrotu z Egiptu.

Gdy Anglicy ścigali armię Rommla, inne oddziały niemieckie powstrzymywały natarcie niedoświadczonych sił alianckich, które brały udział w operacji „Pochodnia". Pat przełamał Rommel. Wycofujący się Afrikakorps przyłączył się do dywizji pancernej i rozpoczął kontrofensywę. Niemcy sforsowali przełęcz Kasserin, stanowiącą górską bramę do Tunezji, i zadali ciężkie straty niezdyscyplinowanym oddziałom amerykańskiego II Korpusu, które próbowały ich powstrzymać. To była pierwsza poważna bitwa lądowa amerykańskiej armii i zakończyła się zdecydowaną klęską. Collingwood donosił jednak, że „zdaniem weteranów żołnierze więcej się uczą, gdy dostają lanie, niż gdy zwyciężają".

Eisenhower chciał mieć pewność, że ta lekcja nie pójdzie na marne, toteż mianował na stanowisko dowódcy II Korpusu generała George'a Pattona, który nie patyczkując się, narzucił ostrą dyscyplinę. Amerykanie zebrali siły i z pomocą Anglików zmusili Rommla do odwrotu za przełęcz. To był początek końca kampanii w Afryce Północnej. W kwietniu 1943 roku angielska 8 Armia połączyła się z amerykańskimi oddziałami 1 Armii i II Korpusu, zamykając pierścień wokół wycofujących się Niemców.

Mniej więcej w tym czasie Winston Burdett przyłączył się do Charlesa Collingwooda w Algierze. Pierwsze spotkanie z eleganckim młodym kolegą podziałało na niego deprymująco. Pewnego dnia Collingwood zaprosił go na kolację w podmiejskiej willi, którą wynajął na czas pobytu w Algierze.

Gdy Burdett punktualnie przybył na miejsce, zobaczył widok ostro kontrastujący z brudną i okrutną wojną na pustyni. Przed willą, wznoszącą się niczym zamek na szczycie wzgórza, czekał na niego Collingwood. Jego sylwetka odcinała się na tle złotego wieczornego nieba. Ubrany w niepokalanie biały smoking (bardzo różnił się od Cecila Browna) witał kolejnych gości. W czasie kolacji – do stołu podawali kelnerzy w białych rękawiczkach – pojawił się kurier na motocyklu. Wbiegł do środka i dramatycznym gestem przekazał gospodarzowi depeszę z Nowego Jorku. CBS informowała, że tego wieczoru miał nieoczekiwanie wystąpić na antenie. Jak zwykle nie tracąc zimnej krwi, Charlie poprosił Burdetta, żeby zamiast niego pełnił obowiązki gospodarza, po czym w ciągu kilku minut napisał tekst wystąpienia. Nie zdejmując smokingu, wskoczył do kosza motocykla i przez pustynię popędził do Algieru.

Zdążył jeszcze na koniak i cygara.

Collingwood nigdy nie zapominał, że jest sybarytą. W Afryce Północnej był między innymi oficjalnym bukmacherem zawodów, określanych mianem „Eisenhower Cup", „Camel Corps Stakes" i „Poor's Man's Futurity". Chodziło w nich o to, który korespondent pierwszy wyśle telegraficznie swoją relację. ("Gdy Charlie dorastał, zakładał się o wszystko – wspominał jego młodszy brat Tom. – Gdy widział wiewiórkę, mówił: «Założę się, że wejdzie na drzewo»"). Ubiegał się o względy Amerykanek i Angielek, które służyły w Algierze jako sekretarki i kierowcy. W czasie całego pobytu w Afryce pedantycznie dbał o swój dandysowski wygląd, który był jego znakiem firmowym od czasów młodości do końca życia. Aktorka Kay Francis odnotowała podczas objazdu, że Collingwood był „jedynym mężczyzną w Afryce, który wiedział, gdzie oddać garnitur do uprasowania".

Siódmego maja 1943 roku, gdy ostatnie oddziały niemieckie w Afryce Północnej poddawały się aliantom, gdy alianckie bombowce i armaty bombardowały dolinę Madżarda pod Tunisem, gdy w pobliżu toczyła się bitwa czołgowa – Charles Collingwood z CBS i Bill Stoneman z „Chicago Daily News" wbili tyczki w ziemię i grali w podkowy. Kiedy wśród potwornego zgiełku skończyli partię, wskoczyli do jeepa i razem z Drew Middletonem z „New York Timesa" pojechali zrelacjonować zakończenie kampanii afrykańskiej. Po drodze śpiewali piosenkę, którą ułożyli z tej okazji: „Na południe od Teburby..."

Korespondenci jechali za pierwszymi alianckimi oddziałami, które wkroczyły do Tunisu. Choć jeszcze trwała walka, tysiące mieszkańców wyszło na ulice i tańczyło między jeepami i czołgami. „Ludzie oszaleli z radości – powiedział później Collingwood w swej relacji – a i nam kręciło się w głowie na myśl, co oznacza zdobycie tego miasta-mirażu, który mieliśmy przed oczami w czasie długich sześciu miesięcy ostatniej zimy".

Inni korespondenci nadawali swoje relacje z frontu, walcząc ze zwykłymi, niekończącymi się opóźnieniami w łączności, natomiast Collingwood złapał okazję – poleciał ze znajomym do Konstantyny, gdzie znajdował się nadajnik, którego nikt nie używał. Znowu był pierwszy, tym razem z relacją naocznego świadka wyzwolenia Tunisu. Znowu na pierwszych stronach gazet znalazł się tekst Collingwooda, opatrzony jego nazwiskiem. „Chyba nigdy nie przeżywałem większego zadowolenia niż wtedy, gdy wjeżdżałem do Tunisu – napisał do rodziny kilka dni później. – Przyczyną nie była ani radość mieszkańców, ani nagłe uświadomienie sobie naszej siły, lecz raczej poczucie, że dotarliśmy do końca drogi, że spełniło się marzenie".

To rzeczywiście był koniec drogi dla przystojnego młodzieńca, który tak się wyróżnił w Afryce Północnej. Uciszył krytyków, pokazał, ile jest wart. Zapewne najważniejsze było dla niego to, że zdobył uznanie swojego idola, Eda Murrowa. W liście do Erica Sevareida Murrow opisał sześć miesięcy Collingwooda w Afryce Północnej jako „jeden z najlepszych przykładów roboty radiowego korespondenta zagranicznego od Twoich relacji z ostatnich tygodni Francji".

Collingwood zatryumfował, ale wkrótce – jak powiedział później kolega z CBS – był zbyt chory, żeby się tym cieszyć. Z ciężkim przypadkiem rzeżączki został przewieziony na kurację do Londynu. Nie był to w jego karierze ostatni przykład tryumfu, po którym następowała udręka.

ROZDZIAŁ TRZYNASTY

GRZECH PYCHY

Po powrocie z Australii do Nowego Jorku Cecil Brown cieszył się wszystkimi przywilejami gwiazdora – zdaniem kolegów z CBS cieszył się za bardzo. „Ze wszystkich ludzi, którzy wówczas zrobili karierę, to jemu woda sodowa najsilniej uderzyła do głowy" – zauważył Bill Shirer.

Shirerowi nieobcy był grzech pychy, a w tym przypadku na jego opinię mogła również wpłynąć zwykła zawiść. Brown otrzymał najlepsze okienko w wieczornej ramówce, dawny program Elmera Davisa, teraz zatytułowany *Cecil Brown and the News* i sponsorowany przez Johns-Manville Corporation. Ponadto ten stosunkowo nowy Chłopiec miał na zmianę z Shirerem komentować wiadomości w programie o dwudziestej trzeciej dziesięć, który nie miał sponsora.

Jednak nawet jeśli Shirerem powodowała zazdrość, w jego opinii było sporo prawdy. Brown wygłaszał odczyty i udzielał wywiadów, w których mówił o swoich doświadczeniach wojennych. Jego książka *Suez to Singapore* doskonale się sprzedawała. Za relacje z Singapuru Brown otrzymał sporo nagród, między innymi Peabody'ego i National Headliners Club. Jak tylko rozpoczął swój nowy program, „Motion Picture Daily" zaliczył go do największych gwiazd radia w 1942 roku, wraz z takimi sławami jak Bing Crosby, Arturo Toscanini, Dinah Shore i Guy Lombardo. Był zapraszany przez najlepsze towarzystwo i zarabiał fortunę, przynajmniej jak na ówczesne standardy dziennikarskie. Oprócz honorariów za odczyty i książkę oraz normalnej pensji dostawał tysiąc dolarów tygodniowo od sponsora jego programu o dwudziestej pięćdziesiąt pięć.

Niektórzy ludzie potrafią sobie poradzić z nagłą sławą, ale Cecil Brown do nich nie należał. Wspominając te czasy, sam przyznał, że był raczej nieznośny. Uważał, że w CBS jest kimś „szczególnej kategorii" – „jedną z pierwszych primadonn". Lewicowy magazyn „The Nation" opublikował zjadliwą parodię książki Browna, krytykując jego zaciekłą walkę z wojenną cenzurą i ogólny egotyzm. Autor parodii, napisanej w preferowanej przez Browna pierwszej osobie liczby pojedynczej, przypisał mu następującą wypowiedź: „W sobotę po południu zaniosłem maszynę do pisania do angielskiego sklepu, żeby wymienili mi duże «I». Powiedzieli, że mogą to zrobić dopiero w poniedziałek, bo w niedziele nie pracują. Co za ponury, obrzydliwy nonsens! Czy ci ludzie nie wiedzą, że jest wojna?"

Brown przecenił zarówno własne znaczenie, jak i gotowość CBS do znoszenia jego zachowania. Od wysłania Murrowa do Londynu minęło zaledwie sześć lat, lecz w tym czasie CBS – w znacznej mierze pod wpływem Murrowa i programów informacyjnych – przekształciła się w solidną instytucję. Każdy, kto myślał, że jest ważniejszy od firmy lub niezastąpiony, winien polecić się boskiej opiece. Odkąd Murrow i Shirer walczyli o prawo do występowania na antenie, Paul White i inni starali się bez większego powodzenia okiełznać Chłopców, ale Brown nie był Murrowem, Shirerem ani nawet Severeidem. Zdaniem White'a i wielu innych był po prostu nużący i nie słuchał poleceń.

White nie przejmował się specjalnie egotyzmem Browna. Gdyby zwracał uwagę na takie rzeczy, musiałby zwolnić wszystkich pracowników. Z jego punktu widzenia głównym grzechem Browna było uprawianie „publicystyki". Cechy, które dobrze służyły jemu i CBS, gdy był daleko w Kairze lub Singapurze – niezależność, chęć walki z cenzurą, gotowość do zabierania głosu i wypowiadania opinii – po powrocie do kraju były uważane w najlepszym razie za irytujące wady, a w najgorszym – za zagrożenie dla kraju i sieci (niekoniecznie w tym porządku).

Według White'a „blady, kruchy Cecil Brown", jak opisał go dziennikarz „Time'u", wolał wygłaszać kazania, zamiast przygotowywać reportaże. Jego analizy były często przemieszane z ponurymi ostrzeżeniami o zagrożeniu, jakim są samozadowolenie i egoizm w złym i niebezpiecznym świecie. Brown śmiało pouczał przywódców kraju, co powinni zrobić, a czasami po prostu bredził – na przykład domagał się, aby za zbrodnie wojenne karać nie tylko japońskich i niemieckich przywódców, ale również rozstrzeliwać bez wyboru zwykłych żołnierzy.

White irytował się nawet z powodu mniej ekstrawaganckich opinii Browna. Na przykład wiosną 1942 roku, po dwumiesięcznej podróży po kraju w celu zbadania, jak bije serce narodu, Brown doprawiał swoje analizy krytycznymi uwagami na temat stosunku Amerykanów do wojny. „Dzisiaj w Indianapolis ludzie robią zakłady, że wojna skończy się w tym roku, i choć wydaje się to nieprawdopodobne, obstawiają dziewięć do dwóch, że skończy się przed Bożym Narodzeniem [...] Taki optymizm nie opiera się na żadnych faktach, ale wielu ludzi w Indianie najwyraźniej nie przejmuje się faktami" – oznajmił pewnego dnia. Nie wierzył również w prezentowany przez administrację Roosevelta różowy obraz narodu zjednoczonego i gotowego do poświęceń. „Dziennikarza, który właśnie wrócił z krajów walczących o przetrwanie, zdumiewa widok ludzi przekonanych, że ograniczenia w sprzedaży benzyny są ciężarem niemożliwym do zniesienia" – powiedział.

Podobnie twierdził rezydujący w Waszyngtonie Eric Sevareid, co również irytowało White'a. Jednak Sevareid był bliskim kolegą Murrowa, co zapewniało pewien immunitet. Brown natomiast takiej ochrony nie posiadał i dlatego już niemal natychmiast po powrocie do Stanów poczuł skutki gniewu White'a, który polecił redaktorowi wieczornych wiadomości, Henry'emu Wefingowi, wykreślać z tekstów Browna wszystkie publicystyczne opinie. Kazał mu nawet siedzieć w studiu w trakcie emisji i pilnować, czy Brown nie odstępuje od zatwierdzonego tekstu. Gdyby tak się zdarzyło, miał przerwać program. Ilekroć Brown zajmował miejsce przed mikrofonem, w pobliżu był Wefing, niczym nieróżniący się od wojskowych cenzorów, których Brown tak nie znosił.

Latem 1943 roku w CBS krążyły plotki, że sponsor programu Browna, Johns-Manville, również ma już dość jego liberalnej „publicystyki". Podobno zarząd firmy zirytowała zwłaszcza pozytywna recenzja kontrowersyjnego filmu Warner Brothers *Mission to Moscow*. Film, zrealizowany w znacznej mierze na zamówienie Elmera Davisa i Biura Informacji Wojennej, miał w założeniu zachęcić Amerykanów do większego wsparcia Związku Sowieckiego, nowego wojennego sojusznika Waszyngtonu. Sponsor był jednak przekonany, że autor scenariusza posunął się za daleko, pomijając takie niewygodne fakty jak stalinowskie czystki czy pakt Ribbentrop-Mołotow. Dwudziestego czwartego sierpnia Johns-Manville z trzydziestodniowym wyprzedzeniem zawiadomił CBS, że zamierza skorzystać z prawa zaprzestania sponsorowania programu Browna.

W tym momencie Browna nie było w Nowym Jorku – wyjechał (bez swego cenzora z CBS) w kolejną długą podróż po kraju. Kolejny program nadawał z Indianapolis, nie wiedząc, że Johns-Manville przestał go sponsorować. Tym razem skrytykował prezydenta Roosevelta i premiera Churchilla, którzy właśnie skończyli spotkanie w Quebecu; zarzucił im, że „nie podkreślili dostatecznie dramatycznie, o co walczymy". „Każdy w miarę uważny obserwator amerykańskiej sceny już wie – twierdził – że z powodu tego błędu przywódców poparcie dla wojny teraz szybko się zmniejsza".

To była ostra wypowiedź, ale bynajmniej nie ostrzejsza niż wiele wcześniejszych komentarzy Browna. Podobne poglądy prezentowali między innymi Sevareid i Murrow, ale czynili to w bardziej wyrafinowanym stylu. Kolejne wykroczenie Browna nastąpiło jednak zaledwie w dzień po decyzji zarządu Johns-Manville, co bardzo rozgniewało White'a i skłoniło go do napisania listu równie zaciekłego jak programy Cecila. White zarzucił swemu pracownikowi szerzenie defetyzmu, który „sprawiłby ogromną przyjemność doktorowi Goebbelsowi i jego ludziom". Cały program Browna – pisał – był „deklaracją, co myśli Cecil Brown, co Cecil Brown zrobiłby, gdyby był prezydentem Rooseveltem, wbrew oczywistej prawdzie, że ludzie wybrali na stanowisko prezydenta nie Cecila Browna, lecz Roosevelta". Jeśli Brown nie potrafi powstrzymać się od wygłaszania na antenie własnych opinii, to CBS z przyjemnością zwolni go z kontraktu.

Gdy Brown dowiedział się, że stracił sponsora, pośpiesznie wrócił do Nowego Jorku, by porozmawiać z White'em. Argumentował, że jego twierdzenia o braku entuzjazmu dla wojny opierały się na wielu wywiadach, które przeprowadził w ciągu kilku tygodni. Miał ponad tysiąc stron notatek. Zwrócił uwagę, że White ani razu go nie upomniał, gdy w swoich korespondencjach z Rzymu opisywał, jakie są jego zdaniem odczucia Włochów. „Nie krytykuje mnie pan dlatego, że mam swoją opinię – powiedział. – Krytykuje mnie pan, ponieważ moje opinie nie są zgodne z pańskimi". Drugiego września Cecil Brown złożył dymisję, twierdząc, że był kneblowany.

Natychmiast w jego obronie wystąpiło wielu znanych dziennikarzy spoza CBS, co bez wątpienia bardzo zaskoczyło White'a i innych członków kierownictwa sieci, którzy uważali, iż jest to wewnętrzna sprawa Columbii. Publicyści i komentatorzy, od Dorothy Thompson po Waltera Winchella, potępiali CBS; „Variety" uznało, że sposób myślenia i filozofia sieci są „oklepane". „Editor and Publisher" był bardziej wymowny: „Wszyscy lubimy mięso posolone. Jeśli radio nie jest w stanie dostarczyć soli, [nie martwiąc się], że w ten sposób urazi kilka tysięcy słuchaczy, jednego czy dwóch reklamodawców lub Federalną Komisję Łączności, to raczej powinno się wycofać i zostawić wiadomości tym, którzy się tego nie boją".

Jednym z głównych antagonistów CBS, występujących w obronie Browna, był dawny komentator sieci H.V. Kaltenborn, który w wyniku licznych starć z White'em, dotyczących obiektywizmu, w 1940 roku przeniósł się do NBC. Gdy Kaltenborn pracował w CBS, uważał obowiązujące tam zasady za absurdalne i później nie zmienił zdania. Przede wszystkim twierdził, że nie sposób ich wprowadzić w życie. „Żaden analityk z prawdziwego zdarzenia nie może być całkowicie neutralny lub obiektywny [...] Każda decyzja dziennikarska, na przykład wybór takich a nie innych faktów lub wydarzeń, stanowi wyraz opinii".

Kaltenborn oskarżył o hipokryzję kierownictwo, próbujące narzucić pracownikom takie zasady. Przypomniał, że gdy był zatrudniony w CBS, Klauber przekonywał go, aby ukrywał swoje opinie, przypisując je innym. „Unikaj zbyt osobistego tonu – zalecał. – Używaj takich zwrotów jak «mówi się», «zdaniem wielu osób»". Według Kaltenborna to właśnie robili Murrow i Shirer, więc w przeciwieństwie do Browna wszystko uchodziło im na sucho.

Do chóru przyłączył się nawet przewodniczący Federalnej Komisji Łączności (Federal Communication Commission – FCC), główny nadzorca radia. CBS opracowała swoje zasady obiektywizmu na początku wojny w 1939 roku, ponieważ Paley obawiał się kary ze strony FCC za podburzanie opinii publicznej przeciw polityce neutralności. W 1943 roku przewodniczący FCC James Fly zachęcał do większej różnorodności poglądów prezentowanych na falach eteru. W przemówieniu wygłoszonym w czasie, gdy sprawa Browna nabrała rozgłosu, Fly zwrócił uwagę, że zasady CBS często zmuszają dziennikarzy do wyrażania własnych poglądów jedynie poprzez cytowanie innych ludzi. „Jest faktem – powiedział – że w sieciach radiowych pracują najlepsi komentatorzy i analitycy, jakich można znaleźć. Byłoby przykre, gdyby reguły medium, które pozwala ludziom usłyszeć ich głos, uniemożliwiały nam poznanie ich opinii".

CBS nie zmieniła swego stanowiska. Po dymisji Browna White wysłał do wszystkich dziennikarzy notatkę, w której przypomniał obowiązujące zasady obiektywizmu i podkreślił swoje przekonanie, iż „nie mają prawa prowadzić osobistych krucjat, ostro krytykować innych i próbować wpływać na opinię publiczną". Niedługo potem notatka ta została opublikowana w postaci całostronicowych anonsów, które CBS wykupiła w nowojorskich i waszyngtońskich gazetach.

O co w tym wszystkim chodziło? Jeśli CBS nie chciała narażać się rządowi, a rząd stwierdził, że nie zamierza się obrażać – to czemu miało służyć kontynuowanie tej kampanii? Niewykluczone, że Paley, Klauber, White i inni rzeczywiście nie chcieli w swojej sieci opinii, analiz i komentarzy. To możliwe, ale mało prawdopodobne. Jak wskazał Brown i co potwierdza historia, wygłaszanie opinii *per se* nigdy nie było problemem. Problemem były opinie, z którymi – z takich czy innych powodów – nie zgadzało się kierownictwo. Bardziej prawdopodobne wydaje się zatem, że zarząd lękał się nie tyle reakcji rządu, ile raczej reakcji sponsorów. CBS niemal na pewno nadal tolerowałaby Browna i jego publicystykę, gdyby Johns-Manville w dalszym ciągu płacił rachunki.

To był jeden z pierwszych sygnałów zapowiadających głębokie zmiany w działalności sieci. Murrow i Chłopcy stopniowo stawali się ofiarami własnego sukcesu. W czasie wojny ogromnie przyczynili się do zwiększenia popularności radia, co sprawiło, że to medium stało się bardzo atrakcyjne dla sponsorów, którzy teraz, za pośrednictwem agencji reklamowych, mieli znaczny wpływ na finansowane programy. Komentatorzy tacy jak Shirer i Brown, którzy występowali w sponsorowanych programach, dostawali ponad pięćdziesiąt tysięcy dolarów rocznie, podczas gdy pensje większości korespondentów radiowych nie przekraczały dziesięciu tysięcy dolarów. To dotyczyło również innych Chłopców Murrowa. Sponsoring miał jednak swoją cenę. Sponsorowany dziennikarz musiał się dostosowywać do politycznych i wszelkich innych kaprysów sponsora i agencji reklamowej. Sponsorzy zaś niemal z definicji niechętnie odnosili się do niepopularnych opinii, które mogły skłonić słuchaczy do wyłączenia odbiorników przed wysłuchaniem reklam lub unikania lansowanych produktów.

Anonsy prasowe wykupione przez CBS były skierowane nie tyle do słuchaczy, ile do reklamodawców. Liberalny „New York Post" uważał, że sieć „podjęła starania o zdobycie nowych sponsorów, a anonsy prasowe miały ich zapewnić, że CBS nie zamierza promować jakiegoś szczególnego punktu widzenia". Mniej więcej w tym samym czasie Walter Winchell, który w takich sprawach często miał informacje z dobrych źródeł, napisał w swym felietonie, że menedżerowie CBS spotkali się w Union League Club z grupą zamożnych biznesmenów. Według niego reklamodawcy oświadczyli przedstawicielom sieci: „Wydajemy wiele pieniędzy na CBS, między innymi na pensje komentatorów, z których opiniami się nie zgadzamy. Nie twierdzimy, że wasi komentatorzy muszą się z nami zgadzać, ale naszym zdaniem CBS powinna zatrudnić reporterów i analityków, którzy przedstawialiby również nasz punkt widzenia".

Wrzawa z powodu dymisji Browna sprawiła, że prawie nikt nie zwrócił uwagi na inną decyzję personalną, która sygnalizowała poważną zmianę w nastawieniu CBS do wiadomości radiowych i stanowiła potwierdzenie zasady, że w sieci Paleya nikt, absolutnie nikt poza nim, nie jest niezastąpiony. Miesiąc przed zwolnieniem Browna Paley zmusił do złożenia rezygnacji Eda Klaubera, drugą osobę w hierarchii Columbii. Klauber, architekt polityki obiektywizmu CBS, miał swoje wady. Bywał bezwzględny, trudny w kontaktach i miał ciasne poglądy, ale zawsze bronił działu wiadomości. Dziennikarze wiedzieli, że jest jedynym człowiekiem w zarządzie, który nie pozwala na puszczanie reklam w trakcie ważnego komunikatu lub reportażu. Uznawał bardzo wysokie kryteria oceny pracy redakcyjnej, a Ed Murrow, którego zatrudnił, uważał go za najlepszego redaktora, jakiego poznał.

Klauber przeszedł do CBS w 1930 roku z „New York Timesa". Dobrze zaspokajał potrzeby Paleya, gdy sieć była jeszcze młoda, a samemu Paleyowi brakowało pewności siebie. Teraz jednak szef rzadko żywił jakieś wątpliwości, a Klaubera miał już serdecznie dość. „[Klauber] i Paley po prostu nie zgadzali się ze sobą" – wspominał Frank Stanton, wówczas najlepszy spec CBS od badań rynkowych. Paley wybrał na nowego wiceprezesa szefa Stantona w dziale reklamy i marketingu, Paula Kestena. Dziennikarz został zastąpiony przez sprzedawcę. Bill Paley spokojnie i powoli realizował nową wizję swojej sieci. Implikacje tych zmian stały się w pełni zrozumiałe dopiero po wojnie.

Z pewnością w 1943 roku Murrow i Chłopcy nie rozumieli ich znaczenia. Murrowowi było przykro z powodu odejścia Klaubera, ale był zbyt zajęty wojną, żeby długo zaprzątać sobie tym głowę. Sprawa Browna wydawała mu się zagadkowa i chciał się dowiedzieć czegoś więcej, ale przez jakiś czas nikt w Nowym Jorku nie odpowiadał na jego pytania. Wreszcie doczekał się wyjaśnienia od Shirera.

W swoim liście Shirer zapamiętale bronił zarządu CBS i krytykował Browna. (To samo zrobił publicznie, występując w Overseas Press Club). Przewidywał, że Brown postara się sprawić sieci jeszcze poważniejsze kłopoty. Oczywiście Shirer nie był bezstronnym obserwatorem. On i Brown byli kolegami, ale i rywalami. Po dymisji Browna Shirer pozostał sam na polu bitwy. Natomiast w sprawie powtórzenia przez White'a zakazu głoszenia opinii Murrow i Shirer zgodzili się, że to „głupi pomysł".

Murrow był zaniepokojony zjawiskiem, które uważał za wynik coraz bardziej nietolerancyjnego stosunku części publiczności, rządu, sponsorów i kierownictwa sieci do prawdziwych reportaży wojennych. „Najwyraźniej ludzie chcą być zwodzeni – pisał do przyjaciela. – Chcą wierzyć, że wszystko pójdzie łatwo i prosto [...] Nawet nieśmiałe próby zachowania realizmu są piętnowane jako dowód cynizmu, pesymizmu i zniechęcenia. To zagubienie i brak wiary są przyczyną mojego powracającego pragnienia, żeby wycofać się z radia".

Oczywiście Murrow nie odszedł. Jakżeby mógł? On i Shirer wciąż zajmowali miejsce na górze. Nie było żadnych powodów sądzić, że ta sytuacja się zmieni. Ich nazwiska, niemal w takim samym stopniu jak Paleya, utożsamiano z CBS. Uważali, że są niezastąpieni.

Gdy w niecałe dwa lata po przygodzie na pokładzie HMS „Repulse" Cecil Brown składał dymisję, nie miał wątpliwości, że bez trudu znajdzie pracę w innej sieci. „Byłem gorącym towarem – powiedział. – Łatwo było mnie sprzedać". Udało mu się kontynuować karierę komentatora, ale nigdy nie zdobył tak wpływowego i prestiżowego stanowiska jak to, które miał w CBS. W latach 1944–1957 pracował w Mutual, później przez dwa lata w ABC, następnie przez sześć lat w NBC. W 1964 roku został dyrektorem działu wiadomości i spraw publicznych KCET, publicznej stacji radiowej w Los Angeles, gdzie również był komentatorem. W 1966 roku otrzymał prestiżową nagrodę Alfreda I. Du Ponta za głoszenie „przemyślanych, szczerych opinii, opartych na wieloletnich osobistych doświadczeniach i uczestnictwie w ważnych wydarzeniach naszych czasów".

Nagroda ta stanowiła w pewnej mierze potwierdzenie racji Browna i pozostałych Chłopców. Gdy walczyli z Paleyem, Klauberem, White'em i innymi, nie chodziło im o prawo do uprawiania „publicystyki". To był tylko temat zastępczy. Nie chcieli głosić ideologii, stronniczych poglądów lub przekonywać ludzi, jak mają myśleć i głosować. Chcieli natomiast wyciągać wnioski z wydarzeń, które opisywali, i przedstawiać je słuchaczom. Nie chcieli być tylko kronikarzami faktów, pragnęli je interpretować, analizować i umieszczać w odpowiednim kontekście. Nie uważali, że do wszystkich faktów, idei i działań należy przykładać tę samą miarę, i w swych programach nie chcieli udawać, że jest inaczej. Chłopcy Murrowa nie byli stenografami, lecz dziennikarzami. Pragnęli – w granicach rozsądku – opierając się na swojej wiedzy i doświadczeniu, formułować opinie moralne i historyczne, a następnie dzielić się nimi z publicznością.

W 1946 roku Paul White w przykrych okolicznościach rozstał się z CBS i przeniósł do San Diego. Otrzymał tam posadę komentatora w lokalnej stacji telewizyjnej KFMB. Jak na ironię, pisywał i wygłaszał również teksty publicystyczne. W 1954 roku, gdy Murrow wykorzystał swój program telewizyjny *See It Now* do ataku na senatora Josepha McCarthy'ego, „Newsweek" napisał, że zaledwie kilka lat wcześniej, gdy White toczył walkę o obiektywizm, nadanie takiego programu byłoby niemożliwe. W odpowiedzi White zadepeszował do redakcji: „Moje wieczorne programy są dowodem, że nie podtrzymuję poglądu głoszonego w 1943 roku. Wtedy sądziłem również, że Związek Sowiecki jest cennym sprzymierzeńcem, rozszczepienie atomu jest niemożliwe, a po wojnie, gdy zostanie zniesiony system racjonowania i kontroli, steki staną się tanie i powszechnie dostępne".

ROZDZIAŁ CZTERNASTY

POWRÓT DO WALKI

Eric Sevareid, podobnie jak Cecil Brown, nie dostrzegł w Ameryce prawie nic oprócz samozadowolenia i egoizmu.

Gdy Stany Zjednoczone przystąpiły do wojny, był pewny, że kraj otrząśnie się z bezwładu sprzed Pearl Harbor i z całą energią zaangażuje w walkę, tak jak Wielka Brytania w 1940 roku. Jednak, w odróżnieniu od Anglii, terytorium Stanów nie zostało zaatakowane przez nieprzyjaciela. „Życie było łatwe – pisał Sevareid – z każdym tygodniem rósł dobrobyt i nikt nie wierzył, że gdzieś giną ludzie". Jego zdaniem Amerykanów należało wytrącić z odrętwienia. Tymczasem administracja Roosevelta starała się zminimalizować powagę Pearl Harbor i ukryć popełnione błędy.

Sevareid przeżył wstrząs, gdy Eisenhower powierzył kryptonaziście Darlanowi rządy we francuskich posiadłościach w Afryce Północnej. Teraz zaczął się obawiać, że idea budowy lepszego, powojennego świata zostanie zniweczona. Amerykańska armia, wykazująca niekiedy dziwny gust w wyborze sojuszników, jego zdaniem „walczyła z ludźmi, nie zaś z ideami [...] Wojsko gotowe było użyć wszelkich środków, w tym również faszystów i faszystowskich instytucji, żeby osiągnąć konkretny cel, niezależnie od tego, w jakiej mierze przesłaniało to zasadnicze cele i zagrażało przyszłości".

Jaki sens ma wojna, zastanawiał się Sevareid, jeśli nie prowadzi do sprawiedliwości i równości dla wszystkich, którzy teraz znoszą jej konsekwencje? „To wojna polityczna, wielka wojna rewolucyjna – powiedział w żarliwym przemówieniu wygłoszonym w ogólnokrajowym programie radiowym *Town Meeting of the Air* – ale nie wolno sprawić, żeby myśl o tym zagościła w umysłach naszych żołnierzy [...] Wiemy, że gdzieś, kiedyś była taka wspaniała rzecz, nazywana Amerykańskim Marzeniem. Jeśli nie przypomnimy o niej teraz, stracimy ją na zawsze".

Nadzieje Sevareida na sprawiedliwy i pokojowy świat zostały wystawione na próbę w kwietniu 1943 roku, gdy Niemcy zakomunikowali o znalezieniu ciał ponad czterech tysięcy polskich oficerów w masowych grobach w lesie katyńskim na terenach zachodniej Rosji. Według nazistów mordercami byli Rosjanie. Gdy polski rząd na uchodźstwie zwrócił się do Międzynarodowego Czerwonego Krzyża o przeprowadzenie niezależnego dochodzenia, Sowieci natychmiast zerwali stosunki dyplomatyczne z polskim rządem w Londynie, które nawiązali dwa lata wcześniej.

Musiało upłynąć pięćdziesiąt lat, zanim sowiecki przywódca Michaił Gorbarczow przyznał, że polskich oficerów rzeczywiście zamordował NKWD. Roosevelt i Churchill nie mieli większych wątpliwości, że zbrodnię popełnili Sowieci, ale obaj gotowi byli zrobić wszystko, byle tylko zadowolić Stalina, dlatego oskarżyli Polaków o spowodowanie kryzysu i zaburzenie jedności aliantów. Amerykańskie i angielskie gazety na ogół zachowywały się podobnie. W radiu i w gazetach nie było mowy o ideałach i zasadach stanowiących podstawę sojuszu przeciwników państw osi. Zamiast tego podkreślano konieczność odniesienia zwycięstwa, ułagodzenia Sowietów i ocalenia sojuszu.

CBS jednak okazała się wyjątkiem od tej reguły. W analizie sowieckiej reakcji na komunikat o Katyniu John Charles Daly, nowy korespondent sieci w Londynie, stwierdził, że „zdaniem wielu osób Sowieci zbyt gorliwie zaprzeczają oskarżeniom o masakrę polskich oficerów". Przypomniał również, że Rosjanie nie dotrzymali złożonej wcześniej obietnicy zwolnienia wszystkich polskich jeńców przetrzymywanych w Związku Sowieckim. Ed Murrow podkreślił, że prasa brytyjska przyjęła „prorosyjską" linię, i powiedział słuchaczom, iż „odpowiedzialni rzecznicy Polski wielokrotnie powtarzali, że anglojęzyczni sojusznicy ustępują przed rosyjskimi żądaniami kosztem Polski". Prawdziwą przyczyną podziału w sojuszu nie było polskie żądanie, żeby Czerwony Krzyż zbadał sprawę Katynia – stwierdził Murrow – ale sowieckie roszczenia do połowy przedwojennego terytorium Polski. Rządy Wielkiej Brytanii i Stanów Zjednoczonych usiłowały ukryć tę kontrowersję. „Obserwujemy teraz pierwsze poważne pęknięcie w wielkim sojuszu – powiedział Murrow. – Nie spowodowała go niemiecka propaganda. Jest ono wynikiem porażki w próbach osiągnięcia jedności, wykraczającej poza walkę ze wspólnym wrogiem".

Burza spowodowana odkryciem zbrodni katyńskiej pogłębiła niepokój Sevareida. Jak na ironię przeżywał go wtedy, gdy odnosił wielkie sukcesy osobiste. Został dyrektorem biura CBS w Waszyngtonie i kilka razy dziennie występował na antenie. Jego programy były sponsorowane, zatem zarabiał znacznie więcej niż kiedykolwiek przedtem. To jednak tylko pogłębiało jego depresję. W Waszyngtonie uważał się za hochsztaplera i dekownika, „odciętego od ciężkiej pracy walczącej Ameryki". Udało mu się zdusić dawny lęk przed raną lub śmiercią i chciał znowu wyjechać, żeby „zobaczyć wojnę, być na wojnie, dowiedzieć się, przez co przechodzą ludzie z jego pokolenia".

Jednak ci, którzy w CBS decydowali o takich sprawach, woleli go trzymać na stanowisku w Waszyngtonie. Sevareid był tak zdesperowany, że – jak zwierzył się w liście do Murrowa – myślał o wstąpieniu do wojska. Ed łagodnie zasugerował, że w wojsku może łatwo „wpaść w jeszcze większą frustrację". Siedź cicho – poradził i obiecał, że będzie przekonywał nowojorskie kierownictwo, aby znowu wysłało go za granicę. Prawdopodobnie właśnie to Sevareid chciał usłyszeć.

Ostatecznie to nie Murrow, lecz tajemnicze zrządzenie losu sprawiło, że znów udał się na wojnę. Latem 1943 roku „bliski przyjaciel prezydenta Roosevelta" (którego tożsamości Sevareid nigdy nie zdradził, ale zapewne był to członek gabinetu lub ktoś, kto występował w imieniu rządu) wezwał go do swego biura. Czy Eric chciałby pojechać do Chin, żeby wyjaśnić sprzeczne doniesienia o nacjonalistach, ich amerykańskich doradcach i komunistach, którym przewodził Mao Zedong? Sevareid był zaskoczony tą prośbą, ale szybko się zgodził pod warunkiem, że pojechałby jako niezależny dziennikarz i mógłby relacjonować przez radio wszystko, czego udałoby mu się dowiedzieć. „Przyjaciel" Białego Domu stwierdził, że właśnie coś takiego miał na myśli; czegokolwiek udałoby mu się dowiedzieć, z pewnością byłby to krok naprzód w porównaniu z kakofonią oficjalnych, półoficjalnych i nieoficjalnych głosów, które docierały do Waszyngtonu.

W 1943 roku w polityce Waszyngtonu w stosunku do Chin panował całkowity zamęt. Zastępca dowódcy teatru wojennego Chiny-Birma-Indie, generał Joseph W. „Vinegar Joe" Stilwell, kłócił się z przywódcą chińskich nacjonalistów, generalissimusem Chiang Kai-shekiem. Stilwell chciał sformować liczącą trzydzieści dywizji armię do walki z Japończykami. Chiang uznał to za zagrożenie dla jego kontroli nad bardzo przeciętnymi oddziałami Kuomintangu. Do wzrostu napięcia przyczyniała się rywalizacja Chianga z Mao i komunistami, którzy również walczyli z Japończykami. Stilwell uważał

Chianga za przywódcę skorumpowanego i nieudolnego i publicznie mówił o nim „fistaszek". Według niego generalissimus był bardziej zainteresowany walką z czerwonymi niż z imperialistyczną Japonią. Równocześnie toczyła się zaciekła dyskusja strategiczna między Stilwellem a generałem korpusu powietrznego Claire'em Chennaultem, dowódcą legendarnych Latających Tygrysów. Stilwell uważał, że wojnę należy toczyć przede wszystkim na ziemi, natomiast Chennault i Chiang opowiadali się za użyciem lotnictwa.

W gotującym się kotle prochiangowskiej propagandy w Stanach Zjednoczonych intensywnie mieszało „chińskie lobby", wspomagane przez piękną i delikatną żonę Chianga. Wśród przywódców lobby byli dwaj potężni wydawcy – urodzony w Chinach Henry Luce, wydawca tygodnika „Time", oraz William Randolph Hearst, książę prasy brukowej. Jego reporterzy w Chinach musieli zmagać się nie tylko z wojskową cenzurą, ale również z uprzedzeniami własnego szefa.

Nic dziwnego, że latem 1943 roku „bliski przyjaciel prezydenta" czuł potrzebę wysłania do Chin niezależnego obserwatora, na którego oczach i uszach mógłby polegać.

Drugiego sierpnia Sevareid znalazł się na zakurzonym lotnisku w północno-wschodnich Indiach. Wpatrywał się niespokojnie w niewielki, dwusilnikowy samolot transportowy. Razem z szesnastoma pasażerami i czterema członkami załogi miał nim polecieć przez Birmę i niebezpieczny „Garb" Himalajów do Chin. Gdy przekonywał zarząd CBS, żeby zgodził się go wysłać do Chin i sfinansować podróż, nie myślał wiele o tym, jak się tam dostanie. Teraz, gdy patrzył na lśniący w słońcu C-46, czuł ostry niepokój.

Od przybycia do Indii wysłuchał już wiele przerażających opowieści o warunkach atmosferycznych panujących w okolicy Garbu i katastrofach lecących nad nim samolotów. To połączenie lotnicze zorganizowano w celu przesyłania Chiangowi dostaw w ramach ustawy lend-lease. Jeśli Garb był niebezpieczny nawet dla solidnych samolotów, to jak miał sobie z nim poradzić C-46, zwany latającą trumną? Powszechnie uważano, że C-46 nie jest bezpieczny nawet w dobrych warunkach. Sevareid poczuł, że znowu opanowuje go strach, tak jak podczas blitzu w Wielkiej Brytanii.

Samolot wystartował bez żadnych problemów. Na pokładzie było dwunastu amerykańskich żołnierzy, dwóch chińskich oficerów, Sevareid i jeszcze dwóch cywilów. Jednym z nich był doradca generała Stilwella z Departamentu Stanu, John Paton Davis (w czasie powojennej debaty „kto stracił Chiny" Joe McCarthy i „chińskie lobby" wybrali go na kozła ofiarnego). Początkowo wszystko szło gładko i Sevareid stopniowo się rozluźniał, ale mniej więcej godzinę po starcie pochylił się ku niemu sąsiad, młody kapral, i krzyknął: „Wiesz co?! Lewy silnik nie działa!"

Sevareid poczuł skurcz w żołądku. Usiłował sobie wmówić, że teoretycznie C-46 może równie dobrze – jeśli to właściwe słowo – lecieć na jednym silniku jak na dwóch. Kilka chwil później kapitan samolotu otworzył drzwi i zaczął wyrzucać bagaże. „Wyrzucić wszystkie bagaże pasażerów!" – ktoś krzyknął. Ryk silnika i wycie wlatującego przez otwarte drzwi powietrza ogłuszyły Sevareida. Chwycił swoją piękną, nowiutką torbę i sam ją wyrzucił.

Sekundy ciągnęły się jak godziny. Na pewno piloci jakoś utrzymają samolot w powietrzu! Nagle otworzyły się drzwiczki kokpitu i trzej członkowie załogi pospiesznie chwycili spadochrony leżące na kupie obok stolika radiooperatora. Sevareid, który już wcześniej założył spadochron, ale nigdy w życiu nie skakał, skamieniał ze strachu. Czuł pulsowanie w skroniach, a na klatce piersiowej jakiś wielki ciężar. Z trudem oddychał. „Nie, nie, nie – myślał. – To nie może się zdarzyć, nie mnie!"

Nie było żadnego ostrzeżenia. Nikt nie wydał rozkazu, żeby skakać. W każdym razie Sevareid nie usłyszał polecenia. Inni pasażerowie wstali, tak jakby wiedzieli, co się dzieje, a potem kolejno wyskakiwali. Davis skoczył jeden z pierwszych. Sevareid wciąż się wahał.

Oprócz Sevareida w kabinie byli już tylko dwaj pasażerowie. W tym momencie pojawił się pilot. Coś do nich krzyczał, ale co? Sevareid nie usłyszał ani słowa. Samolot nagle pochylił się w lewo i zanurkował. Konieczność przezwyciężyła strach. Sevareid zamknął oczy i rzucił się naprzód pod wiatr, w zimne powietrze.

W głowie miał zupełną pustkę, ale pamiętał, by pociągnąć za pierścień otwierający spadochron. Gdy czasza się wydęła, poczuł potężne szarpnięcie. Usłyszał krzyk: „Boże, będę żył!", ale dopiero po sekundzie uświadomił sobie, że to on krzyknął. Gdy otworzył oczy, zobaczył w dole fontannę płomieni. Samolot! Znowu usłyszał swój głos: „Boże, nie pozwól, żebym wpadł w ogień! Proszę!"

Zobaczył wybiegającą mu na spotkanie ziemię i nagle wszystko pociemniało. Gdy odzyskał przytomność, ogarnęła go panika. Z trudem uwolnił się od spadochronu. Gołymi rękami szarpał gałęzie krzewu i wysoką trawę, usiłując odzyskać swobodę ruchu, a potem, ślizgając się i przewracając, drapał się na górę, w kierunku wraku samolotu. Potwornie się pocił. Spróbował krzyknąć, ale zamiast tego zwymiotował. W głowie kłębiły mu się histeryczne myśli: „Jak tu przeżyję? Czy są tu jadalne jagody? Czy dam sobie radę? Nie, to niemożliwe! Ale przecież będą szukać samolotu?! Ja mogę być dla nich nieważny, ale Stilwell na pewno rozkaże szukać Davisa!"

Usłyszał krzyk i poczuł ogromną ulgę. Przynajmniej nie będzie sam. Przez krzaki przedzierali się ku niemu kapitan załogi i młody sierżant. Obaj mieli zakrwawione twarze. Kilka minut później znaleźli radiooperatora, który złamał nogę w kostce, oraz pilota, z pękniętym żebrem. Sevareid już zapomniał o panice. Przyjrzał się oszołomionym, otępiałym towarzyszom, z reguły młodszym od niego, i wbrew swej naturze objął dowodzenie. Obwiązał kostkę radiooperatora tkaniną ze spadochronu i poprowadził wszystkich na górę, do dymiącego wraku.

Dookoła nie widzieli ani zwłok, ani ocalałych pasażerów i członków załogi. Znajdowali się gdzieś w odległych górach na północy Birmy, wśród gęstych krzaków i drzew. Gdy usiedli w pobliżu wraku i zastanawiali się, co zrobić, usłyszeli pomruk silników samolotowych. Nad ich głowami przelatywał amerykański samolot transportowy. Pilot pokiwał skrzydłami na znak, że ich zobaczył. Krzycząc, pobiegli na łąkę, gdzie samolot zrzucił pojemniki z nożami, kocami, racjami żywności, kilkoma karabinami, papierosami i notatką z poleceniem, aby pozostali przy wraku i czekali na przybycie ekipy ratunkowej.

Kilka minut później usłyszeli dziwny, rytmiczny śpiew. Sevareid chwycił nóż. Na wzgórzu pojawiło się około dwudziestu mężczyzn w przepaskach na biodrach. Byli uzbrojeni w dzidy i noże. Utworzyli półkole wokół Amerykanów i przestali śpiewać. Zapanowała przerażająca cisza. Sevareid zrobił krok naprzód, uniósł dłoń i powiedział „hej!".

Dopiero później uświadomił sobie, jak absurdalnie musiało to zabrzmieć. Jednak ci ludzie, z krótko obciętymi włosami i tatuażami na ramionach i piersi, najwyraźniej tym się nie przejęli. Może „hej!" jest uniwersalnym słowem wyrażającym pokojowe zamiary. W każdym razie tubylcy wbili dzidy w ziemię, a białym zaproponowali bambusową rurę wypełnioną „bardzo mocnym, bardzo ostrym winem".

Mężczyźni z plemienia Naga uznali, że Sevareid jest wodzem Amerykanów. Udany skok ze spadochronem, o którym mógł opowiadać, najwyraźniej radykalnie zmienił jego osobowość, choć on sam był jeszcze zbyt wstrząśnięty i obolały, żeby to przeanalizować.

Nagowie zaprowadzili Amerykanów do swojej wsi, liczącej około pięćdziesięciu, sześćdziesięciu chatek z bambusa. Niektóre były zbudowane na palach, co miało zabezpieczyć mieszkańców przed drapieżnikami i zalaniem w porze monsunów. Niedługo potem znów pojawił się samolot. Sevareid i jego towarzysze pobiegli na łąkę po kolejne zrzuty. Tym razem znaleźli kartkę z zaleceniem: „Nie idźcie do wioski tubylców. Prawdopodobnie nie są przyjaźnie nastawieni".

Sevareid wzruszył ramionami. Było już za późno. Raz jeszcze spojrzał w niebo i zobaczył trzech spadochroniarzy. Ze łzami w oczach podbiegł do pierwszego, który wylądował. Był to podpułkownik Donald Flickinger, chirurg z bazy lotniczej w Indiach, który razem z dwoma asystentami zgłosił się na ochotnika, żeby im pomóc. „Pomyślałem, że pewnie potrzebujecie nieco wsparcia" – powiedział chłodno. Sevareid z zadowoleniem przekazał mu dowodzenie. Podobnie jak Walter Port, przyjaciel Sevareida z czasów wyprawy kanu, Flickinger należał do ludzi, których Eric ogromnie podziwiał – „kompetentnych we wszystkich sprawach praktycznych". Ludzie tacy jak Flickinger i Port „są całkowicie normalni i pogodzeni z sytuacją – wyjaśniał. – Nie zamartwiają się przez pół nocy z powodu czegoś, co powiedzieli w ciągu dnia, i nie zmagają się z własną duszą. Działają, żyją i umierają. My natomiast jesteśmy w jakiś sposób pokręceni".

Flickinger miał sporo roboty – musiał zająć się licznymi złamaniami, zwichnięciami, ranami i stłuczeniami – ale ze wszystkich obecnych na pokładzie C-46 zginął tylko młody drugi pilot, którego zwęglone ciało znaleźli we wraku. Na polecenie Flickingera Amerykanie przenieśli się ze wsi na odległą o kilometr łąkę, gdzie Nagowie zbudowali dla nich trzy chatki. Wódz wioski chciał, żeby się wynieśli, ponieważ zrzucane na spadochronach zasobniki zniszczyły jego pole. Amerykanie również woleli oddalić się od tubylców, którzy należeli do najbardziej agresywnych łowców głów w Azji.

Zgodnie z otrzymanymi instrukcjami mieli pozostać na miejscu co najmniej tydzień i czekać na przybycie ekipy ratunkowej. Okazało się, że trwało to dwa tygodnie – dwa tygodnie nieustannego lęku, że odkryją ich Japończycy lub że Nagowie postanowią zatknąć na dzidach kilka nowych głów, dwa tygodnie nocnych wart z karabinem gotowym do strzału. Jednak był to również czas nawiązywania bliskich przyjaźni w trudnych okolicznościach, przyjaźni, jakich Sevareid nigdy jeszcze nie doświadczył, nawet podczas epickiej wyprawy kanu, gdy był nastolatkiem. Wieczorami siadywali przy ognisku, śpiewali i rozmawiali o kobietach, Winstonie Churchillu, jedzeniu i demokracji. „W takich chwilach, które uwielbiam, nie chciałbym być nigdzie indziej" – napisał Sevareid w dzienniku.

Ekipa ratunkowa składała się z kilkudziesięciu miejscowych i dwóch amerykańskich żołnierzy pod dowództwem jasnowłosego, młodego Anglika z wiecznie zwisającą z ust cygarniczką. Był to Philip Adams, agent angielski w miasteczku garnizonowym Mokokchung w Indiach, „król – jak napisał Sevareid – tych mrocznych i dzikich wzgórz". Adams powiedział uratowanym, że bardzo się śpieszył, ponieważ dotarły do niego informacje, że młodzi wojownicy z wioski Nagów planowali napad na ich obóz.

Cała grupa rozpoczęła dwustukilometrowy marsz przez góry do cywilizacji. Szli tydzień. Była to znacznie cięższa próba niż skok ze spadochronem. Każdego dnia pokonywali co najmniej dwadzieścia pięć kilometrów w górskim terenie. Sevareid był tak wyczerpany, że niekiedy stawiał następny krok jedynie siłą woli. Krwawe pęcherze wielkości srebrnego dolara, poparzenia słoneczne, nawet udar... Sevareid był bliski utraty przytomności. Przyglądał się z podziwem, jak jego nowy przyjaciel John Paton Davis maszeruje, śpiewając „Niech żyje sztuka – Excelsior!"

Wreszcie dotarli na indyjską równinę, gdzie panował duszny sierpniowy upał. Za kolejnym zakrętem drogi zobaczyli jeepy, samochody dowództwa i tłum fotografów, dziennikarzy i oficerów, gotowych rzucić się na ich powitanie. Sevareid spojrzał za siebie, na „poszarpane niebieskie linie tajemniczych gór, w których żyli". Przez chwilę czuł „niepojęty żal".

Wiadomość o katastrofie samolotu, którym leciał, ukazała się na pierwszych stronach wszystkich amerykańskich gazet. Szefowie CBS przez kilka dni nie wiedzieli, czy ich człowiek żyje, czy zginął. Gdy wreszcie dostali wiadomość, że przeżył, natychmiast zażądali relacji.

Cztery dni przed dotarciem do cywilizacji, posługując się radiem zasilanym z ręcznego generatora, jaki znalazł w górskiej osadzie, Sevareid przesłał pierwszą relację. „Łowcy głów z birmańskiej dżungli, prymitywni zabójcy, uratowali nas, gdy trzy tygodnie temu wyskoczyliśmy na spadochronach – było nas dwudziestu – z zepsutego amerykańskiego samolotu transportowego, lecącego nad górami na północy Birmy – donosił. – [...] to prymitywny, dziki kraj. Nie wiedzieliśmy, jakie nas czeka przyjęcie. W tych górach, daleko od cywilizacji, żyją jedni z najbardziej prymitywnych zabójców". Jeszcze przez chwilę kontynuował w tym stylu, po czym zakończył: „Jestem tak zmęczony kręceniem korbą tej maszyny, że muszę przerwać nadawanie".

W następnych relacjach stonował kwiecisty język i przestał sugerować, że znaleźli się w wielkim niebezpieczeństwie. „Nie mógłbym powiedzieć, że wymknęliśmy się ze szponów śmierci. Było ciężko, ale skłamałbym, twierdząc, że przeżyliśmy okrutne cierpienia. W rzeczywistości wielu z nas było zadowolonych z tej przygody". Trudno powiedzieć, czy inni zgodziliby się z ostatnią uwagą, ale z pewnością tak było w przypadku Sevareida.

Krótki pobyt Sevareida w Chinach był przykrym rozczarowaniem. Chongqing, wojenna stolica Chin, okazał się ponurym, brzydkim i zatłoczonym miastem rozrzuconym na kilku stromych wzgórzach. Było zimno i wilgotno. Wieczna mgiełka szarego pyłu pokrywała wszystko i utrudniała oddychanie.

Sevareid zatrzymał się w skromnym schronisku, które Chińczycy zarezerwowali dla amerykańskich korespondentów. Gdy szybko rozejrzał się dookoła, doszedł do wniosku, że „po sześciu miesiącach zwariuje z samotności i rozpaczy". W jego pokoju z sufitu zwisała pojedyncza żarówka bez klosza, a na nierównym łóżku leżała brudnoszara narzuta. Po podwórku kręciły się kury, kaczki i dzikie psy. Prysznice były po jego drugiej stronie. W jedynej toalecie rzadko działała spłuczka, a telefon nie zawsze umożliwiał uzyskanie połączenia.

To samo dotyczyło nadajnika radiowego. Sevareid najczęściej przegrywał pojedynki z cenzorami, a potem udawało mu się przesłać tylko średnio co piąty zatwierdzony tekst. Wkrótce uznał, że z przedstawieniem pełnej relacji będzie musiał poczekać, aż wróci do Stanów Zjednoczonych.

To, co zobaczył w Chinach, było przygnębiające. Reżym Chianga był tak skorumpowany i brutalny, jak twierdził Stilwell. Wiele prowincji dotknęła klęska głodu. Miliony ludzi umierały, ponieważ armia Chianga zagarniała zbiory ryżu. Sevareid nadał wywiad przeprowadzony z Amerykaninem biorącym udział w akcji pomocy, który opisał pewien region jako „gigantyczny cmentarz" – w stawach pływały trupy, z bagien wystawały ludzkie kończyny, całe wsie były zniszczone.

Wydawało się, że tylko komuniści próbują równocześnie pomagać chłopom i walczyć z Japończykami. „Raczej nie ma wątpliwości – napisał Sevareid po wyjeździe z Chongqingu – że komuniści mają solidne poparcie i cieszą się życzliwością ludzi na północy. Zrobili wiele, żeby znieść odwieczne przekleństwo, jakim byli wielcy właściciele ziemscy i wysokie podatki. Zapewnili ludziom prawa obywatelskie, które nie istnieją w innych regionach Chin". Sevareid mógł zapewne wykazać większy sceptycyzm w ocenie rządów, jakie mogą stworzyć komuniści, ale miał rację, przewidując, że to do nich będzie należeć przyszłość w powojennych Chinach.

Sevareid spędził w Chongqingu tylko miesiąc. Dłużej nie mógł wytrzymać. Był zmęczony i chory – wskutek dyzenterii stracił piętnaście kilogramów. Sądził też, że niczego więcej się nie dowie.

Gdy Eric Sevareid powrócił z Azji do Waszyngtonu i rodziny, był zupełnie innym człowiekiem niż trzy miesiące wcześniej, przed wyruszeniem w podróż. Dramatyczną metamorfozę dostrzegło wielu, między innymi Geoffrey Cox: „Skok ze spadochronem i konieczność poradzenia sobie w tej sytuacji całkowicie zmieniła Erica. Teraz był spełniony i pewny siebie, pogodzony ze sobą. Moim zdaniem to było najważniejsze doświadczenie w jego życiu".

Sevareid, ten chroniczny malkontent i maruda, który – jak sam powiedział – mógł zamartwiać się bez końca z powodu zadartej skórki przy paznokciu lub ukąszenia komara, teraz, wspominając swoje przygody, wydawał się zdumiony własną dzielnością: „Było dla mnie interesującym odkryciem, że można iść przez cały dzień z kostkami spuchniętymi od ugryzień pcheł, dwa razy większymi niż normalnie, z ogromnymi pęcherzami, nie myjąc się i w brudnym ubraniu [...] i spokojnie to wszystko znosić".

Z zawodowego punktu widzenia podróż do Chin nie była szczególnie udana. Sevareid szybko się przekonał, że wprawdzie niektórzy ważni ludzie pragną poznać prawdę, ale wielu innych koniecznie chce ją ukryć. Jego sprawozdanie wysłane do Departamentu Stanu nie wywarło widocznego wpływu na amerykańską politykę i wkrótce spoczęło w archiwum. Ponadto, wbrew obietnicom „przyjaciela prezydenta", Departament Stanu nie zgodził się na opublikowanie jego artykułu napisanego dla „Reader's Digest". Sevareid twierdził w nim, że historia Chianga i jego reżymu to przypadek „przywódców rewolucji, którzy wzbogacili się i stali bezwzględni... historia rewolucji zdradzonej i zapomnianej". Jego zdaniem działalność chińskiego lobby była „oszustwem na skalę światową".

Sfrustrowany Sevareid prosił wielu wpływowych przyjaciół, żeby pomogli mu przekonać Departament Stanu i uzyskać zgodę na publikację relacji. Walter Lippmann nawet napisał do podsekretarza wojny Johna McCloya, który obiecał, że poprosi o interwencję samego sekretarza, Henry'ego Stimsona. Mimo to artykuł leżał w szufladzie. „Dziennikarz musi być również politykiem i umieć pociągać za sznurki, jeśli chce mieć zgodę na mówienie prawdy – uznał Sevareid. – Doświadczam na własnej skórze, że nie można pisać o prawdziwym obliczu wojny, dopóki ta wojna jeszcze trwa".

Mimo rozgoryczenia Sevareid po powrocie do kraju miał powody do radości. Po raz drugi powitano go tu jak gwiazdora, lecz tym razem czuł, że na to zasłużył. Podczas lunchu w Nowym Jorku redaktor naczelny pewnego magazynu poprosił go, żeby napisał artykuł na dowolny temat – chciał tylko „mieć jego nazwisko" w swoim piśmie. Przez dwa kolejne tygodnie występował w programie rozrywkowym CBS *Dataline*, w którym bohaterowie różnych wydarzeń sami o nich opowiadali. „*Dataline: Burma!* – wykrzyknął prowadzący program, a w tle słychać było bębnienie tam-tamów. – Wystąpi osobiście Eric Sevareid!"

Jak zmienił się mój świat! – myślał Sevareid.

W tym okresie tylko raz poczuł się mały. Pewnego dnia, gdy wszedł do pokoju Paula White'a w Nowym Jorku, zobaczył, że „jego biurko zajął piękny młodzieniec ze złotymi lokami". Był to Charlie Collingwood, który właśnie wrócił z Afryki Północnej i odbywał tryumfalną podróż po kraju. Sevareid wyjechał z Londynu, nim Murrow zatrudnił Collingwooda, i to było ich pierwsze spotkanie. Collingwood odłożył telefon, spojrzał na Sevareida i powiedział ospałym, arystokratycznym tonem: „Och, to wszystko, co r o b i ę dla CBS".

Z trudem wypracowana pewność siebie Sevareida natychmiast wyparowała. „Nigdy nie czułem się tak bardzo kmiotkiem z prowincji jak w tym momencie".

Na początku 1944 roku wydawało się oczywiste, że alianci wkrótce dokonają wielkiej inwazji we Francji i zakończą kampanię we Włoszech. Sevareid, czując po ostatnich przygodach zwiększone ciśnienie krwi, postanowił wrócić do Europy, żeby „zobaczyć koniec, dowiedzieć się, jak wyglądały etapy pośrednie, i postarać się znaleźć wskazówki co do przyszłości europejskiej cywilizacji". I tak doszło do tego, że odrodzony Eric Sevareid znalazł się w Neapolu, gdzie mógł obserwować najbardziej nieprzemyślaną kampanię tej wojny i relacjonować ją w najlepszych reportażach w całej swojej karierze.

Neapol stał się dla niego symbolem wszystkiego co najgorsze we włoskiej kampanii aliantów i wszelkich brudów, które wszędzie dostrzegał. Tętniący niegdyś życiem port, wspaniale położony nad Zatoką Neapolitańską, niedaleko wysp Capri i Ischia, został najpierw splądrowany przez Niemców, a później oskubany do czysta przez aliantów. „Chlew w raju" – tak nazwał to miasto kolega Sevareida. Kobiety ubrane w jakieś szmaty wałęsały się po ulicach w poszukiwaniu jedzenia i piły wodę z rowów w cieniu szkieletów zbombardowanych budynków. Ulicznicy sprzedawali swoje siostry za paczkę papierosów.

W tym samym czasie przedsiębiorczy amerykańscy oficerowie na tyłach szybko zbijali fortunę na czarnym rynku, spędzali wolny czas w ekskluzywnych klubach i restauracjach oraz w jachtklubie założonym przez Anglików, którzy w tym celu zarekwirowali włoskie jachty. Tak wspaniale żyli oficerowie zajmujący się administrowaniem wojny i prezentowaniem armii w mediach oraz kobiety z Czerwonego Krzyża, które często dotrzymywały im towarzystwa, natomiast zwykli żołnierze na przepustce, którzy przyjeżdżali z frontu, nie mieli okazji tańczyć i jeść w luksusowych lokalach ani pływać jachtem po zatoce. Jeśli mieli szczęście, dostawali pryczę w jednym z nędznych obozów, założonych w celu zapewnienia im „odpoczynku i rekreacji". Żołnierze nienawidzili tej kampanii, rzezi, a zwłaszcza generałów i polityków, którzy byli za nią odpowiedzialni.

Gdy we wrześniu 1943 roku, po zwycięstwie w Afryce Północnej, alianckie oddziały wylądowały we Włoszech, dowódcy przekonywali żołnierzy, że po kapitulacji Włoch marsz na północ będzie spacerkiem. Zdemoralizowani przeciwnicy mieli po prostu zniknąć. Na tym opierała się strategia Churchilla, który chciał zaatakować Niemców przez „miękkie podbrzusze", nie dopuścić do zajęcia Europy Wschodniej przez Rosjan i wzmocnić imperialną pozycję Wielkiej Brytanii w rejonie Morza Śródziemnego.

Włosi się poddali, ale Niemcy wcale nie znikli. Przeciwnie, obsadzili zbudowaną na wzgórzach w południowych Włoszech potężną Linię Gustawa, złożoną z licznych bunkrów, zasieków i pól minowych. Z tych pozycji kosili atakującą piechotę, która na dokładkę musiała forsować liczne wezbrane rzeki i poruszać się wąskimi, polnymi drogami, zmieniającymi się po deszczach w potoki błota.

W miarę jak generałowie – Amerykanin Mark Clark i Anglik Harold Alexander – pchali swoją znużoną armię krok po kroku na północ, jesienne deszcze zaczął zastępować śnieg i powiały mroźne wiatry. Alianccy żołnierze nie mieli odpowiedniego ubrania i żywności. Spali w mokrych okopach. Jesienią brnęli przez błoto, zimą grzęźli w śniegu. Wielu miało tak chore stopy, że trzeba było rozcinać buty, z którymi często odpadało gnijące ciało.

Tak wyglądała wojna, na którą pojechał Sevareid, żywiąc „głębokie pragnienie, żeby przedstawić jej wierny opis – jej chwałę i brutalność, osiągnięcia i głupotę, nędzę i luksusy". Jakże był naiwny ten reporter, który nigdy nie widział prawdziwej walki! We Włoszech było trudniej niż gdzie indziej znaleźć przykłady wojennej chwały i osiągnięć, natomiast nie brakowało tu brutalności i głupoty. Sevareid przekonał się jednak, że dowództwo nie zamierzało pozwolić, aby świat dowiedział się tej nieprzyjemnej prawdy. „Zaszkodzi pan morale żołnierzy" – twierdzili cenzorzy, ale zarówno Sevareid, jak i oni sami doskonale wiedzieli, że żołnierze są już zdemoralizowani i cyniczni. O n i znali prawdę. To tylko ludzie w Ameryce tkwili w nieświadomości. „Nic nie wzmacnia ducha żołnierzy bardziej niż dowody, że sytuacja jest przedstawiana zgodnie z prawdą, nic nie daje im większej pewności niż świadomość, że k t o ś wie o wszystkim, co jest złe" – powiedział kiedyś Sevareid. Sam wielokrotnie toczył walki z cenzorami, po czym słyszał od żołnierzy pytanie: „Dlaczego wy choć czasami nie mówicie prawdy?"

Sevareid próbował i czasami mu się udawało. Z Neapolu donosił:

> Nasza armia nie posuwa się naprzód, nic więc dziwnego, że żołnierze, którzy tu stacjonują, stracili poczucie uczestnictwa w walce. Oficerowie mają regularne godziny służby i niektórych denerwują zaburzenia rytmu, jakie powoduje wojna [...] Po zdjęciu brezentowego dachu i położeniu poduszek na fotelach jeep może zastąpić kabriolet, a dobrze ubrane dziewczyny stopniowo wychodzą z ukrycia. Powstają zespoły muzyczne, a układni, eleganccy kelnerzy w smokingach, którzy obsługiwali faszystów i Niemców, teraz są równie układni i eleganccy, gdy obsługują nas.

W innej relacji Sevareid opisał, jak oglądał film werbunkowy, wychwalający chirurgiczną precyzję amerykańskich bombowców. Siedzący na sali amerykańscy żołnierze, którzy przyjechali z frontu, śmiali się i szydzili. Z tego wynikała ważna nauczka, stwierdził Sevareid: „Nigdy nie należy wysyłać filmów werbunkowych tam, gdzie mogą je zobaczyć żołnierze uczestniczący w walce". Zwłaszcza tacy, którzy widzieli, jak amerykańskie bombowce zniszczyły opanowane przez Amerykanów mosty i część ich kwatery głównej w Cassino.

Przez całą zimę alianci na próżno usiłowali zdobyć niemieckie pozycje na Monte Cassino, zagradzające drogę na Rzym. Wszystkie próby kończyły się krwawą jatką. Bombowce zniszczyły opactwo, w którym mieściła się bezcenna kolekcja dzieł sztuki, ponieważ zakładano, że Niemcy zajęli klasztorne budynki. W rzeczywistości mieli swoje stanowiska wokół klasztoru. Po bombardowaniu szybko ufortyfikowali ruiny i z powodzeniem odpierali ataki aliantów.

Podobnym koszmarem stała się podjęta przez Amerykanów próba ominięcia Linii Gustawa. W styczniu amerykańskie oddziały wylądowały na pięknej plaży uzdrowiska Anzio, pięćdziesiąt kilometrów na południowy zachód od Rzymu. Początkowo nie napotkały żadnego oporu, ale ich dowódca, generał John Lucas, zwlekał z podjęciem marszu w głąb lądu. Po kilku dniach siedem niemieckich dywizji otoczyło miejsce desantu. Niemiecka artyleria na wzgórzach dzień i noc ostrzeliwała przyczółek w Anzio, a Luftwaffe bez przeszkód bombardowała żołnierzy.

W pierwszej relacji, jaką ktokolwiek nadał z przyczółka na plaży, Sevareid powiedział, że żołnierze „znaleźli się w środku tarczy strzelniczej". Mówił na podstawie własnego doświadczenia: gdy jechał z portu w Anzio, dwa pociski przeleciały nad jego jeepem i trafiły jadącą przed nim ciężarówkę. Sevareid opuścił bezpieczny Neapol i udał się na najbardziej niebezpieczny odcinek frontu we Włoszech, gdzie każdy ruch za dnia był uważany za próbę samobójstwa. Bał się, ale nie odczuwał takich skurczów żołądka jak w czasie blitzu. Doświadczenia w Birmie nauczyły go, że jest w stanie opanować lęk. Dzięki temu potrafił zachować spokój, gdy przekradał się z podziurawionej pociskami willi, w której mieszkał, do prowizorycznego studia w równie zniszczonym budynku w pobliżu, dobrze wiedząc, że Niemcy mogą go mieć na muszce.

Desant w Anzio był militarnym błędem największego kalibru, co Sevareid kilkakrotnie starał się wyjaśnić w ocenzurowanych relacjach. „Cała ta operacja na plaży wydaje się tajemnicza wielu ludziom w kraju i licznym żołnierzom na miejscu – powiedział w jednym z programów. – Pierwotny plan aliantów opierał się na założeniu, że desant spowoduje przełamanie frontu we Włoszech [...]. Kolegium Szefów Sztabów w Waszyngtonie oczywiście bardzo się pomyliło, podobnie jak jesienią, gdy było przekonane, że Niemcy nie będą stawiać oporu na południu Włoch".

Najostrzejsze słowa krytyki Sevareid zarezerwował dla dowódcy 5 Armii, generała Marka Clarka. Clark był wysoki, kościsty, próżny i arogancki. Miał osobistego fotografa i niemal pięćdziesięciu oficerów do spraw propagandy, którzy zapewniali swojemu przełożonemu przychylne relacje w mediach. Sevareidowi i innym korespondentom oznajmiono, że mają używać wyrażenia „5 Armia generała Clarka". Fotografów prasowych pouczano, żeby robili generałowi zdjęcia tylko „od dobrej strony".

Clark chciał wejść do historii jako dowódca, który wyzwolił starożytny Rzym. Według Sevareida wszystko inne zostało podporządkowane tej ambicji. „Nikt, kto posiada tu jakąś władzę, nie twierdzi, że Rzym ma dla nas militarne znaczenie – mimo cenzury zdołał powiedzieć Sevareid w jednej ze swych relacji. – Dowódcy zwykle zapewniają, że wyzwolenie Rzymu będzie miało wielką wartość polityczną lub psychologiczną. Nikt nie wyjaśnił, jaki dokładnie przyniesie to zysk w tej niepewnej walucie".

W maju alianci rozpoczęli kolejną wielką ofensywę. Osiemnastego maja Sevareid doniósł, że żołnierze polskiego II Korpusu, pod dowództwem generała Władysława Andersa, zdobyli Monte Cassino, otwierając tym samym drogę do Rzymu. Jak dwa lata wcześniej informowała CBS, większość żołnierzy II Korpusu stanowili jeńcy wzięci do niewoli przez Sowietów w 1939 roku, którzy zostali wypuszczeni z więzień i obozów pracy dwa lata później. Wyglądali wówczas jak szkielety. Po kilku miesiącach odpoczynku i szkolenia na Bliskim Wschodzie II Korpus stał się potężną siłą bojową. Edward Charlian, korespondent CBS w Kairze, zacytował kiedyś amerykańskiego generała, który powiedział, że „Polacy są twardzi, zdeterminowani i gotowi do walki". Charlin dodał: „Odwaga i ryzykowanie własnego życia w walce na froncie przyniosły Polakom podziw Anglików, którzy mówią, że «jeśli widzisz, jak ktoś ucieka przed pościgiem, to znaczy, że Polacy gonią Niemców»".

Sevareid również zwrócił uwagę na bojowego ducha, jaki zademonstrowali Polacy w walce o Monte Cassino. „Gdy Polacy wysadzali kolejne bunkry, zbliżali się żołnierze piechoty z granatami i miotaczami ognia – relacjonował. – W okopach trwała walka wręcz. Gdy kolejni polscy żołnierze zbliżyli się do okopu, zobaczyli, jak ranny polski żołnierz i ranny niemiecki spadochroniarz usiłują się wzajemnie udusić. W walce zginęła ponad połowa żołnierzy 1 Dywizji Spadochronowej, stanowiącej zapewne najlepszy oddział niemieckiej armii".

Alianci również przełamali okrążenie w Anzio i ruszyli na północ, niszcząc po drodze wsie i miasteczka. Sevareid, który towarzyszył amerykańskim oddziałom, zwrócił uwagę na beztroskę żołnierzy. „Dla nas, najeźdźców – napisał później – to nie był kraj, tylko mapa, a malowniczy rolnicy i ich woły wydawały się nierealnymi figurami namalowanymi na tle pejzażu".

To jednak był rzeczywisty kraj, niszczony nie tylko przez Niemców, ale również przez armię, która rzekomo miała go wyzwolić. Sevareid chciał opowiedzieć o tym Amerykanom. Po szczególnie zaciekłej walce, która spowodowała zniszczenie miasta, przeszedł przez gruzy i opisał „ogromne pole ruin, drzewa, z których pozostały pozbawione liści kikuty, tak jakby ogołocił je cyklon". Jego wzrok przyciągnął niezwykły w dymiącym mieście widok: „piękny krzew róży, obsypany kwiatami i uroczysty, stanowiący jedyny w okolicy przejaw życia". Zgodnie z nakazami Murrowa Sevareid dbał o szczegóły: krzew różany w dymiącym mieście, zrujnowany plac w Cisternie, z pozbawioną głowy rzeźbą kobiety, wyglądającą na „zaskoczoną i zszokowaną", „chude szkapy ciągnące rozklekotane wozy", którymi chłopi wracali do swych zrujnowanych wsi.

„Ich domy to teraz zapewne tylko sterta kamieni i cegieł, ale to ich własność i cały majątek" – dodał.

Dwudziestego czwartego maja 5 Armia generała Clarka połączyła się z angielską 8 Armią, o czym pierwszy poinformował Sevareid, głównie dlatego, że komunikat o nawiązaniu kontaktu między armiami ukazał się w chwili jego zaplanowanej wcześniej emisji. Nie znając tych okoliczności, Paul White pogratulował mu telegraficznie: GRATULACJE ZNOWU SUKCES TWOJĄ RELACJĘ O POŁĄCZENIU ARMII NA POŁUDNIE OD ANZIO WYKORZYSTAŁY WSZYSTKIE GAZETY WIELE NA PIERWSZYCH STRONACH. Sevareid, z podziwu godną skromnością, odpowiedział następująco: DZIĘKUJĘ BARDZO ZA DEPESZĘ MAM NADZIEJĘ ŻE NIE ROZREKLAMUJECIE ZBYTNIO TEGO WYDARZENIA KTÓRE JEST WYNIKIEM CZYSTEGO PRZYPADKU.

Początkowo 5 Armia posuwała się na północny wschód, żeby odciąć Niemcom drogę odwrotu. Później zupełnie nieoczekiwanie porzuciła ten plan. „5 Armia generała Clarka" została skierowana na zachód, prosto na Rzym. „Nasuwa się pytanie, czy te dwa cele [odcięcie Niemcom odwrotu i wyzwolenie Rzymu] są ze sobą zgodne, czy też wzajemnie się wykluczają" – napisał Sevareid, ale cenzorzy wykreślili to zdanie.

Według oficerów zajmujących się tworzeniem publicznego wizerunku generała Clarka 5 Armia „gnała na wyścigi" do Rzymu. Sevareid jasno dał do zrozumienia, że to tylko propaganda. Żołnierze w brudnych mundurach i z pokrytymi błotem twarzami, wyczerpani fizycznie i psychicznie, z pewnością nigdzie nie gnali. „Nawet marsz tryumfalny jest wyczerpujący, a oni są sztywni ze zmęczenia – powiedział w jednej z relacji. – Tak wygląda rzeczywistość, gdy pełzniemy w kierunku Rzymu".

Piątego czerwca, kiedy wyzwolenie Rzymu było już bliskie, wyczerpany Sevareid zasnął w zarekwirowanej willi na przedmieściach. Obudziło go nagłe pojawienie się wymizerowanego Winstona Burdetta, który jakieś dziesięć dni wcześniej przyłączył się do niego, żeby relacjonować marsz na Rzym.

Burdett przekradł się do centrum miasta, gdzie Niemcy wciąż stawiali opór, i właśnie skończył relacjonować to, co zobaczył. To była – napisał później Sevareid – „jedna z najbardziej dramatycznych i najpiękniejszych relacji radiowych, jakie kiedykolwiek czytałem [...] to byłby jeden z najbardziej pamiętnych esejów o wojnie".

Byłby – ponieważ operatorzy stacji przekaźnikowej w Neapolu nie monitorowali aktywności nadajnika i słowa Burdetta trafiły w próżnię.

Następnego ranka 5 Armia wkroczyła do Rzymu. Tysiące rzymian wyległo na ulice, żeby powitać wyzwolicieli. Ludzie obsypywali ich kwiatami, całowali po rękach, niemal wyciągali z jeepów i czołgów. Czterdzieści lat później Burdett wspominał, jak obserwował Sevareida podczas burzliwego marszu tryumfalnego. Eric wyglądał tak wspaniale w mundurze korespondenta wojennego, że piękne Włoszki rzucały się do jego jeepa, „najwyraźniej sądząc, że jest generałem".

Kilka godzin później jeden z oficerów prasowych Clarka poinformował korespondentów, że konferencja prasowa generała odbędzie się wkrótce w Campidoglio, rzymskim ratuszu na wzgórzu kapitolińskim, skąd roztacza się wspaniały widok na stare miasto. Gdy dziennikarze i kamerzyści sumiennie pojawili się na schodach Campidoglio, Clark zwrócił się do nich i udając zdziwienie, powiedział: „Panowie, nie spodziewałem się, że będę miał tutaj konferencję prasową. Zwołałem tylko spotkanie z dowódcami korpusów, żeby omówić sytuację. Jednak chętnie odpowiem na wasze pytania. To wielki dzień dla 5 Armii".

Ten jeden komentarz, pomyślał z obrzydzeniem Sevareid, jest dobrym podsumowaniem kampanii. To był wielki dzień dla Marka Clarka i jego 5 Armii, ale „najwyraźniej nie dla świata, dla aliantów, dla wszystkich cierpiących ludzi, którzy z desperacją czekali na pokój". Gdy kamerzyści filmowali Clarka, generał rozłożył mapę na balustradzie i pozował, udając, że wskazuje coś swym podwładnym. „Przy tej historycznej okazji chce mi się rzygać" – szepnął do Sevareida jeden z korespondentów.

Następnego dnia rano do sali prasowej wbiegł korespondent BBC. „Eisenhower zakomunikował o inwazji we Francji!" – krzyknął. Klekot maszyn do pisania nagle ucichł. Korespondenci spoglądali na siebie. Paru, między innymi Sevareid, odchyliło się do tyłu, zapaliło papierosa, wykręciło papier z maszyny i rzuciło niedokończone relacje na podłogę. Oto nagroda po tylu ponurych miesiącach we Włoszech! Inwazja w Normandii sprawiła, że znikli z mapy wiadomości! Sevareid powiedział później, że on i jego koledzy przypominali „trupę aktorów, którzy w kulminacyjnym momencie dramatu spostrzegają, że wszyscy widzowie uciekli, aby zobaczyć ciekawsze przedstawienie w teatrze po drugiej stronie ulicy".

Dziennikarze, podobnie jak generałowie, nie są wolni od egocentryzmu.

ROZDZIAŁ PIĘTNASTY

PRZYJEMNOŚCI WOJNY

W ciągu kilku podniecających miesięcy przed inwazją w Normandii Murrow i Chłopcy przechadzali się po Londynie i Europie jak lordowie, podziwiani i szanowani przez kolegów i mężów stanu. Młodsi dziennikarze i kandydaci do tego zawodu patrzyli na nich z zazdrością. Chłopcy Murrowa odkryli nowy styl zachowania w sferze publicznej i zawodowej, ustalili nowy standard sukcesu. „Byliśmy zepsuci – powiedział Eric Sevareid – przez przywileje, dostęp do mikrofonu, pensje, szybki rozgłos; paru uległo całkowitemu zepsuciu, ale tylko paru". Ich sposób ubierania się, mówienia, pisania, relacjonowania zdarzeń na antenie, myślenia – to wszystko stało się wzorem dla innych dziennikarzy. Młody sierżant Andy Rooney, korespondent wojskowej gazety „Stars and Stripes", uważał, że „to były grube ryby – podziwiałem ich, wszyscy ich podziwialiśmy".

Chłopcy wyskakiwali na spadochronie z uszkodzonych samolotów, uciekali z tonących okrętów, lądowali na plaży pod ogniem nieprzyjaciela – a potem, jak średniowieczni trubadurzy, snuli opowieści o tym, co widzieli, słyszeli, czuli i czego dokonali. Widzieli, jak Hitler zdobywa władzę. Od 1939 do 1941 roku relacjonowali sukcesy Wehrmachtu, pozostając za niemieckimi liniami frontu. Złapali ostatni pociąg z Berlina tuż przed przystąpieniem Stanów Zjednoczonych do wojny, brali udział w powszechnej ucieczce, gdy do francuskiej stolicy zbliżali się Niemcy. Aresztowało ich gestapo i znosili ciężkie życie w stalinowskim Związku Sowieckim. Kryli się przed bombami w Londynie i Singapurze, wypatrywali u-bootów na Morzu Północnym, przeżywali ostrzał i bombardowania w Afryce Północnej, Włoszech, Francji i Belgii. Spierali się z generałami, cenzorami, przedstawicielami rządu i własnymi szefami. Wielokrotnie wyprzedzili swych kolegów z gazet, donosząc o najważniejszych wydarzeniach wojennych. Wydali bestsellery. Pisano o nich w dziennikach i tygodnikach. Byli uczonymi, awanturnikami, poszukiwaczami przygód i komentatorami. To oni zmienili radio, a w szczególności CBS, w główne źródło wiadomości.

Chłopcy niewątpliwie stanowili „najlepszy zespół reporterów, jaki ktokolwiek kiedykolwiek zebrał w Europie" – uważał Harrison Salisbury, szef londyńskiego biura UP w 1944 roku, a później reporter i publicysta „New York Timesa" oraz laureat Nagrody Pulitzera. „To byli prawdziwi profesjonaliści, co do jednego", a ich zatrudnienie było „wspaniałym osiągnięciem" Murrowa. Według Geoffreya Coxa „to nie był zespół złożony z szefa i podwładnych; [Murrow] był *primus inter pares*. Ale cóż to byli za *pares*!"

Jedynymi korespondentami wojennymi, którzy mogli się równać z Chłopcami – powiedział William Walton, korespondent „Time'u" – byli reporterzy Time-Life News Service i „New York Timesa". „Byliśmy najlepsi – twierdził Walton, bliski przyjaciel Collingwooda. – Wiedzieliśmy to i nie pozwalaliśmy nikomu o tym zapomnieć".

W rzeczywistości na szczycie zostało trochę więcej miejsca. Oprócz Chłopców, Hansona Baldwina i Drew Middletona z „New York Timesa" oraz Theodore'a H. White'a i Johna Herseya z „Time'u" byli tam jeszcze Hal Boyle, Wes Gallagher i Ed Kennedy z AP, Walter Kerr i Homer Bigart z „New York Herald Tribune", Quentin Reynolds z „Collier's", Bill Stoneman i Helen Kirkpatrick z „Chicago Daily News" oraz Harrison Salisbury i Walter Cronkite z UP. Byli tam również wielcy fotografowie, zwłaszcza Robert Capa z „Life'u". Różnica między Chłopcami a pozostałymi świetnymi dziennikarzami relacjonującymi wydarzenia wojenne polegała na tym, że ci ostatni byli znani tylko dziennikarzom, wojskowym i dyplomatom, nie zaś szerokiej publiczności; ich nazwiska w latach wojny nie stały się sławne.

W kategorii dziennikarskich sław z Murrowem i Chłopcami mógł rywalizować jedynie Ernest (Ernie) Taylor Pyle ze Scripps-Howard Newspaper Alliance, ze swoimi barwnymi opowieściami o „GI Joe" walczącym w okopach i na piaszczystych wyspach.

Zbliżało się zakończenie wielkiego dramatu II wojny światowej i niemal wszyscy zjechali się do Londynu, licząc na odegranie jakiejś roli w tym wydarzeniu.

Lada dzień miało nastąpić lądowanie we Francji. W brytyjskiej stolicy panowała atmosfera gorączkowej, nerwowej radości i dumy, gdy w portach i miastach całej Anglii gromadziła się najpotężniejsza siła uderzeniowa, jaką kiedykolwiek stworzono. Chłopcy, którym udało się skończyć wcześniejsze zlecenia – Larry LeSueur, Bill Downs i Charlie Collingwood – wrócili do Londynu, gdzie natychmiast zarazili się nastrojem karnawału. Inni, ku ich wielkiemu żalowi, nie zdołali przyłączyć się do zabawy. Eric Sevareid i Winston Burdett ugrzęźli we Włoszech, a Bill Shirer leżał w nowojorskim szpitalu, gdzie z powodu infekcji usunięto mu lewe oko.

Biedny Howard K. Smith wciąż nie zdołał wydostać się ze Szwajcarii. Po ucieczce z Berlina do Berna w dniu przystąpienia Stanów Zjednoczonych do wojny w 1941 roku Smith znalazł się w pułapce. Neutralna Szwajcaria była otoczona przez Niemcy i kraje okupowane, toteż Smith i inni Amerykanie, którzy się tam znaleźli, nie mogli opuścić swego pięknego, nudnego azylu – musieli czekać, aż alianci otworzą im drogę, wyzwalając Francję lub Włochy bądź zmuszając Niemców do kapitulacji.

W ciągu pierwszych trzech miesięcy w Bernie, czekając na przyjazd z Danii narzeczonej Benedicte, Smith gorączkowo pisał *Last Train from Berlin*, książkę o swoich doświadczeniach w Niemczech i nienawiści do nazistów. Sławny brytyjski socjalista Harold Laski po przeczytaniu *Last Train* pytał w liście do Murrowa z lipca 1942 roku, w jaki sposób mógłby pogratulować autorowi. Podobnie jak wspomnienia innych Chłopców, książka Smitha szybko trafiła w Ameryce na listy bestsellerów.

Przyjazd Benedicte opóźniał się, ponieważ niemieckie władze okupacyjne odmówiły wydania wizy wyjazdowej. Po kilku miesiącach walki jej ojciec, znany kopenhaski prawnik, zwrócił się do królowej Aleksandry z prośbą o interwencję. Królowa spełniła prośbę, ale termin ważności wizy mijał po czterdziestu ośmiu godzinach, co niemal wykluczało wyjazd, gdyż samoloty z Kopenhagi były rezerwowane z miesięcznym wyprzedzeniem. Bennie, z godną podziwu determinacją, pojechała mimo to na lotnisko i zdołała przekonać jakiegoś pasażera, żeby odstąpił jej miejsce. Poleciała do Berna, gdzie na początku marca 1942 roku wzięła z Howardem ślub.

Smith przesyłał wiele relacji, gdyż Berno było dobrym miejscem do nasłuchiwania wiadomości z Francji i innych krajów okupowanych. Jednym z jego najlepszych źródeł stał się Allen Dulles, który jako szef siatki Office of Strategic Services (OSS) w Bernie był tam głównym amerykańskim szpiegiem. Władze szwajcarskie przez prawie dwa lata nie pozwalały Smithowi nadawać, toteż musiał on przekazywać uzyskane wiadomości telegraficznie do centrali CBS w Nowym Jorku (a niekiedy do redakcji „Time'u", gdzie pracował jako niezależny dziennikarz). Był jednym z pierwszych reporterów, którzy opisali działalność Tito, tajemniczego przywódcy jugosłowiańskich partyzantów.

Pod koniec 1943 roku, gdy górę zaczęli brać alianci, władze szwajcarskie złagodziły zakaz nadawania. „Wie pan, może już pan telefonować do Nowego Jorku" – nonszalancko poinformował Smitha urzędnik. Teraz człowiek CBS w Bernie mógł wrócić na antenę. Szybko jednak się przekonał, że jest ogromna różnica między n a d a w a ć a b y ć s ł y s z a n y m. Częste awarie i zakłócenia atmosferyczne utrudniały pracę. Starannie zachowane teksty Smitha, często z ręcznymi notatkami i rysunkami dziewczyn na odwrocie, są świadectwem jego frustracji spowodowanej kłopotami z emisją. Oto jedna z takich notatek: „NIE-cholera-DOSTARCZONE#! Do diabła z CBS i całą tą pieprzoną półkulą!"

Dla Larry'ego LeSueura gorączkowe miesiące przed inwazją w Normandii były równocześnie przyjemne i przykre. Jego życie wywróciło się do góry nogami i przez ponad rok nie był w stanie go uporządkować. Po wyjeździe z Moskwy późną jesienią 1942 roku został wezwany przez CBS do kraju na krótki tryumfalny objazd. W Nowym Jorku występował jako główny bohater i narrator cotygodniowego programu *An American in Russia*, opartego na jego obserwacjach i doświadczeniach. Wygłaszał przemówienia jako rzecznik sieci i nawoływał do zwiększenia pomocy dla Rosji. Paley zaprosił go na kolację i kazał mu mówić do siebie „Bill". LeSueur także napisał bestseller, *Twelve Months That Changed the World*. Janet Murrow uważała, że w tej książce jest za wiele „o wódce i dziewczynach, niż może się to podobać większości ludzi".

Podczas pobytu w Nowym Jorku LeSueur poznał Joan Phelps, dwudziestodziewięcioletnią Angielkę i niemal w tej samej chwili się z nią ożenił. Joan była wychowanicą sir Williama Wisemana, szefa angielskiego wywiadu w Ameryce w dniach I wojny światowej, a potem bogatego nowojorskiego bankiera. Po ślubie w czerwcu 1943 roku i skróconym do tygodnia miodowym miesiącu LeSueur na żądanie Murrowa wrócił do Londynu. Joan miała szybko do niego dołączyć.

W Londynie LeSueur razem z Murrowem zajmował się planowaniem relacji z oczekiwanej inwazji, ale stale myślał o Joan. Ciągle o niej opowiadał

Thomas Grandin, Edward R. Murrow i William L. Shirer (od lewej do prawej) pozują na Le Bourget w 1938. Grandin, drugi korespondent zatrudniony przez Murrowa, nagle odszedł z CBS w 1940, żeby towarzyszyć swej żonie, Rumunce, w podróży do Stanów Zjednoczonych. *Za zgodą Ingi Dean*

Dziennikarstwo radiowe było w latach trzydziestych zajęciem niemal wyłącznie mężczyzn, dopóki Murrow nie zatrudnił Mary Marvin Breckinridge, która przyjechała do Europy jako fotograf. Murrow wysłał ją do Holandii, skąd miała relacjonować „dziwną wojnę". *Za zgodą Mary Marvin Breckinridge Patterson*

Po skończeniu szkoły średniej, w wieku siedemnastu lat, Eric Sevareid (z lewej) i jego przyjaciel Walter Port odbyli trudną wyprawę kanu z Minnesoty przez Manitobę do Zatoki Hudsona, pokonując odległość 3500 kilometrów. *Za zgodą Suzanne St. Pierre*

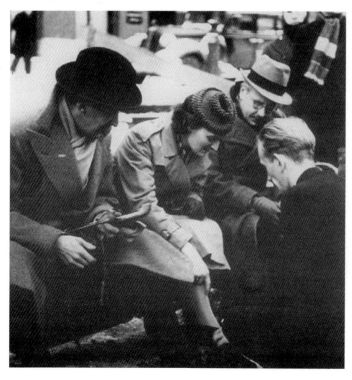

Na początku 1940 Ed Murrow i Bill Shirer wybrali się na krótki urlop do Amsterdamu. Dwaj młodzi pionierzy dziennikarstwa radiowego szykują się do wejścia na lodowisko razem z nową koleżanką, Mary Marvin Breckinridge. *Za zgodą Mary Marvin Breckinridge Patterson*

W 1941 Howard K. Smith pracował w Berlinie, gdzie poznał dziewiętnastoletnią Benedicte „Bennie" Traberg, duńską dziennikarkę, która później została jego żoną. Smith wyjechał z Berlina kilka godzin przed przystąpieniem Stanów Zjednoczonych do wojny. *Za zgodą Howarda K. Smitha*

Żona Billa Shirera, Tess, i ich córka Eileen Inga wróciły do Stanów Zjednoczonych jesienią 1940. Shirer dołączył do nich dwa miesiące później i niedługo potem opublikował swoją pierwszą książkę *Berlin Diary*. *Biblioteka Kongresu*

Tuż przed upadkiem Paryża żona Sevareida, Lois, uciekła z bliźniakami pociągiem do Genui, a stamtąd popłynęła S/s „Manhattan" do Nowego Jorku.
Biblioteka Kongresu

Gdy Hitler przyjmował kapitulację Francji w Compiègne w 1940, Bill Shirer był na miejscu, żeby zrelacjonować to wydarzenie w CBS. Shirer siedzi na łące, oczekując na przybycie dostojników. Następnego dnia przedstawił w radiu sprawozdanie z podpisania zawieszenia broni. *Za zgodą Ingi Dean*

Murrow nigdy całkowicie nie przebaczył Shirerowi, że ten wyjechał z Europy w czasie wojny. Gdy w 1941 razem pozowali do tego reklamowego zdjęcia, ich stosunki były już mocno napięte. *Za zgodą Bliss Collection/CBS Photo*

Cecil Brown był na pokładzie angielskiego krążownika „Repulse" 10 grudnia 1941, gdy japońskie samoloty zatopiły zarówno „Repulse", jak i pancernik „Prince of Wales". Fotografia wykonana wkrótce po wyłowieniu Browna z morza. *Biblioteka Kongresu*

W sierpniu 1943 Sevareid (tylny rząd, czwarty od lewej) był jednym z dwudziestu ludzi, którzy wyskoczyli z zepsutego samolotu C-46, lecącego nad słynnym „Garbem" Himalajów. Spędzili niemal miesiąc w dżungli, zanim z ekipą ratunkową wrócili do cywilizacji. *Biblioteka Kongresu*

Po ucieczce z Berlina Smith znalazł się w neutralnej Szwajcarii, gdzie przebywał do wyzwolenia Francji, przesyłając relacje z drugiej ręki. Po wycofaniu się Wehrmachtu Howard i Bennie mogli wreszcie opuścić kraj i Smith został korespondentem wojennym z prawdziwego zdarzenia. *Za zgodą Howarda K. Smitha*

Po inwazji w Normandii korespondenci mieli poważne problemy z przekazywaniem relacji do Stanów Zjednoczonych. Gdy alianci zbliżali się do Paryża, zdobyli prowizoryczne niemieckie studio radiowe. Larry LeSueur nadaje właśnie stamtąd. *UPI/Betteman*

Przez prawie całą wojnę CBS i inne sieci nie zgadzały się na nadawanie wcześniej nagranych relacji. Reguła ta została zmieniona przed inwazją w Normandii. Charles Collingwood (z prawej) wypróbowuje magnetofon, którego ma używać podczas desantu. Obserwuje go technik Gene Ryder. *Za zgodą Molly Collingwood*

To zdjęcie londyńskiej ekipy korespondentów, którzy mieli relacjonować inwazję, zapewne stanowi najlepszy portret grupowy Chłopców Murrowa. Pierwszy rząd, od lewej: Bill Downs, Charles Collingwood, Gene Ryder, Charles Shaw. Drugi rząd, od lewej: Larry LeSueur, Ed Murrow, Richard C. Hottelet, Bill Shadel. (Ryder, Shaw i Shadel pomagali relacjonować desant, ale nigdy nie byli uważani za Chłopców Murrowa). *Za zgodą Radio-Television News Directors' Association*

Kilku członków zespołu relacjonującego inwazję. Zdjęcie zrobione w Londynie. Od lewej: Richard Hottelet, Gene Ryder, Bill Downs, Charles Collingwood, Charles Shaw. *Za zgodą Molly Collingwood*

Hottelet z trzema niemieckimi żołnierzami wziętymi do niewoli pod koniec wojny. *Za zgodą Richarda C. Hotteleta*

Hottelet przekazuje relację z pola bitwy niedaleko Akwizgranu zimą 1944. *Za zgodą Richarda C. Hotteleta*

Hottelet przeprowadza wywiad z więźniem obozu koncentracyjnego w Buchenwaldzie. Wiele lat wcześniej, gdy był berlińskim korespondentem United Press, Hottelet został aresztowany przez gestapo pod sfingowanym zarzutem szpiegostwa. *Za zgodą Richarda C. Hotteleta*

Paul White, który kierował działem wiadomości CBS od początku lat trzydziestych do 1946, rozmawia przez krótkofalówkę z biurem londyńskim. White zaprojektował deskę rozdzielczą, znaną jako „fortepian Paula".
Za zgodą Radio-Television News Directors' Association

Po wojnie Chłopcy Murrowa zajęli wiele wysokich stanowisk. Szef waszyngtońskiego biura Eric Sevareid przegląda depesze agencyjne. *Biblioteka Kongresu*

Charles Collingwood – „Bonnie Prince Charlie" – był pierwszorzędnym dziennikarzem. Uwielbiał wino, kobiety, hazard, eleganckie ubrania i kolekcjonowanie dzieł sztuki. W 1946 ożenił się z aktorką filmową Louise Allbritton. *Za zgodą Molly Collingwood*

Charles Collingwood na krajowej konwencji republikanów w Filadelfii. Była to pierwsza konwencja relacjonowana przez telewizję. *Za zgodą Molly Collingwood*

Bill Downs, często lekceważony członek zespołu Murrowa, ożenił się z Rosalind Gerson z personelu CBS News. Rosalind i Bill zwiedzają port w Nowym Orleanie. *Za zgodą spadkobierców państwa Downs*

Zadowolony Murrow słucha, jak Howard Smith (z lewej) i Larry LeSueur nadają z pokoju hotelowego podczas jednej z krajowych konwencji w 1948. *Za zgodą Howarda K. Smitha*

W 1950 CBS przygotowało radiowy przegląd wydarzeń roku. Program, znany jako *Lata kryzysu*, był odtąd nadawany regularnie. Prowadził Murrow, a udział brali Chłopcy i kilku innych korespondentów. Uczestnicy drugiego przeglądu, od lewej: Murrow, Hottelet, Ned Calmer, Smith i Burdett. *Za zgodą Howarda K. Smitha*

Ed Murrow i Larry LeSueur na wojnie w Korei. Gdy podczas wcześniejszej podróży Bill Downs spotkał Murrowa na lotnisku, krzyknął: „Wracaj! To nie jest wojna w naszym stylu!". *Za zgodą Larry'ego LeSueura*

Gdy *Lata kryzysu* zostały przeniesione do telewizji, w dalszym ciągu w programie występowało wielu tych samych korespondentów. W 1955 byli to, od lewej: Collingwood, Calmer, Burdett, Sevareid, Costello, LeSueur, Schoenbrun, Smith, Hottelet i Murrow. Młody człowiek obok kamery to Don Hewitt, późniejszy pomysłodawca i producent *60 Minutes*. *Za zgodą Bliss Collection/CBS Photo*

William Burdett zeznaje przed senacką Podkomisją Bezpieczeństwa Wewnętrznego w 1955. Burdett wstąpił do partii komunistycznej jako młody dziennikarz „Brooklyn Eagle". W swoich zeznaniach wymienił innych dziennikarzy, którzy należeli do partii. *UPI/Bettmann*

Howard K. Smith był arbitrem podczas pierwszej debaty Johna F. Kennedy'ego i Richarda M. Nixona w trakcie kampanii prezydenckiej w 1960. Kandydaci i Smith przygotowują się do wejścia na antenę. *Za zgodą Howarda K. Smitha*

Sevareid z drugą żoną, Belèn, w Acapulco, około 1970. *Za zgodą Belèn Sevareid*

Sevareid poślubił Suzanne St. Pierre, swoją trzecią żonę, w 1979. *Za zgodą Suzanne St. Pierre*

Collingwood (w środku) wielokrotnie jeździł do Wietnamu, żeby relacjonować wydarzenia wojenne. Z prawej młody urzędnik Departamentu Stanu Richard Holbrooke, który w 1995 został głównym negocjatorem administracji Clintona w Bośni. *Za zgodą Molly Collingwood*

Edowi i Janet, z dumą pokazywał jej zdjęcia. „Nie jest w stanie myśleć o niczym innym" – napisała Janet do rodziców. Sama miała poważne wątpliwości co do tego małżeństwa; obawiała się, że LeSueur zbyt pośpiesznie podjął decyzję, a jego wybranka była „raczej kobietą lekkomyślną i przyzwyczajoną do bogactwa". „W przyszłości można oczekiwać problemów" – napisała do brata.

Tak też się stało. Zaledwie dwa miesiące po wyjeździe z Nowego Jorku LeSueur otrzymał pozew rozwodowy. Zamiast przyjechać do niego do Londynu, Joan wyruszyła do Reno. Zgodnie z powszechną wówczas praktyką oskarżyła go tam o „okrucieństwo" i jedenastego lutego 1944 roku otrzymała rozwód. Następnego dnia wyszła za mąż za sir Williama, swojego pięćdziesięcioośmioletniego opiekuna. LeSueur był wstrząśnięty. Niemal pięćdziesiąt lat później wciąż nie mógł o tym spokojnie mówić. Nie miał pojęcia – wyznał – dlaczego żona porzuciła go tak nagle. „Teraz ma tytuł" – to było jego jedyne wyjaśnienie.

LeSueur szybko znalazł pocieszenie. Na przyjęciu w St. James's Palace został przedstawiony Priscilli Bruce, wysokiej, szczupłej, dwudziestoczteroletniej Szkotce, pracującej w angielskim wywiadzie. Priscilla była mężatką, a Larry również jeszcze nie miał rozwodu, ale nikt nie mógł zaprzeczyć, że coś ich do siebie ciągnęło. Bruce uważała, że LeSueur jest „bardzo zabawny". Tak rozpoczął się romans. Rozwód LeSueura szybko został odfajkowany w Reno, a Priscilla podjęła kroki, żeby również się rozwieść. Dwa lata później, w 1946 roku, Larry LeSueur i Priscilla Bruce pobrali się w Waszyngtonie. Oboje stawali na ślubnym kobiercu po raz drugi, ale mieli nadzieję, że tym razem wszystko świetnie się ułoży.

Po roku spędzonym w Rosji Bill Downs miał jeszcze większe kłopoty z dostosowaniem się do otoczenia. W odróżnieniu od LeSueura, którego wyjazdy na front wschodni na początku wojny były ściśle kontrolowane przez sowieckie władze, Downs wiele razy zetknął się z przykładami okrucieństwa i bestialstwa. „Widziałem więcej trupów, niż mogę spamiętać" – napisał do rodziców.

Najpierw był Stalingrad. Później Charków, gdzie w ciągu kilku pierwszych tygodni okupacji Niemcy rozstrzelali dziesięć tysięcy Żydów, a pozostałych skazali na śmierć głodową. Potem Babi Jar, gdzie zamordowali wiele tysięcy ukraińskich Żydów. Później Rżew, małe miasto przy torach kolejowych na zachód od Moskwy.

Po niemieckiej okupacji z czterdziestu tysięcy mieszkańców Rżewa pozostało przy życiu tylko dwustu pięćdziesięciu. Downs opisał, jak w jednym z domów znalazł ciało staruszki z twarzą przypominającą miazgę. Obok leżały zwłoki jej wnucząt – dziewięcioletniego chłopca i jedenastoletniej dziewczynki. Oboje zostali zastrzeleni. W sąsiednim pokoju leżał drugi chłopiec, czternastoletni, który otrzymał co najmniej siedem kul. Jak stwierdził Downs, Niemcy rozkazali wszystkim kobietom i dzieciom zgromadzić się w miejskiej cerkwi. Staruszka nie zgodziła się jednak, by jej ciężko chory na tyfus wnuk wstał z łóżka. Wobec tego Niemcy zabili ich na miejscu. Najpierw za nieposłuszeństwo zmasakrowali kobietę, a potem zastrzelili chorego chłopca.

Downsa prześladowały wspomnienia z Rosji. Kiedyś powiedział znajomym, że „powrót [...] przypomina pójście z masakry w noc świętego Bartłomieja prosto na lekcję religii". Wielokrotnie opisywał wszystko, co widział, ale wkrótce się przekonał, że nie wszyscy równie mocno współczują Rosjanom. Niektórzy dziwnie mu się przyglądali, inni wyrażali żal, jeszcze inni twierdzili, że jest kłamcą. Podczas cyklu odczytów w Stanach Zjednoczonych otrzymał nawet anonim, którego autor nazwał go rosyjskim agentem i zagroził mu śmiercią.

W przeciwieństwie do Downsa Charlie Collingwood nigdy w życiu nie bawił się lepiej niż wówczas. Dla niego były to najwspanialsze dni wojny. Relacje z Afryki Północnej przyniosły mu uznanie innych dziennikarzy, na którym mu zależało, oraz popularność wśród londyńskiej elity władzy i wyższych sfer towarzyskich, na czym zależało mu jeszcze bardziej. Wciąż mieszkał z Gracie Blake i zapowiadał, że się z nią ożeni, jak tylko ona otrzyma rozwód. Ten związek nie przeszkadzał mu jednak uganiać się za innymi kobietami i bawić się na całego.

W gorącej atmosferze towarzyskiej Londynu przed inwazją, z całonocnymi zabawami, partiami pokera i wędrówkami po nocnych lokalach, Collingwood był w swoim żywiole. Na jedną z wielu kolacji u Charliego przyszli Ed i Janet Murrowowie, Bill Paley, dramatopisarz Robert Sherwood, krytyk teatralny John Mason Brown, Ernie Pyle i Lynn Fontanne z mężem, Alfredem Luntem. Collingwood był gospodarzem, ale kolację ugotował Lunt, który przyjechał do Londynu, żeby wystąpić z żoną w sztuce Sherwooda.

Gładki Collingwood, mający teraz dwadzieścia sześć lat, poruszał się w tym doborowym towarzystwie z nadnaturalną swobodą, która zdumiewała jego kolegów. Walter Cronkite z londyńskiego biura UP, choć rok starszy niż „Bonnie Prince Charlie", uważał się za „żółtodzioba" w porównaniu z tym „czarującym światowcem". „Mogłem mówić o szczęściu, jeśli wieczorem poszedłem na piwo z żołnierzem bez grosza – wspominał. – Charles jadał kolacje z generałami i królami". Andy Rooney był jeszcze bardziej zauroczony. „Podziwiałem Collingwooda pod każdym możliwym względem – powiedział. – Chciałem być taki jak on".

William S. Paley również dołączył do pokera i zabawy w Londynie. Został powołany do wojska i znakomicie się bawił, nie czując wreszcie ograniczeń związanych z działaniem korporacji. W 1943 roku Biuro Informacji Wojennej wysłało go do Afryki Północnej i Włoch, gdzie miał zorganizować stacje radiowe. W styczniu 1944 roku został przydzielony do sztabu Eisenhowera w Londynie na stanowisko szefa radiowej wojny psychologicznej. Wśród podwładnych był znany raczej z upodobania do zabawy niż ciężkiej pracy. Pewnej nocy wziął udział w głośnej kawalerskiej popijawie u Collingwooda, która w końcu przeniosła się na ulicę. „Wszystko, co działo się tej nocy, było ogromnie zabawne – wspominał wiele lat później. – Wszyscy bardzo się lubili. To wprawdzie była jedna wielka awantura, ale też jedna z najwspanialszych nocy w moim życiu".

Paley szczególnie sobie upodobał romantyczny fatalizm i hedonizm wojennego Londynu – mógł jeść, pić i bawić się do woli, dobrze wiedząc, że jest bardzo mało prawdopodobne, by umarł w najbliższej przyszłości. „Seks wisiał w londyńskim powietrzu niczym mgła – zauważył Harrison Salisbury. – Jego zapach przenikał każdy zaułek". W wielu kręgach na czas wojny zapomniano o tradycyjnej moralności. „Normalne reguły [...] zakazujące romansów poszły w odstawkę – wspominał Paley, którego małżeństwo w tym okresie szybko się rozpadało. – Jeśli romans ładnie się zapowiadał, jeśli ci było z tym dobrze, to o co, do cholery, chodzi?"

Nawet Murrow zaraził się tą gorączką. Choć nigdy nie wydawał się szczególnie zainteresowany kobietami, nawiązał namiętny romans z Pamelą Churchill (później Harriman), piękną, obdarzoną kasztanowymi włosami synową premiera. Inteligentna i urocza Pamela, będąca w separacji z Randolphem Churchillem, słynęła z wydawanych kolacji i wieczorków. Na tych przyjęciach bywał reporter „Life'u", a jej zdjęcie ukazało się na okładce pisma. „Ta piękna i bardzo atrakcyjna młoda kobieta kompletnie wytrąciła Eda z równowagi. Był nią zafascynowany i oczarowany" – wspominał Collingwood, który w obecności Pameli również z trudem nad sobą panował.

Murrow zaangażował się tak poważnie, że przez pewien czas zastanawiał się nad rozwodem z Janet. Ostatecznie jednak nie zdobył się na ten krok; zamiast tego dość brutalnie zerwał z Pamelą. Jego decyzja wynikała z poczucia winy, odpowiedzialności i miłości do Janet, która wtedy, po jedenastu latach małżeństwa, zaszła w ciążę.

To były złożone czasy. Utrzymanie właściwej miary nie było łatwe nawet dla ponurego moralisty Murrowa, a tym bardziej dla takich zdeklarowanych hedonistów jak Collingwood i Paley. Byli najprzystojniejszymi, najbardziej efektownymi mężczyznami w mieście. Jak oschle zauważył kolega z radia, „kobiety bardzo ich podziwiały".

Na przełomie lat 1943/1944 Murrow poświęcił dużo czasu na rozbudowę swojego zespołu i przygotowania do relacjonowania inwazji. Zatrudnił kilku nowych pracowników, ale tylko jeden z nich, Richard Hottelet, przebrnął przez nieformalny i tajemniczy proces selekcji, decydujący o tym, kto zostanie pełnoprawnym Chłopcem Murrowa.

Wśród tych, którym się nie powiodło, był Charles Shaw, były redaktor gazety z Pensylwanii i dziennikarz radiowy z Teksasu, pierwszy rekrut Murrowa w okresie przed inwazją. Shaw miał wrażenie, że śni. Znalazł się „wśród olbrzymów [...] z legend". Wiele lat później pisał z zachwytem: „Byłem Argonautą, który pożeglował z Jazonem, rycerzem, który siedział przy Okrągłym Stole z królem Arturem, wesołym bandytą, przemierzającym las Sherwood z Robin Hoodem, jednym z «gromadki braci», którzy byli z Henrykiem V pod Agincourt". Shaw pracował w CBS, głównie w Londynie, do 1946 roku. Później przeniósł się do Filadelfii, gdzie został dyrektorem stacji telewizyjnej.

Innym rekrutem, który nie przebił się do wewnętrznego kręgu, ale zrobił efektowną karierę w wiadomościach radiowych w czasie wojny i nie utracił swej pozycji przez kilkadziesiąt lat, okazał się Bill Shadel. Był on redaktorem „American Rifleman", pisma National Rifle Association (w czasach gdy NRA nie stała się jeszcze brutalną organizacją lobbystyczną, jaką jest obecnie). Przyjechał do Europy, żeby pisać o wojnie dla swojego magazynu. W 1944 roku Murrow zatrudnił go jako niezależnego dziennikarza.

Wreszcie pojawił się Dick Hottelet. Choć był ostatnim przyjętym do pracy Chłopcem, od samego początku cieszył się wysoką pozycją w bractwie. Gdy w 1944 roku szukał pracy, miał dwadzieścia sześć lat, był wysoki i szczupły. Mimo rozbrajającego uśmiechu i eleganckiego głosu uchodził za agresywnego, a niekiedy nawet szorstkiego reportera, który nie lęka się żadnych dostojników, ani nazistowskich, ani alianckich. Murrow już wtedy dobrze go znał

Hotteleta dobrze znał jeszcze jeden członek zespołu Murrowa, Howard Smith. Pracowali razem w berlińskim biurze UP od 1939 do 1941 roku i znosili się wzajemnie z dużym trudem. Według Smitha Hottelet „zwykle odnosił się do ludzi, jakby byli szeregowcami, a on niemieckim porucznikiem". Sam Smith również miał mentorskie skłonności, dlatego gdy pracowali razem w Berlinie – jak wspominał Hottelet – stale na siebie krzyczeli. Pomijając kwestie osobowości, w tym okresie stali na przeciwnych krańcach politycznego spektrum. Hottelet był najbardziej konserwatywny ze wszystkich Chłopców, a Smith najbardziej lewicowy. Żaden nigdy nie przepuścił okazji, by poinformować drugiego, jak bardzo się myli. W jednej sprawie się zgadzali: obaj byli zaciekłymi przeciwnikami nazizmu.

Rodzice Hotteleta wyemigrowali z Niemiec do Nowego Jorku pod koniec XIX wieku. W domu mówili wyłącznie po niemiecku. W czasie Wielkiego Kryzysu ojciec stracił przedsiębiorstwo zajmujące się handlem zagranicznym i poziom życia rodziny gwałtownie się obniżył. Kilkakrotnie się przeprowadzali, zawsze do tańszego, skromniejszego domu. Po skończeniu szkoły średniej Dicka stać było tylko na studia w Brooklyn College, cieszącej się dobrą opinią uczelni dla dojeżdżających. Jako główny przedmiot wybrał filozofię. Podobnie jak wiele innych uczelni w czasie Wielkiego Kryzysu, Brooklyn College był ogniskiem protestów, gdzie agitację uprawiało wielu studentów będących komunistami lub pretendujących do tego miana. Hottelet protestował przeciw protestującym. Podczas zebrania studentów zwołanego w celu zaplanowania demonstracji oświadczył wprost: „To wszystko bzdury. Co to ma wspólnego z nami?" Pytanie wywołało okrzyki i kocią muzykę. Hottelet wyszedł z sali.

Po skończeniu studiów i uzyskaniu tytułu bakałarza w 1937 roku nie miał żadnych widoków na znalezienie pracy i nie wiedział, co chce dalej robić w życiu. Ojciec zaproponował mu wyjazd do Berlina. Mógłby tam chodzić na wykłady na uniwersytecie i utrzymywać się, korzystając ze skromnych środków, jakie pozostały na zablokowanym rachunku bankowym rodziny. Wobec braku innych możliwości Dick postanowił jechać.

W Berlinie zamieszkał u kuzyna ojca, zamożnego i kulturalnego biznesmena, który był przeciwnikiem nazistów i ryzykował życie, pomagając żydowskim znajomym. W każdy niedzielny poranek kuzyn zabierał Dicka do miejskich muzeów i galerii sztuki, wyjaśniał, uczył i pokazywał, zarażając go namiętną miłością do sztuki.

Już po pierwszym wykładzie na Uniwersytecie Berlińskim, na temat filozofii Kanta, Hottelet zdał sobie sprawę, że zadaniem niemieckich uczelni stało się szerzenie propagandy. Profesor, ubrany w brunatny mundur, z opaską ze swastyką na ramieniu, rozpoczął wykład od podrzucenia w górę ramienia, czemu towarzyszył okrzyk: *Heil Hitler!* Dick sprawdził jeszcze, jak wyglądają inne wykłady, po czym zniechęcony przestał chodzić na uniwersytet i wziął się do szukania pracy.

Nie myślał o karierze dziennikarskiej, kiedy dowiedział się, że biuro United Press w Berlinie szuka pracowników. Złożył podanie i został zatrudniony, najpierw na zlecenia, później jako regularny korespondent. Nie miał jeszcze dwudziestu jeden lat, gdy polecono mu relacjonować zajęcie Sudetów przez wojska niemieckie. W wieku dwudziestu dwóch lat towarzyszył Wehrmachtowi w szybkim marszu przez Belgię i Francję, aż do Dunkierki, gdzie pozostając po niemieckiej stronie frontu, ze smutkiem obserwował, jak Anglicy wycofują się na drugą stronę kanału La Manche.

Hottelet niemal od początku drażnił nazistów. Raz został aresztowany, gdy zaczął ostro wypytywać agentów gestapo, którzy ładowali Żydów na ciężarówki. Innym razem spędził wieczór z grupą deportowanych Żydów w barze na granicy niemiecko-polskiej. Kiedy przekazał przez telefon relację, gestapo znowu go zatrzymało i odesłało do Berlina na przesłuchanie.

Jesienią 1940 roku podczas zebrania nazistów w monachijskiej piwiarni wybuchła bomba i Hitler cudem ocalał. Hottelet zadzwonił do lokalu z biura UP w Berlinie. Doskonałą niemczyzną, najbardziej aroganckim tonem oberführera krzyknął do mikrofonu:

„Tu Berlin! Co się tam u was dzieje?"

Człowiek, który odebrał telefon, potulnie podał szczegóły. Hottelet zadawał pytania i ku swej wielkiej radości otrzymywał odpowiedzi.

Od czasu do czasu jego rozmówca przerywał i pytał:

„Kim pan jest?"

„Mówi Berlin!" – odpowiadał Hottelet za każdym razem.

W końcu do telefonu podszedł wyższy oficer gestapo i spytał, kto dzwoni.

„Tu United Press of America – przyznał się Hottelet. – Dzwonimy, żeby się dowiedzieć, co się stało".

„Spadaj" – odparł gestapowiec i odłożył słuchawkę.

Raport o tym zdarzeniu prawdopodobnie trafił do szybko puchnącej teczki „Richard C. Hottelet" w archiwum gestapo.

Pod koniec zimy 1941 roku pewien niemiecki dyplomata ostrzegł go: „Dick, ktoś na ciebie dybie". Kilka tygodni później o trzeciej nad ranem obudziło go łomotanie do drzwi. Otworzył zaspany. Do mieszkania weszli dwaj gestapowcy.

„Ubieraj się" – rozkazali.

Gestapowcy zawieźli go do więzienia na Alexanderplatz i oskarżyli o szpiegostwo. Hottelet miał jakoby przekazywać niemieckie tajemnice swej dziewczynie, Ann Delafield, która kiedyś pracowała w angielskiej ambasadzie w Berlinie, a wówczas była zatrudniona w brytyjskim biurze kontroli paszportów w Hiszpanii. Aresztowanie Hotteleta stało się *cause célèbre* w Stanach Zjednoczonych, ale mimo oficjalnych nacisków strony amerykańskiej naziści nie chcieli go wypuścić.

Wystraszony i samotny Hottelet spędził w niewielkiej, nieoświetlonej celi ponad miesiąc. W tym czasie był wielokrotnie przesłuchiwany. Gestapowcy nie znęcali się nad nim fizycznie, ale grozili mu, że zostanie skazany na śmierć za szpiegostwo. Hottelet jednak najbardziej obawiał się, że gdy on będzie jeszcze w więzieniu, Stany Zjednoczone wypowiedzą Niemcom wojnę. W takim przypadku zostałby zwolniony dopiero po jej zakończeniu, o ile dożyłby tej chwili.

W maju przewieziono go do osławionego więzienia gestapo Moabit, gdzie dalej był przesłuchiwany. Gestapowcy zadawali mu wciąż te same pytania, a on wciąż wszystkiemu zaprzeczał. Jego jedyną rozrywką były książki, które dali mu strażnicy, między innymi dzieło o japońskim górnictwie węglowym i sentymentalny angielski romans. Szybko przeczytał romans, który w tym surrealistycznym otoczeniu wydał mu się dziwnie realny. „Czułem ból, frustracje i nadzieje postaci z tej książki – powiedział Hottelet. – To było niesamowite przeżycie".

Wreszcie na początku lipca do jego celi wszedł oficer gestapo i kazał mu się pakować. Hottelet i Jay Allen, amerykański dziennikarz uwięziony przez rząd Vichy, mieli zostać wymienieni na dwóch Niemców zatrzymanych w Stanach pod zarzutem szpiegostwa.

W Ameryce czekało na niego gorące powitanie. „Żeby zostać wielkim bohaterem – zauważył sarkastycznie – wystarczy przeżyć". Ożenił się z Ann Delafield i otrzymał przydział do waszyngtońskiego biura UP, ale po kilku miesiącach rozstał się z agencją i zaczął pracować w Biurze Informacji Wojennej. W sierpniu 1942 roku pojechał do Londynu, gdzie przygotowywał programy dla słuchaczy z krajów niemieckojęzycznych i pisał ulotki propagandowe. Po reorganizacji londyńskiego oddziału biura złożył dymisję i został natychmiast zatrudniony przez Murrowa.

Jako najmłodszy stażem członek zespołu Hottelet spodziewał się, że będzie dostawał najgorsze zlecenia. Był przyjemnie zaskoczony, gdy przekonał się, że Murrow tak nie postępuje. Otrzymywał te zlecenia, o które prosił, o ile tylko ktoś nie zaklepał ich wcześniej. Chciał relacjonować działania lotnictwa i Murrow się zgodził, choć sam w tym czasie uczestniczył w kilku atakach bombowych na Niemcy.

Zachowanie Murrowa, który najwyraźniej kusił los i ryzykował śmierć w powietrzu, dziwiło Hotteleta. „Jeśli leciałem B-26 – mówił – to nie dlatego, że miałem na to ochotę, tylko dlatego, że to, niestety, należało do moich obowiązków. Ed brał udział w nalotach, bo tego chciał". Chciał, między innymi, raz jeszcze się sprawdzić. Po blitzu niewiele się zajmował relacjonowaniem wojennych zdarzeń. Został w spokojnym Londynie i zazdrościł Chłopcom, którzy byli na froncie, od Afryki Północnej do Morza Południowochińskiego. Po wojnie powiedział, że pod koniec 1940 roku miał już za sobą wszystkie swoje najlepsze reportaże.

W sumie Murrow wziął udział w dwudziestu pięciu lotach bojowych. W grudniu 1943 roku, gdy zaczęły się przygotowania do inwazji we Francji, otrzymał list od Collingwooda, który na krótko wrócił do Nowego Jorku:

> Twój reportaż z nalotu na Berlin był znakomity [...] White był bardzo zły, nim go usłyszał. Mówił, że zwariowałeś, i tak dalej. Przysięgał, że pomijając nawet ryzyko, jest niemożliwe zrobić z tego dobry program. Powiedziałem mu, że musiałeś lecieć, a skoro już poleciałeś, to jest dla Ciebie rzeczą niemożliwą napisać kiepską relację z nalotu [...] Po emisji zmusiłem tego łajdaka, żeby postawił mi drinka jako rekompensatę za swą głupotę.

White i inni członkowie nowojorskiego kierownictwa jasno oświadczyli Murrowowi, że w dniu inwazji a b s o l u t n i e nie może pozwolić sobie na jakąś beztroską brawurę. Miał zostać w Londynie i korzystając z pomocy Charlesa Shawa, kierować pracą korespondentów relacjonujących lądowanie. Cztery sieci radiowe zgodziły się wspólnie wysyłać swoje relacje, żeby zabezpieczyć się przed kłopotami z łącznością. Murrowowi zlecono nadzorowanie wspólnej akcji.

Korespondenci CBS otrzymali następujące przydziały. Larry LeSueur miał wylądować razem z amerykańską piechotą, Bill Downs z oddziałami angielskimi. Charles Collingwood i Bill Shadel mieli relacjonować działania marynarki, a Dick Hottelet – 9 Armii Powietrznej. Murrow z żalem pogratulował Chłopcom takich dobrych przydziałów. Szybko obliczyli, że z pięciuset amerykańskich korespondentów, którzy przed inwazją przebywali w Londynie, tylko dwudziestu pięciu miało towarzyszyć lądującym oddziałom. W tej grupie znalazło się pięciu z CBS.

To był kolejny dowód, jak bardzo zmieniła się sytuacja od dnia, w którym Murrowa nie przyjęto do Stowarzyszenia Amerykańskich Korespondentów Zagranicznych. Siedem lat później, w 1944 roku, Edward R. Murrow został jego prezesem.

Gdy latająca forteca dotknęła pasa startowego na lotnisku w pobliżu Lincoln, Larry LeSueur westchnął z ulgą – kolejny lot bojowy zakończył się pomyślnie. W czasie niekończącego się oczekiwania na inwazję LeSueur wziął udział w kilku nalotach. Minął kwiecień, później maj. Był już początek czerwca, a o inwazji wciąż nie było wiadomo nic pewnego. Londyn gotował się od plotek: desant nastąpi jutro... nie, za tydzień... nie, za miesiąc. LeSueur, podobnie jak wszyscy, miał już dość czekania.

Wysiadając z samolotu, zauważył zaparkowanego w pobliżu jeepa. Z samochodu wyskoczył jakiś oficer, podszedł do niego i głośno oznajmił, że go aresztuje. LeSueur był zdumiony. Nie zrobił nic złego i nie mógł pojąć, o co chodzi. Ignorując jego protesty, oficer popchnął go do jeepa i pośpiesznie odjechał. Załoga samolotu była równie zdumiona jak aresztowany.

Eskorta wojskowa zawiozła LeSueura do jego mieszkania, skąd polecono mu zabrać śpiwór i inne rzeczy. Następnie przez kilka godzin jechali do obozu pod Dartmouth, gdzie zamknięto go w zagrodzie z drutu kolczastego. Na miejscu było już kilku innych korespondentów; wszyscy narzekali, że są traktowani jak bydło. W tym momencie LeSueur doznał olśnienia: aresztowanie było tylko przedstawieniem, które miało na celu ukryć przed załogą latającej fortecy, dlaczego przyjechało po niego wojsko. Z całej Anglii ściągnięto wyznaczonych korespondentów i w największej tajemnicy rozwieziono ich do oddziałów, którym mieli towarzyszyć podczas inwazji.

Dick Hottelet siedział w bazie lotniczej na północ od Londynu i grał w kości. Nigdy w życiu nie miał takiego szczęścia. Nie był wielkim hazardzistą, ale tego dnia wygrywał za każdym razem. W końcu ograł wszystkich. Na stoliku przed nim leżały setki, może tysiące dolarów, ale on z jakiegoś powodu był niespokojny i przygnębiony. Akurat tego wieczoru, gdy za kilka godzin miał znowu zaryzykować, biorąc udział w locie bojowym, miał takie szczęście w grze! Dick nie był przesądny, ale uznał to za ostrzeżenie, że jego szczęście się wyczerpuje. Podobnie jak inni korespondenci CBS biorący udział w inwazji, na polecenie Nowego Jorku musiał napisać swój nekrolog – na wszelki wypadek. Chciał mieć pewność, że pozostanie on w archiwum. Zaczął pożyczać graczom pieniądze i wkrótce wszystko stracił.

„Nie możecie sobie wyobrazić, jaką sprawiło mi to ulgę" – powiedział.

Szóstego czerwca, w ciemnościach przed świtem, Hottelet wdrapał się do B-26. Samolot był tak obciążony bombami, że oderwał się od ziemi dopiero na samym końcu pasa startowego. Gdy zaczęło świtać, reporter spojrzał w dół na kanał La Manche i gwałtownie wciągnął powietrze. Poniżej, niezłomnie pokonując spienione fale, płynęła największa armada w historii – jak daleko sięgał wzrokiem, widział kolejne rzędy okrętów zmierzających ku plażom Normandii.

„Gdybym musiał wyskoczyć ze spadochronem, mógłbym przejść przez kanał, przeskakując z okrętu na okręt – powiedział Charlesowi Shawowi kilka godzin po powrocie do Londynu. – Tyle ich było!" Armada liczyła pięć tysięcy jednostek: zardzewiałych tankowców i frachtowców, pływających szpitali, niezliczonych okrętów desantowych o małym zanurzeniu, poławiaczy min, niszczycieli, krążowników i pancerników.

Marauder Hotteleta i inne bombowce nie napotkały myśliwców Luftwaffe, tylko słaby ogień dział przeciwlotniczych. Wśród ciężkich, deszczowych chmur samoloty przeleciały na niskiej wysokości nad wschodnim brzegiem Półwyspu Normandzkiego, po czym zrzuciły bomby. Uwolniona od ciężaru maszyna gwałtownie podskoczyła. Hottelet obserwował, jak na ziemi pojawiają się języki ognia, a potem giną za kłębami ciemnego dymu. W samolocie czuć był smród materiałów wybuchowych.

Po wykonaniu zadania bombowce zawróciły. Był chłodny poranek. Gdy znowu przelatywali nad brzegiem, Hottelet zobaczył na wodzie kilkadziesiąt białych smug – to barki desantowe pędziły w kierunku plaży Utah.

Rozpoczęła się inwazja.

ROZDZIAŁ SZESNASTY

„PEŁNE RĘCE FRANCJI"

Gdy Larry LeSueur przygotowywał się do zejścia po drabince z rozkołysanego okrętu desantowego do mniejszej barki, myślał tylko o tym, żeby jak najszybciej wydostać się z tej nędznej wanny na stały ląd. Był w drugiej fali oddziałów lądujących na plaży Utah, ale w tym momencie niewiele go obchodziło, jak powitają ich Niemcy. Wszystko wydawało się lepsze od ostatnich czterdziestu ośmiu godzin huśtania się na falach Kanału, w zimnym deszczu i bryzgach fal, w towarzystwie wymiotujących i jęczących żołnierzy 4 Dywizji Piechoty.

Inwazja była pierwotnie wyznaczona na piąty czerwca. Okręt desantowy LeSueura wypłynął już w morze, gdy nadeszła wiadomość o przesunięciu daty z powodu fatalnej pogody – najgorszej, jaka panowała na Kanale od dwudziestu lat. Większe jednostki wróciły do portów, ale okręt desantowy LeSueura był zbyt powolny, żeby zawrócić i ponownie wypłynąć, gdyby Eisenhower wydał rozkaz przeprowadzenia inwazji szóstego czerwca, dlatego został na rozkołysanym morzu. Niemal wszyscy na pokładzie chorowali, więc LeSueur zaproponował dowódcy, pułkownikowi Jamesowi Van Fleetowi, że pomoże przygotować obiad. Tylko nieliczni zdołali przełknąć ugotowaną fasolę. LeSueur zastanawiał się, jak tacy chorzy żołnierze będą w stanie walczyć.

Teraz, ściskając w rękach maszynę do pisania i maskę przeciwgazową, kulił się na dziobie barki desantowej, która płynęła w kierunku plaży. Panował potworny hałas – słychać było krzyki żołnierzy, warkot silników, wycie wiatru i grzmot potężnych dział okrętowych. Przed barką tryskały gejzery wody. LeSueur zapewnił przestraszonych młodych żołnierzy, że to pociski z ich okrętów, ale po chwili zdał sobie sprawę, że strzelają niemieckie baterie przybrzeżne. Sąsiednia barka została trafiona, inne wpadły na miny i zostały zniszczone przez potężne wybuchy. LeSueur dostrzegł pływające w wodzie hełmy.

Gdy barka desantowa stanęła na płyciźnie i opadła klapa, nastąpiła chwila lęku i niezdecydowania. Po sekundzie żołnierze poderwali się, pobiegli na plażę, desperacko szukając jakiejś osłony. LeSueur i Robert Landry, fotoreporter „Life'u", pobiegli w kierunku wału w głębi plaży. Ciężko dysząc, brnęli przez fale, a później przez piach. Wreszcie padli na ziemię przy wale, szczęśliwi, że dotąd nic im się nie stało. Sierżant piechoty podczołgał się do LeSueura i z uśmiechem podał mu cygaro. „Chłopie! Udało się!" – powiedział z wyraźnym brooklyńskim akcentem.

Kuląc się u podstawy wału, LeSueur i Landry z trudem rejestrowali w pamięci wszystko, co działo się dookoła. Widzieli i słyszeli wyłącznie walkę – huk, ogień, śmierć. To i tak było nic w porównaniu z plażą Omaha, gdzie wskutek błędów i silnego oporu Niemców wyglądało na to, że lądowanie skończy się klęską Amerykanów. Walka na plaży Utah szybko przybrała „normalny" charakter. Silne prądy przypływu zniosły pierwsze lądujące pododdziały 4 Dywizji Piechoty półtora kilometra na południe od wyznaczonego miejsca desantu. Lądujący żołnierze nie napotkali silnego oporu. Gdy LeSueur i Landry ciągle się rozglądali, Niemcy już zaczęli się poddawać. Jeden z nich, nieskazitelnie ubrany, jasnowłosy arogancki kapitan, nawet nie szukał osłony przed ostrzałem, jak czynili to jego żołnierze. Gdy Landry chciał go sfotografować, odwrócił się ze wzgardliwą miną. Chwilę później skosiła go seria z niemieckiego karabinu maszynowego.

To, co generałowie i pisarze nazywają słabą obroną, nigdy nie sprawia takiego wrażenia na atakujących oddziałach. Żołnierze chcieli jak najszybciej opuścić plażę Utah i wyjść z pola rażenia niemieckiej artylerii. Posuwali się w głąb lądu przez nieckę, którą Niemcy zalali wodą, żeby powstrzymać atak. LeSueur i Landry szli z nimi. „Pierwszy czołg, który spróbował sforsować mokradło, został trafiony – relacjonował LeSueur. – Drugi czołg jednym strzałem uciszył działo przeciwpancerne. Parliśmy naprzód".

Kilka godzin później LeSueur szedł w grupie około stu żołnierzy. Obok niego maszerował pyzaty chłopak, najwyżej osiemnastoletni. Niósł miotacz ognia i wydawał się coraz bardziej zmęczony.

„Boli mnie noga – powiedział. – Nie mogę dalej iść".

„Do diabła! – prychnął LeSueur. – Ja jestem od ciebie starszy, a jakoś idę. Tutaj nie można marudzić".

„Ale mnie boli noga. Nie mogę iść".

LeSueur, nie kryjąc dezaprobaty, powiedział mu, żeby usiadł w rowie, to sprawdzi, co jest z jego nogą. Gdy rozwiązał getry i podciągnął nogawkę, zobaczył pod kolanem dziurę po szrapnelu. Poczuł się tak winny, że kilka dni później, gdy opisywał ten incydent na antenie, nie wspomniał, iż w pierwszej chwili podejrzewał młodego żołnierza o symulowanie. Zamiast tego chwalił jego dzielność i wytrwałość. „Szedł przez cały dzień z raną w nodze i nigdy nie narzekał – powiedział nie całkiem zgodnie z prawdą. – Tacy byli amerykańscy żołnierze w dniu inwazji".

Późnym popołudniem LeSueur i Landry dotarli do Sainte-Marie-du-Mont, gdzie spadochroniarze 82 Dywizji Powietrznodesantowej usiłowali wykurzyć niemieckich snajperów z wieży kościoła i z budynków. LeSueur patrzył, jak młody spadochroniarz z karabinem gotowym do strzału idzie w kierunku jakiegoś domu i krzyczy do Niemców, żeby się poddali. Na ulicę wyszło kilku niemieckich żołnierzy z uniesionymi rękami. W tym momencie snajper z wieży trafił spadochroniarza. Pocisk przeszył go na wylot, po czym dosięgnął jednego z Niemców. Obaj zginęli. Kryjąc się za starymi, normańskimi murami z kamienia, spadochroniarze obrzucali kościół granatami. Wciąż trwały uliczne walki. Pośród całego tego piekła jakaś młoda Francuzka, nie zważając na niebezpieczeństwo, opatrywała umierającego Amerykanina.

Dopiero wieczorem LeSueur miał okazję usiąść przy maszynie do pisania i wystukać relację z tego niezwykłego dnia. Był pierwszym korespondentem radiowym, który wylądował na plaży. Oprócz niego żaden reporter CBS nie miał okazji obserwować poważnej walki. To był najlepszy reportaż w całej jego karierze.

Zgodnie z instrukcją, jaką otrzymał od oficerów prasowych przed inwazją, LeSueur wrócił w ciemnościach na plażę. Niewiele brakowało, a nerwowy młody wartownik odstrzeliłby mu głowę. Korespondent wręczył reportaż oficerowi marynarki, który dowodził na plaży. Ten miał go przekazać do Londynu. Taki system funkcjonował aż do zainstalowania na lądzie nadajnika radiowego. Gdy oddziały posuwały się w kierunku Cherbourga, LeSueur każdego wieczoru wracał na plażę, mijając gotowych do strzału wartowników i ryzykując spotkanie ze zbłąkanymi niemieckimi snajperami. Później się okazało, że żaden jego tekst, również ten z pierwszego dnia inwazji, nie dotarł do Londynu. LeSueur musiał czekać ponad tydzień, żeby nadać relację i opowiedzieć słuchaczom o dramatycznych wydarzeniach, których był świadkiem.

Przed inwazją Ed Murrow przeprowadził wywiad z głównym amerykańskim oficerem prasowym w Londynie. Oficer obiecał słuchaczom CBS, że gdy nadejdzie dzień ataku, „od pierwszej, najwcześniejszej chwili usłyszycie głos swojego ulubionego korespondenta, nadającego z rzeczywistego teatru działań bojowych". W istocie konieczna była silna presja, żeby armia w końcu zainstalowała urządzenia nadawcze. Zniecierpliwiony Murrow uważał to za skutek wojskowej biurokracji oraz pragnienia dowództwa, żeby „wstrzymać relacje radiowe, tak aby nie mogły skorzystać z przywileju, jakim jest szybkość łączności". Ze wszystkich korespondentów CBS relacjonujących inwazję tylko Dick Hottelet zdołał opowiedzieć już szóstego czerwca o wszystkim, co zobaczył – w tym celu musiał po nalocie popędzić samochodem na złamanie karku do Londynu.

Tego dnia w Nowym Jorku Robert Trout zapowiedział wywiady, jakie Charles Collingwood nagrał poprzedniego wieczoru z żołnierzami, którzy mieli wziąć udział w desancie. CBS dopiero niedawno wreszcie zniosła zakaz nagrywania. Wszyscy mieli wielkie nadzieje, że ta nowa maszyna, którą Collingwood pożyczył od marynarki – rejestrująca dźwięk na plastikowej taśmie – zwiększy bezpośredniość przekazu. Do obsługi maszyny – dużej, niezgrabnej i niepewnej – konieczny był przeszkolony technik, ale liczono, że dzięki niej Collingwood, który towarzyszył marynarce, zdoła zarejestrować odgłosy bitwy oraz uchwycić na gorąco słowa i myśli jej uczestników oraz własne. Nawet gdyby przesłanie nagrania do Londynu trwało dzień lub dwa, gra byłaby warta świeczki.

Jednak w dzień po inwazji do Londynu nie dotarło ani nagranie, ani żadna wiadomość od Collingwooda. Tak samo było następnego dnia. I następnego. LeSueur i Bill Downs również się nie zgłosili. Bill Shadel wrócił wreszcie z krążownika USS „Tuscaloosa", na którym mieścił się punkt dowodzenia desantem na plaży Utah, ale o pozostałych trzech korespondentach nie było żadnych wieści. Murrow wychodził z siebie ze zmartwienia. Pod wpływem pogłosek, jakoby LeSueur zginął, a ciało Collingwooda widziano w falach przyboju na plaży Utah, Murrow oficjalnie zwrócił się do marynarki z prośbą o wszczęcie poszukiwań.

Collingwood wrócił do Londynu dziewiątego czerwca późnym wieczorem. Prawie równocześnie z nim dotarło nagranie, jakie zrobił w dniu desantu i przekazał marynarce w celu odesłania do biura CBS. Trzydniowe opóźnienie nie miało jednak większego znaczenia. Nie było wiele nagrań utrwalonych przez korespondentów, którzy sami wylądowali na plażach, i Ameryka wciąż łaknęła wieści. Tego wieczoru i przez cały następny dzień CBS wielokrotnie emitowała nagranie Collingwooda.

Collingwood wylądował, podobnie jak LeSueur, na plaży Utah, ale dopiero dziesięć godzin po pierwszej fali. Dźwigał nieporęczną maszynę nagrywającą, a towarzyszył mu dźwiękowiec. Korespondent przypłynął z ekipą marynarki, zajmującą się wysadzaniem podwodnych przeszkód, na pokładzie niewielkiego statku z ładunkiem tony dynamitu. Wprawdzie na plaży było nieco spokojniej niż wówczas, gdy LeSueur i Landry biegli sprintem do nadmorskiego wału, ale niemiecki ostrzał jeszcze się nie skończył. Collingwood odnotował to w swej relacji z pewną konsternacją, gdyż stał na pokładzie barki wyładowanej materiałem wybuchowym. Poważniejszym testem jego zimnej krwi był nie niemiecki ostrzał, lecz próba przeprowadzenia na plaży wywiadu z porucznikiem marynarki. Gdy spytał, jak się nazywa, porucznik się roześmiał.

„Pracuję dla konkurencyjnej sieci w Nowym Jorku – powiedział. – A raczej pracowałem".

„Naprawdę?" – zdziwił się Collingwood.

„Chyba nie powinienem psuć twojej relacji".

Collingwood szybko odzyskał równowagę.

„Jak wygląda sytuacja na plaży?" – spytał, nie dając się spławić.

„Nie jest lekko" – odparł porucznik, po czym opisał, co się dzieje.

Relację w przeważającej mierze wypełnił prosty opis plaży Utah o zachodzie słońca, ale Collingwood zakończył ją wymownym szczegółem, charakterystycznym dla Murrowa i jego Chłopców. Wcześniej powiedział marynarzom na pokładzie swojej niewielkiej barki desantowej, że po wylądowaniu chce „chwycić garść piasku i krzyknąć: «To Francja! Mam ją w ręku!»" Gdy nadawał, podeszli do niego marynarze z rękami pełnymi piachu.

„Jak to odczuwacie?" – spytał.

„Urodziłem się we Francji – powiedział jeden z nich pełnym emocji głosem. – To ma dla mnie szczególne znaczenie".

„Musimy zachować ten piasek – odrzekł Collingwood. – Trzeba go wsypać do jakiejś butelki". Wrócił do mikrofonu. „Wszyscy wchodzą znowu na pokład. Wszyscy mają ręce pełne Francji".

Collingwood również nabrał dłonią piasku i powoli wsypał go do plastikowej butelki po napoju. Zakręcił ją i do końca wojny stale nosił przy sobie.

Choć nagranie Collingwooda wywołało duże zainteresowanie, to jednak Larry LeSueur przesłał CBS najlepsze reportaże z lądowania, mimo że dotarły one z opóźnieniem. On i Downs – oraz przez krótki czas Shadel – brnęli z żołnierzami przez grząską Normandię, często unikając ostrzału. LeSueur potrafił przedstawić złość i zamieszanie towarzyszące walce wśród żywopłotów, podniecenie i ulgę żołnierzy, którzy sprawdzili się w ogniu, oraz radość wyzwolonych Francuzów.

Warunki walki były bardzo trudne. W Normandii z reguły nie tworzono normalnej linii frontu. Sławne normandzkie żywopłoty – wysokie na dwa metry wały z krzewami i drzewami na szczycie – całkowicie to uniemożliwiały. „To kraj z gotowymi umocnieniami – relacjonował LeSueur. – Niemcy po prostu kryją się za żywopłotem, po czym mają przed sobą otwarte pole ostrzału na odległość stu metrów lub jeszcze większą".

Dla alianckich żołnierzy walka polegała na serii nagłych, szybkich skoków przez pola, od żywopłotu do żywopłotu, i starciach z gniazdami oporu przeciwnika. Front był tak słabo określony, że gdy korespondenci krążyli po okolicy w poszukiwaniu tematu, ryzykowali, że w najmniej oczekiwanym momencie znajdą się w ogniu zaciekłej walki. „Jedyną wskazówką, czy nie jesteś zbyt blisko linii walki, stanowiły ciała zabitych – powiedział Bill Shadel. – Jeśli widziałeś zwłoki amerykańskich żołnierzy, to oznaczało, że wysunąłeś się za daleko do przodu".

Przygotowanie relacji z nieustannie zmieniającej się sytuacji na polu walki stanowiło tylko połowę zadania korespondentów. Gdy już mieli gotowy reportaż, musieli, cały czas uważając na ogień snajperów, cofnąć się przez labirynt żywopłotów na plażę, ponieważ tam wciąż stał ruchomy nadajnik. Większość pokonywała tę niebezpieczną trasę co najmniej dwa razy dziennie. (Dziennikarze prasowi mogli przesyłać swoje teksty, korzystając z kurierów).

Cherbourg był pierwszym większym miastem francuskim, jakie zostało wyzwolone. LeSueur czule opisywał, jak obywatele miasta, którzy zebrali się na placu, żeby złożyć hołd bojownikom ruchu oporu, nagle spontanicznie zaśpiewali *Marsyliankę*. Porywający francuski hymn – mówił – „został odśpiewany po raz pierwszy [od wybuchu wojny] przez wyzwolonych Francuzów w wolnej stolicy Normandii, i to z takim ożywieniem i zapałem, jakiego nie słychać było we Francji od czterech lat". Okrzyk *Vive de Gaulle!* po chwili wstrząsnął całym placem. „Wiwaty *Vive l'Amérique!* i *Vive l'Angleterre!* zakończyły pierwszy masowy wiec w wyzwolonym Cherbourgu".

Przez całe długie i wilgotne lato LeSueur mówił głównie o młodych amerykańskich żołnierzach, powoli przemierzających krwawy szlak przez Normandię. Po wyzwoleniu Cherbourga naszkicował żywy obraz, który ukazał, jak z trudem wywalczone zwycięstwa poprawiły morale oddziałów.

Żołnierze znowu się golą. Czyszczą buty. Wiatr szarpie upraną bielizną, koszulami i skarpetkami rozwieszonymi na sznurach. Ludzie przypomnieli sobie o zestawach do szycia i można zobaczyć, jak wytrwale łatają mundury. Każdy amerykański żołnierz w głębi duszy czuł, że nasza armia jest niezwyciężona. Jeżeli czegoś nie byli pewni, to tylko samych siebie. Teraz wiedzą, że sprawdzili się w ogniu i zdali egzamin. Amerykańscy żołnierze, którzy wcześniej nigdy nie walczyli, teraz poczuli się zwycięskimi weteranami.

Niedługo po wyzwoleniu Cherbourga Collingwood wrócił z Londynu do Francji, żeby relacjonować dalsze walki. W tym momencie zawsze tląca się rywalizacja między nim a LeSueurem wybuchła na dobre i trwała do końca wojny. Żaden z nich nigdy nie lubił o tym mówić, ale znajomi i przyjaciele wiedzieli, w czym rzecz. Obaj byli ambitni, zabiegali o miejsce na antenie, a prawdopodobnie również konkurowali o przyjaźń Murrowa. LeSueur, weteran CBS, uważał, że jest lepszym dziennikarzem od Collingwooda, i zapewne nieco zazdrościł uwagi, jaką skupiał na sobie lubiany, choć raczej pretensjonalny młodszy kolega.

Larry spędzał cały czas wśród żołnierzy i sypiał na łóżkach polowych w prowizorycznych obozach dla prasy, natomiast Collingwood i Bill Walton z „Time'u" zamieszkali w przestronnej willi na przedmieściach Cherbourga, gdzie towarzyszył im Anglik, major John Palfrey, dowódca policji alianckiej w mieście. „Charlie i ja woleliśmy w miarę możności unikać obozów prasowych" – powiedział Walton. Mieli tam trzech służących, którym Collingwood płacił z puli na wydatki, a także bogaty wybór whisky i papierosów, zarekwirowanych przez Palfreya w dawnym niemieckim magazynie pod Cherbourgiem.

Za dnia Collingwood i Walton relacjonowali zdarzenia wojenne, a w nocy urządzali hałaśliwe zabawy. Ich dom stał się centrum życia towarzyskiego w Cherbourgu. Nocowali tam Ernest Hemingway, fotograf „Life'u" Robert Capa, szef londyńskiego biura Time-Life Charles Wertenbaker. W willi było zwykle tylu gości, że gdy pewnego dnia pojawił się tam bez zapowiedzi Bill Paley, dostał tylko łóżko polowe na strychu – „a i tak miał szczęście", jak wspominał Walton.

Po trzech tygodniach Collingwood i Walton musieli wyprowadzić się z willi, ponieważ oddziały alianckie posunęły się tak daleko, że nie mogli już każdego wieczoru wracać do Cherbourga. W miarę jednak jak przemieszczali się przez północną Francję, zawsze potrafili sobie znaleźć, jak to określali, odpowiednie zakwaterowanie. W sierpniu zamieszkali w eleganckim starym hotelu w niedawno wyzwolonym Mont Saint-Michel, gdzie towarzyszyli im Wertenbaker, Capa, Hemingway i A.J. Liebling z „New Yorkera". Po ciężkim dniu spędzonym na relacjonowaniu walk o pobliski port Saint-Malo korespondenci wracali do hotelu, gdzie czekał na nich wspaniały obiad przygotowany przez *patronne* oraz wino z najlepszych roczników, ukryte przed Niemcami podczas okupacji.

Gdy pod koniec lata ofensywa aliantów nabrała tempa, Collingwood i Walton często byli w awangardzie. Przynajmniej raz znaleźli się przed pierwszymi oddziałami. Jechali do Orleanu, gdzie mieli przyłączyć się do francuskiej 2 Dywizji Pancernej generała Jacques'a Phillipe'a Leclerca. W pewnym momencie trafili do miasteczka, które jeszcze nie zostało wyzwolone. Nieliczni Niemcy, którzy tam pozostali, nie mieli ochoty walczyć i od razu się poddali – Waltonowi i Collingwoodowi. Zachwyceni mieszkańcy poprosili korespondentów, żeby wygłosili tryumfalne przemówienie z balkonu ratusza. „Charles z radością spełnił ich prośbę" – opowiadał Walton. W swej znakomitej francuszczyźnie „wygłosił kwieciste przemówienie i dał im to, czego chcieli – *Vive la France!* i tak dalej. Ludzie wiwatowali, klaskali, krzyczeli: *Vive l'Américain!"*

W Orleanie Collingwood pełnił funkcję tłumacza i łącznika między francuskim podziemiem a dowództwem amerykańskich oddziałów, które wyzwoliły miasto. „Marsz z taką siłą może uderzyć do głowy jak mocne wino" – relacjonował Collingwood. „Każdy ma podniecające poczucie potęgi. Czuje, że może dotrzeć wszędzie, zrobić wszystko. «Dajcie mi dość benzyny – powiedział pewien oficer – a pojadę do Koblencji»".

A przynajmniej do Paryża.

Generałowie Eisenhower i Omar Bradley (dowódca amerykańskich sił lądowych w północno-zachodniej Europie) pierwotnie nie planowali szybkiego wyzwolenia Paryża. Zamierzali ominąć miasto, które ich zdaniem nie miało strategicznego znaczenia, i z maksymalną prędkością ruszyć w kierunku Niemiec i Linii Zygfryda. Tak było jednak tylko do przybycia przywódcy francuskiego ruchu oporu Rogera Gallois, który pojawił się w obozie Bradleya dwudziestego pierwszego sierpnia i poprosił generała o jak najszybsze zajęcie francuskiej stolicy.

Paryscy *maquis* rozpoczęli walkę z okupantem, ale już byli niemal całkowicie pokonani. Gallois twierdził, że jeśli alianci nie przyjdą im z pomocą, zginą setki tysięcy paryżan. Ponadto Hitler rozkazał dowódcy niemieckich sił w Paryżu, generałowi Dietrichowi von Choltitz, zniszczyć miasto przed oddaniem go aliantom. Von Choltitz nie miał na to ochoty, ale zamierzał wykonać rozkaz. Przekazał wiadomość przez Gallois, że powstrzymać go może tylko szybka ofensywa aliantów.

Bradley dał się przekonać. Za zgodą Eisenhowera rozkazał 2 Dywizji Pancernej Leclerca, w której służyli francuscy obywatele i żołnierze z kolonii, wyruszyć na Paryż. Leclerc trzy lata wcześniej ślubował, że wyzwoli stolicę swojego kraju, toteż był zachwycony tym rozkazem, podobnie jak liczni amerykańscy korespondenci, którzy chcieli relacjonować jedno z najbardziej dramatycznych wydarzeń tej wojny.

Tymczasem pewien ambitny korespondent, nic nie wiedząc o zmianie planów, wybrał się do Londynu na pilną wizytę u dentysty. Larry LeSueur przed kilku dniami złamał na twardym sucharze przedni ząb. Generał Courtney Hodges, dowódca amerykańskiej 1 Armii, zapewnił go, że Paryż nie zostanie wyzwolony wcześniej niż za dwa tygodnie. LeSueur był jednym z ostatnich korespondentów radiowych, którzy nadawali z Paryża po klęsce w 1940 roku (on i Sevareid rościli sobie prawa do tego wyróżnienia), a teraz zamierzał być pierwszym Amerykaninem, który wyśle relację z wyzwolonej stolicy. Nie mógł jednak występować na antenie ze złamanym zębem: gdy mówił, rozlegał się gwizd. Gdy wyjeżdżał do Londynu, był pewny, że ma aż za dużo czasu, żeby wrócić, przekazać wiadomość z Paryża i pokonać swego głównego rywala, Charlesa Collingwooda.

Collingwood miał inne plany. Gdy Bradley poinformował go o powstaniu w Paryżu i podjęciu decyzji o szybkiej ofensywie, postanowił twardo, że to on pierwszy przekaże relację z francuskiej stolicy. Najpierw jednak musiał wymyślić sposób na uniknięcie problemów z łącznością. Przyszło mu do głowy bardzo sprytne, lecz zupełnie nieetyczne rozwiązanie. Postanowił, że jego relacja będzie czekała gotowa w Londynie na moment wyzwolenia. Można by ją wtedy wykorzystać po otrzymaniu pierwszego sygnału o wkroczeniu aliantów do Paryża.

Tej nocy Collingwood napisał szczegółową i bardzo emocjonalną relację z wydarzenia, które jeszcze nie nastąpiło.

> Francuska 2 Dywizja Pancerna wkroczyła dziś do Paryża, kiedy mieszkańcy miasta jak jeden mąż powstali, żeby walczyć z niemieckim garnizonem. To paryżanie w istocie wyzwolili swoje miasto... Wszyscy stanęli do walki z wrogiem. Po raz pierwszy w tej wojnie mieszkańcy jakiegoś miasta zdołali wyprzeć nieprzyjaciela. Paryż niewątpliwie i tak zostałby wyzwolony, ale każdy amerykański żołnierz we Francji cieszy się, że odbyło się to w taki sposób. Paryż, króla miast, zdobyli jego mieszkańcy.

Gdy skończył pisać, nagrał relację na taśmę, po czym umieścił tekst i rolkę w worku z pocztą wojskową do Londynu. Przechytrzył system. Teraz musiał tylko czekać, żeby zgarnąć zyski.

Dwa dni później, dwudziestego trzeciego sierpnia, tuż przed północą, worek z pocztą dotarł samolotem do Londynu i został przekazany do biura CBS. Ktoś w CBS odczytał tekst przez telefon cenzorowi wojskowemu i przesłał kopię do jego biura. Jak później twierdził sztab aliantów, w wyniku „niezamierzonego, ale poważnego błędu" cenzorzy mylnie założyli, że relacja została już zatwierdzona przez ich kolegów we Francji, i wyrazili zgodę na jej nadanie.

Kopia tekstu Collingwooda trafiła w ręce Dicka Hotteleta, który miał wówczas dyżur w londyńskim biurze CBS. Gdy zaczął czytać, pomyślał: „Boże, Paryż został wyzwolony! Charlie jest na miejscu i pierwszy przekazał wiadomość!" Chwycił za telefon i zadzwonił do Nowego Jorku, gdzie była niemal siódma wieczór, dwudziesty trzeci sierpnia. Równocześnie stało się coś równie dziwnego: BBC przerwało regularny program, żeby przekazać ważną wiadomość.

„Paryż został wyzwolony – powiedział ktoś pełnym emocji głosem. – Powtarzam: Paryż został wyzwolony". Nie podano żadnych szczegółów, nie przekazano żadnej relacji z Paryża. Tylko suchy komunikat.

To jednak wystarczyło, żeby Hottelet odczytał otrzymaną relację. Collingwood miał wyłączność na cały świat na pierwszą relację naocznego świadka z wyzwolenia Paryża. W Nowym Jorku CBS przerwała normalny program i przełączyła się na Londyn. „Pierwszy amerykański korespondent, jaki dotarł do Paryża" – trąbiła sieć, wielokrotnie nadając relację Collingwooda.

Ameryka, podobnie jak niemal cały świat, zupełnie oszalała. Ludzie tańczyli na ulicach, wyły klaksony, gazety publikowały nadzwyczajne dodatki z reportażem Collingwooda opatrzonym gigantycznym nagłówkiem. W Rockefeller Center, gdzie zgromadziło się dwadzieścia tysięcy ludzi, śpiewaczka operowa Lily Pons wykonała *Marsyliankę*. Prezydent Roosevelt określił wiadomość jako „żywiołową wieść o całkowitym zwycięstwie". W Londynie król Jerzy pogratulował generałowi de Gaulle'owi, a tysiące ludzi głośno wyrażało radość przy kolumnie Nelsona na Trafalgar Square.

Wśród świętujących sukces z pewnością nie było Larry'ego LeSueura. Usłyszał wiadomość, gdy siedział na fotelu u dentysty. To był cios: ominęło go to wydarzenie! Gdy dentysta skończył, LeSueur wybiegł z gabinetu i najbliższym samolotem wojskowym poleciał do Francji.

W Paryżu, gdzie liczący dziesięć tysięcy żołnierzy niemiecki garnizon nadal toczył krwawą walkę z powstańcami, oraz w Rambouillet, gdzie kilkudziesięciu korespondentów niecierpliwie czekało na wejście do stolicy, reportaż Collingwooda i komunikat BBC przyjęto ze zdumieniem, które rychło zmieniło się we wściekłość. Do diabła, co to miało znaczyć? Po przyjeździe do Rambouillet LeSueur szybko zdemaskował rzekomy wyczyn kolegi. W pierwszym wystąpieniu na antenie po powrocie do Francji stwierdził:

> Oddziały aliantów nie weszły jeszcze do Paryża. Francuska 2 Dywizja Pancerna nadal znajduje się poza miastem, a jej marsz powstrzymują zaciekle walczące oddziały niemieckie uzbrojone w broń przeciwpancerną i czołgi [...] Korespondenci, którzy powrócili po daremnych próbach wjechania do miasta, donoszą o piętnastu czołgach, które zagradzają drogę do stolicy w odległości co najmniej trzydziestu kilometrów na zachód od jej granic.

To było kompletne fiasko. Wątpliwe, czy któryś z kolegów Collingwooda dał się ułagodzić wyjaśnieniami przedstawionymi przez niego, CBS, wojsko i BBC. Collingwood tłumaczył, że oficerowie prasowi poinformowali go, iż cenzorzy w Londynie nie puszczą jego relacji, dopóki Paryż nie zostanie rzeczywiście wyzwolony. Liczył na to, że do tej pory usunie wszystkie błędy. Jednak ani tekst, ani nagranie nie były opatrzone notatką „zatrzymać do cenzury", a cenzorzy – nienawykli do sprawdzania sfabrykowanych relacji – nie zweryfikowali faktów. Według oświadczenia CBS londyńskie biuro założyło, że materiał Collingwooda został już ocenzurowany.

Podstawą błędnego komunikatu BBC była informacja przekazana przez pułkownika André Vernona, szefa biura informacyjnego francuskiego ruchu oporu w Londynie. Vernon celowo opublikował fałszywy komunikat – ale nie cały reportaż – że Paryż „wyzwolił się sam", i przesłał go BBC. Jak później wyjaśniał, zrobił to, pragnąc wywrzeć presję na aliantów, aby jak najszybciej wyzwolili miasto.

Sprawa była dla wszystkich wielkim upokorzeniem. Ed Murrow, twardo, lecz niesłusznie broniąc swego człowieka, obciążył całą odpowiedzialnością oficerów prasowych i cenzorów. „Robiliśmy wszystko co w naszej mocy – powiedział – a wówczas myśleliśmy, że tak należało. Pocieszeniem jest dla nas to, że nic, co zrobiliśmy lub czego nie zrobiło SHAEF [Supreme Headquarters, Allied Expeditionary Force], nie zagroziło życiu nawet jednego żołnierza". To była raczej głupawa obrona.

Collingwood, który lubił ryzyko i zapewne zbyt szybko zaszedł zbyt wysoko, tym razem mocno przesadził. Sfabrykował relację, która po faktycznym wyzwoleniu Paryża okazała się naszpikowana błędami, czego zresztą można się było spodziewać. Ruch oporu wzniecił powstanie, tak jak Collingwood napisał, ale powstańcy nie zdołaliby wyzwolić miasta bez pomocy oddziałów alianckich.

Andy Rooney, który wcześniej podziwiał Collingwooda, teraz był zdumiony, że CBS nie wywaliła jego bohatera. Nigdy nie wybaczył mu tego rozczarowania, ale większość ludzi nie potrafiła długo się gniewać na „Bonnie Prince" Collingwooda.

W piękny, słoneczny poranek dwudziestego piątego sierpnia – w dzień świętego Ludwika, patrona Francji – 2 Dywizja Leclerca rzeczywiście opanowała oszalały z radości Paryż. Tłumy obejmowały i całowały przechodzących żołnierzy. Ludzie podawali im kieliszki szampana i koniaku, wskakiwali na jadące czołgi, rzucali kwiaty i jedzenie, wymachiwali chusteczkami i flagami. Krzyczeli: *Vive Leclerc!* i *Vive de Gaulle!*, ale najczęściej słychać było: *Merci! Merci!* Wielkie dzwony Paryża – w Notre-Dame, Sacre-Coeur, Sainte-Chapelle – radośnie biły na całe miasto. Nawet strzały niemieckich snajperów i sporadyczne pojedynki między alianckimi i niemieckimi czołgami nie stłumiły święta.

Na ulicy przed hotelem „Scribe", gdzie zorganizowano kwaterę korpusu prasowego, stał tłum kobiet w lekkich, letnich sukienkach. Całowały i ściskały wszystkich dziennikarzy, jacy się pojawili. Patrząc na nie, Ernie Pyle zwrócił się do kilku korespondentów: „Cóż, mogę powiedzieć jedynie tyle, że każdy, kto dziś nie prześpi się z kobietą, jest pieprzonym ekshibicjonistą".

Lecz przynajmniej jeden reporter myślał tego wieczoru o czymś innym. Larry LeSueur wymknął się na rue de Grenelle, gdzie pod nosami Niemców działało radio ruchu oporu, i usiadł przed mikrofonem. Udało się! Za chwilę miał wygłosić pierwszą amerykańską relację radiową z wyzwolonego Paryża! Nieważne, że wbrew regułom nie przedstawił tekstu do zaaprobowania cenzurze. Próbował znaleźć cenzora w hotelu „Scribe", ale jeszcze żaden się nie pokazał. LeSueur miał dość czekania. Zamierzał być pierwszy, niezależnie od wszelkich konsekwencji!

„Dziś wieczorem Paryż jest najszczęśliwszym miastem świata – powiedział do mikrofonu. – Ucierpiał podczas wyzwolenia, ale jest dumny ze swych blizn. Tym razem nie było to miasto otwarte. Tuż po siódmej wieczorem generał de Gaulle po raz pierwszy od czterech lat znalazł się w Paryżu. Wiwaty, jakie rozległy się w mieście, nie pozwalają już wątpić w jego popularność. Dziś cały Paryż tańczy na ulicach".

LeSueur zwerbował jeszcze kilku korespondentów, między innymi z UP i BBC, żeby poszli z nim do stacji nadawczej ruchu oporu, ponieważ – jak wyjaśnił wiele lat później – „nie chciał być jedynym kozłem ofiarnym [gdy wojsko dowie się o pominięciu cenzury]". Wszyscy zdążyli nadać swoje relacje, gdy nagle pojawił się John MacVane z NBC, wymachując kartą ze stemplem cenzora. Przed wejściem na antenę raz jeszcze na próbę zaczął czytać tekst: „To pierwsza relacja radiowa z wyzwolonego Paryża..." Usłyszeli to inni korespondenci i przekazali mu złą wiadomość: LeSueur i inni już nadali swoje doniesienia.

„Przecież to niemożliwe – zaprotestował. – Mój tekst pierwszy przeszedł przez cenzurę".

„Cenzura? – prychnęli koledzy. – Kogo dziś wieczór obchodzi cenzura?"

Biedny MacVane – w Afryce Północnej przechytrzył go Collingwood, a w Paryżu LeSueur! „Przynajmniej – napisał później – została mi wątpliwa pociecha moralnej słuszności".

W tym czasie moralność nie cieszyła się jednak w Paryżu wielkim powodzeniem. Złamanie przepisów uszło winnym niemal na sucho. Zostali ukarani jedynie zawieszeniem akredytacji przy SHAEF na dwa tygodnie – to był leciutki klaps. W istocie LeSueur nie potraktował krótkiego urlopu w Paryżu jako kary. Nie musiał pracować, mógł włóczyć się po ulicach, pić i jeść w kawiarniach, przyjmować podziękowania od wdzięcznych mieszkańców i gapić się na kobiety w bikini na basenie w Lasku Bulońskim (nigdy wcześniej nie widział bikini). Wreszcie SHAEF zdało sobie sprawę z popełnionego błędu i odesłało go do Londynu, gdzie odczekał do końca zawieszenia w znacznie bardziej ponurej scenerii.

LeSueur jednak niczego nie żałował. Nawet w najmniejszym stopniu.

Natomiast Charlie Collingwood siedział cicho. Podobnie jak inni korespondenci, on i Walton przyjechali do Paryża z dywizją Leclerca i byli świadkami szału towarzyszącego wyzwoleniu. Jednak początkowo Collingwood trzymał się z daleka od „Scribe" i stacji na rue Grenelle. Zamiast tego razem z Waltonem pojechał na Montmartre, do podejrzanych kafejek i nocnych klubów.

Zatrzymali się przed hotelem i weszli spytać, czy są wolne pokoje. Samochód z kierowcą stał na ulicy. Gdy rozmawiali z właścicielem, usłyszeli jakąś wrzawę i wyjrzeli przez okno. Ich kierowcę otaczał tłum kobiet – zgromadziły się wszystkie dziwki z Montmartre'u. Walton później tak wspominał tę scenę:

> Ściągnęły tu ze wszystkich kawiarni, kręciły się i krzyczały. „Lepiej wyjdźmy zobaczyć, co się dzieje" – mówi Charlie. Wracamy do jeepa. Jedna z tych kobiet wchodzi na maskę i zadziera kieckę – ufarbowała sobie owłosienie łonowe na czerwono, biało i niebiesko. Zatańczyła. Inne dziewczyny śmiały się z niej: „Clarice jest gotowa na wszystko". Proponowały swoje usługi, setki pań, ale nie było widać żadnego innego mężczyzny... Przeskok do następnego dnia. Wychodzę rano z pokoju i idę korytarzem do pokoju Charlesa. On stoi na balkonie w swoim szkarłatnym, jedwabnym szlafroku – stale go woził w plecaku. Rozmawia i żartuje z kobietami, które wypełniają cały plac. Świetnie się bawi, po prostu rozmawiając i żartując. Taki był Charles.

Nic nie mogło mu zepsuć takiego wspaniałego poranka, nawet wydarzenia sprzed dwóch dni. Był w Paryżu. Kobiety go uwielbiały. Trafił do raju.

W tym samym czasie w innej europejskiej stolicy panowało piekło. Mieszkańcy Warszawy, podobnie jak paryżanie, w sierpniu powstali przeciw Niemcom, ale żadni alianccy żołnierze nie pośpieszyli im z pomocą. Gdy Collingwood i inni korespondenci świętowali wraz z ludnością Paryża, polska Armia Krajowa walczyła z przeważającymi siłami niemieckimi w ruinach miasta, podczas gdy armia sowiecka czekała na drugim brzegu Wisły i nie podejmowała żadnych działań.

Heroiczne, skazane na klęskę powstanie warszawskie było jednym z ważnych wydarzeń tej wojny, ale CBS i inne amerykańskie oraz angielskie media nie poświęciły mu większej uwagi. Oczywiście w Warszawie nie było korespondentów z Zachodu, którzy mogliby relacjonować przebieg walki. Gazety i sieci radiowe donosiły głównie o wyzwoleniu Paryża i postępach ofensywy aliantów. Rządy Stanów Zjednoczonych i Wielkiej Brytanii blokowały informacje o tym, że Stalin nie zgodził się pomóc Armii Krajowej.

W kilku relacjach i komentarzach dotyczących powstania, nadanych przez CBS, więcej czasu poświęcono w istocie na przedstawienie sowieckiego punktu widzenia niż stanowiska Polaków. Joseph C. Harsch, nowojorski komentator Columbii, kładł nacisk na twierdzenie Moskwy, że powstanie „zostało zainspirowane przez antyrosyjskie argumenty polityczne". W streszczeniu informacji wojennych z siedemnastego września Douglas Edwards, główny prezenter wiadomości CBS w Nowym Jorku, stwierdził nawet, że sowieckie samoloty zrzucają polskim powstańcom żywność i zaopatrzenie, a samoloty myśliwskie i artyleria przeciwlotnicza bronią ich przed niemieckimi bombowcami nurkującymi. Edwards oczywiście o tym nie wiedział, ale żadna z tych wiadomości nie była zgodna z prawdą.

Ostatniego lata wojny nikt na Zachodzie nie chciał myśleć o złych i tragicznych wieściach ani o zdradzie aliantów. Wielkim wydarzeniem było odrodzenie Paryża, nie zaś śmierć Warszawy.

ROZDZIAŁ SIEDEMNASTY

ZWYCIĘSTWO

Po wyzwoleniu Francji Howard Smith mógł wreszcie wydostać się ze swego azylu w Szwajcarii i wrócić do pracy korespondenta wojennego z prawdziwego zdarzenia. W ciągu dwuipółletniego pobytu w punkcie nasłuchowym w Bernie nawiązał wiele cennych kontaktów i zrobił kilka interesujących programów o sytuacji w krajach okupowanych, ale miał już dość takich rekonstrukcji. Pragnął znowu być świadkiem wydarzeń, i to tak bardzo, że nim jeszcze szwajcarska granica została oficjalnie otwarta, razem z Bennie przekradł się do okupowanej Francji, żeby znaleźć jakiś ciekawy temat.

Gdy wojska aliantów zbliżały się do Paryża, Howard i Bennie udali się do francuskiego miasta granicznego Saint-Julien na kilka godzin przed jego wyzwoleniem przez ruch oporu. *Maquis* pożyczyli im zdobyczny niemiecki samochód, dzięki czemu przez trzy dni mogli odwiedzić kilka wyzwolonych miast i wsi. Zakończyli objazd w Annecy, stolicy departamentu Haute-Savoie, trzydzieści kilometrów na południe od Genewy. Na domach wisiały flagi, a mieszkańcy chodzili po ulicach, śmieli się, krzyczeli, płakali i śpiewali *Marsyliankę*.

Późnym wieczorem, gdy Smithowie jedli zupę w restauracji, przez przednie i tylne drzwi wpadli do lokalu żandarmi. Jeden z nich chwycił Bennie. Gdy Smith poderwał się, śpiesząc jej z pomocą, dwaj żandarmi wbili mu w brzuch lufy pistoletów. Krzyknęli, że jest aresztowany. Po wyjściu na ulicę kazali im oprzeć się o mur. Rosnący tłum obsypywał ich obelgami. Jakiś partyzant wycelował automat w pierś Smitha i wrzasnął, że z „największą przyjemnością" zastrzeli ich oboje na miejscu, na ulicy. Żandarmi go odciągnęli, po czym kazali Smithom iść z podniesionymi rękami, cały czas mierząc z automatów w ich plecy. „Boże – pomyślał Smith – to jak francuska rewolucja!"

W sztabie *maquis* Howard i Bennie zostali umieszczeni w oddzielnych pokojach, przesłuchani i oskarżeni o szpiegostwo na rzecz Niemiec. Gdy Howard pokazał amerykański paszport, przesłuchujący cisnął w niego dokumentem. Fałszerstwo – orzekł. Po dwóch godzinach wypytywania Smith był już bliski rozpaczy. Nagle ktoś gwałtownie otworzył drzwi i do pokoju wszedł młody mężczyzna w kurtce khaki. Skrzyczał żandarmów i spytał ich, któż to mianował ich sędziami. Po chwili zwrócił się do Smitha: „Proszę pana, gorliwie starając się wyzwolić nasz kraj i stworzyć nową Francję, aresztujemy wszystkich, których podejrzewamy, że mogą być nieprzyjaciółmi – powiedział z ukłonem. – Schwytaliśmy wielu wrogów. Niestety, zatrzymaliśmy również kilku przyjaciół, takich jak pan".

Smithowie bez zwłoki wrócili do Szwajcarii.

Na początku września, gdy już w całej Francji niemiecka okupacja dobiegała końca, postanowili udać się do Paryża. Podróż okazała się trudnym przedsięwzięciem. Bennie była w ciąży, a z powodu nie całkiem ustalonej sytuacji wojskowej musieli jechać do Lyonu samochodem. Tam czekali na okazję, żeby polecieć amerykańskim samolotem transportowym do Paryża. Przez ponad siedem godzin stali w deszczu na płycie lotniska, nim wreszcie znalazło się wolne miejsce. W trakcie lotu natknęli się na obszar turbulencji i Bennie zrobiło się niedobrze. Przez pewien czas lecieli tuż nad koronami drzew, żeby uniknąć ognia niemieckiej artylerii przeciwlotniczej. W końcu wylądowali pięćdziesiąt kilometrów na północ od Paryża, skąd pojechali dalej otwartym jeepem, w gęstym deszczu. Gdy dotarli do miasta, Bennie była zupełnie wykończona.

Smithowie udali się do hotelu „Scribe". Wprawdzie nie mieli rezerwacji, ale liczyli, że jakoś przekonają właściciela, aby dał im pokój. Howard zadzwonił z recepcji do pokoju Collingwooda. Charles, jak zawsze tryskający energią, zaprosił ich do siebie.

Gdy otworzył drzwi, Howard i Bennie – wymięci, przemoknięci, oszołomieni kontrastem między ponurym neutralnym Bernem a romantycznym, kipiącym życiem, dalekim od neutralności Paryżem – nie mogli uwierzyć własnym oczom. Mieli przed sobą obraz takiej luksusowej dekadencji, że musieli się pilnować, aby nie otworzyć ust ze zdumienia.

Charles Cummings Collingwood, w czerwonej, jedwabnej chińskiej piżamie, leniwie zaciągał się papierosem w piętnastocentymetrowej cygarniczce z kości słoniowej. Zdaniem Smitha wyglądał „jak dwudziestowieczna kopia osiemnastowiecznego Beau Brummela". Na łóżku za jego plecami dostrzegli młodą kobietę, bardzo francuską, bardzo ładną, z bardzo jasnymi włosami. Na ścianach wisiało kilka niedawno kupionych obrazów Picassa. Bennie, która nadal miała mdłości, a jej włosy wyglądały jak mokre siano, czuła się jak wyciągnięta z rynsztoka!

Collingwood wielkopańskim gestem zaprosił ich do środka, poprosił, żeby usiedli, i spytał, jak udała się podróż. Smith, który mimo zmęczenia myślał o pracy, spytał go, jak załatwić akredytację przy SHAEF. To pytanie lekko zakłopotało Collingwooda. Stwierdził, że akurat tego wieczoru ma lekki atak grypy, ale obiecał, że rano się tym zajmie. „No, ale wszystko we właściwym czasie. Najpierw poszukajmy dla was jakiegoś pokoju". Chwycił za telefon i zaczął mówić po francusku. Po kilku minutach dyrekcja „Scribe'u" znalazła pokój, choć wszystkie miejsca były zarezerwowane. Howard i Bennie stwierdzili, że nie chcą mu się dłużej narzucać. Gdy wychodzili, zobaczyli jeszcze, jak młoda kobieta przeczesuje palcami falujące włosy Charlesa. Cicho zamknęli za sobą drzwi. W Bernie panowały inne obyczaje!

Następnego dnia Collingwood, który najwyraźniej już ozdrowiał, załatwił Smithowi akredytację. Normalnie trwało to kilka dni, ale „Bonnie Prince" dzięki swym znakomitym kontaktom dokonał tego w niecałą godzinę. Smith chciał jak najszybciej jechać na przesuwający się na wschód front, ale zastanawiał się, czy mógłby przed wyjazdem nadać kilka relacji z Paryża. Collingwood zapewnił go, że on i LeSueur z radością podzielą się z nim czasem na antenie przydzielonym CBS Paris, jednak Londyn spóźniał się z przysłaniem programu na ten tydzień; jak tylko depesza nadejdzie, uwzględnią Smitha w grafiku.

Collingwood nie dostał programu. Zdziwiony, zadzwonił do Londynu. W biurze poinformowano go, że z całą pewnością depesza została wysłana. Smith dowiedział się nieco później, że LeSueur przechwycił telegram i nie mówiąc nic kolegom, aż do tej chwili sam robił wszystkie relacje. Dla Smitha było to raczej brutalne wprowadzenie w pojęcie pracy zespołowej, jakiemu hołdowali poniektórzy Chłopcy.

Gdy Smith wreszcie dopchał się do mikrofonu, miał okazję jeszcze raz doświadczyć skłonności LeSueura do rywalizacji czy też jego niekiedy dziwnego poczucia humoru. Pewnego ranka, gdy właśnie skończył nadawać, Larry powiedział mu, że Bill Paley jest w Paryżu i chce się z nim spotkać. Smith, któremu to pochlebiło, odrzekł, że musi jechać do hotelu, żeby się przebrać; przed przyjściem do studia nie zdążył nawet się ogolić. LeSueur zapewnił go, że może się nie przejmować, bo Paley nie zwraca uwagi na takie szczegóły.

Wobec tego Smith pilnie podążył do hotelu „George V", gdzie Paley się zatrzymał. Na miejscu przekonał się, że jest jedynym nieogolonym gościem na eleganckim lunchu w apartamencie właściciela CBS. „Wyglądałem – wspominał – jak menel".

Ogólnie mówiąc, wśród Chłopców, przynajmniej w Paryżu, rywalizacja zastąpiła braterstwo. Niektórzy, zwłaszcza Sevareid, w późniejszych latach wspominali, jak wiele dla siebie znaczyli. Jeśli pominąć stosunki z Edem Murrowem, legendy zwykle nie wyglądają idealnie w oczach tych, którzy je tworzyli. Chłopców łączyła autentyczna przyjaźń, szanowali się wzajemnie i byli dumni z tego, co razem osiągnęli, ale na co dzień ci rycerze walczyli w pojedynkę. Rzadko, jeśli w ogóle, byli w tym samym miejscu w tym samym czasie. O ile wiadomo, nie istnieje wspólne zdjęcie całej grupy. Zespół był zbiorem indywidualistów – utalentowanych ludzi, bardzo zainteresowanych karierą, realizujących własne reportaże i rywalizujących o ograniczony czas na antenie.

Chłopcy szczycili się swoim indywidualizmem. „To było bardzo silne uczucie, prawdziwe upojenie – wspominał Dick Hottelet. – To była t w o j a robota, t w ó j głos, t w ó j reportaż. W żadnej innej pracy nie czuło się czegoś takiego". „Nikt w Nowym Jorku nie może przerabiać lub zmieniać naszego materiału – powiedział Murrow. – Opowiadamy o tym, co widzimy, i nikt nie może dodawać krzykliwych przymiotników lub zastrzeżeń". Cieszyli się niezwykłą wolnością. „Nie mieliśmy żadnego budżetu – wspominał Murrow. – Nikt nie wydawał rozkazów. Nowy Jork żądał tylko, żebyśmy zbierali wiadomości, starali się je przekazywać i nie dali się zabić". W takich okolicznościach musiało ucierpieć poczucie koleżeństwa. „Wszyscy mieliśmy wielkie ambicje – powiedział Hottelet. – Każdy chciał być gwiazdorem. Jedynym człowiekiem, który z jakim takim powodzeniem mógł pokierować tym zaprzęgiem, był Ed Murrow".

W miarę jak alianci wypierali Niemców, rywalizacja między Chłopcami przybierała na sile. Było tyle frontów, tyle ciekawych zdarzeń, tylu reporterów! Chłopcy musieli rywalizować nie tylko między sobą i z korespondentami innych instytucji, ale również z posiłkami przysyłanymi od czasu do czasu z Nowego Jorku – spikerami i komentatorami takimi jak Bob Trout, Ned Calmer, John Charles Daly i Douglas Edwards. Nie mogli już sobie pozwolić na luksus, jakim było snucie barwnych, starannie skomponowanych opowieści przez trzy lub cztery minuty. Teraz podczas porannych i wieczornych wiadomości mieli najwyżej dwie minuty. Zaczynali dostrzegać, co ich czeka w przyszłości.

Szczególnie cenne były wieczorne programy informacyjne, ponieważ sponsor płacił korespondentowi pięćdziesiąt dolarów za każde wystąpienie. Gdy Bill Shadel rozpoczynał pracę w CBS, Murrow nakłaniał go, żeby starał się jak najczęściej występować w porannych i wieczornych wiadomościach, tak aby słuchacze zapamiętali jego nazwisko i głos. Shadel, owszem, starał się, ale rzadko udawało mu się znaleźć w wieczornym programie. Wreszcie Kay Campbell, sekretarka Murrowa, wyjaśniła mu, że nakłaniany przez innych korespondentów szef często sam go wyrzucał z programu i wstawiał ich na jego miejsce.

Korespondentowi znacznie łatwiej było wystąpić na antenie, jeśli siedział w Londynie lub Paryżu i tylko przekazywał wiadomości z drugiej ręki, niż gdy towarzyszył jakiemuś zapomnianemu batalionowi gdzieś na głuchej prowincji. Jeśli rzeczywiście przebywał na froncie we Francji, Belgii lub w Niemczech, to prawdopodobieństwo, że jego relacja nigdy nie zostanie usłyszana, było większe niż jeden do dwóch. Nawet w Londynie i w Paryżu zakłócenia atmosferyczne, awarie i brak prądu regularnie przerywały nadawanie. W terenie, gdzie urządzenia nadawcze były w najlepszym razie prymitywne, korespondent często miał wrażenie, że – jak to określił Smith – „starannie pisze tekst, po czym wrzuca do najbliższej studzienki kanalizacyjnej i na tym sprawa się kończy".

Pewnego dnia, po nadaniu relacji z frontu, reporter CBS Farnsworth Fowle dostał depeszę z Nowego Jorku: WCZORAJ WIECZOREM DOSKONAŁA JAKOŚĆ. JAKA BYŁA DŁUGOŚĆ FALI? Fowle uśmiał się z tego absurdalnego pytania. „Nie miałem zielonego pojęcia. Ci faceci siedzieli sobie na Madison Avenue i zupełnie nie rozumieli, w jakich pionierskich warunkach pracujemy".

Dziennikarze radiowi, którzy osobiście obserwowali jakąś zażartą bitwę i bez powodzenia próbowali ją zrelacjonować, nieraz się potem dowiadywali, że jakiś kolega w Paryżu doniósł o niej na podstawie oficjalnego komunikatu. To było szczególnie frustrujące. „Czasami – powiedział Murrow pod koniec wojny – relacje radiowe przypominają wielkie ryby. Większość dużych ryb ucieka, a większość dobrych relacji nigdy nie dociera do Stanów".

LeSueur i Collingwood, którzy w dalszym ciągu ostro ze sobą rywalizowali, początkowo ulegli urokom życia w Paryżu, ale jesienią 1944 roku LeSueur wyjechał i do końca wojny krążył między Londynem a frontem w Niemczech. Collingwood spędzał prawie cały czas w Paryżu. „Lubię to miasto i tutejszy styl życia – napisał do rodziców. – Zawsze jest coś, na co niecierpliwie czekam... spotkanie z przyjaciółmi, wystawa, powtórna wizyta w jakiejś dzielnicy, sklep, gdzie podobno są jakieś ładne rzeczy, galeria, w której mają dobre obrazy". Nie mówiąc już o przyjęciach na koszt firmy z udziałem paryskiej elity.

Życie towarzyskie zawsze miało dla niego duże znaczenie, ale teraz stało się jeszcze ważniejsze i bardziej efektowne. „W Paryżu narodził się nowy Charles – powiedział Bill Walton. – Był zapraszany na bardzo ekskluzywne *soirées*, na których bywali sławni ludzie. Ten świat go fascynował. W Paryżu Charles zaczął porastać w bardzo piękne piórka".

Collingwood zatrzymał pokój w „Scribie", ale na ogół nocował w „Lancasterze", mniejszym i bardziej eleganckim hotelu na rue de Berri, razem z kumplami z dnia inwazji, między innymi Waltonem, Charlesem Wertenbakerem i Bobem Capą. Szczególnie blisko zaprzyjaźnił się z ciemnowłosym, przystojnym Capą, zapewne najbardziej znanym fotografem II wojny światowej, którego zawodowe i osobiste przygody przeszły do legendy. Jeśli Murrow był dla Collingwooda przybranym ojcem, to Capa stał się starszym bratem, którego nigdy nie miał – zawadiackim, uwielbianym przez kobiety i hulającym na całego. Razem tak wspaniale się bawili, że kiedy Gracie Blake, londyńska miłość Charlesa, chciała przyjechać do niego do Paryża, ten nalegał, żeby się jeszcze wstrzymała, „aż sytuacja tutaj bardziej się unormuje".

Poza przyjęciami, seksem i kolekcjonowaniem dzieł sztuki Collingwood zaczął przesadnie folgować jeszcze jednej namiętności, która później zmusiła go do sprzedania kilku ulubionych obrazów. Zawsze lubił hazard – karty lub wyścigi konne – ale w towarzystwie Capy zaczął grać o znacznie wyższe stawki: na torze w Longchamps, w kasynie w Enghien-les-Bain i podczas pokera z kumplami. „Ostatnio miałem wielkiego pecha w pokerze – przyznał w liście do rodziców na początku 1945 roku. – W ciągu ostatniego miesiąca przegrałem taką sumę, że kiedyś byłbym bardzo szczęśliwy, gdybym tyle zarabiał w ciągu roku".

W pewnej chwili, żeby spłacić długi, musiał sprzedać jeden z obrazów Picassa i jeszcze pożyczyć pieniądze od CBS, mimo że na sprzedaży trochę zarobił. Komentował to w liście do rodziców w filozoficznym i pretensjonalnym stylu: „O cywilizacji można powiedzieć tylko tyle dobrego, że w chwilach jej kryzysu zapewne jedyną pewną i stabilną międzynarodową walutą (poza złotem) są obrazy, stanowiące największe intelektualne i duchowe osiągnięcia tej cywilizacji".

W przyszłości Collingwood miał jeszcze sporo okazji do snucia rozważań nad wartością sztuki. Ażeby pokryć długi spowodowane przez hazard, z czasem sprzedał prawie wszystkie obrazy ze swej kolekcji, warte wówczas setki tysięcy dolarów, a obecnie – wiele milionów.

Po wyzwoleniu Paryża weterani spośród Chłopców Murrowa byli skłonni pozostawić reportaże z frontu nowym, spragnionym sukcesów kolegom. Nie kierowali się przy tym altruizmem. Wiele przeżyli i zapewne czuli, że już dość ryzykowali. Na początku października Eric Sevareid wylądował wraz z amerykańską 7 Armią na francuskiej Riwierze i towarzyszył żołnierzom podczas marszu przez dolinę Rodanu. Gdy jednak oddziały utknęły w gęstych, zaminowanych lasach w Wogezach, uznał, że ma dość „żałosnych wojskowych tarapatów i mrozu przenikającego do szpiku kości". Przed wyjazdem do Londynu odniósł jeszcze jeden sukces, który na jakiś czas poprawił mu humor. Pierwszego września 1944 roku razem z Carlem Mydansem z „Life'u" i Frankiem Gervasim z „Collier's" wyruszył na poszukiwanie Gertrudy Stein, sławnej amerykańskiej pisarki i kolekcjonerki – dzieł sztuki i ludzi.

Odkąd Niemcy w 1940 roku zajęli Francję, Stein jako Żydówka ukrywała się ze swoją wieloletnią towarzyszką i kochanką Alice B. Toklas. Ich los stanowił jedną z wielu wojennych tajemnic. Sevareid i pozostali, korzystając z informacji, że Stein i Toklas są gdzieś w dolinie Rodanu, po jednym dniu poszukiwań odnaleźli je w niewielkim *château* we wsi Culoz. Gertruda Stein została wyzwolona!

„Zawsze wiedziałam, że przyjdą – powiedziała. – Zawsze myślałam, że pojawią się tu korespondenci wojenni. Ani przez chwilę w to nie wątpiłam". Rozmawiała z nimi przez wiele godzin. Chciała usłyszeć plotki o Hemingwayu, Thorntonie Wilderze i Alexandrze Woolcotcie (nie wiedziała, że Woolcott zmarł rok wcześniej). Dwa dni później Sevareid zabrał ją z Culoz do obozu prasowego 7 Armii i przeprowadził z nią wywiad na antenie. „Co za dzień! – powiedziała w swoim stylu. – To znaczy, cóż to był za dzień na dzień przed wczorajszym dniem. Co za dzień!"

Niedługo potem Sevareid spakował się i pojechał do Londynu, po drodze zatrzymując się w Paryżu. Wrócił na front dopiero wtedy, gdy alianci dotarli już daleko w głąb Niemiec. Jak zwykle wyjeżdżał niezadowolony z siebie, bo – jak uważał – nie udało mu się przedstawić doświadczeń zwykłych żołnierzy i rzeczywistego przebiegu walki. W jednym z programów wygłosił, jak sam powiedział, „coś na kształt spowiedzi":

> Tylko żołnierz naprawdę przeżywa wojnę, czego nie doświadcza dziennikarz, nawet jeśli dzieli jego życie i naraża się na takie same niebezpieczeństwa. Dziennikarz nie może jednak podzielać jego wewnętrznych doświadczeń, ponieważ nie odczuwa takiego samego przymusu moralnego. Obserwator wie, że ma wybór, żołnierz wie, że nie ma żadnego. Ich światy są bardzo odległe, gdyż jeden jest wolny, a drugi jest niewolnikiem. Tę wojnę trzeba zobaczyć, żeby uwierzyć, ale trzeba jej doświadczyć, żeby zrozumieć. My [dziennikarze] możemy wam tylko opowiadać o wydarzeniach, opisywać, co robią żołnierze. W istocie nie jesteśmy w stanie powiedzieć, jak i dlaczego to robią. Dostrzegamy i mówimy wam, że ta wojna nauczyła okrucieństwa niektórych waszych synów, a uszlachetniła innych. Nie możemy powiedzieć, co dzieje się w sercu żołnierza. Tego doświadcza tylko on. Nie można tego przekazać innym. To tragedia, ale też zapewne błogosławieństwo. Tysiące okropnych ran to w istocie tylko jedna. Miliony zabitych pozostawiają puste miejsce tylko przy jednym rodzinnym stole. To właśnie dlatego ludzie pozwalają na wojny, a narody je przeżywają. I dlatego, przykro mi to powiedzieć, w pewnym sensie wy i wasi synowie, którzy byli na wojnie, będziecie sobie zawsze obcy.

Sevareid był bardzo dumny z tego programu. Nigdy jeszcze nie dostał tylu listów co po tej emisji.

Od jesieni 1944 roku bezpośrednim relacjonowaniem wydarzeń z pola walki w Europie zajmowali się w CBS Bill Downs, Dick Hottelet, Howard Smith i zatrudniony na część etatu Bill Shadel. Downs prawie cały czas spędzał w terenie, obserwując wiele zaciekłych bitew i z wielkim trudem nadając relacje. Zdaniem wielu osób CBS nie traktowała go z należytym szacunkiem i zbyt często narażała na poważne niebezpieczeństwo. W liście do rodziny Downs sam narzekał, że był jedynym reporterem CBS przydzielonym do czterech armii: 1 kanadyjskiej, 2 angielskiej i dwóch amerykańskich – 1 i 9. „Wiele razy mówiłem centrali, że to ponad moje siły".

Wszyscy zgodnie twierdzą, że Downs był znakomitym reporterem. Niektórzy, między innymi Bill Shadel i Paul White, uważali, że przewyższał pod tym względem pozostałych Chłopców. „On był najlepszym reporterem z całej ekipy, absolutnie najtwardszym facetem na świecie" – twierdził Shadel. Paul White, zapewne niezbyt obiektywny w sprawach dotyczących Chłopców Murrowa, powiedział koledze, że Downs był jedynym reporterem z tej ekipy, któremu powierzyłby realizację naprawdę trudnego zadania w kraju. Pod koniec wojny Murrow napisał do przyjaciela: „Interesujące jest śledzenie zmian w tych chłopcach, którym pomogłem się rozwinąć. Jedni zwariowali na punkcie pieniędzy, inni pragną sławy, a niektórzy, tak jak Downs, po prostu robią to, co do nich należy".

Downs, ze swym gromkim głosem i wybuchowym sposobem mówienia, nie wypadał zbyt dobrze na antenie. Nie silił się też na elegancki styl. Nie był przystojny ani wytworny, jak jego lepiej znani koledzy, nie kumplował się z generałami i politykami. Był w ekipie Murrowa odpowiednikiem Erniego Pyle'a; lepiej się czuł w towarzystwie żołnierzy i innych korespondentów niż dostojników i sław, wolał przebywać na froncie (mimo narastającej odrazy do wojny) niż na tyłach.

Downs był pierwszym korespondentem, który dotarł do Caen po wyzwoleniu miasta. Dostał się tam, biegnąc pod niemieckim ostrzałem. „Zrezygnowałem z koncepcji, żeby wszędzie być przed innymi" – napisał później do rodziny. „Często trafiam pod ogień dział i moździerzy – wyznał w innym liście. – Nauczyłem się padać na ziemię szybciej, niż trwa jedno mgnienie oka". Po wyzwoleniu Brukseli donosił: „Całują mnie tu tak często, że niemal stale jestem czerwony od szminki. Odmówiłem wypicia tylu kieliszków wina, że można byłoby nim zalać pancernik. Nigdy nie widziałem takiej radości".

Euforia trwała do siedemnastego września. Do Arnhem. Zbyt pewny siebie marszałek polny Montgomery rozkazał, aby spadochroniarze wylądowali na niemieckich tyłach i zdobyli kilka mostów, opanowując przeprawę przez Ren. W pobliżu holenderskiego miasta Arnhem spadochroniarze natknęli się na przeważające siły niemieckie, którym Hitler rozkazał obronić mosty, a w razie konieczności je zniszczyć. Bitwa trwała ponad tydzień. Pewnego dnia, w samym środku walki, Downs i Walter Cronkite z UP rzucili się do rowu. Na głowy posypała im się ziemia i kamienie. Downs pociągnął Cronkite'a za rękaw. „Pomyśl tylko! – krzyknął. – Jeśli przeżyjemy, to będą nasze dobre, stare czasy!"

Z dziesięciu tysięcy alianckich żołnierzy, którzy walczyli pod Arnhem, siedem tysięcy zginęło, odniosło rany lub trafiło do niewoli. To była wielka klęska sprzymierzonych. Downs przeżył poważny wstrząs emocjonalny. Od wyjazdu do Związku Sowieckiego nieustannie obserwował, jak giną ludzie. Musiał odpocząć. Pojechał do Londynu, gdzie Ed Murrow zaoferował mu gościnę. Downs nie mógł spać, męczyły go koszmary. Obojętność londyńczyków tylko pogarszała sytuację. „Widziałem, jak giną ludzie, a potem tu przyjechałem i nagle zdałem sobie sprawę, że ludzie na tyłach żyją tak, jakby nic się nie stało. To mnie wykańcza".

Downs szybko wziął się jednak w garść i wrócił na front.

Dick Hottelet, przydzielony do amerykańskiej 1 Armii, jako pierwszy korespondent CBS przekroczył niemiecką granicę. Gdy amerykańskie oddziały oblegały Akwizgran, był na miejscu i przekazał pamiętną relację. Nagrał na magnetofon huk armat i grzechot broni maszynowej podczas zaciekłej walki o każdy dom. Schronił się na najwyższym piętrze, po czym wychylając się przez okno, relacjonował przebieg walki na ulicy.

„Dokładnie pod nami – powiedział nienaturalnie wysokim, pełnym napięcia głosem – domy są jeszcze na terytorium należącym do Niemców. Jeśli któryś wyjrzy przez okno i weźmie na muszkę ten magnetofon, to zapewne nigdy nie usłyszycie mych słów". W tym momencie słychać było ostry jazgot automatów. „Żołnierze porucznika Walkera kierują się w dół wysadzanej drzewami ulicy – wyjaśnił Hottelet. – Właśnie zidentyfikowali podejrzany budynek i zaczęli go ostrzeliwać".

To nie była ani analiza, ani interpretacja. Hottelet nie miał gotowego tekstu. Po prostu wychylał się z okna i opisywał to, co widział. Jego dramatyczny reportaż był jednym z pierwszych przykładów możliwości radia po zniesieniu zakazu nadawania wcześniej nagranego materiału. Słuchacze Hotteleta mogli sobie wyobrazić, że są w Akwizgranie, na miejscu walki – zobaczyć dym i pył, usłyszeć trzask wystrzałów, poczuć strach i napięcie żołnierzy. Gdy obowiązywał zakaz nagrywania, takie relacje były możliwe tylko wtedy, gdy korespondent miał pod ręką nadajnik; teraz można je było przygotować niemal wszędzie.

Wykorzystanie magnetofonu wiązało się jednak z ryzykiem, o czym przekonał się LeSueur, gdy próbował nagrać odgłosy walki między amerykańskimi i niemieckimi oddziałami. Generator zasilający magnetofon pracował tak głośno, że ściągnął ogień Niemców. Gdy LeSueur stał z podniesionym do góry mikrofonem, nad jego głową zaświstały pociski. Stojący obok żołnierze padli na ziemię. LeSueur nie został trafiony. Gdy wrócił do obozu prasowego, natychmiast z wielkim podnieceniem wysłuchał nagrania. Nie mógł uwierzyć własnym uszom: ogień, który kilka godzin wcześniej sprawił, że jego wnętrzności zmieniły się w galaretę, brzmiał jak trzask prażonej kukurydzy! Nigdy więcej nie używał magnetofonu.

Kilka tygodni później Howard Smith wrócił do Niemiec razem z żołnierzami 9 Armii. Teraz mógł porównać arogancki kraj, z jakiego wyjechał siódmego grudnia 1941 roku, z obecnym widokiem spustoszenia i upadku. „Na poboczu leżą szkielety szarych samochodów Wehrmachtu, które kiedyś pędziły po szosach wszystkich podbitych krajów Europy. Teraz leżą, podwoziem do góry, spalone i czerwone od rdzy po jesiennych deszczach. To obraz złamanej potęgi".

Potęga Niemiec nie została jednak jeszcze całkowicie złamana, o czym Downs, Smith i Hottelet już wkrótce się przekonali. Szesnastego grudnia, w gęstej mgle, Hottelet pojechał ze Spa w Belgii do sztabu 4 Dywizji w lesie Hurtgen. Zmęczeni oficerowie powitali go ze zdumieniem. „Na litość boską, czy pan nie wie? – spytał jeden z nich. – Niemcy atakują nas od rana!"

„Jezu Chryste!" – jęknął Hottelet i pośpiesznie wrócił do Spa, szczęśliwie unikając kontaktu z oddziałami niemieckimi, które przełamały amerykańskie linie. Pierwszy doniósł o niemieckiej ofensywie w Ardenach, największej i najbardziej zaciętej bitwie na froncie zachodnim. Niemcy podjęli rozpaczliwą próbę przechylenia szali wojny na swoją stronę. Zgromadzili wszystkie rezerwy i przypuścili atak na pofalowanym, gęsto zalesionym terenie w Belgii, całkowicie zaskakując aliantów, w przeważającej części Amerykanów. Gęsta mgła i śnieg sparaliżowały lotnictwo sojuszników. Niemcy wdarli się w głąb Belgii, tworząc „wybrzuszenie" w rozciągniętych liniach alianckich i zagrażając Antwerpii, głównemu portowi, przez który docierało zaopatrzenie dla amerykańskich i angielskich oddziałów.

Przez niemal trzy tygodnie Amerykanie dzielnie stawiali opór. Bitwę o Ardeny relacjonowali dwaj korespondenci CBS. Dick Hottelet towarzyszył 1 Dywizji, a Smith 82 Dywizji Powietrznodesantowej. Żołnierze brnęli po pas w śniegu, a w koronach drzew nad ich głowami świstały niemieckie pociski. W jednej z relacji Smith opisał, co warto wiedzieć, gdy jest się celem:

„Niemiecka rakieta ostrzega wyciem na osiem sekund przed wybuchem, pocisk artyleryjski półtorej sekundy, a moździerzowy – no, moździerza w ogóle nie słychać. Pocisk z moździerza po prostu spada obok i wybucha".

Sytuacja na polu bitwy zaczęła się zmieniać na korzyść aliantów pod koniec grudnia. Oddziały pancerne 3 Armii generała Pattona rozpoczęły kontrofensywę z Francji na północ i zlikwidowały niemieckie okrążenie 101 Dywizji Powietrznodesantowej w Bastogne. Pogoda się poprawiła i amerykańskie samoloty mogły wznowić naloty na niemieckie pozycje. Na początku stycznia Montgomery rozpoczął wreszcie kontratak, który praktycznie zakończył wojnę w Europie Zachodniej.

W marcu przeleciała nad Renem najpotężniejsza powietrzna armada, jaką kiedykolwiek zgromadzono – trzy i pół tysiąca szybowców transportowych, bombowców i myśliwców. Rozpoczęła się operacja „Varsity". Czternaście tysięcy amerykańskich i angielskich spadochroniarzy miało przeprowadzić największy desant powietrzny w czasie II wojny światowej. Ed Murrow i Eric Sevareid przybyli z Londynu, żeby pomóc w relacjonowaniu tego monumentalnego wydarzenia. Murrow, Downs i Hottelet polecieli ze spadochroniarzami, Sevareid i Smith towarzyszyli oddziałom 9 Armii. Patrząc w dół z kabiny myśliwca P-47, Downs miał wrażenie, że cały wschodni brzeg Renu płonie. „Przysięgam na Boga – powiedział tego dnia w swej relacji – spadochroniarze wyskoczyli na dywan płomieni, po którym można było chodzić".

Hottelet leciał nieuzbrojonym B-17 z innymi reporterami, fotografami i obserwatorami na pokładzie. Gdy wielki, niezdarny bombowiec zawrócił nad rejonem zrzutu, Dick zauważył dookoła obłoczki wybuchających pocisków artylerii przeciwlotniczej, ale bardziej go zainteresował widok tysięcy spadochronów – niebieskich, czerwonych, żółtych i khaki – które rozkwitły nad Niemcami. Wojna rozpoczęła się niemieckim blitzkriegiem w bezbronnej Polsce, a kończyła tym zapierającym dech w piersi desantem aliantów w Niemczech. Każdy, kto choć w najmniejszym stopniu dał się porwać prądowi historii – niezależnie od znużenia i urazów wywołanych przez długą wojnę – musiał być poruszony tym widokiem.

Wojna jednak jeszcze się nie skończyła. Hottelet usłyszał nagle huk i poczuł wstrząs – jego B-17 został trafiony. Po chwili ponownie. Z silników wydobywały się płomienie, wnętrze samolotu wypełnił dym. Hottelet widział, jak ogień „wyżera coraz większą dziurę w lewym skrzydle, tak jakby ktoś przyłożył do materiału zapalonego papierosa". Zerwał z siebie kombinezon chroniący przed pociskami działek przeciwlotniczych i szybko zapiął uprząż spadochronu. Wcale nie miał ochoty skakać – zawsze się tego bał. W tym momencie szczególnie. Samolot wciąż był po niemieckiej stronie Renu. Nawet jeśli teren nie znajdował się w rękach Niemców, na dole toczyła się walka. Pilot jednak, mimo płonącego skrzydła, zdołał utrzymać maszynę w powietrzu, aż przelecieli na drugą stronę rzeki.

Hottelet i inni na pokładzie B-17 nie mogli dłużej zwlekać, musieli wyskoczyć. Spadając, reporter pociągnął linkę wyzwalającą spadochron i po chwili poczuł ostre szarpnięcie. Widział, jak Francja zbliża się do niego, aż wreszcie uderzył w ziemię i potoczył się po pastwisku dla krów. Był posiniaczony, ale poza tym nic mu się nie stało. Żołnierze z brytyjskiej 2 Armii znaleźli go i dali mu na wzmocnienie herbaty i whisky. Oszołomiony i obolały, z szybko rosnącą czarną obwódką wokół oka, Hottelet zwinął spadochron i zatrzymał amerykańską ciężarówkę, żeby udać się na poszukiwanie nadajnika radiowego.

Eric Sevareid siedział w wozie transmisyjnym w obozie prasowym 9 Armii i nadawał relację z operacji „Varsity", gdy nagle w tylnych drzwiach pojawił się jego młodszy kolega z CBS. Wyglądał, jakby wrócił z piekła, i wciąż ściskał swój spadochron. Krzyknął, że ma wielką historię i musi natychmiast wejść na antenę. Opowieści o reakcji Sevareida są rozbieżne. On sam twierdził, że oddał mikrofon – „zmarnowałem swoją wiadomość, ale on wszedł na antenę". Larry LeSueur wspominał, że Sevareid mu powiedział, iż po prostu nie zgodził się oddać mikrofonu. Wiele lat później zawsze bardzo dyplomatyczny Hottelet nie potrafił sobie przypomnieć, czy Sevareid pozwolił mu nadawać, niemniej jego relacji z tamtego dnia nie udało się odnaleźć.

Wojna całkowicie zmieniła życie Chłopców, lecz pod koniec 1944 roku mieli jej już serdecznie dość. Byli zmęczeni ryzykiem, harówką, śmiercią, znużeni przeciągającą się walką, która już powinna się skończyć. Mieli dość nieustannych wyścigów samochodowych w tę i z powrotem między frontem a obozem prasowym; niekiedy pokonywali dziennie trzysta kilometrów po kiepskich drogach. „Dosłownie zajeździłem swojego jeepa – powiedział Howard Smith w jednej z relacji. – Stopniowo się rozpadał, kawałek po kawałku. Wreszcie kazałem go odholować i zostawić przy spalonym shermanie [...] Sam złapałem okazję i wróciłem na front".

Ludzie mieli zszarpane nerwy, często dochodziło do spięć. Gdy Murrow zastanawiał się, czy posłać Smitha i Hotteleta do Niemiec, żeby relacjonowali zakończenie wojny, Sevareid mu to odradził. „To będzie katastrofa – powiedział. – Oni nie odzywają się do siebie, a jeśli już, to tylko się kłócą". W liście do żony, która przebywała wówczas w Stanach, Murrow tak pisał o Chłopcach: „Wszyscy są niezadowoleni i uważają, że dostają za mało czasu antenowego".

Kilku chorowało. LeSueur spędził parę dni w szpitalu w Londynie z powodu nawrotu dyzenterii. Downs, wciąż zmęczony walką, miał problemy gastryczne. Sevareid, zawsze skłonny do hipochondrii, spytał lekarza, dlaczego wciąż czuje się słaby i senny. Jak zanotował w pamiętniku, doktor powiedział mu, że fizycznie jest zdrowy, ale „ma niskie ciśnienie i nigdy nie będzie wykazywał takiej energii jak ludzie, którzy każdego ranka czują się tak, jakby świat do nich należał. Lekarz twierdzi, że będę się kiepsko czuł całe życie, a prawdopodobnie dożyję do osiemdziesiątki [zaskakująco trafna przepowiednia]. Sugeruje, że kilka szklaneczek whisky dziennie może mi dodać energii".

Chłopcy odkryli, że relacjonowanie wojny, podobnie jak sama walka, to długie okresy nudy przerywane krótkimi epizodami wielkiego podniecenia i niebezpieczeństwa. Teraz wszystko wydawało się banalne. „Dawniej, gdy rzeczywiście było istotne, czy wydarzy się to, czy coś innego, wojna była podniecająca, rozstrzygnięcie miało wielkie znaczenie – pisał Collingwood do rodziców. – Może gdy wreszcie skończy się wojna, wszystko znowu stanie się ważne [...] Zaczniemy budować świat, zamiast go burzyć". W Londynie Sevareid był znudzony. „Gdy każdy mężczyzna i każda kobieta byli bohaterami, heroizm był nudny – napisał. – Gdzie kręcili się ludzie mówiący wszystkimi znanymi językami, Amerykanie byli nudni... Wojna była śmiertelnie nudna".

Londyn, na którym kiedyś skupiona była uwaga całego świata, stał się zaściankiem. Tydzień po inwazji w Normandii Niemcy zaczęli bombardować Anglię i Antwerpię pociskami odrzutowymi V-1, a później znacznie groźniejszymi rakietami V-2. Bombardowanie trwało blisko rok i spowodowało śmierć prawie tylu osób, ile zginęło podczas blitzu. Jednak nawet te nowe rodzaje broni, stanowiące zapowiedź jeszcze groźniejszych, jakie miały powstać po wojnie, nie wzbudziły większego zainteresowania świata. Londyn – powiedział Sevareid w jednym ze swych programów – „przypomina elegancki niegdyś hotel, który po niekończącej się konferencji biznesmenów zmienił się w spelunkę [...] Zniknęło już podniecenie towarzyszące zagrożeniu".

Czy te wszystkie cierpienia i cała nędza ostatnich sześciu lat przyniosą jakieś korzyści? Czy po wojnie powstanie wreszcie sprawiedliwszy świat, o jakim dawniej myśleli Murrow i Chłopcy? Teraz te marzenia wydawały się niemal niedorzeczne. „Niektórzy z nas mają wrażenie, że wielkie nadzieje i pragnienie poprawienia sytuacji społecznej i ekonomicznej, jakie charakteryzowały ciemne dni wojny, zaczynają stopniowo blaknąć – powiedział Murrow swym słuchaczom. – Inaczej mówiąc, to znaczy, że stary porządek zapewne nie zmieni się tak bardzo, jak to sobie wyobrażaliśmy".

Po wyzwoleniu Grecji jesienią 1944 roku Winston Churchill wysłał angielskich żołnierzy do walki ze wspieranymi przez komunistów greckimi partyzantami, którzy wcześniej odegrali ważną rolę w antynazistowskim ruchu oporu. Sevareid powiedział w swym komentarzu, że zdaniem angielskiej lewicy premier „już zmienił się w dawnego konserwatywnego Churchilla i przewodzi angielskiej klasie rządzącej w starej walce przeciw ruchom ludowym i socjalistycznym, gdziekolwiek może z nimi walczyć".

Z tonu tej wypowiedzi wynikało jasno, że Sevareid, który w czasie wojny najostrzej ze wszystkich Chłopców krytykował aliantów za to, że nie byli wierni swym demokratycznym ideałom, podziela opinie angielskiej lewicy. Mimo to po konferencji w Jałcie w lutym 1945 roku, gdzie Churchill i Roosevelt praktycznie oddali Polskę Związkowi Sowieckiemu, Sevareid dostrzegł zdradę aliantów. „Polacy – powiedział – muszą się teraz liczyć z tym, że przyszłość ich narodu zostanie rozstrzygnięta bez wcześniejszej zgody wielu tysięcy polskich żołnierzy, którzy walczyli z Niemcami przez te długie pięć lat".

W relacji z debaty w Izbie Gmin na temat Jałty Sevareid doniósł, że krytycy zdrady, której alianci dopuścili się wobec Polski, przypomnieli kolegom, iż „to płomienna odwaga Polaków oznajmiła światu, że duch wolności w Europie nie jest martwy, że nigdy się nie poddali, nie pojawił się wśród nich Darlan lub Quisling, że Polacy bronili angielskiego nieba w ciężkich dniach 1940 roku i walczyli nawet teraz". Jednak – zauważył Sevareid – dla większości członków parlamentu te argumenty nie miały znaczenia. „W umysłach większości parlamentarzystów – mówił – sprawa sprowadza się do prostego pytania: Czy można polegać na podpisie Stalina? Czy słowa dokumentu z Jałty [zawierającego obietnicę przeprowadzenia w Polsce wolnych wyborów] znaczą to, co wynika z ich sensu? Angielski parlament nie śmie wierzyć, że odpowiedź na to pytanie brzmi «nie». Nie może w to uwierzyć – jeśli bowiem odpowiedź brzmi «nie», to sojusz brytyjsko-rosyjski nie ma żadnego znaczenia; wszystkie obecne plany zapewnienia światu bezpieczeństwa po wojnie nie mają żadnego znaczenia. To sprawa wiary. Dziś wieczór Wielka Brytania zademonstrowała głęboką wiarę".

Amerykańscy żołnierze i oficerowie we Włoszech zachowywali się jak zdobywcy, nie zaś wyzwoliciele. Gdy niezliczeni Włosi byli bezdomni i głodni, amerykańscy okupanci bawili się w luksusowych hotelach, tolerowali rozkwit czarnego rynku i korupcję oraz korzystali z gościnności przedstawicieli wyższych sfer, którzy jeszcze nie tak dawno równie wspaniale podejmowali Niemców. W jednym ze swych błyskotliwych i zjadliwych programów Winston Burdett opisał wojenne „udręki" bogatej Amerykanki mieszkającej we Florencji:

> Odwiedziliśmy w jej posiadłości markizę Torrigiani, dawniej Lucy Davis z Worcesteru, Bostonu i Filadelfii. Opowiedziała nam z wielkim wzruszeniem o swoich cierpieniach, gdy masło i kawa były tak drogie, a pewnego dnia miała w salonie aż dziewięciu niemieckich oficerów. Jednak – jak nas zapewniła – niemiecki dowódca garnizonu we Florencji był bardzo sympatycznym człowiekiem. Dał jej prawo jazdy. Największym skandalem było to, że jej szofer zdezerterował, żeby stanąć na czele oddziału partyzantów. Teraz, gdy walka się skończyła, chce wrócić do pracy. „Jednak – oświadczyła markiza ze stanowczością godną damy, której pradziadek miał coś wspólnego z «bostońską herbatką» – zamierzam go przyjąć tylko warunkowo".

Larry LeSueur zobaczył wiele ludzkich ciał, nim jeszcze wszedł do Dachau razem z żołnierzami 3 Armii. Setki zwłok leżały w rowach wzdłuż drogi do obozu. Niemieccy strażnicy, przerażeni informacjami o zbliżaniu się aliantów, zmuszali więźniów do kopania grobów, a następnie ich zabijali. Jeszcze więcej zwłok znaleziono w pociągu towarowym na bocznicy wiodącej do Dachau.

W obozie śmierci ciała były porządnie ułożone w sągi. Więźniowie, którzy przeżyli, przypominali chodzące szkielety. Jeśli w ogóle się ruszali, robili to bardzo wolno i ukradkiem, jak ludzie, którzy wiedzą, że łatwo mogą zginąć. Byli tak słabi, że musieli poprosić kilku amerykańskich żołnierzy, aby pomogli im powiesić paru nazistowskich strażników, którzy usiłowali uciec. Żołnierze – jak odnotował LeSueur – z radością spełnili ich prośbę.

W latach 1941–1945 Chłopcy Murrowa, podobnie jak inni dziennikarze, niewiele mówili o podjętej przez Hitlera próbie całkowitej eksterminacji Żydów. Przede wszystkim, gdy Stany Zjednoczone przystąpiły do wojny, trudno było zdobyć dokładne informacje na ten temat. Z pewnością nie ma żadnych dowodów na to, że CBS rozmyślnie go unikała. Zanim zbombardowano Pearl Harbor, Shirer, Smith, Hottelet i inni pracujący w Berlinie dziennikarze narażali się na gniew nazistowskich cenzorów, donosząc o wczesnych przykładach prześladowania Żydów w Trzeciej Rzeszy.

W każdym razie ci reporterzy CBS, którzy zobaczyli obozy zagłady w 1945 roku, po upadku hitlerowskich Niemiec – LeSueur, Hottelet, Downs, Shadel i Murrow – byli wstrząśnięci. Po wizycie w Buchenwaldzie Murrow opisał swoje zdumienie na widok wychudzonych, obdartych, wyglądających jak strachy na wróble więźniów, którzy otoczyli jego i Billa Shadela w bramie obozu. Nieco dalej widać było „zielone pola, gdzie dobrze odżywieni Niemcy orali ziemię", natomiast w obozie nagie, pokaleczone ciała „leżały ułożone jak drewno w sągi obok krematorium, panował potworny smród, można było zobaczyć sterty złotych zębów i włosów oraz abażury z ludzkiej skóry". Murrow zakończył głosem pełnym napięcia, z trudem powstrzymując furię: „Modlę się, żeby państwo uwierzyli w to, co mówiłem o Buchenwaldzie. Opowiedziałem tylko część tego, co widziałem i o czym słyszałem. Nie mam słów, żeby wyrazić to wszystko".

Po powrocie do Londynu Murrow oznajmił Hotteletowi, że na świecie jest o dwadzieścia milionów Niemców za dużo. Dick, który gardził nazistami, ale kochał kraj swoich rodziców, był wstrząśnięty i oburzony. „Powinieneś się wstydzić!" – krzyknął na swojego mentora i szefa. „Wiedział, że mówię serio – wspominał wiele lat później – ale dobrze to przyjął. Choć bardzo go szanowałem, nie zamierzałem popierać jego odczuć w tej sprawie". W tym jednym przypadku Smith zgodził się z Hotteletem. W swych programach przekonywał, że alianci powinni skorzystać z okazji i przekształcić niemieckie społeczeństwo.

W tym czasie, gdy trwała jeszcze wojna, a zbrodnie nazistów dopiero były ujawniane, większość Chłopców podzielała uczucia Murrowa. Bill Downs powiedział kolegom, że po strasznej wizycie w Auschwitz miał ochotę zastrzelić pierwszego Niemca, jakiego zobaczy. Nim jeszcze skończyła się wojna, kupił akwarelę Oskara Kokoschki, przedstawiającą klowna z groteskowym uśmiechem na twarzy. W dolnej części obrazu był napis: *Liberté, égalité, fratricide* („Wolność, równość, bratobójstwo"). „To zwięźle wyrażało opinię ojca o ludzkiej rasie" – powiedział jego syn Adam.

„Pod koniec wojny nic już nie zostało z naszego idealizmu – wyznał później Downs. – Nasza krucjata zakończyła się zwycięstwem, ale zabili pod nami białe rumaki".

Pod koniec kwietnia armie sojuszników przetaczały się przez Niemcy, Amerykanie i Anglicy od zachodu, Rosjanie od wschodu. Dwudziestego piątego kwietnia amerykańskie i sowieckie forpoczty spotkały się nad Łabą. Hottelet pierwszy doniósł o tym zdarzeniu. „Nie było orkiestry dętej, żadnych demonstracji tytanicznej siły obu armii – powiedział później. – Ze strony amerykańskiej kontakt z Armią Czerwoną nawiązali dwaj porucznicy w zakurzonych mundurach i kilku szeregowców w jeepach, którzy prowadzili rekonesans... Tak właśnie było, naturalnie i bez żadnego teatru. Po prostu kilku ludzi spotkało się i podało sobie ręce".

Po dwóch godzinach spędzonych z żołnierzami Armii Czerwonej, po rozmowach, śpiewach, piciu wódki i szampana, ten twardy młody dziennikarz, zawzięty antykomunista, gorliwie przekonywał o konieczności powszechnego braterstwa. „Po stronie rosyjskiej istnieje to samo niewyrażane głośno przekonanie, że nie znamy się wzajemnie zbyt dobrze i powinniśmy lepiej się poznać – powiedział swoim słuchaczom. – Moim zdaniem doskonale to wyraził pewien rosyjski kapitan, gdy mi powiedział: «To koniec jednej drogi i początek następnej, znacznie ważniejszej. Musimy iść nią razem...» Wydaje się, przynajmniej z tego miejsca, że ci Rosjanie będą dobrymi, praktycznymi przyjaciółmi".

Czwartego maja Hottelet zwołał kilku kumpli, między innymi Johna MacVane'a z NBC, wziął wojskowego jeepa i bez eskorty ruszył do... Berlina. Wszyscy wiedzieli, że łamią zarządzenie SHAEF, które zakazało amerykańskim i angielskim korespondentom wyjazdów do stolicy Niemiec. Rosjanie zdobyli Berlin dwa dni wcześniej i nikt nie wiedział, jak wygląda sytuacja w mieście. Hottelet i jego koledzy mimo to pojechali.

Gdy dotarli na przedmieścia, zobaczyli całun gęstego dymu wiszącego nad starym miastem. Hottelet był zaskoczony skalą zniszczeń. Alianckie bombowce zmieniły centrum Berlina w pustynię gruzu, nad którą wznosiły się szkielety płonących lub wypalonych domów. Kancelaria, stojąca nad bunkrem Führera, gdzie ten cztery dni wcześniej popełnił samobójstwo, była zupełnie zniszczona. Ministerstwo Propagandy po przeciwnej stronie ulicy, gdzie Hottelet, Smith, Shirer i wielu innych berlińskich korespondentów musiało wysłuchiwać tyrad Josepha Goebbelsa, teraz płonęło. Dom, w którym mieszkał Hottelet po przyjeździe do Niemiec w 1937 roku, był poważnie uszkodzony i opuszczony. On i pozostali reporterzy przenocowali w rosyjskim punkcie dowodzenia, a następnego dnia skierowali się na autostradę, żeby wrócić do obozu. Byli już blisko Łaby, gdy szosa nagle się skończyła – nawierzchnia była zniszczona przez ostrzał artyleryjski. Zwrócili się o pomoc do najbliższego sztabu Armii Czerwonej, gdzie bardzo uprzejmie powiedziano im, że zostaną zatrzymani do czasu sprawdzenia ich tożsamości.

Korespondenci popadli w przygnębienie. „Obawialiśmy się, że stracimy akredytację i zostaniemy wysłani jako szeregowcy na Alaskę" – napisał później MacVane. Przez trzy dni traktowano ich jak dostojnych gości – jedli, pili wino i słuchali *Yankee Doodle* i *Dixie* w rosyjskim wykonaniu – ale strażnicy z automatami cały czas stali pod drzwiami, pilnując, żeby nie uciekli. Ósmego maja zostali wreszcie odwiezieni nad Łabę.

Po przekroczeniu rzeki MacVane zadzwonił do obozu prasowego 1 Armii. „Nie wiem, gdzie byliście – powiedział oficer, który odebrał telefon. – Jeśli jednak byliście w Berlinie, to nikomu o tym nie mówcie. Dwaj korespondenci, którzy właśnie wrócili i oznajmili, że byli w Berlinie, stracili akredytację i zostaną odesłani do kraju [...] Pomyślałem, że lepiej, abyście o tym wiedzieli przed powrotem do obozu. SHAEF jest wściekłe".

Ci dwaj korespondenci później twierdzili, że byli pierwszymi amerykańskimi dziennikarzami w Berlinie. Jest dość prawdopodobne, że Hottelet i jego kumple dotarli tam wcześniej, ale uznali, że lepiej będzie zachować dyskrecję i nie chwalić się swoim sukcesem. Nie miało to znaczenia. Nawet gdyby zrelacjonowali tę wyprawę, nikt nie zwróciłby na to uwagi, ponieważ tego dnia Niemcy zgodziły się na bezwarunkową kapitulację.

Ceremonia odbyła się na pierwszym piętrze surowego szkolnego budynku z czerwonej cegły w Reims. Charles Collingwood przyglądał się, jak generał Alfred Jodl, wyprostowany jak trzcina szef Sztabu Dowodzenia Wehrmachtu, podpisuje w pokoju operacyjnym SHAEF akt kapitulacji. W swej relacji Collingwood zauważył, że jeszcze tydzień wcześniej Jodl zapewne oddałby jedną ze swych armii za możliwość przyjrzenia się rozwieszonym na ścianach mapom. Teraz, o drugiej czterdzieści jeden rano siódmego maja, Jodl, z monoklem w oku, patrzył tylko na dokumenty rozłożone na drewnianym, zniszczonym stole. Złożywszy podpis, wstał i zwrócił się do generała Waltera Bedella Smitha, szefa sztabu Eisenhowera. „*Herr General* – powiedział zduszonym głosem – po złożeniu tego podpisu los niemieckiego narodu i niemieckiej armii znalazł się w rękach zwycięzców... W tym momencie mogę tylko wyrazić nadzieję, że zwycięzcy okażą im wielkoduszność".

To była uroczysta chwila. Collingwood należał do grupy siedemnastu dziennikarzy, których wybrano, aby zrelacjonowali ceremonię. Jego opis był bardzo żywy. Oddawał również gorączkową atmosferę, jaka towarzyszyła temu wielkiemu wydarzeniu. Fotografowie „biegają po całym pokoju, wspinają się na drabiny, zeskakują, nieustannie błyskają flesze". Collingwood kontynuował: „Generałowie są wyraźnie zirytowani, ale fotografowie nadal się kręcą, przeszkadzając im w przekazywaniu dokumentów do podpisu... Jakiś fotograf, chcąc zrobić zdjęcie rosyjskiego tłumacza, pochyla się nad Niemcami i odpycha na bok Jodla. Błysk flesza. Niemcy sztywno siedzą i znoszą to wszystko, nie zdradzając swych uczuć".

To był najgorszy przykład działania hordy dziennikarzy – przynajmniej do tego momentu historii.

Dwa dni później Rosjanie urządzili niezależną ceremonię podpisania bezwarunkowej kapitulacji w Berlinie. Howard Smith był na miejscu. Opisał pełne napięcia spotkanie marszałka Gieorgija Żukowa, szefa sztabu Armii Czerwonej, z jego niemieckim odpowiednikiem, feldmarszałkiem Wilhelmem Keitlem. Smith powiedział, że to „zapewne najbardziej zaciekli przeciwnicy od czasów, kiedy Rzym walczył z Kartaginą". Ich twarze – dodał – „zastygły w twardych grymasach [...] Keitel wyglądał, jakby napił się wody z zęzy i czekał, aż nikt nie będzie patrzył, żeby ją wypluć".

Po wyprowadzeniu Keitla z pokoju Rosjanie uczcili zwycięstwo przyjęciem, które miało zaćmić wszystkie inne, z kawiorem, łososiem, truskawkami, przemówieniami i toastami wznoszonymi wódką, białym i czerwonym winem oraz rosyjskim szampanem. „Nie potrafię powiedzieć, ile razy wznoszono toast na cześć sojuszników i Stalina – relacjonował Smith. – Straciłem rachubę po dwudziestym czwartym, wznoszonym mocną wódką". Smith pamiętał tylko, że „Żukow był szczęśliwy jak dziecko w Boże Narodzenie".

W dniu zwycięstwa w Londynie Ed Murrow siedział w furgonetce z żoną Hotteleta, Ann. Z mikrofonem w dłoni opisywał Amerykanom, jak londyńczycy wylegają z mieszkań i biur na ulice, krzyczą, śmieją się i śpiewają. Murrow był tam od początku, a nawet jeszcze wcześniej, i doczekał się końca. On, Shirer i pierwsi Chłopcy stworzyli nowy rodzaj dziennikarstwa, a w czasie wojny ustalili standardy reportaży radiowych, później przeniesione do telewizji. W pewnej mierze Murrow mówił o sobie, gdy w swym reportażu zwrócił uwagę, że nie wszyscy świętują. „Ich umysły z pewnością wypełniają wspomnienia o przyjaciołach, którzy zmarli na ulicach lub na polu walki. Sześć lat to bardzo długo. Zwróciłem dziś uwagę, że ludzie mają niewiele do powiedzenia. Brakuje im słów".

Collingwood donosił z Paryża, że „ludzie [...] są fizycznie zbyt zmęczeni i emocjonalnie zbyt wyczerpani, żeby szaleńczo i głośno świętować, czego można byłoby oczekiwać [...] Dziś na ogół tylko spacerują po słonecznych ulicach i cieszą się z dobrego samopoczucia. Paryż jeszcze nigdy nie był taki piękny".

Większość mieszkańców Europy zbyt długo i zbyt blisko doświadczała wojny, żeby teraz czuć cokolwiek poza otępieniem. Murrow i członkowie jego zespołu dobrze to rozumieli. Większość przyjechała do Europy zaraz po studiach. Byli niedoświadczeni i pełni entuzjazmu. „Czułem się dziwnie stary, tak jakbym przeżył całe życie, a nie tylko młodość – powiedział Eric Sevareid, który miał wówczas trzydzieści dwa lata. – Podobnie jak wielu innych, w tym momencie byłem po prostu zmęczony, tak jak nie byłem nigdy wcześniej".

Sevareid wrócił do Stanów miesiąc przed końcem wojny. W dniu zwycięstwa był w San Francisco na konferencji ONZ. W swej relacji zawarł trzeźwe ostrzeżenie:

> Choć to dziwne, jest prawdą, że gdy minie ulga, ludzie poczują się niepewni, będą się lękać pokoju, gdyż wojna do tego stopnia zdominowała ich umysły. Czuję to w San Francisco wśród mężów stanu. Wykonują oni swoje zadania w osobliwie mecha-

nicznym duchu. Wyraźnie czuje się, że lękają się chwili, gdy będą musieli otworzyć oczy i stanąć twarzą w twarz z licznymi ludzkimi problemami, społecznymi, ekonomicznymi i politycznymi, które nie mogą dłużej czekać na rozwiązanie.

Już wówczas dało się dostrzec zapowiedzi, jak będzie wyglądał powojenny świat. W San Francisco sowiecki minister spraw zagranicznych Wiaczesław Mołotow jasno stwierdził, że w dążeniu do pokoju i bezpieczeństwa jego kraj będzie polegał przede wszystkim na swej potędze militarnej, następnie na „przyjaznych sąsiadach", a dopiero na trzecim miejscu na rodzącej się Organizacji Narodów Zjednoczonych. Zawieszenie broni, jakie podpisano w Reims i w Berlinie – donosił Sevareid – „to nie jest prawdziwy pokój, o jakim marzyli ludzie, wolne od problemów braterstwo".

W najbliższej przyszłości ludzkość czekało atomowe piekło w Hirosimie i Nagasaki, kapitulacja Japonii i początek zimnej wojny.

Gdy Chłopcy mówili o niepewnej przyszłości, nie byli również pewni, jaka będzie ich przyszłość. Dokąd pójdą? Co będą robić? Czy dalej będą pracować razem? Czy ich osiągnięcia w czasie wojny przełożą się na sukcesy w dniach pokoju? Gdy zastanawiali się nad przyszłością, opierali się, jak w wielu innych sprawach, na Murrowie. To on był ich kamieniem probierczym, autorem ich karier, człowiekiem, którego najbardziej szanowali, ich bohaterem.

Murrow nie zamierzał zrezygnować z kierowania tą nadzwyczajną grupą dziennikarzy. „To najlepsza grupa reporterów w Europie i nie chcę, żeby się rozpadła" – wyznał pod koniec wojny w liście do Janet. Kilka miesięcy później napisał do Collingwooda:

> Przez kilka krótkich lat kilku ludzi próbowało dobrze wykonać zadanie relacjonowania wydarzeń w trudnych i niekiedy niebezpiecznych warunkach i nieźle sobie z tym poradziło. Może to kwestia wieku i braku ufności w przyszłość, ale nie wierzę, bym jeszcze raz miał zaszczyt ściśle i harmonijnie współpracować z taką ekipą, jaką stworzyliśmy razem w Europie.

1945–1961

ROZDZIAŁ OSIEMNASTY

GODZINA CENTURIONÓW

Charles Collingwood wrócił z wojny! Ta wiadomość lotem błyskawicy rozeszła się wśród młodych pracowników CBS na siedemnastym piętrze wieżowca przy Madison Avenue 485. Redaktor z działu programów informacyjnych Ed Bliss, zatrudniony w CBS dopiero od dwóch lat, zajrzał ciekawie do jednego z niewielkich boksów, w których pracowali prezenterzy i komentatorzy. Teraz siedział w nim sam „Bonnie Prince Charlie", ze swymi „falującymi włosami i profilem poety", ubrany w nienagannie skrojony mundur korespondenta wojennego. Miał dopiero dwadzieścia osiem lat, był pięć lat młodszy od Blissa. Przypłynął tego ranka z Europy na pokładzie lotniskowca USS „Enterprise". Bliss z przyjemnością stwierdził, że Collingwood „sam pisze na maszynie reportaż z podróży do domu, tak jak jeden z nas".

Winston Churchill opisał zwycięstwo jako „piękny, kolorowy kwiat". Z pewnością tym było zwycięstwo dla Chłopców, gdy, podobnie jak walczący żołnierze, po powrocie do domu słuchali wspaniałych peanów na swoją cześć. Wybiła godzina centurionów. Teraz naród dziękował tym, którzy pokonali państwa osi i przyczynili się do przekształcenia Ameryki w największe supermocarstwo w historii świata. A dla CBS nadszedł czas, żeby uhonorować ludzi, którym sieć zawdzięczała swą tożsamość. Przed Chłopcami Murrowa była bowiem – jak to określił Eric Sevareid – tylko „zbiorem wynajętych linii telefonicznych i dalekopisów oraz kontraktów z rozproszonymi aktorami i innymi osobami. Sieć nie miała niczego swojego. Nagle jednak ludzie z działu programów informacyjnych stworzyli [...] jej osobowość".

„Gdy wrócili, uważaliśmy tych wszystkich facetów za bohaterów" – wspominał Bliss. Dodawał jednak, że „Collingwooda otaczał szczególny splendor [...] te wszystkie opowieści o nim – jak się ubierał, że znał Hemingwaya, no i oczywiście pamiętaliśmy jego wspaniałe reportaże wojenne".

Chłopcy Murrowa, którzy pod koniec wojny pracowali w CBS – Eric Sevareid, Larry LeSueur, Charles Collingwood, Winston Burdett, Howard K. Smith, Bill Downs, Richard C. Hottelet i William L. Shirer (który wrócił cztery lata wcześniej i zdobył niezależną pozycję w CBS) – osiągnęli status, o jakim przed wojną nie mogli nawet marzyć. Byli – jak powiedział wydawca Michael Bessie, który ich dobrze znał – „ekstraklasą" amerykańskiego dziennikarstwa, „złotymi chłopcami"!

Starali się – niektórzy ze znacznie większym powodzeniem niż inni – unikać najgorszych pokus gwiazdorstwa. Cieszyli się jednak wielkim wzięciem, więc wynajmowali agentów – literackich, finansowych – którzy mieli im pomóc zarządzać owym popytem i czerpać z niego zyski. Ani Chłopcy, ani sam Murrow nigdy nie zarabiali ekstrawaganckich sum, jakie obecnie zgarniają wszyscy znani prezenterzy i dziennikarze telewizyjnych wiadomości, ale przyczynili się do powstania przemysłu informacji telewizyjnych, który zaczął się rozwijać pod koniec lat pięćdziesiątych i rozkwitł w osiemdziesiątych i dziewięćdziesiątych w skrajnie skomercjalizowanej postaci, z rozdętymi pensjami gwiazdorów, z coraz bardziej zacierającą się granicą między programami rozrywkowymi a informacyjnymi. Byłoby przesadą żądać od Chłopców, aby wzgardzili możliwością zarobienia na swych wojennych sukcesach. W każdym razie większość chętnie z niej skorzystała.

Zespół był tak popularny i szanowany, że Murrow obawiał się jego rozpadu. Po wojnie wielu rywali CBS – inne sieci, „New York Times", „Life", „Time" – usiłowało skusić różnych Chłopców. Murrow, z powodów osobistych i zawodowych, chciał utrzymać grupę w całości pod parasolem CBS, a dokładniej mówiąc, pod s w o i m parasolem. Uzyskał taką możliwość, gdy po powrocie z Londynu do Nowego Jorku w 1946 roku przyjął propozycję Paleya, który jeszcze przed dniem zwycięstwa namawiał go na objęcie posady wiceprezesa do spraw publicznych i programów informacyjnych. Murrow odpowiadał zatem za CBS News, które dopiero niedawno zostały niezależnym wydziałem, i wyrósł w hierarchii ponad Paula White'a, dyrektora działu. Teraz miał kontrolę nad przyszłością Chłopców.

Awansując Murrowa do zarządu Columbii, Paley praktycznie przesądził o odejściu White'a. Trudno było sobie wyobrazić, by ten dumny i skory do rywalizacji mężczyzna podporządkował się komuś, kogo uważał za swego największego konkurenta i kto kilka miesięcy wcześniej był jego podwładnym, przynajmniej na papierze. „White wcześniej wszystkim rządził, a teraz nie podobało mu się, że ten facet wrócił i zaczął mu mówić, co ma robić – powiedział Frank Stanton. – Można było wyryć w marmurze, że nic z tego nie będzie".

W CBS News powstała nieprzyjemna sytuacja. Wprawdzie White wciąż przygadywał Murrowowi, szedł w zaparte i wykłócał się z Chłopcami, ale był też jednym z pionierów radiowych programów informacyjnych. Wiele zrobił, żeby CBS stała się najważniejszą siecią informacyjną w kraju, a w 1945 roku otrzymał Nagrodę Peabody'ego za wysoki poziom programów CBS News. Zdaniem niektórych pracowników CBS White zrobił dla sieci więcej niż Murrow.

Jak wspominał ktoś z personelu, po awansie Murrowa White „zupełnie się rozkleił". Nawet w najlepszych czasach dużo pił, ale teraz praktycznie nie rozstawał się z butelką, a na dokładkę brał pigułki. Stopniowo tracił panowanie nad swoim zachowaniem. W maju 1946 roku nastąpił kryzys w związku z nowym wieczornym programem informacyjnym CBS z udziałem Roberta Trouta, wykorzystującym relacje trzydziestu pięciu korespondentów z różnych krajów. Murrow bardzo pilnie pracował nad scenariuszem i realizacją tego pomysłu. Piętnastominutowa audycja *Robert Trout with the News Till Now* miała stać się znakiem firmowym CBS News. To był pierwszy poważny projekt Murrowa jako wiceprezesa i najdroższy program informacyjny, jaki do tej pory wyprodukowano.

White nie zamierzał pozwolić, żeby całą zasługę przypisano Murrowowi. Chciał osobiście wprowadzić nowy program na antenę, i tego właśnie zażądał. Mówiąc delikatnie, White nie był urodzonym prezenterem radiowym. W czasie wojny tylko kilka razy mówił do mikrofonu i zawsze musiał przy tym przełamywać ciężką tremę. Chcąc ukoić nerwy przed programem Trouta, cały dzień pił. Gdy nadeszła pora emisji, był już niewątpliwie pijany. Bełkotał tak niewyraźnie, że prawie nie dało się go zrozumieć. Murrow, któremu bardzo zależało na sukcesie programu, był wściekły.

Według jednej, najczęściej powtarzanej, lecz niepotwierdzonej wersji wszedł do pokoju White'a i bezceremonialnie go zwolnił. Niezależnie od tego, jak było naprawdę, dwa dni później CBS oficjalnie ogłosiła, że po tych wszystkich latach – walkach i sukcesach, awanturach o obiektywizm i kłótniach o to, kto ma zostać zatrudniony, po tryumfalnym powrocie Chłopców i awansie Murrowa na wiceprezesa – Paul White złożył dymisję.

To była szczęśliwa decyzja. Po wycofaniu się z rywalizacji z Murrowem, która tak go pochłaniała, White wziął się w garść. Razem z żoną przeprowadził się do San Diego, gdzie napisał *News on the Air*, klasyczną książkę o dziennikarstwie radiowym. Został również redaktorem wiadomości i dyrektorem działu informacji KFMB, lokalnej stacji związanej z CBS. Już po krótkim czasie on i Murrow znów byli przyjaciółmi, choć dzieliła ich duża odległość. W końcu obaj zrozumieli, jak wiele ich łączyło i jak bardzo przyczynili się razem do rozwoju wiadomości radiowych. Do śmierci White'a w 1955 roku – miał wtedy pięćdziesiąt dwa lata, chorował na rozedmę płuc i serce – często ze sobą korespondowali.

Przez niespełna dziesięć lat, zanim Murrow został szefem CBS News, cały dział wiadomości stanowili White, Bob Trout, H.V. Kaltenborn, asystent, sekretarka oraz korespondenci sieci w Europie, Murrow i Shirer, którzy walczyli o dostęp do mikrofonu. (Boake Carter pracował na podstawie oddzielnej umowy, poza strukturą działu). Gdy Murrow przejął władzę na początku 1946 roku, globalna organizacja sieci mogła już rywalizować ze służbami dużych dzienników i agencji prasowych. Columbia miała korespondentów w Waszyngtonie i wszystkich ważniejszych stolicach europejskich, a również w Azji, Ameryce Południowej i na Bliskim Wschodzie. W Nowym Jorku Murrow dowodził licznym oddziałem prezenterów, komentatorów, redaktorów i dyrektorów.

Chłopcy stali się teraz członkami dużej i wciąż rozrastającej się machiny biurokratycznej, ale na samej górze mieli najlepszego przyjaciela, na jakiego może liczyć korespondent. Murrow namówił ich wszystkich, żeby zostali w CBS. „Przekonaliśmy się, co radio może zrobić dla narodu w trakcie wojny. Teraz pokażmy, co potrafimy zrobić w czasie pokoju" – powiedział. Najpierw musiał jednak się postarać, żeby Chłopcy zajęli kluczowe stanowiska w sieci.

Początkowo Murrow chciał, żeby Bill Shirer jako główny europejski korespondent zastąpił go w Londynie, który przez wiele lat stanowił bazę Murrowa, a Wielką Brytanię wciąż uważano za mocarstwo. Jednak Shirer, który wcześniej nie zgodził się pojechać do Londynu, żeby na krótko zastąpić Murrowa, teraz nie chciał objąć jego stanowiska na dłużej. On i jego rodzina lubili Nowy Jork. Shirer nie miał ochoty rezygnować ze swego programu w niedzielne wieczory, regularnych, cotygodniowych felietonów w „Herald Tribune", pieniędzy, sławy i życia towarzyskiego, związanego ze statusem gwiazdora Columbii.

Murrow zaproponował następnie to stanowisko Sevareidowi, lecz ten również odmówił, powołując się na przyczyny osobiste. Zapewne miał jeszcze inne powody. Według Davida Schoenbruna, który znał prawie wszystkich

Chłopców w czasie wojny, a niedługo po zwycięstwie zaczął pracować w CBS, Sevareid i Collingwood często rozmawiali o wielkich możliwościach i pieniądzach, jakie czekają na nich w powojennej Ameryce. „Charles i Eric wiedzieli, że zostaną wysoko opłacanymi gwiazdorami. Nie mogli się doczekać, kiedy wejdą do studiów CBS przy Madison Avenue 485".

Obaj jednak musieli najpierw załatwić pewne sprawy.

Problemy małżeńskie Sevareida zaczęły się już na początku lat czterdziestych. Ich źródłem były najpierw jego częste wyjazdy, liczne romanse, emocjonalny paraliż, a później choroba umysłowa Lois. Jej nastrój gwałtownie się zmieniał: po fazach wielkiego podniecenia i zaciekłej determinacji, żeby postawić na swoim, popadała w stan otępienia i głębokiej melancholii. Nie ulegało wątpliwości, że cierpi na zaburzenie maniakalno-depresyjne.

Przyjaciele byli bardzo przygnębieni stopniowym upadkiem tej inteligentnej i pełnej życia kobiety. W czasie wojny, gdy Eric pracował we Włoszech, Lois zostawiła synów pod opieką swojej matki w Stanach, a sama pojechała do Kairu, gdzie pracowała w United Nations Relief and Rehabilitation Administration (UNRRA). „[Lois] wyróżnia się wspaniałym umysłem i jest z wykształcenia prawnikiem. Z ich dwojga to ona ma lepszy mózg i silniejszą osobowość" – twierdziła wtedy Janet Murrow. Praca w Kairze okazała się dla Lois jedną z niewielu udanych prób wyjścia z cienia męża. A także jedną z ostatnich. Gdy spotkali się ponownie pod koniec wojny, było oczywiste, że stan jej umysłu szybko się pogarsza.

Niedługo po konferencji ONZ w San Francisco Sevareid wziął urlop i zabrał żonę oraz dwóch synów do pięknej nadmorskiej miejscowości Carmel w Kalifornii. Wynajęli tam dom, a Eric – w wieku trzydziestu dwóch lat – napisał autobiografię. Ze wszystkich Chłopców to on był zawsze najbardziej skłonny do rozmyślań o sobie. Dopóki trwała wojna, nie poszedł w ślady kolegów i nie zrobił przerwy w pracy, by szybko wystukać bestseller o swoich doświadczeniach. Potrzebował czasu, żeby spojrzeć na wojnę i świat z perspektywy, żeby przeanalizować, kim był Eric Sevareid i co się z nim działo.

W Carmel Sevareid opisał odyseję, która rozpoczęła się w Velvie, odnalazła cel w radykalnych latach studenckich, a następnie zawiodła go do Paryża, Londynu, Waszyngtonu, Birmy, Chin, Włoch i Niemiec. Zarówno sama odyseja, jak i jego relacja były niezwykłe. Jeśli nawet Sevareid nie potrafił uczciwie pisać o swoich stosunkach z żoną i kolegami, to był zdumiewająco szczery, pisząc o sobie, swych lękach i wątpliwościach. Pisał również o swoim pokoleniu: „młodych, liberalnie nastawionych Amerykanach, którzy urodzili się w okresie I wojny światowej, których umysły dojrzewały pod wpływem gorącego pragnienia pokoju, a mimo to ich ciała i umysły opętała wojna". To była generacja szukająca sensu, nadziei i braterstwa w rzezi, korupcji i zamęcie otaczającego ją świata.

W sztuce radiowej CBS dramaturg Norman Corwin określił nadzieje na powstanie po wojnie lepszego, radykalnie zmienionego świata jako „nie całkiem szalone marzenie". Ta fraza tak spodobała się Sevareidowi, że wykorzystał ją w tytule swojej książki. Elokwentnie introspekcyjna *Not So Wild a Dream* dotknęła czułej struny amerykańskiego społeczeństwa. Po jej opublikowaniu w 1946 roku Sevareid otrzymał setki listów od ludzi – między innymi od zwolnionego właśnie z wojska sierżanta Henry'ego Kissingera, zamierzającego rozpocząć studia na Harvardzie – którzy pisali, że wyraził w niej i c h uczucia, opisał i c h życie.

Jednak książka Erica najgłębiej poruszyła Lois. Pewnego wieczoru podczas pobytu w Carmel, gdy mąż spał, Lois wyciągnęła z szuflady jego biurka kilka pierwszych rozdziałów i zaczęła je czytać. Na tych stronach znalazła jego duszę, wszystkie uczucia, lęki i wątpliwości, którymi nie potrafił podzielić się z nią bezpośrednio. Ponownie odkryła mężczyznę, którego poślubiła, i sama się otworzyła.

„To ona, nie ja, znalazła w sobie odwagę, żeby mówić, i dzięki temu zdarzył się nam ponowny cud miłości – napisał Sevareid we wzruszającej przedmowie do drugiego wydania książki w 1976 roku. – Rozpadł się szklany mur, który nas dzielił. Jej twarz zmieniła się w moich oczach. Znowu zobaczyłem pełną życia dziewczynę, którą poznałem na przyjęciu w latach studiów". Szczęście jednak nie trwało długo. Gwałtowne zmiany nastroju Lois wciąż się pogłębiały. „To był początek długiej historii lekarzy, leków, psychiatrów, sanatoriów, niekończących się teorii, przypuszczeń i rad" – wspominał Sevareid.

W tym ciężkim okresie Murrow mianował go na stanowisko dyrektora biura CBS w Waszyngtonie.

Po powrocie z wojny Charles Collingwood miał zamiar poślubić swoją londyńską miłość Gracie Blake, z którą był związany od siedmiu lat. Gdy jednak w 1946 roku przyjechała ona do Stanów, wreszcie rozwiedziona i wolna, Charles był już zakochany w innej kobiecie. Z nietypowym dla niego grubiaństwem nie pofatygował się nawet na spotkanie z Gracie. Ograniczył się do przesłania jej z Los Angeles wiadomości, że postanowił ożenić się z Louise Allbritton, wysoką, jasnowłosą aktorką filmową, którą poznał na randce w ciemno w 1943 roku, podczas objazdu kraju z odczytami. Gracie była zdruzgotana. „Wszyscy uważaliśmy, że to okropne – powiedziała Janet Murrow. – Zdumiewało nas, że pozwolił jej przyjechać. Charles wydawał się naprawdę sympatyczną osobą. Trudno było uwierzyć, że zrobił coś takiego".

Collingwood, zawsze romantyczny, stracił głowę dla Allbritton, którą z powodu urody i talentu komediowego porównywano z Carole Lombard. Allbritton polowała na niego już od pierwszego spotkania. Gdy pod koniec 1945 roku przyjechał do Los Angeles na urlop, roztoczyła przed nim cały swój urok. Pięć miesięcy później wzięli ślub. „Louise zupełnie zawróciła Charliemu w głowie – powiedział Larry LeSueur. – Dla niego reprezentowała Hollywood. Nie mógł się jej oprzeć". Po ślubie spędzili rok w Los Angeles, gdzie Louise grała ważne role w komediowych przebojach *The Egg and I* i *Sitting Pretty*, a Charles prowadził codzienny program informacyjny dla związanej z CBS stacji KNX i od czasu do czasu przygotowywał reportaże dla sieci.

Gdy pierwsi dwaj kandydaci na szefa londyńskiego biura odmówili, Ed Murrow wpadł na zaskakujący pomysł. Jego trzecim kandydatem został korespondent, którego słabo znał i który relacjonował wydarzenia wojenne z pierwszej ręki przez niecały rok. Wprawdzie Murrow niewątpliwie uważał Howarda Smitha za jednego z Chłopców, ale on sam zawsze trzymał się z dala od pozostałych. Mówił cicho, był człowiekiem uprzejmym i zachowującym dystans; nie wykazywał skłonności do rubasznej wesołości, która łączyła korespondentów wojennych. Jego najbliższym przyjacielem i powiernikiem, wtedy i później, była żona Bennie. „Gdybym miał więcej wolnego czasu, wolałbym go spędzać w domu niż z chłopakami – powiedział wiele lat później. – Nie gram w pokera. Nie potrafię". „Howard tak naprawdę nigdy nie należał do naszej małej grupy" – prychnął, zapytany o niego, Larry LeSueur.

Jedynym członkiem zespołu, z którym Smith musiał utrzymywać dobre stosunki, był Murrow. Nie miał z tym żadnych problemów. Murrowowi imponowała jego dociekliwość i jasność myślenia, otwarty i optymistyczny liberalizm. Po wojnie duże wrażenie zrobiły na nim solidne reportaże Smitha z procesu w Norymberdze. Kiedy zakończyła się pierwsza runda rozpraw, Smith spotkał się z Murrowem w Londynie. Powiedział mu, że otrzymał ofertę pracy z „Life'u" i zamierza ją przyjąć. „Henry Luce nie będzie wykradał mi ludzi! – ryknął Murrow. – Zostaniesz w Londynie na moim stanowisku. Zapłacę ci tyle, ile muszę, żebyś się zgodził!"

Oprócz Smitha korespondentami CBS w Europie byli Winston Burdett w Rzymie i Dick Hottelet w Moskwie. Sevareid przebywał w Waszyngtonie, Collingwood w Los Angeles. Larry LeSueur najpierw pełnił funkcję głównego korespondenta w Waszyngtonie, ale szybko przeniósł się do Nowego Jorku i zastąpił Collingwooda w ONZ.

Ostatniemu Chłopcu, Billowi Downsowi, nie powiodło się tak dobrze jak pozostałym. Downs i Murrow byli sobie bardzo bliscy podczas wojny, ale Ed później albo nie chciał, albo nie mógł użyć swej magii w jego sprawie. Być może Downs – ze swą krępą figurą, wybuchowym temperamentem i szorstkim głosem – miał za wiele ostrych kantów jak na nową, korporacyjną strukturę i odmieniony wizerunek CBS News. Po kapitulacji Niemiec został skierowany na Pacyfik. Gdy jego koledzy odpoczywali w kraju, organizowali swoje powojenne życie i dostawali stanowiska na czas pokoju, Downs wkroczył do Tokio razem z siłami okupacyjnymi i relacjonował kapitulację Japonii. Później realizował różne zlecenia w Chinach, Birmie, Indiach, Indochinach, Singapurze i na Jawie.

Do Stanów wrócił dopiero w 1946 roku. Najpierw przydzielono mu trudną robotę w Nowym Jorku, gdzie miał się zajmować związkami zawodowymi. To wymagało częstych wyjazdów na Środkowy Zachód i na Południe. W 1947 roku poproszono go, żeby zorganizował nowe biuro CBS w Detroit. Downs narzekał, że nie jest traktowany tak dobrze jak pozostali Chłopcy, ale zawsze był dobrym harcerzem, więc i teraz przyjął zlecenie.

Następnym punktem na liście zadań Murrowa było zatrudnienie nowych ludzi do jego szybko rosnącego imperium. Z pierwszymi Chłopcami łączyło ich wszystkich to, że wywodzili się z podobnego, intelektualno-dziennikarskiego środowiska.

W niedawno założonym biurze w Wiedniu rozpoczął pracę Alexander Kendrick, zjadliwy ekspert od spraw Europy Wschodniej i doświadczony reporter „Chicago Sun". Jego głos, podobny do dźwięku waty szklanej, okulary grube jak dna butelek po coca-coli, przekrzywione krawaty i pomięte garnitury dowodziły trwałości wprowadzonych przez Murrowa obrazoburczych kryteriów doboru pracowników.

George Polk, agresywny i przystojny były reporter „New York Herald Tribune", pojechał do Kairu, gdzie miał pracować jako korespondent sieci z Bliskiego Wschodu. Polk, który zdaniem Smitha był podobny do Errola Flynna, uwielbiał Murrowa i starał się go naśladować we wszystkim, nie tylko w stylu pisania i nadawania, ale również w bezkompromisowej wierności zasadom – tak przynajmniej oceniał jego zachowanie.

Na bardzo pożądane stanowisko szefa biura w Paryżu Murrow wybrał niskiego (155 cm), przysadzistego, wąsatego Davida Schoenbruna, byłego korespondenta wojennego. Jego arogancję przewyższała tylko znajomość Francji i niezwykłe kontakty wśród przywódców politycznych kraju. Podobnie jak pozostali nowi pracownicy, Schoenbrun był zachwycony ofertą pracy w CBS. Podczas wojny poznał większość Chłopców i „bardzo ich podziwiał". „Uważałem, że stanowili najlepszą paczkę facetów, z jaką kiedykolwiek pracowałem – powiedział. – Byli zabawni, diabelnie wyrafinowani, oczytani i myślący". Krótko mówiąc, byli tacy, jakim David Schoenbrun zawsze chciał być.

Nawet gdy nowi dziennikarze zostali już zatrudnieni, ośmiu Chłopców z czasów wojny nadal stanowiło oddzielną klasę. Wiedzieli o tym, lubili to i oczekiwali specjalnego traktowania. „Nie dość, że mieliśmy szczególne przywileje, to jeszcze byliśmy niezadowoleni, gdy ich n i e d o s t a w a l i ś m y – przyznał Larry LeSueur. – Krzywiliśmy wtedy nosy. Uważaliśmy się za wyjątkowych, bo byliśmy związani z wojną, Murrowem i Paleyem. Ludzie nas znali. Wszyscy pozostali się spóźnili". Takie nastawienie budziło niechęć wśród gorzej ustawionych pracowników CBS. „Wyczuwałem zazdrość, ale to spływało po mnie jak woda po gęsi – powiedział LeSueur. – Z a s ł u ż y ł e m na te przywileje". Zamyślił się na chwilę. „Pewnie mnie nienawidzili" – dodał.

Zwarty, zamknięty dla innych charakter bractwa Murrowa wywołał na siedemnastym piętrze wiele narzekań i pretensji. „Niektórzy nowi uważali, że jeśli ktoś nie należy do «rodziny», to nie ma szans udowodnić, że jest równie dobry" – powiedział niezidentyfikowany pracownik CBS dziennikarzowi „New York Post". W 1953 roku autor artykułu o Murrowie w piśmie „New Yorker" zacytował następcę Paula White'a, Wellsa Churcha, który miał jakoby oświadczyć: „Murrow zebrał cholerną bandę wazeliniarzy, którzy są gówno warci!" (Church zaprzeczył, jakoby powiedział coś takiego, i domagał się sprostowania, ale „New Yorker" mu odmówił). Według korespondenta Neda Calmera, którego zatrudnił Paul White, Chłopcy „pracowali przede wszystkim dla Murrowa, a dopiero potem dla CBS".

W celu przeciwstawienia się klice Murrowa kilku dziennikarzy założyło w Nowym Jorku klub „Murrow nie jest Bogiem". Jego członkowie nosili odznaki z tymi słowami. To miał być żart, twierdzili organizatorzy, ale w CBS nie brakowało takich, którzy uważali Murrowa za pompatycznego ważniaka i potraktowali to na serio. Gdy on sam dowiedział się o istnieniu klubu, natychmiast poprosił o przyjęcie w poczet członków.

Jako wiceprezes sieci odpowiedzialny za programy informacyjne Murrow ciężko pracował na rzecz swojego zespołu. Zdarzyło mu się kilka potknięć i doszło do jednego poważnego kryzysu, w którym starł się ze swoim starym kumplem Billem Shirerem, ale zanim nastała epoka telewizji, Murrow na ogół szybko przeciwstawiał się wszelkim próbom wtrącania się w sprawy Chłopców i ich reportaży. „Wszyscy chodzimy wypłakać się na jego ramieniu, jak tylko stanie się coś złego – powiedział jeden z nich dziennikarzowi «New Yorkera». – A wtedy Ed chwyta za telefon, dzwoni do odpowiedniej osoby [często do samego Billa Paleya] i mówi: «Chwileczkę! Nie możemy tak postąpić z tym facetem»". Wiele lat później Howard Smith wspominał: „On zawsze reprezentował nas w stosunkach z firmą. Kiedy któryś z nas potrzebował urlopu, Murrow pilnował, żeby go dostał. Stawał po mojej stronie, gdy wdawałem się w jakieś kontrowersje. Dla swoich Chłopców gotów był zrobić wszystko".

Gdy jeden z Chłopców zachodził do jego gabinetu, Murrow przerywał pracę, wyciągał z dolnej szuflady biurka butelkę ballantine i napełniał dwie szklanki. Po tych przygotowaniach zaczynali rozmowę, a Murrow sprawiał wrażenie ojca udzielającego rad synowi. Częstym gościem był Eric Sevareid. „Pamiętam, że wiele razy widziałem tam Erica; siedzieli we dwóch i rozmawiali – wspominał Ed Bliss, który później pracował u Murrowa jako redaktor. – W życiu i pracy Erica działo się wiele różnych rzeczy, o których rozmawiał z Murrowem. Nie ulegało wątpliwości, że Murrow radził mu, co ma zrobić".

Kiedy chodziło o Chłopców, wielkoduszność Murrowa wydawała się nieograniczona. W 1950 roku, gdy Bennie Smith zachorowała na gruźlicę i przez kilka miesięcy przebywała w sanatorium w Szwajcarii, Murrowowie zaproponowali, że zaopiekują się małym synem Smithów, Jackiem. „Z pewnością wiesz, że jeśli tylko możemy coś zrobić, wystarczy, że nam o tym wspomnisz" – napisali do Smitha.

Murrow niewątpliwie uważał Chłopców raczej za członków rodziny, nie zaś podwładnych. Był ojcem chrzestnym dwóch synów Sevareida, bliźniaków. Janet Murrow była matką chrzestną Lindy, drugiej córki Shirera, oraz Lorny, córki Larry'ego LeSueura. Z kolei LeSueur był ojcem chrzestnym syna Murrowów, Caseya. Murrow unikał kontaktów towarzyskich z większością pracowników CBS News, jednak gdy jego korespondenci byli w Nowym Jorku, razem z Janet spotykał się z nimi w restauracji albo zapraszał ich z rodzinami na weekendy do swego wiejskiego domu niedaleko Pawling w północnej części stanu Nowy Jork.

Gdy LeSueurowie przenieśli się do Waszyngtonu, gdzie Larry miał się zajmować ONZ, wynajęli wiejski dom w Brewster, w pobliżu Pawling. Murrow i LeSueur często się widywali w weekendy i latem, łowiąc ryby, polując oraz „bardzo dużo rozmawiając i żartując".

Choć żony korespondentów również były zapraszane, Murrow i Chłopcy większość czasu spędzali we własnym gronie. W ich świecie kobiety odgrywały drugorzędną rolę. Lois Sevareid na przykład „nie rywalizowała z Erikiem – wspominał ich stary znajomy Bill Walton. – Znała swoje miejsce". Tak samo Janet Murrow. „Ed jest panem domu – powiedziała kiedyś dziennikarzowi. – Podejmując ważne decyzje, nie zawsze pyta mnie o zdanie. Mówi: «Tak ma być»". „Janet była uprzejma, potrafiła dopasować się do każdego, natomiast Ed był skupiony na Edzie i imperium mężczyzn, których zatrudnił – powiedział Smith, jeden z kilku Chłopców, którzy nie podzielali takiego męskiego szowinizmu. – Wobec Janet był zbyt dominujący".

Murrow uwielbiał męskie rozmowy oraz zajęcia, które za takie uważał, zwłaszcza polowanie i łowienie ryb. Kilku swym korespondentom nadał przezwiska. Sevareid był „Ponurym Duńczykiem", Collingwood – „Bonnie Prince Charlie". LeSueur z uwagi na rozległą wiedzę militarną, jaką zdobył podczas wojny, został „Generałem". (LeSueur złośliwie przezywał Murrowa „Flash", czego ten nie cierpiał). Downs z niejasnych powodów został „Wilburem", natomiast sam nazywał Murrowa „Doktorem". Gdy Murrow poznał Billa Shadela, który wymawia swoje nazwisko Sha-*dell*, uznał, że należy je wymawiać po niemiecku – *Sha*-dul – i tak już zawsze robił.

Gdy Murrow nie używał wymyślonych przezwisk, nazywał swoich korespondentów „bratem Erikiem" lub „bratem Smithem", a niekiedy, w stylu trenerów futbolowych, ograniczał się do samych nazwisk. Często w kontaktach z mężczyznami usiłował stworzyć atmosferę z szatni sportowej. Dowcipkowanie, płatanie żartów, niezbyt udane próby okazywania niedbałego koleżeństwa – to wszystko miało być demonstracją serdeczności, choć jednocześnie subtelnie podkreślało, kto jest szefem.

Czasami Murrow robił sadystyczne kawały. W 1947 roku zrezygnował ze stanowiska wiceprezesa i z wielką ulgą wrócił na antenę, gdzie zastąpił Roberta Trouta i sam poprowadził wieczorne wiadomości. Pewnego dnia, gdy w trakcie podróży po Europie przybył do Paryża, miał wystąpić wieczorem na żywo. Przed przyjazdem do studia zaprosił szefa biura, Davida Schoenbruna, do swego hotelowego apartamentu. Po dwóch kolejkach szkockiej udali się do studia. Przybyli na miejsce pół godziny przed rozpoczęciem programu.

W tym momencie Murrow spytał, czy w pobliżu jest jakiś bar. Gdy dowiedział się, że jest jeden po przeciwnej stronie ulicy, zaciągnął tam Schoenbruna na jeszcze jednego drinka. Schoenbrun był zdumiony. Murrow wciąż nie miał przygotowanego tekstu, a mimo to poszedł do baru i zamówił trzecią tego popołudnia whisky!

Gdy do wejścia na antenę zostało tylko dziesięć minut, obaj – Schoenbrun już wyraźnie wstawiony – wrócili do studia. Murrow w dalszym ciągu nie okazywał zdenerwowania. Schoenbrun nie mógł w to uwierzyć. „Ed nie miał tekstu, a mimo to zupełnie się nie przejmował. Nigdy w życiu nie czułem dla nikogo większego podziwu. Był zupełnie zrelaksowany i swobodny, taki elegancki".

Rozpoczęło się odliczanie. Obaj usiedli przy stole w studiu. Schoenbrun założył słuchawki. Słyszał, jak prezenter w Nowym Jorku zapowiada Murrowa, i zastanawiał się, co ten zamierza powiedzieć. „Mówi Ed Murrow z Paryża – usłyszał po chwili. – Właśnie przyleciałem z Berlina i w tak krótkim czasie oczywiście nie mogłem stać się ekspertem w sprawach Francji. Szczerze mówiąc, nie jestem ekspertem od Paryża. CBS News jednak dlatego są takie dobre, że wszędzie na świecie mają swoich ekspertów. Mój paryski ekspert siedzi właśnie obok mnie. Oddaję głos Davidowi Schoenbrunowi".

Podsunął mu mikrofon, a sam wyprostował się na krześle i rozluźnił. Schoenbrun nie mógł uwierzyć, że szef wyciął mu taki numer! Zaskoczony i wstawiony, usiłował zebrać myśli. Po chwili zaczął mówić, bez notatek, bez przygotowania. Uciekając się do techniki „strumienia świadomości", po prostu streścił wszystko, co wiedział o francuskiej polityce. Nauczony, że w radiu nie ma nic gorszego od ciszy, mówił bez przerwy do końca wyznaczonego czasu. Później nie potrafił sobie przypomnieć ani słowa z tego, co powiedział.

„Wracajmy do baru" – zaproponował Murrow, gdy zdjęli słuchawki i wstali od stołu.

Schoenbrun, wciąż w stanie szoku, pokornie poszedł za nim. W barze zamówili następną whisky. Przez pewien czas siedzieli w milczeniu, ale Schoenbruna ogarniała coraz większa wściekłość. „Dobra, podziwiam go i jest moim bogiem – myślał – ale ja też nie jestem zerem".

Po paru minutach milczenia Murrow zaciągnął się dymem z papierosa, łyknął whisky i powiedział: „No, bracie Davidzie, nie skompromitowałeś się dzisiaj".

Schoenbrun wybuchnął śmiechem.

„Wiesz, Ed, jest takie żydowskie słowo. „Hucpa". Słyszałeś je kiedyś?"

„Tak, to znaczy «bezczelność»".

„Jesteś bezczelnym sukinsynem. Jak mogłeś mi zrobić coś takiego?"

To była próba, wyjaśnił Murrow, próba nerwów. „W studiu radiowym nigdy nie wiadomo, co się zdarzy... Możesz nagle dostać depeszę agencyjną, że de Gaulle został zamordowany, lub telegram z Nowego Jorku: «David, przerwij. Umarł prezydent». Nie wiadomo, kiedy coś takiego się zdarzy. Moi ludzie muszą być spokojni, opanowani i przygotowani na wszystko. Tego nie można nikogo nauczyć i nie ma jak sprawdzić, czy pracownik ma takie cechy... Dziś wieczorem dowiodłeś, że jesteś właściwym człowiekiem na właściwym stanowisku. – Wyciągnął do Schoenbruna rękę i mrużąc oczy w papierosowym dymie, dodał: – Witaj w gronie pracowników".

Schoenbrun nie był jedynym korespondentem, którego Murrow wciągnął w zasadzkę na antenie, choć jego przypadek był zapewne najbardziej skrajny. Według szefa wiedeńskiego biura, Alexandra Kendricka, Murrow uwielbiał zmieniać ustalony plan programu czy zadawać rozmówcom nieoczekiwane pytania; „na przykład pytał o Jugosławię korespondenta z Europy Środkowej, który spodziewał się, że będą rozmawiali o Czechosłowacji".

Najwyraźniej korespondentom to nie przeszkadzało. Gdy występowali w audycji *Edward R. Murrow and the News*, nadawanej o dziewiętnastej czterdzieści pięć, wiedzieli, że biorą udział w najpopularniejszym radiowym programie informacyjnym. „Cały kraj zamierał, gdy Edward R. Murrow wchodził na antenę" – powiedział Schoenbrun. Przesadzał, ale nie tak bardzo: dla milionów Amerykanów program Murrowa był głównym źródłem wiadomości o świecie.

W ciągu kwadransa, jakim dysponował każdego wieczoru, Murrow podawał najważniejsze wiadomości, łączył się z korespondentami, którzy przedstawiali relacje naocznych świadków, wygłaszał komentarze. Podobnie jak wieczorne dzienniki informacyjne w telewizji dwadzieścia lat później, audycja Murrowa była gwoździem programu CBS. Murrow dawał korespondentom więcej czasu i mocniej podkreślał ich autorstwo, niż czynili to inni prowadzący. Często przedstawiał ich jako ekspertów, a sam odgrywał rolę amatora. „Słuchaj, Dave – powiedział kiedyś do Schoenbruna, gdy byli na antenie. – Nie rozumiem, o czym mówi de Gaulle. Dlaczego on twierdzi, że Ameryka usiłuje zdominować Francję? Czy on naprawdę tak myśli?" Po takim wstępie Schoenbrun wygłosił dłuższy komentarz.

Murrow zapewniał – uważał Alex Kendrick – „możliwość najpełniejszej i najbardziej satysfakcjonującej profesjonalnej ekspresji, jaką kiedykolwiek mieli pracownicy działu wiadomości". To nie było anonimowe, homogenizowane dziennikarstwo. „Zespół Murrowa składał się z osób mających swą tożsamość, prezentujących różne, niekiedy sprzeczne punkty widzenia – powiedział Kendrick. – Siła i atrakcyjność programu brały się właśnie z tej różnorodności".

Oprócz możliwości zaprezentowania się korespondenci otrzymywali siedemdziesiąt pięć dolarów za każdy występ w programie. Nic dziwnego, że powodowało to ostrą rywalizację: każdy chciał sprzedać swoją relację Murrowowi i jego redaktorowi Jessemu Zousmerowi. Konkurencja była tak ostra, że korespondenci często zaniedbywali inne programy informacyjne sieci, między innymi popularne poranne i wieczorne przeglądy wiadomości, co bardzo denerwowało kierownictwo działu programów informacyjnych.

Bill Shadel, który po wojnie został zatrudniony w CBS na pełnym etacie jako korespondent w Waszyngtonie, był zgorszony rozgrywkami i kłótniami o udział w programie *Edward R. Murrow and the News*. Jego niesmak miał zapewne związek z niezdolnością do uprawiania tej gry – a w każdym razie uprawiania jej tak dobrze, jak to robili Collingwood, Sevareid, LeSueur i kilku innych. „Nie włączałem się do ich życia towarzyskiego – powiedział. – Nie podlizywałem się Zousmerowi i Murrowowi. Nie walczyłem o udział w programie". Murrow, który bezceremonialnie zastąpił Trouta jako prowadzący audycję i nawet go za to nie przeprosił, powiedział kiedyś Shadelowi: „Jesteś taki cholernie naiwny. Jesteś taki miły".

ROZDZIAŁ DZIEWIĘTNASTY

LATA KRYZYSU

Lata powojenne były dla Chłopców wyjątkowo szczęśliwe. Mieli wysokie pensje, duże fundusze reprezentacyjne i – czy to dobrze, czy źle – przyjaźnili się i spotykali na gruncie towarzyskim z politykami i innymi sławnymi ludźmi. Byli ekspertami, autorytetami; ważni ludzie w kraju i za granicą pytali ich o zdanie i słuchali ich programów. „To było cholernie przyjemne życie" – wspominał po latach Charles Collingwood.

Wyjątkowe szczęście mieli korespondenci zagraniczni. W czasach gdy dolar rządził światem, oni rządzili swoimi zagranicznymi włościami niczym książęta. „Wszyscy znali Chłopców Murrowa – powiedział Sandy Socolow, wieloletni redaktor i producent w CBS. – Byli słynnymi gwiazdorami nie tylko w Ameryce, ale wszędzie, gdzie mieli bazę".

Z życiem korespondentów zagranicznych od dawna kojarzyło się podniecenie, intrygi, sława. Podróżowali do odległych i nieznanych krajów, po czym opowiadali o swych doświadczeniach siedzącym w domu ignorantom. Chłopcy Murrowa byli korespondentami zagranicznymi i w głębi serca zawsze tak o sobie myśleli. Potrafili relacjonować i analizować amerykańskie problemy i kwestie polityczne – niekiedy czynili to znakomicie – ale zwykle sprawiali wrażenie, że sprawy krajowe nie są ich mocną stroną. Nawet w czasach pokoju skupiali uwagę na sprawach międzynarodowych. Z tej grupy tylko Larry LeSueur i Bill Shirer nie opuścili po wojnie na dłużej granic kraju, lecz LeSueur, jako korespondent przy ONZ, w dalszym ciągu koncentrował się na polityce zagranicznej.

W tamtych czasach korespondenci zagraniczni CBS z reguły dobrze znali język kraju, do którego jechali, byli ekspertami w dziedzinie jego kultury, historii i polityki. „To zdumiewające, jak dobrze pasowali do środowiska, do jakiego zostali wysłani – powiedział były korespondent NBC, Sander Vanocur. – Ed Murrow okazał się z pewnością najlepszym specjalistą od castingu od czasów Louisa B. Mayera". Smith był modelowym, pełnym rezerwy angielskim dżentelmenem w tweedowym garniturze i z fajką w zębach; Hottelet (wysłany w 1951 roku do Bonn) sztywnym, tradycyjnym junkrem; Schoenbrun – eleganckim Francuzem z wąsikiem; Burdett – dworskim, oderwanym od spraw ziemskich włoskim kardynałem.

Sig Mickelson, pierwszy dyrektor wiadomości telewizyjnych w CBS, podziwiał głęboką wiedzę korespondentów na temat krajów, w których pracowali (mimo że często dochodziło do nieporozumień między nim a Murrowem). „Doskonale znali temat, o którym mówili [...] Rozumieli system rządowy danego kraju, rozumieli role i osobowość polityków, jasno widzieli, jaki wpływ będą miały decyzje rządu". To było możliwe, ponieważ przebywali w jednym kraju przez dłuższy czas, a poza tym przed wojną i w czasie wojny poznali większość przyszłych przywódców krajów europejskich, nie mówiąc już o ludziach, którzy mieli rządzić Stanami Zjednoczonymi. „Cała ta banda podtrzymywała w Londynie i w okopach znajomości, które po wojnie mogła wykorzystywać jako źródła" – powiedział były producent programów informacyjnych CBS i ABC, Av Westin.

W Stanach Zjednoczonych Chłopcy poruszali się w tych samych kręgach co polityczny establishment, należeli do tych samych klubów, takich jak Century Club w Nowym Jorku i Metropolitan Club w Waszyngtonie. Należeli też do Rady Stosunków Międzynarodowych. Podzielali pogląd establishmentu, że przywódcza rola Ameryki w świecie jest elementem jej moralnego przeznaczenia.

Chłopcy powoli, stopniowo zdobywali wiedzę i pielęgnowali źródła, co dawało im oczywistą przewagę nad kolegami, którzy wykonywali kolejne zlecenia i szybko przemieszczali się z kraju do kraju. Winston Burdett, który w sumie spędził w Rzymie dwadzieścia pięć lat, nie miał sobie równych jako watykański korespondent. David Schoenbrun, kierownik paryskiego biura CBS w latach 1947–1961, znał osobiście Charles'a de Gaulle'a i ludzi z jego otoczenia jeszcze z czasów wojny i był najlepiej ustosunkowanym korespondentem zagranicznym w Paryżu. To samo można powiedzieć o Howardzie Smisie, który pracował w Londynie przez jedenaście lat. Jako prezes Labour Club w Oksfordzie w 1938 roku Smith pomagał młodym radykałom z Partii Pracy organizować marsze i demonstracje. Teraz jego znajomi przejęli rządy po Churchillu i konserwatystach, zamierzając zrewolucjonizować ekonomiczną i społeczną strukturę Wielkiej Brytanii. Smith utrzymywał bliskie stosunki z przyszłymi przywódcami Partii Pracy, zwłaszcza z Denisem Healeyem, eks-komunistą, który później został wpływowym członkiem parlamentu, ministrem skarbu i lordem.

Na przełomie lat czterdziestych i pięćdziesiątych mieszkanie przy Hallam Street w Londynie, które Howard i Bennie odziedziczyli po Murrowach, było ulubionym miejscem spotkań angielskiej elity politycznej, społecznej, intelektualnej i artystycznej. Mieszkanie Smithów, niedaleko starego budynku BBC, „było najlepszym wcieleniem salonu literackiego i politycznego, jakie można sobie wyobrazić – wspominał Sander Vanocur, który zaprzyjaźnił się ze Smithem jako doktorant w London School of Economics. – Tam się wszyscy spotykali".

Dzięki swym kontaktom i wiedzy korespondenci CBS często pierwsi donosili o ważnych wydarzeniach i zdobywali informacje nieznane nawet dyplomatom i agentom wywiadu. CBS cieszyła się tak dobrą reputacją, że wielu amerykańskich wysokich urzędników, między innymi z Białego Domu, CIA i Kolegium Szefów Sztabów, miało zwyczaj zaczynać dzień od lektury nie tylko „New York Timesa", ale również zapisu porannych wiadomości CBS *World News Roundup*. „Jeśli ktoś słuchał, jak o ósmej rano mówię z Paryża, to wiedział, co się tam dzieje – powiedział Schoenbrun, który nie grzeszył nadmierną skromnością. – Dzienniki były o osiem godzin za nami". To samo dotyczyło raportów agentów CIA i amerykańskich ambasad, ponieważ „ich sprawozdania były szyfrowane [...] i długie, a ci faceci nie potrafili pisać tak szybko jak my, reporterzy".

Korespondenci zagraniczni CBS mieli zdumiewającą swobodę działania. „Centrala nie miała pojęcia, co nadejdzie – powiedział Perry Wolff, wieloletni producent programów dokumentalnych w CBS. – Wiedziała tylko, że Schoenbrun albo Smith, albo Burdett będzie mówił o NATO, Watykanie czy jeszcze o czymś innym. Każdy miał swój własny styl, któremu zawdzięczał miano króla-filozofa".

Dominacją korespondentów zagranicznych CBS szczególnie zachwycony był Schoenbrun. „Przez kilka lat zespół Murrowa nie miał sobie równych – wspominał. – Była CBS, a później długo nic i dopiero cała reszta. Nasz okres nie trwał dłużej niż dziesięć lat, później władze przejęli producenci, menedżerowie, księgowi i prawnicy. Ale póki trwał, to było coś wspaniałego". Ich duma, poczucie, że stanowią oddzielną rasę, przyciągały do CBS imponujące nowe pokolenie korespondentów. „Wszyscy byliśmy przekonani, że pracujemy w najlepszej rozgłośni informacyjnej na świecie i że nikt nie może się z nami równać – powiedział przedstawiciel tej generacji, Bob Pierpoint. – Gdy CBS przewodziła w wiadomościach, to nie z powodu rankingów popularności. To było wynikiem reputacji Chłopców Murrowa, spadku po Murrowie".

Chłopcy byli tak dobrzy i wiedzieli tak dużo, że gdy z braku czasu nie mogli o wszystkim opowiedzieć, odczuwali frustrację. W programie Murrowa i w *World News Roundup*, najważniejszych i najbardziej prestiżowych, dostawali zwykle półtorej lub dwie minuty, co nie wystarczało, żeby przedstawić pełną interpretację i kontekst zdarzeń. Pod koniec 1949 roku Ed Bliss i Don Hewitt, młody dyrektor raczkującego telewizyjnego programu informacyjnego CBS, niezależnie od siebie wpadli na ten sam pomysł: czemu nie ściągnąć korespondentów zagranicznych, żeby razem z Murrowem i Sevareidem przygotowali długi przegląd sytuacji na świecie w połowie wieku, a także naszkicowali prawdopodobny dalszy rozwój wypadków? Tak narodził się powtarzany co roku program – roczne podsumowanie wydarzeń.

Po południu w Nowy Rok 1950 Ed Murrow i inni korespondenci usiedli wokół niewielkiego, nakrytego obrusem stołu w studiu radiowym CBS. Murrow zdjął marynarkę. Rozpoczął program słowami, które miały zaświadczyć, jak bardzo się cieszy, że jego stara gromadka, a przynajmniej jej większość, jest znowu razem: „Chciałbym, żeby moi przyjaciele przedstawili się państwu". Po kolei wszyscy to uczynili: Eric Sevareid, Howard K. Smith, Winston Burdett, Larry LeSueur, Bill Downs, David Schoenbrun i nowy w tym gronie Bill Costello, przyjaciel Sevareida z college'u, od niedawna zatrudniony jako korespondent w Azji[*].

Przez czterdzieści pięć minut korespondenci prowadzili swobodną, erudycyjną dyskusję na temat pożałowania godnego stanu świata w połowie XX wieku. Uwolnieni od ograniczeń czasowych i surowych reguł obiektywizmu, demonstrowali swoją wiedzę, osobowość, umiejętności retoryczne i opinie.

---

[*] Bill Shirer już nie pracował w CBS. Charles Collingwood i Dick Hottelet – to oprócz niego jedyni Chłopcy, których brakowało przy stole podczas pierwszego programu – zostali wykluczeni, ponieważ wówczas przebywali w Stanach: Collingwood w Los Angeles, a Hottelet w Nowym Jorku (między przydziałami do Moskwy i do Bonn). W założeniu program dotyczył prawie wyłącznie spraw międzynarodowych. Tylko Eric Sevareid miał mówić o Ameryce.

Sevareid, przyjmując wyraźnie europocentryczny punkt widzenia, zwięźle i elokwentnie podsumował ostatnie pięćdziesiąt lat historii Ameryki:

> Podbiliśmy nasz kontynent oraz stwierdziliśmy, że utraciliśmy fizyczne bezpieczeństwo, a tym samym znikła polityczna izolacja. Flirtowaliśmy z imperializmem, ale zrezygnowaliśmy z niego, bo w istocie nam się nie podobał. Walczyliśmy w dwóch wojnach światowych i spróbowaliśmy stworzyć rząd globalny, organizując Ligę Narodów. Zrezygnowaliśmy, po czym spróbowaliśmy po raz drugi. Teraz, choć nie budzi to naszego entuzjazmu, jesteśmy jednym z dwóch tylko supermocarstw w podzielonym świecie. Na naszych barkach spoczywa odpowiedzialność za zachowanie wolnej cywilizacji, którą ludzie Zachodu żmudnie tworzyli przez wieki.

Howard Smith bardziej lakonicznie streścił najnowszą historię Starego Kontynentu: „Ostatnie pięćdziesiąt lat historii Europy można wyrazić bardzo krótko. Europa chyli się ku upadkowi".

Dyskutowali o wielkich zagadnieniach, takich jak zdobycie władzy i klęska Hitlera, ale zachęcani przez Murrowa wspominali też o różnych drobiazgach, tak jak w swych wojennych reportażach. Na przykład Murrow poprosił korespondentów, żeby wymienili artykuły, które w krajach, gdzie pracowali, stały się dobrami luksusowymi.

> Smith: W Wielkiej Brytanii niemal wszystkie artykuły krajowej produkcji stały się luksusem. Wszystko idzie na eksport.
> Downs: No, w Niemczech luksusem są klamki z domem doczepionym na drugim końcu.
> Schoenbrun: We Francji gorąca woda w kranie i kawałek dobrego mydła.
> Burdett: We Włoszech trudno o pomarańcze i czystą koszulę bez dziur.
> LeSueur: W Organizacji Narodów Zjednoczonych jedynym luksusem jest chyba uprzejme słowo.

Dzięki takim drobnym szczegółom korespondenci naszkicowali żywy obraz dalekiego od harmonii świata, wciąż zdruzgotanego konsekwencjami wojny.

Program, mocno reklamowany przed emisją, był przebojem zarówno wśród słuchaczy, jak i krytyków. Co zapewne jeszcze ważniejsze, został entuzjastycznie oceniony przez samego wielkiego szefa. „Moim zdaniem był to jeden z najlepszych programów, jakie kiedykolwiek słyszałem" – stwierdził Bill Paley w notatce dla Murrowa, której kopie rozesłał wszystkim korespondentom. Ich uwagi – dodawał – „brzmiały jak komentarze, które mogliby napisać najlepsi historycy za pięćdziesiąt lat, nie zaś faceci, którzy przeżyli znaczną część tego okresu".

Skoro program okazał się takim sukcesem, CBS postanowiła powtarzać go co roku jako *Lata kryzysu*. Przez następne jedenaście lat, w wybrane popołudnie między Bożym Narodzeniem a Nowym Rokiem, najlepsi korespondenci zagraniczni i niekiedy jeden lub dwóch korespondentów krajowych dyskutowali z Murrowem o tym, co wydarzyło się na świecie w ciągu ostatnich dwunastu miesięcy. Dla historyka Williama Manchestera te coroczne podsumowania „stały się w takiej samej mierze nieodłącznym elementem świąt Bożego Narodzenia jak Lionel Barrymore grający Scrooge'a".

John Crosby, radiowy i telewizyjny krytyk „New York Herald Tribune", napisał, że ten przegląd wydarzeń był „wspaniałą, soczystą godziną", wyróżniającą się „głębią i szerokim zakresem rozmowy oraz [...] zaskakująco wysoką kulturą wypowiedzi". Gdy *Lata kryzysu* zostały przeniesione do telewizji, Crosby pochwalił Murrowa za to, że nie uległ pokusie, aby zmienić program w „widowisko" – „żadnych materiałów filmowych, żadnych tańczących dziewczyn, tylko idee". Obecnie widowisko i rozrywka są charakterystycznymi elementami telewizyjnych programów dyskusyjnych, a siła głosu uczestników, mierzona w decybelach, jest ważniejsza od rzetelnej, opartej na znajomości faktów analizy problemów. Ta werbalna pirotechnika nie wywiera jednak takiego wrażenia jak jędrne, prowokujące do myślenia komentarze Murrowa i jego kilku „przyjaciół" na temat stanu świata. Wyczucie historii, intelektualna głębia, umiejętność znalezienia *le mot juste*, trafnej metafory, wpadającej w pamięć frazy – to wszystko sprawiało, że *Lata kryzysu* były ważnym, ogólnokrajowym wydarzeniem. „Jeśli ktoś się interesował sprawami świata, ta rozmowa była dla niego niezwykle błyskotliwa" – powiedział Sandy Socolow.

Telewizyjne przeglądy wydarzeń to – używając współczesnego języka producentów – sześćdziesiąt minut „gadających głów". Jednak te głowy były takie bystre i doświadczone, a rozmowa tak interesująca, że każdego roku miliony ludzi włączało odbiorniki. Wśród tych milionów był również młody student University of North Carolina, Charles Kuralt, który uznał tych korespondentów za swych bohaterów. „Co za *tour de force* wiedzy i dziennikarstwa! – wspominał Kuralt, który stał się gwiazdorem następnego pokolenia dziennikarzy CBS. – Już wtedy miałem nadzieję, że kiedyś będę taki jak oni, ale w głębi serca wiedziałem, że nigdy im nie dorównam".

Nie przyszło im to łatwo. Ciężko pracowali na sukces i ten wysiłek odbijał się na stanie ich nerwów. Zapewne z tego powodu wielu z nich dużo piło. Bob Pierpoint, korespondent wojenny w Korei, dobrze zapamiętał, jak po raz pierwszy wziął udział w programie *Lata kryzysu* w 1954 roku, nie tylko dlatego, że zasiadł przy stole razem z Edem Murrowem i legendarnymi Chłopcami. To była dla niego nauczka, jak wielkim jest to obciążeniem. Kilka sekund przed wejściem na antenę powiódł wzrokiem wokół stołu, przy którym siedzieli jego bohaterowie – ludzie, którzy przez lata wydawali się tacy opanowani i racjonalni w czasie kolejnych kryzysów, od niemieckiego ataku na Polskę do upadku Berlina. Teraz prawie wszyscy przypominali kłębki nerwów!

Po twarzy Murrowa spływał pot. Ten wielki człowiek nerwowo poruszał nogą pod stołem, jakby był nastolatkiem prześladowanym przez nadmiar hormonów. Sevareid, blady jak ściana, nerwowo bębnił palcami po blacie. Schoenbrun, który siedział na poduszce, bo w telewizji chciał wydawać się wyższy, nagle zerwał się z miejsca i pobiegł do toalety. Pierpoint również się denerwował – to był przecież jego debiut w ekstraklasie telewizyjnego dziennikarstwa – ale z pewnością był znacznie spokojniejszy od innych. Ci ludzie wydawali się po prostu c h o r z y. „Jeśli się nie denerwujesz, to nie zrobisz dobrej roboty" – powiedział mu potem Murrow. Wiele lat później, gdy Pierpoint już przeszedł na emeryturę, zgodził się z nim: „Myślę, że nie byłem naprawdę wielkim dziennikarzem telewizyjnym między innymi dlatego, że nigdy nie nakręcałem się do takiego stanu napięcia i nerwowej energii".

Uczestnicy programu zmieniali się z roku na rok – od czasu do czasu pojawiali się nowi ludzie, tacy jak Pierpoint, Daniel Schorr i Marvin Kalb – ale program opierał się na Chłopcach i inni okazywali im szacunek. Schorr, wybitny dziennikarz, który z pewnością nie był nadmiernie nieśmiały, nigdy nie czuł, że należy do wewnętrznego kręgu. Później często brał udział w tych programach, a raz, żeby rozładować napięcie, zabrał Schoenbrunowi poduszkę tuż przed wejściem na antenę. Jego zdaniem wielką linią podziału była

II wojna światowa. „Grupa, która razem przeżyła niebezpieczeństwa, przeżyła wojnę, miała pewien wspólny status absolwentów, którego nie dzielili pozostali".

W czasie wojny Chłopcy rzadko współpracowali, nie byli sobie szczególnie bliscy, ale gdy spotykali się z okazji corocznego przeglądu wydarzeń, wysoko cenili swój wyjątkowy status, swoją wspólną nazwę – Chłopcy Murrowa. Murrow był jądrem tego atomu, siłą, która utrzymywała pozostałych na odpowiednich orbitach. Chłopcy na ogół utrzymywali osobiste kontakty z Murrowem, ale nie między sobą. Coroczne spotkania w studiu przyczyniały się do umocnienia poczucia, że naprawdę stanowią gromadkę braci i że zawsze tak było. Na starość, gdy Larry LeSueur wspominał wojnę, mówił o duchu zespołu, nie zaś o rywalizacji. Przeglądy były dla niego szansą na odnowienie „poczucia koleżeństwa związanego ze wspólną pracą", którego – jak twierdził – bardzo mu brakowało. Przyznał jednak, że „próbowali odtworzyć coś, czego odtworzyć się nie da". Lub co nigdy nie istniało.

Chłopcy Murrowa, tak samo jak inni lub jeszcze mocniej, pragnęli wierzyć w swój mit. Wokół corocznego przeglądu wydarzeń wkrótce narósł skomplikowany towarzyski rytuał. Korespondenci przyjeżdżali do Nowego Jorku dwa lub trzy dni przed emisją. Dyskutowali, odbywali próby i spotykali się towarzysko, między innymi jedli lunch z Paleyem i Stantonem. Palmer Williams, producent programu telewizyjnego Murrowa *See It Now*, wspominał, że przesiadywali w gabinecie Eda, pili jego whisky i „wspominali a to ten incydent, a to znów tamtą chwilę i miejsce – po prostu jak starzy kumple z czasów wojny".

Pod tą wesołością i koleżeństwem nadal gotowała się stara rywalizacja. Nieuchronnie kipiała, zwykle podczas programu. „Obserwując tych facetów i ich rywalizację, człowiek czuł się jak w cyrku – opowiadał Palmer Williams. – Z jednej strony był pyszałek Schoenbrun, tak niepewny siebie, że zawsze jak wariat starał się wziąć górę. Z drugiej strony byli ci bardziej dystyngowani, jak Smith, którzy nie wdawali się w kłótnie".

Zawsze można było stawiać, że dojdzie do scysji między Schoenbrunem, obrońcą Francji, a Dickiem Hotteletem, stronnikiem Niemiec, odwiecznego rywala Francji, tym bardziej że ich antagonizm miał równie silny podtekst osobisty. Schoenbrun, liberał, uważał Hotteleta za aroganckiego prawicowca. Zdaniem Hotteleta Schoenbrun był zapatrzonym w siebie samochwałą. Podczas jednego z programów Schoenbrun w swojej pierwszej wypowiedzi zwrócił się do Hotteleta: „W kraju, z którego przyjechałem, mówi się, że nie można ufać żadnemu Niemcowi". Kiedy indziej, podczas szczególnie ostrej wymiany zdań z tą łysiejącą *bête noire*, Hottelet krzyknął: „Schoenbrun, gdybyś miał trochę oleju w tym swoim łysym łbie..."

Choć ten spór miał jak najbardziej rzeczowe podstawy, stanowił również niezły spektakl. Murrow, ze swą skłonnością do teatralności, dostrzegł to bardzo wcześnie i nawet starał się prowokować takie starcia. Raz, pod koniec dyskusji między dwoma korespondentami, wyraźnie zachwycony powiedział: „O ile mi wiadomo, spieracie się na ten temat już przez dziesięć lat i siedem minut". Na początku tego programu tak ich przedstawił: „Hottelet i Schoenbrun, którzy przyjechali tu z Niemiec i Francji, jeszcze nigdy nie zgodzili się ze sobą w żadnej sprawie".

Mimo wysokiej temperatury dyskusji te coroczne przeglądy wydarzeń cechowała jednak atmosfera wzajemnego szacunku. Marvin Kalb, ostatni korespondent zwerbowany przez Murrowa, bacznie przyglądał się ludziom, których podziwiał, obserwował ich spojrzenia, śledził zachowanie. „Słuchali bardzo pilnie – wspominał – ponieważ każdego z nich interesowało, co mówią inni, i każdy cenił opinie pozostałych. Uważali się za zespół. Wszyscy okazywali wielkoduszność, przyzwoitość, koleżeńskie nastawienie oraz niezwykle profesjonalny styl bycia i dumę. Wiedzieli, że są najlepsi, absolutnie najlepsi".

Człowiek, którego słuchali najuważniej, zajmował główne miejsce przy stole, kierował dyskusją i nad wszystkim czuwał. „To był zaprzęg dwudziestu mułów, a Ed Murrow był woźnicą – powiedział Ed Bliss, który przez cztery lata pełnił funkcję zastępcy realizatora *Lat kryzysu*. – Dominacja jego osobowości i jego władza podczas tych spotkań miały charakter absolutny".

Dyskusje na żywo, gdy już się zaczęły, były jak najbardziej rzeczywiste, lecz przed każdym programem odbywały się próby w celu ustalenia jego ogólnego zarysu. Korespondenci często spisywali i zapamiętywali formalne uwagi. (Nie używali teleprompterów, ale niektórzy młodsi dziennikarze niekiedy korzystali z własnych notatek). Murrow, *pater familias*, wyraźnie przewodniczył debacie, a korespondenci odgrywali rolę pełnych szacunku synów. „Gdy Ed zabierał głos, wszyscy milkli – wspominał Kalb. – Jeśli podczas prób ktoś rzucał jakiś pomysł i Ed mówił: «Dobra, idźmy w tym kierunku» lub «Nie, moim zdaniem zrobimy inaczej», nikt nigdy nie wstawał i nie protestował: «To koszmarny pomysł». Wszyscy uznawali jego przywództwo".

Dan Schorr również zwrócił uwagę na szacunek, jaki Chłopcy okazywali Murrowowi, nawet poza godzinami pracy. Podczas przerw w próbach i sesjach korespondenci nie odzywali się do niego, jeżeli on sam nie zaczął rozmowy. Murrow zwykle chodził od jednego do drugiego i zagadywał. Niewykluczone, iż traktowali go z takim szacunkiem dlatego, że potrafił dać im do zrozumienia, jak bardzo ich poważa. „Miał szczególny sposób wyrażania swego wielkiego szacunku dla dziennikarzy – powiedział Schorr. – Mówił: «Ja nie jestem prawdziwym dziennikarzem. Po prostu zdryfowałem w tym kierunku. To wy jesteście prawdziwymi dziennikarzami». Rozmawiając z nim, czułeś, że zwraca się do ciebie jak do kogoś, kto jest w pewien sposób lepszy, więcej wie lub ma większe doświadczenie niż on".

To dawało się wyczuć również podczas emisji *Lat kryzysu*. Murrow prowadził dyskusję, ale to był popis korespondentów, nie jego. Zadawał pytania i pod koniec wygłaszał podsumowanie. To wszystko. Poza tym wycofywał się w cień i pozwalał błyszczeć swojej drużynie.

Po emisji korespondenci byli zapraszani do apartamentu Murrowów przy Park Avenue na bardzo wyczekiwaną przez nich kolację. „Nigdy nie dopuszczano tam obcych – wspominał Dan Schorr. – Gdyby Bill Paley zadzwonił i oznajmił, że chce wpaść, Murrow powiedziałby mu: «Bill, innym razem. Dziś jest wieczór Chłopców Murrowa». Za nic nie złamałby tej reguły. To była tradycja".

U Murrowów korespondenci obficie raczyli się alkoholem i korzystali ze wspaniałego bufetu, który zawsze przygotowywała Janet. Wciąż czując adrenalinę, z ożywieniem rozmawiali, kto lepiej wypadł, kto kogo przechytrzył. „To, co powiedziałeś, nie było całkiem słuszne. Powinieneś był powiedzieć..." – mówił jeden. „Och, przecież powiedziałem..." – odpierał zarzut drugi. Zdaniem Dana Schorra przypominali piłkarzy, którzy po meczu omawiają w szatni kluczowe momenty.

Śmieli się z nieoczekiwanych wypadków. Raz Schorr ukradł Schoenbrunowi poduszkę, innym razem Bill Downs przed programem pobiegł do toalety i tak się śpieszył, że szarpiąc nerwowo suwak, wyrwał go ze spodni. Kiedy wrócił do stołu, założył nogę na nogę i obciągnął marynarkę, żeby zasłaniała rozporek. Jednak podczas dyskusji impulsywny Downs zapomniał o środkach ostrożności i zaczął gwałtownie gestykulować. Po zakończeniu programu w studiu rozległ się gromki głos Dona Hewitta: „Świetny program, panowie. A ty, Billu Downs, odstawiłeś naprawdę widowiskowy numer. Popatrz na swoje krocze". Downs zerknął w dół, po czym rozejrzał się po kolegach, którzy śmieli się histerycznie. „Cóż – powiedział – po raz pierwszy w historii telewizji widzowie mają rzeczywisty powód, by spytać: «Co to za chuj?»"

Podczas imprezy u Murrowa wciąż dźwięczał telefon. To dzwonili znajomi i przyjaciele, chcąc przekazać uwagi – oczywiście zawsze bardzo pozytywne. Czasami Ed podnosił słuchawkę, ale zwykle robiła to Janet. Tak czy inaczej, ktoś odbierał i przekazywał wiadomość: „Dzwonił Frank Stanton. Powiedział, że było wspaniale". W miarę upływu czasu w mieszkaniu gęstniał dym papierosów, alkohol lał się coraz obficiej. Goście zdejmowali marynarki i krawaty, siadali do pokera.

Murrow, z nieodłącznym papierosem w ustach, grał beznadziejnie. „Wydawało się, że chyba [robi to] celowo – powiedział Schorr. – Zupełnie jakby uważał, że skoro jest gospodarzem, to powinien przegrać. Licytował, gdy nie miał kart, nigdy nie pasował. Po pewnym czasie to stawało się krępujące, bo finansował całą grę".

Edowi to najwyraźniej nie przeszkadzało. Cieszył się tą grą. I tą nocą.

ROZDZIAŁ DWUDZIESTY

BRAT PRZECIWKO BRATU

Choć całemu światu mogło się wydawać, że to Ed Murrow i Chłopcy rządzą CBS News, Bill Paley wiedział, jak jest naprawdę. Prezes z czasów wojny – kompan od kart i kieliszka, który czerpał sławę z sukcesów programów informacyjnych – już zniknął. Jego miejsce zajął wyniosły i tajemniczy człowiek, coraz bardziej skłonny do manipulowania swoimi najważniejszymi ludźmi, także Murrowem. Paley do końca życia z tęsknotą wspominał lata wojny. „Życie – powiedział – nigdy nie było takie podniecające i proste jak wtedy i nigdy już nie będzie". Był jednak człowiekiem praktycznym, człowiekiem interesu, dlatego przekształcił własne życie i sieć tak, żeby dopasować się do powojennej ery.

Zyski i wysokie wskaźniki popularności – tego Paley oczekiwał od swojego przedsiębiorstwa. W 1937 roku CBS stała się spółką publiczną. Teraz akcjonariusze oczekiwali lepszych wyników finansowych. Miło było mieć Murrowa i jego wielki dział informacyjny, który wszyscy szanowali, ale w czasach pokoju wiadomości nie przynosiły wystarczających dochodów i raczej nie należało się spodziewać, że może się to zmienić. Bez wojennego dramatu popyt na wiadomości był po prostu za słaby.

Żeby utrzymać słuchaczy przy odbiornikach, konieczne były programy rozrywkowe z udziałem gwiazd, a w tej dziedzinie NBC zawsze miała znaczną przewagę. Paley liczył na to, że uda mu się stworzyć własne widowiska adresowane do masowego odbiorcy oraz skusić odpowiednio wysokimi honorariami gwiazdorów rywala – w tym również kilku skaperowanych wcześniej z CBS. Taktyka okazała się skuteczna. W 1950 roku Paley miał już na swojej liście najpopularniejszych ludzi rozrywki: Arthura Godfreya, Jacka Benny'ego, Binga Crosby'ego, Burnsa i Allena, brzuchomówcę Edgara Bergena z jego kukłą Charliem McCarthym. W 1949 roku CBS po raz pierwszy wysunęła się na pierwsze miejsce na ogólnej liście popularności. Programy informacyjne pozwoliły Paleyowi zmierzać w pożądanym kierunku, ale nie mogły mu zapewnić osiągnięcia celu. Bill Paley nie należał do ludzi przywiązujących wielką wagę do lojalności ze względu na dawne czasy. Pierwszy przekonał się o tym William L. Shirer.

Po wyjeździe z Berlina w 1940 roku Shirer wrócił na wojnę tylko dwukrotnie, w sumie na dwa miesiące. Nawet wtedy nadawał z Paryża i Londynu, nie zaś z frontu. „Nabijaliśmy się z tego – powiedział Bill Shadel. – Wielki korespondent wojenny... gdzie, do diabła, on się podziewa? Przyjeżdżał na wycieczki, trzydzieści dni cudów".

Po wojnie Shirer utrzymywał przyjacielskie stosunki z Murrowem, LeSueurem, Smithem i paru innymi Chłopcami, ale ich kontakty wyraźnie się rozluźniły. „To, co ich naprawdę łączyło, to wspólna praca w latach wojny – powiedział Geoffrey Cox, przyjaciel Sevareida z Nowej Zelandii, który znał ekipę CBS. – Nawet podczas wojny wyczuwałem, że Bill nie był już jednym z Chłopców".

Shirerowi to odpowiadało. Sam uważał, że jego gwiazda świeci na firmamencie własnym blaskiem, a nie tylko jako punkcik w konstelacji Murrowa. Miał swoich słuchaczy, ustaloną reputację i pozycję. Nie próbował ukrywać swojego nastawienia. Nigdy nie kumplował się z pozostałymi, nie grał z nimi w karty ani nie pił. Według emerytowanego korespondenta CBS George'a Hermana miał osobistą sekretarkę, która „izolowała go i chroniła przed nimi". Czasami Shirer terroryzował innych. Kiedyś zwymyślał Rosalind Gerson, zarabiającą czternaście dolarów na tydzień osiemnastoletnią asystentkę w dziale wiadomości (przyszłą żonę Billa Downsa), ponieważ ktoś przeczytał jego egzemplarz „New York Timesa" przed nim. „Chcę mieć «New York Timesa» w nieskalanym stanie!" – wrzeszczał. Gerson nie była odpowiedzialna za prasę Shirera, ale od tej pory specjalnie przychodziła wcześniej, żeby położyć na jego biurku „nieskalany" egzemplarz dziennika. Uważała go wtedy za „chamskiego starucha".

Shirer nie był staruchem, niedawno przekroczył czterdziestkę, ale przywykł do tego, że wszyscy traktują go z szacunkiem i dbają o jego wygody. Gdy po wojnie pojechał do Norymbergi, żeby razem z Howardem Smithem relacjonować procesy zbrodniarzy wojennych, myślał głównie o tym, jak źle jest tam traktowany. W liście do Murrowa Smith doniósł, że Shirer „zrobił piekielną awanturę, ponieważ wojsko nie zapewniło mu specjalnego transportu, ciągle narzeka na posiłki i zakwaterowanie i jakoś zawsze udaje mu się chorować, gdy proszę go o pomoc w przygotowaniu stałych programów".

Wiele lat później Shirer przyznał, że był wówczas nieznośny. „Z całym tym rozgłosem, jaki dawało radio – powiedział – nietrudno było popaść w przesadę". Dzięki niedzielnemu programowi radiowemu, regularnie publikowanym felietonom oraz częstym odczytom publicznym Shirer stał się jednym z najbardziej znanych i najlepiej zarabiających dziennikarzy nowojorskich. Sam program radiowy zapewniał mu „tyle pieniędzy, ile chciał lub potrzebował". On i Tess brali udział w życiu towarzyskim wyższych sfer Nowego Jorku. W ich domu przy Beekman Place – w tej samej dzielnicy, gdzie kiedyś mieszkał Bill Paley – często odbywały się przyjęcia. Shirer nie zerwał również romansu z byłą tancerką Tilly Losch.

Shirer wydawał się zadowolony z życia, a jeśli jego związek z najbliższym przyjacielem Edem Murrowem osłabł, była to przykra, lecz zapewne nieuchronna cena sukcesu. Nie podlegał już wpływom Eda, nie zamierzał podporządkowywać się człowiekowi, który w istocie był tylko formalnie jego szefem. Czasami, ze względu na dawne czasy, Shirerowie spotykali się z Edem i Janet, ale w tych kontaktach brakowało dawnej iskry.

Shirerowi najwyraźniej nie przychodziło do głowy, że Murrow może wciąż mieć do niego pretensję o to, że nie zgodził się wrócić do Europy, by na bieżąco relacjonować wydarzenia wojenne, tylko wolał pojawiać się tam z krótkimi wizytami jak jakiś VIP. Podczas jednej z takich wizyt w Londynie przyszedł na kolację wydaną przez Murrowa w hotelu „Connaught". Gdy długo rozprawiał na temat Niemiec, Murrow mu przerwał i zwracając się do innego gościa, powiedział: „Posłuchajmy teraz kogoś, kto naprawdę wie coś o Niemczech". „Widać było, jak Shirer poczerwieniał" – wspominał Eric Sevareid, który był przy tym obecny.

Po wojnie Murrow i Shirer płynęli razem „Queen Mary" z Nowego Jorku do Anglii. Murrow zastanawiał się w tym czasie, czy przyjąć stanowisko wiceprezesa CBS, które zaproponował mu Paley, a Shirer jechał do Norymbergi. Kiedy dopłynęli do Southampton, wybrali się na kolację i sporo wypili, po czym kierowca odwiózł ich do Londynu. Według Shirera Murrow był pijany i gdy siedzieli z tyłu, nagle zaczął go przeklinać i bić.

Zdumiony Shirer nie rozumiał, co było przyczyną tak gwałtownego wybuchu. Murrow nigdy mu tego nie wyjaśnił. Później Shirer przypuszczał, że mógł czuć zawiść, ponieważ *Berlin Diary* okazał się znacznie większym sukcesem rynkowym niż opublikowany jednocześnie zbiór radiowych wystąpień Murrowa. „Wciąż staram się to pojąć" – powiedział Shirer, któremu najwyraźniej nie przychodził na myśl żaden inny motyw.

Kiedy Murrow został wiceprezesem odpowiedzialnym za programy informacyjne, dopisał jeszcze jeden punkt do listy pretensji do Shirera. „Do diabła, Bill robi się leniwy!" – powiedział Johnowi G. „Japowi" Gude'owi, swojemu byłemu agentowi, który teraz reprezentował Shirera. Według Murrowa Shirer nie dbał o przygotowanie reportaży na poparcie analizy wiadomości i poświęcał w programie zbyt wiele czasu na cytowanie dzienników i magazynów. Jeśli ktoś występuje na antenie, żeby poruszać sprawy publiczne – uważał Murrow – to jest zobowiązany uczestniczyć w wydarzeniach, albo bezpośrednio, albo robiąc wywiady z ich uczestnikami.

Szczególnie był zirytowany faktem, że latem 1946 roku Shirer nadawał wszystkie swoje programy z uzdrowiska Lake Placid. „Niezależnie od wszelkich swych zalet Lake Placid nie jest najlepszym miejscem, z jakiego można relacjonować i interpretować światowe wydarzenia" – napisał do przyjaciela, Harolda Laskiego. Wiele lat później Shirer twierdził, że lekarz kazał mu wziąć zwolnienie na całe lato; w styczniu przeszedł operację i do lata jeszcze nie wrócił do sił. Sponsor, producent kremu do golenia J.B. Williams, oraz CBS prosili, żeby nie przerywał nadawania niedzielnych programów, nawet jeśli miałby je przesyłać z Lake Placid. „To mnie prawie zupełnie wykończyło" – dodał Shirer.

Niedługo po zakończeniu rekonwalescencji w Lake Placid Shirer odmówił Murrowowi, który chciał go wysłać do Nowego Jorku, by relacjonował stamtąd kampanię wyborczą do Kongresu w 1946 roku. Murrow kierował CBS News, ale dziennikarz, który pomógł mu stworzyć dział programów informacyjnych, najwyraźniej nie uważał, że musi nadal wykonywać jego rozkazy. „Billowi się wydaje, że skoro słucha go milion ludzi, to jest też milion razy bystrzejszy, kiedy mówi do nas" – burknął kiedyś Murrow w rozmowie z Charlesem Collingwoodem. Skarżył się również innym, jednak nigdy nie przedstawił swoich pretensji samemu Shirerowi. Według Japa Gude'a nie miał ochoty na konfrontację ze starym przyjacielem, nie chciał „zaprosić Billa na drinka lub na kolację i szczerze z nim pogadać".

Dziesiątego marca 1947 roku piękny świat Shirera legł w gruzach. Zadzwonił do niego menedżer z agencji reklamowej J. Walter Thompson z informacją, że J.B. Williams po trzech latach postanowił zrezygnować ze sponsorowania jego niedzielnego programu. Nie chodziło o żadne sprawy osobiste – zapewnił go rozmówca. Williams po prostu zdecydował się przerzucić na program rozrywkowy. Firma chciała zdobyć młodszych słuchaczy, pomyślała więc o sponsorowaniu koncertów jazzowych.

Shirer był zaskoczony. W ogóle się tego nie spodziewał. Jego cotygodniowy program o siedemnastej czterdzieści pięć uzyskał kiedyś w rankingu Hoopera 6,9 punktu, najwięcej ze wszystkich niedzielnych audycji informacyjnych. (Jednak ostatnio wskaźnik ten, podobnie jak w przypadku wszystkich wiadomości, systematycznie się obniżał). Ponadto, co Shirer później podkreślał, nikt od Williamsa i z CBS nie wyrażał niezadowolenia z jego programu. Przeciwnie, trzy miesiące wcześniej jego umowa z Williamsem była renegocjowana i zawierała standardową trzynastotygodniową klauzulę wypowiedzenia. Teraz, po upływie pierwszych trzynastu tygodni, Williams wycofywał się z umowy. Decyzja miała wejść w życie trzydziestego marca. Shirer podejrzewał, że jest to kara za głoszenie na antenie liberalnych poglądów.

Nie było to nielogiczne założenie. Stosunki między Stanami Zjednoczonymi a Związkiem Sowieckim zaczęły się psuć niemal natychmiast po zakończeniu wojny. Amerykańscy liberałowie znaleźli się w odwrocie. Zdaniem konserwatystów, a nawet ludzi ze środka sceny politycznej, liberałowie byli – w rosnącej gradacji zła – „sympatykami", „różowymi", „czerwonymi" lub „komuchami". W programach radiowych, filmach, książkach i gazetach była mowa nie tylko o rzeczywistej, agresywnej polityce zagranicznej Moskwy, ale również o ogromnej sowieckiej piątej kolumnie w Stanach Zjednoczonych, wspomaganej, świadomie lub nie, przez amerykańskich liberałów.

W wyborach do Kongresu w 1946 roku po raz pierwszy od szesnastu lat większość zdobyli republikanie. Wielu nowych kongresmenów, między innymi republikanin Richard M. Nixon z Kalifornii, w swej kampanii mówiło o „zagrożeniu komunistycznym" w kraju. Senator Joseph R. McCarthy, republikanin z Wisconsin, który również został wówczas wybrany, poczekał ze swym polowaniem na czarownice do 1950 roku, ale fala histerii i lęku, która dziś kojarzy się z jego nazwiskiem, w istocie rozpoczęła się w 1947 roku. Shirerowi trudno było zarzucić przewrażliwienie, gdy podejrzewał, że stał się jedną z jej pierwszych ofiar.

Dwa miesiące wcześniej „New Republic" doniósł, że w ciągu poprzedniego roku CBS, NBC i lokalne stacje radiowe zerwały pod presją sponsorów umowy z dwudziestoma paroma liberalnymi korespondentami i komentatorami. „Sieci coraz bardziej przejmują się «opinią», jaką mają w eterze – pisał autor artykułu. – [...] chcą unikać «kłopotów», zwłaszcza ze swymi klientami. Nacisk na «stonowanie» wiadomości przychylnych dla związków zawodowych i Rosji wyraźnie się wzmógł w ciągu ostatnich kilku miesięcy".

Gdy prezydent Truman ogłosił swoją doktrynę i zwrócił się do Kongresu o przyznanie czterystu milionów dolarów na pomoc dla rządów Grecji i Turcji, walczących ze wspieraną przez komunistów partyzantką, Shirer, podobnie jak wielu innych liberalnych komentatorów, skrytykował ten plan. Jego zdaniem w Atenach rządziła ta sama skorumpowana, skłonna do stosowania represji oligarchia, co przed zajęciem kraju przez Niemców w 1941 roku. Reżym odzyskał władzę tylko i wyłącznie dzięki interwencji Wielkiej Brytanii. Wspomaganie takiego rządu – argumentował Shirer – było bez sensu z moralnego i politycznego punktu widzenia.

Krytyczne wypowiedzi Shirera na temat rządu Grecji (oraz reżymu Chiang Kai-sheka w Chinach) wywoływały coraz ostrzejsze reakcje prawicy. Williams Company przekazała mu wiele listów od słuchaczy, którzy nie zgadzali się z jego liberalizmem. Shirer dowiedział się również, że zawzięcie konserwatywny katolicki arcybiskup Nowego Jorku, Francis Spellman, skarżył się na niego bezpośrednio Paleyowi. Wiceprezes agencji J. Walter Thompson pewnego dnia powiedział Shirerowi wprost, że jego liberalizm mu zaszkodzi.

„To na pewno z tego powodu przestali mnie sponsorować – myślał Shirer. – Wiceprezes agencji uknuł to z Williamsem". Bardzo zdenerwowany zadzwonił do Japa Gude'a i powiedział mu, co się stało. Dlaczego musiał się tego dowiedzieć od tej cholernej agencji? – spytał. Dlaczego Ed do niego nie zadzwonił? Nie miał wątpliwości, że Murrow i Paley nie będą czegoś takiego tolerować. Pokażą Williamsowi, kto tu rządzi. Znajdą Shirerowi innego sponsora i nie zrezygnują z jego niedzielnego programu. Przecież to dzięki niemu ten program miał liczną grupę stałych słuchaczy. To okienko w ramówce należało do niego!

Następnie zadzwonił do Murrowa. Czy to była audycja Shirera, czy sponsora? Czy CBS zachowa program, jeśli jemu lub sieci uda się znaleźć nowego sponsora?

Murrow obiecał, że oddzwoni, po czym udał się do Paleya. Przypomniał prezesowi o wielkich zasługach Shirera dla CBS i argumentował, że powinni zachować program i nadawać go o tej samej porze. Według Franka Stantona, który był świadkiem rozmowy, Paley sprawiał wrażenie, że dobrze wie o stanowisku Williamsa i nie chce nawet słyszeć o rozwiązaniu proponowanym przez Murrowa. Bill Paley miał dość Shirera, któremu woda sodowa uderzyła do głowy. Chciał, żeby go wykreślić z dotychczasowego miejsca w ramówce.

Niewątpliwie Shirer zbyt często podpadał prezesowi CBS. Raz na pewno przesadził. Rok wcześniej William Wrigley, król gumy do żucia, zgodził się sponsorować nowy program informacyjny i publicystyczny z udziałem Shirera, płacąc dwa i pół tysiąca dolarów tygodniowo, pod warunkiem że program będzie nadawany z Chicago, gdzie mieszkał Wrigley. Shirer był zachwycony życiem w Nowym Jorku i nie miał zamiaru wracać do miasta, gdzie się urodził, dlatego odrzucił propozycję. Paley był wściekły. Wezwał go do swego gabinetu, przypomniał, jak ważnym reklamodawcą jest Wrigley, i polecił mu przyjąć ofertę. Shirer nie zmienił decyzji. „Czy jesteś pewny, że chcesz odrzucić jego propozycję?" – spytał Paley lodowatym tonem. To nie był Paley, który zapraszał Shirera na przyjęcia i kolacje na Manhattanie i Long Island. To był potężny szef sieci, który stwierdził, że jego pracownik jest niesubordynowany.

Teraz Paley miał okazję wyrównać rachunki. Murrow, który z własnego doświadczenia dobrze znał arogancję Shirera, stanął po stronie szefa. Według Franka Stantona „ustąpił bardzo szybko". Nie miał jednak ochoty przekazywać Shirerowi złej wiadomości. „Powiedział, że to niesprawiedliwe, żeby on musiał to zrobić – wspominał Stanton. – W grę wchodziły związki osobiste. Nie chciał oznajmić staremu przyjacielowi, że wypadnie z programu".

Stanton, którego Paley awansował na dyrektora sieci w 1945 roku, nie był w tej sprawie stroną neutralną. Rywalizowali z Murrowem o względy Paleya i ich stosunki źle się układały. Stantona irytowało, że Murrow może go ominąć i w każdej kwestii zwrócić się bezpośrednio do Paleya, co często czynił. Tym razem jednak relacja Stantona zgadza się ze znanymi faktami. Minął tydzień, nim Murrow wreszcie się zdobył na przekazanie przyjacielowi złych wiadomości, a zrobił to tylko w odpowiedzi na notatkę Shirera z pytaniem, czy została podjęta jakaś decyzja. Zadzwonił do jego biura. Mówił „twardym, zimnym tonem, zupełnie inaczej niż Ed, którego znałem" – wspominał Shirer. Niezależnie od tego, czy znajdzie się sponsor, inny komentator przejmie niedzielne okienko Shirera. CBS postara się najpierw ustalić nową godzinę dla jego programu, a później poszuka sponsora. Do tej pory będzie „na pensji".

To oznaczało, że Shirer straci ponad tysiąc dolarów tygodniowo. Potrzebował tych pieniędzy, ponieważ zapewniały mu życie na wysokiej stopie. To rozwiązanie jest dla niego całkowicie nie do zaakceptowania – oświadczył Murrowowi. Okienko o siedemnastej czterdzieści pięć w niedzielę należało do niego.

Murrow poradził mu, żeby zachował spokój. Przecież nie był to pierwszy przypadek rezygnacji sponsora z finansowania programu.

Tak rzeczywiście było. Zdarzyło się to już Cecilowi Brownowi i innym, a w przyszłości mieli tego doświadczyć liczni inni dziennikarze. Sam Shirer już to raz przeżył: w 1943 roku koncern General Foods przestał sponsorować jego niedzielny program i Bill musiał zadowolić się gołą pensją – ale zachował miejsce w ramówce – aż wreszcie audycję przejęła firma Williams. Tego właśnie oczekiwał od sieci i tym razem: to on, nie zaś jakiś zastraszony zastępca, będzie prowadził program o tej samej porze, aż wreszcie znajdzie się nowy sponsor. Tylko pod tym warunkiem – słusznie argumentował – Paley i Murrow mogliby twierdzić, że to CBS decyduje o treści i sposobie prezentacji swoich programów informacyjnych.

Shirer coraz lepiej rozumiał, że przegrał, i czuł narastający gniew. Zaczął się zastanawiać nad zminimalizowaniem strat i możliwym odwetem. W rozmowie z Murrowem zażądał prawa poinformowania słuchaczy, że został zdjęty z anteny. Uzgodnili niejasne oświadczenie, które Shirer wygłosił dwudziestego trzeciego marca: „W przyszłą niedzielę po raz ostatni będę prowadził ten program. Sponsor i Columbia Broadcasting System poinformowali mnie o tej decyzji".

To była sensacyjna wiadomość. Gdy Shirer po przekazaniu jej opuszczał studio, czekało już na niego kilku dziennikarzy, żeby spytać, o co chodzi. Oznajmił, że sponsor pozbawia go prawa swobodnej wypowiedzi. Nie to było jednak najgorsze. CBS, zmuszając go do zrezygnowania ze stałej pory emisji, ułatwiała sponsorowi zadanie. W istocie sieć zaakceptowała prawo J.B. Williams – czy też dowolnego innego sponsora – do dyktowania treści programów informacyjnych.

„Przyczyną nagłej zmiany pory nadawania mojego programu – zadeklarował Shirer w rozmowie z dziennikarzami – jest najwyraźniej wyłącznie stanowisko, jakie reprezentuję w publicystyce. Oczywiście uważam to za próbę zakneblowania mnie". Inaczej mówiąc, nawet jeśli to sponsor wcisnął mu w usta knebel, to sieć zawiązała węzeł. Niewykluczone, że dopiero w tym momencie Paley, Murrow i cała CBS zdali sobie sprawę, że toczą wojnę, a z punktu widzenia Shirera to oni byli jego wrogami!

LIBERALNY KOMENTATOR WILLIAM SHIRER WYKOPANY – taki nagłówek ukazał się następnego dnia na pierwszej stronie liberalnej nowojorskiej bulwarówki „PM". Inne gazety nowojorskie przekazały wiadomość w podobnym stylu. Kierownictwo CBS podejrzewało, że taka reakcja prasy wcale nie była spontaniczna, lecz że to Shirer robił, co mógł, żeby wprawić sieć w zakłopotanie, mimo iż wciąż był jej pracownikiem. Shirer do końca życia odrzucał to oskarżenie. Twierdził, że nie miał nic wspólnego z pojawieniem się dziennikarzy przed studiem po jego programie, głośną demonstracją, jaka odbyła się pod biurem CBS tydzień później, oraz lawiną listów i telegramów w jego obronie, które Paley i Murrow dostali od znanych pisarzy, dziennikarzy, aktorów i artystów. Cóż mógł na to poradzić, że miał tylu wiernych słuchaczy?

Wśród nadawców telegramów z protestami byli Dorothy Parker, Arthur Miller, Gregory Peck, Robert Sherwood i – co najbardziej zabolało Murrowa – jego dobrzy przyjaciele, między innymi Archibald MacLeish, John Gunther i Vincent Sheean. Pewne osoby, które szanował, zaatakowały go bezpośrednio. Teraz, gdy został wiceprezesem CBS – sugerowały – zmienił się w typowego faceta z korporacji. „Co oni z tobą zrobili po twoim powrocie z Anglii, że nie walczysz w jego obronie?" – napisał Ralph Ingersoll, znajomy Murrowa i redaktor „PM".

Jako niechętny rzecznik CBS Murrow odrzucił oskarżenia Shirera i wydał oświadczenie, że decyzja o zmianie prowadzącego niedzielny program popołudniowy nie miała nic wspólnego z jego poglądami politycznymi. Posunięcie to – napisał Murrow – „nie pociąga za sobą odejścia pana Shirera z sieci, chyba że sam tak postanowi. Decyzję o zastąpieniu pana Shirera przez innego dziennikarza podjęło kierownictwo CBS. Pan Shirer otrzyma nowe miejsce w programie, ale nie zostało ono jeszcze ustalone. To zmiana przydziału".

Wielu, a może nawet większość, liberałów odrzuciło argumenty Murrowa. Nawet jeśli mówił prawdę (a tak było), że Williams Company wycofała się tylko ze sponsorowania programu i nie nalegała, aby zdjąć Shirera z anteny, to CBS zareagowała bardzo nieprzemyślanie w delikatnym politycznie momencie. Poza tym wszyscy przecież wiedzieli, że sponsorzy są przyzwyczajeni do tego, iż decydują o wspieranych przez siebie programach. Jak było z Cecilem Brownem i firmą Johns-Manville niecałe cztery lata wcześniej? Teraz najwyraźniej Shirera spotkał taki sam los, choć nikt w CBS nie powiedział mu zawczasu, żeby złagodził ton swoich komentarzy.

Jak na ironię, to Shirer najostrzej występował w obronie CBS w sprawie Browna, odrzucając oskarżenie, że sieć uległa naciskowi sponsora. Gdy chodziło o niego, inaczej widział sytuację. Jack Gould, wpływowy krytyk radiowy „New York Timesa", podzielał jego stanowisko. Dwa miesiące wcześniej skrytykował sieci za tolerowanie nadmiernego wpływu sponsorów na programy informacyjne. W odpowiedzi Murrow stwierdził wówczas, że pracownicy CBS są odpowiedzialni tylko wobec CBS. Teraz Gould zwrócił uwagę, że Shirer dowiedział się o podjętej decyzji od agencji reklamowej sponsora, nie zaś od CBS. „Pan Murrow [...] twierdził, że decyzję o odebraniu panu Shirerowi niedzielnego programu podjęła wyłącznie CBS – napisał Gould. – Pozostaje jednak faktem, że agencja reklamowa odgrywała istotną rolę w kontrowersjach dotyczących opinii przedstawianych na antenie, choć nie powinna mieć okazji włączyć się do tej dyskusji". Inaczej mówiąc, w takich sporach sieć powinna zajmować miejsce między dziennikarzem a jego sponsorem.

Dwa dni po konferencji prasowej Shirera Murrow poprosił Josepha Harscha, żeby poprowadził niedzielny program. Harsch, który przekazywał i analizował wiadomości codziennie o dwudziestej trzeciej piętnaście, był równie zdecydowanym (choć mniej znanym) liberałem jak Shirer. Murrow miał nadzieję, że to przyczyni się do uspokojenia sytuacji. Harsch przyjął propozycję, choć jako stary znajomy Shirera nie miał na to ochoty. Znał go jeszcze z Berlina, gdzie był korespondentem „Christian Science Monitor". Na prośbę Shirera Harsch nadał nawet kilka relacji z Berlina dla CBS i ostatecznie w 1943 roku został waszyngtońskim analitykiem sieci.

Po rozmowach z Murrowem i Shirerem Harsch doszedł do wniosku, że o zdjęciu programu Billa nie zadecydował jego liberalizm. Stary przyjaciel – powiedział Harsch – „miał pewną skłonność do myślenia, że odpowiedzialność za los liberalnej cywilizacji spoczywa na jego barkach [...] Eric Sevareid i Howard K. Smith byli równie liberalni, a jednak zostali w CBS".

Informując o przekazaniu prowadzenia programu Harschowi, Murrow oświadczył: „Jesteśmy przekonani, że pan Harsch, dzięki swemu bogatemu doświadczeniu wyniesionemu z Waszyngtonu i zagranicy oraz dostępowi do wielu źródeł w Waszyngtonie, podniesie teraz poziom komentarzy politycznych CBS". Mówiąc to, posypał sól na rany Shirera, z czego z pewnością zdawał sobie sprawę. W odpowiedzi Shirer dość ekstrawagancko stwierdził, że to, co zrobiła z nim CBS, przypomina mu przeżycia w hitlerowskich Niemczech. „Pracowałem dziewięć lat pod nadzorem nazistowskiej cenzury i nie chciałbym, żeby doszło do czegoś takiego w naszym kraju" – powiedział.

Po każdym nowym oświadczeniu i każdym nowym oskarżeniu spór zaogniał się coraz bardziej. „Trudno dziś sobie wyobrazić, jaką burzę wywołało zwolnienie Shirera. Tysiące telefonów do CBS, pikiety na ulicach, wiece, relacje na pierwszych stronach gazet, petycje, artykuły i felietony w mediach w całym kraju" – napisał znacznie później Harrison Salisbury w „Washington Post". Dziennikarskie i literackie środowisko w Nowym Jorku było zafascynowane: dwaj najbardziej znani dziennikarze radiowi – dwaj ludzie, którzy w y m y ś l i l i nowoczesne radiowe programy informacyjne – skoczyli sobie do gardeł, a najbardziej szanowana amerykańska sieć nadająca wiadomości została oskarżona o korzenie się przed sponsorem.

Przedstawiając publicznie swoje pretensje, Shirer wywołał burzę, nad którą nie zdołał zapanować. Teraz on i Murrow, kiedyś jego najbliższy przyjaciel, obrzucali się nawzajem najboleśniejszymi oskarżeniami. Murrow zarzucił Billowi, że nie wykonywał swoich obowiązków, a Shirer potępił Eda za nieuczciwość i brak zasad. Jeśli Murrow był z czegoś dumny, jeśli chciał być z czegoś znany, to właśnie z rzetelności. Czuł się głęboko upokorzony publicznym kwestionowaniem jego uczciwości i zachowaniem przyjaciół, takich jak MacLeish i Ingersoll, którzy żądali, żeby się tłumaczył. W pewnej chwili zadzwonił nawet do Shirera i nazwał go „parszywym sukinsynem", ponieważ „napuścił na niego tych liberałów".

Jednak to Murrow podjął ostatnią próbę doprowadzenia do zgody. On i Shirer znali się zbyt długo i zbyt wiele razem przeżyli, żeby ich przyjaźń tak się skończyła. W ciągu tego okropnego tygodnia Murrow pytał Billa Downsa i innych przyjaciół, co powinien zrobić. „To stary przyjaciel – mówił. – On czegoś nie potrafi zrozumieć. Wciąż powtarza: «To m ó j czas na antenie, ten czas należy do mnie». Nie potrafię mu wytłumaczyć, że ten czas nie jest jego własnością".

Wreszcie dwudziestego ósmego marca Murrow i Shirer spotkali się w barze hotelu „Berkshire", niedaleko biura CBS. Zgodzili się, że obaj zachowywali się jak idioci. Przy kieliszku zawarli kompromis. Shirer otrzymał sponsorowany program nadawany w sobotnie wieczory (tak się złożyło, że dotychczas prowadził go Larry LeSueur). W zamian miał doprowadzić do zakończenia ataków na CBS. Obaj, bardzo uradowani, przygotowali oświadczenie dla prasy. Jedyne, co pozostało, to uzyskać aprobatę Paleya. Burza wreszcie ucichnie.

Gdy jednak Murrow i Shirer udali się do gabinetu Paleya, żeby przedstawić mu kompromis, prezes od razu go odrzucił. Był zażenowany krytyką jego sieci i nie miał wątpliwości, że to Shirer wszystko zorganizował. „Z mojego punktu widzenia – powiedział mu w tej rozmowie – przestałeś być użyteczny dla CBS".

Zapadła cisza. Shirer spojrzał na Murrowa. Według niego Ed ograniczył się do miękkiego stwierdzenia: „Zawarliśmy porozumienie. Jeśli jednak ci ono nie pasuje, Bill... cóż, ty jesteś szefem".

W tym momencie, w gabinecie Williama S. Paleya, zakończyła się przyjaźń Shirera i Murrowa.

Shirer uważał, że Murrow go zdradził, ale ten myślał to samo o nim. On również nie miał wątpliwości, że za wszystkimi publicznymi protestami stał Shirer. Tak myślał nawet Jap Gude, agent Billa. „Shirer wszystkim sterował – powiedział. – Przecież to on zwołał tę konferencję prasową". Nie jest jasne, czy Gude powiedział o tym Murrowowi, który jednak dostał kolejny dowód od H.V. Kaltenborna, ówczesnego prezesa Stowarzyszenia Analityków Wiadomości Radiowych (Association of Radio News Analysts – ARNA). Była to kopia telegramu Shirera do Kaltenborna: JAKIEŚ ZAINTERESOWANIE ZE STRONY ARNA KWESTIĄ CZY PRODUCENT MYDŁA POWINIEN DYKTOWAĆ O CZYM NIE MA BYĆ MOWY NA ANTENIE [?] SŁYSZAŁEM INFORMACJE OD SETEK WYBITNYCH OBYWATELI I WIELU ORGANIZACJI. MILCZENIE ARNA STAJE SIĘ GŁOŚNE. Z SZACUNKIEM BILL SHIRER.

Murrow urządził awanturę rano w dniu emisji ostatniego programu Shirera.

„Ty sukinsynu – powiedział Ed, a Shirer później zacytował jego słowa. – Lepiej nie próbuj żadnych numerów. Masz się trzymać tekstu, bo inaczej..."

„Nie ma problemu, Ed – odpowiedział Bill. – Zdobyłem duże doświadczenie w trzymaniu się tekstu. W Berlinie. Pamiętasz?"

Według niego dwaj redaktorzy otrzymali polecenie zatwierdzenia każdego słowa, jakie będzie użyte na antenie. Ostatecznie nie powiedział niczego strasznego. „To moje ostatnie wystąpienie w tym programie – poinformował. – Przyczyny, które sprawiły, że prowadzę program po raz ostatni, są według mnie istotne, ale nie jest to właściwe miejsce i czas, żeby je rozważać".

Tego dnia Shirer złożył dymisję z pracy w CBS. Wykorzystując słowa Paleya, jakie padły po odrzuceniu kompromisu z hotelu „Berkshire", powiedział: „Uważam, że sieć Columbia Broadcasting System sprawiła, iż po dziesięciu latach regularnego nadawania programów z kraju i zagranicy nagle przestałem być dla niej użyteczny. Wobec tego składam dymisję".

Również Murrow wydał tego samego dnia oświadczenie:

> W ciągu minionego tygodnia pan Shirer wielokrotnie zapewniał nas, że zgadza się i rozumie, iż nasza decyzja o przesunięciu go na inną godzinę w programie nie wynikała z życzeń sponsora [...] Ani razu nie stwierdził, że nasza decyzja była spowodowana zastrzeżeniami do treści jego wystąpień lub tak zwanych liberalnych poglądów. To Columbia Broadcasting System, i nikt poza nią, postanowiła przekazać innemu analitykowi prowadzenie programu, którego gospodarzem dotychczas był pan Shirer. Panu Shirerowi się to nie podoba i na tym polega cała sprawa.

Przeciwnicy nie zakończyli jeszcze wymiany ciosów.

Dwa tygodnie później Overseas Press Club zorganizował lunch, podczas którego Murrow i Shirer mieli wygłosić przemówienia. Murrow początkowo zamierzał nie zniżać się do osobistych sporów, tylko poruszyć szerszy problem wpływu komercjalizacji na programy informacyjne. „To będzie groźny dzień dla amerykańskiego radia i telewizji, jeśli dojdzie do tego, że ci, którzy mają najwięcej pieniędzy, zdominują dyskusję na rynku idei" – stwierdził w przygotowanym tekście.

Pierwszy do głosu został dopuszczony Shirer. Kilka dni wcześniej – zaczął – otrzymał Nagrodę Peabody'ego za swoje komentarze. Jeśli był tak leniwy, jak twierdzili Murrow i CBS, to jakim cudem zdobył tę prestiżową nagrodę? Nie, nie został wyrzucony z powodu lenistwa, tylko ze względów politycznych. CBS i Murrow nie mieli odwagi, żeby stanąć przy nim, a nawet za nim, nie mówiąc już o zajęciu pozycji przed nim.

Dick Hottelet, który przyszedł na lunch z biura CBS razem z Murrowem, obserwował szefa podczas przemowy Shirera. „Ed zaczął grzebać kopytami. Do diabła z przygotowaną mową! Nawet nie wyciągnął kartki z kieszeni".

Gdy nadeszła jego kolej, przypomniał słuchaczom, że kiedyś również dostał Nagrodę Peabody'ego – w 1944 roku, cztery lata po reportażach o blitzu i walce Brytyjczyków z Niemcami, które uważał za swoje największe osiągnięcie. „Najlepszą robotę wykonałem na długo przed otrzymaniem nagrody. – Tak Hottelet zapamiętał słowa Murrowa. – Nie wysiadywałem nad jakimś jeziorem, ssąc kciuk i snując głębokie rozważania". Murrow zdjął rękawice, ale zdaniem Hotteleta Shirer dostał to, na co zasłużył. „Shirer zmusił Eda do wysunięcia argumentów, że przyczyną sporu nie były jego poglądy polityczne, tylko zaniedbywanie obowiązków. Nigdy nie słyszałem, żeby Ed przemawiał bardziej przekonująco i elokwentnie niż tego dnia". Po lunchu Shirer i Murrow wyszli bez pożegnania.

Dyskusja, czy CBS rzeczywiście uciszyła Shirera, toczyła się jeszcze przez prawie pięćdziesiąt lat. Gdy w ostatnim tomie swoich wspomnień, opublikowanym w 1990 roku, Shirer przedstawił własną wersję wydarzeń, znowu wybuchła awantura. Murrow zmarł wiele lat wcześniej, ale przyjaciele i koledzy natychmiast wystąpili w jego obronie. Zaczęła się wymiana jadowitych listów w mediach. Shirer wielokrotnie powtarzał dziennikarzom swoją relację, to samo robili obrońcy Murrowa. Choć wszyscy byli już w podeszłym wieku, namiętności bynajmniej nie wygasły.

Obie strony nie były całkiem szczere, ale wydaje się prawdopodobne, że o upadku Shirera zadecydowały i jego liberalne poglądy, i profesjonalne niedociągnięcia. George Herman, wówczas dziennikarz spisujący wiadomości, powiedział, że w biurze wszyscy wiedzieli, iż „sponsorzy zaczynają się obawiać liberalizmu Shirera". „Jednak – dodał – jest również prawdą, że się lenił. Mówił to samo raz po raz, używając różnej frazeologii. Zdaniem wielu miał ten program tylko dlatego, że Murrow go lubił, nie zaś dlatego, że był dobrym analitykiem". Gdy złożył dymisję, niemal żaden pracownik CBS nie wystąpił w jego obronie. „W redakcji wiadomości prawie nikt go nie lubił i nie szanował" – powiedział Herman.

Niewykluczone, że Williams zrezygnował ze sponsorowania Shirera z powodów politycznych, ale nie podał prawdziwego powodu ani CBS, ani nikomu innemu. Tak właśnie twierdzili krytycy CBS – sieć dała sponsorom zbyt wielką władzę nad treścią programów informacyjnych. Podobnie jak w przypadku Cecila Browna, sedno sprawy kryło się w następujących pytaniach: czy sieć podjęłaby jakieś działania z powodu dziennikarskich wykroczeń Shirera, gdyby nie stracił sponsora? Odpowiedź prawie na pewno brzmi: nie. Czy zatem można powiedzieć, że w istocie decydował sponsor? Odpowiedź prawie na pewno brzmi: tak.

Murrow bardzo się niepokoił konsekwencjami wpływu sponsora na kształt programów informacyjnych, choć w dalszym ciągu odrzucał oskarżenia, że takie wpływy zadecydowały o dymisji Shirera. Niedługo po lunchu w Overseas Press Club napisał do Edgara Ansela Mowrera, znanego korespondenta „Chicago Daily News", który blisko przyjaźnił się zarówno z nim, jak i z Shirerem (a był również jednym z korespondentów, którzy razem z Murrowem i Shirerem nadali pierwszą relację radiową po Anschlussie w 1938 roku).

> Wydaje mi się, że Shirer i inni mogą zasadnie kwestionować naszą decyzję wprowadzenia na jego miejsce Joego Harscha, ale gdy insynuują nam nieczyste motywy, nie mam innego wyjścia, jak tylko podać fakty. Obaj wiemy, że sponsorowanie programów informacyjnych i publicystycznych prowadzi do wielu problemów, sięgających znacznie głębiej, niż miało to miejsce w sprawie Billa Shirera.

Usuwając Shirera z niedzielnego programu dopiero po tym, jak sponsor zerwał z nim umowę, CBS wysłała jednak wyraźny sygnał, że nie będzie bronić swoich dziennikarzy. W chwili gdy Joe McCarthy i inni mieli rozpętać najgorsze piekło, było to, mówiąc delikatnie, bardzo niefortunne posunięcie.
Wiele lat później Shirer twierdził, że wyrzucenie go z pracy „oznaczało początek nowej polityki CBS, polegającej na ustępowaniu przed duchem czasu, tak jak go postrzegano". W rzeczywistości CBS „ustępowała" już wcześniej. Różnica polegała na tym, że teraz był w to zaangażowany Murrow. W następnych latach presja polityczna, jaką odczuwali dziennikarze, jeszcze się wzmogła. Inni, również Murrow, też wylądowali na ławie oskarżonych. Shirer trafnie przewidywał, gdy powiedział Murrowowi podczas jednej z ich ostatnich konfrontacji: „Nie potrafisz tego sobie teraz wyobrazić, Ed, ale przyjdzie kolej i na ciebie. Któregoś dnia doświadczysz tego, czego ja teraz doświadczam".

Sprawa Shirera zniszczyła wiele bliskich przyjaźni i rozluźniła więzy lojalności. Inni Chłopcy poparli swego mentora i bezpowrotnie zerwali z Shirerem. „To było traumatyczne doświadczenie – wspominał Larry LeSueur. – Blisko się przyjaźniłem z Billem. Musiałem jednak wybrać i stanąłem po stronie Murrowa. Później już nie spotkałem się z Billem". Howard Smith napisał do Murrowa z Londynu, że wiadomość o odejściu Shirera „złamała mu serce". „Bardzo lubię starego Billa, choć jest lubieżny i apodyktyczny" – dodał. Zgodził się, iż Shirer był arogancki i leniwy, ale zauważył, że „bez tego dziada zespół wydaje się niekompletny".

Niektórzy uważali, że dałoby się uniknąć tego kryzysu, gdyby Murrow szczerze pogadał z Shirerem o jego postępowaniu na długo przed ostatecznym wybuchem; gdyby to on, nie zaś agencja reklamowa, poinformował go o wycofaniu się sponsora; gdyby skomplikowane stosunki osobiste łączące Murrowa z Shirerem nie miały wpływu na jego sądy jako szefa CBS News; oraz gdyby Shirer zachował zimną krew i nie próbował manipulować zdarzeniami.

Jednak Murrow i Shirer nie potrafili uczciwie się przyznać do targających nimi emocji. Żaden nie był gotowy zdradzić braku pewności siebie, okazać słabości lub porozmawiać z drugim o postrzeganych u niego niedostatkach. Byli dumni, mieli nadmiernie rozwinięte ego. Wypadki spychały ich do przeciwległych narożników, aż wreszcie dystans między nimi stał się zbyt duży.

Po dymisji Shirera Murrow, wytrącony z równowagi i dręczony poczuciem winy, nie chciał dłużej kierować CBS News, ponieważ uważał, że to nieuczciwe zajęcie. Dziewiętnastego lipca 1947 roku, niecałe cztery miesiące po ostatnim programie Shirera, zrezygnował ze stanowiska wiceprezesa i wrócił do dziennikarstwa. „To nie jest praca dla mnie – powiedział. – Nie mogę robić takich rzeczy moim przyjaciołom".

Po odejściu z CBS Shirer do 1949 roku raz w tygodniu prowadził trwający kwadrans program informacyjno-publicystyczny w Mutual, ale nie udało mu się już nigdy dostać normalnej pracy w radiu lub telewizji. W 1950 roku został umieszczony w *Red Channels*, na antykomunistycznej czarnej liście pracowników radia, gdzie opisano go jako sympatyka komunizmu. To wystarczyło, żeby nikt nie chciał go zatrudnić. Shirer zarabiał na życie odczytami i książkami. Opublikował dwie książki z zakresu literatury faktu, *End of a Berlin Diary* i *Midcentury Journey*, oraz kilka powieści, które nie cieszyły się powodzeniem. „To były dla nas bardzo ciężkie czasy – wspominała jego córka Inga Dean. – Ojciec czuł się zraniony, gdy widział swoje nazwisko w artykułach typu «co teraz robią»: *Co stało się z Williamem L. Shirerem?*"

Niedługo po odejściu z CBS rozpoczął pracę nad monumentalną historią nazistowskich Niemiec. Jego dzieło *Powstanie i upadek Trzeciej Rzeszy* ukazało się w 1959 roku nakładem wydawnictwa Simon & Schuster. Książka stała się fenomenalnym bestsellerem – sam Book-of-the-Month Club sprzedał ponad dwa miliony egzemplarzy, najwięcej w swojej historii. Shirer otrzymał za nią National Book Award. Nagle znowu miał pieniądze, sławę i prestiż, na czym tak bardzo mu zależało.

Nic jednak nie ułagodziło jego wściekłości. Przez całe życie kolekcjonował krzywdy, jakie go spotkały. Kiedyś twierdził, że „New York Times" opublikował krytyczne recenzje kilku jego książek, bo wcześniej on pisywał do „New York Herald Tribune". Krzywda, którą wyrządził mu Murrow, była największą ze wszystkich, jakich doznał w życiu. Hołubił ją niczym nowo narodzone dziecko do końca swego życia.

W jednej z jego książek, powieści z kluczem o CBS, zatytułowanej *Stranger Come Home*, opublikowanej w 1954 roku, Ed Murrow występuje jako menedżer sieci telewizyjnej Bob Fletcher i jest głównym łajdakiem w kampanii oszczerstw wymierzonej przeciw odważnemu, liberalnemu komentatorowi Raymondowi Whiteheadowi. „W głębi serca miałem przykre uczucie – mówi Whitehead w powieści – że z niepojętych powodów ten człowiek, którego kiedyś kochałem i podziwiałem, postanowił mnie zniszczyć, a w każdym razie pomóc w tym innym". Podczas przesłuchania, prowadzonego przez senatora podobnego do McCarthy'ego, Fletcher daje do zrozumienia, choć nie mówi tego wprost, że Whitehead był komunistą, po czym jakże ostrożnie dodaje: „Senatorze, nie do mnie należy wydawanie sądów. Jeśli wolno mi tak powiedzieć, jest to pańskie zadanie".

Komentując umieszczoną w książce rutynową notkę, że wszystkie postacie w *Stranger Come Home* są wymyślone, recenzent „New York Timesa" Charles Poore oschle stwierdził: „Gdybym jej nie zauważył i nie uznał za deklarację uczciwego człowieka, mógłbym odnieść wrażenie, że panu Shirerowi cholernie zależy na sprawieniu tęgiego lania kilku znanym osobom, teraz zajmującym ważne stanowiska w telewizji, służbie publicznej i polityce". Wprawdzie Shirer w bardzo niekorzystnym świetle przedstawił postać reprezentującą Murrowa, ale zdaniem Poore'a jeszcze ostrzej opisał Whiteheada, swoje *alter ego*, którego sportretował jako „jednego z tych ludzi tak bardzo przekonanych o własnej słuszności, że stają się zupełnie nie do wytrzymania".

ROZDZIAŁ DWUDZIESTY PIERWSZY

„ZAGROŻONA GROMADKA BRACI"

Był rok 1948. Zimowy wieczór w Hawthorne, nieco na południowy wschód od lotniska w Los Angeles, w czasach gdy znajdowało się ono za miastem. Kilkunastu ludzi siedziało w ciemności na rozkładanych krzesłach i skrzynkach. Niektórzy przynieśli prażoną kukurydzę i kanapki, inni popijali z termosów kawę lub gorącą czekoladę. Starsze małżeństwo, cierpiące na reumatyzm, owinęło się kocami.

Wszyscy siedzieli na trotuarze i wpatrywali się w wystawę sklepu. Sklep, podobnie jak inne w okolicy, był już zamknięty. Jedynymi światłami, pozwalającymi ludziom nalewać kawę i czekoladę, były słaba, niebieskawa poświata z okienka, w które się wpatrywali, nieco cieplejszy blask odległej o trzydzieści metrów samotnej latarni ulicznej i smuga z namiotu kina na Plaza, pół kwartału dalej. (*Wieczna Amber* plus drugi film fabularny, komiksy i wiadomości, bilet pięćdziesiąt centów dorośli, czternaście centów dzieci). Siedzieli tak godzinę lub dwie, przyglądając się przedmiotom na wystawie.

Przyglądali się telewizorom. Właściciel zostawił je włączone, nastawione na ten sam kanał. Nie słychać było słów ani żadnych innych dźwięków. Ludzie na trotuarze przyglądali się tylko tańczącym obrazom, aż wreszcie zobaczyli majestatycznie powiewającą amerykańską flagę, sygnalizującą zakończenie programu. Nie słyszeli hymnu. Większość wstała i poszła do domu. Zostały tylko dwie lub trzy osoby, które wpatrywały się w ekran z obrazem kontrolnym.

Następnego wieczoru przed sklepem zgromadziła się podobna grupka. Tak było jeszcze przez wiele nocy, a rok, najwyżej dwa lata później w niemal wszystkich domach w Hawthorne stały już telewizory, a na dachach pojawiły się anteny.

Rozpoczęła się epoka telewizji.

Frank Stanton, prezes CBS, był na krajowej konwencji Partii Republikańskiej w Filadelfii, podczas której Thomas E. Dewey miał uzyskać nominację na kandydata na prezydenta i wystartować w wyborach przeciw Harry'emu S. Trumanowi.

„Proszę – błagał Eda Murrowa i Erica Sevareida – poświęćcie Dougowi kilka minut pod koniec wieczoru. Musicie tylko usiąść przed kamerą i porozmawiać chwilę o tym, co działo się na konwencji".

„Telewizja to strata czasu, naszego i wszystkich innych".

„Proszę".

„Och, dobrze, Frank, skoro nalegasz".

Murrow i Sevareid przyszli o wyznaczonej godzinie do maleńkiego „studia" telewizyjnego CBS, z białymi prześcieradłami naciągniętymi na ścianach. Siedzieli przed oślepiającymi, gorącymi lampami i rozmawiali chwilę z Douglasem Edwardsem o konwencji. Zgodzili się nawet założyć te śmieszne aparaty podobne do słuchawek ze sterczącymi antenami, zejść do głównej sali i zrobić reportaż, choć określenie „reportaż telewizyjny" wydawało się sprzeczne wewnętrznie.

Chłopcy Murrowa nie chcieli mieć nic wspólnego z telewizją. Uważali ją za niepoważną i z natury poniżającą dla każdego, kto nie zajmował się rozrywką lub reklamą, a już na pewno dla korespondentów zagranicznych, którzy relacjonowali wojnę światową. Poza tym przecież w całym kraju było tylko milion telewizorów, natomiast odbiorników radiowych – kilkadziesiąt milionów.

Murrow, Sevareid, Charles Collingwood, Dick Hottelet, Larry LeSueur i Howard Smith przyjechali do Filadelfii relacjonować i komentować przez radio przebieg konwencji. Ich koledzy z działu telewizji CBS zabrali się z nimi jak dalecy, niemile widziani krewni. Plan relacji radiowych był równie szczegółowy i precyzyjny jak plan wielkiej operacji wojskowej, natomiast przygotowania do transmisji telewizyjnej były tak chaotyczne, że dopiero po przyjeździe do Filadelfii Doug Edwards dowiedział się, iż to on ma ją prowadzić.

Gdy Chłopcy Murrowa ulegali presji i od czasu do czasu występowali przed kamerą, dawali jasno do zrozumienia, że się poniżają. Już praca w tak zwanym studiu Edwardsa pod dachem była wystarczająco okropna, a co dopiero mówić o schodzeniu do dusznej, gorącej sali konferencyjnej! Dziennikarze musieli nosić te idiotyczne słuchawki i dźwigać ważący piętnaście kilogramów przekaźnik fonii. Już po kilku minutach letni garnitur był mokry od potu.

Nie wynaleziono jeszcze przenośnych kamer telewizyjnych. Żeby wejść na antenę, należało pomachać nad głową czerwoną latarką i mieć nadzieję, że kamerzysta w studiu zauważy sygnał i skieruje kamerę z silnym teleobiektywem we właściwą stronę. Jeśli nie, trzeba było wdrapać się do studia zawieszonego tak wysoko, że Doug Edwards musiał pożyczyć od córki lornetkę, bo inaczej nie mógł odczytać wypisywanych na tablicy wyników kolejnych głosowań. Występowanie w telewizji podczas konwencji miało tylko jedną zaletę: studio, w przeciwieństwie do prawie całej sali konferencyjnej, było klimatyzowane.

Tuż przed północą, w tym historycznym dniu pierwszej telewizyjnej relacji z konwencji, znudzony i zmęczony Ed Murrow, dotrzymując złożonego słowa, rozwalił się na fotelu przed kamerą i odbył zdawkową rozmowę z Dougiem Edwardsem i Sevareidem. „To widocznie kwestia upału – powiedział na wizji. – Siedzimy tu od dziesięciu minut i jak dotychczas powiedzieliśmy tylko, że dziś niewiele się działo, a jeśli coś się wydarzyło, to nic o tym nie wiemy".

Początkowo nikt w CBS, z wyjątkiem Franka Stantona, nie traktował telewizji szczególnie poważnie. Lekceważył ją nawet Bill Paley. Stanton uważał, że nowe medium będzie idealnie odpowiadało rosnącemu zapotrzebowaniu publiczności na rozrywkę i zapewni reklamodawcom nowe, bardzo skuteczne metody dotarcia do klientów. Próbował zainteresować tym Paleya, ale telewizja nie zrobiła na prezesie wielkiego wrażenia. „Bill sądził, że telewizja zaszkodzi radiu – powiedział Stanton. – Nie widział w niej źródła zysku. Sądził, że nie stać nas na telewizję, że jest zbyt kosztowna... Nie udało mi się nawet ściągnąć go na pierwszą naradę budżetową telewizji. Zawsze czułem, że on nie chce być stroną żadnych umów, chce mieć możliwość wycofania się i powiedzenia: «No, przecież ja tego wcale nie chciałem». To był czas ryzyka".

Sceptycyzm Paleya wynikał z rozważań biznesowych, natomiast Murrow i Chłopcy niepokoili się wpływem telewizji na programy informacyjne. Wszyscy najpierw byli zwykłymi dziennikarzami, dopiero później przeszli do radia. W radiu widzieli narzędzie przekazu słowa pisanego, eteryczne przedłużenie maszyny drukarskiej. Telewizja była natomiast radykalnie nowym medium. Czymś więcej – lub mniej – niż radio z ilustracjami. W telewizji najważniejszy był obraz. Ponadto, z uwagi na wysokie koszty produkcji, przy realizacji wszystkich programów bez subsydiów rządowych podstawowe znaczenie musiały zawsze mieć względy komercyjne.

Po wojnie radio również zmierzało w kierunku coraz większej komercjalizacji, ale w telewizji gra toczyła się o znacznie wyższą stawkę, wymogi były znacznie surowsze, a wpływ na publiczność o wiele silniejszy. Telewizja komercyjna, niemal z definicji, musiała być bardzo powierzchowna. Brakowało jej pamięci, poczucia historii, zainteresowania kontekstem, czasu na poważne wiadomości. W późniejszych latach w telewizji pracowało wielu inteligentnych i utalentowanych dziennikarzy, producentów, reżyserów, techników, ale jeśli udało im się stworzyć coś godnego uwagi, to stało się to pomimo priorytetów komercyjnej telewizji, nie zaś dzięki nim. Nie ma nic zaskakującego w tym, że do czasu pojawienia się telewizji kablowej programy informacyjne odgrywały w telewizji drugorzędną rolę. Należy raczej się dziwić, że mimo to były tak dobre.

Z punktu widzenia Chłopców telewizja w swym początkowym okresie nie miała absolutnie żadnych zalet. Zarabiali znacznie więcej, prowadząc sponsorowane programy radiowe, niż mogli dostać w telewizji, a poza tym nie cierpieli całej otoczki typowej dla przemysłu rozrywkowego – reflektorów, kamer, makijażu. To wszystko śmierdziało Hollywoodem. „Sądziliśmy, że występy w telewizji są zajęciem niegodnym mężczyzny, podobnie jak dawniej dziennikarze gazetowi myśleli o występach w radiu" – powiedział Howard K. Smith. Według Dona Hewitta Murrow i inni uważali, że „radio jest dla dorosłych, a telewizja dla dzieci [...] Myślę czasami, że mieli rację".

Po konwencji w 1948 roku CBS postanowiła rozpocząć regularną emisję telewizyjnych wiadomości. Stanton zmusił Douglasa Edwardsa, żeby zgodził się je prowadzić. Pod koniec lata 1948 roku Edwards wszedł na antenę z trwającym kwadrans programem *CBS TV News*, emitowanym tylko w Nowym Jorku i jeszcze trzech miastach na Wschodnim Wybrzeżu. Program był tak nędzny, jak tego oczekiwali Chłopcy. Był to powrót do czasów „szczególnych wydarzeń" w wiadomościach radiowych. Realizator programu nie miał swoich korespondentów ani ekipy z kamerą. Pokazywano filmy kupione od agencji – konkursy piękności, wystawy psów, wydarzenia sportowe, przecinanie wstęgi. (Nie było relacji z najnowszych wydarzeń, ponieważ produkcja i emisja filmu trwała zbyt długo). To rzeczywiście było ilustrowane radio – kiepskie radio z kiepskimi ilustracjami!

Murrow i Chłopcy nie tylko krytykowali program Edwardsa, ale również do niego samego odnosili się ze wzgardą. Gdy Murrow zainaugurował swój coroczny przegląd wydarzeń, nie zgodził się na jego udział, ponieważ – jak wspominał Sig Mickelson – „był zdania, że Doug nie jest w stanie występować razem z takimi ludźmi jak Hottelet i Collingwood". Oni uważali spokojnego i cichego Edwardsa za przeciętnego autora i powierzchownego myśliciela. Największym obciążeniem było zaś to, że przegapił prawie całą II wojnę światową (po długich prośbach o przydział za granicę został wysłany do Londynu kilka miesięcy przed zakończeniem wojny). „Doug nigdy nie należał do naszej paczki – powiedział Larry LeSueur. – Jak mogło być inaczej? Murrow, Collingwood, Sevareid, Bill Downs i ja mieliśmy pewne wspólne doświadczenia, których nie dało się zatrzeć. Braliśmy udział w tworzeniu historii II wojny światowej. Wiedzieliśmy też, co to znaczy przeżywać razem strach".

Zespół Murrowa traktował równie protekcjonalnie Dona Hewitta, młodego, ekspansywnego producenta, który starał się poprawić wieczorne wiadomości telewizyjne Edwardsa ciekawszymi materiałami wizualnymi. Dla nich był arywistą, dzieciakiem z Associated Press. Nie studiował w Oksfordzie, nie skończył nawet zwykłego college'u. Gdy później pracował z Murrowem nad realizacją przełomowego serialu dokumentalnego *See It Now*, nadal był traktowany jak obcy. „Nigdy nie mogłem wkręcić się w ten tłum. Byłem dla nich zbyt ekstrawagancki i krzykliwy, nie dość myślący".

„Wolałbym, żeby ta cholerna telewizja nigdy nie została wynaleziona" – zrzędził Murrow, ale oczywiście nic, a zwłaszcza jego narzekania, nie mogło powstrzymać błyskawicznego rozwoju nowego medium. Ludzie kupowali telewizory tak szybko, jak tylko były produkowane. W 1946 roku w całych Stanach Zjednoczonych było sześć tysięcy odbiorników telewizyjnych. Rok później ich liczba wzrosła do stu dziewięćdziesięciu tysięcy, a w 1949 przekroczyła dziesięć milionów i wciąż rosła. Trzy sieci telewizyjne – CBS, NBC i nieszczęsna Dumont (ABC zajęła się telewizją dopiero w 1954 roku) – tworzyły nowe programy rozrywkowe równie prędko, jak producenci wytwarzali telewizory. Ósmego czerwca 1948 roku wystartował *Texaco Star Theater* z Miltonem Berle'em, wkrótce po nim pojawiły się *Toast of the Town* i *Arthur Godfrey's Talent Scout* Eda Sullivana, a w 1950 roku *Your Show of Shows*, wyrafinowane i błyskotliwe widowisko komediowe z Sidem Caesarem i Imogene Coca.

W 1951 roku ukończono budowę ogólnokrajowego systemu kabli współosiowych, który umożliwił przekazywanie na żywo transmisji z jednego wybrzeża na drugie. To natychmiast znalazło odbicie w rankingach: tego roku, po raz pierwszy, w najlepszej porze – od dwudziestej pierwszej do północy – więcej Amerykanów oglądało telewizję, niż słuchało radia. W celu utrzymania ich przy telewizorach pośpiesznie produkowano nowe programy. W 1951 roku na antenę wszedł *Kocham Lucy* z Lucille Ball. Popularne programy radiowe, takie jak *The George Burns and Gracie Allen Show*, *Amos 'n' Andy*, *Our Miss Brooks* i *Dragnet*, szybko zaadaptowano do nowego medium. Twórcy premierowych programów, na przykład *Studio One*, usiłowali wykorzystać jego nieznane dotąd, dramatyczne możliwości.

To wszystko stało się tak szybko! W latach 1948–1951 kraj uległ wielkiej przemianie. Wszyscy zapomnieli o rozczarowaniu, jakie przyniosło zakończenie wojny. Rozpoczęły się lata pięćdziesiąte, z ich dziwną mieszaniną konsumpcyjnego nastawienia, konformizmu i twórczej ekspansji. Radio, w swej dotychczasowej wersji, było już martwe i nikt nie miał czasu, żeby wyprawić mu przyzwoity pogrzeb.

Teraz nawet Bill Paley zrozumiał, jak bardzo się pomylił. Ed Murrow i Chłopcy, choć cały czas narzekali, musieli pogodzić się z telewizją. Murrow jednak sformułował pewne warunki tego porozumienia, wyznaczając w ten sposób standardy, które miały posłużyć do oceny wiadomości telewizyjnych.

„To stary zespół, który usiłuje nauczyć się nowego rzemiosła" – powiedział Murrow do kamery osiemnastego listopada 1951 roku, mrużąc oczy podrażnione dymem z papierosa. Tak rozpoczął pierwszy odcinek *See It Now*, pierwszego – i wciąż najbardziej prowokującego – telewizyjnego serialu dokumentalnego. „Moim celem – kontynuował – nie będzie zasłanianie wam widoku bardziej, niż mogę, pochylanie się od czasu do czasu nad ramieniem kamerzysty, żeby wtrącić słowo, które pomoże naświetlić i wyjaśnić, co się dzieje". Składnia była wprawdzie nieco kulawa (zapewne na skutek zdenerwowania), ale sens wydawał się oczywisty: według Murrowa w telewizji konieczne było słowo, żeby „naświetlać i wyjaśniać".

Program rozpoczął się od efektownej demonstracji możliwości kabli współosiowych – w tym samym programie widzowie mogli zobaczyć na żywo most Brookliński i Golden Gate, co w tamtych czasach prymitywnej techniki było imponującym wyczynem. Później jednak Murrow, który siedział w kabinie kontrolnej, przeszedł do poważniejszych spraw. Najpierw Eric Sevareid mówił z Waszyngtonu o stratach w wojnie koreańskiej. Howard Smith zrelacjonował z Londynu najnowsze propozycje dotyczące kontroli zbrojeń jądrowych. Przez chwilę panowała „histeria pokojowa – powiedział – ale wszystko wróciło do normy i wzajemna niechęć jest równie silna, jak była". Bob Pierpoint przedstawił widzom żołnierzy z kompanii Fox w Korei – w kolejce do kantyny, grających w kości, czytających, golących się, śpiewających i podczas patrolu na ziemi niczyjej.

Pierwszy odcinek *See It Now*, zrealizowany w formie magazynu, dziś dobrze znanej telewidzom, lecz wówczas stanowiącej nowość, wyraźnie dał do zrozumienia, że serial nie będzie się zajmował głupstwami, jakie wtedy uchodziły za wiadomości telewizyjne. Program miał przede wszystkim analizować ważne wydarzenia. Słowa i pomysłowa technika filmowa miały dostarczać wiadomości i ułatwiać lepsze ich zrozumienie, a wplatane lżejsze tematy – zapewniać nieco rozrywki. „Pierwszy odcinek *See It Now* na zawsze zmienił telewizję – powiedział Hewitt, który go realizował, a kilkadziesiąt lat później zapożyczył różne stare pomysły, tworząc *60 Minutes*. – Ed Murrow sprawił, że telewizja stała się szanowanym medium. Wszystkie radiowe sławy, Sevareid, Howard Smith i Collingwood, mogły teraz przestać patrzeć na nią z pogardą".

Choć jako program telewizyjny *See It Now* był nowatorski, widzowie, którzy słuchali Murrowa i Chłopców w czasie wojny, mogli rozpoznać zasadniczy pomysł: skupić się na „małym obrazie", przedstawić ważne wydarzenia i problemy, opowiadając, jakie mają one znaczenie dla ludzi. W jednym z historycznych odcinków *See It Now* zabrano Amerykanów zimą do Korei i przez godzinę pokazywano im ludzką stronę wojny. Ekipy telewizyjne i korespondenci – Bill Downs, Larry LeSueur, Bob Pierpoint, Lou Cioffi i Ed Murrow – wędrowali w śniegu i deszczu po smaganych wiatrem zboczach, przeprowadzając wywiady z żołnierzami i filmując ich akcje. Rozmawiali z pielęgniarkami w jednostce MASH, lecieli samolotem C-47, który zrzucał ulotki propagandowe nad Koreą Północną, udali się na pokład statku szpitalnego, żeby porozmawiać z rannymi. Stojąc wśród gruzów zbombardowanej wsi, Bill Downs, który naoglądał się już dość takich scen, komentował widok starca idącego z małą dziewczynką: „To strona wojny, jaką rzadko widujemy, ale prawdopodobnie to ona jest najważniejsza".

Program nie wymagał batalionów pracowników technicznych, dziennikarzy ani asystentów. Potrzebna była tylko kamera, ekipa dźwiękowa, Murrow, jego dwaj ulubieni Chłopcy i dwaj młodzi korespondenci wojenni. Murrow był równocześnie reporterem i polowym kierownikiem produkcji, rozdzielał zadania korespondentom i ich zespołom. Wszystko działo się niemal jak za dawnych dni w Londynie. Murrow niedbale proponował pewne tematy i zachęcał innych do wysuwania własnych sugestii. „Każdego dnia rano siadaliśmy przy stole i układaliśmy plan – opowiadał Pierpoint. – Murrow mówił coś takiego: «Dobra, Bob, może pojedziesz do bazy lotniczej i zrobisz coś z pilotami? Ja wybiorę się do jednego z oddziałów piechoty. Bill, czym ty chcesz się zająć?» To nie producenci decydowali, co mamy robić, tylko Ed i my czterej. Moim zdaniem on naprawdę uważał, że najważniejszy w tym programie powinien być reporter".

Jednak nawet w *See It Now* taka niezależność i wolność korespondentów była czymś rzadkim, a wkrótce całkowicie znikła. Postarał się o to tytaniczny Fred Friendly, producent i partner Murrowa.

Urodzony w Nowym Jorku Friendly miał metr dziewięćdziesiąt wzrostu, ważył ponad sto kilogramów i był człowiekiem-wulkanem, znanym z hałaśliwego entuzjazmu i gwałtownych, histerycznych wybuchów. „Eksploduje, wyrzucając z siebie sto pomysłów, z których dziesięć może być coś warte" – powiedział kiedyś o nim Charles Collingwood. Friendly, który nigdy nie był dziennikarzem, po raz pierwszy współpracował z Murrowem w 1947 roku przy produkcji płyty *I Can Hear It Now*, będącej kompilacją historycznych przemówień z narracją Murrowa. Album okazał się sukcesem – wyprodukowano jeszcze kilka następnych – i dał początek cotygodniowemu programowi radiowemu *Hear It Now*. Program produkował Friendly, a prowadził Murrow. Gdy nastała telewizja, oczywistym kolejnym krokiem było *See It Now*.

Friendly, człowiek pełen pasji, szorstki i dominujący, był motorem napędowym *See It Now*. To on nadzorował korespondentów, kamerzystów, autorów i redaktorów, dzięki czemu Murrow mógł się skupić na tematach i wydarzeniach. Ten układ bynajmniej nie odpowiadał korespondentom. Od dawna przywykli do bezpośrednich kontaktów z Murrowem, natomiast teraz napotykali na swej drodze człowieka, który w odróżnieniu od menedżerów z CBS bez wahania wydawał im rozkazy.

David Schoenbrun kiedyś uznał, że Friendly zmasakrował reportaż, jaki przygotował dla *See It Now*, wobec czego wyładował wściekłość na Murrowie:

> W ciągu dziesięciu lat wspólnej pracy z tobą nigdy nie miałem w radiu takich kłopotów. Wysyłałem ci depesze, mając pełne zaufanie co do tego, jak je wykorzystasz, i czułem dumę, że to ty

zrobisz z nich użytek. Dlaczego teraz nie mam takiego zaufania i nie czuję dumy, pracując dla *SIN*? Dlatego, że teraz nie kontaktujemy się bezpośrednio podczas pracy, lecz przez pośredników, którzy nie uznają naszych standardów, są producentami i technikami, nie zaś reporterami.

Osobliwe wymagania telewizji nie były dla korespondentów CBS czymś zupełnie nowym. Już w 1949 roku Nowy Jork wysłał wszystkim kamery filmowe z niedbałą instrukcją: „Nawiasem mówiąc, proszę nauczyć posługiwać się kamerą, tak aby mógł pan również przygotowywać relacje filmowe dla telewizji". Howard Smith odpowiedział centrali, co może zrobić ze swoją kamerą. „Szczerze mówiąc, myślę, że to najbardziej cholerny pomysł, o jakim kiedykolwiek słyszałem – napisał do Murrowa. – [...] to taki absurd, jakby ktoś kazał chirurgowi po usunięciu wyrostka robaczkowego jeszcze zaplombować pacjentowi dziury w zębach – no, bo przecież medycyna i stomatologia to prawie to samo".

Na początku lat pięćdziesiątych od korespondentów wciąż żądano, żeby przygotowywali materiały zarówno dla codziennych wiadomości telewizyjnych, jak i dla *See It Now* – równolegle ze stałą pracą dla radia. W pewnym momencie Smith przekazał Murrowowi ostry protest. Miał zbyt wielu panów, miał dość ciągłych utarczek i braku koordynacji. Wszystko, co sprawiało, że on i inni Chłopcy lubili pracować w CBS pod kierownictwem Murrowa, teraz ulegało zmianie. „Kiedyś pracowaliśmy pod kierunkiem jednej szefa, dla jednej firmy, teraz mamy trzech szefów i trzy firmy. Jestem zmuszony ci powiedzieć, że żaden z tych trzech oddziałów nie wykazuje zrozumienia dla faktu, iż mamy zobowiązania wobec pozostałych dwóch [...] Trwa nieustająca przepychanka. Żyjemy w atmosferze wiecznych starć".

Korespondenci woleli pracować dla prestiżowego i opiniotwórczego *See It Now* niż dla codziennych programów telewizyjnych. Byli jednak przyzwyczajeni do tego, że Murrow jest po ich stronie, on zaś teraz musiał być lojalny wobec innych i często wydawał się bliższy ludziom z zespołu *See It Now* niż starym kumplom z czasów wojny. W rzeczywistości nigdy nie zaprzyjaźnił się z Friendlym i członkami ekipy *See It Now* tak blisko jak z Chłopcami, ale teraz był mniej skłonny do podejmowania walki w ich sprawach, a tym bardziej w sprawach innych korespondentów. „Murrowa obchodziło tylko i wyłącznie *See It Now*" – narzekał Larry LeSueur. Po spotkaniu, na którym Murrow zasugerował, żeby od tej pory kamerzyści i korespondenci mieli równy status, Smith powiedział do Schoenbruna: „David, myślę, że to koniec".

Kamerzyści, producenci, kosztowna technika – to wszystko niewątpliwie sprawiło, że cechy, dzięki którym Chłopcy Murrowa byli tacy niezwykli przed wojną i w czasie wojny, przestały się liczyć. Stracił na znaczeniu ich indywidualizm, poczucie przynależności do elity, podnosząca morale niechęć, granicząca z pogardą, dla nowojorskich sukinsynów, przekonanie, że to reporter, i tylko on, może oceniać, co jest interesującym wydarzeniem i jak je należy relacjonować. W radiu, jak to wyraził Schoenbrun, „naciskałeś guzik i mówiłeś". Programy telewizyjne, podobnie jak filmy, wymagały zgodnej pracy całego zespołu.

Im bardziej producenci wiadomości telewizyjnych starali się wykorzystać nowe możliwości techniczne, tym bardziej Chłopcy czuli się zagrożeni. W czerwcu 1952 roku Smith miał przygotować materiał dla *See It Now* o amerykańskiej obronie powietrznej kraju. Gdy leciał z Anglii do Nowego Jorku na pokładzie bombowca B-29, ukucnął przy wrędze i zaczął notować, całkowicie ignorując kręcących się kamerzystów i dźwiękowców. W najbliższą niedzielę, w swoim stałym komentarzu radiowym, wyjaśnił, że nie zdążył przygotować analizy wiadomości z minionego tygodnia, ponieważ wykonywał zlecenie dla *See It Now*. „Byłem zbyt zajęty – powiedział – spełniając wymagania nowoczesnego, opływowego, odrzutowego, elektronicznego, opakowanego w plastik dziennikarstwa". Najmniej istotnym elementem całego ekwipunku – dodał – „był reporter".

Chłopcy sądzili, że bronią najlepszych tradycji dziennikarstwa, ale niektórzy menedżerowie telewizji uważali ich za luddystów. John Sharnik, jeden z najbardziej utalentowanych realizatorów CBS, namawiał ich, żeby patrzyli na telewizję nie jak na tekst z ilustracjami, ale jak na „trzecie, zupełnie inne medium, niebędące ani tekstem, ani obrazem, lecz pewną nową formą życia, wykorzystującą tekst i obraz". Nic z tego nie wyszło. „Byli niezadowoleni, że muszą ograniczyć swój styl – powiedział Sharnik. – W istocie żaden się nie dostosował, żaden nie zgodził się na ustępstwa".

Ze wszystkich Chłopców najlepiej wypadali w telewizji Collingwood i Schoenbrun. Wyróżniał się zwłaszcza Collingwood. Od czasu do czasu zastępował Douglasa Edwardsa w wieczornych wiadomościach, a od 1950 roku prowadził poświęcony przyrodzie magazyn *Adventure*, który w ciągu pierwszego roku zgarnął wiele nagród, między innymi Peabody'ego. W artykule o tym programie „Time" opisał go jako „gładkiego przewodnika, który mocuje się z trzymetrowym aligatorem, walczy z sześciometrową anakondą, nurkuje w Atlantyku w styczniu i opisuje podwodny świat, widziany przez nurka na głębokości dziesięciu metrów pod powierzchnią Pacyfiku". Jednak nawet Collingwood i Schoenbrun przeciwstawiali się wymogom telewizji. Kiedyś, gdy Schoenbrun nagrywał dźwięk do filmu o Charles'u de Gaulle'u, Sharnik mu przerwał. „David! – krzyknął z kabiny kontrolnej. – Tekst jest za długi! Jesteś już o pół minuty za obrazem! Musisz go skrócić". Schoenbrun spojrzał na niego. „Zwolnij ten pieprzony film!" – warknął.

Większość członków zespołu Murrowa „nie miała pojęcia, czym się zajmujemy – twierdził Sharnik. – Mieli jedno w głowie: «Nie damy się poniżyć temu medium. Nie pozwolimy, żeby wzięła nad nami górę kamera lub rządzili nami reżyserzy, którzy panują nad kamerami». Uważali się za zagrożoną, małą gromadkę. Po pewnym czasie zdali sobie sprawę, że inni ludzie zdobyli mocną pozycję w medium, dla którego oni nie widzieli żadnej przyszłości. Ci zajęli najlepsze miejsca. To jeszcze pogłębiło ich resentyment, ponieważ teraz musieli się podporządkować facetom, których uważali za gorszych od siebie – i którzy faktycznie byli od nich gorsi".

Na początku lat pięćdziesiątych korespondenci koncentrowali swą niechęć na jednej osobie – tą *bête noire* był Fred Friendly, który zaciekle bronił swego partnerstwa z Murrowem w produkcji *See It Now*. Friendly sprawiał wrażenie, że zależy mu na rozbiciu układu starych Chłopców. Na swoim biurku umieścił plakietkę ze słynnym wersetem z *Henryka V*: „My, garść – szczęśliwy krąg – gromadka braci"[*], którego już wielokrotnie używano w odniesieniu do Murrowa i Chłopców. Friendly usiłował go zawłaszczyć dla siebie, Murrowa i najważniejszych członków nowojorskiej ekipy *See It Now*.

Nie ma wątpliwości, że Friendly odegrał ważną, nawet kluczową rolę w powojennej karierze Murrowa i wniósł znaczny wkład w rozwój telewizyjnego dziennikarstwa, a zwłaszcza wiadomości. Jego pomysły inspirowały wielu, którzy podążali za nim w ciemne zakątki dżungli, jaką była sieć. Jednak, świadomie lub nie, uważał, iż Chłopcy są dla niego zagrożeniem, które musi zneutralizować, bo inaczej nie zrealizuje swoich nadmiernych ambicji. Stał się niezwykle zaborczy w stosunku do Murrowa i jego reputacji. Oprócz niego tolerował tylko nielicznych – wśród których nie było ani jednego Chłopca.

Odnosiło się wrażenie, że nawet Murrow zaczął uważać Chłopców za zagrożenie dla siebie i chciał im pokazać, gdzie jest ich miejsce. Po premierze *See*

---

[*] Shakespeare, *Król Henryk V*, akt IV, scena 3, przekład Stanisław Barańczak.

It Now jeden z reporterów i producentów, Joseph Wershba, spytał koleżankę z CBS o opinię: „Czy Murrow nie był wspaniały?" „Tak – odrzekła – ale najbardziej podobał mi się Eric Sevareid. Jaki on jest seksowny!" Później Wershba przekazał Murrowowi tę uwagę. „No cóż, po prostu będziemy musieli zdjąć go z programu" – odrzekł Murrow ze śmiechem, ale za tym żartem kryła się prawda: Murrow nie zamierzał tolerować w swoim programie konkurencji ze strony Chłopców.

W ciągu pierwszych sześciu tygodni *See It Now* obowiązywał dekret Friendly'ego, że tylko Murrow będzie przeprowadzał wywiady. Jednak program dotyczył wydarzeń z całego świata i po prostu było to niemożliwe. Wobec tego Friendly wymyślił prostą sztuczkę: nakazał korespondentom, żeby osoby, z którymi rozmawiają, wplatały w swoje odpowiedzi nazwisko Murrowa, tak jakby zwracały się bezpośrednio do niego. Całą resztę załatwiał zręczny montaż. Howard Smith uznał ten proceder za „żałosny". „Friendly po prostu chciał skierować reflektory na Murrowa – powiedział. – [...] Obawiam się, że Murrow to zaakceptował. To nas irytowało". W końcu zrezygnowano z tej praktyki, ale resentyment pozostał.

W 1993 roku, wiele lat po śmierci Murrowa, Friendly twierdził, że nie wiedział, kto był Chłopcem Murrowa, i że nawet nie znał tego określenia. Cokolwiek miało ono znaczyć, był to mit. Rzeczywisty szczególny związek – zasugerował – istniał tylko między Murrowem a nim. Niewykluczone, że naprawdę tak mu się wydawało. Friendly nie pracował w CBS w czasie wojny, a gdy Murrow stawał się coraz większym gwiazdorem telewizji, jego związek z Fredem pogłębiał się kosztem stosunków z korespondentami. Ze swej strony Friendly wykorzystywał nazwisko Murrowa do zrobienia kariery i umocnienia swej reputacji. W tej sprawie, podobnie jak w wielu innych, szczególnie dobitnie wypowiedział się Schoenbrun. Friendly „budował swoje imperium w CBS News, płynąc na łódce Murrowa. Równocześnie starał się podważyć władzę i braterskie więzy Chłopców".

Gdy wzrosło znaczenie telewizji i sieć się powiększyła, Murrow ignorował napięcie między Chłopcami a Friendlym. Nie chciał rozstrzygać sporów i przewodzić. Zapewne czuł, że potrzebuje Freda, jego energii, bezwzględności, pomysłowości. „Friendly ostatecznie zdominował Murrowa i nagiął go do swoich potrzeb – napisał Schoenbrun. – Fred zaczął niemal jak Charlie McCarthy na kolanach Edgara Bergena, ale to Ed skończył jako Charlie McCarthy na kolanach Freda". Smith uważał, że Murrow po prostu unikał dokonywania wyborów między kolegami. „Gdy ludzie, których szanował, pracowali wspólnie, nie chciał powiedzieć jednemu: «Ty jesteś szefem, inni mają cię słuchać». Nie lubił tarć między tymi, których uważał za członków swego klubu [...] Po prostu nie podejmował trudnych decyzji, które mogłyby urazić kogoś z nas".

Murrow nie chciał lub nie był zdolny zająć się sporem między Friendlym a Chłopcami, porozmawiać o tym, zrobić coś. Mógł często powtarzać, że nie został skrojony na menedżera, ale czymś zupełnie innym było zrzeczenie się odpowiedzialności i przerzucenie jej na Friendly'ego. „Nie dokonując wyboru i rezygnując z powożenia zaprzęgiem, Murrow pozwolił, żebyśmy rozeszli się w różne strony" – powiedział Schoenbrun.

Jeśli *See It Now* Murrowa i Friendly'ego było rozpuszczonym dzieckiem CBS News, to dział wiadomości telewizyjnych Siga Mickelsona był zaniedbywanym pasierbem. Gdy w 1951 roku Mickelson stanął na czele liczącego trzynaście osób działu, całkiem logicznie zakładał, że będzie mu podlegać również znacznie większa ekipa *See It Now*. Paley i Stanton szybko mu wyjaśnili, że bardzo się mylił. Miały istnieć dwa działy telewizyjnych programów informacyjnych: Mickelsona i *See It Now*. Tym drugim kierowali Murrow i Friendly, podlegając tylko Paleyowi. Ludzie Mickelsona pracowali w małych, nędznych pokojach, rozrzuceni po biurach w całym mieście, natomiast ekipa *See It Now* miała własną siedzibę na siedemnastym piętrze głównej kwatery CBS, za drzwiami z mleczną szybą i napisem: „S.I.N.". „Robiliśmy, co nam się podobało – powiedział Palmer Williams, jeden z realizatorów. – Nie przebywaliśmy w tej samej przestrzeni, nie mieliśmy nic wspólnego z niczym i z nikim poza nami".

Murrow podkreślał specjalny status i prestiż swojego programu i zupełnie się nie przejmował tym, że stale przynosił on straty. W sprawie kosztów – powiedział dziennikarzowi „New Yorkera" – rzucił rękawicę już na samym początku. „Jeśli chciałem mieć więcej niż jedną ekipę z kamerą, to miałem ją dostać. Teraz do mnie przychodzą różni wiceprezesi i mówią: «Słuchaj, to za wiele kosztuje, a za mało daje». Ja odpowiadam: «Jeśli chcecie, żeby było inaczej, znajdźcie sobie kogoś innego»". „New Yorker" napisał: „Murrow osiągnął w CBS pozycję poza strukturą władzy korporacji, a nawet będącą jej zaprzeczeniem [...] Dzięki temu zdobył wyjątkową wolność i niezależność od wszelkiej władzy".

W 1952 roku Sig Mickelson przełknął urazy z powodu wielokrotnych afrontów ze strony Murrowa i spytał go, czy zgodziłby się prowadzić relacje z krajowych konwencji obu partii. Doug Edwards wykonał ciężką robotę podczas konwencji w 1948 roku i później przez cztery lata prowadził wieczorne wiadomości telewizyjne, ale Mickelson niezbyt go cenił, a tym razem wiele zależało od tych relacji. Kable współosiowe połączyły już oba wybrzeża, co pozwoliło licznym stacjom telewizyjnym przekazywać transmisje na żywo. Ponad jedna trzecia amerykańskich gospodarstw domowych miała co najmniej jeden telewizor. W czasie konwencji CBS miała się znaleźć na scenie publicznej i Mickelson chciał, żeby relacją pokierował ktoś znany.

Murrow odmówił, podobnie jak Sevareid, któremu Mickelson również zaproponował tę funkcję. W jego przypadku tak było zapewne lepiej. Wprawdzie przestał już się jąkać i plątać, występując w radiu i telewizji, ale nadal zdarzały mu się chwile paniki i histerii, o których opowiadali jego koledzy z CBS. Sevareid czasami denerwował się tak bardzo, że dostawał wysypki i musiał chodzić w białych rękawiczkach zakrywających krosty i bąble. „Wielu ludzi rozkwita, gdy zapala się światełko kamery – powiedział kiedyś. – Ja wtedy umieram".

Chłopiec, który prawdopodobnie byłby bardzo zadowolony z takiej propozycji i zgodnie z powszechną opinią najlepiej nadawał się do telewizji, w tym czasie nie pracował w CBS. Charles Collingwood wziął bezpłatny urlop, żeby objąć stanowisko specjalnego asystenta swojego wojennego przyjaciela, Averella Harrimana, który był wówczas dyrektorem Mutual Security Administration w Waszyngtonie. Ostatecznie Mickelson wybrał kogoś, kto nie należał do zespołu Murrowa i nawet nie był korespondentem.

Wybrał Waltera Cronkite'a.

W istocie gdyby Murrow postawił na swoim, Cronkite byłby jednym z Chłopców. W 1943 roku, gdy Walter jeszcze pracował w United Press, Murrow zaproponował mu, żeby przyłączył się do jego słynnej bandy i pojechał do Moskwy zastąpić Billa Downsa. Cronkite, oszołomiony ofertą i obiecaną pensją w wysokości stu dwudziestu pięciu dolarów tygodniowo, przyjął propozycję, ale szef biura UP, Harrison Salisbury, zaoferował mu wówczas podwyżkę z sześćdziesięciu siedmiu na dziewięćdziesiąt dwa dolary tygodniowo. Jak na znaną ze skąpstwa agencję było to bardzo dużo i Cronkite zaczął się wahać. Lubił pracę agencyjną i przypływ adrenaliny towarzyszący zaciekłej konkurencji. Zadzwonił do Murrowa, przeprosił go i powiedział, że zmienił decyzję.

Murrow nie mógł w to uwierzyć. Jak Cronkite mógł preferować pisanie według gotowych formułek i anonimową egzystencję dziennikarza agencyjnego, skoro mógł zostać korespondentem CBS? Jak powiedział sam Walter, Murrow natychmiast go skreślił za zlekceważenie takiej okazji. Dopiero w 1946 roku Cronkite postanowił rozstać się z UP. Najpierw został waszyngtońskim korespondentem spółki dziesięciu stacji radiowych ze Środkowego Zachodu, a w 1950 roku CBS wysłała go do Korei. Przed wyjazdem musiał jeszcze przez pewien czas pracować w związanej z CBS stacji WTOP w Waszyngtonie. Codziennie wieczorem relacjonował w WTOP-TV najnowsze wydarzenia w Korei, posiłkując się w swych wywodach mapą i tablicą (tak samo robił później, omawiając wojnę wietnamską w CBS).

Cronkite nie przypominał bożyszcza pań – był przysadzisty i nosił wąsy – ale coś w jego osobowości sprawiało, że dobrze wypadał w telewizji. Potrafił skupić uwagę widzów, wryć się w ich pamięć. Gdy widzieli go po raz drugi, nie tylko mieli wrażenie, że go znają, ale również wydawało im się, że on ich zna. Był tak dobry przed kamerą, tak swobodny i naturalny, że WTOP zaproponowała mu, aby przejął prowadzenie całego programu. Już po krótkim czasie Cronkite robił sprawozdania z Korei dla wieczornego programu Douga Edwardsa. Gdy Murrow i Chłopcy wciąż się łudzili, że oni i radio zawsze będą najważniejsi, Walter Cronkite szybko ich wyprzedzał po zewnętrznym łuku.

Wybór Cronkite'a na prowadzącego transmisję z konwencji republikanów w 1952 roku okazał się brzemienną decyzją. Cronkite zasiadł za stolikiem prowadzącego tak, jakby od urodzenia nie robił nic innego. Stał się natychmiast gwiazdorem konwencji, a miesiąc później powtórzył ten sukces na konwencji demokratów. Dzięki niemu CBS pokonała rywali, a znaczenie wiadomości telewizyjnych zaczęło rosnąć.

Murrow i kilku innych Chłopców, zwłaszcza Sevareid i Collingwood, okazywali Cronkite'owi takie samo lekceważenie jak Dougowi Edwardsowi. Teraz jednak ich wyniosłość miała nieco defensywny wydźwięk. Zwierali szeregi w starciu z nowymi ludźmi – od reżyserów do prezenterów – którzy z taką łatwością dostosowali się do telewizji. Cronkite twierdził, że rozumiał, dlaczego go nie akceptowali – „przecież byli samą śmietanką", powiedział wielkodusznie. W rzeczywistości ich zachowanie budziło w nim głęboką niechęć.

Szczególnie napięte były jego stosunki z Murrowem, co od czasu do czasu powodowało wybuch otwartej wrogości. Kiedyś, na przyjęciu u Billa i Roz Downsów, Murrow i Cronkite przez cały wieczór warczeli na siebie. „Niewiele brakowało, a skoczyliby sobie do oczu – wspominała Roz Downs. – To było okropne". Pod koniec przyjęcia, po wielu kieliszkach, zdjęli ze ściany stare pistolety i odegrali pojedynek. „Myślę, że to na serio" – szepnęła Roz do męża. „To była katastrofa – powiedział jej Bill po przyjęciu. – Nie miałem pojęcia, że tak się nie znoszą".

W 1954 roku nawet najbardziej oporni Chłopcy musieli przyznać, że telewizja całkowicie zaćmiła radio jako główne medium programów informacyjnych. Podczas spotkania z Frankiem Stantonem w Paryżu w sierpniu tego roku korespondenci zagraniczni po cichu uznali swoją porażkę.

Przed spotkaniem kierownictwo CBS zapowiedziało, że wprowadzona w 1951 roku separacja dwóch działów, radiowego i telewizyjnego, zostanie utrzymana. Dotychczasowi korespondenci zagraniczni będą nadal pracować dla radia, natomiast CBS zatrudni n o w y c h, którzy zajmą się tylko zleceniami działu telewizji. Stanton przyjechał do Paryża, żeby zapoznać się z reakcją korespondentów na ten plan.

Reakcja była jednomyślna i jasna: korespondenci uznali podział za s t r a s z n y pomysł. Wieczorem, na dzień przed spotkaniem, Howard Smith, Dick Hottelet, David Schoenbrun, Bill Downs (teraz przydzielony do biura w Rzymie) i tokijski korespondent Bob Pierpoint spotkali się u Schoenbruna, żeby opracować strategię oporu. Zamierzali przekonywać Stantona, że stworzenie dwóch niezależnych sieci biur i korespondentów będzie kosztowne, niewydajne i szkodliwe, gdyż nieuchronnie doprowadzi do rywalizacji między nimi. Oczywiście w rzeczywistości byli przeciwni pomysłowi z zupełnie innych powodów. Zdawali sobie już sprawę, że radio jest martwe, a przyszłość należy do telewizji.

Ku przyjemnemu zaskoczeniu korespondentów Stanton łatwo się zgodził odstąpić od planu. Osiągnął to, o co prawdopodobnie mu chodziło od samego początku – skłonił Chłopców do przejścia do telewizji. Szesnastego sierpnia 1954 roku CBS zakomunikowała o połączeniu działu radiowego z telewizyjnym. Szefem nowego wydziału korporacji, z tytułem wiceprezesa, został dyrektor wiadomości telewizyjnych Sig Mickelson. Cztery lata wcześniej jego personel liczył trzynaście osób, teraz Sig kierował zespołem trzystu siedemdziesięciu sześciu pracowników.

Swobodna era Murrowa już niemal się skończyła.

ROZDZIAŁ DWUDZIESTY DRUGI

„COMMUNIST BROADCASTING SYSTEM"

O Williamie S. Paleyu można by wiele powiedzieć, ale na pewno nie to, że był głupi. Gdy na początku lat pięćdziesiątych przychody z telewizji, podobnie jak stopa zysku, gwałtownie rosły, szybko zapomniał o niedawnej niechęci do nowego medium. W 1954 roku, głównie dzięki telewizji, CBS zdobyła pierwsze miejsce na światowym rynku reklam. Teraz Paley stanowczo był przeciw wszystkiemu, co mogłoby przeszkodzić w wykorzystaniu niezwykłych możliwości, jakie zapewniała telewizja.

Przyczyną kłopotów były nieustające kontrowersje. Za dobrobytem i konformizmem lat pięćdziesiątych, burzliwą niewinnością młodego Elvisa i wymęczonym romantyzmem Binga, za studenckimi wygłupami i bezmyślnymi modami kryło się wielkie napięcie. Jego przejawy można było dostrzec w filmach, sztukach, powieściach, a przede wszystkim w polityce.

Głos mieli teraz antykomunistyczni demagodzy, podsycający paniczny lęk przed czerwonymi. Kongres prowadził liczne śledztwa, szukając komunistów w Hollywood, związkach zawodowych i administracji państwowej. Senator Joseph R. McCarthy, po ponownym zwycięstwie w wyborach w 1952 roku, został przewodniczącym stałej podkomisji śledczej Komisji Operacji Rządowych i wyspecjalizował się w tropieniu czerwonych w organach władzy wykonawczej. Jeszcze w 1950 roku ogłosił, że ma listę (urojoną, jak się okazało) „rozpoznanych komunistów" w Departamencie Stanu, teraz zaś stwierdził, że prezydenci Roosevelt i Truman rządzili przez „dwadzieścia lat zdrady", i rozpoczął publiczne przesłuchania, które miały doprowadzić do wykrycia winnych.

W tym okresie Bill Paley chciał tylko pozyskiwać przyjaciół – dla siebie i CBS – w administracji, na Wall Street, na Madison Avenue, a przede wszystkim wśród reklamodawców. Nie było to łatwe. CBS, gdzie pracowało wielu liberalnych dziennikarzy, stała się znana w pewnych prawicowych kręgach jako „czerwona sieć" i „Communist Broadcasting System". W czerwcu 1949 roku dyrektor FBI J. Edgar Hoover otrzymał wewnętrzne memorandum o „komunistycznej infiltracji CBS", z wiadomościami o „szkodliwej i wywrotowej" działalności pracowników sieci (w większości były to plotki z drugiej ręki). Inne memorandum, z czwartego kwietnia 1950 roku, dotyczyło „Edwarda Roscoe Murrowa, analityka CBS" i „grupy [...] osób o skłonnościach komunistycznych lub sympatyków komunizmu", które pracowały u niego w CBS. W tym samym roku w biuletynie *Red Channels* oskarżono stu pięćdziesięciu jeden znanych dziennikarzy telewizyjnych i radiowych oraz artystów estrady o to, że są komunistami lub sympatykami komunizmu. Na tej liście znaleźli się Howard K. Smith i Alexander Kendrick.

Jednym z grzechów Smitha i Kendricka było wysunięcie hipotezy, że zamordowanie korespondenta CBS George'a Polka w 1948 roku było sprawką greckiego rządu, popieranego przez Stany Zjednoczone. Z pewnością nie było to sprzeczne z logiką. Polk, który relacjonował toczącą się w Grecji wojnę domową, był zdecydowanym krytykiem skorumpowanego reżymu ateńskiego. Jego ciało wyłowiono w porcie w Salonikach. Miał związane ręce i nogi i dziurę po kuli w głowie. Zgodnie z oficjalnym śledztwem i dochodzeniem przeprowadzonym przez Winstona Burdetta winni byli niezidentyfikowani komunistyczni partyzanci, którym pomagał bliżej nieznany grecki dziennikarz, niejaki Gregory Staktopulos. Po kilku tygodniach fizycznych i psychicznych tortur oskarżony przyznał się i został skazany na dożywocie. (Był jedynym człowiekiem skazanym w tej sprawie. Trzynaście lat później oświadczył, że jest niewinny, i został ułaskawiony). Smith, Kendrick, Sevareid, Murrow i inni byli pewni, że prawdę zatuszowano, ale sprawa została zamknięta. To był jeden z pierwszych sygnałów, jak brutalna będzie zimna wojna.

W połowie grudnia 1950 roku, w czasie narastającej histerii antykomunistycznej, CBS przyjęła regułę, jakiej nie stosował żaden z jej konkurentów: wszyscy pracownicy mieli wypełnić krótką ankietę – wkrótce zaczęto ją nazywać niezbyt ściśle „deklaracją lojalności" – informując, czy są lub byli członkami partii komunistycznej, organizacji służącej za przykrywkę partii komunistycznej lub innych organizacji wywrotowych i rewolucyjnych, komunistycznych lub faszystowskich. Do ankiety dołączono listę takich organizacji, dostarczoną przez prokuratora generalnego Stanów Zjednoczonych. „Deklaracja" stanowiła jawne naruszenie praw obywatelskich pracowników – tym bardziej że prawo nie zabraniało przynależności do partii komunistycznej.

Chłopcy w pierwszej chwili z oburzeniem odmówili wypełnienia ankiety, ale wkrótce przeżyli coś, co było dla nich większym szokiem niż sam dokument: wiceprezes CBS Joseph Ream, zanim rozesłał ankietę pracownikom, pokazał ją najpierw Murrowowi. Edward R. Murrow nawet nie zaprotestował! Chłopcy przeżyli gorzkie rozczarowanie. Najwyraźniej coś się z nim stało. Niedawno przegrał kilka pojedynków i wydawało się, że stracił odwagę. Gdy Joe McCarthy przewodził polowaniu na czarownice, a CBS sama rozpoczęła taką akcję, człowiek, na którym Chłopcy zwykli polegać, wydawał się otępiały, niepewny, wypalony. Miał czterdzieści trzy lata, ale w tym okresie wyglądał, jakby był dobre dziesięć lat starszy.

Jedną z przyczyn mógł być stan zdrowia. Na początku lat pięćdziesiątych Murrow zaczął odczuwać konsekwencje zbyt aktywnego trybu życia. Brakowało mu tchu, czuł się stale znużony, miał silne ataki kaszlu, zimne poty, nie mógł spać. Mimo to nadal ciągle palił, dużo pił i ciężko pracował.

Znaczenie miał zapewne również fakt, że teraz Murrow był o wiele bardziej wytrawnym graczem w korporacyjnej polityce niż kiedykolwiek wcześniej. Wiedział, kiedy walczyć, a kiedy rezygnować, kogo można rozgniewać, a kogo lepiej nie drażnić. Uważał maccartyzm za plagę, ale wyczuwał, że nie ma dość sił, aby zmienić decyzję Paleya w sprawie „deklaracji lojalności", podobnie jak nie udało mu się go przekonać w końcowym akcie dramatu Shirera. Tym razem nawet nie zamierzał próbować.

Przyjaciele nie zdołali namówić go do zmiany decyzji. Michael Bessie i jego zięć Morris Ernst, znany prawnik występujący w sprawach związanych z łamaniem praw obywatelskich, zmarnowali pół nocy, bezskutecznie próbując go przekonać, że powinien odmówić wypełnienia i podpisania ankiety. CBS nie miała prawa zadawać pracownikom takich pytań. Jeśli on, mimo swojego prestiżu i wysokiego statusu, nie podejmie walki, to nikt inny tego nie zrobi. Murrow odpowiedział, że nie rozumie, o co ta cała wrzawa. Przecież to nie ma istotnego znaczenia. Musiał starannie rozważyć, kiedy warto podjąć walkę, a kiedy nie. Bessie sądził, że Murrow „został pokonany w tej sprawie i postanowił się z tym pogodzić".

Murrow nie zmienił zdania również wtedy, gdy korespondenci przychodzili do niego lub pisali z prośbą o radę. Zrobili to Sevareid, Smith, Collingwood, Downs, LeSueur, Schoenbrun i Kendrick. Każdemu radził to samo:

„Podpisz". „Nie masz wyboru – oświadczył w rozmowie z Downsem. – Jeśli nie chcesz podpisać deklaracji, nie mogę cię w żaden sposób chronić". „Jeśli nie podpiszesz, padnie na ciebie cień podejrzenia – powiedział Schoenbrunowi. – Ja podpisuję. Czy jesteś bardziej pryncypialny niż ja, David?"

Żaden z nich nie mógł tego zrozumieć, ale wszyscy, źli, smutni, rozczarowani, postąpili zgodnie z jego radą. Wszyscy podpisali. Schoenbrun uznał, że nie jest bardziej pryncypialny od Murrowa. Eric Sevareid, który nadal walczył z maccartyzmem na antenie i kochał Murrowa jak ojca, powiedział, że postanowił podporządkować się decyzji lidera, po czym przeprosił za niego: „Nikt, nawet Murrow, nie może każdego dnia walczyć ze smokami".

Paley, Stanton i Ream wciąż nie byli zadowoleni. Murrow nie zaprotestował również wtedy, gdy w 1951 roku wymyślili nową procedurę, która miała doprowadzić do eliminacji pracowników podejrzewanych o komunistyczne ciągoty, i zatrudnili człowieka z zewnątrz, żeby nadzorował jej przeprowadzenie. W istocie najęli własnego tropiciela czarownic – byłego asystenta producenta filmowego Davida O. Selznicka, prawnika Daniela O'Shea. Otrzymał on tytuł wiceprezesa do spraw bezpieczeństwa, ale w CBS stał się znany jako „wiceprezes od zdrady".

O'Shea decydował, kto może pracować w CBS, a kto nie, ściśle współdziałając z FBI i różnymi komisjami śledczymi Kongresu. Jego opinie powodowały zwalnianie ludzi na podstawie plotek i oszczerstw. Aktorzy, reżyserzy i scenarzyści, których poglądy uznano za zbyt lewicowe, mieli zakaz pracy w programach rozrywkowych CBS. Nawet zaproszenie do programu kogoś z zewnątrz wymagało wcześniejszej aprobaty. „CBS i czarne listy stały się synonimami".

Twarde stanowisko CBS zachęciło sponsorów do podjęcia równie zdecydowanych kroków, o czym wkrótce przekonał się Perry Wolff, producent programu przyrodniczego *Adventure*, prowadzonego przez Charlesa Collingwooda. Gdy Wolff dowiedział się, że najsłynniejszy uczony świata, Albert Einstein, zgodził się wystąpić w programie, z radością podzielił się tą informacją z prezesem nowojorskiego Muzeum Historii Naturalnej, które sponsorowało *Adventure*. „Nie zgadzam się, żeby ten komuch pojawił się w moim programie" – oświadczył prezes. Wolff był zdumiony. „To były przerażające czasy" – powiedział później.

Dziennikarze często podkręcali atmosferę lęku. Na przykład solennie przytaczali beztroskie rewelacje McCarthy'ego o „komunistach" w Departamencie Stanu, nie analizując ich i nie próbując samodzielnie zweryfikować. W swej długiej kampanii oskarżeń senator ani razu nie przedstawił przekonujących dowodów przeciw osobom, które atakował, a mimo to każde następne oskarżenie traktowano tak, jakby wiarygodność McCarthy'ego nie ulegała kwestii i jakby w ogóle nie brano pod uwagę długiej listy jego nieodpowiedzialnych pomówień. Wielu dziennikarzy twierdziło, że ich zadaniem jest relacjonowanie, co powiedzieli lub zrobili różni ważni ludzie, natomiast to inni mają decydować, czy ci ludzie postępują źle czy dobrze, czy mówią prawdę czy kłamią. Wypowiedzi McCarthy'ego były faktami, o których należało informować. Oni tylko „obiektywnie" przekazywali wiadomości.

Eric Sevareid, który nigdy nie był zwolennikiem bezkrwistego, odległego od życia i prawdy „obiektywizmu", toczył w tej sprawie walkę z Paulem White'em już w 1941 roku. Teraz wrócił do niej z jeszcze większym zapałem. W przemówieniu wygłoszonym na University of Minnesota powiedział: „Nasze sztywne reguły tak zwanego obiektywizmu [...] sprawiają, że kłamstwa zajmują tyle samo miejsca i mają taki sam wpływ jak prawda. Wskutek tych reguł głupcy mają taki sam wpływ jak ludzie mądrzy [...] Nie możemy dalej bezmyślnie i bezradnie pomagać w niszczeniu ludzi, których znamy jako godnych szacunku".

Sevareid rozumiał, że to nie reporterzy stanowią sedno problemu. Gdy nawet Murrow bał się walczyć z CBS, Sevareid publicznie zasugerował, że znaczna część odpowiedzialności spada na barki menedżerów, takich jak Bill Paley (nie wymienił jednak jego nazwiska). „Byłem bardzo zaskoczony – powiedział w tej samej mowie – gdy przekonałem się, że milion dolarów zysku sprawia, iż wydawca lub menedżer radiowy staje się nieśmiały, nie zaś odważny".

Sevareid należał do niewielkiej grupy zdecydowanych dziennikarzy, którzy od samego początku niemal przy każdej okazji starali się pilnować, żeby McCarthy i jemu podobni byli uczciwi, co stanowiło niewykonalne zadanie[*]. W lipcu 1952 roku zaatakował Krajowy Komitet Partii Republikańskiej za zaproszenie McCarthy'ego do wygłoszenia przemówienia na konwencji:

> Delegaci będą słuchać człowieka, który według Sądu Najwyższego stanu Wisconsin złamał przysięgę sędziowską; któremu stanowa komisja adwokacka zarzuciła moralną nikczemność;

---

[*] Do tej grupy należeli między innymi: stary przyjaciel Sevareida z college'u, Philip Potter z „Baltimore Sun", Martin Agronsky, były korespondent NBC, Elmer Davis, wcześniej z CBS, wówczas z ABC, Homer Bigart z „New York Herald Tribune", Murray Marder i Alfred Friendly z „Washington Post".

który wziął dziesięć tysięcy dolarów od firmy budowlanej, gdy zajmował się ustawą dotyczącą tej firmy; wobec którego toczy się dochodzenie w Senacie w związku z formalnym zarzutem, iż nie nadaje się do sprawowania tego urzędu; który zwyciężył w głosowaniu waszyngtońskich korespondentów, gdy wybierali najgorszego członka tej izby [...] Partia polityczna, która często potępia „izmy" w rozważaniach o problemach społecznych, będzie słuchać jedynego Amerykanina w tym pokoleniu, który zdobył wyjątkowe miejsce w historii, gdyż nazwa jednego „izmu" wywodzi się od jego nazwiska.

Sevareid najskuteczniej atakował McCarthy'ego, gdy zamieniał łom na rapier i wyśmiewał senatora, porównując go do bohaterów klasycznej powieści dla dzieci:

> To zabawne, jak postacie z bajek czasami przypominają żywych ludzi. Proszę zajrzeć do trzeciego rozdziału *Kubusia Puchatka*, gdzie senator McCarthy, to znaczy Kubuś Puchatek, i senator [Bourke] Hickenlooper [jeszcze jeden tropiciel czerwonych], czyli Prosiaczek, tropią łasiczkę, a ich polowanie niemal kończy się sukcesem. Prosiaczek widzi, jak Kubuś drepcze w kółko.
> – Co tu robisz? – pyta.
> – Tropię – bardzo tajemniczo odpowiada Kubuś.
> – A co tropisz?
> – Też sobie zadaję to pytanie. Pytam siebie: co tropisz?
> – A jak myślisz, co odpowiesz?
> – Będę musiał poczekać, aż to coś złapię, i wtedy się dowiem – mówi Kubuś. – Chodź, Prosiaczku, i popatrz. Co tu widzisz?
> – Ślady – odpowiada Prosiaczek. – Ślady łap. Ach jej, Puchatku, czy myślisz, że to jest... y... y... łasiczka?
> – Możliwe – mówi Puchatek. – Może tak, może nie. Ze śladami łap nigdy nie wiadomo. Teraz widać tu ślady dwóch zwierząt. Czy miałbyś ochotę, Prosiaczku, pójść ze mną, na wypadek, gdyby to miały okazać się jakieś Wrogie Zwierzęta?
> Prosiaczek odpowiada, że nie ma nic do roboty aż do piątku, i idą razem dalej w kółko przez modrzewiowy zagajnik [...] Puchatek siada i zaczyna dumać w najbardziej zadumany sposób, jaki tylko możecie sobie wyobrazić.

Potem wtyka łapkę w jeden ze śladów.
- Tak - powiada Kubuś Puchatek. - Teraz już rozumiem. Byłem gapą, strasznie głupim gapą.

Maccartyści w odpowiedzi przezywali Sevareida „Eryk Czerwony". Był często atakowany po nazwisku w Izbie Reprezentantów i Senacie. Jego telefon w pracy miał założony podsłuch (Sevareid był przekonany, że zrobiło to FBI), on i członkowie jego rodziny otrzymywali wiele telefonów z wyzwiskami i groźbami. CBS i jej sponsorzy dostawali setki krytycznych listów na jego temat. „Wszyscy wiedzą, że sam pan jest cholernym komunistą – napisał jakiś słuchacz. – Nie oszuka pan zbyt wielu myślących ludzi".

W marcu 1950 roku Metropolitan Life Insurance zerwała czteroletnią umowę o sponsorowaniu wieczornego programu radiowego, za który Sevareid zaledwie rok wcześniej otrzymał Nagrodę Peabody'ego. Oznaczało to dla niego utratę tysiąca dwustu dolarów tygodniowo, tyle bowiem wynosiło jego honorarium. Umowa została zerwana kilka miesięcy po tym, jak dyrektor działu programów informacyjnych CBS Davidson Taylor ostrzegł go, że Metropolitan zaczyna się denerwować z powodu krytycznych listów. W efekcie Sevareid został przesunięty na dwudziestą trzecią i nie miał sponsora, natomiast jego miejsce o osiemnastej zajął Allan Jackson (prezenter, co do którego można było mieć pewność, że nie wywoła poruszenia). Po tych zmianach Metropolitan znowu zaczęło sponsorować program.

W odróżnieniu od Billa Shirera Sevareid spokojnie przełknął gorzką pigułkę i czekał na lepsze czasy. Niedługo potem wydawało się, że jego rozwaga została wynagrodzona. Zaczął prowadzić trwający kwadrans program publicystyczny, emitowany w niedzielę po południu i sponsorowany przez Chamberlain Lotion, ale w kwietniu 1951 roku go stracił. Przyczyn tej decyzji nigdy nie podano. CBS po prostu zakomunikowała, że Sevareid odchodzi z programu, a on nie protestował.

Sevareid cały czas się obawiał, że zwolennicy McCarthy'ego odkryją w końcu w jego przeszłości „tykającą bombę zegarową". „Bomba" ta leżała gdzieś w archiwum Departamentu Stanu; miała postać poufnego raportu, który napisał po podróży do Chin w 1943 roku. Sevareid ostro skrytykował w nim korupcję i niekompetencję reżymu Chiang Kai-sheka. Jego oceny były zbieżne z opiniami Johna Stewarta Service'a i innych młodych ekspertów z Departamentu Stanu, których tropiciele czarownic oskarżali o dopuszczenie do zwycięstwa komunistów w Chinach.

Każdego wieczoru, jadąc samochodem do domu, Sevareid powtarzał w myślach, co odpowie, gdy zostanie wezwany przez jakąś komisję w związku z tym raportem. Nigdy nie dostał wezwania i, o ile wiadomo, jego raport nigdy nie został znaleziony. Jednak w 1955 roku Departament Stanu z tajemniczych powodów odmówił wydania mu nowego paszportu, jeśli nie podpisze oświadczenia, że nigdy nie był komunistą lub członkiem organizacji będącej przykrywką partii komunistycznej. Sevareid na próżno protestował. Wreszcie przedłożył wymagane oświadczenie i otrzymał paszport.

Jesienią 1953 roku Ed Murrow zaczął przełamywać swoją ospałość w sprawie McCarthy'ego, ale początkowo mówił o tym tylko w radiu, co nie zadowalało jego przyjaciół. Kiedy wreszcie Murrow i Friendly otworzą ogień do senatora ze swej naprawdę potężnej armaty? Kiedy wykorzystają do tego *See It Now*? Szczególnie uparcie naciskał go Bill Downs, znany w CBS jako „sumienie Murrowa". Przy każdym spotkaniu mówił mu: „Nie wspominasz o naprawdę ważnej sprawie". „Pracujemy nad tym – odpowiadał Murrow. – To nie jest jeszcze właściwa pora. Fred mówi: «Poczekajmy»". Czterdzieści lat później Friendly zrzucił odpowiedzialność za zwłokę na Murrowa. „Moim zdaniem – powiedział – Murrow sądził, że musimy zachować ostrożność, aby nie wybiec zbyt daleko przed opinię publiczną".

Ktokolwiek był za to odpowiedzialny, pozostaje faktem, że do dwudziestego października 1953 roku w *See It Now* niewiele mówiono o maccartyzmie i czarnych listach. Tego wieczoru Murrow opowiedział historię porucznika lotnictwa Milo Radulovicha, który został zmuszony do rezygnacji ze stopnia oficerskiego, ponieważ jego ojciec i siostra byli podejrzewani o nielojalność. Murrow, wbrew Eurypidesowi, stwierdził, że grzechy ojców nie powinny obciążać synów. Zdołał pokazać, że Radulovich jest skromnym, uprzejmym młodym żołnierzem i niewątpliwie patriotą. Program wywołał wielkie poruszenie i siły powietrzne zmieniły decyzję. Radulovich zachował stopień porucznika.

Pięć miesięcy później Murrow i Friendly uznali, że są gotowi do działania. Dziewiątego marca 1954 roku doszło do konfrontacji z McCarthym w specjalnym odcinku *See It Now*. Był to jeden z najbardziej wymownych programów dokumentalnych w historii telewizji. Murrow poświęcił cały czas antenowy na starannie przygotowany akt oskarżenia senatora, oparty głównie na materiałach filmowych z jego przemówień i przesłuchań na forum komisji

Senatu, której przewodniczył. Film ukazał senatora jako szyderczego, zastraszającego innych, chamskiego zabijakę. Na zakończenie Murrow podkreślił, że ten zabijaka odniósł sukces tylko dlatego, iż miał poparcie amerykańskiego społeczeństwa. Cytując *Juliusza Cezara*, Murrow powiedział: „Naszej podrzędności, drogi Brutusie, winne są nie gwiazdy, ale my sami"[*].

Program zelektryzował widzów. Nie był „wyważony" w przyjętym sensie tego określenia, przeciwnie, stanowił skrajny przykład zaangażowanego dziennikarstwa w komercyjnej telewizji. Nie przeprowadzono wywiadu z McCarthym, nie próbowano przedstawić „drugiej strony". (Gdy w jednym z późniejszych programów McCarthy miał możliwość repliki, mówił jak człowiek niepoczytalny). Murrow przez kilka tygodni zastanawiał się, czy ma prawo przeprowadzić taki jednostronny atak. W końcu się zdecydował, ponieważ uznał, że w walce z McCarthym, podobnie jak wcześniej z Hitlerem, dziennikarz ma do czynienia z czystym złem i nie istnieje „druga strona", którą miałby zaprezentować.

Kłopot, rzecz jasna, polega na tym, że to, co dla jednego człowieka jest złem, dla innego może być wzorem słuszności. Kierownictwo CBS nie próbowało powstrzymać Murrowa i Friendly'ego; jedynie odcięło się od całego procesu produkcji. Paley był znany z tego, że nie chce się deklarować w żadnej potencjalnie kontrowersyjnej sprawie, dopóki nie wyczuje, skąd wiatr wieje. Gdyby Murrow i Friendly przegrali, atakując McCarthy'ego, lub gdyby publiczność chciała później kogoś zlinczować, Paley, Stanton i inni mogliby twierdzić, że są niewinni. Menedżerowie CBS nie chcieli nawet obejrzeć przed emisją fragmentów filmów z wystąpień McCarthy'ego. Murrow i Friendly zapłacili z własnych kieszeni za reklamę programu w „New York Timesie".

„Jestem dziś z wami i będę z wami jutro" – zapewnił Murrowa Paley przed emisją programu. Kłamał. Gdy tylko Murrow zakończył swoim zwykłym: „Dobranoc i powodzenia", Paley zaczął się dystansować od człowieka, któremu jego sieć zawdzięczała prestiż i szacunek publiczności. „Był dumny z programu o McCarthym – powiedział Friendly – ale nie chciał, żeby coś takiego zdarzyło się raz jeszcze".

To nie Murrow spowodował upadek McCarthy'ego. Gdy zaatakował go razem z Friendlym, wpływ senatora na opinię publiczną już słabł. Program ten był jednak dotkliwym kopniakiem. Jeszcze w tym samym roku Senat ukarał McCarthy'ego upomnieniem, natomiast Murrow został zasypany po-

---

[*] Shakespeare, *Juliusz Cezar*, akt I, scena 2, przekład Stanisław Barańczak.

chwałami i wyrazami wdzięczności narodu. Po mistrzowsku obnażył metody McCarthy'ego. Jego program był tak dobry, że nawet jeśli to nie Murrow doprowadził do klęski senatora, można było odnieść wrażenie, iż to jego zasługa. Dzień lub dwa po programie, gdy Sevareid wiózł go swoim kanarkowym kabrioletem, inni kierowcy podjeżdżali do nich i pozdrawiali Murrowa. Jakiś policjant krzyknął: „Brawo, Ed!" Gdy weszli do restauracji przy New Jersey Turnpike, goście wstali i zaczęli bić brawo.

W tym chórze pochwał i braw słychać było jednak nutki dezaprobaty i rozczarowania, że Murrow potrzebował tak dużo czasu na podjęcie działania. Dorothy Schiff, wydawca liberalnego dziennika „New York Post", który jako jedna z pierwszych gazet zaatakował McCarthy'ego, po programie Murrowa napisała: „«Przeciwnicy metod senatora McCarthy'ego nie mogą dziś zachowywać milczenia» – powiedział Ed, nieomylnie wyczuwając koniunkturę". Bill Downs, który został przeniesiony do Rzymu, zorganizował pokaz programu dla mieszkających tam Amerykanów. Po obejrzeniu *See It Now* wszyscy bili brawo na stojąco, natomiast on sam odczuwał mniejszy entuzjazm. „Najwyższa pora!" – myślał.

Eric Sevareid, który otwarcie krytykował polowanie na czarownice od 1947, a samego McCarthy'ego od 1950 roku, uważał, że gdy Murrow czekał na właściwy moment do ataku, inni, między innymi on sam, brali ogień na siebie. Oficjalnie twierdził, że jego zadaniem było przygotowanie drogi dla Murrowa: „Staraliśmy się w radiu utrzymać wyłom, żeby we właściwym momencie Ed i Friendly mogli ruszyć do boju w swoim wielkim czołgu". Prywatnie jednak był niezadowolony, że to Murrow zebrał wszystkie pochwały, a o nim zapomniano.

Sevareid pozwolił sobie na okazanie resentymentu w wywiadzie udzielonym Charlesowi Kuraltowi w 1978 roku, już po przejściu na emeryturę: „Młodzi ludzie myślą, że tylko jedna osoba w radiu, telewizji i prasie przeciwstawiła się McCarthy'emu. To bardzo denerwuje wielu dziennikarzy, między innymi mnie, ponieważ Murrow zrobił ten swój program bardzo późno. W tym czasie pole bitwy było już usłane ciałami wielu rannych i poległych dziennikarzy, którzy znaleźli się pod ogniem McCarthy'ego".

W odróżnieniu od Downsa, Sevareida i innych Charles Collingwood wychwalał Murrowa bez żadnych zastrzeżeń. W liście do niego napisał: „W przeszłości stoczyłeś za nas wszystkich mnóstwo bitew, ale żadna nie była większa ani, jak przypuszczam, trudniejsza od tej. Z uwagi na to, kim jesteś i czego dokonałeś, możesz mówić rzeczy, których nam powiedzieć nie wolno, a za każdym razem, gdy to czynisz, pomagasz nam wszystkim. Umacniając godność naszego zawodu, umacniasz godność każdego z nas". Niewykluczone, że program Murrowa zainspirował Collingwooda, którego miał właśnie ogarnąć przypływ maccartyzmu.

W 1949 roku Collingwood przeprowadził się z Los Angeles do Waszyngtonu, gdzie został przydzielony do Białego Domu. Już po krótkim czasie zaczął grywać w brydża z prezydentem Trumanem. Trzy lata później wziął bezpłatny urlop i został asystentem Averella Harrimana, który stanął na czele nowej agencji rządowej odpowiedzialnej za koordynację amerykańskiej pomocy zagranicznej. Gdy w 1953 roku Charles wrócił do CBS, stał się przedmiotem uwagi J. Edgara Hoovera i FBI.

Zainteresowanie policji wzbudziło to, że w czasie rocznego pobytu w Los Angeles Collingwood „utrzymywał kontakty" z komunistami. Zarzut okazał się całkowicie bezpodstawny, co jednak nie powstrzymało FBI od powtarzania go w kolejnych raportach. Prawdziwym grzechem Collingwooda były słowa wygłoszone na antenie dwunastego czerwca 1949 roku; stwierdził wtedy, że dochodzenia prowadzone przez FBI przeciw rzekomym wywrotowcom stanowią „zdumiewającą mieszaninę plotek, oszczerstw i pogłosek". Choć była to dość łagodna krytyka, spowodowała burzę w gabinecie Hoovera. Dyrektor FBI powiedział prywatnie, że nastawienie Collingwooda jest „typowe dla spaczonej perspektywy sympatyków komunizmu z CBS". Od tej pory Hoover osobiście interesował się Collingwoodem i przez lata prowadził specjalną teczkę z materiałami na jego temat.

Gdy Harriman zatrudnił Collingwooda w agencji rządowej, FBI – jak samo przyznało – „szczególnie dokładnie i szczegółowo" sprawdziło jego przeszłość. Pewnego dnia agent FBI pojawił się w biurze byłego reportera UP, wojennego kumpla Collingwooda, Eda Beattiego, który niedawno podjął pracę w CIA. Wypytując go o romans Collingwooda z Gracie Blake, agent zauważył, że ten związek stanowi dowód „niemoralnej postawy" Collingwooda. Beattie z trudem powstrzymał się od wyrzucenia go za drzwi. Rząd nie ma prawa wsadzać nosa – stwierdził – w osobiste sprawy obywateli.

Choć Collingwoodem interesowało się FBI, w rzeczywistości nie brał on zbyt aktywnego udziału w walce z maccartyzmem. Gdy przestał pomagać Harrimanowi, wrócił do CBS i przeniósł się do Nowego Jorku, gdzie koncentrował się na swym programie *Adventure* i gorączkowym życiu towarzyskim, które prowadził razem z żoną Louise. W ich apartamencie na Manhattanie i w letnim domu na Fire Island często odbywały się wspaniałe przyjęcia. To plus kolekcjonowanie dzieł sztuki i hazard nie pozostawiało mu czasu na zajmowanie się polityką i ideologią. Tak przynajmniej myślał sam Collingwood – aż do pewnego letniego dnia w 1955 roku, kiedy odwiedził go John Henry Faulk.

Faulk, jego sąsiad z Fire Island, był humorystą z Teksasu i swojskim gospodarzem codziennego programu radiowego *Johnny's Front Porch*, nadawanego przez związaną z CBS nowojorską stację WCBS. Faulk przyszedł, żeby zaproponować mu start w wyborach na prezesa nowojorskiego oddziału Amerykańskiej Federacji Artystów Telewizyjnych i Radiowych (American Federation of Television and Radio Artists – AFTRA). To nie była drobna sprawa. Gdyby Collingwood się zgodził, zostałby wciągnięty w sprawę czarnych list, która dzieliła środowisko, oraz znalazłby się na muszce tropicieli czarownic.

W tym czasie lokalni przywódcy AFTRA, związku zawodowego dziennikarzy i artystów estrady, współpracowali z Aware Inc., która wskazywała aktorów podejrzanych o przynależność do partii komunistycznej lub sympatyzowanie z komunizmem. Wiele osób z listy Aware dostało potem wilczy bilet. Faulk chciał zebrać grupę kandydatów na stanowiska związkowe, którzy byliby przeciwni czarnym listom. Wybory miały się odbyć w grudniu. Faulk potrzebował kogoś znanego i o jeszcze niesplamionym nazwisku, kto mógłby kandydować na stanowisko prezesa. Postanowił zwrócić się do Collingwooda.

Choć Charles dopiero niedawno zapisał się do AFTRA, dobrze rozumiał niebezpieczeństwa związane z kandydowaniem. Wielu członków związku, choć nie zgadzało się z jego kierownictwem, wolało nie protestować publicznie, żeby nie narazić się na umieszczenie na czarnej liście. Na przykład aktor Tony Randall przyznał, że bał się nawet chodzić na zebrania związku. „Wpełzłem pod kamień i tam siedziałem" – powiedział. Collingwood początkowo chciał zrobić to samo, ale zainteresował się propozycją Faulka na tyle, że rozmawiał o niej ze znajomymi. Pewna kobieta ostrzegła go przed narażeniem się na gniew Aware. Nie zdajesz sobie sprawy, co oni mogą zrobić z tymi, którzy im podpadli – przekonywała go. To rozbudziło w nim chęć walki. Nie lubił, gdy ktoś mu dyktuje, co ma robić. Postanowił kandydować.

Po wielu dniach starań o głosy Collingwood i Faulk pozyskali tylu zwolenników, że uznali, iż mają szansę. Collingwood i startujący z tej samej listy wyborczej (wśród nich jego żona) nazywali się kandydatami „centrowymi". Zobowiązali się do skończenia z czarnymi listami. Zdaniem Charlesa „jeszcze nikt nie widział takiej cholernej grupy politycznych amatorów" jak oni, ale po policzeniu głosów w grudniu 1955 roku okazało się, że odnieśli zdecydowane zwycięstwo. Collingwood został prezesem, komik Orson Bean pierwszym wiceprezesem, a Faulk drugim.

Natychmiast po ogłoszeniu wyników Komisja Izby Reprezentantów do spraw Działalności Antyamerykańskiej wystąpiła z oskarżeniem, że „wojownicza grupa komunistyczna", wykorzystując dęty problem czarnych list, przejęła kontrolę nad nowojorskim oddziałem AFTRA. Zgodnie z obietnicą złożoną w kampanii wyborczej Collingwood ostro odpowiedział:

> Jeśli komisja naprawdę sądzi, że jedynymi ludźmi w przemyśle rozrywkowym, zaniepokojonymi nadużyciami w systemie czarnych list, są komuniści lub ich figuranci, to głęboko się mylili. Oburzenie z powodu oczywistych krzywd, doznanych przez osoby umieszczone na czarnych listach, podziela ogromna większość artystów estrady, a zapewne również znaczna część pracodawców. System czarnych list umiera. Wybrani urzędnicy i większość członków nowojorskiego oddziału AFTRA zamierzają zrobić wszystko co w ich mocy, żeby przyśpieszyć ten proces.

System czarnych list, żywy lub martwy, miał jeszcze dość siły, żeby ukarać buntowników. Na początku 1956 roku Aware wysłała do agencji reklamowych, sponsorów oraz sieci radiowych i telewizyjnych biuletyn, w którym potępiła nowe kierownictwo AFTRA. Niejasno kwestionowała lojalność Collingwooda, Beana i innych osób z listy wyborczej, ale głównym celem ataku był Faulk. Aware napisała o nim, że jest sympatykiem komunizmu (nie był ani komunistą, ani sympatykiem). Biuletyn zawierał groźbę zorganizowania bojkotu produktów reklamodawców, nadal sponsorujących tych łotrów, szczególnie zaś Faulka.

Kilku zaatakowanych natychmiast poczuło presję. Gdy Orson Bean dowiedział się od swego agenta, że biuletyn Aware ma duże znaczenie dla Eda Sullivana, w którego programie często występował, natychmiast zrezygnował ze stanowiska pierwszego wiceprezesa. Kilku sponsorów ogłosiło, że przestają wspierać program Faulka. Pojawiły się sygnały, że WCBS ugnie się pod presją i spróbuje się go pozbyć. Collingwood znowu przyjął zasadnicze stanowisko. Zadzwonił do Eda Murrowa i razem udali się na rozmowę z Arthurem Hullem Hayesem, dyrektorem WCBS. Powiedzieli mu, że AFTRA „bardzo krytycznie oceni" zwolnienie Faulka z powodu umieszczenia jego nazwiska w biuletynie Aware. To wymagało dużej odwagi: Collingwood wprawdzie jeszcze nie ucierpiał w pracy z powodu swej działalności związkowej, ale teraz, jako pracownik CBS, występował przeciw praktykom pracowniczym w stacji należącej do tej sieci.

Kierownictwo WCBS obiecało, że nie zwolni Faulka. To było jednak zwycięstwo w bitwie, nie w wojnie. W 1957 roku, gdy Collingwood pojechał do Londynu objąć stanowisko kierownika tamtejszego biura CBS, WCBS przerwała nadawanie *On the Front Porch*. Faulk stracił pracę i nie mógł znaleźć żadnej innej. Wkrótce skończyły się pieniądze. Odcięto mu prąd, a niedługo potem on i jego rodzina zostali wyrzuceni z mieszkania.

Jednak wojna się jeszcze nie skończyła. W 1956 roku Faulk wystąpił z pozwem przeciw Aware Inc. o naruszenie dóbr osobistych. Proces odbył się dopiero po sześciu latach. W tym okresie Collingwood, Murrow i inni przyjaciele pomagali Faulkowi przeżyć. Murrow dał mu pieniądze na wynajęcie znanego adwokata Louisa Nizera, a Collingwood przekonał niechętnych i zastraszonych członków związku, żeby zeznawali na jego korzyść.

Najważniejszym świadkiem był sam Collingwood. Podczas procesu opisał charakter Faulka i kampanię terroru prowadzoną przez Aware. Sieci i sponsorzy – zeznał – nie mieli odwagi zatrudniać artystów, których patriotyzm bezpodstawnie kwestionowano. Niektóre sieci i lokalne stacje nawet stworzyły stanowiska dla ludzi, którzy mieli prowadzić czarne listy – była to oczywista aluzja do Daniela O'Shea z CBS. Bill Paley wcześniej publicznie oświadczył, że CBS nigdy nie naruszyła praw obywatelskich żadnego ze swych pracowników, a teraz jeden z najbardziej znanych dziennikarzy sieci zaprzeczył temu twierdzeniu. „Twarze sędziów przysięgłych wyraźnie świadczyły o tym, że [Collingwood] zdobył dla nas wiele punktów" – napisał później Faulk. Ostatecznie przysięgli wydali wyrok korzystny dla Faulka i przyznali mu odszkodowanie w wysokości trzech milionów. Jak na tamte czasy była to rekordowa kwota w sprawie o ochronę dóbr osobistych (w wyniku apelacji odszkodowanie zostało zmniejszone do pięciuset pięćdziesięciu dolarów).

Wreszcie, po ciężkich stratach, wojna się skończyła.

Charles Collingwood był z natury człowiekiem ekstrawaganckim, o teatralnych manierach, co niekiedy mylono z powierzchownością i lekkomyślnością. W walce z czarnymi listami wykazał się jednak autentyczną odwagą i wielkim zaangażowaniem. Co więcej, walczył nie w efektownym świecie telewizyjnych wiadomości, lecz ciemnych zaułkach polityki związkowej. Zaryzykował karierę w obronie zasad i przyjaciół. Wielu z nich zademonstrowało nie mniejsze poświęcenie.

Jednak Collingwood nie potrafił przezwyciężyć odwiecznych wahań: jego zdaniem pod względem odwagi nie mógł się równać z Murrowem. „Miał wątpliwości, czy byłby zdolny wystąpić przeciw McCarthy'emu, tak jak to zrobił Murrow – wspominał jego bratanek Harris Collingwood. – Taka demonstracja nie leżała w jego stylu... Zawsze porównywał się z Murrowem i sądził, że jest od niego gorszy". Wiele lat później, gdy Walter Cronkite wspominał czasy McCarthy'ego, uznał to porównanie za całkowicie bezzasadne. „Collingwood został prezesem AFTRA w bardzo trudnym okresie naszej historii – powiedział. – Znakomicie kierował związkiem. Moim zdaniem działalność Collingwooda jako prezesa AFTRA przyczyniła się do zakończenia tego strasznego okresu w niemal takim samym stopniu jak przeprowadzona przez Eda Murrowa słynna demaskacja McCarthy'ego".

ROZDZIAŁ DWUDZIESTY TRZECI

TAJEMNICA BURDETTA

Pod względem czystej inteligencji Winston Mansfield Burdett był najlepszy ze wszystkich Chłopców. Po wojnie wróżono mu karierę w CBS. Drobny, przystojny, potrafił znakomicie pisać i był obdarzony, jak przyznawali inni, „fotograficzną pamięcią". Po jednym czytaniu znał tekst na pamięć, lecz nawet gdy mówił spontanicznie, nie popełniał błędów językowych. „Winston potrafił usiąść przed mikrofonem bez kartki i wygłosić pięciominutowy komentarz na dowolny temat, posługując się angielskim z takim mistrzostwem, że z reguły padałem na kolana z zachwytu – powiedział Marvin Kalb. – Miał nadzwyczajny talent do wyjaśniania skomplikowanych problemów w wyjątkowo eleganckim języku".

Burdett był swoistą anomalią w coraz bardziej cynicznym środowisku dziennikarskim, gdzie wszyscy bezwzględnie rywalizowali ze wszystkimi. Wyrósł w nowojorskiej rodzinie z górnych warstw klasy średniej; jego ojciec był wybitnym inżynierem. Winston miał jedwabisty, dźwięczny głos i twarz romantycznego poety z XIX wieku. Troskliwa i dominująca matka zajmowała się nim tak, jakby był kruchym klejnotem. Studiował romanistykę na Harvardzie i skończył college w ciągu trzech lat.

Mimo tych przywilejów (a może z ich powodu) często miał kłopoty z bardziej przyziemnymi aspektami życia. Niedługo po wojnie spytał Josepha Harscha, z którym dzielił pokój w biurze CBS w Waszyngtonie, co to znaczy *go on a note for somebody* (żyrować weksel). To znaczy, wyjaśnił mu Harsch, przyjąć odpowiedzialność za czyjś dług, kiedy dana osoba go nie spłaci. Burdett zbladł. Właśnie podżyrował weksel na tysiąc dolarów koledze, który był znany z finansowej beztroski. „W sprawach praktycznych, codziennych, Winston chodził z głową w chmurach" – powiedział Harsch. „Niekiedy, gdy się z nim rozmawiało, musiał najpierw zejść na ziemię i dopiero potem odpowiadał" – wspominał Howard Smith.

Jego dość ekstrawagancka druga żona, Giorgina, wiele lat później powiedziała: „Winston często mi powtarzał: «Giorgie, dobrze wiesz, że jesteś ogniwem łączącym mnie z życiem». Ja byłam kimś rzeczywistym. Sprowadzałam go na ziemię".

Jednak w życiu Burdett nieraz miał kontakt z rzeczywistością. W wieku dwudziestu lat zaczął pracować w „Brooklyn Daily Eagle". W 1940 roku jako korespondent wojenny relacjonował kampanie wojenne w Norwegii i Finlandii. CBS wysłała go na Bałkany, gdzie poznał Leę Schiavi i się z nią ożenił. Niecałe dwa lata później, po tragicznej śmierci Lei w Iranie, towarzyszył wojskom aliantów podczas ofensywy w Afryce Północnej i krwawej kampanii włoskiej. Zaraz po wojnie, gdy jeszcze był we Włoszech, ożenił się z pełną życia, uroczą Giorginą Nathan, córką znanego włoskiego bankiera i wnuczką burmistrza Rzymu, pierwszego Żyda, który sprawował tę funkcję.

Po wojnie Burdett najpierw dostał przydział do Waszyngtonu, ale w 1948 roku wrócił do Rzymu, gdzie zajmował się między innymi wojną arabsko--izraelską na Bliskim Wschodzie. Z Giorginą mieli dwoje dzieci, syna i córkę, ale ich małżeństwo było nieortodoksyjną, burzliwą mieszaniną długich okresów rozstań, romansów i powrotów. Burdett udowodnił, że jest mężczyzną odważnym, zdecydowanym i przedsiębiorczym.

Skąd zatem brała się otaczająca go aura człowieka nie z tego świata? Dlaczego tak wielu ludzi, między innymi żona, czuło, że nie są w stanie nawiązać z nim prawdziwego kontaktu? Zdaniem niektórych kluczem do tej tajemnicy było morderstwo jego pierwszej żony. Inni sądzili, że to kwestia zdrowia – Burdett bardzo cierpiał z powodu wrzodów żołądka. Nikt, nawet członkowie rodziny, nie wiedział, o co naprawdę chodzi. Sprawa wyjaśniła się, przynajmniej w znacznej mierze, dwudziestego ósmego czerwca 1955 roku, w zatłoczonym pokoju przesłuchań Komisji Sądowniczej Senatu. Nikt, kto znał Burdetta, nie przypuszczał, a nawet nie mógł sobie wyobrazić, że w latach 1940–1942 był on etatowym, płatnym szpiegiem na usługach Związku Sowieckiego.

Była to historia idealizmu, pragnienia przygód, rozczarowania, zdrady i winy. Do początku lat pięćdziesiątych tylko Burdett znał wszystkie szczegóły. W grudniu 1950 roku na jego biurku w Rzymie wylądowała koperta z osławioną „deklaracją lojalności", ankietą, którą musieli wypełnić wszyscy pracownicy CBS, jeśli chcieli zachować stanowisko. Na każde z trzech pytań należało odpowiedzieć, zakreślając „tak" lub „nie". Czy jesteś lub byłeś „członkiem Komunistycznej Partii Stanów Zjednoczonych lub innej komunistycznej organizacji"? Czy jesteś lub byłeś członkiem jakiejś faszystowskiej organizacji? Czy jesteś lub byłeś „członkiem organizacji, stowarzyszenia, ruchu, grupy lub związku osób", zmierzających do obalenia, siłą lub w inny sposób, „naszego konstytucyjnego ustroju"? Pod pytaniami zostawiono puste miejsce na „szczegóły lub wyjaśnienia".

Burdett poczuł ciężar na sercu. Mógł uczciwie odpowiedzieć „nie" tylko na drugie pytanie i potrzebował wielu stron, żeby dodać „szczegóły" i „wyjaśnienia" do odpowiedzi brzmiących „tak". To było „pukanie do drzwi", którego spodziewał się od dawna. W pewnym stopniu poczuł ulgę. Nie był już komunistą, a tym bardziej szpiegiem. Przeciwnie, stopniowo zmienił poglądy i przynajmniej w swym sumieniu stał się zaciętym antykomunistą. Teraz, gdy siedział w Rzymie i czytał ankietę, postanowił, że po dziesięciu latach wreszcie powie prawdę. Uczciwie odpowiedział na pytania, podpisał kwestionariusz i wysłał go do Nowego Jorku, z dołączonymi długimi wyjaśnieniami. Teraz mógł tylko czekać, co będzie dalej.

Jego odpowiedź wywołała w centrali CBS taki wstrząs jak wybuch półtonowej bomby. Sieć, którą skrajna prawica przezywała „Communist Broadcasting System", zatrudniała nie tylko byłego członka partii komunistycznej, ale też byłego sowieckiego szpiega! Niewątpliwie odbyło się wiele potajemnych spotkań osób ze ścisłego kierownictwa, które poznały tajemnicę Burdetta. Bill Paley pewnie z trudem panował nad sobą. CBS konsultowała się z Departamentem Sprawiedliwości.

Jedynym zewnętrznym sygnałem, że coś się stało, było nagłe polecenie, żeby Burdett natychmiast wrócił z rodziną do Nowego Jorku. Burdett wykonał rozkaz bez słowa protestu. Na miejscu najwyraźniej przekonał Paleya, Stantona i Reama (a zapewne również Murrowa), że już dawno skończył z komunizmem, a jako sowiecki szpieg w czasie wojny w istocie nie zdradził Stanów Zjednoczonych. Możliwe również, że Bill Paley uznał, iż znacznie lepiej zostawić Burdetta w spokoju, niezależnie od tego, czy wykazywał skruchę, niż wyrzucić go i tłumaczyć dlaczego. W każdym razie Burdett uniknął kary i przez cztery lata jego sekret znało tylko kierownictwo CBS i agencje śledcze amerykańskiego rządu. (Nawet obecnie w archiwum FBI znajduje się dziewięćset stron tajnych dokumentów dotyczących tej sprawy). Jego kariera zawodowa nie doznała żadnego uszczerbku. W Nowym Jorku prowadził wieczorne wiadomości radiowe i został reporterem telewizyjnym CBS przy ONZ. Nadal mógł liczyć na poparcie Murrowa. Wkrótce do listy swych patronów dopisał nazwisko nowego dyrektora działu telewizyjnych programów informacyjnych CBS, Siga Mickelsona. „Naprawdę go podziwiałem – powiedział później Mickelson. – Był najlepszy".

Zawarto układ. Burdett miał być chroniony w zamian za pełną – lecz poufną – współpracę z FBI. Biorąc wszystko pod uwagę – powiedział – łatwo mu było przystać na ten warunek.

Przez kilka lat nic się nie działo, aż wreszcie w 1955 roku Burdett, z wciąż niejasnych powodów, uznał, że pora opowiedzieć o wszystkim publicznie. Być może zrobił to pod naciskiem Komisji Sądowniczej i FBI, które zaczęło tropić komunistów wśród amerykańskich dziennikarzy. Jednak ci, którzy go dobrze znali w tym okresie, twierdzą, iż Burdett nie potrzebował żadnych nacisków i kierował się pragnieniem ostrzeżenia innych. „Jestem przekonany, że Winston sam podjął tę decyzję – powiedział Mickelson – bez żadnej zewnętrznej presji". Burdett powiedział dziennikarzom tygodników „Time" i „Newsweek", że zrobił to z własnej woli. Jego zdaniem amerykańskie społeczeństwo nie rozumiało, w jak wielkim stopniu partia komunistyczna panuje nad życiem swoich członków, i nie zdawało sobie sprawy, że przestała już być siłą działającą na rzecz reform społecznych i politycznych, w co kiedyś wierzył, a stała się instrumentem sowieckiej polityki zagranicznej. Michael Bessie jeszcze inaczej tłumaczył poświęcenie Burdetta. „Wydaje mi się – snuł przypuszczenia wiele lat później – że Winston byłby szczęśliwy jako chrześcijański męczennik".

Wiosną 1955 roku Burdett zaprosił Bessiego do Harvard Club w Nowym Jorku na lunch. Byli przyjaciółmi od czasu wspólnych studiów na Harvardzie. Zięć Bessiego, adwokat Morris Ernst, gładko poruszał się między obozami w czasach maccartyzmu; potrafił równocześnie być aktywistą American Civil Liberties Union i kumplem J. Edgara Hoovera. Kuzyn Michaela, Alvah Bessie, był kolegą Burdetta w redakcji „Brooklyn Eagle" i jedną z głównych postaci komórki partii komunistycznej w tej gazecie*. Ktoś tak ustosunkowany jak Michael Bessie z pewnością mógł pomóc Burdettowi znaleźć właściwą ścieżkę przez ciemny i niebezpieczny gąszcz maccartystów.

---

* Alvah Bessie później został scenarzystą i otrzymał karę więzienia jako jeden z „dziesiątki z Hollywood" – grupy rzekomych komunistów, którzy nie zgodzili się współuczestniczyć w prowadzonym przez komisję Kongresu polowaniu na czerwonych w przemyśle filmowym.

Gdy usiedli przy stoliku w imponującej jadalni klubowej, Burdett natychmiast przeszedł do rzeczy.

„Nigdy nie należałeś do partii komunistycznej, prawda?" – spytał.

„Nie".

„A ja tak".

Burdett potrzebował rady. Czy Morris Ernst zgodzi się mu pomóc? Bessie szybko skontaktował go z Ernstem, który po wysłuchaniu całej historii skierował Burdetta do nowojorskiego sędziego Roberta Morrisa. Zanim Morris, zacięty antykomunista, objął to stanowisko, był doradcą prawnym senackiej Podkomisji Bezpieczeństwa Wewnętrznego. Przewodniczącym podkomisji był wówczas demokrata, starszy senator z Missisipi, James Eastland. Podkomisja zajmowała się głównie tropieniem wywrotowców. Gdy Burdett zastanawiał się nad ujawnieniem swej przeszłości, Eastland i jego koledzy interesowali się zwłaszcza kwestią, czy jacyś komuniści kryją się w związku zawodowym dziennikarzy Newspaper Guild. Sędzia Morris spotkał się z Burdettem w sądzie, gdyż zrobiła na nim wrażenie jego szczerość.

„Wie pan – powiedział mu Burdett – pracuję w CBS u Eda Murrowa. Oni wszyscy gadają o komunizmie, ale nie mają pojęcia, o czym mówią".

„A pan ma?" – spytał Morris.

„Właśnie tak" – zapewnił go Burdett.

Winston powiedział, że postanowił ujawnić swoją historię, ale najpierw chciał zrezygnować z pracy w CBS. Wysłuchawszy go, Morris powiedział, że chętnie mu pomoże i będzie towarzyszył podczas składania zeznań, pod warunkiem że on porzuci myśli o dymisji. Burdett się zgodził. Morris wysłał go do Jaya Sourwine'a, swego następcy na stanowisku głównego radcy prawnego Podkomisji Bezpieczeństwa Wewnętrznego.

W pewnym momencie stało się jasne, że podkomisja wysłucha zeznań Burdetta tylko wtedy, gdy zgodzi się on wymienić nazwiska innych dziennikarzy, którzy należeli do partii komunistycznej. Burdett obiecał, że to zrobi. Jego przyjaciele z CBS, między innymi Murrow, zawsze twierdzili, że uczynił to pod silną presją. Morris nie odniósł takiego wrażenia. Jego zdaniem Burdett, choć z pewnością nie myślał z entuzjazmem o konieczności podania nazwisk innych członków partii, uznał to za cenę, jaką musi zapłacić za ujawnienie swej historii. „Sądzę, że w tym czasie komuniści odnosili sukcesy, a on się tym martwił... – powiedział Morris. – Wiem, że nie miał ochoty wymieniać nazwisk, ale w końcu się zgodził. «Dobrze. Zrobię to. Wiem, że komuniści wywierają szkodliwy wpływ». Zachowywał się tak, jak chciał [Morris] Ernst. Jeśli się długo wahał, to ja tego nie dostrzegłem".

Niedługo po rozmowie z Robertem Morrisem Burdett pojechał do Waszyngtonu na spotkanie z Sourwine'em. Uzgodniono, że przyjdzie na zamknięte posiedzenie robocze podkomisji i powie wszystko, co wie, poda nazwiska i tak dalej. Posiedzenie to odbyło się drugiego maja. Po wysłuchaniu go podkomisja wyznaczyła termin dwudniowego przesłuchania publicznego.

Najnowszy epizod w sadze Burdetta wyczerpał cierpliwość korporacyjnych strategów w CBS. Czym innym było poufne wyznanie pracownika, czym innym publiczny spektakl, który mógł się stać dla sieci poważnym problemem. Burdett był ciężarem dla firmy: wywierano na niego coraz silniejszą presję, żeby złożył dymisję. „Chcieli móc powiedzieć: «już u nas nie pracuje» – wspominał Bessie. – Morris [Ernst] i ja ciężko nad nim pracowaliśmy, żeby tego nie robił. «Słuchaj, stracisz kartę przetargową» – przekonywaliśmy go". Bessie i Ernst spotkali się również z Murrowem. „Tłumaczyliśmy mu, że musi użyć swych wpływów w CBS, żeby Winston nie został zwolniony".

Murrow zrobił, co mógł. Rozmawiał z wieloma Chłopcami i przekonywał ich, że Burdett został zmuszony do złożenia zeznań. Doradzał im okazać zrozumienie. „Słuchaj, wiesz, że Winston Burdett jest dżentelmenem i świetnym reporterem – tak wspominał jego słowa David Schoenbrun. – Zrobił coś, co z pewnością żadnemu z was się nie spodoba. Nie chodzi mi o to, że był komunistą i sowieckim szpiegiem, tylko o to, że dla ratowania własnej skóry podał nazwiska... Chcę, abyś wiedział, że on wiele wycierpiał, ale pękł pod presją. Nie sądź go zbyt ostro. Nie bądź tak cholernie pewny, że ty byś wytrzymał. Proszę, nie odwracaj się od niego".

Nie wiadomo, czy Murrow interweniował w kierownictwie CBS. Zapewne. W każdym razie zrobił to senator Eastland, który w tym czasie miał znacznie większy wpływ na Paleya, Stantona i innych członków zarządu CBS niż Murrow. Siódmego czerwca Eastland wysłał do Daniela O'Shea następujący list:

> Winston Burdett, składając zeznania podczas roboczego posiedzenia podkomisji, zrobił ważną rzecz dla kraju i moim zdaniem zasłużył na pochwałę. Należy na wszelkie możliwe sposoby dodawać mu otuchy. Wiem, że ma przed sobą trudny okres, i żywię gorącą nadzieję, że Columbia go nie opuści. Moim zdaniem byłoby bardzo dobrze, gdyby po jego publicznych zeznaniach Columbia publicznie pochwaliła go za podjęcie tej decyzji...

Podobny list Eastland wysłał do prokuratora generalnego Herberta Brownella, namawiając go, żeby interweniował w sprawie Burdetta w zarządzie CBS. Przewodniczący podkomisji był tak troskliwy, ponieważ dzięki zeznaniom Burdetta mógł wreszcie wziąć się do dziennikarzy i Newspaper Guild, którym do tej pory udawało się uniknąć polowania na czarownice. Burdett był gotów powiedzieć publicznie, że w redakcji „Brooklyn Eagle" istniała komórka partii komunistycznej, do której należało kilkunastu pracowników gazety będących członkami związku zawodowego. Eastland wiele by zrobił, żeby zadbać o tak cennego świadka.

Jego poparcie okazało się skuteczne. Burdettowi przestało grozić zwolnienie. O'Shea ustalił z Paleyem, Stantonem i Mickelsonem, że po złożeniu zeznań przed podkomisją Burdett zostanie wysłany na jakiś czas do Londynu, a później wróci do Rzymu.

Najpierw jednak Winston Burdett musiał opowiedzieć swą historię.

Wielka, ozdobna sala w Senacie, gdzie kilka miesięcy wcześniej McCarthy prowadził przesłuchania w sprawie komunistów w siłach zbrojnych, była też sceną innych dramatycznych wydarzeń. Rankiem dwudziestego ósmego czerwca 1955 roku, gdy Burdett zajął miejsce dla świadków, widownia była zapełniona do ostatniego miejsca. Tuż za nim usiadł sędzia Morris. Przed sobą Burdett miał członków podkomisji; jak zwykle trzymali łokcie na stole pokrytym zielonym suknem. Pośrodku zasiadał senator Eastland. Senatorom towarzyszył Jay Sourwine, który zadawał najwięcej pytań. Po niezbędnych preliminariach od razu przeszedł do sedna.

„Panie Burdett – spytał – czy był pan członkiem Partii Komunistycznej Stanów Zjednoczonych?"

„Tak, proszę pana" – odpowiedział bez wahania Burdett. Wyjaśnił, że należał do partii od 1937 do 1942 roku.

„Czy kiedykolwiek uprawiał pan szpiegostwo?" – spytał Sourwine kilka minut później.

„Tak, proszę pana".

Burdett zeznawał całe przedpołudnie i kontynuował po lunchu, prawie do wieczora. Tylko część jego zeznań stanowiły odpowiedzi na pytania Sourwine'a, cała reszta miała charakter długiej opowieści. W pewnej chwili wygłosił deklarację intencji, która brzmiała tak, jakby zeznawał całkowicie z własnej woli:

> Chciałem stanąć przed tą komisją, ponieważ uważałem to za swoją powinność; inaczej nie mógłbym wypełnić ściśle sprecyzowanego zobowiązania [...] Nie byłem przypadkowym członkiem partii, lecz bardzo zaangażowanym. Byłem młody, pełen zapału i entuzjazmu [...] Nie wstąpiłem do partii ani z powodu głębokiego przekonania o prawdzie marksistowskich teorii, ani wcześniejszej indoktrynacji. Indoktrynacja nastąpiła dopiero później. Wstąpiłem, jak sądzę, głównie dlatego, że czułem emocjonalną potrzebę utożsamienia się z ponadjednostkowym ruchem, z wielką sprawą, którą wówczas uważałem za słuszną.

W ciszy panującej na sali Burdett snuł opowieść o przemianie naiwnego idealizmu w pewny swej racji fanatyzm, o utraconych nadziejach, o stratach i odkryciach. Jak wielu młodych ludzi, którzy tuż po szalonych latach dwudziestych doświadczyli Wielkiego Kryzysu i grozy zbliżającej się wielkiej wojny, Burdett, ukończywszy studia, szukał nowego sposobu zorganizowania świata. W sierpniu 1937 roku pod wpływem Alvaha Bessiego wstąpił do partii komunistycznej. „Ludzie w tym kraju, którzy wstępują do partii, w ogromnej większości nie zdają sobie sprawy, w co się pakują" – powiedział podkomisji.

W pierwszej połowie lat trzydziestych „Brooklyn Eagle" był agresywnym dziennikiem, ukazującym się niekiedy pięć razy dziennie, gotowym na wszystko, byle tylko zdobyć sensacyjny materiał. Dziennikiem kierował powszechnie nielubiany wydawca Preston Goodfellow, który przychodził do pracy z wielkim psem i płacił sobie pięćdziesiąt dwa tysiące dolarów rocznie, swej sekretarce dwadzieścia sześć tysięcy, a bratu, którego obowiązki były bardzo niejasne, dwadzieścia pięć tysięcy. W tym czasie pracownicy zarabiali od siedemnastu i pół do dwudziestu dwóch i pół dolara tygodniowo. Dzień pracy zaczynał się o ósmej rano, a kończył, gdy redaktor mówił, że konkretny podwładny może iść do domu. Wszyscy harowali sześć dni w tygodniu. W 1936 roku pracownicy zastrajkowali. Podczas pierwszego dnia pikietowania zarząd postarał się, żeby policja zatrzymała osiemdziesięciu strajkujących, między innymi Winstona Burdetta.

Burdett rozpoczął pracę w dziale kultury razem z Alvahem Bessiem i kilkoma krytykami, których teksty ukazywały się głównie w niedzielnym dodatku. Był młody i pełen zapału, lecz niezbyt pasował do stylu dziennikarstwa z pierwszych stron „Brooklyn Eagle". Miał okazję spróbować sił w dziale miejskim, ale redaktorzy uznali, że jest zbyt powolny i poważny, dlatego odesłali go z powrotem do działu kultury, gdzie recenzował filmy.

Ogólnie mówiąc, pracownicy „Brooklyn Eagle" w tym czasie świetnie się bawili. Organizowali strajki. Działali w związku zawodowym. Niektórzy wstąpili do partii komunistycznej. Opisywali wszystko, co działo się w Nowym Jorku, Brooklynie i w porcie, ale mieli dość czasu na romanse. W pewnym momencie Burdett i jego towarzysz partyjny Victor Weingarten ubiegali się o względy tej samej kobiety, uroczej dziennikarki Violet Brown, która również należała do partii. Brown ostatecznie wybrała Weingartena i wyszła za niego za mąż. Zwierzyła mu się, że Burdettowi „pocą się ręce". (Zeznając przed podkomisją Senatu, Burdett wymienił ich oboje jako członków komórki partii komunistycznej w „Eagle").

Jak Burdett sam wyznał, partia stała się całym jego życiem. Przez dwa lub trzy miesiące dwa wieczory w tygodniu spędzał w „szkole", studiując teorię komunizmu. Później często organizował w swoim mieszkaniu zebrania komórki partyjnej, podczas których wygłaszał „fanatyczne i zaciekle dogmatyczne" wypowiedzi. Nawet zawarty przez Stalina i Hitlera w 1939 roku pakt o nieagresji, który gorzko rozczarował wielu amerykańskich towarzyszy, nie ostudził jego zapału. Gdy na zebraniu komórki pewien dziennikarz „Eagle", żeby zaprotestować przeciw temu paktowi, oddał legitymację, Burdett ostro go potępił.

Partyjni zwierzchnicy musieli zwrócić uwagę na tak zaangażowanego członka. Dwa i pół roku od wstąpienia do partii Burdett otrzymał polecenie, żeby „w ważnej sprawie" skontaktował się z korespondentem komunistycznego dziennika „Daily Worker", niejakim Joe Northem. Zgodnie z instrukcją w styczniu 1940 roku, w niedzielne popołudnie, udał się do jego mieszkania w Greenwich Village. North powiedział mu, że partia chce, aby pojechał do Finlandii: „Mamy tam dla ciebie zadanie, które pozwoli ci zademonstrować swoją użyteczność". Nie ma żadnych danych, które wskazywałyby, że Burdett zdenerwował się lub zaniepokoił tą propozycją, ale wydaje się to bardzo prawdopodobne. Cztery miesiące wcześniej Związek Sowiecki zaatakował Finlandię. Trwała wojna, a Finowie stawiali bohaterski opór. Burdett miał dwadzieścia sześć lat, był recenzentem filmowym i nigdy nie pracował jako korespondent zagraniczny, a tym bardziej jako korespondent wojenny.

To był jednak rozkaz partii.

Kilka dni później North przedstawił Burdetta muskularnemu, łysawemu mężczyźnie z grubym karkiem i smutnymi, inteligentnymi oczami, który podał mu dalsze szczegóły. Winston miał zaproponować redakcji, że jeśli wyślą go do Europy w charakterze korespondenta, pojedzie za darmo – bez pensji, na własny koszt. Jak łatwo było przewidzieć, skąpa redakcja, która nigdy nie miała korespondentów zagranicznych, chętnie skorzystała z okazji, najwyraźniej przyjmując, że Burdett jest zamożnym młodym człowiekiem, którego stać na takie przygody. (W rzeczywistości to Partia Komunistyczna Stanów Zjednoczonych obiecała pokryć wszystkie koszty).

Podczas kolejnych potajemnych spotkań ów krzepki mężczyzna ze smutnymi oczami przekazywał Burdettowi szczegółowe instrukcje. W tym czasie Winston nie miał pojęcia, kim on jest, nie wątpił jednak, że reprezentuje partię i cieszy się poważnym autorytetem. W latach pięćdziesiątych, gdy Burdett współpracował z FBI, pokazano mu zdjęcie paszportowe z 1937 roku niejakiego Jacoba Raisina. Rozpoznał w nim człowieka, z którym kontaktował się w 1940 roku. Dowiedział się wreszcie, że w rzeczywistości był to Jakow Gołos, główny organizator sowieckiej siatki szpiegowskiej w amerykańskiej partii komunistycznej.

Na dzień przed wypłynięciem do Europy Burdett spotkał się wieczorem na rogu ulicy niedaleko Columbia University z jakimś mężczyzną, który przekazał mu ostatnie rozkazy i dodał otuchy. „Nikt nie będzie od ciebie wymagał, żebyś ryzykował życie" – powiedział, po czym „raczej kwaśno" dodał, że „wielu ludzi musi ryzykować".

Burdett popłynął do Sztokholmu, gdzie skontaktował się z nim „pan Miller", który dał mu trochę pieniędzy i polecił przygotować raport o morale fińskiej armii i społeczeństwa, a zwłaszcza o „woli stawiania oporu" w walce z sowiecką inwazją.

W Finlandii Burdett odwiedził nieruchomy front oraz różne miasta i wsie. Rozmawiał z żołnierzami i cywilami. Dwa tygodnie po jego przyjeździe do Finlandii Armia Czerwona, mająca ogromną przewagę liczebną, w końcu zgniotła opór Finów. Trzynastego marca 1940 roku rząd ogłosił kapitulację. Burdett spędził jeszcze w Helsinkach tydzień lub dwa, po czym pojechał do Sztokholmu na umówione wcześniej spotkanie z Millerem. Ten zadał mu tylko jedno pytanie: „Jak Finowie przyjęli zakończenie wojny?" Nie byli na to przygotowani – odpowiedział. To był dla nich szok. Armia fińska również nie spodziewała się kapitulacji i prawdopodobnie walczyłaby dalej, gdyby rząd jej pozwolił.

Po wysłuchaniu tego sprawozdania „pan Miller" wręczył mu plik pieniędzy – dość na powrót do Nowego Jorku i różne wydatki. „Bardzo panu dziękuję, panie Burdett – powiedział. – To wszystko".

Inaczej mówiąc, poklepał go po ramieniu i kazał wracać do domu.

Burdett przeżył wielkie rozczarowanie. „Byłem zdziwiony, że to już wszystko. Zdałem sobie jednak sprawę, że chodziło im o Finlandię, a wojna już się skończyła, więc cokolwiek mogłem powiedzieć, było spóźnione". Miał teraz trochę własnych pieniędzy plus to, co dał mu „pan Miller", totej tym razem postanowił zignorować partyjne polecenie. Zdecydował się zostać w Europie i poszukać szczęścia jako niezależny korespondent – to wydawało mu się znacznie ciekawszą perspektywą niż powrót do działu kultury w „Eagle".

Gdy w Skandynawii wzrastało napięcie związane z groźbą niemieckiej inwazji, Burdett przebywał w Sztokholmie, pisywał reportaże dla „Eagle" i od czasu do czasu występował w radiu jako korespondent Transradio Press. Był jednym z kilku dziennikarzy, którym udało się przedostać do Norwegii po niemieckim ataku dziewiątego kwietnia 1940 roku. Tam zatrudniła go Betty Wason, żeby zastąpił ją jako współpracownik CBS.

Gdy Niemcy podbili Norwegię, Burdett, podobnie jak wielu zachodnich korespondentów, postanowił jechać do Rumunii, ponieważ sądził, że Bałkany będą następnym gorącym punktem w tej wojnie. Nim zdążył spakować walizki, odwiedził go „pan Miller". Nie był bynajmniej zły, że Burdett zignorował polecenie powrotu do Nowego Jorku. Dobrze się złożyło, ponieważ partia miała dla niego kolejne zadanie, tym razem w Rumunii. Zamiast jechać prosto do Bukaresztu, Burdett powinien udać się do Moskwy, gdzie otrzyma dalsze instrukcje.

W hotelu „Metropol" niedaleko Kremla spotkał się z dwoma oficerami rosyjskiego wywiadu, mężczyzną i kobietą, którzy poinformowali go, jak ma się skontaktować z nowym oficerem prowadzącym w Bukareszcie. Nic z tego nie wyszło, ponieważ ów oficer nigdy się nie zjawił. Burdett ograniczył się zatem do dziennikarstwa. Pracował głównie dla Transradio Press i niekiedy dla CBS. W tym okresie poznał Leę Schiavi.

Gdy w listopadzie naziści zajęli Rumunię, większość obcokrajowców – w tym Burdett i Schiavi, która została jego żoną – wyjechała do Jugosławii.

Winstonowi zaczęło się podobać życie korespondenta zagranicznego. Myślał już, że partia i Kreml o nim zapomnieli, ale wkrótce opiekunowie dali jednak o sobie znać. Kilka tygodni po jego przyjeździe do Belgradu skontaktował się z nim oficer sowieckiego wywiadu i polecił udać się na pewien róg ulicy, gdzie podejdzie do niego mężczyzna w jednej, szarej rękawiczce.

Tym razem doszło do kontaktu. Mężczyzna w jednej rękawiczce dał mu listę jugosłowiańskich urzędników i polecił nawiązać z nimi znajomość. Burdett nigdy więcej go nie zobaczył. Zaczynał stopniowo dochodzić do wniosku, że sowiecki wywiad nie jest tak sprawny, jak powszechnie uważano.

Z Jugosławii wysłał kilka relacji o ruchu oporu w północnych Włoszech przeciw rządowi Benita Mussoliniego. Reportaże te nie spodobały się profaszystowskiemu rządowi Jugosławii i w połowie marca 1941 roku Winston i Lea znowu musieli się przeprowadzić. Tym razem zatrzymali się w stolicy Turcji, Ankarze, gdzie Burdett, będący już etatowym korespondentem CBS, wykonał swoje najpoważniejsze zadanie szpiegowskie.

Zakrawa na paradoks, że to w czasie pobytu w Ankarze stracił wiarę w komunizm. Z dala od doktrynerskiej atmosfery komórki partyjnej w „Eagle", przebywając w towarzystwie starszych i bardziej doświadczonych korespondentów zagranicznych, którzy „widzieli świat wolnymi i doświadczonymi oczami, bez żadnych klapek", Burdett zaczął dochodzić do wniosku, że międzynarodowy ruch komunistyczny został zorganizowany tylko po to, żeby wykonywać rozkazy Moskwy, a cyniczny i bezwzględny reżym sowiecki „był gotowy każdego wyrzucić za burtę".

Burdettowi nie podobali się również prowadzący go agenci – od Jakowa Gołosa i „pana Millera" do kobiety z ambasady sowieckiej w Ankarze, niejakiej Żygałowej. Nie podobały mu się ich maniery, brak ogłady i kultury. Byłem używany „jako narzędzie przez ludzi, którym nie ufałem, i w sprawie, której słuszności nie byłem już pewny" – powiedział. Przedstawiciele partii, z którymi miał kontakt w Nowym Jorku, Sztokholmie, Moskwie, Belgradzie i Ankarze, byli chamscy, ponurzy i odnosili się do niego „z wyraźną pogardą". Ci nieokrzesani ludzie nie byli ani romantykami, ani idealistami. Burdett czuł, że nie ma z nimi nic wspólnego. Spotykali się na ulicach, w kiepsko oświetlonych kafejkach i nędznych hotelach. Mimo to traktowali samych siebie z najwyższą powagą, nawet gdy odbierali całkowicie banalne informacje. Winstonowi Burdettowi stopniowo zaczęło świtać, że szpiedzy rzadko mają okazję zbawić świat.

Siłą nawyku jeszcze przez jakiś czas utrzymywał kontakty z sowieckim wywiadem. Zgodnie z instrukcjami pani Żygałowej, drugiej w hierarchii urzędniczki w ambasadzie Związku Sowieckiego, zaprzyjaźnił się z tureckimi dostojnikami i dobrze poinformowanymi dziennikarzami, od których starał się wyciągnąć informacje o planach rządu. Gdy w czerwcu Niemcy zaatakowali Związek Sowiecki, pani Żygałowej najbardziej zależało na informacji, czy Turcja pozostanie neutralna. Burdett spotykał się z nią co dwa, trzy tygodnie, albo w sowieckiej ambasadzie, gdzie udawał, że przeprowadza z nią wywiad dla CBS, albo w jakimś innym tajnym miejscu. Za każdym razem wręczał jej spisany na maszynie raport, zawierający wiadomości zebrane od poprzedniego spotkania.

Robił to do listopada 1941 roku, kiedy Wielka Brytania i Związek Sowiecki zajęły Iran – Sowieci północ, Anglicy południe. Chodziło o zapewnienie bezpiecznej lądowej drogi transportu amerykańskich dostaw dla Związku Sowieckiego w ramach programu lend-lease. CBS natychmiast wysłała Burdetta do Iranu, żeby sprawdził, czy plan się powiódł. Od czasu do czasu Burdett przyjeżdżał do Ankary na spotkanie z panią Żygałową.

Winston i Lea mieszkali w Teheranie, gdy Japończycy zaatakowali Pearl Harbor i Stany Zjednoczone przystąpiły do wojny. W tym momencie Winston zdecydował, że nie chce mieć dłużej nic wspólnego z partią komunistyczną i szpiegostwem. W lutym 1942 roku wrócił do Ankary (Lea została w Iranie) i zakomunikował pani Żygałowej, że zrywa współpracę.

Nie była zadowolona. „Niewątpliwie był to dla niej szok – powiedział Burdett Podkomisji Bezpieczeństwa Wewnętrznego. – [...] Zachowywała się jak dziecko, któremu nagle zabrano zabawkę". Przekonywała go, żeby jeszcze się zastanowił.

„Nie – odrzekł Burdett. – To właśnie pragnę wyraźnie stwierdzić. Chcę, żebyście zrozumieli, iż już dość się zastanawiałem. To ostateczna decyzja".

„To było moje ostatnie spotkanie z nią, a raczej z nimi" – zeznał.

Niemal natychmiast potem CBS poleciła mu jechać do Indii, gdzie miał wykonać niewielkie zlecenie. Wkrótce po przyjeździe do Delhi otrzymał straszną wiadomość: jego żona została zamordowana podczas pracy nad reportażem w sowieckiej strefie okupacyjnej w północnym Iranie. Pośpiesznie wrócił do Iranu, ale na miejscu przekonał się, że sprawa została już zamknięta i nikt nie chce wznowić dochodzenia. Władze aresztowały kurdyjskiego wartownika drogowego i oskarżyły go o morderstwo. Wydawało się oczywiste, że zrobił to na czyjś rozkaz.

Ale czyj? Burdett przez pewien czas podejrzewał faszystowski rząd włoski. Po wojnie dowiedział się jednak, że amerykański kontrwywiad wojskowy miał dowody wskazujące, że Lea została zamordowana na rozkaz Moskwy, „ponieważ za dużo wiedziała" o tym, jak Armia Czerwona szkoli jugosłowiańskich partyzantów Tito do walki z Niemcami. Zgodnie z tą teorią Moskwa nie chciała, żeby ktokolwiek – a zwłaszcza nowi sojusznicy w Londynie i Waszyngtonie – wiedział o jej ścisłej współpracy z ruchem oporu Tito. Gdy Lea odkryła istniejącą w Iranie tajną sowiecką bazę, gdzie szkolono jugosłowiańskich partyzantów, musiała zginąć.

Możliwe. Jest jednak jeszcze inne wyjaśnienie, zgodne ze znanymi faktami. Nie można wykluczyć, że Lea została zastrzelona w odwecie za decyzję męża, który porzucił partię i sprawę. Burdett sprawiał wrażenie, że nawet nie zastanawiał się nad tą ewentualnością – może tylko podczas wielu bezsennych nocy. Tak czy inaczej, do końca życia był przekonany, że to Moskwa kazała zamordować jego żonę.

Członkowie senackiej Podkomisji Bezpieczeństwa Wewnętrznego nie okazali większego zainteresowania fascynującą opowieścią Burdetta. Chcieli nazwisk – nazwisk dziennikarzy i redaktorów z „Brooklyn Eagle" i innych gazet, którzy należeli do Newspaper Guild i partii komunistycznej pod koniec lat trzydziestych. Burdett podał je już podczas roboczego posiedzenia, ale senatorzy chcieli, żeby powtórzył je publicznie.

Po południu, gdy Burdett skończył swą opowieść, głos zabrał Jay Sourwine. „Chcę przeczytać listę nazwisk, żeby upewnić się, że są to ludzie, których zidentyfikował pan jako członków partii komunistycznej w okresie, gdy należał pan do jej komórki w «Brooklyn Eagle»" – powiedział.

Odpowiadając na pytania Sourwine'a, Burdett po kolei wymienił nazwiska swoich byłych kolegów i towarzyszy partyjnych.

> Sourwine: Nathan Einhorn?
> Burdett: Tak, był członkiem komórki partii komunistycznej w „Brooklyn Eagle".
> Sourwine: Victor Weingarten?
> Burdett: On również.
> Sourwine: Violet Brown, później Violet Weingarten?
> Burdett: Ona również, proszę pana.
> Sourwine: Charles Lewis?
> Burdett: Tak.
> Sourwine: Hyman Charniak?

Burdett: Tak.
Sourwine: Herbert Cohn?
Burdett: Tak.
Sourwine: Melvin Barnett?
Burdett: Tak.
Sourwine: David Gordon?
Burdett: Tak.
Sourwine: Charles Grutzner?
Burdett: Tak... Tak... Tak...

W sumie Burdett wymienił dwadzieścia trzy nazwiska ludzi z „Eagle" i innych gazet. W ten sposób zniszczył życie dwudziestu trzech osób. Giorgina Burdett, która była w ciąży z drugim dzieckiem, siedziała na widowni jak sparaliżowana. Jak Winston mógł to zrobić? Chciała wstać i wybiec. Powiedziała później, że wolałaby umrzeć na miejscu niż usłyszeć jego zeznania.

Niedługo po ślubie Giorgina dowiedziała się, że jej mąż był komunistą. I co z tego? W tym czasie we Włoszech nikt nie sądził, że bycie komunistą jest czymś strasznym. Natomiast o jego działalności szpiegowskiej dowiedziała się dopiero po przeprowadzce do Nowego Jorku, gdy do ich mieszkania zaczęli przychodzić agenci FBI i przeprowadzać niekończące się przesłuchania. Winston powiedział jej, że zamierza zeznawać i do wszystkiego się przyznać. Nie ostrzegł jej jednak, że wymieni nazwiska. Boże, nazwiska! Niemal czterdzieści lat później Giorgina Burdett z trudem mówiła o tym strasznym dniu. „To była najgorsza chwila w moim życiu i w naszym małżeństwie".

W swoich zeznaniach Burdett usiłował złagodzić zadawane ciosy. W pewnym momencie powiedział do Sourwine'a: „Te osoby, które wstąpiły do partii, kierowały się absolutnym, czystym idealizmem. Nie było i być nie mogło żadnego innego powodu". Wyraził również przekonanie, że większość z nich, podobnie jak on, wystąpiła z partii.

W rzeczywistości wielu wystąpiło znacznie wcześniej niż on. Hyman Charniak był tym towarzyszem, którego Burdett tak ostro potępił za zerwanie z partią w proteście przeciw paktowi Ribbentrop-Mołotow. Mimo to, jeszcze tego samego dnia, w którym Burdett zeznawał, podkomisja wysłała wezwania na przesłuchanie do wszystkich osób z listy Sourwine'a. Latem, podczas trwających siedem dni przesłuchań publicznych w sprawie wpływów komunistycznych w prasie, zeznawało trzydzieści osiem osób. Większość stanowili ludzie wymienieni przez Burdetta. Dwadzieścia dwie osoby odmówiły zeznań, powołując się na piątą poprawkę do konstytucji. Sześć osób, w tym trzy z redakcji „New York Timesa", zostały zwolnione z pracy.

To nie było nic innego, tylko proces pokazowy. Chodziło o zdyskredytowanie „liberalnej prasy", a zwłaszcza Newspaper Guild i „New York Timesa". Podkomisja Eastlanda nie przedstawiła żadnych dowodów, że którakolwiek z tych trzydziestu ośmiu osób prowadziła lub choćby zamierzała prowadzić działalność wywrotową w związku zawodowym, „Timesie" lub innej instytucji informacyjnej. „Do diabła – powiedział Victor Weingarten – w «Eagle» wszyscy byli komunistami, zgodnie z definicją podaną przez Johna Steinbecka: komunista to skurwysyn, który chce zarabiać dwadzieścia pięć dolarów, gdy pracodawcy płacą osiemnaście".

A co dalej działo się z Winstonem Burdettem? Na początku 1956 roku CBS, zgodnie z planem uzgodnionym przez Daniela O'Shea, zesłała go do Rzymu. To również miało negatywny wpływ na innych. Decyzja CBS oznaczała, że Bill Downs, który objął rzymskie biuro w 1953 roku i wreszcie dobrze się bawił, będzie musiał opuścić Wieczne Miasto. „Po powrocie z Bliskiego Wschodu przekonałem się, że Georgina [sic] rozpuściła plotki na całe miasto, że w styczniu Winston zastąpi mnie w Rzymie – napisał z niepokojem do Murrowa. – Zastanawiam się, czy mógłbyś nadstawić uszu i, jeśli to możliwe, poinformować mnie, co się, u diabła, dzieje".

„Nie wiem już, co się tu dzieje" – odpisał Murrow.

Wprawdzie niektórzy koledzy Burdetta – zwłaszcza Eric Sevareid i Charles Collingwood – nadal utrzymywali z nim przyjacielskie stosunki i wierzyli, że zeznawał pod silną presją, lecz inni nie wybaczyli mu podania nazwisk. Larry LeSueur i Downs, w początkach swojej kariery, jeszcze w agencjach prasowych, pracowali razem z kilkoma dziennikarzami, którzy zostali zwolnieni w wyniku zeznań Burdetta. „To byli wielcy idealiści – powiedział LeSueur – ale dostali po łbie". Z winy Burdetta legły w gruzach kariery zawodowe dwóch przyjaciół jednego z głównych producentów CBS, Ernesta Leisera.

„Koledzy uważali Winstona za zdrajcę" – powiedział Daniel Schorr, który pozostał jego przyjacielem.

ROZDZIAŁ DWUDZIESTY CZWARTY

„TO JUŻ NIE W JEGO STYLU"

Pod koniec 1957 roku Bill Paley mimochodem poinformował Eda Murrowa, że nie będzie gospodarzem tradycyjnego lunchu dla korespondentów, którzy mieli przyjechać do Nowego Jorku w związku z przeglądem wydarzeń roku. Bardzo żałował, ale razem z żoną postanowili jechać na urlop na Jamajkę. Prezes, który od dłuższego czasu obserwował błyskawiczny rozwój telewizji i miał już dość kontrowersji, przestał interesować się Murrowem i korespondentami. W przeszłość odeszły dni, kiedy Paley zapraszał do siebie dziennikarzy CBS i przedstawiał ich znajomym z wyższych sfer. „To już nie w jego stylu" – z żalem powiedział David Schoenbrun.

W rzeczywistości Paley nigdy nie był tak mocno związany emocjonalnie z Murrowem, Chłopcami i ich powołaniem, jak oni to sobie wyobrażali. „Nie angażował się tak w biznes informacyjny jak Hearstowie, Luce'owie i Grahamowie – powiedział Don Hewitt. – Wiadomości to było jego hobby. Kolekcjonował Murrowów, Sevareidów i Smithów, tak jak zbierał obrazy Picassa, Maneta i Degasa. Byli jego idolami". Użyteczność tych idoli już się kończyła i teraz zastępowali je nowi. W połowie lat pięćdziesiątych nie ulegało wątpliwości, jak wyglądają priorytety Paleya. Telewizyjne programy informacyjne zostały relegowane na późne godziny wieczorne lub do niedzielnego „getta kultury".

Nawet tam nie były bezpieczne. W 1955 roku menedżerowie sieci zauważyli, że ilekroć lokalne kanały w Nowym Jorku i innych dużych miastach transmitują w niedzielne popołudnie mecze zawodowej ligi futbolu amerykańskiego, ich wskaźnik oglądalności gwałtownie rośnie kosztem programów z „getta", takich jak *Face the Nation*. Mecz między drużyną Giants z Nowego Jorku i Steelers z Pittsburgha w październiku tego roku osiągnął wynik 8 w skali Nielsena, natomiast *Face the Nation* żałosne 2,8. To zrobiło na nich takie wrażenie, że na następny rok CBS podpisała z NFL umowę, gwarantującą jej wyłączne prawo transmitowania meczów. To był początek długiego i pięknego związku, a „getto kultury" zostało wypchnięte na niedzielny poranek, gdy wielu ludzi jeszcze spało*.

Ofiarą nowych priorytetów Paleya padł również program *See It Now*. W 1955 roku stracił sponsora i stałą porę nadawania. Od tej chwili był emitowany tylko osiem lub dziesięć razy w roku. „See It Now and Then" – nazywali go kpiarze. Problemem nie była treść, tylko zysk. Znacznie większe dochody przynosiły takie programy jak *Kocham Lucy, The Ed Sullivan Show* i *Strzały w Dodge City*. Przez pewien czas jeszcze lepsze były teleturnieje--widowiska, jak *$64,000 Question* CBS i *Twenty-One* NBC, w których można było wygrać wysokie nagrody pieniężne. W 1957 roku na liście dziesięciu najbardziej popularnych programów telewizyjnych sieci znalazło się pięć takich konkursów. Cztery z nich były produkcjami CBS.

Ze wszystkich Chłopców najbardziej nie cierpiał telewizji Eric Sevareid. Swój pierwszy telewizor kupił dopiero w połowie lat pięćdziesiątych. To był prawdziwy cud, że nie tylko przetrwał w wiadomościach telewizyjnych, ale nawet stał się postacią dość znaną. „Przypuszczam, że trudno byłoby znaleźć większego przeciwnika telewizji niż Eric – powiedział Frank Stanton. – Po prostu nie chciał mieć do czynienia z tymi wszystkimi kręcącymi się wszędzie technikami, zmieniającymi światła, stawiającymi przed nim mikrofon. To doprowadzało go do szaleństwa".

Nieśmiały Sevareid znalazł się w świecie telewizyjnych kamer, nim jeszcze przezwyciężył strach przed radiowym mikrofonem. Gdy nadawał wieczorne komentarze, nie mógł znieść, że ktoś go obserwuje z kabiny kontrolnej, dlatego zawsze siadał zwrócony twarzą w przeciwnym kierunku. Nie widział wtedy sygnałów dawanych ręką, toteż zainstalowano na blacie trzy światełka, podobne do świateł ulicznych: żółte – uwaga, zielone – jesteś na antenie, czerwone – nie nadajesz. Mimo to zdarzało się, że tuż przed programem Eric wpadał w panikę. Bill Shadel, który tuż przed nim prezentował wiadomości z Waszyngtonu, dwukrotnie musiał odczytać tekst Sevareida.

---

* Związek ten przetrwał trzydzieści osiem lat. W 1994 roku Fox przelicytował CBS w rywalizacji o udział w kontrakcie z NFL.

Zwykle warto było posłuchać jego pięciominutowych komentarzy radiowych. Eric starannie szlifował tekst. Jego słowa – zwłaszcza dowcipne lub złośliwe – zapadały w pamięć. Krytyk Gilbert Seldes nazwał je „małymi dziełami sztuki". Pisarz Theodore White powiedział, że przypominają „haft na pudełku od zapałek".

Sevareid zdobył wielu stałych słuchaczy, dlatego w 1954 roku powierzono mu prowadzenie nowego telewizyjnego programu informacyjnego, nadawanego w niedzielę wieczorem – *American Week*. Podobnie jak *See It Now*, *American Week* był magazynem mającym naświetlać wydarzenia z minionego tygodnia. Od samego początku widzowie mogli łatwo dostrzec, że Eric czuje się przed kamerą nie na miejscu i że niepokoją go obrazy. „Zamierzam od czasu do czasu powiedzieć parę słów, choćby ze względu na starą tradycję" – oświadczył w pierwszym odcinku. „Ten program sprawi, że albo będę bogaty i sławny, albo pójdę do szpitala dla nerwowo chorych, z wrzodami żołądka na dokładkę" – napisał do Smitha.

W ciągu czterech lat program kilka razy zmieniał nazwę i kształt, a Sevareid, mimo zdenerwowania, świetnie sobie radził. Zapewne ze wszystkich materiałów *American Week* najsilniej utkwił w pamięci widzów wywiad z czarnym studentem prawa Frankiem Brownem, który znakomicie zilustrował prześladowanie czarnych w coraz bardziej zaciekłej walce o równe traktowanie. Brown, jego ciężarna żona i dwoje dzieci niedawno wprowadzili się do Trumbull Park, zdominowanego przez białych osiedla w South Chicago, zbudowanego w ramach programu federalnego. Sąsiedzi usiłowali zmusić ich do wyprowadzki. Gdy Sevareid przeprowadzał z nim wywiad, w pobliżu wybuchła bomba. Brown mimo to spokojnie zapowiedział, że tu zostanie. Program Sevareida był ważnym kamieniem milowym w rozbudzaniu świadomości rasowej w Stanach Zjednoczonych.

Jednak w 1957 roku Bill Paley uznał, że właśnie takie programy utrudniają realizację jego wizji rozwoju sieci. Coraz częściej sprawiał wrażenie, że chce pokazać dziennikarzom, gdzie jest ich miejsce. Sevareid dał mu pretekst, kilkakrotnie krytykując politykę zagraniczną administracji Eisenhowera, a w szczególności wprowadzony przez Departament Stanu zakaz wyjazdów do Chińskiej Republiki Ludowej. Dyrektor działu wiadomości John Day raz skreślił cały jego tekst. Rozwścieczony Sevareid dał kopię senatorowi Michaelowi Monroneyowi, który oświadczył na forum Senatu, że CBS knebluje Sevareida, i włączył streszczenie tekstu do publikowanych protokołów obrad Kongresu.

CBS znalazła się pod ogniem krytyków – od „Time'u" na prawicy do „New Republic" na lewicy. Bill Paley wezwał Sevareida do Nowego Jorku na rozmowę. Przed wyjazdem z Waszyngtonu Eric w wewnętrznym memorandum wyraził swoją frustrację i resentyment z powodu narzucanych przez prezesa reguł „obiektywności", które zawsze uważał za niepraktyczne i obłudne. Napisał:

> Sam mogę powiedzieć, że od wielu lat każdego dnia byłem świadomy tych reguł i – jak na moje poczucie uczciwości dziennikarskiej – wykazywałem się zbyt dużą ostrożnością [...] Jest rzeczą niemożliwą powiedzieć coś godnego uwagi, nawet nie sugerując przy tym swojego punktu widzenia. „Analizowanie" bez sformułowania wniosków wynikających z analizy przypomina prowadzenie badań bez ogłaszania odkryć [...] Czysta, chłodna „analiza", polegająca na wyliczeniu faktów i argumentów wszystkich stron, nie może zainteresować słuchaczy lub widzów [...] Zmusza autora do nieuczciwości, gdyż wymaga, żeby używał sformułowań, które sugerują bezstronność, podczas gdy w głębi serca opowiada się po określonej stronie [...] Publiczna reputacja takich dziennikarzy jak Murrow, Howard Smith lub ja sam wynika z naszego indywidualnego podejścia do zdarzeń i indywidualnego stylu ekspresji. Ludzie nie włączają radia o określonej godzinie, mówiąc: „Teraz posłucham bezstronnych wyjaśnień faktów i problemów". Mówią: „Teraz posłucham, co Murrow (lub Smith, lub Sevareid) ma do powiedzenia na ten temat. Nie zawsze się z nim zgadzam, ale jest dobrze poinformowany i uczciwy" [...] Oficjalna polityka sieci, zgodnie z którą należy analizować, nie ujawniając osobistej opinii, nie była ściśle przestrzegana. Gdyby tak było, CBS przekonałaby się, że straciła ważny pierwiastek ludzki, na którym od lat w znacznej mierze opierają się sukcesy CBS News. Sieć utraciłaby natychmiast swą szczególną pozycję w opiniach prasy, krytyków i wiernych słuchaczy.

Argumenty Sevareida nie przekonały Paleya. „Pierwiastek ludzki" – przyczyna tylu jego kłopotów w kontaktach z rządem i znajomymi – to było właśnie to, czego chciał się pozbyć. Jeśli w CBS miał być obecny czyjś głos, to tylko jego. Gdy Sevareid zjawił się w gabinecie prezesa, ten był stanowczy. „Być może już zbyt długo pracuję w CBS!" – wykrzyknął w pewnym momencie Sevareid, który od pewnego czasu w rozmowach z przyjaciółmi wspominał o odejściu. Teraz niemal zapowiedział dymisję, a Paley... nic nie odrzekł.

Sevareid wpadł w panikę. „Boże – pomyślał – on chce, żebym zrezygnował!" Nagłe uświadomienie sobie faktu, że stracił wszelki wpływ na szefa, było dla niego wstrząsem. Miał teraz tylko dwie możliwości: albo odejść, albo zostać i podporządkować się życzeniom Paleya. Przez chwilę siedzieli obaj w milczeniu. Sevareid postanowił ulec. „Nigdy więcej o tym nie rozmawialiśmy" – powiedział później.

Nie musieli. Eric Sevareid został złamany. W późniejszych latach zdarzały mu się jeszcze przebłyski dawnej osobowości, ale w zasadzie trzymał się reguł obiektywizmu.

Pod koniec lat pięćdziesiątych Sevareid był człowiekiem bardzo nieszczęśliwym i trudnym w kontaktach. Syn Michael dostrzegał w zachowaniu ojca „rozpacz i gniew – przez cały czas". Jego komentarze radiowe zostały nagle przeniesione z dwudziestej trzeciej dziesięć na dwudziestą drugą, potem na dwudziestą pierwszą trzydzieści pięć, co wprowadzało w błąd i frustrowało wiernych słuchaczy. Prowadził program telewizyjny poświęcony nauce, *Conquest*, natomiast jego cotygodniowy program informacyjny miał bardzo niskie wskaźniki oglądalności i w 1958 roku został zlikwidowany, podobnie jak *See It Now*. Sevareid dostrzegał, że jego pozycja stale się obniża, dlatego stawał się coraz bardziej czuły na objawy lekceważenia, domagał się szacunku i walczył o zachowanie przywilejów.

Niektórzy przypuszczali, że jest na granicy załamania nerwowego. Podczas przyjęcia w jego mieszkaniu przy Park Avenue, wydanym z okazji inauguracji *Conquest*, wdał się w bójkę z producentem. Ktoś ich rozdzielił i odprowadził Erica do sypialni, żeby się uspokoił. Nieco później młody pracownik CBS Don Kellerman, który przypadkowo wszedł do sypialni, zobaczył, jak Sevareid konwulsyjnie szlocha.

Kellerman nigdy się nie dowiedział, co było przyczyną bójki i płaczu. „Wydawało się nam, że to był jeszcze jeden przejaw problemów psychicznych Sevareida, wynikających z niezdolności do przejścia ze statusu gwiazdora, zagranicznego korespondenta wojennego, na pozycję gadającej głowy z telewizji. Ten wybuch spowodowała frustracja. Tego wieczoru tylko się wygłupił. Przecież to było przyjęcie na jego cześć. Był gwiazdą wieczoru, zrealizował ten swój program. W jego zachowaniu ujawniała się straszna skłonność do autodestrukcji, i to nie tylko tego wieczoru".

W tym samym czasie Sevareid usiłował sobie radzić także z rozpadem małżeństwa. Po wojnie zaburzenie maniakalno-depresyjne Lois stale się pogłębiało. Eric czuł się jak w pułapce. Niektórzy znajomi twierdzili, że ogromnie wspierał Lois i heroicznie walczył o ocalenie małżeństwa. „Eric był dla niej cudowny – powiedział jego stary przyjaciel Geoffrey Cox. – Bardzo o nią dbał". Inni sądzili, że jest nieczuły, a nawet okrutny. „Nie był miłym mężem – powiedział producent z CBS Ernie Leiser. – Był dla niej chamski, ignorował ją". Wielu utrzymywało, że jest egocentrykiem, skupionym na własnych problemach i zainteresowaniach. „Osobiście nie można było na nim polegać – powiedział Michael Bessie. – Wolał unikać problemów innych ludzi. Nie sądzę, żeby w jakiejś przyjaźni to on był stroną, która daje i działa".

Kobiety na ogół uważały jego pełne niepokoju zachowanie – jak powiedziała jedna ze znajomych – za „cholernie seksowne". „Eric cieszył się taką popularnością wśród kobiet – wspominał wiele lat później Larry LeSueur – że ja zadowalałem się podążaniem jego śladem". Sevareid miał wiele krótkotrwałych romansów, ale w miarę jak rozpadało się jego małżeństwo, najwyraźniej pragnął czegoś trwalszego. Jeszcze w 1950 roku poznał na przyjęciu w Nowym Jorku piękną dziewiętnastoletnią studentkę Belèn Marshall i natychmiast się w niej zadurzył. Marshall, córka śpiewaków operowych (ojciec Amerykanin, matka Hiszpanka), sama świetnie śpiewała, co zademonstrowała podczas przyjęcia. Sevareid, który miał wówczas trzydzieści osiem lat, zaproponował jej kolację o północy w hotelu „Sherry-Netherlands". Belèn skonsultowała się z matką i wyraziła zgodę.

W tym okresie Sevareid w weekendy pracował w Nowym Jorku. Przez rok, ilekroć przyjeżdżał na Manhattan, umawiał się z Belèn. Lubiąca zabawę studentka Barnard przyjmowała zaproszenia, ale ograniczała ich kontakty do kolacji. Była wychowanką surowych szkół zakonnych i uważała, że seks musi poczekać do małżeństwa. Po roku takiej znajomości Sevareid – z powodu frustracji, utraty zainteresowania lub lęku przed nadmiernym zaangażowaniem emocjonalnym – przestał dzwonić. Przygnębiona Belèn po skończeniu studiów wyjechała z matką do Włoch.

Sevareid jednak o niej nie zapomniał. Od czasu do czasu pisał, a w 1954 roku zaprosił ją do Anzio, gdzie kręcił odcinek *American Week* poświęcony dziesiątej rocznicy amerykańskiej kampanii we Włoszech. Konserwatywna studentka już dojrzała, teraz była znaną autorką piosenek i zawodową śpiewaczką. Dobrze wiedziała, o czym myśli Sevareid, i przyjęła jego zaproszenie. „Myślałam, że dojrzeliśmy już na tyle, aby czegoś spróbować" – powiedziała. Gdy jednak usiłowali zameldować się w hotelu jako małżeństwo, podejrzliwy recepcjonista odesłał ich z kwitkiem. To był prawdopodobnie najbardziej frustrujący romans Sevareida.

Gdy w 1957 roku Belèn wróciła do Stanów Zjednoczonych, ich związek został skonsumowany i nabrał bardzo poważnego charakteru. „Wkrótce dla wszystkich stało się jasne – powiedziała z poczuciem fatalizmu – że weźmiemy ślub". Był tylko jeden poważny problem: Sevareid miał żonę i nadal z nią mieszkał. Zgodnie ze swym charakterem postanowił uniknąć problemu, zostawiając Lois i wyjeżdżając za granicę. W 1959 roku namówił kierownictwo, żeby udzieliło mu najpierw czteromiesięcznego urlopu, a następnie wysłało go do Londynu. Poprosił Belèn, żeby z nim pojechała. Zakochana po uszy, „oczarowana jego talentem, inteligencją i wiedzą", łatwo się zgodziła. „Przypuszczam, że dla niego byłam ostatnią szansą na szczęście i miłość – powiedziała. – Dla mnie on był wszystkim".

Usiłując usprawiedliwić porzucenie Lois, Sevareid później pisał: „Zakiełkowała mi w głowie fantastyczna myśl, że moje odejście jest dla niej ostatnią szansą na powrót do zdrowia, a dla mnie na odzyskanie zdolności do przeżywania uczuć, do widzenia oczami poety i – być może – napisania pewnego dnia czegoś, co byłoby lepsze od samego autora". Lois jednak nigdy nie wróciła do zdrowia. Była zdruzgotana jego odejściem i przez pewien czas po prostu całymi dniami siedziała w domu i nie odzywała się ani słowem. Potem przeniosła się do wiejskiej chaty pod Warrenton w Wirginii, którą kupili kilka lat wcześniej. A Sevareid po opublikowaniu *Not So Wild a Dream* nigdy nie napisał niczego, co byłoby lepsze od samego autora.

Czasami, gdy był tylko z Belèn, płakał.

„Czy nie masz poczucia winy?" – spytał ją kiedyś.

„Nie – odpowiedziała. – A z jakiego powodu?"

Wiele lat później, gdy zastanawiała się nad tym okresem w jej życiu, powiedziała: „Przypuszczam, że gdybym była starsza, mogłabym przyjąć do wiadomości, że oboje jesteśmy odpowiedzialni, ale wtedy z jakiegoś powodu nie włączałam w to siebie. Nie byłam dostatecznie dojrzała, żeby podzielać jego ból".

W czasie pobytu w Londynie na stanowisku głównego europejskiego korespondenta Howard Smith stał się największym gwiazdorem radia i telewizji CBS (choć, podobnie jak Sevareid, nie przepadał za nowym medium). Podróżował po całym kontynencie, opisywał ważne wydarzenia i komentował je w piętnastominutowych programach w niedzielne popołudnia. Wielu uważało, że jest lepszym analitykiem od Murrowa i Sevareida. Szef paryskiego biura David Schoenbrun, nieodznaczający się nadmierną skromnością, czuł lęk, ilekroć miał go zastąpić. „Zastępować Howarda Smitha – powiedział – to było jak wejść na boisko zamiast Babe'a Rutha".

W Londynie Smith przyjął styl i wygląd angielskiego dżentelmena – miał nawet wspaniały dom przy Regent's Park – ale w głębi serca pozostał młodym radykałem z Oksfordu. Jego komentarze radiowe często były zjadliwą krytyką polityki zagranicznej Stanów Zjednoczonych, które uparcie wspierały skorumpowane antykomunistyczne reżymy. Kiedyś w *See It Now* obnażył apartheid w Afryce Południowej, za co CBS została zakazana w Pretorii. W innym pamiętnym odcinku *See It Now* on i Murrow bronili dwóch odmiennych spojrzeń na konflikt na Bliskim Wschodzie. Murrow uważał, że Izrael jest w takiej samej sytuacji, w jakiej była Wielka Brytania, gdy samotnie walczyła z Niemcami, dlatego bez zastrzeżeń aprobował jego politykę. Smith, po raz pierwszy występując w znanym amerykańskim programie, wyjaśnił kwestię Palestyny z arabskiego punktu widzenia. „Variety" określiło to jako „szczytowe osiągnięcie elektronicznego dziennikarstwa".

Nowy Jork od czasu do czasu krytykował Smitha za zbyt ostre wyrażanie własnych poglądów, ale w istocie nigdy go nie powściągał: Amerykanie znacznie mniej przejmowali się wówczas polityką zagraniczną, a przełożeni Smitha nie martwili się szczególnie tym, że łamie on zakaz wyrażania opinii, przebywając ponad cztery i pół tysiąca kilometrów od nich. Jednak w 1957 roku, po niemal dwudziestu latach życia w Europie, Smith postanowił zrezygnować z wolności, jaką zapewniało mu stanowisko w Londynie, i wrócić do Stanów Zjednoczonych, gdzie miał zostać głównym korespondentem w Waszyngtonie. Choć on i Bennie bardzo lubili Londyn, Howard nie chciał być emigrantem. Podjął tę decyzję z „okropnym lękiem": zdawał sobie sprawę, że im bliżej będzie Nowego Jorku, tym łatwiej popadnie w konflikt z powodu swego ostrego języka. Nie przewidział nawet połowy tego, co się miało zdarzyć.

Gdy w 1954 roku Sig Mickelson objął kierownictwo działu radiowych i telewizyjnych programów informacyjnych CBS, Murrow wydawał się zgubiony. Wciąż prowadził *Person to Person*, czyli lekkie wywiady telewizyjne ze znanymi ludźmi, oraz wieczorne wiadomości radiowe, ale przypuszczał, że koniec jego dumnego i niezależnego księstwa w CBS jest już bliski.

Gdy dowiedział się, że teleturniej *$64,000 Question* jest niemal od samego początku ustawiony przez producenta, jego cierpliwość się wyczerpała. W październiku 1958 roku ostro skrytykował swojego szefa w przemówieniu wygłoszonym na konferencji Stowarzyszenia Dyrektorów Radiowych i Telewizyjnych Programów Informacyjnych w Chicago. Potępił niedawno wprowadzone cięcia budżetowe w CBS News i stwierdził, że wskutek żądzy zysku menedżerów telewizja zmieniła się w medium „dekadencji, eskapizmu i izolacjonizmu". Telewizja „może uczyć – kontynuował. – Może oświecać. Tak, może nawet inspirować. Ale to jest możliwe tylko wtedy, gdy ludzie chcą jej użyć do takich celów. W przeciwnym razie to tylko pudło z drutami i lampkami w środku".

Paley był bliski furii. Uważał, całkiem słusznie, że przemówienie to było „bezpośrednim atakiem" na niego. Murrow publicznie postawił go w kłopotliwej sytuacji, podobnie jak Shirer w 1947 roku. Ed nie został wyrzucony tak jak Bill, ale wkrótce przekonał się, co to znaczy być pariasem. W noc wyborczą w 1958 roku, zamiast wygłaszać komentarze w studiu, zbierał wyniki ze wschodnich stanów i wypisywał je kredą na tablicy oraz przekazywał prowadzącemu studio wyborcze Walterowi Cronkite'owi. Przyjął polecenie bez słowa protestu, ale – jak powiedział Howard Smith – „był tak długo postacią numer jeden, że to musiało być dla niego wielkim ciosem".

Gdy CBS starała się naprawić wywołane skandalem szkody, rozpoczynając emisję serialu dokumentalnego Freda Friendly'ego *CBS Reports*, kierownictwu produkcji nakazano ograniczyć udział Murrowa. Mógł czasami przygotowywać jakieś reportaże, ale w żadnym przypadku nie wolno mu było prowadzić programu. To robiło na zmianę kilku Chłopców. Najbardziej znany dziennikarz w historii radia i telewizji został zastąpiony przez swych protegowanych. Friendly argumentował za wciągnięciem do programu Murrowa, ale gdy zapadła inna decyzja, dał za wygraną.

Murrow przeżywał kryzys – był rozgoryczony, przygnębiony, wiecznie zmęczony, bez wyraźnego celu. Latem 1959 roku postanowił wziąć roczny urlop i wybrać się w długą podróż z Janet i synem Caseyem. Gdy byli w Europie, Fred Stanton, który wciąż usiłował uporządkować sytuację po skandalu z ustawionymi teleturniejami, stwierdził publicznie, że sieć dokładnie zbada wszystkie swoje programy, żeby sprawdzić, czy „przebiegają tak, jak powinny". W wywiadzie udzielonym „New York Timesowi" stwierdził, że jednym z takich zwodniczych programów były rozmowy Murrowa w *Person to Person*, ponieważ goście znali wcześniej pytania. Murrow odpowiedział na ten bezpośredni atak w ostrej depeszy z Londynu:

> Doktor Frank Stanton ujawnił wreszcie swoją ignorancję zarówno w dziedzinie wiadomości telewizyjnych, jak i wymogów produkcji [...] Z pewnością wie, że kamery, światła i mikrofony

nie przemieszczają się same po domu [...] Próby są konieczne, gdyż inaczej zapanowałby chaos. Przykro mi, że doktor Stanton uważa, iż oszukiwałem publiczność. Moje sumienie jest czyste. On najwyraźniej ma wyrzuty sumienia.

Gdy następnego dnia Paley przeczytał „Timesa", natychmiast zażądał, żeby Murrow wycofał się z tej wypowiedzi. Po pewnych negocjacjach Ed przygotował oświadczenie, lecz nie tak pokorne, jak tego oczekiwał Paley. Gdyby reputacja CBS nie była już poważnie nadszarpnięta – powiedział później Fred Friendly – Paley zwolniłby starego przyjaciela bez żadnej dyskusji. Zamiast tego producent programu *Person to Person*, w którym teraz występował Charles Collingwood, otrzymał polecenie, żeby przed każdym odcinkiem odczytywać oświadczenie, iż przebieg rozmowy został uzgodniony z gośćmi. Na razie sprawa na tym się zakończyła, ale Paley i Stanton nie mieli zamiaru ani zapomnieć, ani wybaczyć.

Gdy Murrow wrócił do Nowego Jorku kilka miesięcy wcześniej, niż planował, w maju 1960 roku, przekonał się, że nie ma tu dla niego roboty. „Jesteś ważny, dopóki jesteś dla nich użyteczny – powiedział Collingwoodowi. – Ty będziesz jeszcze przez jakiś czas. Gdy uznają, że przestałeś, wyrzucą cię bez chwili wahania".

W styczniu 1961 roku wielka saga Edwarda R. Murrowa i CBS – która rozpoczęła się w 1935 roku i objęła wojnę, lata powojenne, początek zimnej wojny, rozwój telewizji i maccartyzm – dobiegła końca. Murrow przyjął propozycję prezydenta elekta Johna F. Kennedy'ego i został dyrektorem United States Information Agency. „Ten gest był piękny i bardzo na czasie" – powiedziała Janet Murrow. Trzydziestego pierwszego stycznia Murrow pojawił się w radiowęźle CBS, żeby pożegnać się ze wszystkimi kolegami w całym kraju. W jego oczach błyszczały łzy, głos mu się załamywał, desperacko starał się zapanować nad sobą. „Przez wiele lat chwalono mnie za to, co zrobili inni – powiedział. – W CBS istnieje teraz dobra ekipa – Smith, Collingwood, Cronkite i inni – która poradzi sobie z robotą znacznie lepiej ode mnie. Naturalnie nie jest łatwo opuszczać firmę po dwudziestu pięciu latach, ale mogę uczciwie powiedzieć, że część mojego serca pozostanie na zawsze w CBS".

1961–1992

ROZDZIAŁ DWUDZIESTY PIĄTY

TRZY DYMISJE

Edward R. Murrow i Chłopcy stworzyli coś zupełnie nowego, nie opierając się na żadnych wzorach, ale ich najlepszy okres trwał niecałe dwadzieścia pięć lat. Wbrew temu, czego pewnie by sobie życzyli, CBS nie była instytucją wyższej użyteczności, tylko przedsiębiorstwem działającym dla zysku. Odkąd pod koniec lat trzydziestych Paley wprowadził CBS na giełdę i musiał się troszczyć o dochody akcjonariuszy, gra toczyła się o tak duże pieniądze i władzę, że okres niezależności Murrowa i Chłopców musiał się skończyć. Zapowiedź tego było widać już w 1954 roku, gdy Murrow zrealizował swój słynny program demaskujący McCarthy'ego. Gdy w 1961 roku odchodził z CBS, złoty wiek należał już do przeszłości.

Nawet dział programów informacyjnych, gdzie przez wiele lat obowiązywały reguły Murrowa, zmierzał teraz w nowym kierunku. Powstał plan przekształcenia wieczornych wiadomości telewizyjnych CBS, dotychczas niewiele różniących się od agencji depeszowej, w główny program całego działu. (To samo robiły inne sieci, ale nie miały takiej tradycji jak CBS). Chodziło zarówno o pieniądze, jak i o treść. Z pewnością, zamiast atakować senatorów i krytykować politykę zagraniczną Stanów Zjednoczonych, znacznie bezpieczniej było odczytywać wiadomości agencyjne, a poza tym mogło się to okazać bardzo lukratywne.

Murrow i jego korespondenci zrobili kariery i zapewnili CBS reputację instytucji, na której informacjach i analizach można polegać. Zawsze przyjmowali założenie, że ramówka sieci jest na tyle elastyczna, iż w najlepszej porze można znaleźć dość miejsca dla dziennikarstwa w ich stylu, wykraczającego poza przekazywanie depesz agencyjnych. To stanowiło sedno ich koncepcji, odkąd w 1937 roku Murrow połączył siły z Shirerem. Pod koniec lat pięćdziesiątych i na początku sześćdziesiątych wieczorne wiadomości, z których Chłopcy od dawna się wyśmiewali, uważając je za program rozrywkowy, nie zaś za dziennikarstwo, pochłaniały coraz więcej ludzkich i finansowych zasobów sieci.

Wewnętrzne memorandum CBS, napisane tuż przed odejściem Murrowa, potwierdzało jego najgorsze obawy: „Chcemy, ilekroć jest to praktycznie możliwe, używać elektronicznej kamery jako naszego reportera [w wieczornych wiadomościach]". Autor memorandum łaskawie dodał, że kamerę „będą wspierać umiejętności naszych znakomitych korespondentów". To była jasna deklaracja, jak ma wyglądać przyszłość: słowo jest martwe, niech żyje obraz. Korespondent jest martwy, niech żyją kamery i menedżerowie, którzy je kontrolują.

Podejmując jedną z ostatnich oficjalnych decyzji w CBS, Murrow zwrócił się do Howarda Smitha z prośbą, żeby przejął realizowany przez niego i Davida Lowe'a odcinek *CBS Reports* poświęcony rozruchom na tle rasowym, które wstrząsały Birmingham w Alabamie. Murrow miał okazję przez kilka dni przyglądać się rządom terroru komisarza policji Bulla Connora, dlatego nie chciał, żeby po jego odejściu ten projekt trafił na półkę. Czy Smith się zgodzi?

Zgodził się. Pasjonowało go wiele problemów, ale żaden nie wydawał mu się ważniejszy od praw obywatelskich. Od dzieciństwa w Luizjanie Smith był głęboko przekonany o niesprawiedliwości praw Jima Crowa. Kiedy zabrał Bennie do Nowego Orleanu, żeby przedstawić ją rodzinie, miał nadzieję, że po wojnie, toczonej w obronie wolności i praw człowieka, Południe zaczęło się pozbywać rasistowskich pozostałości niewolnictwa. Bardzo się rozczarował. Nawet w stosunkowo liberalnym Nowym Orleanie dyskryminacja była równie powszechna jak w przeszłości. Smith i przerażona Bennie nie mogli się doczekać wyjazdu.

Po powrocie do Stanów Zjednoczonych w 1957 roku pierwszym ważnym zadaniem, jakie otrzymał, było zrelacjonowanie walki o integrację rasową szkoły w Little Rock. Smith oczywiście nie zgadzał się ze zwolennikami segregacji i w swych relacjach oraz komentarzach w wieczornym programie Douga Edwardsa wielokrotnie dawał temu wyraz. Paley, który był akurat w nastroju „czyja właściwie jest ta sieć?", już od dłuższego czasu coraz bardziej irytował się z powodu jego ostrych wypowiedzi. W czasie kryzysu w Little Rock nie doszło między nimi do starcia, ale w ciągu następnych czterech lat Paley i Smith często się kłócili. Jak na ironię, w tym samym okresie Smith zdobył reputację następcy Murrowa. To on był głównym komentatorem w programie Douga Edwardsa i pełnił rolę arbitra w pierwszej telewizyjnej debacie Kennedy'ego i Nixona w 1960 roku. Prowadził wiele bardzo wysoko ocenianych odcinków *CBS Reports*. Za jeden z nich on i producent Av Westin otrzymali Nagrodę George'a Polka i Emmy. Na początku 1961 roku Smith awansował na stanowisko dyrektora biura CBS w Waszyngtonie.

Szybka kariera bynajmniej nie skłoniła go do złagodzenia tonu – wprost przeciwnie. Paley w końcu polecił, żeby redaktorzy zatwierdzali wszystkie telewizyjne komentarze Smitha. W tym okresie Smith ciężko obrywał, a jego teksty były często mocno pokreślone. Redaktorzy bardzo obawiali się gniewu Paleya z powodu przeoczenia jakiejś nieprawomyślnej wypowiedzi. Kiedyś, gdy Smith pisał komentarz w szczególnie kontrowersyjnej i delikatnej sprawie, jeden z nich poprosił: „Howard, nasze żony i dzieci liczą na ciebie. Proszę, nie bądź zbyt ostry".

Murrow opuścił CBS w styczniu 1961 roku. W tym samym miesiącu Smith stanowczo oświadczył, że nie będzie analizował i komentował wiadomości w programie Edwardsa, jeśli nie dostanie większej swobody wypowiedzi. Żądanie zostało odrzucone, więc odszedł z programu. Nikt nie zajął jego miejsca.

Cztery miesiące później Smith pojechał do Birmingham, o którym Martin Luther King powie później, że jest miastem, gdzie „obowiązuje najostrzejsza segregacja rasowa w całych Stanach". Zaraz po przyjeździe dowiedział się od szefa lokalnego oddziału Ku-Klux-Klanu, że jeśli „chce zobaczyć akcję", to powinien następnego dnia pójść na dworzec autobusowy Trailways. Smith wiedział, że nazajutrz do Birmingham miała przyjechać niewielka grupka Jeźdźców Wolności – młodych czarnych i białych aktywistów ruchu obrony praw obywatelskich. Praktycznie wszystkie gazety z Południa pisały o ich wyprawie.

Gdy poszedł na dworzec, zobaczył mniej więcej trzydziestu silnych mężczyzn w sportowych koszulach, którzy czekali na przyjazd autobusu. Miejscowy dziennikarz powiedział mu, że to członkowie Ku-Klux-Klanu. Gdy przyjechał autobus, wyciągnęli z niego Jeźdźców Wolności, zapędzili ich w boczną uliczkę i zmasakrowali metalowymi rurkami, kastetami, pięściami i butami. Smith i inni reporterzy widzieli, co się dzieje. Jeden z pasażerów został tak ciężko pobity, że do końca życia był sparaliżowany. Twarz innego przypominała krwawą, bezkształtną masę. „Oni... niemal zarżnęli te dzieciaki" – powiedział później.

Po pewnym czasie jeden ze zbirów zerknął na zegarek i najwyraźniej uznał, że pora kończyć. Tłum się rozproszył. Dopiero teraz zjawili się policjanci Bulla Connora – choć posterunek znajdował się zaledwie trzy przecznice od dworca autobusowego. Później Smith zauważył kilku zbirów z Ku--Klux-Klanu stojących przed biurem Connora i żartujących z policjantami. Miał wrażenie, że był świadkiem kolejnej Kristallnacht. Jego relację, nadaną przez CBS Radio, następnego dnia przedrukował „New York Times". Smith i jego ekipa przez kilka dni opisywali w radiu i telewizji przemoc i jej skutki. Grożono im śmiercią; musieli wynająć uzbrojonych ochroniarzy.

Smith chciał, żeby jego słuchacze i widzowie czuli taki sam bezradny gniew, z jakim on obserwował pobicie Jeźdźców. W swoim niedzielnym komentarzu radiowym dał upust wściekłości; udało mu się przemycić tekst tylko dlatego, że nikt już nie zwracał na radio większej uwagi. Jego zdaniem odpowiedzialni za ten incydent byli dwaj ludzie, szef Ku-Klux-Klanu i miejscowy kręgarz, który „zyskał pewną sławę, tworząc i wydając antysemicką i rasistowską literaturę". Porównał „zdyszanych i podnieconych" zbirów do Juliusa Streichera, „najgorszego z nazistowskich żydożerców, który zwykł bić więźniów batem [...] i czerpał z tego, jak mówili świadkowie, perwersyjną rozkosz". Ostrzegał, że jeśli Ameryka nie zapewni sprawiedliwości swym czarnym obywatelom, „stanie się rasistowską dyktaturą, taką jak nazistowskie Niemcy, lub pogrąży się w barbarzyństwie, jak to się stało w Alabamie".

Smith chciał zakończyć program słowami z osiemnastowiecznego angielskiego polityka i filozofa Edmunda Burke'a: „Do tryumfu zła wystarczy bezczynność dobrych ludzi". To zdanie kojarzyło się z cytatem z *Juliusza Cezara*, którym Murrow zakończył swój program o McCarthym: „Naszej podrzędności, drogi Brutusie, winne są nie gwiazdy, ale my sami". Jednak Murrow już nie pracował w CBS, a cierpliwość Paleya się wyczerpała.

Paleyowi oczywiście nie chodziło o sprawiedliwość rasową, tylko o pieniądze. Z powodu Smitha i innych korespondentów opisujących walkę o prawa obywatelskie niektóre południowe stacje związane z CBS przeszły do NBC i ABC. Inne groziły, że to zrobią. Co gorsza, Birmingham wytoczyło CBS proces, domagając się odszkodowania w wysokości miliona dolarów.

Dyrektorem CBS News był Dick Salant, który niedawno zajął miejsce zwolnionego Siga Mickelsona, a przedtem pracował w strukturze korporacyjnej CBS. Salant zarządził, że Smith ma zrezygnować z cytatu z Burke'a i powstrzymać się od „uprawiania publicystyki". Doszło do długiej dyskusji między nim a wściekłym Smithem. „Nie pozwolimy na głoszenie prywatnych opinii! – oświadczył Salant. – Nie pozwolimy na prowadzenie krucjat!" Smith odpowiedział, że istnieje dobro i zło, a jego zdaniem „słuszność nie jest równie odległa od dobra, jak i od zła".

Wiele osób uważało, że Salant był najlepszym dyrektorem w całej historii CBS News. W późniejszych latach zdecydowanie opierał się ingerencjom zarządu w sprawy redakcyjne. Jednak w 1961 roku nie uległ Smithowi. Relacja *Kto przemawia w imieniu Birmingham?* miała zostać wyemitowana bez cytatu z Burke'a. Smith postanowił zastosować taktykę biernego oporu. Pod koniec programu, w chwili gdy zamierzał zacytować Burke'a, stał w milczeniu przed kamerą. (Podczas montażu reżyser usunął te kilka sekund demonstracyjnej bezczelności).

Kilka dni później Jack Gould z „New York Timesa" zaatakował CBS za to, że nie pozwoliła Smithowi wypowiadać się w wieczornych wiadomościach telewizyjnych i w *CBS Reports* równie otwarcie jak w radiu:

> Pan Smith, występując w ostatnią niedzielę wieczorem w radiu, namalował wyjątkowo żywy obraz przygniatającej atmosfery miasta, nad którym kontrolę przejęli ekstremiści, czemu policja nie próbowała przeciwdziałać. Opis ten był lepszy niż wszystkie relacje filmowe pokazane w telewizji [...] Radio i telewizja zdobywają szacunek i uznanie właśnie dzięki takim demonstracjom głębokich przekonań oraz woli wpływania na społeczeństwo w walce o słuszne cele. Jednak stosunek CBS News do tych komentarzy wydaje się ambiwalentny [...] Liczni widzowie oglądający wieczorne wiadomości telewizyjne zobaczyli i usłyszeli bardzo złagodzoną wersję wypowiedzi Smitha, natomiast radiosłuchacze, których liczba była zapewne znacznie mniejsza, usłyszeli go przemawiającego z pełną siłą.

Sieć Billa Paleya została po raz kolejny skrytykowana za tłumienie swobody wypowiedzi jednego ze swych korespondentów. Paley uważał, że winny jest Smith. Powtórzyła się sytuacja, do jakiej doszło w przypadkach Shirera i Murrowa: w kontaktach z Paleyem nie można było przekraczać pewnej linii. Gdy ktoś ją naruszał, był skończony w CBS, niezależnie od swej pozycji, sławy i statusu. („Nie ma znaczenia, jak bardzo lubisz dziennikarzy – powiedział Paley w rozmowie z menedżerami CBS News, Vanem Gordonem Sauterem i Edwardem Joyce'em wiele lat potem. – Wcześniej lub później każdy chce wyrażać swoje opinie na antenie, a wtedy trzeba go powstrzymać"). Do waszyngtońskiego biura CBS dotarła wiadomość z Nowego Jorku, że przyszłość Smitha jest niepewna. Salant powiedział mu, że jeśli ma argumenty, które dowodzą, że wskazane są preferowane przez niego ostre komentarze, to powinien je spisać i przesłać bezpośrednio do Paleya. Smith tak zrobił i w październiku został wezwany do Nowego Jorku na zasadniczą rozmowę.

Do konfrontacji doszło podczas lunchu w jadalni kierownictwa w głównym biurze CBS dwudziestego dziewiątego października. Obecni byli: Smith, Paley, Frank Stanton, Salant i jego zastępca Blair Clark. Clark, do niedawna korespondent CBS w Paryżu, był zły na Smitha za doprowadzenie do kryzysu. Wspominał później, że podczas lunchu Smith „zachowywał się bardzo obraźliwie" w stosunku do Paleya: „Był absolutnie nieustępliwy, gdy chodziło o jego prawo do swobodnego komentowania. W istocie powiedział: «Murrow mógł to robić, to dlaczego ja nie mogę?» Drążył to, a Paley coraz bardziej się irytował. «Chcesz powiedzieć, że nie wolno mi decydować o linii tej firmy?» – powiedział. Smith odrzekł na to coś w stylu: «Nie, jeśli ja tu jestem»".

Frank Stanton był zgorszony tą awanturą. Nawykł już do walk wewnątrz korporacji, ale nie lubił takich otwartych demonstracji gniewu. Jego zdaniem ta konfrontacja była zupełnie niepotrzebna i nie na miejscu. Paley i inni przesadnie zareagowali na materiał o Birmingham; on sam uważał, że cytat z Burke'a był zupełnie nieszkodliwy. Poza tym wiedział, że w kontaktach z dziennikarzami konieczny jest filozoficzny spokój. „Konflikty między administracją a redakcją są tak pewne jak dwa razy dwa cztery. Tak już jest, ale życie musi toczyć się dalej. Bill nie zamierzał jednak się z tym pogodzić. Obaj byli uparci".

W połowie lunchu Paley wyciągnął z wewnętrznej kieszeni marynarki długie memorandum Smitha i rzucił je na stół. „Jeśli chcesz wypowiadać się w takim stylu, to szukaj miejsca gdzieś indziej!" – krzyknął. Smith wstał i bez słowa wyszedł z pokoju. Niecały rok po odejściu Murrowa dwudziestoletnia kariera Smitha w CBS również dobiegła końca.

Następnego dnia CBS opublikowała krótkie oświadczenie: „CBS News i Howard K. Smith powiadomili dzisiaj, że ich współpraca została zakończona z powodu różnic w interpretacji polityki CBS w dziedzinie wiadomości".

Smith udał się do Eda Murrowa po radę. Murrow, nadal rozgoryczony tym, jak o n został potraktowany, namawiał go do złożenia pozwu. „Będę świadkiem i potwierdzę wszystko, co powiesz" – obiecał. Smith jednak nie mógł tego zrobić, ponieważ powodowany wściekłością sam zażądał zerwania swego pięcioletniego kontraktu. CBS była oczywiście bardzo zadowolona z tego żądania, gdyż w ten sposób Smith zwolnił pracodawcę z wszystkich finansowych zobowiązań. Bennie, która namawiała go do złożenia dymisji, nie mogła uwierzyć, iż zrobił to w taki autodestrukcyjny sposób. „Nie dostaniesz ani grosza odszkodowania – powiedziała mężowi. – Mieliśmy zapewnione bezpieczeństwo do końca życia. Teraz nie mamy nic".

Smithowie niedawno kupili duży, stary dom w Marylandzie, stojący na działce o powierzchni czterech i pół akra nad Potomakiem, i rozpoczęli bardzo pieczołowitą i kosztowną renowację. Bennie chciała, żeby wystrój wnętrza przypominał ich dawny londyński dom, przy Regent's Park. Gdy Smith zerwał z CBS, dostał jedynie pieniądze z funduszu emerytalnego, które wystarczyły na opłacenie malarzy. Prace zostały przerwane w połowie.

Smith zaczął rozmowy o pracy z prezesem NBC News Williamem McAndrew. Umowa była już niemal gotowa do podpisania, gdy McAndrew nagle się wycofał. „Nie mogę ci zdradzić dlaczego – powiedział. – To tylko biznes". Smith uważał, że był to wynik złośliwych działań Williama S. Paleya, który prawdopodobnie interweniował u założyciela i prezesa NBC Davida Sarnoffa.

Gdy Smith już się martwił, że będzie musiał pracować w jakiejś lokalnej stacji, „ktoś podał mu rękę i powstrzymał upadek". Jak na ironię, ręka ta należała do sponsora. Murray Lincoln, zaangażowany liberał i prezes Nationwide Insurance Company, zaoferował, że będzie sponsorował program telewizyjny Smitha. Howard i jego agentka, Bennie, musieli tylko znaleźć sieć, która chciałaby ten program nadawać. Dwie z trzech sieci już mu podziękowały, więc Smithowi pozostało tylko udać się z kapeluszem w jednej, a poparciem sponsora w drugiej ręce do ABC. Sieć zażyczyła sobie, aby sam się ubezpieczył od pozwów o naruszenie dóbr osobistych, ale w zamian zgodziła się na niezwykły punkt w umowie, uniemożliwiający kierownictwu i sponsorowi naruszanie jego „niezależności umysłu i ducha".

Po znalezieniu pracy Smith postanowił stworzyć w telewizji program, oferujący takie same komentarze, jakie wygłaszał w radiu. *Howard K. Smith – News and Comment* zadebiutował czternastego lutego 1962 roku. Była to mieszanka sfilmowanych wcześniej wywiadów i filmowych materiałów informacyjnych. Smith wygłaszał w studiu komentarze o tak różnych problemach, jak dzieci ze związków pozamałżeńskich, rozbrojenie, bezczynność Kongresu, baseball i stan telewizji. Od samego początku był to czysty Howard K. Smith – twardy, dobrze poinformowany, apodyktyczny. „Naraził się niemal wszystkim, między innymi biznesmenom, konserwatystom, liberałom i prezydentowi Kennedy'emu – komentował «Newsweek». – Prowadzi teraz najbardziej inspirujące wiadomości telewizyjne". Gdy latem ABC przeprowadziła wśród mieszkańców Nowego Jorku sondaż z zapytaniem o ich ulubiony program, wygrał Smith, wyprzedzając nawet serial medyczny *Ben Casey*.

W 1962 roku Richard Nixon przegrał w wyborach na stanowisko gubernatora Kalifornii. W programie zatytułowanym *The Political Obituary of Richard M. Nixon* (*Polityczny nekrolog Richarda M. Nixona*) Howard Smith zaprezentował wywiady z kilkoma osobami z przeszłości Nixona, między innymi byłym wysokim urzędnikiem Departamentu Stanu, Algerem Hissem, podejrzewanym o szpiegostwo na rzecz Związku Sowieckiego. Nixon prowadził dochodzenie w sprawie Hissa pod koniec lat czterdziestych. Smith przedstawił zrównoważoną ocenę Nixona, ale zaproszenie Hissa do programu wywołało burzę protestów. Smith i ABC byli przekonani, że ich organizatorem było John Birch Society. Centrala telefoniczna ABC została zablokowana. Nadeszła lawina telegramów. Sponsorzy innych programów ABC zagrozili zerwaniem umów. Sponsor Smitha otrzymał ponad osiemdziesiąt tysięcy listów od jego przeciwników.

Osiem miesięcy później Nationwide Insurance po cichu przerwało sponsorowanie *Howard K. Smith – News and Comment*, twierdząc, że nie może dłużej uzasadnić tego wydatku. Kilka dni później ABC wykreśliła program z ramówki. Smith pozostał pracownikiem sieci, ale nie miał co robić. Miesiące przeciągały się w lata i w 1966 roku Smith czuł się całkowicie porzucony. „Marnuję się w ABC od trzech lat – narzekał. – Obijam się, nie mam co robić i nie pełnię żadnej konkretnej funkcji. Pozostaję w zawieszeniu i mam tego dość".

Minęły jeszcze trzy lata, nim wreszcie uratował go Av Westin, dawny kolega z CBS, który podziwiał Chłopców Murrowa. Westin, zatrudniony właśnie na stanowisku producenta kulejącego programu wieczornych wiadomości ABC, uznał, że naprawa sytuacji wymaga powierzenia Smithowi głównej roli. W marcu 1969 roku postanowił, że będzie on wygłaszał komentarze i prowadził program wspólnie z Frankiem Reynoldsem.

Po powrocie Smith natychmiast spowodował wybuch awantury. W sprawach polityki krajowej nadal był liberałem, natomiast – ku wielkiemu zdziwieniu i rozczarowaniu wielu kolegów i przyjaciół – w kwestii wojny wietnamskiej przyłączył się do jastrzębi. Niektórzy przypuszczali, że na poglądy Smitha ma wpływ tragedia jego syna Jacka, który walczył w Wietnamie jako szeregowiec i został ciężko ranny. Smith temu zaprzeczył. Twierdził, że decydujące znaczenie miały jego europejskie doświadczenia z lat trzydziestych, gdy obserwował, jak Hitler połyka Czechosłowację i Polskę. Niezależnie od powodów mówiono o nim, że jest jedynym dziennikarzem telewizyjnym, którego znosi prezydent Nixon. Polityczne nekrologi Nixona z 1962 roku, w tym kontrowersyjny program Smitha, okazały się przedwczesne.

Smith nie cieszył się długo sympatią prezydenta. W miarę ujawniania kolejnych faktów na temat skandalu Watergate coraz sceptyczniej oceniał zapewnienia Nixona, że nic o tym nie wiedział, i dawał temu wyraz w swych wypowiedziach. W końcu, w komentarzu wygłoszonym trzydziestego pierwszego października 1973 roku, wezwał do postawienia prezydenta w stan oskarżenia, o ile sam nie zrezygnuje. „Prezydent Nixon nadużył zaufania narodu w stopniu trudnym do przyjęcia – powiedział. – Moim zdaniem nie jest przesadą stwierdzenie, że przeżyliśmy już za wiele".

Widzowie, niezależnie od tego, czy zgadzali się z nim, czy nie, lubili jego niezależność i ostrość wypowiedzi. Na początku 1974 roku 24 procent widzów w całym kraju oglądało ABC. Sieć była tylko o jeden lub dwa punkty za NBC. Smith prowadził wiadomości razem z innym byłym korespondentem CBS, Harrym Reasonerem. Kombinacja zadziornego i apodyktycznego Smitha z gładkim Reasonerem podobała się publiczności. Na kilku ważnych rynkach, na przykład w Nowym Jorku i Filadelfii, ABC była pierwsza.

Jednak już wkrótce pojawiły się problemy. Dwaj byli korespondenci CBS, którzy nie grzeszyli skromnością, nie chcieli wspólnie prowadzić programu. Reasoner miał większe wpływy w zarządzie ABC. Gdy w 1975 roku przyszła pora na odnowienie jego kontraktu, zażądał, żeby tylko jemu powierzyć prowadzenie programu, a rolę Smitha ograniczyć do wygłaszania komentarzy. Reasoner przejął program jesienią i już po kilku tygodniach wiadomości ABC spadły w rankingach popularności na odległe trzecie miejsce. Bez powagi i autorytetu Smitha Reasoner wydawał się zbyt powierzchowny. „Nie był w stanie tego uciągnąć – powiedział Av Westin. – Potrzebował Howarda, który miał coś do powiedzenia".

Wiosną zarząd ABC jeszcze pogorszył i tak złą sytuację, zatrudniając znaną z programu NBC *Today* Barbarę Walters, żeby prowadziła wiadomości razem z Reasonerem. ABC skusiła ją bezprecedensowym wynagrodzeniem – milion dolarów rocznie. Reasoner dąsał się do czerwca 1978 roku, po czym złożył dymisję i wrócił do CBS. Nowy prezes ABC Roone Arledge niedługo potem zwolnił Walters i powierzył program trzem prowadzącym: Frankowi Reynoldsowi w Waszyngtonie, Peterowi Jenningsowi w Londynie i Maxowi Robinsonowi w Chicago. Równocześnie zrezygnował z komentarzy Smitha.

Dla Smitha stało się jasne, że w ABC nie ma już dla niego miejsca. Dwudziestego kwietnia 1979 roku podszedł do tablicy ogłoszeń w waszyngtońskim biurze sieci i przyczepił kartkę papieru – komunikat o swoim odejściu. Gdy tego dnia wychodził z biura, zdawał sobie sprawę, że jego długa i burzliwa kariera w radiu i telewizji już się skończyła.

Gdy w 1961 roku Smith odszedł z CBS, korespondenci, którzy zostali, mieli wrażenie, że pod ich stopami otworzyła się wielka szczelina. „Zdaliśmy sobie sprawę, że zaczęła się nowa era i nawet najdrobniejszy akt sprzeciwu wobec decyzji kierownictwa jest kardynalnym grzechem, który nie będzie tolerowany – napisał David Schoenbrun. – Czasy Murrowa i jego Chłopców, swobodnie podejmujących wszystkie decyzje, należały już do przeszłości". W 1962 roku, po krótkim i katastrofalnym okresie pracy w roli następcy Smitha w Waszyngtonie, Schoenbrun odszedł z CBS (według niektórych dobrze poinformowanych został zwolniony).

Po nim w przepaść niepamięci CBS wpadli dwaj najlepsi frontowi korespondenci – Bill Downs i Larry LeSueur. Po wojnie Downs dostał tylko jeden przydział, z którego był naprawdę zadowolony – stanowisko korespondenta w Rzymie. W 1956 roku został nagle odwołany do Stanów, żeby zwolnić miejsce dla skazanego na wygnanie Winstona Burdetta. Trafił do Waszyngtonu, ale nikt nie wiedział, co tam z nim zrobić. W 1957 roku zaczął prowadzić codzienny pięciominutowy radiowy przegląd wiadomości. Dobrze zarabiał, ale dla dziennikarza, który przywykł do podniecenia związanego z reportażami, czytanie wiadomości nie było satysfakcjonującym zajęciem. (Poza tym Downs fatalnie czytał). W miarę jak narastały w nim rozgoryczenie i frustracja, coraz częściej tracił panowanie nad sobą i zaglądał do kieliszka. Wyrzekał na „pigmejów" – redaktorów, producentów i menedżerów – którzy według niego niszczyli sieć. Od czasu do czasu dla podkreślenia swego gniewu chwytał coś – na przykład telefon – i ciskał w drugi koniec pokoju redakcyjnego. Jego wybuchy musiał znosić między innymi szef waszyngtońskiego biura, Howard Smith. „Downs był w tym czasie tak apoplektyczny, że trudno było się z nim dogadać – wspominał. – Doszło do tego, że postawiłem na nim kreskę i przestałem się z nim spotykać".

W końcu Downs stracił swój program radiowy i Smith przydzielił go do Departamentu Stanu. Jednak centrala w Nowym Jorku nie była z tego zadowolona, Downs źle wypadał na ekranie – nosił okulary, miał brzuch i szorstki głos. Nowy Jork zgodził się, żeby pracował w Departamencie Stanu, ale pod warunkiem, że Smith będzie go zastępował przed kamerą. To była już ostatnia obelga. Downs (oraz wielu innych w CBS) uważał, że jest dobrym żołnierzem, którego przez prawie całą służbę podle traktowano. Nie miał zamiaru dłużej tego znosić. Zrobił Smithowi awanturę, obrzucając go wyzwiskami.

W marcu 1962 roku złożył dymisję. Miał zamiar spędzić resztę życia na pisaniu powieści. Choć bywał trudny w kontaktach, większość kolegów uważała go za wielkodusznego, rozważnego i troskliwego przyjaciela. Larry LeSueur, Eric Sevareid i piętnastu innych sprezentowało mu na pożegnanie srebrną papierośnicę z wygrawerowanymi nazwiskami ofiarodawców. W liście z podziękowaniami, który napisał do Sevareida, Downs stwierdził, że jest szczęśliwy z powodu rozstania z telewizją. „Teraz przynajmniej mogę krzyczeć na cały świat – może jestem karłem, ale jestem sobą. Wszystkie błędy będą moimi błędami. Moje porażki będą wynikały z moich decyzji. Sukcesy i niepowodzenia nie będą zależały od ludzi, którzy przejmują się grubymi okularami, długimi nosami i uprzedzeniami agencji reklamowych".

Przez półtora roku Downs ciężko pracował nad powieścią, ale wydawcy nie byli zainteresowani. W listopadzie 1963 roku skończyły mu się pieniądze i musiał wrócić do radia i telewizji. Dostał pracę w ABC i do końca życia był drugorzędnym reporterem w Waszyngtonie.

Gdy Ed Murrow odchodził z CBS, Larry LeSueur był już od dawna znudzony pracą w ONZ, niekończącymi się retorycznymi popisami delegatów i wywiadami z nadętymi, gadatliwymi dyplomatami. Za relacje radiowe z ONZ otrzymał Nagrodę Peabody'ego, a w latach pięćdziesiątych przez jakiś czas prowadził niedzielny program telewizyjny *Chronoscope*, w którym przeprowadzał wywiady z różnymi osobistościami z ONZ. W CBS panowało przekonanie, że LeSueur robi swoje siłą bezwładu. W 1960 roku zaproponowano mu wyjazd do Moskwy. LeSueur, pamiętając fascynujący roczny pobyt w Rosji w czasie wojny, chętnie się zgodził. W 1951 roku rozwiódł się z Priscillą Bruce, a w 1957 ożenił się po raz trzeci, z Dorothy Hawkins, redaktorką działu mody w „New York Timesie". Trzy lata później, gdy wraz z córeczką przygotowywali się do wyjazdu, z sowieckiej ambasady nadeszła wiadomość, że LeSueur został uznany za *persona non grata*. Zaskoczony dziennikarz protestował, ale sowiecki urzędnik zwięźle odpowiedział: „Już pan tam był, panie LeSueur".

Larry LeSueur obijał się jeszcze przez jakiś czas w Nowym Jorku, a później został przeniesiony do Waszyngtonu. W 1963 roku, wyczuwając, że nie jest już mile widziany w CBS, wziął bezpłatny urlop i spytał Murrowa, czy mógłby mu załatwić pracę w USIA. Murrow odpowiedział, że żałuje, ale ze względu na zasady służby cywilnej nie może nic uczynić. LeSueur mimo to podjął starania w Głosie Ameryki, stacji należącej do USIA, i otrzymał posadę analityka. Później został korespondentem w Białym Domu. Może Murrow mu pomógł, może nie. W każdym razie on i LeSueur byli, jeśli tak można powiedzieć, znowu razem. Nie na długo.

ROZDZIAŁ DWUDZIESTY SZÓSTY

„DROGI KSIĄŻĘ, DOBRANOC"

Edward R. Murrow, po wypaleniu mnóstwa papierosów, umierał na raka w wieku pięćdziesięciu siedmiu lat.

W październiku 1963 roku usunięto mu lewe płuco. Kilka dni później ustąpił ze stanowiska dyrektora USIA. Pojechał na leczenie do La Jolli w Kalifornii, ale wkrótce wrócił na Wschód, do swoich przyjaciół i ukochanej farmy w Pawling. Niedługo potem nastąpił przerzut do mózgu i Murrow znów był operowany. Gdy walczył o życie, kilku Chłopców, między innymi Charles Collingwood, Larry LeSueur, Dick Hottelet i Howard K. Smith, odwiedziło go w Nowym Jorku. Hottelet przesłał mu kilka książek, LeSueur, Collingwood i Bill Downs pisali listy, używając ulubionych przezwisk.

W jednym z listów Collingwood napisał: „Wszyscy jesteśmy bardzo przygnębieni, twój korespondent równie głęboko jak pozostali". Ciężko im było pogodzić się z faktem, że nie mogą pogadać z Murrowem, poprosić go o radę. Collingwood rozwinął ten temat w oddzielnym liście do Janet: „CBS to dziś miejsce, gdzie z trudem wytrzymuję. Często myślę, że gdyby Ed tu był albo gdybyśmy chociaż mogli się napić i skląć ważniaków, tak jak kiedyś, mogłoby to spowodować przypływ rozsądku i sytuacja stałaby się łatwiejsza do zniesienia".

Wiosną 1964 roku Murrow miał wygłosić przemówienie na uroczystości wręczenia dyplomów w szkole syna, ale był na to zbyt słaby. W ostatniej chwili poprosił Howarda Smitha, żeby go zastąpił. Pod koniec lata, mimo szybko pogarszającego się stanu zdrowia, Murrow wraz z Janet pojechał kilkaset kilometrów na wesele jednego z bliźniaków Sevareida. „Ta podróż mnie wykończyła" – napisał w liście do Collingwooda. „Miałem wrażenie, że Eric jest nadal zajęty głównie Erikiem" – dodał z lekką przyganą.

Murrow aż za dobrze znał Sevareida i jego sposoby unikania przykrej rzeczywistości. Koncentrując się na sobie, Eric nie musiał przyjmować do wiadomości wielu rzeczy, które go przerażały, między innymi całkowitej pewności, że człowiek, którego kochał i szanował najbardziej ze wszystkich, jest teraz kruchym i słabym wrakiem i z pewnością wkrótce umrze. Smith, LeSueur i paru innych odwiedziło Murrowa po operacji mózgu, którą przeszedł jesienią. Sevareid nie potrafił się na to zdobyć. Nie wiedziałby, co powiedzieć wychudzonemu, pozbawionemu włosów mężczyźnie w żałosnej czerwonej czapeczce. Zamiast tego słał listy i telegramy do Janet, żeby ją wesprzeć i podziękować za wszystko, co o n a robiła dla Eda. Oferował pomoc, ale czynił to tak, jakby chciał, żeby oferta nie została przyjęta. Jednak ból, jaki czuł, widząc zmierzch swego bohatera, z pewnością nie był słabszy od wszystkich cierpień, które znosił w życiu, długim i obfitującym w bolesne doświadczenia.

Jeśli dystans Sevareida był dla Murrowa rozczarowaniem, to zachowanie Billa Shirera było dlań zdumiewające i przykre. Murrow i Shirer – dwaj dumni i utalentowani pionierzy radiowego dziennikarstwa – praktycznie nie odzywali się do siebie od 1947 roku, czyli od dramatycznego odejścia Billa z CBS. Murrow jednak cały czas żywił nadzieję, że kiedyś znów będą przyjaciółmi. Latem 1964 roku wiedział, że nie zostało mu wiele czasu. Pewnego dnia Janet Murrow zadzwoniła do Tess Shirer, żeby zaprosić ich na lunch do Pawling. Tess, która bardzo lubiła Eda i Janet i była nieszczęśliwa z powodu zerwania stosunków, zapewniła ją, że zrobi wszystko, żeby przekonać Billa. Shirer oświadczył żonie, że nie zamierza uczestniczyć w żadnych sentymentalnych pojednaniach, ale w końcu, z dużą niechęcią, zgodził się jechać.

Przy lunchu wspominali dawne czasy, kiedy jako młodzi ludzie podróżowali po Europie i robili różne rzeczy, które innym wydawały się niemożliwe. Później Murrow, potwornie wychudzony, zaproponował Billowi przejażdżkę jeepem wokół farmy. Shirer nie miał ochoty być sam na sam z Edem, więc zaprotestował – jego zdaniem Murrow nie miał dość siły, żeby prowadzić. Ten jednak nalegał. Wsiedli do jeepa i pojechali powoli drogą wśród wzgórz. Ed prowadził. Kasłał i pocił się, z trudem znosząc ból.

Podczas objazdu farmy dwukrotnie się zatrzymywał, wskazywał jakiś widok i próbował wszcząć rozmowę na temat odejścia Shirera z CBS i destruktywnego wpływu, jaki miało to na ich przyjaźń. Za każdym razem Shirer mu przerywał i zmieniał temat „tak szybko i zręcznie, jak tylko mógł". Po dwóch próbach skruszenia muru Murrow zrezygnował i zamilkł. Włączył silnik i pojechał do domu. Wszyscy uprzejmie rozmawiali, kulturalnie popijając herbatę. Potem Shirerowie wstali, żeby się pożegnać, a Murrowowie odprowadzili ich do samochodu i podziękowali za wizytę. Ed dodał ze słabym uśmiechem, że „zbyt długo na nią czekali".

Po tym smutnym i jałowym spotkaniu William L. Shirer i Edward R. Murrow już nigdy się nie spotkali.

Pod koniec 1993 roku Shirer, który dobiegał dziewięćdziesiątki i miał przed sobą tylko kilka miesięcy życia, wciąż niczego nie zapomniał i niczego nie przebaczył. Nadal starał się wyrównać rachunki. „Ed postawił na Billa Paleya, który był sto razy mniej wart od niego – powiedział. – Pamiętam, jak mu powiedziałem: «Spotka cię to, co spotkało mnie». W końcu tak się też stało". Dlaczego zatem nie chciał się z nim pogodzić w Pawling, choć dobrze wiedział, że Murrowowi bardzo zależy na zakończeniu sporu przed śmiercią? „Uważałem, że zostałem parszywie potraktowany – powiedział. – Ed nie musiał tak postąpić ze swoim najlepszym przyjacielem, a jednak to zrobił. Po prostu po dwudziestu latach nie miałem ochoty się godzić". Stary człowiek przez chwilę milczał i wpatrywał się swoim jednym okiem w odległy punkt. „Może nie miałem racji – dodał cicho – ale tak wtedy czułem".

Dwudziestego siódmego kwietnia 1965 roku, gdy Eric Sevareid był w biurze CBS w Waszyngtonie, otrzymał telefoniczną wiadomość, że Ed Murrow nie żyje. Zwiesił głowę i pochylił ramiona. Odłożywszy słuchawkę, bez słowa poszedł do swego gabinetu. Zamknął za sobą drzwi i długo nie wychodził.

Sevareid wiedział, że ten dzień się zbliża, ale nie potrafił się przygotować na nieuchronne. Kilka dni wcześniej, gdy dowiedział się, że dawna ekipa *See It Now* przygotowuje specjalny program, który miał zostać nadany po śmierci Eda, chciał się do tego włączyć. Palmer Williams pokazał mu materiały filmowe, jakie zamierzali wykorzystać – fragment programu o McCarthym, wywiad z Murrowem, zdjęcia z Londynu, przedstawiające poważnego, eleganckiego mężczyznę w homburgu i makintoszu, w idealnie zaprasowanych spodniach i wyglansowanych butach. Gdy zapalono światło, Sevareid miał zmiętą twarz, a w jego oczach błyszczały łzy.

Siedząc w swoim gabinecie w dniu śmierci Murrowa, nie tylko rozpaczał, ale również wkręcił papier w maszynę i opisał swoje uczucia. Wieczorem, w programie Waltera Cronkite'a, Sevareid, jedyny prawdziwy poeta Chłopców i ich przeżyć, odczytał swój tekst:

Są wśród nas tacy, a sam się do nich zaliczam, którzy zawdzięczają swoje profesjonalne życie temu człowiekowi. Jest wielu, pracujących tutaj oraz w innych sieciach i stacjach, którzy zawdzięczają Edowi Murrowowi miłość do zawodu, standardy pracy i poczucie odpowiedzialności. Był meteorem; będziemy żyć w jego poświacie jeszcze bardzo długo [...] Był artystą pełnym pasji, przeżywającym każdy dzień tak, jakby to miał być już ostatni, wchłaniającym i odbijającym wszystkie chwile chwały i nieszczęścia swego pokolenia, ludzi, maszyny, wojnę i piękno. Miał w kościach poezję Ameryki. Wierzył w swoją rodzinę, przyjaciół, pracę i ojczyznę. W siebie samego często wątpił [...] Ośmielę się tu użyć słów największego poety angielskiego, odnoszących się do innego dzielnego i skłonnego do rozmyślań człowieka, który także zmarł zbyt młodo: „Pękło szlachetne serce. Drogi książę, dobranoc"*.

Trzy wieczory później Sevareid i Collingwood wspólnie prowadzili specjalny program o Murrowie, wyemitowany w porze największej oglądalności. Program i pora były pomysłem Freda Friendly'ego, który kilka miesięcy wcześniej został prezesem CBS News. Bill Paley początkowo odnosił się do tego pomysłu niechętnie. Nie chodziło o to, że wciąż był zły na Murrowa. Przeciwnie, po jego odejściu z CBS utrzymywał z nim przyjazne stosunki. Nawet odwiedził go, gdy Murrow przebywał w La Jolli na rekonwalescencji po operacji, a później złożył mu wizytę w Nowym Jorku. Zastrzeżenia Paleya i innych menedżerów miały czysto finansowy charakter. „To był piątek, ósma wieczór. Nie chcieli tracić czasu antenowego" – powiedział Friendly. W końcu jednak ustąpili i Paley osobiście wystąpił w programie, co było rzadkim hołdem złożonym Murrowowi. Streszczając jego karierę, szczególnie podkreślił, że to on zwerbował Chłopców: „Ed Murrow stworzył organizację donoszącą o wydarzeniach na świecie, która nie miała sobie równych. To on określił standardy, których nie udało się jeszcze nikomu przewyższyć. Jego śmierć kończy złoty wiek radiowego i telewizyjnego dziennikarstwa. Będzie mi go bardzo brakować, podobnie jak nam wszystkim w CBS".

Nabożeństwo żałobne odbyło się w kościele episkopalnym Świętego Jakuba w centrum Manhattanu. Chłopcy patrzyli, jak środkową alejką niesiono trumnę. Odszedł człowiek, który stworzył ich zespół. Ekipa się rozsypała,

---

* Shakespeare, *Hamlet*, akt V, scena 2, przekład Stanisław Barańczak.

a jej członkowie pozostali sami. Howard Smith czuł się "jak planeta, która utraciła swoje słońce". "Nikogo nie kochałem tak jak jego, z wyjątkiem ojca i brata" – pomyślał Collingwood. Sevareid żałował, że zgasło "promieniowanie" Murrowa, cecha jego osobowości, która przyciągała, "niczym ćmy, przyjaciół, obcych, ciekawskich i pieczeniarzy, wszystkich, którzy potrzebują w swym życiu światła i magii".

ROZDZIAŁ DWUDZIESTY SIÓDMY

"PODPISYWANIE OBRAZÓW"

Z ośmiu Chłopców, którzy pracowali w CBS pod koniec II wojny światowej, w 1965 roku pozostali tylko Eric Sevareid, Charles Collingwood, Winston Burdett i Dick Hottelet, a ich perspektywy były bardzo niejasne. Zbliżali się do pięćdziesiątki lub już ją przekroczyli i ziemia usuwała się im spod stóp. John F. Kennedy został zamordowany. Postępowała eskalacja wojny w Wietnamie. Najbliższa przyszłość miała przynieść kolejne wstrząsy: zamordowanie Roberta Kennedy'ego i Martina Luthera Kinga, rozruchy w miastach i studenckie demonstracje, LSD, Kent State, konwencję demokratów w Chicago w 1968 roku, Woodstock, Altamont. Chłopcy, pochodzący z innej, bardziej rycerskiej epoki, nie byli dostosowani do takiego świata. Czuli się zagubieni i wyalienowani, do czego przyczyniało się rosnące znaczenie telewizji. Chłopcy Murrowa się starzeli. Przyszłość nie należała już do nich, dlatego wracali myślami do dawnych czasów.

W styczniu 1965 roku, stojąc na mrozie, Charles Collingwood przyglądał się, jak do katedry Świętego Pawła w Londynie uroczyście wnoszono trumnę z ciałem Winstona Churchilla. Wspominał podniecenie i przerażenie, satysfakcję i dumę, jakie czuł, gdy dwadzieścia pięć lat wcześniej był w Londynie razem z Murrowem. Jako dziennikarz prowadzący relację CBS z pogrzebu Churchilla Collingwood z trudem znajdował słowa, żeby wyrazić swoje emocje. Niedługo potem napisał do umierającego Murrowa: "To wszystko spowodowało przypływ wspomnień. Cały czas rozmyślam o Tobie, o tych dniach i tych ludziach [...] Naprawdę w ciągu ostatnich kilku dni cholernie mi Cię brakowało".

W sierpniu tego samego roku Eric Sevareid, mający pięćdziesiąt jeden lat, udał się z pielgrzymką do Saint-Tropez. Stojąc na plaży i patrząc na morze, myślał o tym, jak dwadzieścia jeden lat wcześniej płynął podskakującą na falach barką desantową, czuł czysty zapach sosnowego lasu i czekał na inwazję w południowej Francji. Teraz wzdłuż plaży ciągnął się sznur kiosków z jedzeniem i napojami, stacji benzynowych, namiotów, a na piasku opalali się turyści, którzy nie wiedzieli, co się tu działo w 1944 roku, i których zapewne nic to nie obchodziło. „Nowe pokolenie wielbi teraźniejszość, brązową skórę i palące słońce – napisał później Sevareid. – Starzy bogowie w swoich starych świątyniach zostali odrzuceni, gdyż przeszkadzają cieszyć się dniem dzisiejszym. Saint-Tropez to nie miejsce dla ludzi w średnim wieku. Dla tłumu opalonej młodzieży jesteśmy, jak mówią z pogardą, *les croulants* – rozpadamy się wraz z naszymi pustymi bogami w zakurzonych, również rozpadających się świątyniach".

Rok przed śmiercią Murrowa Charlie Collingwood został głównym korespondentem CBS w Europie. Było to jego drugie po wojnie stanowisko za granicą. Pod koniec lat pięćdziesiątych przez pewien czas pracował w Londynie, ale gdy w 1959 roku Murrow wziął długi urlop – wrócił do Nowego Jorku, żeby przejąć prowadzenie jego programu *Person to Person*. Miał nadzieję, że wreszcie osiągnie samodzielną pozycję w telewizji. Jednak w 1960 roku *Person to Person* został zdjęty z anteny, a gdy dwa lata później CBS szukała nowego prowadzącego wieczorne wiadomości, który mógłby rywalizować z popularnym, dynamicznym zespołem NBC, złożonym z Davida Brinkleya i Cheta Huntleya, Collingwood nie został wybrany, choć bardzo mu na tym zależało.

Według byłego menedżera CBS News, Blaira Clarka, obaj, Collingwood i Sevareid, byli zainteresowani zajęciem miejsca Douga Edwardsa. Żaden z nich nie pochwalał rezygnacji z analitycznego dziennikarstwa na rzecz wieczornej telewizyjnej agencji informacyjnej, ale obaj najwyraźniej doszli do wniosku, że jeśli ich sława, bogactwo i wpływy zależą od tego, czy będą siedzieć w studiu i odczytywać tekst z teleprompter a, to gotowi są zapłacić tę cenę. Sevareid, z uwagi na tremę przed kamerą, nie miał szans na to stanowisko, natomiast Collingwood był poważnym pretendentem. Jednak w 1962 roku zarząd CBS pominął go i wybrał człowieka, który po wojnie związał swe losy z telewizją CBS i który sprawiał wrażenie, że to specjalnie dla niego ukuto słowo „dobroduszny": Waltera Cronkite'a.

Collingwood był zdruzgotany. Sam uważał Cronkite'a za „marionetkę" – przecież on nawet nie pisał sam swojego tekstu. Na pocieszenie Collingwood miał zastąpić Cronkite'a w programie *Eyewitness*, półgodzinnym przeglądzie wydarzeń tygodnia. W lipcu 1963 roku CBS zrezygnowała jednak z nadawania wielu programów informacyjnych, w tym również *Eyewitness*.

Kruche ego Collingwooda nie mogło wytrzymać kolejnych ciosów. Jego pozycja w CBS bardzo osłabła: Harry Reasoner zajął miejsce stałego zastępcy Cronkite'a w nowych, półgodzinnych wieczornych wiadomościach, a Collingwood został zdegradowany do roli popychadła. Jak sam powiedział, miał „wypełniać dziury, jeśli konferencja prasowa prezydenta trwała krócej, niż przewidywano, podkładać głos w czasie przerw w operach mydlanych, zastępować stałych prezenterów po otrzymaniu wiadomości na kilka minut przed programem". Głęboko rozczarowany i zniechęcony, w 1964 roku zdołał namówić CBS, żeby wysłała go do Europy w charakterze głównego korespondenta, najpierw do Paryża, a później do Londynu. To było dobre posunięcie: Collingwood uwielbiał Paryż i Londyn i sam był tam lubiany. Mógł wirować w pelerynie, machać laską i pędzić Polami Elizejskimi swoim białym rolls-royce'em. Tam był ceniony jako ekstrawagancki bon vivant, którym rzeczywiście był.

Czasami jednak zdarzyło mu się przesadzić. W czasie studenckich rozruchów w maju 1968 roku w Paryżu Collingwood pojawił się w biurze CBS ubrany, jak to opisał londyński korespondent Morley Safer, w „najbardziej absurdalny płaszcz, jaki w życiu widziałem – w stylu Sherlocka Holmesa. To nie była peleryna, ale obszerny płaszcz, z długimi połami i rękawami, klapami, kapturem i kieszeniami". Collingwood zaprezentował mu ten strój niczym model na wybiegu.

„Jak ci się podoba?" – spytał.

„Charles, tym razem naprawdę przesadziłeś" – roześmiał się Safer.

„Nie sądzisz, że zaimponuję młodym na barykadach?"

„Nie przypuszczam".

„W i e d z i a ł e m, że to błąd" – odrzekł przybity Collingwood.

Nigdy więcej nie pokazał się w tym płaszczu.

Choć Collingwood sprawiał wrażenie dyletanta, za tą maską nadal krył się znakomity reporter, czego wielokrotnie dowiódł w Europie, Azji i na Bliskim Wschodzie. Ze wszystkich Chłopców, którzy jeszcze pracowali w telewizji, tylko on i Winston Burdett byli korespondentami zagranicznymi, prawdziwymi reporterami, którzy często pokazywali młodszym kolegom, jak należy relacjonować wydarzenia.

Podczas konferencji w Genewie na temat przyszłości Laosu w latach sześćdziesiątych redaktor wiadomości zagranicznych Ralph Paskman zebrał swych korespondentów w hotelowym barze, żeby uzgodnić, jak ma wyglądać ich sprawozdanie dla wieczornego wydania. Dyskusja już się rozpoczęła, ale nikomu nie udało się dowiedzieć niczego, co by wykroczyło poza oficjalny komunikat prasowy. W tym momencie w barze pojawił się Collingwood z cygarniczką w ustach.

„Próbujemy, Charles, przygotować..." – zaczął Paskman, zirytowany jego spóźnieniem.

„Wiem, co próbujecie – przerwał mu Collingwood. – Pomyślałem, że to może się przydać".

Wyciągnął z wewnętrznej kieszeni marynarki złożoną kartkę papieru i zaczął czytać protokół zamkniętego posiedzenia.

„W delegacji Laosu jest facet, którego poznałem na Sorbonie – wyjaśnił kolegom. – To płotka, piąty sekretarz delegacji, ale akurat miał protokół".

„Dzięki temu CBS miała swój tryumf – powiedział Marvin Kalb, który był przy tym obecny. – [...] ja uganiałem się za Zhou Enlaiem i oczywiście nie udało mi się do niego zbliżyć. Charlie natomiast zainteresował się kimś takim jak piąty sekretarz laotańskiej delegacji, ponieważ w i e d z i a ł, że tamten ma potrzebne informacje".

W tym okresie wielką pasją Collingwooda była wojna w Wietnamie. W latach 1960–1972 odbył siedemnaście podróży do Indochin i razem ze swoim kumplem, producentem Lesem Midgleyem, zrealizował kilka znakomitych reportaży. Charles sceptycznie oceniał amerykańskie zapowiedzi rychłego zwycięstwa, ale nigdy nie zaliczał się do gołębi. Podobnie jak inni Chłopcy, którzy pamiętali Monachium i kapitulację wobec żądań Hitlera, uważał, że Stany Zjednoczone mają obowiązek chronić ludzi z Azji Południowo-Wschodniej przed komunistyczną agresją. „Charles nie był jednak głupcem – powiedział Midgley. – Widział, że to, co się działo w Wietnamie, nie było w porządku, i zmienił zdanie".

W 1968 roku, mimo zastrzeżeń przełożonych, wziął roczny urlop, ponieważ „czuł zmęczenie w kościach, głowie i sercu". Razem z Louise udał się do letniego domu, który kupili w Puerto Vallarta w Meksyku, gdzie wśród ich znajomych i kompanów do picia byli Richard Burton i Elizabeth Taylor. Ta idylla została przerwana w marcu, wkrótce po ofensywie Tet oddziałów Vietcongu. Charles dostał depeszę z Nowego Jorku. Rząd Wietnamu Północnego zaprosił go do Hanoi. Następnego dnia Charles już był w drodze[*].

---

[*] Hanoi zaprosiło najpierw Waltera Cronkite'a, który jednak odmówił, ponieważ chciał uniknąć podejrzeń, że Wietnam Północny nagradza go za negatywną ocenę zaangażowania militarnego Stanów Zjednoczonych. CBS i władze wietnamskie uzgodniły, że zamiast niego pojedzie Collingwood.

Collingwood był pierwszym amerykańskim dziennikarzem telewizyjnym, który pojechał do Wietnamu Północnego. Hanoi chciało wykorzystać zwycięstwo polityczne, jakie przyniosła mu ofensywa Tet. Postanowiło zatem za pośrednictwem CBS zasygnalizować gotowość do negocjacji pokojowych. Według jednej wersji Collingwood został o tym nieoficjalnie poinformowany kilka dni przed wyznaczonym terminem wywiadów z premierem Pham Van Dongiem i ministrem spraw zagranicznych Nguyen Duy Trinhem. Dwudziestego siódmego marca przekazał telegraficznie ten sygnał do CBS w Nowym Jorku. Centrala bardzo szybko poinformowała Biały Dom i w maju rozpoczęły się rozmowy pokojowe w Paryżu. W 1969 roku Collingwood otrzymał nagrodę Overseas Press Club za reportaże z Wietnamu.

Mimo tych sukcesów, w 1975 roku, mając pięćdziesiąt siedem lat, ustąpił ze stanowiska głównego korespondenta i wrócił do Nowego Jorku – w znacznej mierze dlatego, że miał nadzieję, iż tam łatwiej mu będzie zajmować się żoną. Louise, która od dawna dużo piła, była już alkoholiczką, a oprócz tego chorowała na raka.

Małżeństwo Collingwood-Allbritton zawsze było wybuchową mieszanką wzajemnej miłości, zależności i wrogości. W dobrych dniach oboje promienieli urokiem i demonstrowali wyrafinowaną elegancję – tak jakby właśnie zeszli ze sceny po występie w sztuce Noëla Cowarda. Gdy tylko jakaś złośliwość losu zaburzała ich sielankę, Charles pocieszał Louise jak „biedne, kochane dziecko". Ona sprawiała wrażenie rozdartej między pragnieniem bycia kimś więcej niż tylko panią Charlesową Collingwood a bardzo tradycyjnymi poglądami na małżeństwo. „On sam nie wiedział, kim jest naprawdę, nie miał poczucia pewności – powiedział Bill Walton. – Tak samo Louise. To ich łączyło".

Charles otwarcie ją zdradzał. Ona zapewne mu się odwzajemniała, choć mniej demonstracyjnie. Gdy mieli złe dni, darli koty, a w ciągu ostatnich dziesięciu lat małżeństwa oboje dużo pili. Walton wspominał premierę sztuki, w której występowała Louise. „Kurtyna poszła w górę, odsłaniając pustą scenę ze schodami, a po sekundzie rozległ się odgłos upadku. Louise przewróciła się na górnym podeście schodów i zjechała na tyłku na sam dół. Urządziliśmy jej wielką owację".

Don Hewitt i jego żona spotkali kiedyś Louise rano na plaży na Fire Island. Było lato. „Poszliśmy na spacer, aż tu nagle na wydmie pojawia się Louise w bogato ozdobionym kapeluszu, z cygarniczką, w bikini, którego raczej nie powinna nosić, bo się z niego wylewała, no i ze szklanką martini w ręku. «Och, kochani – powiedziała – musicie przyjść na lunch! Będą

Smithfieldowie, a oni u m r ą, jeśli was nie zobaczą!» Kurwa, nie miałem zielonego pojęcia, kim są ci Smithfieldowie! Louise odwróciła się i zniknęła po drugiej stronie wydmy, razem z martini i cygarniczką".

Louise lubiła dzieci i łatwo nawiązywała z nimi kontakt. Wydawało się, że bardzo żałuje, iż nie mogli mieć z Charlesem dzieci. Przez wiele lat zastanawiali się nad adopcją, ale nigdy się nie zdecydowali. „Miałam wrażenie, że w życiu prywatnym oni jakby toczyli się naprzód, zdani na przypadek – powiedziała Nancy White Hector, która wówczas była żoną pisarza Theodore'a White'a, jednego z najbliższych przyjaciół Charlesa. – Nie sądzę, żeby kiedykolwiek się nad tym zastanowili. Tak postępowali w wielu sprawach: wszystko topili w alkoholu. «Napijmy się. Porozmawiamy o tym jutro» – takie było ich nastawienie".

Collingwood cierpiał, obserwując upadek Louise. Jego problemy pogłębiała świadomość, że nie jest już do niczego potrzebny w CBS, gdzie pracował od trzydziestu czterech lat. Gdy miał wrócić do Nowego Jorku, obiecano mu, że będzie przygotowywał i prowadził programy informacyjne o wydarzeniach szczególnej wagi, ale rzadko dostawał takie zlecenia. „Od czasu do czasu mówili mu: «Stań na tylnych łapach i daj głos. Pokaż nam, jak to robią psy» – powiedział korespondent George Herman. – Traktowali go tak, jakby był staroświecką osobliwością". "Bonnie Prince" już odszedł w zapomnienie, teraz koledzy mówili o nim „biedny Charlie".

Collingwood nie chciał spokojnie odejść. Gniewały go zmiany w dziennikarstwie telewizyjnym – korespondent tracił znaczenie na rzecz realizatora, gdyż liczył się głównie obraz, przestano przywiązywać wagę do jakości tekstu, popularność zyskiwała „wesoła paplanina" i sztuczki, często zapominano o uczciwości. W latach siedemdziesiątych i osiemdziesiątych wspominał o tym w wielu przemówieniach. W jednym z nich powiedział:

> Poważny korespondent coraz częściej schodzi na drugi plan, a publiczność jest coraz gorzej informowana. W dawnych czasach korespondent był odpowiedzialny za swoje słowa. Dzięki temu albo znał się na tym, o czym mówił, albo jego kariera nie trwała długo [...] Znaczenie miały jego łeb i głos, a to, co mówił, było produktem własnej pracy, niesplamionym brudnymi paluchami anonimowych producentów i tekściarzy. Dzięki temu, jeśli nie liczyć kilku godnych uwagi wyjątków, korespondenci z mojego pokolenia byli lepsi niż dzisiejsi [...] Dzisiaj rola korespondentów często ogranicza się do podpisywania obrazów.

Nowe pokolenie producentów i menedżerów uważało takie narzekania za kolejny dowód, że Collingwood i jemu podobni nie mają kontaktu z rzeczywistością i nie nadążają za zmianami. Ignorowano go, a on coraz częściej szukał pociechy w butelce. „Było czymś w rodzaju truizmu stwierdzenie, że jeśli masz kręcić z Collingwoodem, to tylko rano, bo po lunchu nie będzie w stanie" – wspominał John Sharnik. Dla większości znajomych z CBS Charles był miłym, wielkodusznym przyjacielem i mentorem, dlatego koledzy starali się mu pomagać i go osłaniać, ale czasami wydawało się to beznadziejnym zadaniem. Gdy stan zdrowia Louise się pogarszał, Charles pił coraz więcej.

Szesnastego lutego 1978 roku Louise zmarła w ich domu w Meksyku, dokąd pojechała odpocząć. Przyczyną śmierci była marskość wątroby. Miała dopiero pięćdziesiąt osiem lat. W dniu jej śmierci Collingwood był w Nowym Jorku, gdzie pracował nad półgodzinnym wieczornym programem o Iranie. Les Midgley namawiał go, żeby przerwał i poleciał do Meksyku, ale Charles się nie zgodził. „Nie, do diabła. Nie mogę tego zrobić" – powiedział, kręcąc głową. Poleciał do Meksyku dopiero następnego dnia po wieczornej emisji programu, zupełnie wyczerpany.

W Puerto Vallarta szybko się przekonał, że przewiezienie ciała Louise do Stanów Zjednoczonych nie będzie łatwą sprawą. Trzeba było wypełnić niezliczone formularze, zaspokoić żądania biurokratów, uiścić opłaty. Louise chciała, żeby jej ciało zostało spalone, prochy zaś pochowane w Ameryce. Brakowało czasu, a meksykańskie władze marudziły. Wieczorem po przyjeździe Collingwooda, gdy przyjaciele pili, czuwając przy zwłokach, on, Richard Burton i paru innych wymyśliło fortel: umieścili ciało w zwykłej skrzyni ze sklejki, wsadzili ją do samochodu kombi i zasłonili bagażami. Rano wyruszył do Los Angeles konwój złożony z trzech załadowanych bagażami samochodów.

Collingwood prowadził samochód z ciałem Louise. Było gorąco, zepsuła się klimatyzacja, a amerykańscy celnicy patrzyli na nich podejrzliwie. Przez chwilę wydawało się, że zrobią rewizję, ale ostatecznie spiskowcy dotarli bezpiecznie do Kalifornii. To był, jak powiedział krewny Collingwooda, „wariacki numer w stylu Keyston Kops z udziałem pijanych sław".

Kremacja odbyła się w Los Angeles, a uroczystość pogrzebowa dwudziestego trzeciego lutego w kościele Świętego Jakuba na Manhattanie. „Bardzo starałam się go pocieszyć – powiedziała jego bratowa, Molly Collingwood – ale to było niemożliwe. Zupełnie jakby w środku nic z niego nie zostało".

W 1982 roku Collingwood przeszedł na emeryturę. Eric Sevareid przesłał mu z tej okazji tak emocjonalny telegram, że Charles nie chciał go głośno przeczytać podczas uroczystej kolacji pożegnalnej, ponieważ bał się, iż się załamie i rozpłacze. „Rzadko się zdarza, żeby wzajemne uczucia i szacunek przetrwały tak długo – odpisał Ericowi. – Bardzo się cieszę, że tak jest w naszym przypadku. Ogromnie cenię naszą przyjaźń".

Eric Sevareid i Belèn Marshall wrócili do Nowego Jorku w 1961 roku po dwóch latach spędzonych razem w Londynie. Początkowo z profesjonalnego punktu widzenia Eric nie miał powodów do zadowolenia. Jedynym sukcesem był jego stały felieton, który przedrukowywały liczne gazety w całym kraju. W 1963 roku zaproponowano mu wygłaszanie komentarzy w wieczornych wiadomościach Waltera Cronkite'a, które postanowiono przedłużyć z piętnastu do trzydziestu minut. Sevareid się zgodził.

Menedżerowie CBS uważali, że wszelkie komentarze powinny być możliwie gładkie i spokojne, ale Sevareid nie był już dla nich groźny. Z biegiem lat jego światopogląd radykalnie się zmienił. Pełen pasji młody idealista, autor *Not So Wild a Dream*, zmienił się w znużonego światem pragmatyka – teraz bardziej przypominał Henry'ego Kissingera niż Thomasa Paine'a.

Niekiedy sprawiał niespodzianki. Wiosną 1966 roku wybrał się w pięciotygodniową podróż do Wietnamu, Laosu, Kambodży i Tajlandii. Gdy wrócił, Dick Salant dał mu pół godziny w porze największej oglądalności na „osobisty raport Erica Sevareida z Wietnamu". Miał powiedzieć społeczeństwu, czego się dowiedział. „Proponuję, żebyśmy przez trzydzieści minut porozmawiali o roli Ameryki w Azji, o wojnie i naszych żołnierzach – rozpoczął, po czym w charakterystycznym stylu wymierzył klapsa medium, z którego korzystał. – To może oznaczać powrót telewizji do zamierzchłej przeszłości. Zobaczymy".

Nie było żadnych wymyślnych wykresów, żadnych efektownych zdjęć – tylko Eric Sevareid, jak zwykle skrępowany przed kamerą. Siedząc za stolikiem, kreślił obrazy z Wietnamu, formułował opinie i wnioski. Był pierwszym znanym dziennikarzem, który skrytykował politykę Stanów Zjednoczonych w Wietnamie. Przyznał, że nie jest autorytetem w tej dziedzinie, ale uważał, że w ciągu tych pięciu tygodni dowiedział się dosyć, żeby podważyć głoszoną przez administrację Johnsona „teorię domina" i stwierdzić, że Ameryka jest coraz głębiej wciągana w bagno wojny domowej. Nie przedstawił jednak żadnego pomysłu na to, jak Ameryka miałaby się wycofać z Indochin. Prezentował tylko optymizm i wiarę: „Wasz reporter, podobnie jak większość, nawet ci, którzy lękają się i mają wątpliwości, nadal wierzy, że Bóg i gwiazdy znów okażą swoją słabość na punkcie Amerykanów i wyciągną nas z tej nieszczęsnej wietnamskiej afery całych i zdrowych".

W 1962 roku Sevareid w końcu rozwiódł się z Lois. Rok później wziął ślub z Belèn. W 1964 roku małżonkowie razem z dwumiesięczną córką Cristiną przeprowadzili się do Waszyngtonu. Kiedyś Eric pogardliwie nazywał stolicę „zielonym, sennym parkiem", ale tym razem wydawał się zadowolony z pobytu w Waszyngtonie. Kupili duży kamienny dom tuż za granicą miasta, w Chevy Chase w stanie Maryland, i Sevareid szybko włączył się w wewnętrzny krąg politycznej i dziennikarskiej elity.

Belèn nigdy nie stała się częścią tego świata. Nie miała w Waszyngtonie przyjaciół, nie miała swojego życia. Nie umiała prowadzić samochodu, dlatego tkwiła w wielkim kamiennym domu jak w pułapce. Czuła się również zastraszona i zdominowana przez wpływowych znajomych męża, a zwłaszcza przez – jak mówiła – „arystokratyczne damy": Katharine Graham, Mariettę Tree i inne. Miała wrażenie, że myślą o niej z pogardą i są niezadowolone, że zajęła miejsce Lois. Pewnego dnia, gdy wyszła, Eric zabrał maleńką Cristinę, żeby przedstawić ją publicyście „New York Timesa" Jamesowi Restonowi i jego żonie Sally. Według Belèn Restonowie dali mu do zrozumienia, że nie są zainteresowani poznaniem matki Cristiny.

Jeszcze gdy Eric i Belèn mieszkali w Nowym Jorku, nie brakowało oznak, że w ich związku są problemy. Trzy dni przed ślubem Eric wpadł w panikę i gdzieś się ukrył. Nikt z jego znajomych nie wiedział, co się z nim dzieje i czy pojawi się na ceremonii w apartamencie Teddy'ego White'a. Kilka miesięcy później, gdy Belèn zaszła w ciążę, Eric, przerażony myślą o bliźniętach, zażądał, aby zdecydowała się na aborcję. Gdy odmówiła, wściekły wyprowadził się na kilka dni z domu. (Od narodzin Cristiny do końca swego życia bardzo ją kochał i rozpuszczał).

W Waszyngtonie ich małżeństwo się rozpadło. Liczne różnice między nimi – wieku, zainteresowań, temperamentu – które początkowo go intrygowały, później stały się trudnymi do przezwyciężenia barierami emocjonalnymi. Eric narzekał, że żona wciąż głośno puszcza południowoamerykańską muzykę i sama dużo śpiewa, nie podobało mu się, że jej matka przesiaduje u nich w domu, i nie cierpiał częstych odwiedzin krewnych. Ustawicznie się kłócili i oboje mieli romanse. Belèn zaczęła pić i w końcu sama przyznała, że jest alkoholiczką.

W tym okresie Sevareid niekiedy wysiadywał w podejrzanych klubach. Niedaleko biura CBS w Waszyngtonie istniał bar o wątpliwej reputacji; Eric lubił zapraszać tam młodszych kolegów na lunch. Kiedyś w Los Angeles uparł się, żeby razem z dwoma kolegami z CBS pójść do szczególnie sprośnego lokalu. Jeden z nich, Sandy Socolow, tak wspominał ten wieczór: „Atrakcją lokalu było coś, co mogę opisać jako nieustanny, ginekologiczny taniec na fortepianie. Tancerki następnie podawały do stolików. Jedna, prawie zupełnie naga, usiadła Sevareidowi na kolanach. Spytała, jaki jest jego zawód. «Och, po prostu jestem bogaty» – odpowiedział".

Gdy narastał dystans między Erikiem a Belèn, jego pierwsza żona, Lois, choć wciąż walczyła z zaburzeniem maniakalno-depresyjnym, stopniowo odbudowywała swoje życie we Flint Hill w Wirginii, sto dziesięć kilometrów od Waszyngtonu. Zbudowała dom na wzgórzu i pracowała w miejskiej bibliotece, przyczyniając się do powiększenia księgozbioru. Według jej brata, Ebena Fingera, Sevareid ją utrzymywał, ale „to on był od niej uzależniony. Wciąż się na niej wspierał, szukał emocjonalnej pomocy i ciągle opowiadał o swoich problemach".

W sierpniu 1972 roku Lois miała poważny wylew krwi do mózgu i po trzech dniach zmarła w wieku pięćdziesięciu dziewięciu lat. W listopadzie Sevareid zakomunikował znajomym o rozstaniu z Belèn. Jemu powierzono opiekę nad córką; Belèn zgodziła się na to, ponieważ miała problemy z alkoholem. Wróciła do Włoch, ale nadal go kochała. „To koniec mojego życia, moich marzeń, wszystkiego" – myślała.

Po rozwodzie wyraźnie pogłębiły się pewne nieprzyjemne cechy Sevareida – ponure usposobienie, egocentryzm, skłonność do irytacji. Przez całe życie był hipochondrykiem, a teraz nieustannie narzekał na liczne prawdziwe i urojone dolegliwości: podagrę, kłopoty gastryczne, ból pleców i artretyzm. W latach sześćdziesiątych i siedemdziesiątych wiele razy kładł się do łóżka z powodu, jak twierdził, wyczerpania nerwowego. „Zadać mu pytanie: «Jak się masz, Eric?», było rzeczą ryzykowną" – powiedział Howard Smith. Nie wszystkie jego choroby były urojone. Rzeczywiście bolały go plecy i miał artretyzm, co uniemożliwiało mu szybkie ruchy, męczyło i skłaniało do zrzędzenia.

W latach gdy Sevareid występował jako komentator w wieczornych wiadomościach, między nim a Walterem Cronkite'em stale panowało napięcie.

„Eric uważał Waltera za durnia" – powiedział były prezes CBS Bill Leonard. Sevareid miał również pretensję, że podczas wspólnej pracy jego partner usiłuje zmonopolizować czas. Ze swej strony Cronkite byłby szczęśliwy, gdyby CBS zrezygnowała z komentarzy Sevareida. „Mogliśmy omówić jeszcze jeden punkt, ale Eric trzy razy przełykał ślinę! – wściekał się po jednym z programów. – Cholera, liczyłem! Gdyby nie to, starczyłoby czasu na jeszcze jeden temat". Kiedy Howard Smith oglądał wiadomości swojej starej sieci, miał wrażenie, że Cronkite zachowuje się „nieco obraźliwie" wobec Sevareida. „Walter zawsze sprawiał wrażenie, jakby chciał powiedzieć: «Muszę przerwać. Eric Sevareid coś wymyślił»".

Pod koniec lat sześćdziesiątych koledzy Sevareida sądzili, że poświęca on za dużo czasu na spekulacje, a za mało na poznanie faktów wspierających jego rozważania. Narzekali również, że się powtarza, jego komentarze są zbyt skomplikowane, a on nie ma kontaktu z masową kulturą. W dziennikarskich i literackich kręgach na Wschodnim Wybrzeżu nabijanie się z niego stało się niemal modne. Był przezywany „Eric Severalsides" i „Eric Everyside". W powieści *Nasza klika* Philipa Rotha występuje Erect Severehead, postać będąca karykaturą Erica. Gloria Emerson napisała w „New York", że „jego najbardziej godną uwagi cechą jest umiejętność gaszenia i zmieniania w nudę najbardziej pamiętnych chwil w naszym życiu". Sevareid nie zgadzał się z krytyką. „Wszyscy zawsze chwalą tych, którzy głośno i dużo mówią – twierdził. – Łatwo jest trąbić na cały świat. Zawsze sądziłem, że warto zostawić nieco miejsca na niedopowiedzenia".

Miał w sobie jeszcze siły na jedną walkę. Skandal Watergate rozbudził jego dawny zapał. W kolejnych komentarzach ciągle atakował prezydenta Nixona i jego ludzi, zarzucając im „łamanie prawa, upadek moralny i bankructwo". Jeszcze ostrzej wypowiadał się prywatnie. Gdy jego przyjaciel Teddy White kiedyś próbował bronić jakiegoś stwierdzenia Nixona, Sevareid wybuchnął: „Jesteś przeklętym głupcem! Nie rozumiesz, jaki zły jest ten człowiek! On jest zły!" Walnął pięścią w stół. „Zły! Zły!"

W rewanżu obrońcy Nixona, wiceprezydent Spiro Agnew i różni ludzie z Białego Domu, między innymi Charles Colson i Pat Buchanan, ostro wyklinali Sevareida. Pod presją administracji Frank Stanton zalecił Dickowi Salantowi, żeby na zmianę z Sevareidem występował jakiś konserwatywny komentator. Tom Rosenstiel w swej książce *Strange Bedfellows* twierdzi, że gdy Ronald Reagan skończył sprawować urząd gubernatora Kalifornii, zaproponowano mu wygłaszanie komentarzy. Reagan odmówił, a wobec sprzeciwu Salanta CBS zrezygnowała z tego pomysłu. Bill Paley jednak, stosując się do wymagań administracji, wprowadził zakaz „natychmiastowej analizy" przemówień prezydenta. Jak na ironię, Sevareidowi to odpowiadało, ponieważ nie lubił „natychmiastowej analizy" – wolał mieć czas na zastanowienie, zanim coś powiedział. W każdym razie zakaz został zniesiony już po kilku miesiącach, ponieważ kilku znajomych Paleya powiedziało mu, że z powodu braku analizy nie słuchają wystąpień prezydenta transmitowanych przez CBS.

Sevareid wkrótce miał powody żałować zniesienia zakazu. W swych komentarzach po rezygnacji Nixona dziewiątego sierpnia 1974 roku wyrażał się wyłącznie pozytywnie o człowieku, którego wcześniej uważał za „zło wcielone". Pożegnalna mowa Nixona była, jak to określił, „najbardziej wielkodusznym przemówieniem w jego karierze [...] ktoś mógłby powiedzieć, że nic nie udało mu się tak dobrze jak odejście". Wprawdzie nie tylko Sevareid był skłonny pobłażliwie traktować zhańbionego prezydenta, ale te komentarze wywołały burzę protestów ze strony widzów. Sevareid później twierdził, że był zmęczony. Poza tym – powiedział – „było mi żal Nixona i kraju".

Gdy w połowie lat siedemdziesiątych długa kariera Sevareida zbliżała się do końca, jego stosunek do telewizji, a zwłaszcza do CBS, graniczył ze schizofrenią. Z jednej strony potępiał wielomilionowe kontrakty oferowane dziennikarzom i ostrzegał, że telewizyjne wiadomości degenerują się do poziomu widowisk. „W czasach radia – powiedział – dwóch ludzi z mikrofonem, maszyną do pisania i telefonem mogło posłać w eter znacznie więcej treści sto razy mniejszym kosztem". Z drugiej strony tego znanego człowieka – który jeśli nie martwił się o swoje zdrowie, to myślał o pieniądzach – mocno drażniło, że jemu nie udało się zdobyć takiej megapensji.

Choć Sevareid krytykował telewizyjne wiadomości, niekiedy występował w obronie zarówno telewizji, jak i CBS, tak jakby usiłował usprawiedliwić swoją trwającą czterdzieści lat karierę zawodową. W jadowitym przemówieniu wygłoszonym w Washington Journalism Center w czerwcu 1976 roku potępił krytyków i dziennikarzy, rozpowszechniających różne „mity" o CBS. Mit, jakoby Ed Murrow został zmuszony do odejścia z sieci. Mit, że dział programów informacyjnych został „zepchnięty na margines działalności firmy". Mit, że „od pionierskich, przełomowych programów Murrowa i Friendly'ego CBS News straciła odwagę i produkowała mniej ostrych programów". Przede wszystkim zaś mit, że potwór znany jako William S. Paley „siedzi na odległym szczycie CBS Inc. [...] wprowadzając nerwowość wśród dziennikarzy i budząc w nich lęk". To przemówienie zdumiało wielu przyjaciół i kolegów Sevareida, ponieważ wszystkie te mity, z odpowiednimi poprawkami uwzględniającymi złożoność materii i pewne wyjątki, były jak najbardziej zgodne z prawdą.

We wrześniu 1977 roku CBS ogłosiła, że Sevareid przechodzi na przymusową emeryturę w wieku sześćdziesięciu pięciu lat. Swój ostatni komentarz miał wygłosić trzydziestego listopada, cztery dni po urodzinach. Choć w CBS wszyscy nań narzekali, komunikat wywołał wzburzenie i gorycz. Odejście Erica było jakby powtórzeniem utraty Murrowa.

W swym ostatnim programie Sevareid złożył hołd Murrowowi – „człowiekowi, który mnie wymyślił" – i innym Chłopcom. Wszyscy oni, z nim włącznie, żyli i robili zawodową karierę, nie zastanawiając się wcale nad tym, jak wyjątkową grupę stanowili. Teraz jednak Sevareid wiele o tym myślał. „W tych wczesnych dniach z Murrowem stanowiliśmy młodą gromadkę braci" – powiedział, wyrażając opinię, którą podzielali inni żyjący Chłopcy.

> Przekonałem się, że publiczność systematycznie stosuje tylko jeden test: nie chodzi jej o to, czy aprobuje treść, lecz chce mieć wrażenie, że dziennikarz jest uczciwy i ma dobre intencje. Amerykanie mają sprawny, czuły instynkt, który im podpowiada, czy ktoś jest rzetelny. Słusznie lub nie, mam poczucie, że zaliczyłem ten test. To tak, jakbym dostał medal. Miliony ludzi słuchało mnie, w skupieniu lub obojętnie, zgadzając się lub chcąc zaprotestować. Dziesiątki tysięcy napisało do mnie, żeby podzielić się swymi myślami. Zawsze będę czuł, że stoję wśród nich. Z Waszyngtonu mówił Eric Sevareid. Dziękuję i do widzenia.

Mimo że tyle na niego narzekano, Sevareid miał w kraju wielu wiernych słuchaczy, którzy uważali go za ostatni bastion myśli, refleksji i, tak, nawet mądrości w biznesie, gdzie górę brały uproszczenia i sensacje. Po jego przejściu na emeryturę „Washington Star" napisał: „Prawdopodobnie poruszał umysły większej liczby Amerykanów i czynił to częściej niż jakikolwiek inny dziennikarz w historii tego zawodu, a jego słowa były traktowane poważniej niż słowa niemal wszystkich polityków, poetów i kaznodziei w tym stuleciu".

Po opublikowania komunikatu o jego przejściu na emeryturę Sevareid otrzymał tysiące listów. Pewien prawnik napisał, że w młodości szukał starszych ludzi, których mógłby szanować i prosić o rady. „Kilku poznałem osobiście, natomiast w mediach Pan był jedyną osobą, która niemal w pełni zaspokajała tę potrzebę". „Zachęcił mnie Pan do myślenia o świecie... – napisał jakiś nastolatek. – Nie zawsze się z Panem zgadzałem, ale zawsze pana podziwiałem i będzie mi bardzo brakowało Pana komentarzy". „Razem, Pan i Ed Murrow, pomagaliście nam wybrać rozsądny kurs w gorączkowej i dość histerycznej erze McCarthy'ego, Nixona, Agnew i wojny wietnamskiej" – zapewnił go inny widz. I jeszcze inny: „Czuję się głupio, siedząc przed telewizorem i ze łzami w oczach mówiąc Panu do widzenia".

Teraz zostali już tylko Winston Burdett i Dick Hottelet.

Burdett wrócił do Rzymu w 1955 roku i mimo choroby oraz wyrzutów sumienia, jakie go dręczyły z powodu zeznań złożonych przed senacką Podkomisją Bezpieczeństwa Wewnętrznego, przez dwadzieścia trzy lata znakomicie spełniał obowiązki korespondenta. Znał kilka języków i dysponował wiedzą encyklopedyczną. Był ekspertem w sprawach Izraela (gdzie przez kilka lat miał kochankę) i Bliskiego Wschodu. W 1969 roku ukazała się jego książka *Encounter with the Middle East*; opublikowało ją wydawnictwo Atheneum, którego współzałożycielem był jego kolega ze studiów na Harvardzie i powiernik, Michael Bessie.

W 1970 roku, gdy do biura CBS w Rzymie dotarła wiadomość o śmierci prezydenta Egiptu Gamala Abdela Nasera, asystentka Diane Quint natychmiast przekazała ją Burdettowi, który był w domu. Udało się jej również znaleźć Erica Sevareida, który akurat przebywał w Rzymie w związku z oficjalną wizytą prezydenta Nixona. Jak tylko Burdett i Sevareid przyszli do biura, zostali posadzeni przed kamerą. Raz jeszcze pokazali, co to znaczy być Chłopcem Murrowa. Quint, żona korespondenta CBS Berta Quinta, z trudem ukrywała podziw. „Przed chwilą się zjawili i od razu musieli wystąpić na żywo. Usiedli przed kamerą i mieli tak wiele do powiedzenia! Nie zdążyli zajrzeć do notatek, upudrować się ani nic... Po prostu wygłaszali interesujące komentarze, mówiąc, co może się teraz zdarzyć, co to wszystko oznacza i kim był Naser. Ani razu nie sprawdzali faktów!"

Burdett wiedział bardzo dużo o Bliskim Wschodzie, ale jego prawdziwą specjalnością – dość oryginalną jak na byłego komunistę – był Watykan. Nauczył się prawa kanonicznego i nawiązał kontakty na najwyższym poziomie kurii. Wiedział tak dużo, że gdy mówił przed kamerą, miało to taką wagę, jakby przemawiał *ex cathedra*. Kiedyś, podczas konklawe, Gordon Manning, dawny dziennikarz CBS, który przeszedł do NBC i koordynował pracę sieci w Rzymie, powiedział żartem swoim reporterom: „Musicie policzyć, ilu kardynałów udało się na konklawe. Jeśli stu dwunastu, wszystko w porządku. Jeśli stu trzynastu, to znaczy, że Burdett jest wśród nich i już przegraliśmy".

Na początku lat siedemdziesiątych Burdettowi coraz trudniej było pogodzić się z rozwojem telewizji, schyłkiem CBS News i przezwyciężyć ciągłe problemy gastryczne. „Pod koniec nienawidził swojej pracy – powiedziała jego żona Giorgina. – Zmuszali go do odprowadzania Sophii Loren na lotnisko i innych rzeczy w tym stylu. Gdy jednak mógł przygotowywać reportaż, był zachwycony... Wsiąść do samolotu! Do Indii. Do Australii. Do Jemenu z [legendarnym kamerzystą CBS] Joe Fallettą. To naprawdę lubił!"

„Nie był dumny ze swojej kariery – powiedział jego syn Richard, który dostrzegał, jak bardzo ojciec był rozczarowany. – Jeśli ktoś, kogo szanował, powiedział coś miłego o jego osiągnięciach, ojciec lekko się uśmiechał, ale nie wdawał się w dyskusję [...] W ostatnich latach życia nie cierpiał pracy – cytuję – «w mediach». Na przykład dzwonił do niego dwudziestopięcioletni redaktor z Nowego Jorku i mówił: «Reuter donosi, że brat włoskiego polityka jest homoseksualistą. Czy może pan przygotować o tym materiał?» «Proszę posłuchać, to nie jest szczególnie ważne» – odpowiadał ojciec. «To ciekawa historia – nalegał tamten. – Zajmie co najmniej trzy minuty». Tata sądził, że to wszystko było zupełnie nie na poziomie. Dla niego to nie było warte uwagi".

W 1970 roku Burdett, który miał krwawiący wrzód, przeszedł operację – wycięto mu pół żołądka. Odtąd prawie nieustannie cierpiał i w czasie jednego posiłku mógł przełknąć tylko kilka kęsów. Popadał w coraz głębszą melancholię. „Był człowiekiem głęboko nieszczęśliwym – uważał Dan Schorr. – Gdy siedział sam, widać było po nim, że nie ma wesołych myśli". Syn spytał go kiedyś, co zdarzyło się w latach pięćdziesiątych. Burdett udzielił mu krótkiej, wymęczonej odpowiedzi. „Wiedziałem, że nie powinienem go pytać ponownie, bo to go bardzo bolało – powiedział Richard Burdett. – Widziałem, jak cierpiał". Burdett rozpoczął dorosłe życie jako zapalony, radykalny komunista. Z biegiem lat, jak ostryga chroniąca się przed uwierającym ziarnkiem piasku, zamykał się w kolejnych skorupach, aż wreszcie nie można było przez nie dostrzec, kim jest naprawdę. „Zawsze sądziłem, że Winston może skończyć w sekretariacie kurii, poruszając się w ciemnych korytarzach Watykanu jak człowiek, który idzie po świeżym śniegu i nie zostawia za sobą śladów" – powiedział Sander Vanocur.

Gdy w 1978 roku Winston Burdett przeszedł na emeryturę, jedynym Chłopcem, jaki jeszcze występował na antenie, był Dick Hottelet – ale i on pojawiał się dość rzadko. Jeszcze w 1956 roku, niedługo po jego powrocie z Niemiec, nowy szef Sig Mickelson i inni uznali – na podstawie dość rozwlekłego sprawozdania na żywo z katastrofy statku pasażerskiego „Andrea Doria" – że Hottelet nie ma przyszłości w telewizji. Pod koniec lat pięćdziesiątych prowadził poranny program telewizyjny *Richard C. Hottelet with the News*, a w 1960 roku zastąpił Larry'ego LeSueura w ONZ. Pod względem znajomości spraw międzynarodowych Hottelet nie ustępował nikomu w CBS. Gordon Manning przekonał się o tym, gdy w 1967 roku wybuchła wojna na Bliskim Wschodzie. Winston Burdett przebywał na miejscu wydarzeń, ale w Nowym Jorku nie było ani Waltera Cronkite'a, ani nikogo z jego stałych zastępców. Jedynym dziennikarzem, który mógł prowadzić specjalny program, okazał się Dick Hottelet.

„Hottelet siedzi za stolikiem prowadzącego – wspominał Manning. – Ja jestem w kabinie kontrolnej, Winston Burdett relacjonuje z Izraela, a my w y k a ń c z a m y konkurencję! Hottelet i Burdett, dwaj Chłopcy Murrowa, pokazali, na co ich stać". Przez kilka godzin bez żadnego przygotowania prowadzili program, gładko przeplatając doniesienia z pola walki historycznymi refleksjami o konfliktach na Bliskim Wschodzie i powstaniu Izraela. „Dick był zdumiewającą skarbnicą wiedzy – powiedział Manning. – Nie ma wątpliwości, że powinniśmy byli częściej go wykorzystywać".

Tak jednak nie robili, a gdy na początku lat osiemdziesiątych nowe pokolenie przejęło kontrolę w CBS News, stało się jasne, że nie ma tam już miejsca dla Hotteleta i analizy skomplikowanych problemów międzynarodowych.

W 1981 roku, niedługo po tym, jak Dan Rather zastąpił Waltera Cronkite'a, Van Gordon Sauter, były menedżer związanej z CBS stacji KNXT z Los Angeles, został dyrektorem działu programów informacyjnych, a na swego zastępcę wybrał Eda Joyce'a, byłego dyrektora wiadomości w nowojorskiej stacji WCSB. Dumną instytucją, stworzoną przez Eda Klaubera, Paula White'a i Edwarda R. Murrowa, teraz kierowali spece od lokalnych wiadomości telewizyjnych.

W ciągu poprzednich dwudziestu lat wiadomości lokalne stały się dojną krową właścicieli stacji. Wielu z nich, zwłaszcza na większych „rynkach", bezwstydnie przyjęło, że wiadomości to przede wszystkim rozrywka. „W kolejnych miastach – zrzędził Sevareid przed przejściem na emeryturę – wiadomości przekazują prezenterzy, którzy zmienili się w aktorów – i to bardzo złych. Uśmiechają się, śmieją, chichoczą i jęczą... Lada dzień ktoś będzie wyśpiewywał wiadomości, stepując na golasa".

Prezenterów wiadomości lokalnych coraz częściej wybierano, kierując się ich wyglądem i urokiem. „Wesoła paplanina" między członkami zespołu wiadomości stała się normą. Ulubiony temat stanowiły zbrodnie, im bardziej krwawe lub rozdzierające serce, tym lepiej. Więcej czasu przeznaczano na pogodę, sport, reportaże z wystaw psów i plotki o sławnych ludziach oraz na reklamowanie filmów nadawanych przez stację niż na poważne wiadomości. Relacje o działaniach rządu, jeśli nie miały sensacyjnego charakteru, uważano za nudziarstwo.

Gdy Sauter był prezesem CBS News, często pomstował na „elitarystów", którzy nie chcieli dostosować się do gustu mas. Mniej informacji o rutynowych sprawach, mniej gadających głów, mniej komentarzy i analiz, więcej materiałów fabularnych. Szczególnie lubił tak zwane momenty – rodzajowe scenki, które nie miały żadnej wartości informacyjnej, ale wywoływały emocjonalne reakcje widzów. Banalizacja wiadomości okazała się zyskowna, przynajmniej przez pewien czas. Sauter został ściągnięty, żeby wesprzeć Dana Rathera. Gdy Rather – po jawnej walce o to stanowisko – zastąpił Waltera Cronkite'a, wskaźnik popularności wieczornych wiadomości CBS poleciał w dół. W październiku 1981 roku wiadomości spadły z pierwszego na trzecie miejsce, za NBC i ABC. Sauterowi udało się uratować sytuację. CBS odzyskała pierwsze miejsce i utrzymała je przez dwieście tygodni.

Za panowania Sautera personel CBS News dzielił się na dwie kategorie – ludzi „wczorajszych" i „dzisiejszych". Do wczorajszych zaliczano korespondentów, producentów i redaktorów związanych z Cronkite'em i Murrowem. Menedżerowie mówili o nich niekiedy „duchy Murrowa". Grupę dzisiejszych stanowili młodzi korespondenci i producenci, których lubił Rather. To oni dostawali atrakcyjne zadania, natomiast wczorajszych spychano na ubocze. Wielu zwolniono – padli ofiarą ogromnych cięć budżetowych, jakie nastąpiły w latach osiemdziesiątych, gdy zewnętrzni inwestorzy przejęli wszystkie trzy główne sieci. Teraz najważniejszy był wynik ekonomiczny, a od działów programów informacyjnych po raz pierwszy zażądano, żeby przynosiły zyski. Ta polityka doprowadziła do zwolnienia wielu pracowników oraz zamknięcia licznych biur krajowych i zagranicznych. Menedżerowie domagali się zwiększenia dochodów, zmniejszenia personelu i pensji (z wyjątkiem prezenterów i korespondentów o gwiazdorskim statusie).

W 1984 roku kolejna fala cięć wstrząsnęła CBS News: zwolniono siedemdziesięciu czterech pracowników, pięćdziesięciu „zachęcono" do przejścia na emeryturę, zlikwidowano dział dokumentalny *CBS Reports*. Na liście osób, których kierownictwo chciało się pozbyć, był również Dick Hottelet. W październiku tego roku przeszedł na emeryturę.

Ostatni Chłopiec Murrowa opuścił CBS.

ROZDZIAŁ DWUDZIESTY ÓSMY

"TAK DAWNO"

To było spotkanie starych ludzi.
Zebrali się wiosną 1985 roku z okazji czterdziestej rocznicy zakończenia wojny w Europie. Siedzieli przy stoliku w londyńskiej „Café Royale" i wspominali „swoją wojnę", gdy Ed Murrow był ich królem Henrykiem V, a oni jego wierną gromadką braci. Obecni byli: Eric Sevareid, wyglądający jak mąż stanu, Charlie Collingwood, teraz już gruby i nabrzmiały na twarzy, Winston Burdett, bardziej filigranowy niż kiedykolwiek wcześniej, Dick Hottelet, jak zawsze profesorski i dopięty na ostatni guzik. Przyjechał nawet Bill Shirer, najstarszy z nich, mający już osiemdziesiąt jeden lat. Od czoła był całkowicie łysy, ale z tyłu siwe włosy spływały mu do ramion i wyhodował rzadką bródkę. To było jego pierwsze formalne spotkanie z Chłopcami od zerwania z Murrowem w 1947 roku.

Brakowało Toma Grandina, Mary Marvin Breckinridge, Cecila Browna, Billa Downsa, Howarda K. Smitha i Larry'ego LeSueura. Grandin, który rzucił CBS, żeby po upadku Francji towarzyszyć żonie w podróży do Ameryki, zmarł w 1977 roku. Rok później śmierć zabrała Billa Downsa, dzielnego i lojalnego żołnierza. Rodzina i przyjaciele pochowali jego prochy na podwórku i uczcili pamięć szampanem. Breckinridge i Brown jeszcze żyli, ale CBS już dawno o nich zapomniała[*]. Howard K. Smith nie został zaproszony, bo Bill Paley nigdy mu nie wybaczył burzliwego zerwania z CBS w 1961 roku. Larry LeSueur, który pracował w sieci przez ćwierć wieku i którego reportaże stanowiły znaczną część historii CBS i wojny, po prostu został przeoczony.

---

[*] Cecil Brown zmarł w 1987 roku w Los Angeles.

Chłopcom, którzy byli w „Café Royale" tego dnia, towarzyszyli jeszcze trzej ludzie z CBS, również korespondenci wojenni, ale pracujący wówczas dla innych instytucji: Walter Cronkite, Andy Rooney z *60 Minutes* i producent Ernest Leiser. Oprócz nich był jeszcze Dan Rather, który wprawdzie w dniu zakończenia wojny miał trzynaście lat, ale teraz był gwiazdorem działu wiadomości CBS i menedżerowie koniecznie chcieli, żeby wziął udział w spotkaniu. On sam miał na to wielką ochotę: Chłopcy byli jego idolami.

Teraz, na chwilę zapominając o urazach wobec CBS, starzy panowie znów się dzielili swoimi najlepszymi wojennymi opowieściami. Burdett wspominał, jak Włoszki rzucały się na Sevareida, który „tak wspaniale wyglądał w mundurze", gdy jechał jeepem ulicami Rzymu w dniu wyzwolenia tego antycznego miasta. Cronkite opowiedział, jak podczas bitwy pod Arnhem leżał w rowie obok Downsa. Charles Collingwood, chory na raka, który miał go zabić jeszcze w tym roku, wesoło wspominał wyzwolenie Paryża.

„Och, to było takie wspaniałe wyzwolenie!" – powiedział.

„Byliśmy uprzywilejowaną grupą, panowie" – dodał Sevareid.

Cronkite wielkodusznie podkreślił ich osiągnięcia. „To ci ludzie stworzyli współczesne dziennikarstwo telewizyjne i radiowe – powiedział (słysząc ten komplement, niektórzy mogli się skrzywić). – Nikt inny tego nie zrobił, nikt nie uświadomił sobie wówczas możliwości nowego medium. Murrow zebrał zespół ludzi, którzy byli mistrzami słowa i potrafili barwnie opowiedzieć przez radio, co widzą. Pod pewnymi względami to było lepsze niż dzisiejsza telewizja. W tym opisie były zawarte fakty i emocje, czuć było realizm zdarzeń".

Przez te kilka godzin w Londynie CBS czciła s ł o w a – nie emocjonalne obrazy i efektowną grafikę współczesnej telewizji, lecz proste i pozbawione ornamentów słowa. Później, gdy Sevareid poskarżył się wiceprezesowi działu programów informacyjnych Howardowi Stringerowi, że w programie nie wykorzystano taśmy z jedną z jego sławnych relacji wojennych, ten odpowiedział, że zdaniem producenta „była zbyt literacka i refleksyjna". „Producenci poświęcają teraz więcej czasu na myślenie o fryzurach i limuzynach niż o treści programu – bronił się niezbyt szczerze. – To przykre, że gwiazdy mają dziś dwa razy większe ego niż kiedyś, choć mają po temu dwa razy mniejsze powody. Z niechęcią dochodzę do wniosku, że wasz złoty wiek zapewne już się nie powtórzy".

W 1982 roku Bill Paley postarał się, by po przejściu Collingwooda na emeryturę podpisano z nim nowy kontrakt. Charles otrzymał tytuł „specjalnego korespondenta" i miał pracować przez kilka miesięcy w roku. Problem polegał jednak na tym, że nie dawali mu prawie żadnych zleceń. W wyznaczone dni przychodził do biura, jak zwykle nienagannie ubrany... i bezczynnie siedział przy biurku. Bliski przyjaciel, były szef korespondentów tygodnika „Time" Dick Clurman, spytał go raz zdawkowo, jak mu się wiedzie. Zdumiała go gwałtowność odpowiedzi: „Czasami nie mogę wstać na nogi".

Collingwood nigdy nie odzyskał pełnej równowagi po śmierci Louise, ale niemal równie mocno przeżywał to, że CBS posłała go na zieloną trawkę. „Był bardzo rozczarowany – wspominał jego bratanek Harris Collingwood. – Moim zdaniem to poczucie odrzucenia, zdrady i rozczarowania, jakie męczyło Charlesa... no, nie miałem wrażenia, że dotyczyło to sfery profesjonalnej. Zupełnie jakby rodzina CBS go zdradziła".

Często mówił o samobójstwie i pił prawie bez przerwy. Zaczynał od krwawej Mary rano, a kończył whisky lub koniakiem wieczorem. Często w południe szedł z biura do Century Club i spędzał popołudnie, popijając kolejne martini. Po kolacji z okazji przejścia na emeryturę jego lojalny przyjaciel i producent, Bernie Birnbaum, zaprowadził go do taksówki i odwiózł do domu.

Collingwood, który jako nastolatek nie znosił zajmować się młodszym rodzeństwem, teraz bardzo żałował, że nie ma dzieci. Wydawało się, że traktuje swego bratanka Harrisa i siostrzenicę Kate Spelman jak przybrane dzieci. Zwłaszcza Harris, wówczas dwudziestoparoletni dziennikarz, był mu bardzo bliski. Często jedli razem kolację i pili w mieszkaniu Charlesa. W pewien letni weekend Collingwood zaprosił go z dziewczyną na kolację do swego domu na Fire Island. Gdy przyjechali, otworzył im drzwi zupełnie pijany i całkiem nagi. Wściekły Harris natychmiast się wycofał i przez kilka lat nie utrzymywał ze stryjem stosunków. (Pogodzili się na krótko przed śmiercią Charlesa).

Symptomem depresji i alkoholizmu Collingwooda były fantazje. Gdy Ann Sperber, zbierając materiały do biografii Murrowa, przeprowadzała z Charlesem wywiad, ten dał jej do zrozumienia, że był obecny podczas słynnej wizyty Eda w Buchenwaldzie pod koniec wojny. „To było w jakimś obozie koncentracyjnym – powiedział. – Utkwiło mi w głowie, że to był Buchenwald, ale nie jestem pewny". Nieco później, podczas tego samego wywiadu, zaczął zdanie słowami: „Gdy pojechaliśmy do Buchenwaldu..."

Kiedy były dziennikarz CBS Bill Shadel przeczytał książkę Sperber, to stwierdzenie bardzo go zaskoczyło, ponieważ to on, nie Collingwood, towarzyszył Murrowowi w Buchenwaldzie. Charles nie mógł też być z Murrowem w jakimś innym obozie koncentracyjnym i pomylić go z Buchenwaldem. Ed nigdy nie pojechał do innego obozu, a – jak wszyscy pamiętali – Collingwood, który przebywał głównie w Paryżu, w ogóle nie był w żadnym obozie.

Dlaczego miałby kłamać? Shadel oceniał go pobłażliwie; przypuszczał, że po czterdziestu latach od tych zdarzeń Collingwood w pijanym widzie pomieszał fakty z relacją, którą znał – Shadel pamiętał, że opowiadał mu o tym wyjeździe do Buchenwaldu. Inni dawni koledzy z CBS byli surowsi. Ich zdaniem Collingwood doskonale wiedział, że nigdy nie był w Buchenwaldzie. Jeden z nich wytłumaczył Shadelowi, że Charles „próbował znaleźć coś, do czego mógłby się podczepić, żeby dodać sobie znaczenia, bo był taki zdruzgotany".

W 1984 roku Collingwood odnowił znajomość z dawną przyjaciółką, szwedzką śpiewaczką Tatianą Angeliną Jolim, z którą miał romans pod koniec lat czterdziestych. Gdy się rozstali, ona wyszła za mąż i stała się znana jako „szwedzka Królewna Śnieżka", ponieważ śpiewała piosenki Śnieżki w szwedzkiej wersji filmu Disneya. Ponad trzydzieści lat później, jako wdowa z dwiema dorosłymi córkami, przyjechała do Nowego Jorku i odnalazła dawnego kochanka. Wkrótce znowu nawiązali romans i przez pewien czas Charles wydawał się nieco szczęśliwszy. Tatiana nawet namówiła go na kurację w klinice dla alkoholików.

Latem 1984 roku wzięli ślub, ale małżeństwo rozpadło się niemal natychmiast. Collingwood znów zaczął pić, a Tatiana – jak twierdził – była „zimna, obojętna, zachowywała się wręcz obraźliwie". W liście do niej (którego najwyraźniej nigdy nie wysłał) przyznał, że niekiedy za dużo pił, ale – dodał – „odraza, jaką okazywałaś przy tych niezbyt częstych okazjach [...] wykraczała tak bardzo poza to, co ja uczyniłem niewłaściwego, że powinno to było mnie skłonić do zastanowienia się nad głębią deklarowanej przez ciebie miłości".

Według jednego z członków rodziny Collingwood uważał, że Tatiana go „wykiwała". Uznał, iż zależało jej tylko na jego pieniądzach, toteż postanowił ją wykreślić ze swego długiego i skomplikowanego testamentu. Niestety, przekonał się, że zgodnie z prawem stanu Nowy Jork, jeśli nie została zawarta umowa przedmałżeńska, wdowa ma prawo do 51 procent masy spadkowej po mężu. Mimo to nie rozwiedli się.

Nie był to problem akademicki. Pod koniec 1984 roku lekarze stwierdzili, że Collingwood ma nowotwór okrężnicy. Przeszedł operację i chemioterapię. Początkowo prognozy były optymistyczne, ale wkrótce nastąpił przerzut. Collingwood zdawał sobie sprawę, że umiera. Wyrok śmierci wstrząsnął nim, ale też przywrócił mu dawny wdzięk i nonszalancję. To był jego ostatni występ w roli „Bonnie Prince'a". Gdy lekarze zawiadomili go, że sytuacja jest beznadziejna, tego samego dnia powiedział przyjacielowi: „Jest zła wiadomość – umieram. Jest też dobra – to nie ma żadnego związku z piciem i paleniem. Wyobraź sobie te wszystkie lata, które bym zmarnował, gdybym przestał".

Pod koniec września 1985 roku Collingwood stracił przytomność i został zawieziony do szpitala Lenox Hill. Kres był już bliski. Przyjaciele skupili się wokół niego. Na prośbę Erniego Leisera Bill Paley napisał list pełen wspomnień, który Leiser przeczytał Charliemu w szpitalu. Gdy Collingwood poskarżył się przyjacielowi i agentowi, Richardowi Leibnerowi, że lekarze nie pozwalają mu pić i palić, ten przemycił alkohol i papierosy. Wspominał, jak obserwował Charlesa siedzącego w szpitalnym solarium, z kieliszkiem w jednej ręce, papierosem w drugiej i formularzem zakładów na kolanach. Podczas wizyty Joe Wershba spytał, czy udało mu się postawić na jakiegoś konia. „No pewnie. Wczoraj wygrałem sto dolarów. Pielęgniarz wyniósł blankiet" – odrzekł Charles ledwo słyszalnym głosem.

Teddy White był u niego na dzień przed śmiercią.

„Czy mogę coś dla ciebie zrobić?" – spytał.

„Och, nie, Teddy – odpowiedział Collingwood. – Nikt nie może nic zrobić. Tylko spraw, żebym znów był młody".

Trzeciego października Richard Leibner zadzwonił do Erica Sevareida do Waszyngtonu: koniec może nastąpić w każdej chwili; jeśli chciałby się pożegnać z Collingwoodem, powinien szybko przyjechać. Eric poleciał najbliższym samolotem do Nowego Jorku. Gdy dotarł do szpitala, Charles był już nieprzytomny. Zrozpaczony Sevareid siedział przez dwie godziny przy jego łóżku, przyglądając się wyniszczonemu ciału sześćdziesięcioośmioletniego mężczyzny, którego po raz pierwszy zobaczył w gabinecie Paula White'a w 1943 roku, jako „pięknego młodzieńca ze złotymi lokami", i który tak wszystkich zachwycił swoimi reportażami z Afryki Północnej oraz beztroską swobodą. Tak jakby już na zawsze miał pozostać złotym chłopcem CBS. Tak jakby wiatr miał mu nieustannie sprzyjać.

Ponad tysiąc osób wypełniło kościół Świętego Bartłomieja przy Park Avenue, żeby pożegnać Collingwooda. Nazwiska wielu z nich widniały w bardzo starannie przemyślanym testamencie Charlesa, który zapisał przyjaciołom różne pamiątki. Obecni byli między innymi: Bill Paley, Frank Stanton, Janet Murrow, Eric Sevareid, Dick Hottelet, Walter Cronkite i inne sławy CBS News. Przyszli też kamerzyści, dźwiękowcy, elektrycy, charakteryzatorzy – pracownicy, którzy zwykli uważać Charlesa za przyjaciela.

Mówcy po kolei dzielili się swymi wspomnieniami, opowiadali o jego uroku, wielkoduszności i talencie. „Było w nim jakieś światło, jakieś źródło blasku – osobliwa magia jego osobowości" – rzekł Sevareid. Gdy Morley Safer wstał, żeby także powiedzieć kilka słów, spojrzał na siedzącego w pierwszym rzędzie Paleya, z szarą, ściągniętą twarzą, „wyraźnie wstrząśniętego". „Dwadzieścia lat temu opuścił nas Ed Murrow – powiedział. – To właśnie Murrow, Charles i jeszcze paru zmieniło CBS ze zwykłego przedsiębiorstwa w dumny i ważny element składowy amerykańskiej demokracji. To oni głośno mówili, gdy inni wybierali brzydką, bezpieczną drogę milczenia. Modlę się, abyśmy i dziś mieli mężczyzn i kobiety o takich twardych charakterach, nie po to, żeby czcić ich pamięć, lecz żeby przynosili nam zaszczyt".

Choć przemówienia były serdeczne i czasami nawet elokwentne, niektórzy słuchacze zaczęli się denerwować. „Jeszcze jeden cholerny korporacyjny pogrzeb – myślał stary kumpel Charlesa, Bill Walton. – Nikt nie mówi oprócz facetów z CBS, a oni wszyscy tylko chcą się pokazać. Żaden nie wspomniał ani o Louise, ani o braciach i siostrach Charlesa. Okropne!"

Bill Moyers również się zdenerwował, gdy słuchał, jak mistrz ceremonii Dan Rather opowiada o lojalności i miłości Collingwooda do CBS, o tym, jak czuł się „błogosławiony", mogąc pracować dla sieci i jej menedżerów. Moyers nie wierzył własnym uszom. Rather i inni gadali, jakim wspaniałym korespondentem był Charles, ale żaden nawet się nie zająknął, że sieć, którą zmarły podobno tak kochał, już dawno odwróciła się do niego plecami, podobnie jak do Murrowa i innych Chłopców. Moyers wstał i rozgniewany wyszedł z kościoła. Po drodze minął Sandy'ego Socolowa, który usłyszał, jak mruczy pod nosem: „Hipokryci! Jeśli był taki wspaniały, to dlaczego nie dali mu występować na antenie?"

Ostatni mówca, który wystąpił tego popołudnia, Charles Kuralt, również wiedział, jak paskudnie CBS potraktowała Collingwooda, i uznał, że nie można tego przemilczeć. „Później nadeszły lata – powiedział – kiedy Charles był honorowany i szanowany, ale rzadko pojawiał się na ekranie. Zniósł ten dziwny zwrot losu z wielką godnością, jak wszystko w swoim życiu, ale nie czuł się z tego powodu szczęśliwy. Był często bardzo samotny i bardzo nieszczęśliwy".

W przeciwieństwie do Collingwooda Eric Sevareid zaznał na starość nieco szczęścia. Gdy już nie musiał pamiętać o terminach, rozluźnił się i nauczył cieszyć życiem. Po pięćdziesięciu latach rzucił palenie i spędzał więcej czasu w chacie niedaleko gór Blue Ridge w Wirginii, łowiąc ryby oraz polując na przepiórki i kuropatwy.

Zgodnie ze wszystkimi relacjami Sevareid był wreszcie szczęśliwy dzięki trzeciemu małżeństwu. W 1970 roku poznał Suzanne St. Pierre, która wówczas zajmowała się wyszukiwaniem materiałów do specjalnego programu CBS News, w którym on miał odegrać główną rolę. St. Pierre, późniejsza producentka *60 Minutes*, uważała, że Eric jest „serdeczny, wytworny i uprzejmy". On jednak nadal był żonaty z Belèn i nowy związek zacieśnił się dopiero w 1972 roku, gdy Eric przyjechał do Nowego Jorku i zaprosił ją na kolację. Wzięli ślub czwartego lipca 1979 roku. Sevareid miał sześćdziesiąt sześć lat, panna młoda – raz już zamężna – czterdzieści dwa lata. „Oboje wznieśliśmy mur wokół serca – powiedziała St. Pierre. – Mur Erica zupełnie się rozpadł. To widać na jego fotografiach. Na wcześniejszych zdjęciach wydaje się starszy niż na zrobionych dziesięć lat później. Jego twarz jest ściągnięta, ma sińce pod oczami [...] Myślę, że nasze małżeństwo było bardzo udane"[*].

Sevareid nie byłby jednak sobą, gdyby nie miał się czym martwić. Choć osobiście był szczęśliwy, „bardzo się przejmował wieloma innymi sprawami" – wspominała St. Pierre. Na przykład irytował się, że choć CBS zaoferowała mu po przejściu na emeryturę kontrakt konsultanta, sekretarkę na część etatu i niewielki gabinet bez okna w budynku kilka przecznic od centrali, później praktycznie całkowicie go ignorowała.

Sevareid wyobrażał sobie, że jako emeryt będzie autorytetem, doradcą i głosem sumienia CBS. Raz po raz wysyłał różne memoranda do Rathera, Stringera, a nawet do Laurence'a Tischa, prezesa Loews Corporation, która w 1986 roku przejęła CBS. Przekonywał ich, że konieczny jest powrót do standardów ustalonych przez Murrowa i Chłopców. „To dzięki stworzeniu działu wiadomości, niemal pięćdziesiąt lat temu, sieć uzyskała tożsamość,

---

[*] Po śmierci Sevareida St. Pierre nie zaakceptowała jego testamentu i zażądała udziału przypadającego wdowie zgodnie z prawem Dystryktu Kolumbia. Wytoczyła proces innym członkom rodziny, domagając się właściwego podziału masy spadkowej. Wygrała, ale dzieci i wykonawcy testamentu złożyli apelację. W związku z tą sprawą w 1995 roku odbyła się licytacja osobistych rzeczy Sevareida, przeprowadzona przez interaktywną telewizję kablową.

swoją «osobowość» – napisał w liście do Tischa. – Myślę, że jestem uosobieniem podstawowych wartości z tych dawnych czasów, jakie wprowadzili Ed Klauber, Ed Murrow, Paul White, Elmer Davis, a przez wiele lat podtrzymywali Bill Paley i Frank Stanton". Namawiał Tischa, żeby skończył z „efekciarstwem" i „przesadą", które „wkradły się do naszego działu wiadomości", żeby ponownie wprowadził komentarze i przeglądy wydarzeń na zakończenie roku. Nikt go nie słuchał.

Dana Rathera Sevareid ostrzegał przed „gwiazdorskim systemem". „Naucz się gardzić tym przeklętym słowem «wizerunek» i równie przeklętym «gwiazdor»". Rather był jego protegowanym, ale ostrzeżenie nie wywarło na nim wrażenia: protegowany cieszył się ze swego statusu gwiazdora. Rather, utalentowany i agresywny reporter z lokalnej telewizji w Houston, szybko awansował na coraz wyższe szczeble hierarchii. Niektórzy koledzy uważali go za bezczelnego oportunistę i karierowicza, ale Chłopcy, o których względy zabiegał – zwłaszcza Collingwood i Burdett w Europie oraz Sevareid w Waszyngtonie – bez wahania mu pomagali, podobnie jak wielu innym. W CBS krążyło powiedzenie, że „Collingwood nauczył Rathera, jak się ubierać, a Sevareid – jak myśleć".

Według byłego wiceprezesa CBS News Edwarda Fouhy'ego, gdy za prezydentury Johnsona Rather został przydzielony do biura CBS w Waszyngtonie, „uczepił się Sevareida jak rzep psiego ogona". Niepewny własnych zdolności intelektualnych, uważał Erica za wzór do naśladowania. „Gdyby w telewizji było miejsce na kogoś takiego jak guru – powiedział kiedyś – to moim mógłby być Eric". Sevareid poradził kiedyś Leibnerowi, żeby „miał oko na tego młodego. Brakuje mu wykształcenia, ale jest dobry". Leibner posłuchał i wkrótce został agentem Rathera, dzięki czemu obaj zdobyli fortunę.

W erze Rathera nikt w CBS nie wychwalał głośniej od niego tradycji Murrowa. Rather utożsamiał się z nią, przesadnie przedstawiając swoje związki z Chłopcami. Bardzo lubił opowiadać, jak w początkowej fazie jego kariery Sevareid poradził mu, żeby przeczytał Montaigne'a i Herodota. „Jeśli ktoś nie czytał Montaigne'a, to nie jest wykształcony" – miał twierdzić Eric. Rather również utrzymywał, że to za radą Sevareida zawsze nosił przy sobie *The Elements of Style*, klasyczny poradnik poprawnego pisania Williama Strunka Jr. i E.B. White'a.

Niestety, według Sevareida ani słowo z tej uroczej bajki nie odpowiada prawdzie. W 1987 roku Eric napisał to wyraźnie w liście do Rathera: „Nie przypominam sobie, żebyśmy w czerwonej poświacie rakiet w Sajgonie rozmawiali o twojej karierze [...] Nie mogłem powoływać się na Herodota w związku z wojną w Wietnamie [...] Od skończenia college'u nie zajrzałem do Montaigne'a [...] Strunk i White są mi obcy".

Rather miał prawo uznać rady Sevareida na temat „gwiazdorskiego systemu" za nieco obłudne. Chłopcom Murrowa nie była obca dziennikarska sława. Mieli agentów, wygłaszali odczyty, niektórzy rezerwowali stoliki w modnych restauracjach i klubach, publikowali autobiograficzne bestsellery (ale, w przeciwieństwie do Rathera, sami je pisali). W radiu i telewizji zawsze słychać było śpiew syren sukcesu. Dzięki sile osobowości i uczciwości Chłopcom łatwiej udawało się trzymać od nich z daleka, ale nie byli całkowicie odporni na ich urok.

Gdy Sevareid przeszedł na emeryturę, Frank Stanton zaprosił go na lunch do Harvard Club. Gdy już usiedli, Stanton zauważył, że Eric wydaje się bardziej ponury niż zazwyczaj.

„Czy coś się stało?" – spytał.

„Przeszedłem przez całą salę i nikt mnie nie poznał" – wyjaśnił Eric.

Gdy Stanton wspominał to zdarzenie po latach, kręcił głową. „Nie do wiary, żeby dziennikarz powiedział coś takiego! Oto co telewizja zrobiła z tymi ludźmi".

Zapewne chcąc ugasić niepokój nowego pokolenia, Eric Ober, który w 1990 roku został prezesem CBS News, powiesił na ścianie swego gabinetu oprawioną reklamę gazetową, w której Ed Murrow zachwala jakieś papierosy. Ten anons – wyjaśnił – był „przypomnieniem, że w tak zwanym złotym wieku nie wszystko było takie piękne".

CBS obiecała Sevareidowi, że będzie korzystać z jego usług, ale bardzo rzadko go zapraszała. Gdy inauguracja Ronalda Reagana w styczniu 1981 roku zbiegła się w czasie z uwolnieniem zakładników w Iranie i szefowie szaleli, że nie mają dość ludzi, żeby obsłużyć oba wydarzenia, Bernie Birnbaum musiał im przypomnieć, iż ignorują cennego człowieka. „Powiedziałem: «Sevareid jest w mieście, siedzi na tyłku i nic nie robi, a jest przecież świetny». Ściągnęli go i rzeczywiście był znakomity". Następnego dnia jednak znowu poszedł w odstawkę.

Miał jeszcze inne zajęcia: był narratorem w filmach dokumentalnych niezależnych producentów, grał epizodyczne role w kilku filmach, zapraszano go, żeby wygłosił przemówienie. Został też narratorem filmowej wersji pierwszej części swojej książki *Not So Wild a Dream*, która została zaadaptowana jako odcinek serialu Public Broadcasting System *The American Experience*. Sevareid zawsze myślał o pieniądzach. W negocjacjach ze wszystkimi, którzy pragnęli skorzystać z jego usług, starał się o jak najwyższe honorarium. Gdy jednak zaproponowano mu milion dolarów za wystąpienie w reklamach dużej firmy inwestycyjnej – odmówił. Jak opowiadał, „zadał sobie pytanie, czy woli zostawić dzieciom niesplamione nazwisko, czy też nieco splamione nazwisko plus środki na życie". Później w liście do przyjaciela napisał: „Sam nie wiem, czy czuję się z tego powodu dobrze, czy źle".

Nim przeszedł na emeryturę, często pytano go, czy zamierza pisać książki. Prawdopodobnie tak – odpowiadał. Wcześniej zawsze tłumaczył się, że mimo namów znajomych, agentów i wydawców nie mógł się do tego wziąć po *Not So Wild a Dream*, ponieważ nie miał czasu. „Błagałem go, żeby napisał wspomnienia – powiedział Sandy Socolow. – Przekonywałem, że jest to winny mnie i moim dzieciom". Teraz, po przejściu na emeryturę, Sevareid nie miał już żadnych wymówek.

Sam uważał *Not So Wild a Dream* za swoje największe osiągnięcie, ale już nie wrócił do pisania. „Myślę, że po prostu był zbyt leniwy – powiedział Socolow. – Przypuszczam też, że nie chciał sobie uświadomić, jak to było naprawdę z różnymi sprawami". Wolał nie myśleć o tym, jak ułożyło się jego życie. O swoich stosunkach z dwiema pierwszymi żonami i z dziećmi. O tym, co się stało z nim, Murrowem i pozostałymi Chłopcami. Bał się również, że pod względem błyskotliwości i elokwencji nie dorówna samemu sobie z dawnych czasów, podejrzewał – jak wyraziła to Suzanne St. Pierre – że „stracił poetycką iskrę, jaka w nim była". „Nie wiem, czy jeszcze potrafię dobrze pisać – powiedział kiedyś w wywiadzie. – Nie mam pojęcia dlaczego. Może to kwestia stwardnienia wyobraźni".

Sevareid sprawiał wrażenie, jakby w głębi duszy czuł, że po opublikowaniu *Not So Wild a Dream* źle pokierował swoim życiem. Może powinien rozstać się z CBS i wybrać niepewne życie pisarza.

Gdy Eric był już na emeryturze, złożyła mu wizytę córka Billa Shirera, Inga Dean.

„Pani ojciec postąpił słusznie – powiedział jej. – Odszedł i pisał książki".

„Panu też się powiodło" – odrzekła.

„Powinienem był zrobić to samo co on". – Sevareid potrząsnął głową.

Jednak Eric bardzo cenił swoje związki z Murrowem i Chłopcami. „Do dziś – powiedział kiedyś – ja i inni, nazywani niegdyś Chłopcami Murrowa, dostajemy listy od słuchaczy, którzy z okazji jakiegoś programu zapewniają, że Murrow byłby z nas dumny lub zawstydzony naszym wystąpieniem. Żaden inny list nie sprawia mi takiej przyjemności lub nie jest tak bolesny".

W 1988 roku Janet Murrow wygłosiła laudację na bankiecie na cześć Sevareida, wydanym przez Museum of Broadcasting w Nowym Jorku. Eric napisał do niej krótki list z podziękowaniami: „Byłem wczoraj wzruszony do łez, słuchając Twoich słów podczas mojej beatyfikacji. To było tak dawno i byliśmy wszyscy tacy młodzi, a Ty byłaś taka piękna. Nigdy nie zapomnę tego wieczoru, tak samo jak nigdy nie zapomnę, ile dobrego w moim życiu zawdzięczam Tobie i Edowi".

Sevareid wykazał się altruizmem, starając się również zagwarantować, że żaden z Chłopców nie zostanie zapomniany. Gdy magazyn radiowo-telewizyjny opublikował zdjęcie Murrowa i Grandina z podpisem, w którym tego ostatniego określono jako „osobę niezidentyfikowaną", Eric natychmiast wysłał wyjaśnienie.

> Ta fotografia została już opublikowana z takim podpisem, nawet w jednej lub dwóch książkach. Tym nieznanym człowiekiem jest Thomas Grandin, Amerykanin [...] Historycy przeoczyli rolę Grandina w pionierskich dniach radia. Niepokoi mnie również ignorowanie roli Larry'ego LeSueura, który razem z Murrowem relacjonował blitz, odbył niebezpieczną podróż arktycznym konwojem do Rosji i był naszym człowiekiem na plaży Utah.

Gdy Sevareid się starzał, najwyraźniej coraz większą pociechę przynosiły mu rozmyślania o historii własnego życia i całego narodu, a zwłaszcza wspomnienia z młodości w Velvie. „Nigdy nie zapomniał o swoich korzeniach ze Środkowego Zachodu – powiedziała Belèn Sevareid. – Był bardzo wierny".

W dzieciństwie ulubioną książką Erica była *Brite and Fair*, fikcyjny pamiętnik chłopca dorastającego w Andover w XVIII wieku. Pod koniec życia, gdy w wieku siedemdziesięciu dziewięciu lat rozmyślał, skąd pochodził, kim był i kim się stał, znów wrócił do tej książki. Wiosną i latem 1992 roku, gdy leżał w łóżku i umierał na raka żołądka, wielokrotnie prosił Suzanne, żeby mu ją przeczytała. To przypominało mu jego własne dzieciństwo – jak szalał z przyjaciółmi w Halloween, jak podkradał arbuzy z ogrodu doktora Ritchiego, jak otworzył bramy zagrody pana Andersona i wypuścił jego krowy na główną ulicę. „Uwielbiał tę książkę – powiedziała St. Pierre. – Całe fragmenty znał na pamięć. Śmiał się. Był już wtedy bardzo słaby, ale ta książka sprawiała mu przyjemność".

Sevareid zmarł dziewiątego lipca. Kilka dni wcześniej jego syn Michael odwiedził go w Georgetown. W pewnej chwili Eric, który leżał na sofie w salonie, postanowił pójść do sypialni na piętrze. Był tak słaby, że z trudem się poruszał. Jakoś jednak wstał i dokuśtykał do schodów, po czym zaczął powoli się wspinać. Michael i Suzanne starali się mu pomóc.

W pewnym momencie zatrzymał się i sapnął: „Nie wiem, czy dam radę".

Michael widział, jak ojciec zaciska zęby, i rozumiał, że się uparł, podobnie jak kiedyś w Birmie, gdy uznał, że da radę przejść dwieście kilometrów przez dżunglę. „Krok po kroku – powtarzał sobie wtedy – po prostu krok po kroku". Teraz, gdy pokonywał pokryte wykładziną schody w domu w Georgetown, powtarzał to samo.

„Krok po kroku" – słyszał Michael.

Nigdy nie zapomniał tego obrazu ojca: krok po kroku, krok po kroku. Do góry.

EPILOG

Pojawili się na scenie po Wielkim Kryzysie i II wojnie światowej, z nieodpartym entuzjazmem i wielką wiarą w możliwości, jakie stały otworem przed nimi i całym krajem. Należeli do najlepszych ze swego pokolenia, a jednocześnie byli dla niego typowi. Niezależnie od tego, skąd pochodzili, byli do szpiku kości Amerykanami. W okresie swej świetności mieli ogromne wpływy, ale ich prawdziwym medium było radio, więc ten okres nie trwał długo.

Niewykluczone, że o tym myślał Eric Sevareid pod koniec życia, gdy leżał w szpitalu po operacji. Pewnego popołudnia nagle obudził się z drzemki i wymamrotał do syna Michaela: „Miałem najgorszy koszmar, jaki może się przyśnić".

„Co ci się śniło, tato?" – spytał Michael.

„Telewizja" – odrzekł Sevareid.

Komercyjna telewizja natychmiast zbanalizowała i zepsuła to, co udało im się stworzyć, a później miała ich dość i wyrzuciła na pobocze. Być może, biorąc pod uwagę dynamikę rozwoju nowego medium, tak się musiało skończyć. Jest jednak przykre i deprymujące, że CBS tak szybko i całkowicie odeszła od przekazywania wiadomości i troski o sprawy publiczne, przyjmując w programie zasadę równania w dół.

Po tym, co kiedyś wyróżniało CBS – światowej sieci korespondentów, dbałości o zachowanie najwyższych standardów dziennikarskich, poważnych komentarzach i materiałach dokumentalnych, imponującej bibliotece, armii pracowników wyszukujących materiały – w latach dziewięćdziesiątych nie pozostał już ślad. Sieć po kolei zamykała swoje biura zagraniczne, aż zostały tylko cztery – w Londynie, Tel Awiwie, Moskwie i Tokio. W CBS, tak jak w innych sieciach, porę najlepszej oglądalności zajęły „magazyny informacyjne", widowiska często nieróżniące się poziomem od prasy brukowej – rozrywkowe, tanie w produkcji i bardzo dochodowe. Jeszcze później owe magazyny zostały wyparte przez tak zwane reality shows, będące powrotem do najgorszej mody z lat pięćdziesiątych – teleturniejów, w których walka toczyła się o wielkie pieniądze.

Wywrócenie do góry nogami CBS News spowodowało ponowne obniżenie wskaźników popularności wieczornego programu Rathera. W 1990 roku ABC strąciła go z pierwszego miejsca w rankingach. Trzy lata później, desperacko próbując powstrzymać szybki upadek programu, CBS wybrała byłą korespondentkę i popularną postać ze środowiska dziennikarskiego Los Angeles, Connie Chung, na drugą prezenterkę wiadomości. „Dan Rather został zredukowany do odgrywania roli poważnego mężczyzny w jeszcze jednej szczęśliwej parze prezenterskiej. Specjaliści od marketingu wciąż zapewniają menedżerów, że widzowie pragną takiej formuły, choć w rzeczywistości ich liczba stale spada" – napisał w „Rolling Stone" Jon Katz, który kiedyś był producentem porannych wiadomości CBS.

Na konferencji prasowej, na której poinformowano o nowym stanowisku Chung, Rather powiedział, że razem będą dostarczać „wiadomości w nowym stylu [...] bardziej współczesnych, bardziej podniecających, bardziej istotnych dla widzów". To było coś zupełnie odmiennego od instrukcji, jakiej Murrow udzielił Sevareidowi w 1939 roku, mówiąc: „Ma pan dostarczać rzetelne wiadomości". Jak łatwo było przewidzieć, „wiadomości w nowym stylu" się nie sprawdziły. Połączenie Rathera z Chung okazało się katastrofalne i CBS spadła na trzecie miejsce w rankingach. W maju 1995 roku Chung została usunięta. Doszło do nieprzyzwoitej publicznej awantury, w której ona i Rather nawzajem obarczali się odpowiedzialnością za niepowodzenie.

Prawdziwym problemem było to, że CBS, podobnie jak większość rywali, ignorowała sprawy podstawowe. „Żywię staroświeckie przekonanie – powiedział pewien znany współczesny korespondent – że widzowie włączają telewizory, aby wiedzieć, co się dzieje na świecie". Gdy jednak pojawiła się CNN i inne stacje kablowe i satelitarne oraz wzrosła popularność Internetu jako źródła wiadomości, sieci odpowiedziały na to nerwowymi sztuczkami i obniżeniem poziomu programów informacyjnych, co spowodowało jedynie zmniejszenie liczby widzów. Co gorsza, sieci zostały przejęte przez ogromne konglomeraty będące w rękach ludzi, którzy o dobrym dziennikarstwie wiedzą tylko to, że jest za drogie jak na ich gust. Nowi menedżerowie nakazywali ciąć koszty i chodzić na skróty, zwalniać dziennikarzy i zamykać zagraniczne biura*.

Sieci z reguły nadal wysyłały korespondentów w rejony, gdzie Amerykanie toczą wojny, ostatnio do Afganistanu i Iraku, ale dawno minęły czasy, kiedy mogły relacjonować złożone wydarzenia, polegając na własnych ludziach. Amerykańskie sieci często kupowały od niezależnych reporterów i zagranicznych agencji materiały filmowe, a następnie je dubbingowały, wykorzystując do tego dziennikarzy, którzy nawet nie zajmowali się danym tematem. To było ostateczne zwycięstwo kamery nad korespondentem, obrazu nad słowem. Tom Fenton, główny korespondent CBS w Europie i weteran tego zawodu, robił tak wielokrotnie podczas pracy w Londynie i zupełnie mu się to nie podobało. „Gdy w latach siedemdziesiątych pracowałem z Winstonem Burdettem w Rzymie, wciąż dysponowaliśmy jedną z najlepszych na świecie organizacji do zbierania wiadomości. Widziałem, jak była stopniowo demontowana" – powiedział.

Relacje, które trafiały do wieczornych wiadomości, coraz częściej dotyczyły przemocy i śmierci: Madonna i najnowsza wojna gangów bardziej przyciągały uwagę niż analityczne materiały o polityce, gospodarce i życiu kulturalnym, w których specjalizowali się Chłopcy. „Wariaci z karabinami, seryjni mordercy, psychopaci i szaleni zamachowcy to główne postacie z ponurego krajobrazu, jaki często prezentuje telewizja – powiedział były prezenter NBC John Chancellor. – Co gorsza, wiemy przecież, że nie jest to wierny obraz otaczającego nas świata". Nawet wojna w Iraku nie jest relacjonowana tak dokładnie jak kiedyś, a o udziale w niej żołnierzy z innych krajów, między innymi z Polski, wspomina się bardzo rzadko.

Amerykańskie sieci oraz ich kablowi i satelitarni następcy, w przeciwieństwie do niektórych stron internetowych oraz telewizji publicznej i radia, jedynie przekazują fragmentaryczne wiadomości i żywiołowe opinie, nie starając się pomóc widzom w ich zrozumieniu. Nikt nie myśli o wyjaśnieniu wydarzeń, ich analizie i umieszczeniu w odpowiednim kontekście. Dla dziennikarzy telewizyjnych ważniejsza jest umiejętność najkorzystniejszego ustawienia kamery na statywie niż znajomość historii, ekonomii i litera-

---

* W ciągu ostatnich dziesięciu lat podobne trendy i podobne wyniki obserwuje się w amerykańskiej prasie, ale są godne uwagi wyjątki, takie jak „New York Times" i „Washington Post".

tury. Frank Stanton wspominał, jak pewnego wieczoru oglądał wiadomości i był zgorszony brakiem wiedzy młodego korespondenta nadającego z Bliskiego Wschodu. „Miał technikę, miał obrazy, miał ludzi, z którymi mógł przeprowadzić wywiady, a zadawał najgłupsze pytania, jakie można wymyślić. Tak się nie zdarzało, gdy korespondentami byli Shirer, Howard K. Smith, Sevareid, Murrow. Oni mieli wyczucie historii. Wiedzieli, co się dzieje".

Według Toma Fentona „pierwsi dziennikarze radiowi byli najlepsi. Żadna z późniejszych generacji nie dorównywała umiejętnościami zawodowymi Chłopcom Murrowa". „Oni wnosili intelektualny ton – powiedział Charles Kuralt, dawny kolega Fentona z CBS. – Znali problematykę, mogli łatwo przypomnieć przeszłość i wyciągnąć wnioski dotyczące teraźniejszości [...] Moim zdaniem można spokojnie stwierdzić, iż obecnie w radiu i telewizji nie ma nikogo takiego".

Dla Kuralta, Fentona i wielu innych Chłopcy nie byli tylko wzorcami do naśladowania. Grali rolę mentorów, z bezinteresownością, która zdarza się coraz rzadziej w tym biznesie egomaniaków. „Pokazywali drogę nam, którzy mieliśmy ich zastąpić – powiedział Roger Mudd. – Wprowadzali do branży powagę i profesjonalizm, co miało na mnie wielki wpływ. Teraz, gdy ktoś zaczyna pracować, nikt mu nie pomaga. Moim zdaniem jest tak dlatego, że bardzo wielu nie chce, aby nowym się udało – jeśli odniosą sukces, to starzy stracą".

Niedługo po przejściu na emeryturę w 1994 roku Kuralt stwierdził, że „nie dostrzegł, żeby w biurze CBS jeszcze działali jacyś mentorzy [...] W istocie władzę sprawują księgowi [...] Postanowiłem odejść, nim oni mi to zaproponują".

Jest niemal aksjomatem, że im bardziej dana instytucja zrywa z wiarą swych twórców, tym bardziej jest skłonna ich czcić. Współcześni menedżerowie i dziennikarze CBS News, gdy odpowiada to ich interesom, udają, że jest to nadal sieć Edwarda R. Murrowa i Chłopców. To nieprawda. „Dostaję szału, gdy słyszę, jak ludzie z CBS odwołują się do Murrowa – powiedział były korespondent ABC i NBC, Sander Vanocur. – Większość z nich nie zasługuje na to, żeby nosić za nim maszynę do pisania [...] CBS przypomina teraz sektę. To poganie modlący się do idoli. Odwołują się do bogów, żeby usprawiedliwić swoje podłe sprawki. To zabawna schizofrenia – chcą równocześnie odwoływać się do tradycji i ją zacierać".

Gdy w 1992 roku zmarł Eric Sevareid, z jedenastu korespondentów zaliczanych w różnych okresach do Chłopców Murrowa żyło jeszcze sześcioro: William L. Shirer, Mary Marvin Breckinridge Patterson, Larry LeSueur, Howard K. Smith, Winston Burdett i Richard C. Hottelet. Byli dumni z tego, co oni i Murrow osiągnęli, i złymi, starymi oczami patrzyli na upadek CBS i współczesnych wiadomości telewizyjnych.

Jest zapewne nieuchronne, że starzy ludzie odchodzą z firm przejętych przez młodych, wypaleni i rozgoryczeni. W mniejszym lub większym stopniu tak było ze wszystkimi Chłopcami. Jednak nadal pracowali, walczyli i wierzyli w to, co robili za młodu. Nawet Patterson, która pracowała w CBS tylko przez bardzo krótki okres jej długiego życia i rzadko oglądała się za siebie, lubiła wspominać swoje przygody w Londynie, Amsterdamie i Berlinie, skąd z Murrowem i Shirerem donosili, jak Hitler zdobywa władzę. Po ukazaniu się amerykańskiego wydania tej książki Patterson lubiła się chwalić, że „była jedyną dziewczyną wśród Chłopców Murrowa". Zmarła w swoim podobnym do pałacu domu w Waszyngtonie jedenastego grudnia 2002 roku. Miała dziewięćdziesiąt siedem lat.

A inni...

Winston Burdett mieszkał w Rzymie do końca życia, chory i coraz bardziej izolowany. Jego wielką zawodową namiętnością po przejściu na emeryturę była praca nad książką o włoskiej kulturze. Miały się w niej znaleźć rozdziały o Alessandrze Manzonim, dziewiętnastowiecznym poecie i prozaiku, o Leonardzie da Vinci, o renesansowym malarstwie. Burdett nigdy jej nie skończył. Słaba budowa i ostra rozedma płuc, która była skutkiem wielu lat palenia, coraz bardziej ograniczały jego możliwości. W ostatnim roku życia prawie nie wstawał z łóżka i musiał stale nosić maskę tlenową.

Zmarł na atak serca dziewiętnastego maja 1993 roku, w wieku siedemdziesięciu dziewięciu lat. Zgodnie z jego wolą pochowano go na niewielkim cmentarzu w centrum Rzymu, w cieniu cyprysów. W pobliżu znajduje się grób znanego angielskiego poety romantycznego, Percy'ego Shelleya.

William L. Shirer – pierwszy Chłopiec, rozczarowany dziennikarz, zaskakująco popularny autor książek z zakresu literatury faktu – pod koniec życia przeprowadził się do Lenox w stanie Massachusetts, gdzie mieszkała jedna z jego córek. Kupił duży stary dom z licznymi zakamarkami, wstawił trochę przypadkowo zebranych mebli i dalej pisał. Wśród jego dzieł jest również trzytomowa autobiografia, poświęcona głównie wyrównywaniu rachunków z wieloma osobami, które jego zdaniem wyrządziły mu krzywdę, zwłaszcza z Edem Murrowem. Mimo to, gdy miał osiemdziesiąt dziewięć lat i cierpiał „na niedowład nogi, choroby serca i płuc, a na dokładkę był ślepy i głuchy", przyznał, że niewiele było takich dni w jego życiu, w których nie myślał ciepło o Murrowie i ich wspólnych pionierskich latach.

Małżeństwo Shirera z Tess zakończyło się rozwodem w 1970 roku. Dwa lata później ożenił się ponownie, z sąsiadką z Lenox, która szybko się rozczarowała, w 1975 roku wystąpiła o rozwód i wyrzuciła go z ich domu. Mniej więcej w tym czasie Shirer zaczął się uczyć rosyjskiego, ponieważ postanowił napisać książkę o Lwie Tołstoju. W 1988 roku ożenił się ze swoją nauczycielką, Iriną Aleksandrowną Ługowską.

Nigdy nie opanował rosyjskiego, mimo to planowana książka powstała. Zatytułował ją *Love and Hatred: The Stormy Marriage of Leo and Sonya Tolstoy*. Przez dwadzieścia lat od rozwodu z Tess bez powodzenia próbował napisać coś o ich rozstaniu. Koncentrując się na Tołstoju, który opuścił żonę, gdy miał osiemdziesiąt dwa lata, Shirer wreszcie znalazł odpowiedni sposób. Gdy ukończył tę książkę latem 1993 roku, zdawał sobie sprawę, że już więcej nic nie napisze. „To moja ostatnia książka – przyznał w podziękowaniach. – Pierwsza, *Berlin Diary*, została wydana w czerwcu 1941 roku, ponad pół wieku temu. W ciągu pięćdziesięciu dwóch lat wydałem w sumie czternaście książek. Dla pisarza to długi czas. Miałem szczęście, ale na początku 1994 roku stuknie mi dziewięćdziesiątka. Pora kończyć".

William L. Shirer zmarł tej zimy, dwudziestego ósmego grudnia 1993 roku, dwa miesiące przed urodzinami.

Howard i Bennie Smithowie rezydowali w eleganckim, starym domu z ogrodem nad brzegiem Potomacu w Marylandzie. Rzadko wychodzili, ale Smith niekiedy wyjeżdżał, żeby wygłosić odczyt o polityce i mediach. Gdy był w domu, pracował nad – jak mówił – „historią XX wieku". Pisał w dużym gabinecie, z oprawionymi w skórę książkami na półkach i porcelanowymi popiersiami wielkich angielskich pisarzy. Gdy w 1996 roku opublikował swoje dzieło, okazało się, że to pamiętnik zatytułowany *Events Leading Up to My Death*.

Po trzydziestu latach od gwałtownego zerwania z CBS Smith nadal odczuwał gorycz na myśl o tym, w jaki sposób go potraktowano – tym bardziej że widział, jak jest systematycznie wykreślany z oficjalnej historii CBS. Zakończenie jego pracy w ABC było niewiele lepsze. Bennie i Howard czuli się pokrzywdzeni również z tego powodu. „Nigdy nas nie zaproszono na żadne wydarzenie lub imprezę organizowaną przez te sieci, choć Howard pracował dla nich przez czterdzieści lat – powiedziała Bennie. – To zdumiewające".

Po opublikowaniu swojej książki i ukazaniu się *Chłopców Murrowa* Smith doczekał się wreszcie pewnych dowodów uznania ze strony dawnych pracodawców. Gdy zmarł w 2002 roku w wieku osiemdziesięciu siedmiu lat, Bennie sprzedała dom w Marylandzie i przeniosła się na Florydę.

Po odejściu z CBS w 1963 roku Larry LeSueur jeszcze przez dwadzieścia lat pracował w Głosie Ameryki. Gdy skończył siedemdziesiąt pięć lat, przeszedł na emeryturę, po czym żył spokojnie i wygodnie z żoną Dorothy w domu w północno-zachodniej części Waszyngtonu, niedaleko rezydencji wiceprezydenta USA. Nad kominkiem w ich salonie wisiał portret olejny młodego Larry'ego, wyglądającego bardzo atrakcyjnie w mundurze korespondenta wojennego z czasów II wojny światowej.

LeSueur był zapomnianym człowiekiem CBS News. Jego relacje wojenne reprezentowały tę samą klasę, co teksty Sevareida, Collingwooda i samego Murrowa. Reportaż z inwazji w Normandii powinien był mu przynieść trwałe miejsce w panteonie radiowego dziennikarstwa. Gdy jednak CBS urządziła wielką uroczystość na cześć Murrowa i Chłopców, organizatorzy zapomnieli zaprosić Larry'ego LeSueura.

Larry, jak zwykle opanowany, nie wydawał się szczególnie rozgoryczony. Z okazji pięćdziesiątej rocznicy desantu osiemdziesięciopięcioletni LeSueur po prostu popłynął statkiem wycieczkowym do Normandii, gdzie razem z żoną wziął udział w oficjalnej ceremonii jako zwykły widz. Dan Rather i inni przedstawiciele CBS zupełnie go zignorowali. LeSueur udzielił wywiadów National Public Radio i C-SPAN, gdzie pracowali ludzie, którzy pamiętali jego wyczyny i osiągnięcia. Po ukazaniu się *Chłopców Murrowa* często rozmawiał z dziennikarzami o korespondentach wojennych i ich pracy w czasach, gdy jeszcze królowało radio.

LeSueur zmarł we własnym łóżku piątego lutego 2002 roku. Miał dziewięćdziesiąt trzy lata. Na jego pogrzeb w kościele St. Albany w Waszyngtonie przyszło wielu przyjaciół i kolegów, ówczesnych i byłych dziennikarzy CBS, oraz chrześniak, Casey Murrow.

No i jeszcze Richard C. Hottelet. Najmłodszy z Chłopców pracował w CBS dłużej niż inni. Po przejściu na emeryturę w 1985 roku przez pewien czas był rzecznikiem prasowym ambasadora Stanów Zjednoczonych przy ONZ. Po rozstaniu z ONZ nadal często jeździł ze swego domu w Wilton w stanie Connecticut do biura Rady Stosunków Zagranicznych na Manhattanie i szacownego Century Club, gdzie pozostały duchy Murrowa i Collingwooda. Tam jadał lunch lub popijał koktajle ze starymi przyjaciółmi i kolegami.

W 1993 roku, gdy miał siedemdziesiąt sześć lat, zainaugurował cotygodniowy program wywiadów z różnymi osobami, zatytułowany *America and the World*, finansowany przez Radę Stosunków Zagranicznych. Richard C. Hottelet znów znalazł się w eterze. Był ostatnim Chłopcem Murrowa, którego głos docierał do wszystkich zakątków kraju.

Głos, ale nie obraz. Hottelet pracował w NPR, w radiu. Tam, gdzie było jego miejsce. Tam, gdzie się to wszystko zaczęło.

ŹRÓDŁA INFORMACJI

Prolog

Informacje o pogrzebie Sevareida pochodzą z notatek i obserwacji Lynne Olson oraz z wywiadów z Donem Hewittem, Danem Ratherem i Larrym LeSueurem. Uwagę o swoim wojennym zespole Murrow wygłosił w rozmowie z Charlesem Shawem, który odnotował ją w nieopublikowanym eseju. Skierowany do Rathera komentarz, iż nie jest on „Edwardem R. Murrowem II", pochodzi z listu Sevareida z 18 grudnia 1987 r., znajdującego się w jego dokumentach w Bibliotece Kongresu.

Rozdział 1. Głos przyszłości

Informacje o rodzinie i młodości Larry'ego LeSueura pochodzą z przeprowadzonych z nim wywiadów. Nasze główne źródła wiadomości na temat Boake Cartera to: Irving Fang, *Those Radio Commentators!* i David Culbert, *News for Everyman*.

Rozdział 2. Murrow i Shirer

Informacje o młodości Williama L. Shirera, spotkaniu z Murrowem i początkach kariery w CBS pochodzą z jego trzech książek – *Berlin Diary* oraz *The Start* i *The Nightmare Years*, dwóch pierwszych tomów autobiografii. Podane przez Shirera wyjaśnienie przyczyn jego powodzenia wśród kobiet przytoczyła, udzielając nam wywiadu, Priscilla Jaretzki, była żona Larry'ego LeSueura.

Dwie biografie Murrowa – A.M. Sperber, *Murrow: His Life and Times* i Joseph E. Persico, *Edward R. Murrow: An American Original* – były dla nas głównymi źródłami wiadomości o rodzinie i młodości Murrowa. Opisując początki radiowych wiadomości zagranicznych i rolę Murrowa jako europejskiego „dyrektora ds. przemówień", opieraliśmy się również na pracy Culberta *News for Everyman*.

Rozdział 3. „Teraz zabieramy was do Londynu"

Działania NBC i Maxa Jordana, mające uniemożliwić CBS uzyskanie dostępu do stacji radiowych w Europie, są omówione w jego autobiografii *Beyond All Fronts* i w wewnętrznych memorandach NBC. W autobiografii Jordan opisuje również swoje zwycięstwa w rywalizacji z CBS w Austrii i Czechosłowacji.

Opis relacji Murrowa i Shirera z Anschlussu oraz ich pracy nad pierwszym radiowym przeglądem wydarzeń oparty jest na *Berlin Diary* i *The Nightmare Years* oraz na biografiach Murrowa pióra Sperber i Persico.

Wpływ CBS i Murrowa został opisany w artykule *Edward R. Murrow*, „Scribner's", grudzień 1983. Shirer przyznał, że praca źle się odbiła na jego małżeństwie, w wywiadzie udzielonym „Washington Post" 10 sierpnia 1989 r. Dodatkowym źródłem informacji o Murrowie i Shirerze w tym okresie były wywiady przeprowadzone z Shirerem i jego córką Ingą Dean.

Rozdział 4. Pierwszy uczeń

Niechęć Paula White'a do Toma Grandina jest opisana w biografii Murrowa autorstwa Persico.

Relacja ze spotkania Sevareida z Murrowem i jego dołączenia do zespołu CBS pochodzi z autobiografii *Not So Wild a Dream*, podobnie jak materiał o dorastaniu, wyprawie kanu do Zatoki Hudsona, poszukiwaniu złota, włóczędze, radykalnych latach studiów i pierwszych dniach w Paryżu. Sevareid opisał lęk przed wzgórzami i prerią w okolicy Velvy w *You Can Go Home Again*, „Collier's", 11 maja 1956. Do wstydu z powodu bankructwa ojca przyznał się w wywiadzie dla UPI z 1983 r., który znajduje się w jego dokumentach w Bibliotece Kongresu, podobnie jak „Velva Journal", gdzie w pięć lat po wyjeździe z Velvy opisał swoje fantazje o powrocie do rodzinnego miasta.

Sevareid zwrócił uwagę na lepszy sprzęt osób, które powtarzają jego wyprawę kanu, w wywiadzie radiowym przeprowadzonym przez Johna Dunninga (KNUS, Denver) 18 września 1983 r. W niedatowanej notatce, znajdującej się w jego dokumentach, opisał, jak poznał swoją żonę Lois i jak potajemnie ją poślubił. List Murrowa, potwierdzający zatrudnienie Sevareida, znajduje się w jego dokumentach we Fletcher School of Law and Diplomacy, Tufts University, Medford, Massachusetts. (Dokumenty Murrowa na mikrofilmach są również w Bibliotece Kongresu).

Listy Janet Murrow z narzekaniami na H.V. Kaltenborna i Paula White'a są w jej dokumentach w Mount Holyoke College, South Hadley, Massachusetts. Najlepszy opis upokorzeń, jakie Kaltenborn zadawał Sevareidowi, i gniewu Murrowa znajduje się w książce R. Franklina Smitha *Edward R. Murrow: The War Years*. Irytację własną i Murrowa z powodu rozgrywek White'a przed inwazją niemiecką na Polskę Shirer opisał w *The Nightmare Years* i w wywiadzie dla chicagowskiego „Readera" (bez daty). Swoje działania w pierwszych dniach wojny Sevareid wspominał w *Not So Wild a Dream*. O zachowaniu francuskich żołnierzy mówił w programie CBS 21 marca 1941 r.

Dodatkowe cytaty i informacje przedstawione w tym rozdziale pochodzą z wywiadów z Williamem Shirerem, Billem Shadelem, Michaelem Bessiem, Mary Marvin

Breckinridge, Richardem C. Hotteletem, sir Geoffreyem Coxem, Ebenem Fingerem, Lee Loevingerem i Richardem Scammonem.

Rozdział 5. Obrazy w eterze

Wzruszający komentarz na temat przyjaźni z Shirerem Murrow wygłosił w audycji z Londynu 7 września 1939 r. Shirer opisał swoje uczucia związane z przymusowym pobytem w Berlinie i zakazem wykorzystywania nagrań w CBS w *Berlin Diary* i *The Nightmare Years* oraz w udzielonym nam później wywiadzie. Jego audycje wykpiwające fałszywe komunikaty niemieckie wyemitowano 11 września i 21 października 1939 r.; o emocjach, jakie wzbudził w nim widok bombardowanej Gdyni, mówił w radiu 24 września 1939 r.

Ewolucja zasad obiektywizmu w CBS i rozwój działu wiadomości sieci w Nowym Jorku zostały dobrze opisane w biografii Williama Paleya *In All His Glory* pióra Sally Bedell Smith oraz w biografiach Murrowa autorstwa Sperber i Persico. O swojej rozmowie z Murrowem na temat brania pieniędzy od sponsorów Sevareid wspomniał w przemówieniu wygłoszonym 22 lutego 1988 r.

Larry LeSueur opowiedział nam w wywiadach, jak Murrow go zatrudnił i wysłał do Francji i jak towarzyszył Lois Sevareid, gdy jej mąż pojechał „na front". Relacja LeSueura o niebezpiecznej przygodzie angielskiego pilota została nadana 7 lutego 1940 r. O „uczniach z Europy" Sevareid mówił 27 października 1939 r.; jego uwagi o „nowym rodzaju współczesnego eseju" i „dziwnej wojnie" pochodzą z *Not So Wild a Dream* i ówczesnych audycji radiowych.

Mary Marvin Breckinridge Patterson opowiedziała nam w wywiadzie o swoim pochodzeniu i o spotkaniu z Murrowem; pozostałe informacje zaczerpnięto z jej przemówienia wygłoszonego na Boston University 1 grudnia 1976 r. i z pracy Maurine H. Beasley z University of Maryland *Mary Marvin Breckinridge Patterson: Case Study of One of „Murrow's Boys"*. Instrukcje Murrowa dla Breckinridge (z odwołaniem do policjanta) można znaleźć w książce Davida H. Hosleya o korespondentach zagranicznych, *As Good As Any*. List Murrowa z 18 grudnia 1939 r., wychwalający pracę Breckinridge, jest w jego dokumentach w Tufts. Jej audycja o „czerwonym kapturku neutralności" została wyemitowana 26 marca 1940 r., o holenderskiej partii nazistowskiej – 28 kwietnia, o niemieckiej prasie – 8 lutego, o nazistowskiej szkole żon – 15 lutego.

Wspólną audycję Murrowa i Shirera z Amsterdamu nadano 18 stycznia 1940 r.; opowieść o spotkaniu i walce na śnieżki znajduje się w *Berlin Diary* i *The Nightmare Years*.

Rozdział 6. Upadek Paryża

Wyjazd na Linię Maginota Shirer opisał w *Berlin Diary* i w audycji o bezczynności aliantów. Jego ironiczna relacja o „obronie" Norwegii przez Niemców została nadana 10 kwietnia 1940 r. Dane o Betty Wason zaczerpnęliśmy z książki Hosleya *As Good As Any*.

Informacje o trudnej ciąży i porodzie Lois Sevareid pochodzą z wywiadu z Michaelem Sevareidem i z *Not So Wild a Dream*. Książka ta była również naszym głównym źródłem wiadomości o działalności Sevareida do upadku Paryża. Jego relacja radiowa o pociągu z uchodźcami została nadana 16 maja 1940 r., a raport Grandina o twardym oporze Francji – 31 maja. Janet Murrow mówiła o odwadze Lois Sevareid w udzielonym nam wywiadzie.

Historia małżeństwa Grandina i jego wyjazdu z Francji została opisana w książkach Sperber i Persico o Murrowie. Janet Murrow skrytykowała Grandina w liście do rodziny z 1 czerwca 1940 r. Murrow rekomendował go w niedatowanym telegramie do majora Edwina Clarka; list z podziękowaniami Grandina pochodzi z 22 lipca 1940 r.; oba listy znajdują się w prywatnych dokumentach Janet Murrow. Dane o życiu Grandina po odejściu z CBS pochodzą głównie z *Who's Who in America*. Jego telegram z 26 lutego 1948 r. znajduje się w dokumentach Murrowa w Tufts.

Relacja o krótkim pobycie Mary Marvin Breckinridge w Paryżu, jej odejściu z CBS i małżeństwie z Jeffersonem Patttersonem oparta jest na przeprowadzonym z nią wywiadzie oraz na pracach Beasley *Patterson* i Hosleya *As Good As Any*. Reportaż Breckinridge o uchodźcach został nadany 14 maja 1940 r.

Swoje przygody po upadku Paryża i niechęć Sevareida do współpracy w Tours Larry LeSueur opisał w przeprowadzonych przez nas wywiadach.

Reakcja Shirera na upadek Francji i szczegóły podpisania zawieszenia broni są opisane w *Berlin Diary* i *The Nightmare Years*.

Rozdział 7. Dzwony bez serc

Sevareid mówił o „dzwonach bez serc" 4 sierpnia 1940 r., a o pomniku wojennym 21 sierpnia. Audycja LeSueura o pokazach lotniczych w czasie bitwy o Anglię pochodzi z 4 lipca 1940 r. Historię o Sevareidzie w basenie opowiedział LeSueur w wywiadzie. Relacja Sevareida z pierwszego wielkiego nalotu na Londyn została nadana 7 września 1940 r., jego audycje o reakcjach londyńczyków na bombardowania – 13 i 26 września. Reportaż *Londyn po zmroku* pochodzi z 24 sierpnia 1940 r.

Sevareid napisał o „ludziach, narzędziu przekazu i chwili" i o „Camelocie" w przedmowie do zbioru wojennych audycji J.B. Priestleya. Słowa Murrowa o „rozpalaniu ognisk" pochodzą z listu do Williama Boutwella z 22 lipca 1941 r. O tym, że Janet Murrow odgrywała w życiu męża drugorzędną rolę, powiedziała nam ona sama w wywiadzie. List z 15 lutego 1943 r., w którym pisze, iż Ed nie chciał, aby występowała w radiu, znajduje się w jej dokumentach w Mount Holyoke.

Ostatnie dni Sevareida w towarzystwie Murrowa opisał Persico w *Edward R. Murrow*. Wspomnienia Sevareida na temat przyjaźni Murrowa i LeSueura przytoczył R. Franklin Smith w swojej biografii Murrowa. Pisząc o tej przyjaźni, opieraliśmy się na wywiadach z LeSueurem oraz książkach Sperber *Murrow* i Edwarda Blissa Jr. *Now the News: The History of Broadcast Journalism*. LeSueur wspomniał nam również o zbombardowaniu budynku BBC i swojej próbie nadania relacji. Opowieść Murrowa o przygodzie LeSueura zamieścił nowojorski „Journal-American" 24 marca 1941 r.

Sevareid elokwentnie opisał swój strach w *Not So Wild a Dream*. Anegdota o zbombardowaniu hotelu pochodzi z książki R. Franklina Smitha. Sevareid po raz ostatni nadawał z Londynu 4 października 1940 r.; reakcje słuchaczy opisał w *Not So Wild a Dream*.

Shirer opowiada o swoich problemach z nadawaniem z Berlina, decyzji wyjazdu i spotkaniu z Murrowem w Lizbonie w *Berlin Diary* i *The Nightmare Years*. Joseph C. Harsch i Howard K. Smith w udzielonych nam wywiadach sceptycznie oceniają jego przekonanie, że naziści zamierzali oskarżyć go o szpiegostwo. O tym, że Murrow był rozgniewany z powodu wyjazdu Shirera z Europy, mówił Larry LeSueur w wywiadzie.

Rozdział 8. Smak sławy

Anegdota o tym, jak Sevareid usłyszał głos LeSueura na Manhattanie, pochodzi z *Not So Wild a Dream*, podobnie jak informacje o tryumfalnym powrocie do Nowego Jorku. List z 19 lutego 1941 r. do Roberta Sherwooda na temat wspólnej pracy nad sztuką i scenariuszem filmu znajduje się w dokumentach Sevareida w Bibliotece Kongresu.

Shirer opisał powrót do Ameryki w *A Native's Return*. List do Murrowa z 16 kwietnia 1941 r., w którym wyraził niechęć do powrotu do Europy, znajduje się w dokumentach Murrowa w Tufts.

Rozdział 9. „Bonnie Prince Charlie"

Helen Kirkpatrick Milbank omówiła podjętą przez Murrowa nieudaną próbę zatrudnienia jej w CBS w udzielonym nam wywiadzie; opisała ją również Sperber w książce *Murrow*. Charles Collingwood mówił o pracy w UP podczas blitzu i swoim pierwszym spotkaniu z Murrowem w wywiadzie przeprowadzonym przez Johna Dunninga (KNUS, Denver) w maju 1984 r. Z książki Sperber pochodzą również nasze informacje o zatrudnieniu Collingwooda i stwierdzenie Pata Smithersa, że wyglądał „jak manekin". Informacji o młodości Collingwooda i jego studiach w Oksfordzie udzielili nam: jego siostra Jean Collingwood Spelman, brat Tom Collingwood, bratanek Harris Collingwood i jeszcze jeden członek rodziny. Austin Kiplinger i Bruce Netschert wspominali wspólne studia z Collingwoodem w Cornell.

Collingwood napisał do rodziców o zbliżającym się Armagedonie 14 maja 1940 r., o przeprowadzce do Londynu – 22 maja, o krytyce jego stylu życia – 2 lutego 1941 r., o nowej pracy w CBS 3 marca. W wywiadzie udzielonym Dunningowi opowiedział o swojej pierwszej audycji; zrelacjonował ją również R. Franklin Smith w książce *Murrow*. Próby opanowania techniki pisarskiej Murrowa Collingwood opisał w przemówieniu wygłoszonym 8 stycznia 1976 r.; cytat o „pisaniu jak Ed" pochodzi z *On the Air* Josepha Persico, „Memories", 5 kwietnia 1990. W swojej biografii Murrowa Persico opisuje, jak Sevareid naśladował Murrowa.

Rozdział 10. Cenzura

Winston Burdett opowiedział o swoich reportażach z Bałkanów i małżeństwie z Leą Schiavi w zeznaniach złożonych w 1955 r. przed senacką Podkomisją Bezpieczeństwa Wewnętrznego. Korzystaliśmy również z książek Raya Brocka *Nor Any Victory* i Cecila Browna *Suez to Singapore* oraz z wywiadów z Richardem Burdettem, Martinem Agronskym i Farnsworthem Fowle'em.

Cecil Brown opisał swoje wczesne lata w autobiografii, która znajduje się w jego dokumentach w Mass Communications History Center Towarzystwa Historycznego Stanu Wisconsin w Madison. W *Suez to Singapore* Brown opisał swoją pracę we Włoszech, Jugosławii i na Bliskim Wschodzie. Anegdotę o błędnej wymowie jego imienia podaje Hosley w *As Good As Any*.

Opisując przygody LeSueura podczas rejsu w konwoju do Archangielska, podróży pociągiem przez Związek Sowiecki oraz w Kujbyszewie i Moskwie, korzystaliśmy z wywiadów z nim, jego książki *Twelve Months That Changed the World* i książki Eddy'ego Gilmore'a *Me and My Russian Wife*. Relacja LeSueura urwana w pół zdania została nadana 7 stycznia 1942 r., depesza o pierwszej podróży na front – 17 grudnia 1941 r., ze Stalingradu – 29 września 1942 r.

Rozdział 11. Ostatni pociąg z Berlina

Głównymi źródłami informacji o pochodzeniu Howarda K. Smitha i jego pobycie w Berlinie były dla nas wywiady ze Smithem i jego żoną Benedicte (Bennie), a także książka Smitha *Last Train from Berlin*. Denis Healy dostarczył nam dodatkowych wiadomości o studiach Smitha w Oksfordzie.

Sevareid opisał swoje problemy z dostosowaniem się do życia w Waszyngtonie w czasie wojny i kłótnie z Paulem White'em w *Not So Wild a Dream*. Listy White'a z krytyką antyizolacjonistycznych wypowiedzi Sevareida, z 7 i 15 lipca 1941 r., są w dokumentach Sevareida w Bibliotece Kongresu, podobnie jak jego niedatowana odpowiedź.

Listy Murrowa z krytyką osób czerpiących zyski z wojny, anegdota o kapeluszu Shirera i opis rozmowy Murrowa z prezydentem 7 grudnia 1941 r. pochodzą z dwóch biografii Murrowa pióra Sperber i Persico. Relacja Sevareida o Pearl Harbor została przypomniana w wywiadzie z Sevareidem w *USA Today* 21 grudnia 1983 r. i w biografii Elmera Davisa *Don't Let Them Scare You* Rogera Burlingame'a. O swojej rozmowie z Murrowem 7 grudnia Sevareid pisał w *Not So Wild a Dream*. Odrzucenie przez White'a polityki neutralności omawia Bliss w *Now the News*.

Rozdział 12. Tryumf i udręka

Informacje o przygodach Cecila Browna na pokładzie „Repulse" i problemach z Anglikami w Singapurze pochodzą z jego książki *Suez to Singapore* oraz z relacji radiowych i artykułów prasowych o zatopieniu krążownika. O wybuchowym zachowaniu Browna opowiedział nam w wywiadzie Martin Agronsky. List Paula White'a z 26 września 1941 r., w którym upomina Browna za krytykowanie urzędników angielskich, znajduje się w dokumentach Browna w Towarzystwie Historycznym Stanu Wisconsin, podobnie jak depesze White'a przestrzegające Browna przed prowadzeniem krucjaty (14 lutego 1942) i zalecające, co ma powiedzieć, odbierając nagrodę OPC (19 lutego1942). List Murrowa do Sevareida z 25 stycznia 1943 r. z krytycznymi uwagami o książce Browna jest w dokumentach Sevareida w Bibliotece Kongresu.

Informacje o młodzieńczych latach Billa Downsa i jego pracy w UP w Londynie pochodzą z wywiadów z Adamem Downsem, Bonnie Downs Shoults i Johnem Malone'em. List Downsa do rodziców z 30 sierpnia 1942 r. o nowej pracy w CBS znajduje się w jego dokumentach w Georgetown University, Waszyngton, DC. O zatrudnieniu Downsa Murrow opowiedział w programie radiowym w 1951 r. (dokładna data nieustalona). Relacja Downsa ze Stalingradu została nadana 8 lutego 1943 r.

Charles Collingwood mówił o trzeciej rocznicy wybuchu wojny 3 września 1942 r. Jego list do rodziców o kolekcjonowaniu dzieł sztuki pochodzi z 9 lutego 1943 r. List do Janet Murrow z 30 lipca 1942 r. o Afryce Północnej jest w jej dokumentach w Mount Holyoke. Anegdota o nocnej zabawie Murrowa i Collingwooda pochodzi z książki Persico o Murrowie. Krytyczny list Collingwooda o stosunku dowództwa wojskowego do radia jest niedatowany. Pierwszą relację z Algieru Collingwood nadał 15 listopada 1942 r.

O swojej korespondencji o zamachu na Darlana Collingwood opowiedział w liście do Eda Blissa z 28 marca 1978 r., znajdującym się w dokumentach Blissa w American University w Waszyngtonie, DC. John MacVane pisze o swojej reakcji na sukces Collingwooda w *On the Air in World War II*. Wiele wiadomości o pracy Collingwooda w Afryce Północnej i jego zajęciach w wolnych chwilach pochodzi z wywiadu, jaki z nim przeprowadził John Dunning, oraz z artykułów w „Newsweeku", 1 lutego 1943, i „Timie", 5 kwietnia 1943. Collingwood krytykował Girauda w radiu 30 grudnia 1942 r. i 10 marca 1943 r. W wywiadzie udzielonym Dunningowi opowiedział, jak Eisenhower usiłował się go pozbyć.

Informacje o zamordowaniu Lei Schiavi pochodzą z zeznań Winstona Burdetta złożonych przed senacką Podkomisją Bezpieczeństwa Wewnętrznego. O przyjęciu u Collingwooda w Algierze opowiedział nam Morley Safer, który słyszał o tym od Burdetta.

Tom Collingwood mówił o upodobaniu brata do zakładów w wywiadzie przeprowadzonym przez Richarda Hornika. Anegdota o grze w podkowy pochodzi z książki Drew Middletona *Where Has Last July Gone?*. Collingwood donosił o wyzwoleniu Tunisu 9 maja 1943 r.; jego list o tym wydarzeniu pochodzi z 12 maja. List Murrowa do Sevareida z 25 stycznia 1943 r. znajduje się w dokumentach Sevareida. O tym, że Collingwood chorował na rzeżączkę, powiedziała nam Ann Sperber, która uzyskała tę informację od jednego z Chłopców Murrowa.

Rozdział 13. Grzech pychy

Wiele szczegółów na temat konfrontacji Cecila Browna z CBS w sprawie obiektywizmu, w tym również wypowiedź Shirera o Brownie, zaczerpnęliśmy z artykułu Craiga D. Tenneya *The 1943 Debate on Opinionated Broadcast News*, „Journalism History", wiosna 1980. Parodia autorstwa Gilberta Highera *I Was Robbed* pochodzi z „The Nation", 28 listopada 1942. Brown mówił krytycznie o nastawieniu Amerykanów do wojny w audycji z 25 maja 1942 r. H.V. Kaltenborn skrytykował zasadę obiektywizmu w przemówieniu na spotkaniu Association of American Radio News Analysts 23 września 1943 r. Przewodniczący Federalnej Komisji Łączności James Fly wygłosił negatywne uwagi o CBS w przemówieniu wygłoszonym w Radio Executives Club 8 października 1943 r. Walter Winchell pisał o wpływie reklamodawców na CBS w felietonie w nowojorskim „Daily Mirror" 27 września 1943 r.

O usunięciu Eda Klaubera opowiedział nam w wywiadzie Frank Stanton. List Shirera do Murrowa z 21 września 1943 r. z krytycznymi uwagami o Brownie znajduje się w dokumentach Janet Murrow w Mount Holyoke. Telegram, w którym Paul White wyrzeka się swoich dawnych poglądów na obiektywizm, został opublikowany w dziale listów „Newsweeka" 12 kwietnia 1964 r.

Rozdział 14. Powrót do walki

Not So Wild a Dream to główne źródło informacji o niezadowoleniu Sevareida z pobytu w Waszyngtonie, przygodach w Birmie i podczas kampanii włoskiej. O „amerykańskim marzeniu" mówił w *Town Meeting on the Air* 17 września 1942 r., a o „odcięciu od ciężkiej pracy" 2 października. Jego list do Murrowa z 20 lipca 1942 r., w którym pisał o swej frustracji, oraz odpowiedź Murrowa z 25 sierpnia są w dokumentach Sevareida w Bibliotece Kongresu. Uwagi na temat Flickingera i własnej wytrwałości w marszu, a także wrażenia z Chongqingu zawarł w nieopublikowanym dzienniku, również przechowywanym w jego dokumentach. Artykuł o „birmańskich łowcach głów" został opublikowany na pierwszej stronie „New York Timesa" 28 sierpnia 1942 r. O wpływie doświadczeń w Birmie na charakter Sevareida opowiedział nam w wywiadzie sir Geoffrey Cox.

Wywiad Sevareida z pracownikiem zajmującym się organizowaniem pomocy w Chinach nadano 2 października 1943 r. Siły komunistów Sevareid ocenił w nieopublikowanym artykule, znajdującym się w jego dokumentach. W dzienniku odnotował swoje refleksje na temat gwiazdorskiego statusu w Nowym Jorku. O pierwszym spotkaniu z Collingwoodem opowiedział na jego pogrzebie 9 października 1985 r.

Reportaż Sevareida o wygodnym życiu na tyłach we Włoszech jest przedrukowany w *Not So Wild a Dream*. O filmach werbunkowych Eric mówił na antenie 3 kwietnia 1944 r.; o „środku tarczy strzelniczej" w Anzio – 23 kwietnia; o porażce desantu pod Anzio – 30 kwietnia; o prawdziwych przyczynach marszu na Rzym – 4 maja; o „ogromnym polu ruin" – 19 maja; o „stercie kamieni i cegieł" – 2 lipca; o wyczerpaniu żołnierzy – 1 czerwca. Winston Burdett opowiadał o tryumfalnym wjeździe Sevareida do Rzymu w *CBS Morning News* 6 maja 1985 r. z okazji czterdziestej rocznicy zwycięstwa w Europie.

Rozdział 15. Przyjemności wojny

O „zepsuciu" Chłopców Sevareid mówił w przemówieniu na spotkaniu Radio and Television News Directors Association 22 września 1962 r. Andy Rooney, William Walton i sir Geoffrey Cox ocenili Chłopców w udzielonych nam wywiadach. Pogląd Harrisona Salisbury'ego cytuje Sperber w biografii Murrowa.

Informacje o pobycie Smitha w Bernie pochodzą z wywiadów ze Smithem i jego żoną Bennie. Oryginały tekstów Smitha, często z bazgrołami i ręcznymi dopiskami, są w jego dokumentach w archiwum Towarzystwa Historycznego Stanu Wisconsin.

Historię krótkiego pierwszego małżeństwa LeSueura i jego związku z Priscillą Bruce opisaliśmy na podstawie wywiadów z LeSueurem i Priscillą Bruce LeSueur Jaretzki. O rozwodzie z Joan Phelps i jej natychmiastowym powtórnym małżeństwie pisał też „New York Times" z 11 lutego 1944 r. Komentarz Janet Murrow na temat książki LeSueura pochodzi z jej listu do rodziców z 27 sierpnia 1943 r.; o jego małżeństwie wspominała w listach z 25 czerwca i 6 lipca 1943 r.

Downs napisał, że „widział więcej trupów", w liście z 8 kwietnia 1943 r., znajdującym się w jego dokumentach przechowywanych w Georgetown University. O rzezi w Rżewie mówił w niedatowanej relacji radiowej. Jego reakcję na powrót do Stanów opisał John Malone w wywiadzie.

O swoim podziwie dla Collingwooda w czasie wojny Walter Cronkite mówił w przemówieniu wygłoszonym na jego pogrzebie. Wspomnienia Paleya o kawalerskim przyjęciu u Collingwooda i hedonizmie w Londynie cytuje Sally Bedell Smith w *In All His Glory*. Opinię o hedonistycznych nastrojach Harrison Smith przedstawił w swych wspomnieniach *A Journey for Our Times*. Romans Murrowa z Pamelą Churchill Harriman relacjonuje Christopher Ogden w biografii Harriman *Life of the Party*; piszą o nim również Persico i Sperber w swych biografiach Murrowa. Uwaga Collingwooda na temat Harriman pochodzi z książki Persico.

Charles Shaw dzielił się radością z przynależności do zespołu Murrowa w konspekcie książki, której nigdy nie napisał. Informacje o rodzinie i latach młodości Hotteleta, jego stosunkach z Howardem K. Smithem, uwięzieniu w Berlinie i zatrudnieniu przez Murrowa pochodzą głównie z przeprowadzonych z nim wywiadów. List Collingwooda z grudnia 1943 r. o relacji radiowej Murrowa z nalotu na Berlin znajduje się w dokumentach Janet Murrow w Mount Holyoke.

O swych zajęciach przed inwazją w Normandii Larry LeSueur i Dick Hottelet opowiedzieli nam w wywiadach. Uwagę Hotteleta na temat płynącej przez kanał La Manche armady odnotował Shaw w *D-Day Plus 40 Years*, „New Hope Gazette", Pensylwania, 31 maja 1984.

Rozdział 16. „Pełne ręce Francji"

Larry LeSueur opowiedział nam w wywiadach o lądowaniu na plaży Utah, kłopotach z przekazaniem relacji, marszu przez Normandię, problemach dentystycznych, pośpiesznym powrocie do Paryża, nadaniu wiadomości z wyzwolonego miasta i zawieszeniu akredytacji. Jego relacja z dnia lądowania została w końcu wyemitowana 10 czerwca 1944 r. Murrow przeprowadził wywiad z oficerem prasowym 14 maja 1944 r.; o biurokracji wojskowej napisał w liście do Klaubera 5 czerwca.

Opis lądowania Collingwooda na plaży Utah oparty jest na biografii Murrowa autorstwa Persico, wywiadzie z Collingwoodem przeprowadzonym przez Johna Dunninga i relacji radiowej Collingwooda z 9 czerwca 1944 r. LeSueur opowiadał w radiu o walce wśród żywopłotów 16 lipca 1944 r., o wyzwoleniu Cherbourga – 29 czerwca, o wzroście morale amerykańskich żołnierzy – 2 lipca. W udzielonym nam wywiadzie Bill Shadel mówił o niebezpieczeństwach zagrażających korespondentom w Normandii.

Bill Walton opowiedział nam o przemarszu Collingwooda przez Normandię; opisuje to również Richard Whelan w książce *Robert Capa*. Relacja Collingwooda z Orleanu została nadana 17 sierpnia 1944 r. Jego przedwczesne doniesienie o wyzwoleniu Paryża szczegółowo rozważają Larry Collins i Dominique LaPierre w *Is Paris Burning?*. Dick Hottelet wyjaśnił swoją rolę w tym incydencie w udzielonym nam wywiadzie. LeSueur sprostował na antenie kłamstwa Collingwooda 24 sierpnia 1944 r., a następnego dnia nadał relację z wyzwolonego Paryża. Collingwood tłumaczył się w „Editor and Publisher" 2 września 1944 r. Odpowiedź Murrowa zaczerpnęliśmy z pracy zbiorowej pod redakcją Dicksona Hartwella i Andrew A. Rooneya *Off the Record: The Best Stories of Foreign Correspondents*. Andy Rooney opisał w wywiadzie swoje rozczarowanie i przytoczył uwagę Erniego Pyle'a o „pieprzonych ekshibicjonistach". John MacVane omawia problemy z nadawaniem po wyzwoleniu Paryża w *On the Air in World War II*. Bill Walton opowiedział nam szczegółowo o tym, jak razem z Collingwoodem zatrzymali się na Montmartrze.

Rozdział 17. Zwycięstwo

Howard i Bennie Smithowie opowiedzieli nam o swojej przygodzie w Annecy. Smith wspomniał o niej również w depeszach do Paula White'a z 20 sierpnia 1944 r. i do Time-Life z 28 sierpnia. Smithowie zrelacjonowali nam też swoje spotkanie z Collingwoodem w Paryżu.

Skłonność LeSueura do rywalizacji opisali Smith i Dick Hottelet, który mówił także o egocentryzmie i indywidualizmie Chłopców. Murrow wspominał wolność, jaką on i Chłopcy cieszyli się podczas wojny, w audycji *We Take You Back* 13 marca 1958 r. O swoich problemach z dostaniem się do wieczornych wiadomości Bill Shadel opowiedział w wywiadzie.

Shadel, Howard K. Smith i Farnsworth Fowle mówili nam o problemach technicznych z nadawaniem. Murrow wspomniał o frustracji korespondentów w komunikacie prasowym CBS z 28 grudnia 1944 r.

Źródła informacji

Charles pisał do rodziców o miłości do Paryża 15 listopada 1944 r., o niechęci wobec przyjazdu Gracie – 25 marca 1945 r., o przegranej w pokera i sprzedaży obrazu Picassa – 18 lutego 1945 r. Paryskie życie Collingwooda i jego przyjaźń z Robertem Capą, o której pisze również Whelan w książce *Capa*, wspominał Bill Walton.

W *America Inside Out* David Schoenbrun opisał, jak Erick Sevareid opuścił front we Francji. Relację z uwolnienia Gertrudy Stein i swój komentarz o stosunku żołnierzy do wojny Sevareid zamieścił w *Not So Wild a Dream*.

O konieczności relacjonowania działań czterech armii Downs pisał w liście do rodziców z 18 stycznia 1945 r.; o swoich doświadczeniach w Caen – 11 lipca 1944 r., o dostaniu się pod ostrzał wroga – 1 sierpnia, o wyzwoleniu Brukseli – 5 września, o przygnębieniu z powodu obojętności londyńczyków – 9 października. Bill Shadel ocenił reportaże Downsa w udzielonym nam wywiadzie; opinię Paula White'a cytuje Persico w biografii *Murrow*. Walter Cronkite opowiedział, jak razem z Downsem krył się w rowie przed ogniem nieprzyjaciela, w *CBS Morning News* 6 maja 1985 r.

Hottelet przedstawił relację naocznego świadka z desantu pod Akwizgranem 16 października 1944 r. Opowieść Smitha o powrocie do Niemiec została nadana 5 listopada, a jego ocena niemieckiej artylerii – 9 marca 1945 r. Larry LeSueur opowiedział nam w wywiadzie o niemal zakończonej katastrofą próbie nagrania odgłosów bitwy, Hottelet zaś o niespodziance, jaką była dla niego kontrofensywa niemiecka w Ardenach.

Downs relacjonował bitwę pod Akwizgranem 24 marca 1945 r.; Hottelet opisał swój skok ze spadochronem w wywiadzie i w artykule w „Collier's" 5 maja 1945 r. 6 maja 1985 r. w *CBS Morning News* Savereid powiedział, że oddał mikrofon Hotteletowi; zaprzeczyli temu w wywiadach LeSueur i Hottelet, choć ten ostatni później przyznał, że nie jest pewien. Badania przeprowadzone w archiwum wskazują, że Hottelet nie mówił na ten temat w radiu.

Reportaż Smitha o rozpadającym się jeepie został nadany 27 maja 1945 r. Komentarz Sevareida o Smisie i Hottelecie cytuje Persico w biografii Murrowa. List Murrowa do żony o Chłopcach (z 7 października 1944 r.) znajduje się w dokumentach Janet Murrow w Mount Holyoke. Sevareid pisał o znudzeniu wojną w *Not So Wild a Dream*. O Londynie mówił 12 października 1944 r., a o polityce brytyjskiej w Grecji – 12 grudnia. Murrow mówił o upadku idealizmu 13 października. Burdett relacjonował los markizy Torrigiani 30 lipca.

LeSueur opowiedział nam o Dachau w wywiadzie. Murrow relacjonował wizytę w Buchenwaldzie 15 kwietnia 1945 r., a Hottelet wspomniał nam o jego negatywnym stosunku do Niemców. O ponurym nastroju Downsa po wojnie mówił w wywiadzie jego syn Adam.

Hottelet opisał nam swoją nieformalną podróż do Berlina i spotkanie żołnierzy sowieckich i amerykańskich nad Łabą. Inne szczegóły pochodzą z jego relacji radiowej z 27 kwietnia 1945 r. i z książki MacVane'a *On the Air*. Reportaż Collingwooda o kapitulacji Niemców w Reims został nadany 8 maja 1945 r.; tego samego dnia on i Murrow opisywali reakcję londyńczyków na zwycięstwo. Dzień później Smith relacjonował kapitulację Niemców w Berlinie. Sevareid komentował zwycięstwo 8 maja 1945 r. z San Francisco, a o poczuciu wyczerpania pisał w *Not So Wild a Dream*. Murrow wspominał o Chłopcach w liście do żony z 7 października 1944 r. List do Collingwooda z 2 stycznia 1946 r., w którym napisał o swym wojennym zespole, znajduje się w jego dokumentach w Tufts.

Rozdział 18. Godzina centurionów

W udzielonych nam wywiadach Ed Bliss mówił o podziwie, jaki czuł, gdy widział Charlesa Collingwooda po wojnie, a Michael Bessie o pozycji Chłopców w amerykańskim dziennikarstwie. Persico i Sperber dokładnie omawiają awans Murrowa na stanowisko wiceprezesa CBS i odejście Paula White'a. Frank Stanton przedstawił nam swój pogląd na konflikt Murrowa z White'em.

W *America Inside Out* David Schoenbrun opisuje marzenia Collingwooda i Sevareida o sławie i pieniądzach. Informacje o zaburzeniu maniakalno-depresyjnym Lois Sevareid pochodzą z wywiadów z Priscillą LeSueur Jaretzki, sir Geoffreyem Coxem, Ebenem Fingerem i Michaelem Sevareidem oraz z książki *Not So Wilde a Dream*. Janet Murrow oceniła Lois wyżej niż Erica w liście do rodziców z 1 styczna 1943 r. Podany przez Sevareida opis jego pokolenia pochodzi z wywiadu radiowego z 19 września 1946 r. List młodego Henry'ego Kissingera z 14 września 1947 r. znajduje się w dokumentach Sevareida w Bibliotece Kongresu. O reakcji Lois po przeczytaniu pierwszych rozdziałów jego książki Sevareid opowiedział w przedmowie do wydania *Not So Wilde a Dream* z 1976 r.

W udzielonych nam wywiadach Janet Murrow, Larry LeSueur, Tom Collingwood, Jean Spelman i inni członkowie rodziny Collingwooda komentowali jego zerwanie z Gracie Blake i ślub z Louise Allbritton. Opisując osobowość Howarda Smitha i objęcie przez niego stanowiska Murrowa w Londynie, opieraliśmy się na wywiadach z nim i LeSueurem oraz książce Persico *Edward R. Murrow*. O powojennych losach Billa Downsa opowiedzieli nam Adam Downs, Karen Downs, Bonnie Downs Shoults i John Malone.

Schoenbrun wyraził swój podziw dla Chłopców w wywiadzie udzielonym 30 maja 1974 r. w ramach projektu Broadcast Pioneers Oral History realizowanego na University of Maryland. O szczególnym statusie Chłopców w CBS LeSueur wspominał w wywiadzie, który z nim przeprowadziliśmy. Była o tym również mowa w szkicach biograficznych Murrowa w „New York Post" z 27 lutego 1959 r. i w „New Yorkerze" z 26 grudnia 1953 r. List prawnika Wellsa Churcha do „New Yorkera", z żądaniem opublikowania sprostowania, jest w dokumentach Murrowa w Tufts. Ned Calmer mówił o Chłopcach w wywiadzie udzielonym Ann Sperber. O klubie „Murrow nie jest Bogiem" wspomina Persico w biografii Murrowa.

Sperber cytuje wypowiedź Howarda Smitha o tym, jak Murrow bronił interesów Chłopców. Informacje o relacjach Murrowa z Chłopcami pochodzą z wywiadów ze

Smithem, LeSueurem, Priscillą Jaretzki, Janet Murrow, Edem Blissem i Billem Shadelem. Murrow zaproponował, że zaopiekuje się synem Smithów, w liście z 16 października 1950 r., którego kopia znajduje się w jego dokumentach w Tufts. W rozmowie z nami Bill Walton skomentował związek Erica i Lois Sevareidów. Wypowiedzi Janet Murrow i Howarda Smitha o małżeństwie Murrowa pochodzą z książki Persico. Anegdotę o numerze, jaki wyciął Murrow Schoenbrunowi podczas emisji na żywo, opowiedział Schoenbrun w wywiadzie w ramach wspomnianego wyżej projektu University of Maryland. Alexander Kendrick pisał o wiadomościach Murrowa w *Prime Time*. W udzielonym nam wywiadzie Bill Shadel przypomniał rywalizację o udział w programie Murrowa.

Rozdział 19. *Lata kryzysu*

Większość informacji o wpływach Chłopców i przeglądach wydarzeń roku pochodzi z wywiadów z Larrym LeSueurem, Richardem C. Hotteletem, Howardem K. Smithem, Edem Blissem, Sandym Socolowem, Robertem Pierpointem, Perrym Wolffem, Sanderem Vanocurem, Sigiem Mickelsonem, Avem Westinem, Donem Hewittem, Charlesem Kuraltem, Danielem Schorrem, Marvinem Kalbem i Palmerem Williamsem. Uwaga Collingwooda o przyjemnym życiu pochodzi z książki Eda Blissa *Now the News*. Schoenbrun mówił o wpływach Chłopców w wywiadzie w ramach projektu Oral History realizowanego przez University of Maryland i w swej książce *America Inside Out*. Kopia listu, który William Paley skierował do Murrowa po pierwszym przeglądzie wydarzeń roku, jest w dokumentach Downsa w Georgetown University. Uwaga Williama Manchestera o tych programach pochodzi z jego książki *The Glory and the Dream*. John Crosby przedstawił swoją opinię w „New York Herald Tribune" z 6 stycznia 1956 r. Anegdotę o problemach Billa Downsa ze spodniami zamieścił Schoenbrun w *On and Off the Air*.

Rozdział 20. *Brat przeciwko bratu*

Pisząc o odejściu Shirera z CBS, opieraliśmy się głównie na wywiadach z nim samym, Ingą Dean, Billem Shadelem, sir Geoffreyem Coxem, George'em Hermanem, Frankiem Stantonem, Josephem C. Harschem, Larrym LeSueurem, Howardem K. Smithem i Richardem C. Hotteletem. Ważnymi źródłami były dla nas również trzeci tom autobiografii Shirera *A Native's Return* i jego powieść *Stranger Come Home*, biografie Murrowa pióra Sperber i Persico oraz „PM" z 24 marca 1947 r. Paley z żalem wspomina wojenne czasy w swoim pamiętniku *As It Happened*. Roz Gerson Downs powiedziała o swojej konfrontacji z Shirerem w rozmowie z Ann Sperber. Anegdotę o tym, jak Murrow lekceważąco potraktował Shirera w Londynie, zamieszcza Persico. Pretensje Murrowa do Shirera opisują Sperber i Persico. „New Republic" z 13 stycznia 1947 r. pisał o kłopotach liberalnych komentatorów radiowych. Gniew Paleya na Shirera z powodu odrzucenia oferty Wrigleya omawiają Persico w *Edward R. Murrow* i David Halberstam w *The Powers That Be*. Jack Gould bronił Shirera w „New York Timesie" z 24 marca 1947 r. Harrison Salisbury pisał o awanturze wywołanej zarzutami Shirera w „Washington Post" z 9 lutego 1990 r. List Murrowa do Edgara Ansela Mowrera z 17 kwietnia 1947 r. znajduje się w dokumentach Murrowa w Tufts, podobnie jak list Smitha z 24 września 1947 r. o odejściu Shirera. Charles Poore recenzował *Stranger Come Home* w „New York Timesie" z 27 maja 1954 r.

Rozdział 21. „Zagrożona gromadka braci"

Anegdota o ludziach oglądających telewizję przed wystawą sklepu w Hawthorne w Kalifornii pochodzi z osobistych wspomnień Stana Clouda. O wzroście znaczenia telewizyjnych wiadomości i reakcji Chłopców mówili w wywiadach: Frank Stanton, Fred Friendly, Larry LeSueur, Howard K. Smith, Richard C. Hottelet, George Herman, Don Hewitt, Robert Pierpoint, Lou Cioffi, Sig Mickelson, Ed Bliss, Perry Wolff, Michael Bessie i John Sharnik. Słabą relację telewizyjną z konwencji w 1948 r. opisuje Barbara Matusow w *The Evening Stars*. Uwagę Murrowa o tym, że nic się nie wydarzyło, cytuje John Crosby w *Out of the Blue*.

Matusow wspomina również reakcję Smitha na telewizję oraz przytacza uwagi LeSueura i Mickelsona o Dougu Edwardsie. Opinię Dona Hewitta o wpływie *See It Now* na Chłopców zaczerpnęliśmy z biografii Murrowa autorstwa Persico. *Boże Narodzenie w Korei* zostało wyemitowane 29 grudnia 1952 r.

Opinię Collingwooda o Fredzie Friendlym cytuje Persico. David Schoenbrun narzekał na *See It Now* w liście do Murrowa z 4 kwietnia 1956 r., a Howard K. Smith protestował przeciw sprzecznym wymaganiom telewizji i radia w liście z 17 marca 1953 r. Smith mówił o reporterze jako anachronizmie w radiowej analizie wiadomości 29 czerwca 1952 r. Artykuł o programie *Adventure* ukazał się w „Timie" 2 lipca 1956 r. O reakcji Murrowa na występ Sevareida w *See It Now* wspomina Joseph Wershba w liście do Sevareida z 22 czerwca 1988 r.

Schoenbrun wyraził opinię o Friendlym w *On and Off the Air* i w wywiadzie udzielonym Ann Sperber. Murrow chwalił się swą niezależnością w „New Yorkerze" z 26 grudnia 1953 r. O przeszłości Cronkite'a i jego stosunkach z Murrowem piszą Persico i Sperber.

Rozdział 22. „Communist Broadcasting System"

Raporty FBI na temat CBS i Murrowa uzyskaliśmy na podstawie ustawy o wolności informacji z akt Murrowa w centralnym biurze FBI w Waszyngtonie. Informacje o zamordowaniu George'a Polka zaczerpnęliśmy z książki Kati Marton *The Polk Conspiracy*. Materiały o „deklaracji lojalności" w CBS i reakcji Murrowa pochodzą z wywiadów z Frankiem Stantonem i Michaelem Bessiem oraz biografii Murrowa napisanych przez Sperber i Persico. Wewnętrzne polowanie na czarownice w CBS jest dobrze udokumentowane w *Report on Blacklisting* wydanym przez Fund for the Republic. W udzielonym nam wywiadzie Perry Wolff opowiedział o sprzeciwie wobec występu Einsteina w *Adventure*.

O reakcji Sevareida na maccartyzm mówili w wywiadach Michael Sevareid, sir Geoffrey Cox i Jean Friendly. Przemówienie Sevareida o obiektywizmie, wygłoszone na University of Minnesota 23 października 1953 r., jest w jego dokumentach w Bibliotece Kongresu. Sevareid krytykował Krajowy Komitet Republikanów w programie radiowym 1 lipca 1952 r., a porównanie McCarthy'ego z Kubusiem Puchatkiem zamieszczono w zbiorze jego tekstów radiowych *In One Ear*. Sevareid mówił o odwecie ze strony zwolenników McCarthy'ego w wywiadzie przeprowadzonym przez Charlesa Kuralta 4 stycznia 1978 r.; dodatkowych informacji dostarczyli Michael Sevareid i Geoffrey Cox. List z 1 września 1949 r., w którym Davidson Taylor informuje Sevareida o zdenerwowaniu zarządu Metropolitan Life Insurance, jest w dokumentach Sevareida.

Wysiłki Billa Downsa, mające na celu skłonić Murrowa do zaatakowania McCarthy'ego, są opisane w książce Sperber i w wywiadzie przeprowadzonym przez Eda Blissa z Downsem i jego żoną. W udzielonym nam wywiadzie Fred Friendly mówił o ostrożnej taktyce Murrowa. Wypowiedź Friendly'ego o reakcji Paleya na program o McCarthym cytuje Sally Bedell Smith w *In All His Glory*. O reakcjach ludzi na widok Murrowa po programie o McCarthym Sevareid wspomniał w audycji radiowej CBS po śmierci Murrowa. Reakcje Dorothy Schiff i Billa Downsa omawia Sperber. Wypowiedź Sevareida o „czołgu" cytuje Gray Paul Gates w *Air Time*.

List Collingwooda z 13 marca 1954 r., zawierający pochwały pod adresem programu o McCarthym, znajduje się w dokumentach Murrowa w Tufts. Raporty FBI o Collingwoodzie z 31 marca, 31 maja oraz 14, 15 i 16 czerwca 1949 r. są w aktach FBI udostępnionych nam na mocy ustawy o swobodnym dostępie do informacji. Collingwood wspomina o rozmowie Eda Beattiego z agentem FBI w liście rekomendującym go na członka Players Club. Ważnym źródłem informacji o działalności Collingwooda w AFTRA i jego walce w obronie Faulka jest książka Johna Henry'ego Faulka *Fear on Trial*. Uwaga Collingwooda o tym, że w polityce jest amatorem, pochodzi z jego inauguracyjnego przemówienia po objęciu stanowiska prezesa AFTRA w styczniu 1956 r.; pełny tekst znajduje się w archiwum Towarzystwa Historycznego Stanu Wisconsin. Korespondencję Collingwooda z Komisją Izby Reprezentantów ds. Działalności Antyamerykańskiej opublikował „New York Times" 23 stycznia 1956 r. Relację z zeznań Collingwooda na rozprawie z powództwa Faulka zamieścił „New York Times" z 15 maja 1962 r. O poczuciu niepewności Charlesa mówił jego bratanek, Harris Collingwood, w udzielonym nam wywiadzie. Walter Cronkite wychwalał Collingwooda w przemówieniu wygłoszonym na jego pogrzebie.

Rozdział 23. Tajemnica Burdetta

Ważnym źródłem informacji o życiu Winstona Burdetta jako komunisty i sowieckiego szpiega jest zapis jego zeznań złożonych przed senacką Podkomisją Bezpieczeństwa Wewnętrznego 28 czerwca 1955 r. Stanowisko Jakowa Gołosa w hierarchii sowieckiego wywiadu ujawnił Pavel Sudopatov w *Special Tasks*. Korzystaliśmy również z wywiadów z Giorginą Burdett, Richardem Burdettem, Michaelem Bessiem, Robertem Morrisem, Marvinem Kalbem, Josephem C. Harschem, Howardem K. Smithem, Larrym LeSueurem, Danielem Schorrem, Ernestem Leiserem, Sigiem Mickelsonem i Victorem Weingartenem. Oświadczenie Burdetta o złożeniu zeznań z własnej woli ukazało się w tygodnikach „Time" i „Newsweek" 11 lipca 1955 r. David Schoenbrun powiedział Ann Sperber o wysiłkach Murrowa, który nakłaniał Chłopców do wybaczenia Burdettowi. Listy senatora Eastlanda do Daniela O'Shea i Herberta Brownella znajdują się w National Archives. Prawdziwy cel przesłuchań i konsekwencje zeznań Burdetta opisują Ralph H. Johnson i Michael Altman, *Communists in the Press*, „Journalism Quaterly", jesień 1978.

Rozdział 24. „To już nie w jego stylu"

O odwołaniu lunchu z Paleyem pisze Sperber w *Murrow*. David Schoenbrun mówił o ochłodzeniu stosunków z Paleyem w wywiadzie przeprowadzonym w ramach projektu Oral History realizowanego przez University of Maryland. W udzielonym nam wywiadzie Don Hewitt opisał stosunek Paleya do Chłopców.

O problemach Erica Sevareida przed kamerą mówili nam Frank Stanton, Bill Shadel, Ernest Leiser i Don Kellerman. List Sevareida do Howarda Smitha z 29 kwietnia 1954 r. o *American Week* znajduje się w jego dokumentach w Bibliotece Kongresu. O sprawie Trumbulla Parka i Franka Browna była mowa w *American Week* 4 lipca 1954 r. Dobrym źródłem informacji o burzliwej reakcji na komentarz Sevareida na temat ogłoszonego przez Departament Stanu zakazu podróży do ChRL i konfrontacji z Paleyem jest książka Sally Bedell Smith *In All His Glory*. Niedatowane memorandum Sevareida o zasadach obiektywizmu CBS jest w jego dokumentach. Belèn Sevareid była naszym głównym źródłem informacji o jej związku z Sevareidem. O życiu osobistym Sevareida w tych latach opowiedzieli nam również Michael Sevareid, sir Geoffrey Cox, Ernest Leiser, Michael Bessie, Larry LeSueur i Sander Vanocur.

Komentarz Davida Schoenbruna o zastępowaniu Howarda K. Smitha pochodzi z *America Inside Out*. W udzielonym nam wywiadzie Smith mówił o swych reportażach z początku lat pięćdziesiątych, między innymi o relacji dotyczącej kryzysu na Bliskim Wschodzie w *See It Now*. Recenzja w „Variety" ukazała się 21 marca 1956 r.

Materiał na temat ostatniego okresu pracy Murrowa w CBS pochodzi głównie z jego dwóch biografii autorstwa Persico i Sperber oraz z książki Sally Bedell Smith *In All His Glory*. Murrow pożegnał się z pracownikami CBS 21 stycznia 1961 r.

Rozdział 25. Trzy dymisje

Odejście Howarda Smitha, Billa Downsa i Larry'ego LeSueura z CBS opisaliśmy na podstawie wywiadów z Howardem i Bennie Smithami, Larrym LeSueurem, Janet Murrow, Frankiem Stantonem, Fredem Friendlym, Blairem Clarkiem, Edem Blissem, Avem Westinem i Adamem Downsem. Felieton Jacka Goulda krytykujący CBS za kneblowanie Smitha ukazał się w „New York Timesie" 28 maja 1961 r. Uwagę Paleya o konieczności powstrzymywania dziennikarzy cytuje Ed Joyce w *Prime Time, Bad Times*. Artykuł o programie Smitha w ABC został opublikowany w „Newsweeku" 29 października 1962 r. Wypowiedź Smitha o tym, że marnuje się w ABC, cytuje Barbara Matusow w *The Evening Stars*. Schoenbrun pisał o końcu ery Chłopców w *On and Off the Air*. List Downsa z podziękowaniami znajduje się w dokumentach Sevareida w Bibliotece Kongresu.

Rozdział 26. „Drogi książę, dobranoc"

Ostatnie miesiące Murrowa opisują Persico i Sperber w jego biografiach. Listy Collingwooda – z 2 września 1964 r. do Murrowa i z 6 maja 1964 r. do Janet Murrow – znajdują się w jej dokumentach w Mount Holyoke. List Murrowa do Collingwooda z uwagami o Sevareidzie jest w dokumentach Collingwooda w archiwum Towarzystwa Historycznego Stanu Wisconsin. Relacja o ostatnim spotkaniu Murrowa i Shirera opiera się na wywiadzie z Shirerem i trzecim tomie jego autobiografii *A Native's Return*. Reakcję Sevareida na wiadomość o śmierci Murrowa opisujemy na podstawie wywiadów z jego ówczesną asystentką Marion Goldin i z Palmerem Williamsem. Howard Smith wyraził swoje uczucia w liście do Janet Murrow z 27 kwietnia 1965 r. Wypowiedź Collingwooda o jego stosunku do Murrowa cytuje Persico. Uwaga Sevareida o „promieniowaniu" Murrowa pochodzi z felietonu napisanego tydzień po jego śmierci.

Rozdział 27. „Podpisywanie obrazów"

Collingwood mówił o swoich wspomnieniach wojennych w liście do Murrowa z 16 sierpnia 1965 r. Sevareid wspominał Saint-Tropez w felietonie z tego samego dnia.

Życie Collingwooda w latach sześćdziesiątych i siedemdziesiątych opisujemy na podstawie wywiadów z Harrisem Collingwoodem, Molly Collingwood, innym członkiem rodziny Collingwoodów, Morleyem Saferem, Josephem Dembo, Marvinem Kalbem, Lesem Midgleyem, Blairem Clarkiem, Billem Waltonem, Donem Hewittem, Nancy White Hector, Heydenem White'em Rostowem, George'em Hemanem, Tonym Hatchem, Johnem Sharnikiem, Berniem Birnbaumem i Ernestem Leiserem. Collingwood narzekał, że jest popychadłem, w notatce dla Leisera z 3 czerwca 1963 r., a w notatce dla Richarda Salanta z 29 czerwca 1967 r. skarżył się na zmęczenie. Materiał na temat sygnału Wietnamu Północnego w sprawie negocjacji pokojowych pochodzi z książki Lyndona Johnsona *Vantage Point* i artykułu Toma Haydena *The Impasse in Paris*, „Ramparts", 1968. List Collingwooda do Sevareida z 28 lipca 1982 r. jest w dokumentach Sevareida w Bibliotece Kongresu.

Życie Sevareida w latach sześćdziesiątych i siedemdziesiątych opisujemy na podstawie wywiadów z Belèn Sevareid, Michaelem Sevareidem, Cristiną Sevareid Kennedy, Ebenem Fingerem, Edem Fouhym, Michaelem Bessiem, Blairem Clarkiem, Sandym Socolowem, Gordonem Manningiem, Howardem Smithem i Billem Leonardem. Reportaż Sevareida z Wietnamu został wyemitowany przez CBS 21 czerwca 1966 r. Gloria Emerson skrytykowała Sevareida w artykule *Why I Won't Miss Eric Sevareid*, „New York", 4 grudnia 1977. Sevareid odpowiedział swoim krytykom w 1986 r. w wywiadzie dla „Washington Times". W szkicu biograficznym w niedzielnym magazynie „Washington Post" z 2 maja 1979 r. zacytowano jego określenie Nixona jako „złego" człowieka. Sevareid tłumaczył swoją wypowiedź po dymisji Nixona w „New York Timesie" z 2 maja 1979 r. Jego uwagę o różnicy między radiem a telewizją cytuje Cecil Smith w „Los Angeles Times" (data nieznana). Listy czytelników w sprawie jego przejścia na emeryturę są w dokumentach Sevareida w Bibliotece Kongresu.

Informacje o późniejszych latach życia Winstona Burdetta pochodzą z wywiadów z Richardem Burdettem, Giorginą Burdett, Bertem Quintem, Dianą Quint, Josephem Dembo, Gordonem Manningiem, Danielem Schorrem i Sanderem Vanocurem.

Materiałów na temat Hotteleta dostarczyli, oprócz samego Hotteleta, Sig Mickelson i Gordon Manning. Ważnymi źródłami informacji o CBS News w latach osiemdziesiątych były dla nas książki Kena Auletty *Three Blind Mice*, Petera Boyera *Who Killed CBS?* i Petera McCabe'a *Bad New at Black Rock*. Sevareid narzekał na lokalnych prezenterów w komentarzu z 22 kwietnia 1974 r.

Rozdział 28. „Tak dawno"

Informacje o Chłopcach, którzy wzięli udział w spotkaniu w 1985 r., i tych, którzy byli nieobecni, czerpaliśmy głównie z wywiadów z Larrym LeSueurem, Howardem Smithem, Ernestem Leiserem, Billem Shirerem, Richardem Hotteletem i Adamem Downsem. Istotnymi źródłami były dla nas również zapis audycji *CBS Morning News* z 6 maja 1985 r. i książka Shirera *A Native's Return*. List Howarda Stringera do Sevareida z 8 lipca 1985 r. z wyjaśnieniem, dlaczego jego tekst nie został wykorzystany, znajduje się w dokumentach Sevareida w Bibliotece Kongresu.

Ostatnie lata Charlesa Collingwooda, w tym jego drugie małżeństwo i szczegóły pogrzebu, opisali nam: Harris Collingwood, Molly Collingwood, Tom Collingwood, jeszcze jeden członek rodziny Collingwoodów, Richard Clurman, Tony Hatch, Morley Safer, Bernie Birnbaum, Bill Shadel, Sid Offit, Richard Leibner, Robert Pierpoint, Bill Walton, Michael Bessie, Ernest Leiser, Heyden White Rostow i Charles Kuralt. Korzystaliśmy również z zapisu uroczystości pogrzebowej i książki Boyera *Who Killed CBS?*.

Collingwood mówił o Buchenwaldzie w wywiadzie udzielonym Ann Sperber. Informację, że Bill Shadel towarzyszył Murrowowi w Buchenwaldzie, potwierdza komunikat prasowy CBS z 1945 r. Niedatowany list Collingwooda do żony Tatiany znajduje się w jego dokumentach w archiwum Towarzystwa Historycznego Stanu Wisconsin. Joe Wershba opowiedział Edowi Blissowi o wizycie u Collingwooda w szpitalu; notatki Blissa znajdują się w jego dokumentach w American University.

Sevareid opisał odwiedziny u nieprzytomnego Collingwooda w liście do Kate Knull z 12 października 1985 r.

Ostatnie lata Sevareida opisujemy na podstawie relacji Suzanne St. Pierre, Belèn Sevareid, Michaela Sevareida, Cristiny Sevareid Kennedy, Franka Stantona, Berniego Birnbauma, Sandy'ego Socolowa i Ingi Shirer Dean. List Sevareida do Laurence'a Tischa z 16 grudnia 1986 r. jest w jego dokumentach w Bibliotece Kongresu, podobnie jak list do Dana Rathera z 20 lutego 1980 r., w którym ostrzega go przed „gwiazdorskim systemem". Richard Leibner opowiedział nam, jak Sevareid rekomendował Rathera. List Sevareida do Rathera z 18 grudnia 1987 r. o rzekomych radach jest w jego dokumentach. O reklamie ze zdjęciem Murrowa opowiedział nam Eric Ober, natomiast o ofercie miliona dolarów Sevareid pisał w „New York Timesie" z 2 maja 1979 r. List z 9 listopada 1981 r. na temat tej propozycji znajduje się w jego dokumentach. Zwątpienie we własne umiejętności pisarskie wyraził w wywiadzie dla UPI w 1983 r. List do Janet Murrow z 1 marca 1988 r. jest w jego dokumentach. O Tomie Grandinie i Larrym LeSueurze Sevareid pisał w liście do redaktora „Communicatora" w maju 1988 r.

Epilog

Pisząc epilog, korzystaliśmy głównie z wywiadów z Michaelem Sevareidem, Mary Marvin Breckinridge Patterson, Richardem Burdettem, Giorginą Burdett, Williamem Shirerem, Howardem K. Smithem, Bennie Smith, Larrym LeSueurem, Richardem C. Hotteletem, Tomem Fentonem, Rogerem Muddem, Frankiem Stantonem, Charlesem Kuraltem i Sanderem Vanocurem. Ważnymi źródłami o działalności sieci w latach dziewięćdziesiątych były dla nas następujące prace: Ken Auletta, *Three Blind Mice*, Marc Gunther, *The House That Roone Built: The Inside Story of ABC News*, artykuł Jona Katza o Ratherze, „Rolling Stone", 14 października 1993.

WYBRANA BIBLIOGRAFIA

Alterman, Eric, *Sound and Fury*, HarperCollins, New York 1992
Auletta, Ken, *Three Blind Mice: How the Networks Lost Their Way*, Random House, New York 1991
Barnouw, Erik, *A History of Broadcasting in the United States*, t. II, *The Golden Web: 1930–1953*, Oxford University Press, New York 1970
———, *A History of Broadcasting in the United States*, t. III, *The Image Empire: From 1953*, Oxford University Press, New York 1973
———, *Tube of Plenty: The Evolution of American Television*, Oxford University Press, New York 1975
Bliss, Edward, Jr, *Now the News: The History of Broadcast Journalism*, Columbia University Press, New York 1991
Boyer, Peter J., *Who Killed CBS?: The Undoing of America's Number One News Network*, Random House, New York 1988
Brown, Cecil, *Suez to Singapore*, Halcyon House, Garden City, NY 1942
Burlingame, Roger, *Don't Let Them Scare You: The Life and Times of Elmer Davis*, Greenwood Press, Westport, Conn. 1974
Cogley, John, *Report on Blacklisting: Radio and Television*, The Fund for the Republic, New York 1956
Collingwood, Charles, *The Defector*, Harper and Row, New York 1970
Collins, Larry & Dominique LaPierre, *Is Paris Burning?*, Simon & Schuster, New York 1965
Cox, Geoffrey, *Countdown to War*, Hodder and Stoughton, London 1990
Crosby, John, *Out of the Blue*, Simon & Schuster, New York 1952
Culbert, David Holbrook, *News for Everyman: Radio and Foreign Affairs in Thirties America*, Greenwood Press, Westport, Conn. 1976
Desmond, Robert W., *Tides of War: World News Reporting 1940–1945*, University of Iowa Press, Iowa City 1984

Donovan, Hedley, *Right Places, Right Times: Forty Years in Journalism Not Counting My Paper Route*, Henry Holt, New York 1989
Fang, Irving E., *Those Radio Commentators!*, Iowa State University Press, Ames, Iowa 1977
Faulk, John Henry, *Fear on Trial*, Simon & Schuster, New York 1964
Flannery, Harry, *Assignment to Berlin*, Alfred A. Knopf, New York 1942
Friendly, Fred W., *Due to Circumstances Beyond Our Control...*, Random House, New York 1967
Gates, Gary Paul, *Air Time: The Inside Story of CBS News*, Harper and Row, New York 1978
Gilmore, Eddy, *Me and My Russian Wife*, Greenwood Press, New York 1968
Gordon, Gregory N., & Irving A. Falk, *On-the-Spot Reporting: Radio Records History*, Julian Messner, New York 1967
Gunther, Marc, *The House That Roone Built: The Inside Story of ABC News*, Little, Brown, Boston 1944
Halberstam, David, *The Powers That Be*, Alfred A. Knopf, New York 1979
Harsch, Joseph C., *At the Hinge of History: A Reporter's Story*, University of Georgia Press, Athens, Georgia 1993
Hartwell, Dickson & Andrew A. Rooney (red.), *Off the Record: The Best Stories of Foreign Correspondents*, Doubleday, Garden City 1953
Hosley, David H., *As Good As Any: Foreign Correspondence on American Radio, 1930–1940*, Greenwood Press, Westport, Conn. 1984
Jordan, Max, *Beyond All Fronts*, Bruce, Milwaukee 1944
Joyce, Ed, *Prime Times, Bad Times*, Doubleday, New York 1988
Kendrick, Alexander, *Prime Time: The Life of Edward R. Murrow*, Little, Brown, Boston 1969
Knightley, Philip, *The First Casualty*, Harcourt Brace Jovanovich, New York 1975
Leckie, Robert, *Delivered from Evil: The Saga of World War II*, Harper and Row, New York 1987
Leonard, Bill, *In the Storm of the Eye: A Lifetime at CBS*, GP Putnam's Sons, New York 1987
LeSueur, Larry, *Twelve Months That Changed the World*, Alfred A. Knopf, New York 1943
MacVane, John, *On the Air in World War II*, William Morrow, New York 1979
Manchester, William, *The Glory and the Dream: A Narrative History of America, 1932–1972*, Bantam, New York 1973
Marton, Kati, *The Polk Conspiracy*, Farrar, Straus and Giroux, New York 1990
Matusow, Barbara, *The Evening Stars*, Houghton Mifflin, Boston 1983
McCabe, Peter, *Bad News at Black Rock: The Sell-Out of CBS News*, Arbor House, New York 1987
Metz, Robert, *CBS: Reflections in a Bloodshot Eye*, Playboy Press, New York 1975

Middleton, Drew, *Where Has Last July Gone?*, Quadrangle, New York 1973
Midgley, Leslie, *How Many Words Do You Want?*, Birch Lane Press, New York 1989
Ogden, Christopher, *Life of the Party*, Little, Brown, Boston 1994
Oldfield, Barney, *Never a Shot in Anger*, Duell, Sloan and Pearce, New York 1956
Paley, William S., *As It Happened*, Doubleday, Garden City, NY 1979
Persico, Joseph E., *Edward R. Murrow: An American Original*, Laurel, New York 1990
Polmar, Norman & Thomas B. Allen, *World War II: America at War 1941–1945*, Random House, New York 1991
Powers, Ron, *The Newscasters*, St Martin's Press, New York 1977
Rather, Dan & Mickey Herskowitz, *The Camera Never Blinks*, William Morrow, New York 1977
Rosenstiel, Tom, *Strange Bedfellows: How Television and the Presidential Candidates Changed American Politics, 1992*, Hyperion, New York 1994
Ryan, Milo, *History in Sound*, University of Washington Press, Seattle 1963
Salisbury, Harrison, *A Journey for Our Times*, Harper and Row, New York 1983
Schoenbrun, David, *America Inside Out: At Home and Abroad from Roosevelt to Reagan*, McGraw Hill, New York 1984
—, *On and Off the Air: An Informal History of CBS News*, Dutton, New York 1989
Schroth, Raymond A., *The American Journey of Eric Sevareid*, Steerforth Press, South Royalton, Vermont 1995
Sevareid, Eric, *Canoeing with the Cree*, 1935: reprint: Historical Society, St Paul, Minn. 1968
—, *In One Ear*, Alfred A. Knopf, New York 1952
—, *Not So Wild a Dream*, 1946, wyd. 2, Atheneum, New York 1976
—, *Small Sounds in the Night*, Alfred A. Knopf, New York 1956
Shirer, William L., *Berlin Diary: The Journal of a Foreign Correspondent*, Alfred A. Knopf, New York 1941
—, *Love and Hatred: The Stormy Marriage of Leo and Sonya Tolstoy*, Simon & Schuster, New York 1994
—, *Stranger Come Home*, Little, Brown, Boston 1954
—, *Twentieth Century Journey*, t. I, *The Start*, Simon & Schuster, New York 1976
—, *Twentieth Century Journey*, t. II, *The Nightmare Years*, Little, Brown, Boston 1984
—, *Twentieth Century Journey*, t. III, *A Native's Return*, Little, Brown, Boston 1990
Slater, Robert, *This... Is CBS*, Prentice Hall, Englewood Cliffs, NJ 1988
Smith, Howard K., *Last Train from Berlin*, Alfred A. Knopf, New York 1942

Smith, R. Franklin, *Edward R. Murrow: The War Years*, New Issues Press, Kalamazoo, Mich. 1978
Smith, Sally Bedell, *In All His Glory*, Simon & Schuster, New York 1990
Sperber, A.M., *Murrow: His Life and Times*, Freundlich, New York 1986
Westin, Av, *Newswatch: How TV Decides the News*, Simon & Schuster, New York 1982
Whelan, Richard, *Robert Capa*, Alfred A. Knopf, New York 1985
White, Paul, *News on the Air*, Harcourt Brace and Co., New York 1947

PODZIĘKOWANIA

Książka ta nie mogłaby powstać bez pomocy żyjących jeszcze członków zespołu Edwarda R. Murrowa – Mary Marvin Breckinridge (pani Patterson), Richarda C. Hotteleta, Larry'ego LeSueura i Howarda K. Smitha. Wystarczy krótko z nimi porozmawiać, aby zrozumieć, że ich wielkoduszność i inteligencja nie są mitem. Mieliśmy również zaszczyt spędzić znaczną część pewnego letniego popołudnia w domu Williama L. Shirera w Lenox; przeprowadziliśmy z nim wówczas wywiad na krótko przed jego śmiercią (1993) w wieku osiemdziesięciu dziewięciu lat. Chcemy również oddać hołd Janet Murrow, wdowie po Edwardzie R. Murrowie – jej elegancji, inteligencji, uprzejmości, oraz podziękować za pomoc i gościnność, jaką okazała nam i naszej córce.

Dziękujemy członkom rodzin Chłopców – w tym paru żonom obecnym i dawnym – którzy szczerze odpowiadali na nasze pytania, gdy próbowaliśmy zrozumieć, jacy oni naprawdę byli i czym się kierowali. Brak miejsca oraz – w bardzo nielicznych przypadkach – obietnica zachowania dyskrecji uniemożliwiają nam wymienienie ich wszystkich, niemniej jednak chcielibyśmy wspomnieć następujące osoby: Giorginę Burdett, Richarda Burdetta, Ingę (Shirer) Dean, Harrisa Collingwooda, Molly Collingwood, Jean Collingwood Spelman, Toma Collingwooda, Adama Downsa, Karen Downs, Bonnie (Downs) Shoults, Ebena Fingera, Belèn Sevareid, Suzanne St. Pierre, Michaela Sevareida, Cristinę (Sevareid) Kennedy, Benedicte Smith, Dorothy LeSueur, Priscillę (LeSueur) Jaretzki i Ann Hottelet.

Dziękujemy również wielu przyjaciołom, kolegom oraz znajomym Murrowa i Chłopców, którzy udzielili nam wywiadów. Byli to między innymi: Martin Agronsky, Michael Bessie, Bernie Birnbaum, Ed Bliss, Jules Buck,

Lou Cioffi, Blair Clark, Richard Churman, Shirley Churman, sir Geoffrey Cox, Joseph Dembo, Sara Engh, Tom Fenton, Ed Fouhy, Farnsworth Fowle, Fred Friendly, Jean Friendly, Marion Goldin, Fred Graham, Skyla Harris, Joseph C. Harsch, Tony Hatch, sir Denis Healy, Nancy White Hector, George Herman, Don Hewitt, Marvin Kalb, Don Kellerman, Austin Kiplinger, Charles Kuralt, Richard Leibner, Ernest Leiser, Bill Leonard (†), Lee Loevinger, John Malone, Gordon Manning, Paul Manning, Leonard Miall, Sig Mickelson, Les Midgley, Helen Kirkpatrick Milbank, Robert Morris, Roger Mudd, Bruce Netschert, Sid Offitt, Robert Pierpoint, Bert Quint, Diane Quint, Dan Rather, Andy Rooney, Hayden White Rostow, Morley Safer, Richard Scammon, Ray Scherer, Daniel Schorr, Bill Shadel, Julie Shadel, John Sharnik, Sandy Socolow, Frank Stanton, Tom Stix, Emerson Stone, Sander Vanocur, Bill Walton (†), Victor Weingarten, Av Westin, Palmer Williams i Perry Wolff. Osoby te nie tylko opowiedziały nam o wielu szczegółach, ale również zasugerowały inne źródła lub wymieniły ludzi, z którymi warto przeprowadzić wywiad. Zgodnie z tradycją chcemy podkreślić, że za wszystkie błędy tylko my ponosimy odpowiedzialność.

Jesteśmy ogromnie wdzięczni bibliotekarzom i archiwistom, którzy pomagali nam w poszukiwaniach. To oni sprawują pieczę nad historią i cywilizacją, a ich bezinteresowne podejście do pracy jest naprawdę heroiczne. Pragniemy szczególnie podziękować Elaine Trehub z Mount Holyoke College Archives, której pogodę i wielkoduszność mogliśmy docenić, gdy badaliśmy dokumenty Janet Murrow. Bardzo pomocni byli również bibliotekarze z działu rękopisów Biblioteki Kongresu, gdzie są przechowywane dokumenty Erica Sevareida i mikrofilmy z dokumentami Edwarda R. Murrowa.

Bardzo dziękujemy National Archives, które dysponuje nagraniami wielu audycji Chłopców z czasów II wojny światowej, Mass Communications Center Towarzystwa Historycznego Stanu Wisconsin, które posiada dokumenty Cecila Browna, Charlesa Collingwooda i Howarda K. Smitha, Museum of Television and Radio, Academy of Motion Picture Arts and Science Library, archiwum Georgetown University, gdzie znajdują się dokumenty Billa Downsa, oraz archiwum American University, w którym są przechowywane dokumenty Eda Blissa.

Nasza agentka, Gail Ross, służyła nam radami i bardzo potrzebną pomocą. Jesteśmy wdzięczni również Hilary Liftin i Wendy Holt, naszym redaktorkom z Houghton Mifflin, za ich entuzjazm i wyrozumiałość, oraz Peg Anderson, redaktorce maszynopisów, za inteligencję i wrażliwość, a także dowcipne komentarze na marginesach. Te trzy znakomite specjalistki są żywym dowodem na to, że we współczesnych wydawnictwach przetrwała jeszcze sztuka redagowania.

Chcemy podziękować za uprzejmość i koleżeńską pomoc, jaką okazali nam Ann Sperber (†), autorka biografii *Murrow*, Ray Schroth, autor *The American Journey of Eric Sevareid*, oraz Barbara Matusow, autorka *The Evening Stars*. Jesteśmy szczególnie zobowiązani Richardowi Hornikowi z „Time'u", który zgodził się przerwać urlop, żeby w naszym imieniu przeprowadzić wywiad z Charlesem Collingwoodem w Honolulu, oraz Oli Kinnander, doktorantce American University, która pomagała nam w poszukiwaniach.

Dziękujemy naszym kolegom, dawnym i obecnym, z CBS i innych instytucji, między innymi z „Time'u" i American University. Bez ich pomocy, zachęty, przykładu ta książka z pewnością by nie powstała. W obecnych czasach dziennikarze nie cieszą się najlepszą reputacją, ale ci, z którymi mieliśmy do czynienia podczas zbierania materiałów, byli inteligentni, przenikliwi i często równie zaniepokojeni ewolucją ich branży jak całe społeczeństwo.

Szczególnie serdecznie dziękujemy Jessice i Walterowi Olsonom, których życie stanowiło wzorzec do naśladowania dla ich córki. Wsparcie Jessiki miało dla autorów tej książki większe znaczenie, niż kiedykolwiek mogłaby przypuszczać, a to, że nie dożyła wydania *Chłopców Murrowa*, jest dla nas przyczyną wielkiego smutku. Dziękujemy również Maxine i Wade'owi Cloudom, którzy niemal od kołyski zachęcali swego syna, żeby został pisarzem.

Dziękujemy synom Stana, Michaelowi, Davidowi i Matthew, oraz naszej córce Carly, nauczycielce i autorce, która ze zwykłą dla siebie cierpliwością i dobrym humorem przetrwała lata, gdy jej rodzice byli pochłonięci sprawami Chłopców Murrowa.

INDEX

INDEKS

Czcionką pogrubioną wyróżniono nazwiska dziennikarzy, którzy wchodzili w skład zespołu Chłopców Murrowa (zgodnie z listą zamieszczoną w *Nocie autorów*)

ABC (American Broadcasting Company), sieć 57, 101, 201, 290, 321, 337, 380, 383–385, 387, 410, 425, 427, 430
Adams Philip 210
Afganistan 43, 426
Afryka 184, 188, 192
Afryka Południowa 172, 371
Afryka Północna 10, 148, 152, 153, 184, 185, 187–192, 203, 213, 214, 221, 226, 227, 232, 247, 349, 416
agencje prasowe, *patrz* Associated Press, International News Service, United Press, United States Information Agency, Universal
Agnew Spiro 404, 407
Agronsky Martin 150, 177, 337
Akwizgran 259
Alabama 380
Alamajn, Al- 184, 189, 190
Alaska 268
Aleksandra, królowa Danii 223
Aleksandria 184
Alexander Harold 190, 214
Algier 184–186, 191, 192
Algierczycy 188
Algieria 101, 184, 185, 187
alianci 93, 95, 97, 148, 173, 178, 185, 190, 192, 204, 213, 215–217, 219, 223, 224, 242–246, 249, 250, 253, 256, 259–261, 264–266, 349
Allen Gracie 32, 301
Allen Jay 231
Altamont 394
American Broadcasting Company, *patrz* ABC
Ameryka Południowa 100, 151, 278
Amsterdam 83, 88–91, 124, 143, 428
Anders Władysław 10, 217

Anderson Ida Lou 37, 112
Anglia 33, 36, 56, 70, 75, 82, 83, 87, 101, 104, 105, 109, 114, 121, 130, 154, 162, 164, 167, 203, 223, 233, 263, 302, 308, 326; *patrz też* Wielka Brytania
bitwa o Anglię 9, 20, 109–111, 122, 128
Anglicy 10, 77, 82, 85, 91, 109, 110, 113, 116, 122, 149, 152–154, 160, 164, 177, 182, 189–191, 214, 217, 230, 267, 360; *patrz też* Brytyjczycy
Ankara 148, 150, 177, 189, 359, 360
Annecy 250
Antwerpia 260, 263
Anzio 216–218, 369
AP, *patrz* Associated Press
Appalachy 88
Archangielsk 154
Archinard Paul 104
Ardeny 97, 260
Arizona 101
Arledge Roone 385
Arnhem 258, 259, 413
Arnold Matthew 142
Arystofanes 140
Arystoteles 86
Ascot Heath 143
Associated Press (AP), agencja prasowa 28, 46, 154, 176, 222, 321
Astor Hugh 143
Ateny 305
Atlantyk 59, 64, 98, 104, 124, 127, 128, 130, 148, 163, 326
Auschwitz, obóz koncentracyjny 266
Australia 178, 194, 408
Austria 32, 50–52, 67
Anschluss 51, 52, 54, 55, 314

Austriacy 51
Azerbejdżan 30, 31
Azja 209, 212, 278, 292, 396, 401
Azja Południowo-Wschodnia 397

Babi Jar 225
Baku 30
Baldwin Hanson 222
Ball Lucille 322
Bałkany 14, 152, 153, 160, 349, 358
„Barbarossa", operacja 148
Barnett Melvin 362
Barrymore Lionel 294
Bastogne 261
Bataan 176
Bate Fred 48, 49, 124
Baudelaire Charles 140, 143, 187
Bazylea 48
BBC (British Broadcasting Corporation), sieć 51, 70, 75, 86, 114, 116, 118, 119, 127, 137, 219, 244–247, 291
Bean Orson 345
Beattie Ed 343
Beaver, Waszyngton 37
Belgia 89, 95, 96, 103, 105, 119, 221, 230, 254, 260
Belgrad 50, 98, 150, 152, 359
Bengazi 152, 153
Benny Jack 300/301
Bergen Edgar 301, 328
Berle Milton 321
Berlin 38, 39, 44, 45, 49, 52, 53, 56, 59, 62, 71, 72, 75, 86, 90–92, 94, 98–101, 105–107, 121–124, 132–134, 148, 160, 161, 164–166, 221, 223, 229–232, 266–269, 271, 286, 295, 301, 309, 311, 428
Berno 165, 223, 224, 250–252
Bessie Alvah 351, 355, 356
Bessie Michael 138, 276, 335, 351–353, 369, 407
Bigart Homer 222, 337
Birma 205, 206, 208, 210, 216, 279, 282, 423
Birmingham, Alabama 378, 379, 382
Birnbaum Bernie 414, 420
Blake Barbara (ur. Stracey-Clitherow; Gracie) 143, 144, 226, 255, 280, 281, 343
Blanchard, Waszyngton 37
Bliski Wschód 100, 148, 190, 217, 278, 283, 349, 363, 371, 396, 407, 409, 427
Bliss Ed 275, 276, 284, 292, 297
blitzkrieg 95, 152, 261
Blois 103
Blue Ridge, Wirginia 418
Bonn 290, 292
Bonnier de La Chapelle Fernand 185, 186
Bordeaux 98, 101, 104, 105, 107, 129
Boston 265
Boyle Hal 222
Bracken Brendan 178

Bradley Omar 242, 243
Breckinridge John 87
Breckinridge Mary Marvin, kuzynka M.M. Breckinridge Patterson 87, 88
Breckinridge Patterson Mary Marvin 13, 14, 83, 87–92, 98–101, 412, 428
Brest 104
Brewster, Nowy Jork 285
Brinkley David 395
British Broadcasting Corporation, *patrz* BBC
Brock Ray 153
Bronxville 134
Brown Cecil 13, 14, 150–153, 172–180, 191, 194–201, 203, 307, 308, 313, 412
Brown Frank 366
Brown John Mason 226
Brownell Herbert 354
Browning Robert 142
Bruksela 258
Brytyjczycy 153, 312; *patrz też* Anglicy, Szkoci
Buchanan Pat 404
Buchenwald, obóz koncentracyjny 266, 415
Budapeszt 152
Bukareszt 358
Bułgaria 148
Burdett Giorgina (ur. Nathan), II żona Winstona 349, 362, 408
Burdett Lea (ur. Schiavi), I żona Winstona 149, 150, 189, 190, 349, 358–361
Burdett Richard, syn Winstona 149, 408
Burdett Winston Mansfield 13, 14
  pochodzenie, początki kariery dziennikarskiej 348, 355–356
  okres wojny 94, 148–150, 152, 177, 179, 189, 190, 218, 219, 223, 265
  losy powojenne 276, 282, 290–293, 334, 349–363, 386, 394, 396, 407–409, 412, 413, 419, 426, 428
Burke Edmund 380–382
Burlingame Roger 170
Burns George 32, 301
Burns Robert 117
Burton Richard 397, 400
Butcher Henry 188, 189

Caen 258
Caesar Sid 321
Calmer Ned 81, 253, 284
Cambrai 96
Cambridge 31
Campbell Kay 82, 254
Campidoglio 219
Cantor Eddie 29, 31
Capa Robert 222, 242, 255
Cape Cod 133
Capra Frank 134
Capri 213

Indeks

Carmel, Kalifornia 279, 280
Carter Boake 30–33, 52, 77, 81, 147, 278
Casablanca 184
Cassino 215
CBS (Columbia Broadcasting System), sieć 13, 14
  w okresie przedwojennym 17–20, 24, 29–33, 35, 36, 45–54, 56, 57, 59, 60, 70–73
  w okresie wojny 9, 76–78, 80–82, 87, 89, 93, 94, 97–100, 102, 105–107, 111, 117, 118, 120, 123, 124, 127–130, 133, 134, 136–138, 144, 145, 148–151, 157, 158, 160, 161, 164, 165, 167–171, 176, 178, 179, 181, 184, 186–202, 204–206, 210, 213, 217, 222, 224, 228, 232–234, 237–241, 244–246, 249, 252–255, 257, 259, 260, 262, 266
  w okresie powojennym 275–284, 288–292, 294, 295, 300, 301, 304–316, 318–321, 324–326, 328–337, 339–341, 343, 344, 346, 348–354, 358, 360, 363–365, 367–373, 377–392, 394–400, 403–420, 424–428, 430
CBS News, dział wiadomości CBS 14, 19, 276–278, 285, 286, 300, 303, 315, 328, 329, 367, 372, 380–382, 392, 395, 405, 408–411, 417–420, 425, 427, 430
Cedar Rapids, Iowa 40
cenzura, cenzorzy 51, 55, 73, 78, 79, 89, 91, 95–97, 102, 119, 121–124, 148, 151–153, 156, 157, 160, 164, 165, 173, 176–180, 183, 185, 186, 188, 189, 195, 196, 206, 211, 215, 217, 218, 221, 244–247, 266, 309
Cerf Bennett 176
Cézanne Paul 183
Chajber, przełęcz 43
Chamberlain Neville 56, 70, 76, 164
Chancellor John 426
Charków 225
Charlian Edward 217
Charniak Hyman 361, 362
Chennault Claire 206
Cherbourg 237, 240–242
Chevalier Maurice 96
Chevy Chase, Maryland 402
Chiang Kai-shek 205, 206, 211, 212, 305, 339
Chicago 10, 24, 25, 39, 306, 366, 372, 385, 394
Chiny 19, 87, 157, 205, 206, 211, 212, 279, 282, 305, 339, 366
Chińczycy 211
Choltitz Dietrich von 243
Chongqing 211, 212
Christie Agatha 85
Chung Connie 425
Church Wells 283, 284
Churchill Clementine (ur. Hozier) 183
Churchill Harriman Pamela (ur. Digby) 227, 228
Churchill Randolph 227
Churchill Winston 70, 114, 153, 154, 173, 183, 185, 196, 204, 209, 214, 264, 275, 290, 394
Cincinnati 151
Cioffi Lou 323
Cisterna 218

Clark Blair 382, 395
Clark Mark 214, 216, 218, 219
Cleveland 59
Clurman Dick 414
Coca Imogen 321
Coffman Lotus 665
Cohn Herbert 362
Collingwood Charles (Charlie) Cummings 14, 18
  pochodzenie, początki kariery dziennikarskiej 136–143
    okres wojny 143–145, 163, 179, 180, 182–189, 191–193, 213, 222, 223, 226–228, 232, 238–249, 251, 252, 255, 256, 268–271
    losy powojenne 275, 276, 280–282, 285, 288, 289, 292, 303, 318, 321, 323, 324, 326, 327, 330, 331, 335, 336, 342–347, 363, 373, 389, 392–401, 412–419, 430, 431
Collingwood Harris, bratanek Charlesa 138, 414
Collingwood Harris, ojciec Charlesa 139
Collingwood Jean, matka Charlesa 139, 142
Collingwood Louise (ur. Allbritton), I żona Charlesa 281, 343, 397–400, 414, 417
Collingwood Molly, bratowa Charlesa 400
Collingwood Spelman Jean, siostra Charlesa 138, 139
Collingwood Tatiana Angelina (ur. Jolim) 415
Collingwood Tom, brat Charlesa 139, 140, 192
Collingwoodowie, rodzina 138
Colson Charles 404
Columbia Broadcasting System, *patrz* CBS
Compiègne 106, 107
Connecticut 37
Connor Bull 378, 380
Cordey Frédéric Samuel 183
Corregidor 176
Corwin Norman 280
Costello Bill 292
Coward Noël 134, 398
Cox Geoffrey 68, 116, 212, 222, 301, 369
Cronkite Walter 17, 181, 222, 227, 258, 330, 331, 347, 372, 373, 391, 395–397, 401, 403, 404, 409, 410, 413, 417
Crosby Bing 32, 194, 301, 333
Crosby John 294
Culoz 256
Czarne, Morze 151
Czechosłowacja 55, 58, 60, 68, 287, 384
Czesi 55, 72

Dachau, obóz koncentracyjny 265
Dakota Południowa 66
Dakota Północna 18, 61, 68
Daladier Édouard 56
Daly John Charles 81, 158, 204, 253
Damaszek 153
Dania 93, 165, 223
Darlan Jean 185–188, 203, 264

Darrow Clarence 39
Dartmouth 233
Davis Elmer 81, 97, 170, 179, 194, 196, 337, 419
Davis John Paton 207, 208, 210
Day John 366
Degas Edgar Hilaire 364
Delhi 42, 189, 360
Denver 181
Detroit 282
Dewey John 39
Dewey Thomas E. 318
Disney Walt 415
Donaldson Sam 17
Dover, cieśnina 110
Downs Adam, syn Williama 267
Downs Bonnie, siostra Williama 181
Downs Roz, żona Williama 331, 332
Downs William (Bill) 14
    pochodzenie, początki kariery dziennikarskiej 181
    okres wojny 157, 179–182, 223, 225, 226, 232, 238, 240, 257–261, 263, 267
    losy powojenne 276, 282, 285, 292, 293, 298, 301, 310, 321, 323, 330–332, 335, 336, 340, 342, 363, 386, 387, 389, 412, 413
Downs William, ojciec Williama 181
Dreiser Theodore 39, 40
Dulles Allen 223
Dumont, sieć 321
Duncan Isadora 42
Dunkierka 103, 167, 230
„dziwna wojna" 84, 86, 87, 91, 93, 158

Early Steve 77
Eastland James 352–354, 363
Eden Anthony 183
Edwards Douglas 81, 249, 253, 318–320, 326, 330, 331, 378, 379, 395
Edynburg 116
Egipt 101, 152, 177, 184, 190, 407
Einhorn Nathan 361
Einstein Albert 336
Eisenhower Dwight D. 185, 188, 189, 191, 203, 219, 227, 235, 242, 243, 269, 366
Eliot Thomas Stearns 142
Emerson Gloria 404
Ernst Morris 335, 351–353
Europa 10, 14, 17, 33, 36–39, 44, 45, 47, 48, 52, 55–57, 60, 67, 71, 72, 75, 80, 83, 87, 90, 94, 100, 103, 116, 126, 128, 130, 133, 137, 138, 142, 151, 163, 183, 184, 190, 213, 221, 222, 228, 242, 257, 260, 264, 270, 271, 286, 293, 302, 357, 371, 372, 390, 395, 396, 412, 419, 426
Europa Środkowa 287
Europa Wschodnia 214, 282
Europa Zachodnia 95, 261
Europejczycy 42

Eurypides 340

Falletta Joe 408
faszyzm, faszyści 67, 149, 152, 203, 215
Faulk John Henry 344–346
Fenton Tom 426, 427
Ferriday, Luizjana 161, 162
Filadelfia 14, 30, 228, 265, 318, 385
Findeisen Andrzej 9
Finger Eben 403
Finlandia 349, 356–358
Finowie 357
Fitzgerald Francis Scott 42, 67, 106
Flannery Harry 161
Fletcher Bob 316
Flickinger Donald 209
Flint Hill, Wirginia 403
Florencja 175, 265
Floryda 430
Fly James 198
Flynn Erroll 283
Fontanne Lynn 226
Fouhy Edward 419
Fowle Farnsworth 149, 150, 254
Foy Brian 131
Francis Kay 192
Francja 38, 55, 56, 58, 60, 73, 82, 83, 86, 87, 93, 95, 97–102, 104, 105, 107, 109, 116, 119, 130, 134, 158, 166, 183, 188, 193, 213, 219, 221, 223, 230, 232, 239–242, 244–246, 250, 251, 254, 256, 261, 262, 283, 286, 288, 293, 295, 297, 395, 412
Franco Bahamonde Francisco 67
Francuska Afryka Północna 183
Francuzi 82, 85, 98, 107, 186, 240
Friendly Alfred 337
Friendly Fred 324, 325, 327–329, 340–342, 372, 373, 392, 405

Gallagher O'Dowd 172, 173, 175
Gallagher Wes 222
Gallois Roger 243
Gandhi Mohandas Karamchand, Mahatma 42
Garmisch-Partenkirchen 44
Gaulle Charles de 187, 188, 240, 245–247, 287, 288, 290, 327
Gdańsk 71
Gdynia 71, 78, 79
Genewa 35, 55, 75, 91, 134, 250, 396
Genua 98
Georgetown 423
Gerson Rosalind 301
Gervasi Frank 44, 53, 256
Gilmore Eddy 154, 155
Giraud Henri Honoré 188
Godfrey Arthur 300
Goebbels Joseph 197, 268

Gołos Jakow (*vel* Jacob Raisin) 357, 359
Goodfellow Preston 355
Goodrich B.F. 87
Goodriche'owie, rodzina 87
Gorbaczow Michaił 204
Gordon David 362
Gould Jack 308, 309, 381
Graham Katharine 364, 402
Grandin Natalia (ur. Parligras), żona Thomasa 95, 98, 101, 102
Grandin Thomas 13, 14, 59, 60, 69–72, 82, 85, 93, 95, 98, 101, 412, 422
Grecja 148, 150, 153, 167, 264, 305, 334
Greencastle, Indiana 24
Greenock 154
Grosz George 183
Grutzner Charles 362
Gude John G. („Jap") 303, 305, 311
Gunther John 44, 134, 308
Gustawa, Linia 214, 216

Habsburgowie, dynastia 42
Hamburg 72, 122
Hanoi 397
Harriman Averell 330, 343
Harsch Joseph C. 78, 123, 133, 249, 309, 314, 348, 349
Haute-Savoie, departament 250
Hawaje 173
Hawthorne, Kalifornia 317
Hayes Arthur Hull 345
Healey Denis 164, 291
Hearst William Randolph 44, 151, 206, 364
Heatter Gabriel 147
Heidelberg 163
Helsinki 357
Hemingway Ernest 42, 67, 106, 241, 242, 256, 276
Herman George 301, 313, 399
Herodot 419
Hersey John 222
Hewitt Don 17, 19, 292, 298, 320, 321, 323, 364, 398
Hickenlooper Bourke 338
High Sierra 64
Himalaje 206
Hirosima 271
Hiss Alger 384
Hiszpania 43, 68, 134, 231
Hitchcock Alfred 119
Hitler Adolf 31, 33, 39, 43, 44, 50–56, 58, 60, 65, 67, 68, 70–72, 76, 82, 87, 88, 92, 95, 105–107, 109–111, 114, 122, 123, 155, 160, 161, 163, 164, 221, 230, 243, 258, 266, 293, 341, 356, 384, 397, 428
Hodges Courtney 243
Holandia 83, 87, 89, 90, 95, 144
Hollywood 45, 119, 131, 134, 281, 320, 333, 351
Hoover J. Edgar 334, 343, 351
Hottelet Ann (ur. Delafield), żona Richarda 231, 270

Hottelet Richard C. (Dick) 14
 pochodzenie, początki kariery dziennikarskiej 28, 71, 229, 230
 okres wojny 160, 161, 165, 228–234, 244, 253, 257, 259, 261–263, 266–268, 270
 losy powojenne 276, 282, 290, 292, 296, 297, 312, 318, 321, 332, 389, 394, 407, 409, 411, 412, 417, 428, 431
Houston 419
Hudson, rzeka 25, 87
Hudson, Wisconsin 66
Hudsona, Zatoka 63, 64
Hughes Charles Evans 41
Huntley Chet 395

Ickes Harold 31
Illinois 38
Indiana 196
Indianapolis 196
Indianie 24
Indie 38, 101, 157, 189, 205, 206, 209, 210, 282, 360, 408
Indochiny 282
Ingersoll Ralph 308, 310
INS, *patrz* International News Service
International News Service (INS), agencja prasowa 38, 44, 45, 49, 53, 151
Iowa 35, 41, 61
Irak 426
Iran 189, 349, 361, 400
Irlandia 89
Ischia 213
Izrael 371, 407, 409

Jackson Allan 339
Jałta 10, 264
Jamajka 364
Japonia 87, 165, 173, 206, 271
Japończycy 10, 166, 172, 173, 177, 178, 205, 211, 360
Jawa 282
Jemen 408
Jennings Peter 385
Jerzy III, król Wielkiej Brytanii 166
Jerzy VI, król Wielkiej Brytanii 48, 245
Jodl Alfred 269
Johnson Lyndon 401, 419
Jordan Max 48, 49, 51, 56, 57
Jouars-Pontchartrain 96
Joyce Edward 381, 409
Joyce James 42, 106
Jugosławia 148–150, 152, 177, 287, 358, 359

Kabul 43
Kair 152, 153, 172, 173, 184, 190, 195, 217, 279, 283
Kalb Marvin 295, 297, 348, 397
Kalifornia 29, 64, 141, 304, 384, 400, 404
Kaltenborn H.V. 33, 57, 70, 147, 197, 198, 278, 311

Kambodża 401
Kansas 153, 181
Kansas City, Kansas 181
Kant Immanuel 230
Karolina Północna 34
Kasserin, przełęcz 191
Katia, moskiewska przyjaciółka LeSueura 159
Katyń 10, 204
Katz John 425
Keitel Wilhelm 106, 269
Kellerman Don 368
Kendrick Alexander 14, 282, 287, 288, 334, 335
Kennedy Ed 222
Kennedy John Fitzgerald 373, 379, 383, 394
Kennedy Robert 394
Kentucky 87
Kerker William 106, 107
Kerr Walter 154, 155, 157, 222
Kesten Paul 200
King Martin Luther 379, 394
Kiplinger Austin 141, 142
Kirkpatrick Helen 136, 222
Kissinger Henry 280, 401
Klauber Edward 32, 33, 38, 52, 76–78, 87, 94, 136, 168, 198, 200, 201, 410, 419
Knopf Blanche 132, 176
Knopf Alfred 132, 176
Koblencja 242
Kokoschka Oskar 267
komunizm, komuniści 149, 154, 164, 205, 211, 229, 264, 291, 305, 315, 316, 333, 334, 336, 339, 340, 343, 345, 350–354, 356, 359, 362, 363, 407, 408
Konstantyna 192
Kopenhaga 163, 223
Koralowe, Morze 176
Korea 323, 331
Kreta 153
Kuhn Ferdinand 38
Kujbyszew (Samara) 155–158
Kuralt Charles 294, 295, 342, 417, 427

La Guardia Fiorello 26
La Jolla, Kalifornia 389
La Manche, kanał 95, 110, 122, 184, 230, 234, 235
Lake Placid 303
Landry Robert 57, 236, 237, 239
Laos 396, 397, 401
Laski Harold 37, 223, 303
Leclerc Jacques Philippe 242, 243, 246, 248
Leibner Richard 416, 419
Leiser Ernest 363, 369, 413, 416
Lenin Władimir 40, 154
Leningrad 158
Lenox, Massachusetts 429
Leonard Bill 404
Leonardo da Vinci 428

Leopold III, król Belgów 99
LeSueur (Lesueur) Larry 14, 20
    pochodzenie, początki kariery dziennikarskiej 23–30, 33, 59, 67
    okres wojny 10, 81, 82, 84, 103–105, 110–113, 115–120, 124, 127, 153–159, 179, 180, 182, 223–225, 232, 233, 235–241, 243, 245, 247, 248, 252, 255, 259, 260, 262, 263, 265, 266
    losy powojenne 276, 281–283, 285, 288, 289, 292, 293, 295, 301, 302, 309, 318, 319, 321–323, 328, 330, 331, 334–340, 342, 363–370, 384, 387, 389–395, 401–407, 410, 412, 413, 416–425, 427, 428, 430
LeSueur Dorothy (ur. Hawkins), III żona Larry'ego 387, 430
LeSueur Lorna, córka Larry'ego 285
Lesueur Margaret, siostra Larry'ego 24
LeSueur Priscilla (I voto Bruce), II żona Larry'ego 225, 387
Lesueur Rose, matka Larry'ego 24, 25
Lesueur Wallace, ojciec Larry'ego 24
LeSueur Wiseman Joan (ur. Phelps), I żona Larry'ego 224, 225
Lesueurowie (LeSueurowie), rodzina 24, 285
„Lew Morski", operacja 110
Lewis Charles 361
Lewis Sinclair 40, 42, 44
Libia 152, 153, 184
Liebling A.J. 242
Liga Narodów 36, 293
Lincoln 233
Lincoln Murray 383
Lindbergh Charles 168
Lippmann Walter 32, 212
Little Rock 378, 379
Litvak Anatole 134
Liverpool 108
Lizbona 124, 127, 131
Lombard Carole 281
Lombardo Guy 194
Londyn 13, 36, 38, 43, 45, 47, 48, 51–56, 59–62, 67, 69, 70, 72, 73, 75, 81, 82, 86, 88, 105, 107, 108, 111–114, 116–122, 124, 127–129, 133, 134, 136, 138, 143, 145, 146, 148, 153, 154, 157, 166–170, 178, 180, 181, 183, 193, 195, 204, 213, 221–228, 231–234, 237, 238, 241, 243–246, 248, 252, 254–256, 259, 261, 263, 266, 270, 276, 278, 279, 282, 290, 291, 301, 302, 314, 321, 323, 324, 346, 354, 361, 370–372, 385, 391, 394–396, 401, 413, 425, 426, 428
    blitz 20, 84, 111, 112, 114, 115, 117, 118, 120–122, 128, 130, 136, 148, 206, 216, 232, 263, 312, 422
Loren Sophia 408
Los Angeles 201, 281, 282, 292, 317, 343, 400, 403, 409, 412, 425
Losch Tilly 134, 135, 302
Lowe David 378
Lozanna 55

Indeks

Lucas John 216
Luce Henry 132, 206, 282, 364
Lucerna 88
Luizjana 161, 378
Luksemburg 95
Lunt Alfred 226
Lyon 95, 251

Łaba 267, 268

maccartyzm, maccartyści 190, 335, 336, 339, 340, 343, 351, 373
MacLeish Archibald 168, 308, 310
MacVane John 186, 187, 247, 267, 268
Madonna 426
Madżara, dolina 192
Maginota, Linia 82, 83, 93, 96, 97, 99
Maine 29, 87
Malajski, Półwysep 178
Malone John 180
Manchester William 294
Manet Édouard 364
Manitoba 63
Mann Arthur 186
Manning Gordon 408, 409
Manning Paul 14
Manzoni Alessandro 428
Mao Zedong 205
Marder Murray 337
Maroko 184
Maryland 383, 429, 430
Matisse Henri 183
Mayer Louis B. 290
McAndrew William 383
McCarthy Joseph 10, 202, 207, 304, 314, 316, 333, 335–342, 347, 354, 377, 380, 391, 407
McCloy John 212
McCormick Robert 42, 43
McLuhan Marshall 29
Mediolan 149
Meksyk 397, 400
Mencken H.L. 40
Michigan, stan 139
Mickelson Sig 290, 321, 329, 330, 332, 351, 354, 380, 409
Middleton Drew 192
Midgley Les 397, 400
Miller Arthur 308
Miller Webb 33
Minneapolis 62, 64, 182
Minnesota 64, 66, 119, 128
Minot 62
Missisipi, rzeka 63, 162
Mokokchung 210
Mołotow Wiaczesław 271
Monachium 56–58, 99, 169, 397

Monroe 162
Monroney Michael 366
Mont Saint-Michel 242
Montaigne Michel de 419, 420
Monte Cassino 10, 215, 217
Montgomery Bernard 258, 261
Morris Robert 352–354
Moskwa 10, 20, 149, 153–156, 158, 159, 180–182, 224, 225, 249, 282, 292, 304, 330, 358, 359, 361, 387, 425
Mowrer Edgar Ansel 313
Moyers Bill 417
Moza 97
Mudd Roger 427
Murrow Casy, syn Edwarda 285, 372, 431
Murrow Edward R. (Egbert Roscoe; Ed) 13, 14, 18–20
  pochodzenie, początki kariery dziennikarskiej 33–38, 45, 46, 48–61, 69–72, 74
  okres wojny 10, 75, 77, 78, 80–84, 86–91, 93, 100–102, 105, 107, 108, 110–115, 117–122, 124, 125, 127, 131, 133–138, 144–148, 151, 152, 154, 156, 157, 164, 167, 169–171, 179–184, 192, 195–202, 204, 205, 218, 221–229, 231–233, 238, 239, 241, 246, 253–255, 258, 259, 261, 263, 264, 266, 270, 271
  losy powojenne 275–278, 280–303, 305–316, 318–332, 334–337, 340–343, 345–347, 350–353, 363, 364, 367, 370–373, 377–382, 384, 386–395, 404–407, 409–415, 417–422, 425, 427–431
Murrow Janet (ur. Brewster), żona Edwarda 14, 37, 70, 72, 88, 98, 99, 101, 116, 117, 169, 184, 224–228, 279, 281, 285, 298, 302, 372, 373, 389, 390, 417, 422
Murrow Roscoe, ojciec Edwarda 37
Murrowowie, rodzina 89, 284, 285, 291, 298, 391
Mussolini Benito 39, 67, 95, 149, 151, 190, 359
Mutual, sieć 14, 57, 77, 80, 186, 201, 315, 330
Mydans Carl 256

Nader Szah, król Afganistanu 43
Nadrenia 44
Nagasaki 271
Nagowie 208–210
Nantes 103
Naser Gamal Abdel 407
National Broadcasting Company, *patrz* NBC
nazizm, naziści 50, 52, 55, 59, 60, 75, 76, 79, 90, 91, 109, 110, 122, 123, 131, 134, 149, 160, 161, 163, 165, 185, 203, 204, 223, 229–231, 266, 358
NBC (National Broadcasting Company), sieć 30–32, 36, 45, 46, 48, 49, 51, 52, 56, 57, 77, 80, 104, 106, 124, 150, 177, 186, 197, 201, 247, 267, 290, 300, 304, 321, 338, 365, 380, 383, 385, 395, 408, 410, 426, 427
Neapol 213, 215, 216, 219
Neapolitańska Zatoka 213
Netschert Bruce 141, 142
Neuilly 94, 95
Nguyen Duy Trinh 398

Niemcy (Trzecia Rzesza), państwo 10, 31, 32, 37, 38, 44, 55, 60, 67, 71–73, 77–80, 83, 84, 86, 89–92, 94, 100, 106, 122, 123, 133, 161, 163, 165, 188, 204, 223, 229, 231, 232, 243, 251, 254–256, 260, 261, 263, 265–268, 279, 282, 293, 296, 297, 302, 309, 315, 371, 380, 409

Niemcy, naród 49, 52, 55, 56, 71, 72, 75, 76, 80, 82, 83, 86, 91, 93, 95–98, 102, 104–107, 110–112, 114, 116, 119, 123, 128, 144, 148–150, 152–154, 158, 160, 161, 165, 184, 185, 190, 191, 213–219, 221, 223, 225, 226, 235–237, 240, 247–249, 253, 256, 259, 260, 262–264, 266, 269, 305, 312, 358, 360, 361

Nietzsche Friedrich 141

Nil 153

Nixon Richard M. 304, 379, 384, 385, 404, 405, 407

Nizer Louis 346

Normandia 20, 80, 101, 220, 221, 224, 234, 240, 241, 263, 430

Normandzki, Półwysep 234

Norris Frank 39, 40

North Joe 356, 357

Norwegia 89, 91–94, 149, 154, 167, 349, 359

Norweskie, Morze 154

Norymberga 44, 56, 282, 301, 302

Nowa Zelandia 301

Nowy Jork 24–26, 32, 35, 36, 38, 39, 46, 49–57, 59, 60, 67, 69, 70, 72, 73, 75, 78, 80, 81, 87, 88, 90, 94, 96, 99–102, 107, 111, 122, 123, 126, 128, 129, 132, 134, 139, 145, 146, 148, 151, 157, 158, 170, 171, 181, 183, 186, 188, 191, 194, 196, 197, 200, 213, 224, 225, 229, 234, 238, 239, 244, 253, 276, 278, 282, 284–287, 290, 292, 296, 302, 303, 305, 306, 310, 320, 324–326, 343, 350, 351, 356, 358, 359, 362, 364, 366, 369, 371, 373, 382, 384–387, 389, 392, 395, 397–402, 408, 409, 415, 416, 418, 422

Nowy Orlean 162, 163, 378

O'Shea Daniel 336, 346, 353, 354, 363

Ober Eric 420

obiektywizm 76–78, 148, 197, 198, 200, 202, 227, 292, 337, 368

Ogden, Utah 65

Ohio, rzeka 151

Oklahoma City 182

Oksford 68, 142, 143, 163, 164, 321, 371

ONZ, *patrz* Organizacja Narodów Zjednoczonych

Oran 184

Organizacja Narodów Zjednoczonych (ONZ) 270, 271, 279, 282, 285, 289, 293, 351, 387, 409, 431

Orlean 242

Owidiusz 140

Oyster Bay 132

Pacyfik 10, 14, 176, 282, 326

Paine Thomas 401

Palestyna 371

Paley William S., właściciel sieci CBS
  w okresie przedwojennym 31–33, 36, 46, 47, 52, 55, 57
  w okresie wojny 76, 77, 79, 80, 87, 124, 128, 132, 167, 168, 176, 183, 188, 189, 198, 200, 201, 224, 226–228, 242, 252, 253
  w okresie powojennym 276, 283, 284, 294, 296, 298, 300–302, 305–308, 310, 311, 319, 322, 329, 333, 335–337, 341, 346, 350, 353, 354, 364–368, 372, 373, 377–383, 391, 392, 404–406, 412, 414, 416, 417, 419

Palfrey John 241

Parker Dorothy 308

Paryż 35, 41, 42, 44, 52, 58–60, 62, 67–69, 71–73, 75, 82, 85, 86, 94–99, 101–103, 105, 106, 115, 120, 128, 180, 242–256, 270, 279, 283, 286, 290, 291, 301, 332, 382, 396, 398, 413, 415

Paskman Ralph 396, 397

Patterson Jefferson 98–100

Patton George S. 184, 191, 261

Pawling, Nowy Jork 285, 390, 391

Pearl Harbor 165, 166, 170–172, 203, 266, 360

Peck Gregory 308

Pensylwania 151, 228

Percy Richard 143

Pétain Philippe 99, 104, 105, 185

Pham Van Dong 398

Picasso Pablo 67, 252, 364

Pierpoint Bob 292, 295, 323, 324, 332

Pittsburgh 364

Platon 141

Plutarch 86

„Pochodnia", operacja 183, 184, 190

Pointe Coupee Parish, Luizjana 162

Polacy 9, 10, 71, 72, 78, 79, 86, 116, 117, 204, 217, 249, 264

Polecat Creek 36, 114

Polk George 14, 283, 334

Polska 9, 10, 58, 71, 72, 75–80, 86, 88, 93, 111, 116, 142, 204, 261, 264, 295, 384

Południowochińskie, Morze 173, 232

Pons Lily 245

Poore Charles 316

Port Walter 62–64, 209

Potomac 383, 429

Potter Philip 337

Pound Ezra 42

Powell Lewis F. 37

Północne, Morze 116, 148, 156, 221

Praga 55, 56, 169

Presley Elvis 333

Proust Marcel 141

Providence, Rhode Island 182

Prowansja 95

Puerto Vallarta 397, 400

Pyle Ernest Taylor (Ernie) 222, 226, 246, 258

Indeks

Quebec 196
Quint Diane 407
Quisling Vidkun 264

Radulovich Milo 340
Raisin Jacob, *patrz* Gołos Jakow
Rambouillet 245
Randall Tony 344
Rathbone Basil 151
Rather Dan 17–19, 409, 410, 413, 417–420, 425, 430
Reagan Ronald 404, 420
Ream Joseph 335, 336, 350
Reasoner Harry 385, 396
Reims 82, 84, 158, 268, 271
Ren 85, 93, 258, 261, 262
Reno 225
Reston James 117, 402
Reston Sally 402
Reynaud Paul 99, 104
Reynolds Frank 384, 385
Reynolds Quentin 222
Riwiera 256
Robinson Max 385
Rodan 256
Rommel Erwin 152, 153, 184, 185, 189–191
Rooney Andy 17, 221, 227, 246, 413
Roosevelt Eleanor 170
Roosevelt Franklin Delano 27, 31, 32, 52, 77, 170, 184, 185, 196, 197, 203–205, 245, 264, 333
Roosevelt James 32
Roosevelt Kermit 132
Roosevelt Theodore 132
Rosenstiel Tom 404
Rosja 86, 154, 157, 159–161, 180, 204, 224–226, 305, 387; *patrz też* Związek Sowiecki
Rosjanie 10, 116, 156, 158–160, 190, 204, 214, 226, 267, 269; *patrz też* Sowieci
Roth Philip 404
Royal John F. 48, 49
Ruhry, Zagłębie 122
Rumunia 116, 148, 149, 358
Runyon Damon 129
Ruth, Babe 371
Rzym 52, 67, 177, 197, 215–219, 282, 342, 349, 350, 354, 363, 386, 407, 413, 426, 428
Rżew 225, 226

Safer Morley 396, 417
Saint-Julien 250
Saint-Malo 242
Saint-Nazaire 103
Saint-Tropez 394, 395
Sainte-Marie-du-Mont 237
Sajgon 419
Salant Richard (Dick) 19, 380–382, 401, 404
Salisbury Harrison 222, 227, 310, 330

Saloniki 334
Samara, *patrz* Kujbyszew
San Diego 202, 278
San Francisco 270, 271, 279
Sarajewo 152
Sarnoff David 36, 48, 49, 383
Sauter Van Gordon 381, 409, 410
Schiff Dorothy 342
Schoenbrun David 13, 14, 278, 283, 286–288, 290–293, 295–298, 324–329, 332, 335, 336, 353, 364, 370, 386
Schorr Daniel 14, 295, 297–299, 363, 408
Schultz Sigrid 72
Schuschnigg Kurt von 50
Sedan 97
Sekwana 41
Seldes Gilbert 366
Selznick David O. 336
Service John Stewart 339
Sevareid (Arnold) Eric 14, 17–20
  pochodzenie, początki kariery dziennikarskiej 60–74
  okres wojny 10, 78, 82, 83, 85, 86, 93–99, 101–105, 107–115, 118, 120, 121, 127–132, 136, 151, 166–168, 170, 179, 180, 192, 195–197, 203–221, 223, 243, 253, 256, 257, 261–264, 270, 271
  losy powojenne 275, 276, 278–280, 282, 284, 285, 288, 292, 293, 295, 301, 302, 309, 318, 319, 321–323, 328, 330, 331, 334–340, 342, 363–370, 384, 387, 389–395, 401–407, 410, 412, 413, 416–425, 427, 428, 430
Sevareid Alfred, ojciec Erica 61, 62, 67
Sevareid Belèn (ur. Marshall), II żona Erica 369, 370, 401–403, 418, 422
Sevareid Clare, matka Erica 61
Sevareid Cristina, córka Erica 402
Sevareid Lois (ur. Finger), I żona Erica 61, 66–68, 85, 94–96, 98, 115, 128, 279, 280, 368–370, 402, 403
Sevareid Michael, syn Erica 368, 423, 424
Sevareid Suzanne (I voto St. Pierre), III żona Erica 418, 421–423
Sevareidowie, rodzina 62, 66
Shadel Willard (Bill) 14, 60, 228, 232, 238, 240, 254, 257, 258, 266, 285, 288, 301, 365, 414, 415
Sharnik John 326, 327, 400
Shaw Bernard 17
Shaw Charles 14, 228, 232, 234
Sheean Vincent 44, 308
Shelley Percy 428
Sherwood Robert 130, 131, 226, 308
Shirer Bess, matka Williama 40
Shirer Dean Eileen Inga, córka Williama 50, 58, 75, 91, 315, 421
Shirer Irina (ur. Ługowska), III żona Williama 429
Shirer Linda, córka Williama 285
Shirer Seward, ojciec Williama 39
Shirer Tess (ur. Stiberitz), I żona Williama 39, 43, 49, 50, 54, 55, 75, 91, 133–135, 302, 390, 429

Shirer William L. (Bill) 13, 14
  pochodzenie, początki kariery dziennikarskiej 33–36, 38–60, 67, 69–73
  okres wojny 10, 75, 76, 78–80, 82, 86, 90, 91, 93, 94, 98, 101, 105–107, 121–125, 132–135, 154, 160, 161, 169, 179, 180, 194, 195, 198–201, 223, 266, 268, 270
  losy powojenne 276, 278, 284, 285, 289, 292, 301–316, 335, 339, 372, 378, 381, 390, 391, 412, 421, 427–429
Shirerowie, rodzina 39, 133
Shore Dinah 194
sieci radiowe i telewizyjne, *patrz* ABC, BBC, CBS, Dumont, Mutual, NBC
Singapur 172–174, 176, 178, 179, 194, 195, 221, 282
Sioussat Helen 146
Skandynawia 87, 94, 148, 149, 358
Słowacja 116
Smith Benedicte (ur. Traberg; Bennie), żona Howarda 165, 223, 250–252, 281, 284, 291, 371, 378, 383, 429, 430
Smith Howard Kingsbury 13, 14
  pochodzenie, początki kariery dziennikarskiej 28, 161–164
  okres wojny 123, 160, 161, 164–166, 179, 223, 224, 229, 250–254, 257, 261, 263, 266, 268–270
  losy powojenne 276, 281–285, 290–293, 296, 301, 302, 309, 314, 318, 320, 323, 325, 326, 328, 332, 334, 335, 349, 364, 366, 367, 370–373, 378–387, 389, 390, 393, 403, 404, 412, 427–430
Smith Jack, syn Howarda 284, 384
Smith Walter Bedell 269
Smithers Pat 137
Smithowie, rodzina 162, 250, 251, 291, 383
Socolow Sandy 289, 403, 417, 421
Sofia 50
Sourwine Jay 352–355, 362
Southampton, Anglia 302
Sowieci 156, 157, 189, 204, 217, 360; *patrz też* Rosjanie
Spa 260
Spellman Francis 305
Spelman Kate 414
Sperber Ann 414
sponsorowanie programów radiowych 18, 31, 32, 70, 77, 81, 130, 133, 194, 196, 197, 199, 200, 205, 254, 303–310, 312–315, 320, 336, 339, 345, 346, 365, 383, 384
Sprewa 39, 45
Stahl Lesley 17
Staktopulos Gregory 334
Stalin Iosif 70, 76, 82, 155, 249, 264, 270, 356
Stalingrad 158, 159, 182, 225
Stanton Frank 200, 277, 296, 299, 305, 306, 317–319, 329, 332, 336, 341, 350, 354, 365, 372, 373, 382, 404, 417, 419, 420, 427
Stavanger 92

Stein Gertrude 67, 256
Steinbeck John 363
Stilwell Joseph W. („Vinegar Joe") 205, 206, 208, 211
Stimson Henry 212
Stoneman Bill 192, 222
Streicher Julius 380
Stringer Howard 19, 413, 418,
Strunk William, Jr. 419, 420
Sudety 55, 56, 60, 230
Suez 153
Sullivan Ed 321, 345
Surrey 36
Swing Raymond Gram 147
Syberia 155, 157
Sydney 178, 179
Syria 153
Szampania 82, 84
Szkoci 116; *patrz też* Brytyjczycy
Szkocja 10, 116, 154; *patrz też* Wielka Brytania
Sztokholm 94, 149, 165, 357–359
Szwajcaria 55, 86, 166, 223, 250, 251, 284
Szwedzi 115

Śmierci, Dolina 141
Śródziemne, Morze 151, 152, 173, 214

Tajlandia 177, 401
Tama, Iowa 24
Taylor Davidson 339
Taylor Edmond 102, 104, 108
Taylor Elizabeth 397
Tebriz 189, 190
Teheran 189, 360
Teksas 228, 344
Tel Awiw 425
telewizja 19, 114, 270, 284, 288, 294, 295, 298, 312, 315–328, 330–333, 340–342, 364, 365, 368, 370, 372, 373, 380–383, 386, 387, 394–396, 401, 405, 408, 409, 413, 418–420, 424, 426, 427
Tennant William 173, 175
Thomas Lowell 30, 33, 147
Thompson Dorothy 44, 197
Thurber James 41, 42, 106
Tisch Laurence 418, 419
Tito (właśc. Josip Broz) 224, 361
Tobruk 153
Tokio 282, 425
Toklas Alice B. 256
Tołstoj Lew 429
Torrigiani Lucy (ur. Davis) 265
Toscanini Arturo 31, 194
Tours 102–104, 107, 115
Towns Forrest 162
Tree Marietta 402
Trout Robert 30, 32, 53, 145, 146, 238, 253, 277, 278, 286, 288

Troyes 103
Truman Harry S. 305, 318, 333, 343
Tunezja 101, 185, 191
Tunis 192
Turcja 101, 148–150, 305, 359
Turkiestan 157

United Press (UP), agencja prasowa 27, 28, 30, 32, 33, 46, 60, 69, 82, 123, 136, 137, 143, 151, 160, 161, 164, 180, 181, 222, 227, 229–231, 247, 258, 330, 331
United States Information Agency (USIA), agencja prasowa 373, 388, 389
Universal, agencja prasowa 44
UP, *patrz* United Press
Ural 155
USIA, *patrz* United States Information Agency

Valence 95
Vallee Rudy 31
Van Fleeet James 235
Vanocur Sander 290, 291, 409, 427
„Varsity", operacja 261, 262
Velva, Dakota Północna 17, 61, 62, 67, 279, 422
Verdun 98, 99
Vernon André 246
Vichy, rząd 184, 185, 187, 231

Walker Jimmy 26
Wallace DeWitt 132
Wallace Mike 17
Walters Barbara 385
Walton William (Bill) 222, 241, 242, 248, 255, 285, 398, 417
Warrenton, Virginia 370
Warszawa 71, 72, 76, 116, 248, 249
Washington George 66, 180
Wason Betty 94, 100, 148, 149, 358
Waszyngton, miasto 17–20, 100, 101, 139, 166, 167, 178, 189, 196, 205, 212, 216, 225, 278–280, 282, 285, 288, 290, 309, 322, 330, 331, 343, 348, 349, 353, 361, 365, 367, 371, 379, 385–387, 391, 402, 403, 406, 416, 419, 428, 430
Waszyngton, stan 37
Watergate, skandal 17, 385, 404
Watykan 407, 409
Wefing Henry 197
Weingarten Victor 356, 361, 363
Weingarten Violet (ur. Brown) 356, 361
Wershba Joseph 328, 416
Wertenbaker Charles 241, 242, 255
Westin Av 290, 379, 384, 385
Węgry 116, 148
Wharton Edith 40

Wheeler Burton 168
Wheeling, Wirginia Zachodnia 151
White Clarence 88
White E.B. 419, 420
White Hector Nancy 399
White Mountains 141
White Paul 32, 33, 46–48, 50, 52, 53, 55, 56, 59, 60, 70, 72, 77, 79, 81, 94, 97, 101, 111, 122–124, 132, 133, 145, 150, 156, 158, 161, 165, 167, 168, 171, 172, 176–178, 186, 196–198, 200–202, 213, 214, 232, 258, 276–278, 283, 337, 410, 416, 419
White Theodore (Teddy) 366, 399, 402, 404, 416,
Whitehead Raymond 316
Wiedeń 42, 43, 49–55, 58, 134, 169, 195, 282
Wielka Brytania 48, 53, 56, 60, 86, 89, 92, 93, 109, 114, 121, 129, 153, 155, 166, 167, 173, 176, 177, 183, 187, 203, 204, 206, 214, 249, 265, 278, 291, 293, 305, 360, 371; *patrz też* Anglia, Szkocja
Wielki Kryzys 24, 26–29, 39, 43, 64, 65, 128, 162, 181, 229, 355, 424
Wietnam 17, 384, 394, 397, 401, 420
Wilder Thornton 256
Wilk Jacob 130
Wilkinson Ellen 53
Williams Palmer 296, 329, 391
Wilton, Connecticut 431
Winchell Walter 129, 130, 147, 197, 199
Winnipeg 63
Wirginia 162
Wisconsin 304, 337
Wiseman William 224, 225
Wisła 249
Włochy 101, 116, 149, 151, 152, 213, 214, 216, 220, 221, 223, 227, 265, 279, 293, 349, 362, 369, 403
Włosi 53, 151, 152, 184, 190, 197, 214, 265
Wolff Perry 291, 336
Wołga 157
Woodstock 394
Woolcott Alexander 256
Worcester 265
Wrigley William 306

Yvonne, paryska przyjaciółka Shirera 42, 106

Zhou Enlai 397
Zousmer Jesse 288
Związek Sowiecki 10, 76, 86, 148, 153, 154, 156–160, 189, 196, 202, 204, 221, 259, 264, 304, 349, 356, 360, 384; *patrz też* Rosja
Zygfryda, Linia 83, 84, 96, 243

Żukow Gieorgij 269, 270
Żydzi 44, 54, 60, 185, 225, 230, 266

Książkę wyprodukowano na papierze
Ecco Book Cream, wol. 2.0, w gramaturze 70 g/m²

www.mappolska.pl